# 民事诉讼法学

*Min Shi Su Song Fa Xue*

肖建华　主编

李　轩
李晓丽　副主编

厦门大学出版社
XIAMEN UNIVERSITY PRESS
国家一级出版社
全国百佳图书出版单位

# 作者及其分工

（按照撰写章节先后顺序）


李　轩　中央财经大学法学院教授、法学博士，撰写第一、二、二十章

李晓丽　东北财经大学法学院副教授、中国政法大学博士生，撰写第三章第一、二节

张丽霞　南开大学法学院副教授、法学博士，撰写第三章第三节、第十六章

相庆梅　北京工业大学法律系副教授、法学博士，撰写第四、五章

唐玉富　中国政法大学博士生，撰写第六章

肖建华　北京航空航天大学法学院教授、博士生导师，法学博士，撰写第七、八章

肖　晗　湖南师范大学法律系副教授、法学博士，撰写第九章

王德新　山东师范大学法律系副教授、法学博士，撰写第十章

宋艳菊　河南财经政法大学民商法学院讲师，撰写第十一章

陈　巍　北京航空航天大学法学院副教授、法学博士后，撰写第十二、十七章

刘　萍　南开大学法学院副教授，法学博士，撰写第十三、十四章

邓汉德　河南财经政法大学民商法学院副教授，撰写第十五章

周　斌　江西财经大学法学院讲师，撰写第十八、十九章

侯登华　北京科技大学法律系副教授、法学博士，撰写二十一、二十二章

周艳波　山东农业大学文法学院副教授，撰写第二十三、二十四章

# 目　录

# 第一章

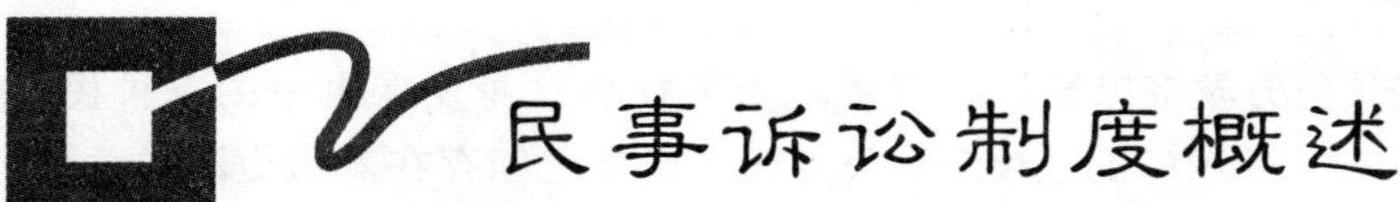

# 民事诉讼制度概述

## 第一节　民事诉讼

### 一、民事纠纷及其解决机制

#### (一)民事纠纷的概念

纠纷是伴随着人类社会客观存在的。人类在社会交往的过程中难免会发生各种性质的社会纠纷。纠纷有害于社会秩序的稳定,因此人们通过制定法律和规则来规范社会成员的行为,调整彼此之间的社会关系,于是产生了以权利和义务为内容的法律关系。在民事领域内,基于私权自治的理念,社会成员可以自由处分自己的合法权益,在这一过程中,发生在平等主体之间,以财产关系和人身关系为内容的纠纷,则属于民事纠纷。

#### (二)民事纠纷的解决方式

在人类社会早期,生产力水平低下,文明程度不高,社会成员往往是依靠个体自身的力量来解决纠纷,这种没有中立第三方加入的纠纷解决方式被称为私力救济,亦称自立救济。有的纠纷能够通过友好协商的方式和解解决,但是更多的情况下表现为,依靠武力以同态复仇为特点的暴力自决方式,带有很强的野蛮性。这种方式不可避免地将会引起矛盾升级、激化,甚至是引发暴力。为了维护人类共同生活的社会秩序,国家强制性地禁止私力救济,运用公权力,通过设置专门的国家机关,严格按照法定的程序和规则,强制性地解决纠纷。这种方式被称为是公力救济。公力救济是人类理性发展的产物,也是文明社会的必然选择。但是,毕竟私人之间的民事纠纷可以由当事人通过交涉、协商自行得到解决,基于对私权自治的尊重,国家允许私人之间以合法恰当的方式依靠自己的力量以及借助于社会的力量来进行纠纷解决。依靠社会力量进行纠纷解决的方式被称为社会救济，表现为第三者依据合法的规范和程序居中裁判，使民事纠纷得以和平并顺畅地解决。

私力救济、公力救济以及社会救济是人类社会自身发展出来的三种民事纠纷的解决方式。其中，私力救济和公力救济两者之间存在着历史演进关系，也就是说先有私力救济后有公力救济，公力救济是为了弥补私力救济的不足或防止私力救济的危害而产生并发展起来的。但是社会救济却不是私力救济发展到公力救济之间的过渡类型，其最多只能被认为是两者的补充类型。这是因为，作为社会救济重要方式之一的调解几乎伴随人类社会发展至今，而作为社会救济另一种重要方式的仲裁甚至产生于诉讼之后，是欧洲中世纪商人们为避免诉讼的诸多不便(例如不利于保护商业秘密)而逐渐自发形成并被法律所接受和认可的一种非公力的组织化争议解决方式。现代社会，调解和仲裁等社会救济方式已经成为代替诉讼这种公力救济解决民事纠纷的重要方式并发挥着日益重要的作用。

## 二、民事诉讼

### (一)诉讼制度的产生

“诉讼”二字很早就在中国出现了，并且其含义与现代社会的诉讼基本相同。东汉时期许慎在其所著《说文解字》中对此有着非常明确的诠释：“诉者，告也；讼者，争也。”现代意义上的诉讼，就是发生权利义务争议的当事人双方将争议提交给法定的国家司法机关请求解决的活动，诉讼制度的目的就在于“定分止争”。

就历史渊源而言，诉讼最早形成于奴隶制社会，是伴随着国家和法律的形成而出现的。中国古代法律诸法合体，具体表现为刑民不分、实体法与程序法不分、行政权与司法权不分等混合法的特点，其中，诉讼制度也是与其他法律制度混杂在一起而存在并发展起来的。如以中国最早的成文法即魏国李悝所著《法经》为例，《法经》分列盗、贼、囚、捕、杂、具六篇，其中“盗、贼”两篇应属刑法规范，“杂”篇应属民事、行政规范，只有“囚、捕”两篇加上“具”篇的部分内容可以归属于诉讼规范。而之所以有“囚、捕”各篇，则是因为“盗、贼”猖獗[①]，所以最初的诉讼制是伴随刑法而产生的刑事诉讼制度。

但是，中国古代并不仅限于刑事案件，民间的私人纠纷随着商品经济的发展也初见端倪，相应地也就产生了民事诉讼制度。据《周礼·秋官·大司寇》记载，中国古代有“狱”“讼”之分，其区别在于“争罪曰狱”，“狱谓相告以罪者”，“争财曰讼”，“讼谓以财货相告者”[②]，显然，二者基本对应于现代意义上的刑事诉讼和民事诉讼。随着行政法逐渐获得独立的部门法地位，产生了专门解决行政争议的行政诉讼制度[③]。就此，针对解决不同性质的法律纠纷所适用的诉讼制度相继成形。

### (二)民事诉讼的概念和内容

民事诉讼是指在发生民事争议或者不确定的民事法律关系状态的事件以后，当事人或者利害关系人向人民法院提起诉讼或者提出申请，人民法院在当事人或者利害关系人和其他诉讼参与人的参加下，以审理、判决、调解、执行等方式解决民事纠纷和非诉事件的活动，以及由这些活动产生的各种民事诉讼法律关系的总和。概括成一句话就是，民事诉讼是民事诉讼法律关系主体所进行的诉讼活动，以及由此而产生的各种关系的总和。

民事诉讼活动，是诉讼主体在民事诉讼过程中所进行的能够产生诉讼法律关系的诉讼行为，具体表现为法院的审判行为，当事人和其他诉讼参与人的诉讼行为。前者如案件受理，开庭审理等；后者如起诉，答辩等行为。这些诉讼行为推动着诉讼的进程，产生了诉讼法上的效果，在人民法院与当事人以及其他诉讼参与人之间形成了诉讼法上的权利义务关系。可见，民事诉讼活动和诉讼法律关系共同构成了民事诉讼的基本内容。

---

① 所谓“王者之政莫急于盗贼”当时的“盗”、“贼”之意与现代汉语中的“盗”“贼”具有完全不同的含义，所谓“越货曰盗，杀人曰贼”，当时的“盗”意指“抢劫”，当时的“贼”意指“杀人”。

② 语出《周礼·秋官·大司寇》，参见张晋藩主编:《中国民事诉讼制度史》，巴蜀书社1999年版，第2页。

③ 行政诉讼是专门解决行政纠纷的诉讼制度，行政纠纷主要表现为行政相对人认为行政机关的具体行政行为违法或不当。部分法治发达的国家甚至允许公民或社会组织针对违反宪法的行为或立法提起诉讼，因而进一步形成宪政诉讼或者宪法诉讼，我国目前尚未出现宪政诉讼制度。

### (三)民事诉讼的特征

根据解决纠纷性质的不同,现代意义上的诉讼制度包括,刑事诉讼制度、民事诉讼制度以及行政诉讼制度。而作为民事纠纷的解决方式来说,除了民事诉讼以外,还包括和解、调解以及仲裁。因此,对民事诉讼的认识是在同各方的比较中进行的。概括起来,其主要包括以下特征:

1. 民事诉讼的对象是民事纠纷,其中心任务是解决一方当事人的诉讼请求是否成立以及另一方当事人是否应当承担相应的民事责任的问题。民事诉讼的这一特征使之区别于刑事诉讼和行政诉讼。①

2. 民事诉讼的程序启动依赖于当事人的起诉行为,没有当事人的告诉,法院不能主动介入民事争议的解决,此即"不告不理原则"。从当事人的立场出发,依据私权自治原则,当事人有权自由地处分自己的实体权利,民事诉讼作为解决民事纠纷的方式,同样应当尊重当事人在程序上的自由处分权,公权力不得过分干预私权处分,否则将构成对私权的侵犯。此外,还有学者从国家立场出发来认识不告不理原则,认为基于民事争议的社会危害程度相对较轻,当事人有条件自行协商解决,大部分民事纠纷缺乏司法救济的必要性,而司法资源又是有限而宝贵的,不告不理原则是司法资源合理分配的必然要求。这一特征与行政诉讼类似并使之区别于刑事诉讼。因为刑事诉讼更多地体现了国家对犯罪行为的积极干预和控制态度,采取的主要是国家追诉原则,在起诉方式上也是以检察机关公诉为主,自诉只是公诉的必要补充。

3. 民事诉讼中当事人具有平等的诉讼地位。诉讼地位的平等,可以理解为作为民事诉讼的当事人在民事实体法上地位平等原则的逻辑延伸。民事诉讼的这一特征使之既有别于刑事诉讼,也有别于行政诉讼。

4. 民事诉讼在表现形式上具有典型的程序性和规范性。通过民事诉讼立法,选择理性和恰当的程序,是所有现代法治国家建立纠纷解决机制的基本手段。民事诉讼旨在由国家专门的司法机关通过理性的程序和方式,尽量恢复

---

① 值得注意的是,很多刑事争议都是因为当事人之间的民事争议超过一定界限转化而来的。以人身伤害为例,如果伤害结果为轻微伤,则相关争议为民事争议,可以通过民事诉讼解决;如果伤害结果达到轻伤标准,则相关争议同时演变为刑事争议,需要通过刑事诉讼解决。对于后一种情况,我国《刑事诉讼法》还规定了附带民事诉讼,即在刑事诉讼中解决刑事争议的同时允许受害人同时提起民事诉讼解决民事争议,当然,受害人也可单就民事争议部分另案提起民事诉讼。

当事人讼争事项的本来面目，辨别真伪，并以此作为责任承担的依据。因此，程序性和规范性是保证权威性的前提，民事诉讼通过自身严格的程序规范，并运用实体法来确定纠纷当事人的权利义务关系，并以国家强制力为后盾，使得这一权威性的裁判结果发生最终的法律效力。民事诉讼的程序性和规范性是保证裁判权威的必要前提，而强制性是纠纷获得终局裁判的有力保障。这一点使得民事诉讼区别于和解、调解[①]以及仲裁等其他民事纠纷解决方式。

## 三、民事纠纷的解决机制

民事诉讼的强制性，往往会带来诉讼结果的对抗性，不利于缓和矛盾，使得纠纷顺畅解决。现代社会为了满足社会成员解决民事纠纷的不同需要，除了民事诉讼以外，还提供了包括和解、调解（不包括法院调解）、仲裁三种在内的非诉讼纠纷解决机制，国外称作 ADR 机制，即“替代性纠纷解决”机制[②]。上述解决民事纠纷的途径和方式共同构成了一个多元化的民事纠纷解决机制。

上述各种纠纷解决方式都有自己的特点，解决纠纷的功能各有侧重，在适用的基础和付出的代价方面也有所不同。和解属于私力救济，其结果一般能为双方当事人所接受，但须以双方当事人的合意为条件；调解一般具有较好的社会效果，但是否成功，往往与当事人之间的让步及该调解对双方的影响力密切相关；仲裁比较适合那些专业性较强、涉及商业秘密或者当事人不希望公开解决的民事纠纷，但其适用与纠纷的性质以及当事人诉诸仲裁的意愿相关；民事诉讼可以满足那些希望对于事实和法律都要搞清楚的当事人的要求，但以花费当事人以及国家相当的人力、物力、财力和时间为代价。总体上来说，通过诉讼方式解决民事纠纷具有基础性的作用。民事诉讼制度因其强制性和权威性的特点，成为权利救济的最后一道屏障，具有支撑、维护其他几种纠纷解决方式的作用。首先，出于对诉讼成本以及公正裁判结果的预测，当事人才会根据需要选择非诉方式解决纠纷，从这个角度而言民事诉讼制度赋予诉讼外

---

① 调解，包括诉讼内调解和诉讼外调解。诉讼内调解主要是指法院调解，而诉讼外调解主要是指人民调解。此处的调解，不包括民事诉讼中的法院调解。

② 国外有关 ADR（Alternative Dispute Resolution）的内涵及其发展现状的全面论述，可以参见常怡主编：《民事诉讼法学》，中国法制出版社 2008 年 8 月版，第 599～633 页（第十九章“司法 ADR 机制研究”）。

纠纷解决方式更大的活力;其次,民事诉讼法赋予诉讼外纠纷解决相应的法律效力,在制度上为诉讼外纠纷解决方式提供了保障。社会成员可以根据纠纷特点和各自需要,选择适当的纠纷解决方式。这些以解决民事纠纷、保护实体权益为目的的各种纠纷解决制度,一并构成了现代社会的民事纠纷解决机制。

## 第二节 民事诉讼法

### 一、民事诉讼法的概念

民事诉讼法是国家以立法的形式将民事诉讼制度予以规范化的产物。它是国家制定或者认可的,规范和调整法院、当事人以及其他诉讼参与人的民事诉讼活动和诉讼法律关系的法律规范的总和。它是法院和当事人进行民事诉讼程序必须遵守的程序规则。

民事诉讼法有狭义和广义之分。狭义的民事诉讼法专指民事诉讼法典,即《中华人民共和国民事诉讼法》(以下简称《民事诉讼法》),它于 1991 年 4 月 9 日由第七届全国人民代表大会第四次会议通过并公布实施,并于 2007 年 10 月 28 日经第十届全国人民代表大会常务委员会第三十次会议以《关于修改〈中华人民共和国民事诉讼法〉的决定》进行修正后重新公布[①];广义的民事诉讼法则是指与民事诉讼有关的所有法律规范的总称,它除了包括民事诉讼法典之外,还包括其他规范性法律文件中涉及民事诉讼的法律规定。例如《宪

① 应当强调的是,此处全国人民代表大会常务委员会《关于修改〈中华人民共和国民事诉讼法〉的决定》也是一部法律。有人曾经对此提出质疑,认为作为基本法《中华人民共和国民事诉讼法》是由全国人民代表大会制定的,其修改决定也应由全国人民代表大会而不是由它的常务委员会做出,我们认为这种观点不无道理。另外,有人习惯于将 2007 年修改后重新公布的《中华人民共和国民事诉讼法》称为"新《民事诉讼法》",而将 1991 年通过的《中华人民共和国民事诉讼法》称为"旧《民事诉讼法》"(类似的还有新《刑法》和旧《刑法》、新《公司法》和旧《公司法》之类),我们认为这是欠严谨的,因为全国人民代表大会常务委员会 2007 年只是对 1991 年《民事诉讼法》修改后重新公布,两者在整体上还是同一部法律,不存在新旧之分,恰当的表述应为现行《民事诉讼法》或 2007 年修改后的《民事诉讼法》。因 2007 年民事诉讼法的修改较为仓促且仅为局部修改,目前法律界正在酝酿全面修改民事诉讼法。

法》中关于司法独立、审判公开的规定;《中华人民共和国人民法院组织法》关于民事审判权的规定;《民法通则》、《婚姻法》、《合同法》等法律法规中有关民事诉讼的法律规范;《中华人民共和国公司法》关于公司诉讼和公司解散、清算程序的规定;《中华人民共和国企业破产法》关于债权申报、企业破产清算的程序性规定;《中华人民共和国专利法》等三大知识产权法关于诉前行为保全的规定;《中华人民共和国律师法》关于律师参与民事诉讼的规定,以及最高人民法院《关于适用〈中华人民共和国民事诉讼法〉若干问题的意见》(以下称《适用意见》),《最高人民法院关于民事诉讼证据的若干问题的规定(试行)》(以下称《证据规定》),《最高人民法院关于适用简易程序审理民事案件的若干规定》(以下简称《简易程序规定》),最高人民法院《关于人民法院是否受理因邮电部电报稽延纠纷提起的诉讼问题的批复》等与民事诉讼有关的司法解释,等等。这些法律规定及司法解释,同样对民事诉讼活动具有拘束力。

由于海事、海商案件审判的特殊性,第九届全国人民代表大会常务委员会第十三次会议于 1999 年 12 月 25 日审议通过了《中华人民共和国海事诉讼特别程序法》,对海事案件的管辖、海事请求保全、海事强制令、海事证据保全、海事担保、送达、审判等程序作出了细致规定,该法与《民事诉讼法》之间是特别法与一般法的关系。

## 二、民事诉讼法的属性

民事诉讼法是我国法律体系中一个重要的法律部门,其属性体现了该法在我国法律体系中的地位和作用。概括而言,民事诉讼法的属性可以从以下四个方面加以理解:

### (一)在效力位阶上,民事诉讼法是基本法

从民事诉讼法在我国社会主义法律体系中所处的地位来看,它仅次于宪法,它的制定和实施必须以宪法为依据,不能与宪法相抵触,一切有违宪法的规定一律无效。根据《中华人民共和国立法法》的规定,民事诉讼法由全国人民代表大会制定和修改。民事诉讼法与民法、刑法、行政法等法律部门一样,同属全国人民代表大会有权制定的基本法范畴,在效力位阶上要高于其他一般法律,可见民事诉讼法是国家的基本法律。

**(二)在法律地位上,民事诉讼法是部门法**

任何国家的法律,依照其调整的社会关系不同,可以分为各种各自独立的法律部门。从我国民事诉讼法调整的社会关系来看,它所调整的是民事诉讼关系,是社会关系中具有自身特点的一种独立的社会关系,这就决定了民事诉讼法是我国法律中的一个独立的部门法。

**(三)在规范内容上,民事诉讼法属于程序法**

法律按照其内容的性质可以划分为实体法和程序法。民商法、行政法、刑法等属于实体法范畴,规定了各自领域的实体权利与义务规范;而民事诉讼法,与行政诉讼法、刑事诉讼法等属于程序法范畴,规定了不同性质的诉讼程序中诉讼主体的诉权权利和诉讼义务的规范,旨在为当事人提供公平而充分的程序保障,切实地实现实体权益。

**(四)在规范对象上,民事诉讼法属于公法**

法律按照其规范对象的不同,可以划分为公法和私法。民事诉讼法与行政法、行政诉讼法、刑法、刑事诉讼法、经济法等法律一样同属公法的范畴,它以法院所行使的国家权力之一——审判权为规范对象,强调了国家运用公权力对民事纠纷进行解决,在维护诉讼制度以及为当事人提供基本的程序保障方面,表现为严格的强制性规定;而作为私法的民商法,以平等主体之间的人身关系和财产关系为规范对象,基于私权自治的理念,其内容更多地表现为任意性和选择性规范。当然,尽管作为公法,民事诉讼法仍然不能无视私法的意思自治,因为它毕竟是解决民事纠纷的程序规范,其中必然会有对当事人合意的尊重,例如协议管辖等。

## 三、民事诉讼法的效力

民事诉讼法的效力是指民事诉讼法的约束力发挥作用的对象和时空范围。和其他法律一样,我国民事诉讼法的效力也主要包括对人的效力、对事的效力以及时间上的效力和空间上的效力(或称地域效力)。

**(一)对人的效力**

民事诉讼法的对人的效力,是指对哪些人具有拘束力。《民事诉讼法》第

4 条规定,"凡在中华人民共和国领域内进行民事诉讼,必须遵守本法"。即无论是谁,只要他是在我国进行民事诉讼的主体,都必适用我国的民事诉讼法。具体表现为:一是对本国人的效力;二是对外国人和无国籍人的效力。

就国内主体而言,凡具有中华人民共和国国籍的公民以及根据我国法律依法设立的法人和其他组织,在我国进行民事诉讼的时候,都必须遵守现行民事诉讼法。人民法院、人民检察院在参与民事诉讼的时候,当然也必须遵守现行民事诉讼法。

就外国人(包括外国公民、外国法人和外国其他组织、国际组织)和无国籍人而言,其则不是一般地受我国现行民事诉讼法的约束,而是只有在我国境内申请参与民事诉讼的,才适用我国现行的民事诉讼法。

### (二)对事的效力

民事诉讼法的对事的效力,实际上就是指人民法院受理民事争议的案件范围,或称民事诉讼的受案范围。《民事诉讼法》第 2 条规定:"人民法院受理公民之间、法人之间、其他组织之间以及他们相互之间因财产关系和人身关系提起的民事诉讼,适用本法的规定。"即平等主体之间所发生的财产权争议案件和人身权争议案件,属于法院的主管范围。此外,根据《民事诉讼法》第二编中有关规定,某些特殊类型的案件也适用民事诉讼法予以审理。具体包括以下范围:

1. 基于民法等实体法[①]产生的一般民事纠纷案件,具体包括:权属纠纷、侵权责任的承担、合同纠纷等;

2. 基于婚姻法、继承法产生的涉及人身和财产的婚姻家庭案件;

3. 基于劳动法产生的劳动者和用人单位之间的劳动争议案件[②];

4. 基于经济法、商法[③]等实体法产生的经济案件和商事纠纷案件,具体包括:股权争议、商事合同争议、海事海商争议、破产案件等;

---

① 如《中华人民共和国民法通则》、《中华人民共和国物权法》、《中华人民共和国侵权行为法》、《中华人民共和国合同法》、《中华人民共和国著作权法》、《中华人民共和国专利权法》、《中华人民共和国商标法》等。

② 《中华人民共和国劳动争议调解仲裁法》规定,劳动仲裁是解决劳动争议的前置程序。

③ 如《中华人民共和国公司法》、《中华人民共和国个人独资企业法》、《中华人民共和国合伙企业法》、《中华人民共和国票据法》、《中华人民共和国保险法》、《中华人民共和国海商法》、《中华人民共和国企业破产法》等。

5. 适用民事诉讼特别程序审理的非诉案件，具体包括：认定公民无民事行为能力、限制民事行为能力案件，宣告公民失踪、公民死亡案件，认定财产无主案件等。

### (三)时间效力

民事诉讼法的时间效力，是指一项具体的民事诉讼法律规范何时生效、何时失效以及是否具有溯及既往的效力。一般来说，任何一项具体的民事诉讼法律规范都会在立法者规定的时间生效(有时会规定为通过或发布之日起生效)，在有新法生效时失效(有时新法会规定旧法自新法生效之日起失效或者直接规定旧法具体的失效时间)。以我国现行《民事诉讼法》为例，该法于1991年4月9日经第七届全国人民代表大会第四次会议通过，原法第270条规定，“本法自公布之日起施行，《中华人民共和国民事诉讼法(试行)》同时废止”。这就表明，现行民事诉讼法典自1991年4月9日生效，而原《民事诉讼法(试行)》于新法生效当日同时失效。至于溯及力问题，与其他法律类似，民事诉讼法一般不具有溯及既往的效力。

### (四)空间效力

民事诉讼法的空间效力，又称地域效力，是指民事诉讼法发挥作用的地域范围。《民事诉讼法》第4条规定：“凡在中华人民共和国领域内进行民事诉讼，必须遵守本法。”[①]但是我国缔结或者参加的国际条约与我国民事诉讼法有不同规定的，适用该条约的规定，我国声明保留的条款除外。中华人民共和国领域，包括领土、领海和领空以及领土的延伸部分，例如我国驻外使领馆、航行或者停泊于国外或公海上的我国的飞行器或船舶等。

凡是居住在中国领域内的人，都适用民事诉讼法，但是享有外交特权与豁免权的外国人、外国组织除外。另外，在我国香港、澳门、台湾地区进行民事诉讼不适用我国民事诉讼法。

---

① 我们注意到，此条规定“凡在中华人民共和国领域内进行民事诉讼，必须遵守本法”似乎欠严谨，如果修改为“凡在中华人民共和国领域内发生民事争议而进行民事诉讼的，必须遵守本法”可能更为恰当。

## 四、民事诉讼法与相邻法律部门的关系

### (一)民事诉讼法与相邻民商事实体法的关系

在我国,与民事诉讼法相邻的民商事实体法主要是指民法通则、婚姻法、合同法、公司法、合伙企业法、保险法、票据法、劳动法等。

民商事实体法与程序法是内容和形式的关系,形式离不开内容,内容要以一定的形式表现出来。关于实体法与程序法之间的辩证关系,马克思有过精辟的论述,他指出:“审判程序和法律二者之间的联系如此密切,就像植物的外形和植物的联系,动物的外形和血肉的联系一样。审判程序和法律应该具有同样的精神,因为审判程序只是法律的生命形式,因而也是法律内部的生命表现。”民法、商法等实体法规定的是民事主体的实体权利义务关系,是民商事主体进行民事商事活动的行为准则。而民事诉讼法规定的是民商事主体发生权利义务纠纷时如何借助国家司法机关进行救济的法律规范,是民事法律关系主体实现民事权利义务的有力武器。可见,民事诉讼法与相邻的实体法是形式和内容的关系,二者谁也离不开谁。

### (二)民事诉讼法与人民法院组织法的关系

人民法院组织法是规定人民法院的性质、任务、组织体系、活动原则、组织建设和人员任免的法律。人民法院的性质决定民事审判庭的性质,人民法院的组织活动原则与民事诉讼的基本原则以及民事审判的基本制度紧密相关,不可分割。民事诉讼法的内容也包括人民法院审判活动原则、审判组织和审判制度。人民法院组织法的规定与民事诉讼法的规定有许多交叉和重叠的地方,但是二者规定民事诉讼活动和民事诉讼关系的侧重点不同。因此,我们学习民事诉讼法时,必须联系人民法院组织法,只有这样,才能对民事诉讼法学有一个全面深刻的认识。

### (三)民事诉讼法与刑事诉讼法、行政诉讼法的关系

我国的民事诉讼法、刑事诉讼法和行政诉讼法都是程序法,统称为我国的三大诉讼法。无论是刑事诉讼法、行政诉讼法还是民事诉讼法都有关于人民法院行使审判权的规定,它们在审判原则和制度以及具体程序方面都有许多共同的地方,如人民法院独立行使审判权原则、公开审判制度等等。民事诉讼

法与刑事诉讼法又有许多不同的地方。民事诉讼法与刑事诉讼法的区别主要表现在：

1.目的任务不同。刑事诉讼是为了查明犯罪事实，惩罚犯罪；而民事诉讼是为了解决民事纠纷，保护民事权益。

2.规定进行诉讼的原则不同。例如，民事诉讼法规定民事诉讼实行当事人依法处分和国家干预相结合原则；而刑事诉讼法规定刑事诉讼以国家干预为原则。

3.提起诉讼的当事人不同。刑事诉讼主要由人民检察院代表国家提起公诉，行使国家追诉权，只有法律规定的有限几类刑事案件才可以由被害人提起刑事自诉；而提起民事诉讼的人，必须是对争议的民事法律关系有直接利害关系的人，没有直接利害关系人提起诉讼，则会被人民法院以起诉主体不适格为由不予受理。

4.裁判的执行不同。刑事裁判发生法律效力以后，由人民法院直接执行或者由人民法院依职权主动交付执行；而发生法律效力的民事裁判由当事人自觉履行，当事人拒不履行生效裁判确定的义务的，除了几种特定的民事裁判，如追索赡养费案件的裁判，可以由人民法院依照职权主动执行以外，其他裁判都由对方当事人申请人民法院强制执行。从执行的内容来看，刑事执行的客体主要是被执行人的人身，而民事执行的客体限于物和行为。

民事诉讼法和刑事诉讼法之间存在着交叉现象，即所谓的刑民交叉，同一当事人的同一行为或者同一法律事实，既需承担民事责任，又应承担刑事责任。世界各国对这种刑民交叉现象的处理有两种模式：一是英美法系国家采取平行式的做法，追究刑事责任的诉讼和追究民事责任的诉讼互不影响，分别进行，不允许在刑事诉讼中提起附带民事诉讼；二是大陆法系国家通常采用的选择附带式，允许当事人选择在刑事诉讼中提起附带民事诉讼，当事人也可以提起独立的民事诉讼。不论采取哪种模式，原则上刑事判决与独立进行民事诉讼作出的判决所认定的事实互不影响，仅得互为证据资料而已。我国处理刑民交叉现象的做法与大陆法系国家的做法基本一致。但我国过于强调先刑后民或刑事附带民事诉讼的做法，如按照最高人民法院《关于在审理经济纠纷案件中涉及经济犯罪嫌疑若干问题的规定》，刑事诉讼的存在排斥民事诉讼的进行。当然，司法实践中也认为在不影响刑事诉讼的情况下，民事诉讼可以独立进行。如最高人民法院《关于审理存单纠纷案件的若干规定》就作了如此的规定。

行政诉讼法从民事诉讼法脱胎而来，二者之间的关系极为密切。人民法院审理行政案件，除依照行政诉讼法外，对于行政诉讼法及其司法解释没有规定的，适用民事诉讼法的有关规定。但二者的性质明显不同，行政诉讼中争议的是行政权利义务的问题，即行政相对人不服行政机关作出的具体行政行为时提起的诉讼，而民事诉讼中争议的是平等主体之间的民事权利义务关系。由于二者调整对象的本质差异，导致二者存在诸多不同：①诉讼主体不同。行政诉讼的主体是行政机关及其相对人，主体之间具有行政隶属关系；而民事诉讼主体之间的地位是平等的，不存在隶属关系。②诉讼发生的条件不同。行政纠纷发生后，有的争议须经有关行政机关处理后，当事人对处理不服时，方可提起行政诉讼；而民事纠纷发生后，纠纷的任何一方均可提起民事诉讼。③举证责任不同。行政诉讼中，由作为被告的行政机关负举证责任；而民事诉讼中，不论原告还是被告，均对自己提出的主张负举证责任。④适用调解的范围不同。行政诉讼中，除行政侵权损害赔偿案件外，法院不能以调解方式处理当事人之间的争议；而民事诉讼中，由于私法自治的作用，自愿、合法调解原则贯穿于整个诉讼程序。

民事诉讼和行政诉讼之间也存在交叉的问题。二者之间的交叉体现在相互之间对前提问题的审理以及行政附带民事诉讼中。大陆法系一般认为，民事诉讼中可以对属于行政诉讼调整的前提性问题或法律关系作出独立判断，反过来，行政诉讼中也可以对属于民事诉讼调整的前提性问题作出独立判断，二者之间的判决相互间有拘束力。我国处理行政诉讼与民事诉讼交叉的原则是：首先，民事诉讼和行政诉讼相互间无权对另一诉讼管辖的事项作出认定。若一诉讼的处理必须以另一诉讼的法律关系的处理为前提，应中止本诉的审理，等待另一诉讼作出判决。其次，我国司法实践中允许提起行政附带民事诉讼，最高人民法院《关于执行〈中华人民共和国行政诉讼法〉若干问题的解释》第 61 条对行政附带民事诉讼的问题作了规定。

### （四）民事诉讼法与仲裁法的关系

仲裁法与民事诉讼法都是处理民商事纠纷的程序法，但仲裁法是调整仲裁活动的程序法律，属非诉性质。针对仲裁与诉讼有联系的问题，仲裁法与民事诉讼法都作了规定：(1)《民事诉讼法》第 111 条第 2 款规定凡是当事人之间订有仲裁协议的，不得向人民法院起诉，人民法院也不得受理，当事人只能申请仲裁处理。(2)《仲裁法》第 26 条规定当事人达成了仲裁协议的，一方向人民法院起诉未声明有仲裁协议，人民法院受理后，另一方在首次开庭前未提出管辖异议的，应视为放弃仲裁，人民法院应当继续审理。(3)《民事诉讼法》第

25 条、第 257 条和第 259 条规定涉外民商事纠纷以当事人有无书面仲裁协议为根据,来划分涉外仲裁机构与人民法院的主管范围。(4)仲裁法第 20 条规定当事人对仲裁协议的效力有异议的,可以请求仲裁委员会决定或者请求人民法院作出裁定。一方请求仲裁委员会作出决定,另一方请求人民法院作出裁定的,由人民法院裁定。(5)民事诉讼法第 258 条规定涉外仲裁机构采取保全措施,应提请人民法院作出裁定。(6)民事诉讼法第 217 条和第 260 条还规定了仲裁机构作出的生效裁决的执行程序及其不予执行的情形。可见,民事诉讼法对仲裁法的实施具有保障作用。

## 五、民事诉讼法的任务

根据《民事诉讼法》第 2 条的规定,我国民事诉讼法的任务是:保护当事人行使诉讼权利,保证人民法院查明事实、分清是非,正确适用法律,及时审理民事案件,确认民事权利义务关系,制裁民事违法行为,保护当事人的合法权益,教育公民自觉遵守法律。

### (一)保护当事人行使诉讼权利

诉讼权利是法律赋予民事诉讼当事人寻求司法救济,维护自身民事权益的有效方法和手段,是民事诉讼当事人程序主体地位的依托,也是当事人实施具体诉讼行为的法律根据。只有充分保护当事人行使诉讼权利,才能达到民事诉讼的目的。但是,司法实践中,存在着审判人员对当事人的诉讼权利不够尊重,以职权干预当事人行使诉讼权利,尤其是干预当事人辩论权利的现象。因而,为了确保当事人切实享有法律规定的诉讼权利,我国民事诉讼法明确规定保护当事人行使诉讼权利是人民法院的职责,把它作为民事诉讼法的首要任务。

### (二)保证人民法院查明事实、分清是非,正确适用法律,及时审理民事案件

人民法院的审判活动是民事诉讼活动的中心环节,人民法院能否查明事实、分清是非,公正及时地审理民事案件,是决定民事诉讼的成败的关键。因此,我国民事诉讼法当然要以保证人民法院查明事实、分清是非,正确适用法律,及时审理民事案件作为自己的重要任务。在这一任务中,查明事实、分清是非是前提和保障,而正确适用法律,及时审理民事案件则是目的和归宿。为了完成这个任务,我国民事诉讼法又具体规定了合议制度、公开审判制度、审

理期限制度、诉讼中止和诉讼终结制度、开庭审理的程序等诉讼制度和程序。

**(三)确认民事权利义务关系,制裁民事违法行为,保护当事人的合法权益**

民事诉讼法从本质上说是解决纠纷,保护民事权益的程序法。人民法院和诉讼参与人进行民事诉讼活动,首先要准确确认民事权利义务关系,只有在确认民事权利义务关系的基础上,才谈得上保护当事人的合法权益,而保护当事人的合法权益是与制裁民事违法行为分不开的,只有通过判令侵权或者违约一方当事人履行义务来制裁民事违法行为,才能使合法的民事权益得到有效的保护。当然,制裁民事违法行为并不是每一个具体民事诉讼的必然或者唯一结果,如果通过其他途径就可以达到民事诉讼的目的,就不必对有关当事人施加民事制裁。确认民事权利义务关系,制裁民事违法行为,保护当事人的合法权益不仅是我国民事诉讼法的重要任务,同时也是我国民事诉讼法的目的。

**(四)教育公民自觉遵守法律**

我国民事诉讼法在发挥解决纠纷、保护当事人合法权益的职能的同时,还要充分发挥其教育的功能。民事诉讼活动,特别是民事审判活动,使当事人和其他诉讼参与人以及旁听、观看审判的公民了解什么是合法的行为,什么是违法的行为,违法行为会带来什么样的法律后果,使他们受到生动的法制教育,从而增强法律意识,自觉遵守民事法律。

## 第三节　民事诉讼法学

### 一、民事诉讼法学的概念

民事诉讼法学是研究民事诉讼法及其发展规律的学科,也是法学体系中一项重要的基础性学科。应该说,对诉讼制度和诉讼实践的探讨古已有之,但是对其进行专门化、系统化的理论研究则是近现代法学逐步独立于其他社会科学之后的事。在中国,因为法治进程从清末民初才见端倪,法学研究起步较晚,民事诉讼法学也是在晚清修律和民国时期才逐步发展起来的。由于新中国成立后废除了中华民国的“六法全书”,法制建设和法学研究一度停滞,作为法学重要内容之一的民事诉讼法学也随之蛰伏多年。直到20世纪80年代改革开放以来，尤其是1982年《中华人民共和国民事诉讼法(试行)》颁布之后，我国的民事诉讼法学研究才进入蓬勃发展的时期，经过几代学者的持续努力，至今取得了相当丰富的研究成果，同时也培养了大批专业人才，在促进我国民事诉讼立法、维护民事司法公正方面发挥了良好的作用。1984年，经中国法学会批准，中国法学会诉讼法学研究会在成都成立，该研究会在成立后的二十余年里为加强和深化包括民事诉讼法学研究在内的诉讼法学研究和仲裁制度研究起了积极的推动作用。2006年，经中国法学会批准，中国法学会诉讼法研究会分立为中国法学会刑事诉讼法学研究会和中国法学会民事诉讼法学研究会，获得独立地位后的中国法学会民事诉讼法学研究会积极参与研讨民事诉讼法的修改和其他深层次的专业问题，也取得了可喜的成果。当然，毕竟我国民事诉讼法学研究的历史不长，在研究方法和研究深度方面都还存在不少缺陷，尚需借鉴国外的先进研究方法和成果以便更好地发展和繁荣我国民事诉讼法学研究。

## 二、民事诉讼法学的研究对象

任何一门学科均有其专门的研究对象。民事诉讼法学的研究对象就是民事诉讼法。具体说来，主要包括以下几个方面：

### (一)民事诉讼法的基本理论

我国学者在很长一段时间内，对民事诉讼法的基本理论研究尚少，大部分研究都停留在有关法律规范解释层面上，虽然这在一定范围内起到了解决法律适用方面的问题的作用，但是从立法论的角度却无法作出很好的回答，因此有关民事诉讼基本理论问题的研究成为民事诉讼法学的首要研究对象。民事诉讼目的论、诉权论、诉讼模式论、诉讼标的论、当事人制度、证明责任、诉权保障、既判力、民事诉讼监督制度、强制执行制度等问题，均是民事诉讼法学的基本理论问题。还需要在进行比较研究的基础上，加强同国内司法实践的结合，为司法实践提供切实有效的具体制度。

### (二)民事诉讼法典

具体研究本国现行有效的民事诉讼法典是民事诉讼法学研究的落脚点[①]。我们注意到,现代民事诉讼法典在很大程度上同时蕴含了民事诉讼法学研究的主要成果[②],但是"法无完法",民事诉讼法典设计是否合理、实施是否符合国情民意,借鉴国外制度是否合理以及哪些方面还需要借鉴,与其他诉讼法典相比存在哪些缺陷,在哪些方面需要进一步修改完善等问题都有赖于通过民事诉讼法学研究逐步加以解决。例如,全国人民代表大会常务委员会虽然已于 2007 年对 1991 年通过的《民事诉讼法》进行了一次修改,但因此次修改较为仓促且仅为局部内容的修改,修改过程中也较少征求和吸收专家学者的意见,并没有取得良好的收效,目前民事诉讼法学界和立法、司法实务部门正在酝酿全面修改现行民事诉讼法,以便更好地解决民事纠纷。

### (三)民事诉讼司法实践

理论研究是为了服务于社会实践,制定民事诉讼法也是为了解决实践中发生的各种民事纠纷,因此,民事诉讼的司法实践必然是民事诉讼法学的重点研究对象。民事诉讼法学应该注重实证主义研究和法社会学的研究方法,关注诉讼成因、诉讼行为、诉讼心理、诉讼效果等各种民事诉讼的具体实践问题。

### (四)民事诉讼法的历史

民事诉讼法的历史是民事诉讼法学研究不可或缺的方面。研究世界各国尤其是本国民事诉讼法的历史,有助于了解民事诉讼法的来龙去脉及其发展规律,总结经验教训,更好地服务于民事诉讼法学研究和现行民事诉讼法的

---

① 自资产阶级革命胜利以来,大陆法系国家陆续制定了民事诉讼法典,如 1806 年的法国民事诉讼法典,1877 年的德意志联邦共和国民事诉讼法。英美法系国家虽然以判例法为传统,但是上世纪以来民事诉讼法领域也逐步出现了法典化的现象,如美国最高法院 1938 年经国会授权制定了《美国联邦民事诉讼规则》,英国也于 1999 年制定了《英国民事诉讼规则》。这一现象表明,大陆法系国家和英美法系国家在民事诉讼法的当代发展上出现了趋同化的趋势。资料来源见沈达明编著:《比较民事诉讼法初论(上下册)》,中信出版社 1991 年版;常怡主编:《比较民事诉讼法》,中国政法大学出版社 2002 年版。

② 例如,新中国的两部民事诉讼法即 1982 年制定的《中华人民共和国民事诉讼法(试行)》和 1991 年制定的《中华人民共和国民事诉讼法》都有民事诉讼法学者的积极参与,全国人大常委会甚至邀请民事诉讼法学者组成专家组直接参与起草法律草案。

完善。

## 三、民事诉讼法学的研究方法

民事诉讼法学属于法学的一个分支学科,因而一般法学的研究方法也适用于民事诉讼法学研究。但是,一般法学的研究方法种类繁多,如文献研究法、定性分析法、定量分析法、实证研究法、比较研究法、功能分析法、系统科学方法等等,这些社会科学甚至自然科学的研究方法都在民事诉讼法学研究领域中有所应用。本书重点介绍民事诉讼法学常用的四种研究方法,即逻辑分析法、实证研究法、比较研究法和历史研究法。

### (一)逻辑分析法

众所周知,法律体系是一个逻辑性极强的结构体系。在某种意义上,法学就是逻辑之学,因而逻辑分析法必然是一切法学研究经常使用的基础方法。虽然我们反对从概念到概念,从规则到规则,但在民事诉讼法学研究中演绎推理、分析归纳都是必不可少的,也是需要经常运用的。从民事诉讼的基本原理到制度框架,从民事诉讼的概念、性质、特点到民事诉讼的分类,从民事诉讼的价值、原则和功能到民事诉讼的制度和程序构成,从民事诉讼的法律关系到民事诉讼的构造,都需要我们在熟练掌握逻辑分析法的基础上进行思考、理解、总结和反思。

### (二)实证研究法

正如美国司法史上的著名法官奥·温·霍姆斯所言,“法律从来不是逻辑,它一向是经验”[①],民事诉讼法尤其如此。可以说,包括民事诉讼法学在内的三大诉讼法学比任何其他部门法学都具有更强的实践性。虽然如前所述,民事诉讼法学的研究离不开逻辑分析的方法,但是实证研究才是民事诉讼法学研究的灵魂和精髓所在。过去人们之所以批评我国民事诉讼法学研究“幼稚”或者“贫困”,主要原因就在于学者们往往习惯于坐而论道、满足于“注释主义法学”对民事诉讼法的亦步亦趋,缺乏实证研究的精神,不关心更不了解民事诉讼的具体运作过程及实践中存在的种种问题。这就需要我们在民事诉讼

---

① 有关霍姆斯现实主义法学思想的论述可参阅沈宗灵教授所著:《现代西方法哲学》,北京大学出版社 1992 年版。

法学研究中充分运用社会调查法、个案研究法等多种实证主义研究方法，关注诉讼成因、诉讼行为、诉讼心理等各种民事诉讼的实践问题，关注司法操作过程和诉讼策略与技巧，关注诉讼程序的社会功效，以便有的放矢，更好地发现问题和解决问题。

**（三）比较研究法**

有比较才有鉴别，作为以“法律移植”为主的中国当代法治建设尤其需要比较与借鉴。我们注意到，改革开放以来，我国法学界在实体法领域包括民法领域的比较与借鉴较为深入，在刑事法律领域包括刑事诉讼法领域的比较与借鉴也颇有建树，唯独在民事诉讼法方面的比较与借鉴还显得异常薄弱。这就需要我们加强民事诉讼法的比较研究，了解、分析其他国家或地区的民事诉讼制度，借鉴其先进因素。

**（四）历史研究法**

如前所述，研究世界各国尤其是本国民事诉讼法的历史，有助于了解民事诉讼法的来龙去脉及其发展规律。只有在民事诉讼法学研究中充分运用历史研究的方法，才能更好地总结经验教训，更好地进行比较借鉴，更好地服务于现行民事诉讼法的完善和民事诉讼实践。

# 第二章 民事诉讼法的基本原则

## 第一节 概述

### 一、民事诉讼法基本原则的概念

#### (一)民事诉讼法基本原则的概念

民事诉讼法的基本原则,是指民事诉讼法规定的,在民事诉讼整个过程中或者某个重要阶段起指导作用的准则①,是民事诉讼法基本价值——诉讼公正与诉讼秩序——的集中反映,是民事诉讼法的核心和精神实质,民事诉讼的一系列程序和制度,都是在基本原则的指导下建立起来的。一方面,它是民事诉讼法价值向民事诉讼法律制度过渡的中介与桥梁;另一方面,它贯穿于民事

① 关于我国民事诉讼法的基本原则,现有教科书大致有三种表述:一是认为民事诉讼法基本原则是指在民事诉讼的整个过程或者在重要的诉讼阶段起指导作用的准则;二是认为民事诉讼法基本原则是指在民事诉讼的整个过程起指导作用的准则;三是认为民事诉讼法基本原则是指贯穿于整个《民事诉讼法》和民事诉讼过程的根本性和指导性规则。三种表述之间的主要差别,主要集中在基本原则的覆盖范围上。有的学者认为,既然是“基本原则”,就应当从始至终覆盖整个民事诉讼程序,但是我国立法中规定的基本原则很多都无法做到这一点;还有的学者认为,基本原则是指该原则在民事诉讼法中基础性的地位,它虽然无法覆盖整个程序,但是对整个民事诉讼程序具有重大影响,例如法院调解原则即只能适用于审判阶段,但这一阶段的活动对双方当事人处分自己的权利,对法院审理民事案件的结果等,都具有重要影响,因而法院调解原则虽未贯穿于整个民事诉讼程序中,但也是民事诉讼的基本原则之一。相比较而言,第一种表述比较客观地反映了我国民事诉讼法基本原则的情况,其中有些基本原则能对民事诉讼的整个过程起指导作用,如当事人诉讼权利平等原则等;有些基本原则则只对某个诉讼阶段起指导作用,但该阶段的诉讼活动,对整个民事诉讼程序具有重大影响。

诉讼立法与民事诉讼实践之中，指导着民事诉讼的活动，为人民法院的审判活动和诉讼参与人的诉讼活动指明方向。因此，研究民事诉讼法的基本原则，有利于深入理解民事诉讼法的价值，有利于准确把握民事诉讼的各项具体程序和制度。

### (二)民事诉讼法基本原则的内容

学界将民事诉讼法基本原则划分为共有原则和特有原则两大类。共有原则，是指根据《宪法》原则而制定的基本原则，具体体现在《民事诉讼法》和其他有关法律当中，这些原则是适用于民事诉讼法和其他法律部门的共通性原则；特有原则，是指反映民事诉讼法特点和适用方面特殊要求的基本原则，具体体现在《民事诉讼法》第一章，主要包括当事人诉讼地位平等原则、同等原则、对等原则、法院调解原则、辩论原则、处分原则、检查监督原则、支持起诉原则，特有原则在民事诉讼中能够发挥比较的具体作用，在这些原则的指导下，民事诉讼法制定了基本制度，主要包括：合议制度、公开审判制度、回避制度、两审终审制度。

## 二、民事诉讼法基本原则的功能

《民事诉讼法》第 2 条规定：“中华人民共和国民事诉讼法的任务，是保护当事人行使诉讼权利，保证人民法院查明事实，分清是非，正确适用法律，及时使用法律，及时审理民事案件，确认民事权利义务关系，制裁民事违法行为，保护当事人的合法权益，教育公民自觉遵守法律，维护法律秩序、经济秩序，保障社会主义建设事业顺利进行。”

### (一)民事诉讼法基本原则具有规范民事诉讼具体制度和规则的功能

民事诉讼法是一个由多方面的具体诉讼制度和规范组成的统一体，各种繁杂的制度和规范要形成一个协调一致、互不矛盾的体系，必须要有一些根本的出发点，由此演绎出法律的全部内容，这就是法律的基本原则。它隐含于具体的法律规定之中，并决定着这些具体法律规定的走向。所以，在制定民事诉讼法时，民事诉讼法的基本原则产生于具体制度和规范之前，它是各项具体法律规定的基础和来源。

### (二)民事诉讼法基本原则具有规范诉讼主体行为的功能

在民事诉讼中,法官、当事人和其他诉讼参与人都应当严格遵守民事诉讼法规定的制度和规范。但是,由于民事诉讼活动具有复杂性,民事诉讼法不可能毫无遗漏地包容民事诉讼活动的方方面面,诉讼中总会遇到一些法律没有对其进行规定的具体问题。另外,民事诉讼立法中有的制度和规范可能比较模糊,甚至有的制度和规范之间还可能出现矛盾的情形。在上述情形下,就必须根据民事诉讼法的基本原则的规定,由承办案件的法官作出处理,或者由最高司法机关作出司法解释,从而起到规范诉讼主体行为的作用。从另一个角度看,民事诉讼法基本原则是民事诉讼各种制度和规范的本源,它对于法院、当事人和其他诉讼参与人正确理解民事诉讼法的立法意图,正确实施民事诉讼法的各项制度和规范,规范各诉讼主体的行为,具有重要的实践意义。

## 第二节　当事人诉讼权利平等原则

我国《民事诉讼法》第 8 条规定:"民事诉讼当事人有平等的诉讼权利。人民法院审理民事案件,应当保障和便利当事人行使诉讼权利,对当事人在适用法律上一律平等。"这是我国当事人诉讼权利平等原则的法律依据。

当事人诉讼权利平等原则,是指规范民事诉讼中双方当事人诉讼地位平等,享有同等的诉讼权利和承担对等的诉讼义务,人民法院应当为双方当事人平等地行使诉讼权利提供保障和便利的行为准则。主要包括以下几方面的内容:

1. 当事人各方的诉讼地位应当完全平等。当事人的诉讼地位,亦即当事人在诉讼中的法律地位。在民事诉讼中,由于诉讼标的涉及的是民事实体法律关系,双方争议是基于民商法产生的平等主体之间的争议,当事人双方自然应当具有完全平等的法律地位。赋予当事人在诉讼中以平等的身份和地位关系,既是民商事法律关系平等原则的具体体现,也是确保诉讼客观公正的必然要求。立法上确立当事人双方平等的诉讼地位,不仅是当事人顺利行使有关诉讼权利的前提,而且可以从制度上避免因当事人不同的个人身份、家庭背景和社会关系而对诉讼过程和诉讼结果可能产生的不良影响。

2. 当事人各方享有同等的诉讼权利,承担对等的诉讼义务。当事人拥有平等的诉讼地位,也就是享有同等的诉讼权利,承担对等的诉讼义务。当事人在诉讼权利上，有些权利是完全相同的，有些权利是不相同而是相对应的。如，原告有起诉权、提出请求权；被告有反诉权、反驳诉讼请求权。如在应当出庭的情况下，原告不出庭或者中途退庭，法院可以按撤诉处理或者作出缺席判决；被告不出庭，法院可以对其进行拘传或作出缺席判决。这些对等性的权利虽然因发起诉讼的先后有差异，但只具有形式上的意义，这些不同而相对应的诉讼权利和诉讼义务，正是表明了当事人的诉讼地位是平等的。

3.人民法院应当保障当事人各方在适用法律上完全平等。权利只有被赋予了实现的机会和手段，才能实现从书本到实践的转换，将主观的法转变为客观的法。在民事诉讼过程中，保障当事人诉权的平等实现是人民法院的职责，人民法院不仅应当保障当事人诉讼权利的实现，而且还应当保障当事人平等地实现其实体权利，这就要求对当事人双方在适用法律上应当完全平等。在立法规定的前提下，人民法院应当为当事人创造平等地行使诉讼权利的机会，并且平等地要求当事人履行诉讼义务。对一切诉讼当事人，无论其性别、年龄、民族、种族、出身、宗教信仰、文化程度、财产状况如何，也无论其职业身份、家庭背景、社会关系如何，人民法院均应为其平等地提供行使诉讼权利的条件和手段，无差别地给予双方当事人同等或者对等的司法保护。对当事人双方在适用法律上一律平等，既是法律面前人人平等原则的具体落实，也是人民法院依法履行职权的题中应有之义。只有在司法过程中排除一切特权意识和特权行为，平等对待双方当事人，才能彻底实现司法公正的理想目标。

## 第三节　同等原则与对等原则

我国《民事诉讼法》第 5 条规定：“外国人、无国籍人、外国企业和组织在人民法院起诉、应诉，同中华人民共和国公民、法院和其他组织有同等的诉讼权利义务。外国法院对中华人民共和国公民、法人和其他组织的民事诉讼权利加以限制的，中华人民共和国人民法院对该国公民、企业和组织的民事诉讼权利，实行对等原则。”这是同等原则和对等原则的法律依据。

同等原则和对等原则，表明在中国法院进行民事诉讼的外国当事人与中国当事人具有平等的诉讼地位。同时，出于对中国当事人权益保护的必要，遇到外国法院对中国当事人的民事诉讼权利加以限制的，中国法院也相应地限制该外国当事人在中国民事诉讼中的诉讼权利。

同等原则和对等原则是国家主权原则的体现。主权国家之间，应当以平等互惠为原则，相互之间应当提供诉讼上的方便，实行无差别的对待。通常情况下，外国当事人和中国当事人在诉讼上应当是平等的，而对等原则是在国家之间对外国当事人在诉讼权利上的相互限制的条件下实行的。

## 第四节 法院调解原则

### 一、法院调解制度的历史发展

法院调解是我国民事诉讼的显著特色之一，是对我国人民司法工作的优良传统和成功经验的总结。早在抗日战争时期，各根据地法院就普遍将调解作为处理民事案件的重要方式。著名的“马锡五审判方式”就是以强调依靠群众，调查研究，用调解方式解决民事纠纷而成为新中国民事审判工作楷模的。同时期根据地人民政权的法院也将“调解为主、审判为辅”作为解决民事纠纷的重要方针。新中国成立后，我国各级人民法院仍然非常重视法院调解。1956 年最高人民法院提出了“调查研究、就地解决、调解为主”的十二字民事审判工作方针，20 世纪 50 年代后期这一方针又被发展为“依靠群众，调查研究，调解为主，就地解决”的十六字方针。1982 年，试行民事诉讼法的第 6 条结合我国民事审判工作的经验将“十六字”方针中的“调解为主”改为“着重调解”，并强调“调解无效的，应当及时判决”。“着重调解”的提法虽然在用语上避开了“调解为主，审判为辅”的提法，但“着重调解”相对的一面就是“着轻判决”，仍保持着调解为主和调解优先的基调，不能正确处理调解与判决的关系。因此，1991 年民事诉讼法将其修改为“人民法院审理民事案件，应当根据自愿和合法的原则进行调解”，从而使法院调解原则的含义更明确、更科学，并正确反映了法院调解在民事诉讼中的地位，克服了法院审判实践中存在的重调解轻判决，压服式的非自愿性调解，“和稀泥”式的无原则调解及久调不决等问题。为了保证人民法院正确调解民事案件，及时解决纠纷，保障和方便当事人依法行使诉讼权利，节约司法资源，根据《民事诉讼法》等法律的规定，结合人民法院调解工作的经验和实际情况，2004 年 9 月 16 日，最高人民法院公布了《关于人民法院民事调解工作若干问题的规定》，对人民法院在审理民事案件中的民事调解工作作了具体的规定，进一步规范了我国人民法院的民事调解工作。

## 二、法院调解原则的法律依据及内涵

《民事诉讼法》第 9 条规定:“人民法院审理民事案件,应当根据自愿和合法的原则进行调解,调解不成的,应当及时判决。”这是我国法院调解原则的法律依据。法院调解原则,是指在民事诉讼中法院在当事人自愿的前提下,组织双方当事人依法定程序对争议的问题进行协商,并通过协商达成协议。法院调解原则主要包括以下几方面的内容:

(1)法院调解是人民法院依法行使审判权的一种方式,也是一种重要的结案方式。

法院调解既是依法行使审判权的一种方式,也是一种重要的结案方式。法院调解活动贯穿于民事诉讼整个过程中,在第一审程序中,开庭审理前法院可以主持调解,开庭审理中或者辩论结束后,法院还可以调解;在第二审程序、审判监督程序中,法院均可以进行调解。人民法院审理民事案件,应根据需要和可能性通过调解的方式化解双方的矛盾、消除双方的分歧,促使双方互相谅解,达成协议,解决纠纷。对当事人不愿意就争议进行协商达不成协议的,人民法院应当及时作出判决,不应久调不决。

(2)人民法院进行调解时应当遵循自愿和合法原则。法院调解是通过当事人双方共同协商而结案的,因而必须以尊重当事人意愿为前提。一方面,是否运用调解方式解决纠纷必须征得当事人双方同意,只有一方当事人同意,而另一方当事人不同意调解的,法院不得进行调解,这即程序上的自愿;另一方面,调解达成的协议的内容必须是当事人双方在调解人的斡旋下互谅互让,自愿协商的结果,这即实体上的自愿。另外,法院调解必须以合法为前提,是指调解的进行必须符合法律的规定,这包括两方面的具体要求:一方面是程序上的合法,指法院调解活动必须遵照民事诉讼法规定的程序进行,调解的方式、步骤,调解协议的达成和调解书的送达均应符合民事诉讼法的规定;另一方面是实体上的合法,指双方当事人经过调解达成的协议内容必须符合法律的规定,不得损害国家、集体和第三人的合法权益。

我国《民事诉讼法》确立法院根据自愿、合法的原则进行调解的原则的主要依据是:第一,调解与中国的传统文化、民族心理相联系。“以和为贵”的思想在中国广大人民群众中占据着重要的地位。第二,调解是贯彻诉讼民主原则的体现,与私法自治原则、当事人处分原则的精神相一致。在调解中,当事人双方自愿协商,使纠纷的处理更能够真正体现当事人的真实意愿。第三,调解与民事诉讼的目的和任务相一致。双方当事人在法院的主持下自愿、合法地达成调解协议,能够实现及时审理民事案件、稳定民事法律关系、维护当事人合法权益的诉讼目的和任务。第四,调解具有提高诉讼效率、减少或避免滋生新的纠纷等独特的优点。我国民事诉讼中确立和贯彻调解原则符合诉讼效率价值的要求。

## 三、适用法院调解原则应注意的问题

我国《民事诉讼法》把法院根据自愿与合法的原则进行调解的原则确定为一项基本原则,反映了我国《民事诉讼法》的中国特色。坚持自愿、合法进行调解的原则,必须反对两种倾向:一是忽视调解的意义,把调解工作看成是可有可无的工作;二是过高估计调解的意义,没有正确地认识调解的局限性,滥用调解,对民事案件久调不决。第二种倾向在我国民事诉讼实践中时有发生,必须坚决克服。调解是人民法院审结民事案件的重要形式,但不是唯一形式,当事人一方或者双方不愿调解或者调解无效的,应当及时判决。另外,调解一般也不是民事诉讼的必经程序,对于那些不能调解或没有调解条件的案件,应当判决结案。人民法院审理离婚案件,应当进行调解,但同样应当坚持当事人双方自愿原则,且不应久调不决。此外,根据最高人民法院《关于人民法院民事调解工作若干问题的规定》,人民法院在适用调解原则时,应注意以下几个问题:

(1)调解原则的适用范围。人民法院对于有可能通过调解解决的民事案件,应当调解。但适用特别程序、督促程序、公示催告程序的案件,婚姻关系、身份关系确认案件以及其他依案件性质不能进行调解的民事案件,人民法院不予调解。

(2)调解的时间及调解期间的审限计算。人民法院对受理的第一审、第二审和再审民事案件,可以在答辩期满后裁判作出前进行调解。在征得当事人各方同意后,人民法院可以在答辩期满前进行调解;在答辩期满前人民法院对案件进行调解,适用普通程序的案件在当事人同意调解之日起 15 天内,适用简易程序的案件在当事人同意调解之日起 7 天内未达成调解协议的,经各方当事人同意,可以继续调解。延长的调解期间不计入审限。当事人申请庭外和解的期间,不计入审限;

(3)对当事人调解协议内容的确认。当事人调解协议的内容超出诉讼请求的,人民法院可以准许;调解协议约定一方不履行协议应当承担民事责任的，人民法院应予准许；调解协议约定一方不履行协议，另一方可以请求人民法院对案件作出裁判的条款，人民法院不予准许；调解协议约定一方提供担保或者案外人同意为当事人提供担保的，人民法院应当准许。

人民法院经审查，发现调解协议具有下列情形之一的，不予确认：①侵害国家利益、社会公共利益的；②侵害案外人利益的；③违背当事人真实意思的；④违反法律、行政法规禁止性规定的。

(4)调解协议的效力。根据《民事诉讼法》第 90 条第 1 款第(四)项规定，当事人各方同意在调解协议上签名或者盖章后生效，经人民法院审查确认后，应当记入笔录或者将协议附卷，并由当事人、审判人员、书记员签名或者盖章后即具有法律效力。当事人请求制作调解书的，人民法院应当制作调解书送交当事人。当事人拒收调解书的，不影响调解协议的效力。一方不履行调解协议的，另一方可以持调解书向人民法院申请执行。

## 第五节　辩论原则

我国《民事诉讼法》第 12 条规定，“人民法院审理民事案件时，当事人有权进行辩论”，这是辩论原则的法律依据。辩论，是当事人维护自身合法权益的诉讼行为。辩论权，是当事人的诉讼权利，当事人双方就有争议的问题，相互进行辩驳，通过辩论揭示案件的真实情况，只有通过辩论核实的事实才能作为判决的根据。

辩论原则，是指在民事诉讼中，双方当事人在法院的主持下，有权就案件事实和争议的问题，各自陈述自己的主张和依据，互相进行反驳和答辩，以维护自己的合法权益。主要包括以下几方面的内容：

(1)民事诉讼中的辩论，是在人民法院的主持下进行的，参加者是当事人双方以及依法享有辩论权的诉讼代理人。拥有辩论权的主体是当事人及其享有法定辩论权的诉讼代理人，其他的诉讼参与人在诉讼中表达自己的意见，不是诉讼意义上的辩论。法院是辩论的主持者，当事人就对方提出的主张、理由和证据进行争论，应当在法院的主持下进行，否则不产生辩论的法律效力。

(2)辩论的形式包括口头和书面的。口头形式具有一定的快捷性和便利性，口头表达的方式，能够使得法官通过语气、眼神、面部表情、神态等自然特征恰当地把握表达内容的真实程度。通过口头表达的过程，能够针对争点进行针锋相对的辩论，有利于发现案件真实，但是由于口头辩论被限定在法庭这个固定场所，并且要求对裁判法官这个特定对象作出，因此没有书面形式那么便捷灵活，因而书面辩论的方式也是广泛存在的，尤其是一些重要的诉讼资料，都需要以书面的方式提出，当事人向法院提出起诉状和答辩状，以及向法院提交的对自己口头辩论的进一步说明的书面材料，都是书面辩论的表现形式。

(3)辩论的内容包括程序问题、实体问题和证据问题。程序问题包括，当事人是否合格，当事人的某项诉讼行为是否符合法定要求以及代理人是否有代理权等，当事人双方均可依据自己的意志提出否定或者肯定的意见。实体方面的问题通常是辩论的焦点，借助于辩论过程所获得的诉讼资料成为人民法院认定案件事实的基础，进而成为本案裁判的基础。

(4)辩论权的行使，贯穿于诉讼全过程，而不是仅仅限于开庭审理的辩论阶段。不能简单地把辩论限于开庭审理的辩论阶段，更不能把辩论原则混同于法庭辩论，在开庭审理之前当事人之间通过书面的形式各自阐述自己的观点或者反驳对方的观点，都属于辩论的范畴。

## 第六节　处分原则

我国《民事诉讼法》第 13 条规定："当事人有权在法律规定的范围内处分自己的民事权利和诉讼权利。"这是处分原则确立的法律依据。

所谓处分自由原则，是指民事诉讼当事人有权在法律规定的范围内自由处分自己的民事诉讼权利和民事实体权利，人民法院或者其他任何组织和个人均不得对其处分行为进行非法干涉。

处分自由原则首先意味着民事诉讼当事人有权在法律规定的范围内自由处分自己的民事实体权利和民事诉讼权利。对实体权利的处分包括：诉讼主体可以决定是否提起民事诉讼以及请求保护的范围，体现在诉讼请求中，即以何种方式予以多大程度的权利保护；在诉讼过程中，当事人还可以撤诉、变更诉讼请求，以及扩大请求保护的范围；在诉讼中，原告可以全部放弃其诉讼请求，被告可以部分或者全部承认原告的诉讼请求；当事人双方可以达成或者拒绝达成调解协议，在判决未执行完毕之前，双方当事人随时可以就实体问题进行和解。实体权利受到损害后，当事人对实体权利的保护和实现往往是通过对诉讼权利的处分予以实现的，主要包括：行使起诉权，寻求司法对实体权利保护的救济；行使撤诉权，终结诉讼程序，放弃司法救济；被告提起反诉，对抗原告的诉讼请求;委托诉讼代理人代为进行诉讼;出现回避事由之后申请回避;申请或者同意以法院调解的方式解决纠纷;与第一审判决有关而提起上诉或者不上诉等,这些程序性事项都属于当事人自由处分的范畴。处分自由原则的实质,是诉讼当事人可以自行决定是否行使某一法定权利,包括是否主张某一权利和是否放弃某一权利。这里值得特别强调的是,当事人采取不同的处分态度和处分方式,会对其利益产生截然不同的影响,而且一经处分,当事人将很难寻求恢复原状的途径。当事人依法可以主张的权利,如果因其行使处分自由权而放弃,其可能产生的不利后果必须由当事人自行承担。

在民事诉讼中,各国立法之所以承认和强调当事人的处分自由,主要取决于民事诉讼案件涉及的民事实体法律上主体平等和自治的基本精神。民事诉讼案件发生在平等主体之间,并且发生在民商法领域。因为民事实体权利义务关系发生争议,当事人才将争议事项提交诉讼解决,这种争议的程序解决机制自然应当与其实体精神具有一致的逻辑,即应遵循意思自治和处分自由的原则。另一方面,民事争议毕竟属于"私"的争议,这种争议的社会危害性相对较小,实行当事人处分自由处分原则一般不会严重影响国家、社会以及他人的利益。这一原则也表明,与他种诉讼尤其是刑事诉讼相比,民事诉讼具有较少的国家干预的色彩。处分自由原则是民法上意思自治、契约自由原则在民事诉讼领域的自然延伸,也是民事诉讼与刑事诉讼、行政诉讼的显著区别。

当然,处分自由原则并不是毫无限制的,当事人的处分自由权必须在法律规定的范围内行使。自由不得逾越法律的界限,这是合理行使一切权利的基本准则。处分自由原则同时意味着民事诉讼当事人有权在法律规定的范围内自由处分自己的民事实体权利。原告人起诉时如何确定诉讼请求的方式和范围,诉讼中原告人是否追加、变更、放弃自己的诉讼请求,被告人是否承认、接受对方的诉讼请求,是否接受对方的和解意见或者接受法庭的调解意见,这些实体性事项也属于当事人自由处分的范畴。同样地,当事人一方或者双方对这些实体性事项既可以主张相应的诉讼权利,也可以放弃这些权利。

## 第七节 检察监督原则

我国《宪法》第 129 条规定:"中华人民共和国人民检察院是国家的法律监督机关。"《民事诉讼法》第 14 条规定:"人民检察院有权对民事审判活动实行法律监督。"这是检察监督原则的法律依据。

所谓检察监督原则,是指人民检察院有权对民事诉讼活动进行法律监督,人民法院及其他诉讼参与者都应当接受人民检察院的合法监督。人民检察院依照法律规定独立行使检察权,不受行政机关、社会团体和个人的干涉。依法接受人民检察院的法律监督,是中华人民共和国每一个公民、法人和其他组织的义务。该原则主要包括以下几方面的内容:

1. 人民检察院有权对人民法院的审判活动进行法律监督,人民法院在民事审判活动中必须接受人民检察院的法律监督。检察监督的首要目的,在于对法院的审判工作进行监督,以便防止司法权力的滥用,防止"冤假错案"的发生,确保司法公正。从《民事诉讼法》的具体规定来看,人民检察院对民事诉讼的法律监督,主要是通过提起审判监督程序实现的。当然,如果审判人员在审理民事案件时有贪污受贿、徇私舞弊、枉法裁判行为并构成犯罪的,人民检察院还可以根据《刑事诉讼法》的规定进行立案侦查,依法追究其刑事责任,这也是人民检察院对民事诉讼行使法律监督职能的方式之一。

2. 人民检察院对审判活动进行监督的具体方式,是根据审判监督程序的规定,对于人民法院已经发生法律效力的判决、裁定,人民检察院如果认为有错误的,应当提出抗诉,启动再审程序,并派员出席再审法庭。

《民事诉讼法》第 187 条规定:"最高人民检察院对各级人民法院已经发生法律效力的判决、裁定,上级人民检察院对下级人民法院已经发生法律效力的判决、裁定,发现有本法第一百七十九条[①]规定情形之一的,应当提出抗诉。地方各级人民检察院对同级人民法院已经发生法律效力的判决、裁定,发现有本法第一百七十九条规定情形之一的,应当提请上级人民检察院向同级人民

---

① 我国现行《民事诉讼法》第 179 条规定的具体内容是:"当事人的申请符合下列情形之一的,人民法院应当再审:(一)有新的证据,足以推翻原判决、裁定的;(二)原判决、裁定认定的基本事实缺乏证据证明的;(三)原判决、裁定认定事实的主要证据是伪造的;(四)原判决、裁定认定事实的主要证据未经质证的;(五)对审理案件需要的证据,当事人因客观原因不能自行收集,书面申请人民法院调查收集,人民法院未调查收集的;(六)原判决、裁定适用法律确有错误的;(七)违反法律规定,管辖错误的;(八)审判组织的组成不合法或者依法应当回避的审判人员没有回避的;(九)无诉讼行为能力人未经法定代理人代为诉讼或者应当参加诉讼的当事人,因不能归责于本人或者其诉讼代理人的事由,未参加诉讼的;(十)违反法律规定,剥夺当事人辩论权利的;(十一)未经传票传唤,缺席判决的;(十二)原判决、裁定遗漏或者超出诉讼请求的;(十三)据以作出原判决、裁定的法律文书被撤销或者变更的。对违反法定程序可能影响案件正确判决、裁定的情形,或者审判人员在审理该案件时有贪污受贿,徇私舞弊,枉法裁判行为的,人民法院应当再审。"

法院提出抗诉。"人民检察院决定对人民法院的判决、裁定提出抗诉的，应当制作抗诉书。人民检察院提出抗诉的案件，人民法院应当再审。人民检察院提出抗诉的案件，人民法院再审时，应当通知人民检察院派员出席法庭。最高人民检察院 1992 年发布的《关于民事审判监督程序抗诉工作暂行规定》第 11 条以司法解释的方式对此进一步明确："检察长、检察员出席法庭的任务是：(一)宣读抗诉书；(二)参加法庭调查；(三)说明抗诉的根据和理由；(四)对法庭审判活动是否合法实行监督。"

就目前而言，在民事诉讼中，检察监督的对象是法院的民事审判活动和法官的相关行为，而不包括当事人的诉讼活动，也不具体参与通常的民事诉讼活动。

当然，值得一提的是，诉讼法学界和司法实务界一直对民事诉讼法是否有必要确立检察监督原则存在争论[①]，还有论者认为民事诉讼中的检察机关抗诉只是一种诉讼程序机制，与监督无关，更谈不上民事诉讼法确立了检察监督原则，实践中要想真正实现检察监督也几乎是不可能的[②]。另外，有人认为民事诉讼法虽然确立了检察监督原则，但是检察监督仅限于检察机关在民事裁判生效后进行抗诉这种"事后监督"方式是远远不能达到司法监督目的的。这些问题显然都有待进一步深入讨论[③]。当前，已经有人提出了针对国家和集体利益被侵犯而权利主体缺位或者相关权利主体怠于行使权利的情况建立检察机关民事公诉制度的设想，还有人提出检察机关应当有权为了维护社会公共利益而以原告的身份提起民事公益诉讼，这些应该都是丰富和深化检察监督原则内容的有益思路。

---

① 参见江伟主编：《民事诉讼法专论》，中国人民大学出版社 2008 年版，第 414 页。该书第十六章"审判监督程序与再审程序"的作者认为："检察院对司法的'监督'借助这种民意而从学者和公众那里获得了正当性。民事检察监督权被匆匆写入法律……检察院俨然以'法律监督者'的公权身份出现，却担任了私人纠纷当事人的保护者和代言人，与整个国家权力体系中所有其他机构一道，在'监督'与'民权'旗帜的掩护下站在了'人民'一边；只有掌握审判权的'人民'法院，被权利复兴和权力制约的似是而非的口号推向了人民(和站在人民背后的'监督'者)的对立面。"

② 事实上，各级法院长期以来都对人民检察院就生效民事、行政裁判提出抗诉都存在抵触心理，由于法律上缺少具体操作性规定，很多法院在审理检察院抗诉案件时甚至不给检察人员设立席位，检察人员一般也只是宣读《抗诉书》之后就退庭了事，很少参与案件的再审过程，自然也无从进行切实有效的监督。

③ 参见刘家兴主编：《民事诉讼法学教程》，北京大学出版社 1994 年版，第 74 页；江伟主编：《民事诉讼法》，高等教育出版社 2007 年第 3 版，第 37 页。

# 第三章 审判权、审判组织和审判制度

## 第一节 民事审判权

### 一、民事审判权的概念

审判权是与国家立法权、行政权相对的第三种国家权力。在英语中，审判权与司法权、管辖权均出自同一词语 jurisdiction。我国现行《宪法》第 123 条规定："中华人民共和国人民法院是国家的审判机关。"第 126 条规定："人民法院依照法律规定独立行使审判权。"这是人民法院依法独立行使审判权的法律依据，明确了法院行使审判权的正当性。

根据审判权作用对象的性质不同，可以将审判权划分为刑事审判权、民事审判权和行政审判权。由于审理案件的性质不同，审判权的具体权能和行使条件也有所不同。民事审判权是指人民法院对民事案件进行审理和裁判的权能。以民事案件是否存在争议为标准，在制度上还可以进一步将其划分为争讼案件的审判权和非讼案件的审判权。一个国家确立民事审判权的范围通常与这个国家的宪政结构和法律传统有关，不同国家其审判权的具体权能以及行使方式表现不同。但是，无论是英美法系国家还是大陆法系国家，民事审判权的范围都是由本国宪法和法律明确确定的。对民事审判权概念的界定，有助于明确人民法院与其他国家机关之间解决民事纠纷的权力界限。

### 二、民事审判权的内容

在动态意义上，民事诉讼是人民法院在当事人和其他诉讼参与人都参加的情况下，审理和解决民事案件的诉讼活动，在这一过程中，民事审判活动主要是围绕着对民事案件的事实认定和法律规范的适用而进行审理并作出裁判的活动。其中，审理权，即通过审理行为对与案件有关的程序事项和实体事项进行审查核实的权力；裁判权，即根据审理结果，通过裁判行为，认定案件的事实和进行法律适用，解决当事人之间争议的权力。审理和裁判是民事诉讼活动的主要内容，因此，审判权可以分解为审理权和裁判权。此外，为了保障诉讼程序的顺利进行人民法院还会行使一些其他权力，这些权力也是审判权内容的一个部分，即诉讼指挥权。另外，从广义的角度理解，强制执行也是民事诉讼活动一个必不可少的组成部分，在执行程序中，通过执行行为，使得确定的法院裁判得以实施，当事人的实体权利得以实现，因此从广义上讲审判权还包括执行权。

狭义的审判权仅包括审理权和裁判权，但是审理和裁判的对象并不是无限的。一方面体现为审判权与其他国家权力之间在处理民事案件方面的权力配置，只有属于人民法院主管范围内的民事案件，才是审判权作用的对象；另一方面，在诉讼案件中，根据民事诉讼“不告不理”的基本原则，审理和裁判的对象应当以当事人所争议的权利义务关系为限，而法院也要围绕着当事人的主张和提出的证据行使审判权。不得作出与争讼的权利义务关系性质不同的裁判，也不得在当事人的诉讼请求以外进行裁判。

## 第二节　审判组织

### 一、民事审判组织的概念

审判组织是指人民法院对案件进行审理和裁判的组织形式，在民事诉讼中是人民法院对民事案件进行审判的法定组织形式。人民法院的民事审判必须通过审判组织对具体民事案件的审判来实现，审判组织是人民法院行使审判权，公正裁判民事案件的组织保证。因此，在立法上，必须科学规定民事审判组织的形式、职权范围、活动规则及其内部与外部关系。

根据《民事诉讼法》的规定，独任制与合议制是我国人民法院行使审判权的两种具体形式。人民法院审理民事案件，在审判组织形式上，以合议制为原则，以独任制为例外与补充。合议制，是民主集中制在我国民事审判活动中的体现。在司法实践中落实这一制度有利于充分发挥法官集体的智慧和力量，弥补法官个人知识上的缺陷和认识上的不足，避免可能出现的主观片面性，实现审判民主，有利于保证案件的公正裁判。另外，各级法院内部设置的负有对审判活动进行指导、监督、管理工作的审判委员会，在实质上也承担着审判组织的职能。

## 二、审判组织的种类

### （一）独任制

独任庭，是指由一名审判员独立地对案件进行审理和裁判的审判组织形式。根据我国民事诉讼法的规定，适用简易程序审理的民事案件，由审判员一人独任审理。除选民资格案件或者重大、疑难的案件，由审判员组成合议庭审理以外，其他按照特别程序审理的非诉案件由审判员一人独任审理。根据我国民事诉讼法对简易程序的规定，基层人民法院和它派出的法庭审理事实清楚、权利义务关系明确、争议不大的简单的民事案件，适用简易程序。

1. 适用的案件范围

只适用于简单的民事案件和一般民事非诉案件。根据《民事诉讼法》第142条的规定，简单民事案件是指事实清楚、权利义务关系明确、争议不大的民事案件。按照民诉法《适用意见》的解释，"事实清楚"，是指当事人双方对争议的事实陈述基本一致，并能提供可靠的证据，无需人民法院调查收集证据即可判明事实、分清是非；"权利义务关系明确"，是指谁是责任的承担者，谁是权利的享有者，关系明确；"争议不大"，是指当事人对案件的是非、责任以及诉讼标的的争执无原则分歧。一般民事非诉案件包括依照特别程序审理的除选民资格案件和重大、疑难的非诉案件以外的其他非诉民事案件。具体来说包括，宣告失踪或者宣告死亡案件，认定公民无民事行为能力或者限制民事行为能力的案件，以及认定财产无主的案件，其中重大、疑难的非诉案件排除独任制的适用。

2. 适用的法院范围

只适用于基层法院和它的派出法庭，中级以上人民法院不得适用。派出法庭，是指人民法院在法院之外的地点设立的固定的法庭和法院就地审理案件设立的临时法庭。

3. 适用的程序类型

只适用于诉讼案件的简易程序和非诉案件的特别程序，不适用于普通程序。

4. 适用的审级范围

只适用于一审程序，不适用于二审程序，对于基层法院按照一审程序审理的再审案件，即便是其他条件都符合，但是考虑到再审案件的复杂性，所以也就排除了独任庭的适用。

5. 适用的组织形式

独任制只能由人民法院的法官独任审判，陪审员不能独任审理案件。在基层人民法院适用简易程序、由法官独任审理过程中，发现案情复杂，需要转为普通程序的，可以转为普通程序，由合议庭进行审理。

从司法价值的理念上看，独任制这种审判组织，因决策上的快速和便捷，在追求诉讼效率上具有一定的优势，但仅限简单的民事案件。此外，诉讼效率并不是民事诉讼程序追求的唯一价值，在有限的诉讼资源的前提下，如何利用较少的诉讼资源获得最大限度的正义，才是程序设置所要追求的目标。因此，独任制的实行需要在我国现实的诉讼资源和积案压力下，在效率与正义之间寻找到恰当的平衡点，一方面在过程中保障最低限度的程序正义，另一方面在结果中实现相当的准确率，以达到圆满解决民事纠纷的目的。

### (二)合议庭

合议庭，是我国人民法院最主要的审判组织形式。合议制度，是指由三名以上的审判人员组成审判集体，可以由审判员组成也可以由审判员和陪审员共同组成，代表人民法院行使审判权，对案件进行审理并作出裁判的制度。根据我国《民事诉讼法》的相关规定，除了适用第一审按照简易程序审理的简单民事案件和按照特别程序审理的简单的特定非诉案件以外，所有民事案件的审理，都必须组成合议庭。合议庭评议案件，实行少数服从多数的原则。因此，合议庭成员人数必须是单数。评议的结果应当制作笔录，由合议庭成员签名。评议中的不同意见，必须如实记入笔录。由于诉讼程序中，不同审级的审判任务有所差别，因此，在合议庭的组成上也有所区别：

1. 第一审合议庭

根据我国《民事诉讼法》的规定，人民法院审理第一审民事案件，由审判员、陪审员共同组成合议庭或者由审判员组成合议庭。对于发回重审的案件，原审人民法院应当按照第一审程序另行组成合议庭。根据法律规定，第一审民事案件的合议庭可以有两种组织形式，一种是单纯由审判员组成的合议庭，另一种是由审判员和陪审员共同组成的合议庭。人民法院采取哪种形式的合议庭，取决于审理案件的需要，由人民法院根据情况自行决定安排，民事诉讼法未对具体适用作出规定。在民事非诉程序中，选民资格案件、其他适用特别程序审理的重大、疑难的民事非诉案件必须由审判员组成合议庭；公示催告程序中，人民法院判决宣告票据无效的，应当组成合议庭。对于有陪审员加入的合议庭来说，陪审员在合议庭中的人数比例，民诉法并没有作出限制性规定，也就是说，合议庭成员中至少要有一名是审判员，如果只有一名审判员的，该合议庭的审判长应当由该审判员担任。

根据法律规定，对于发回重审的案件，原审法院应当按照一审程序进行审理。如果原审法院是中级以上人民法院的，当然排除独任制审判；如果原审法院是基层法院或者它的派出法庭，考虑到案件正是因为复杂而发回重审，不可能权利义务关系清晰明确，所以也会排除独任制的适用，由合议庭进行审判。与此同时，为了达到程序救济的目的，该合议庭需要另行组织，原来审判该案的独任审判员或合议庭成员，不宜再行加入。

2. 第二审合议庭

根据我国《民事诉讼法》的规定，人民法院审理第二审民事案件，由审判员组成合议庭。据此得出，第二审合议庭不吸收陪审员参加。因为第二审是上诉审，不仅要对当事人之间的争议进行审理，而且还要对下级法院的审判活动实行监督，第二审的性质和任务决定了第二审只能是由审判员组成合议庭进行审理。这也是第二审合议庭与第一审合议庭的主要区别之处。

3. 再审合议庭

《民事诉讼法》第 41 条第 3 款规定："审理再审案件，原来是第一审的，按照第一审程序另行组成合议庭；原来是第二审的或者是上级人民法院提审的，按照第二审程序另行组成合议庭。"由此可见，再审合议庭的组成是由原审程序决定的。

对于按照第一审程序审理的再审案件，需要另行组成合议庭，即原来审判该案的独任审判员或合议庭成员，一律不得进入再审合议庭，以避免先入为主，保证再审案件审判组织的公正性。

### （三）审判委员会

1. 审判委员会的性质与职能

根据《人民法院组织法》的规定，审判委员会是人民法院内部领导审判工作的组织机构，它的主要任务是，总结审判工作经验，讨论重大、疑难案件，研究其他审判工作问题。2010 年 1 月 11 日发布的《最高人民法院关于改革和完善人民法院审判委员会制度的实施意见》（法发[2010]3 号）明确了审判委

员会的性质和职能，即审判委员会是人民法院的最高审判组织，履行审理案件和监督、管理、指导审判工作的职责，在总结审判经验，审理疑难、复杂、重大案件方面具有重要的作用。

此外，由于审判委员会是设置在法院内部的最高审判组织，因此，各个级别的法院都设有审判委员会。只是不同级别的法院，其审判委员会的职能，在具体内容上有所不同。最高人民法院审判委员会主要负责：①讨论疑难、复杂、重大案件；②总结审判工作经验；③制定司法解释和规范性文件；④听取审判业务部门的工作汇报；⑤讨论决定对审判工作具有指导性意义的典型案例；⑥讨论其他有关审判工作的重大问题。地方各级人民法院审判委员会主要负责：①讨论疑难、复杂、重大案件；②结合本地区和本院实际，总结审判工作经验；③听取审判业务部门的工作汇报；④讨论决定对本院或者本辖区的审判工作具有参考意义的案例；⑤讨论其他有关审判工作的重大问题。

2. 审判委员会的组成及运行规则

审判委员会除由院长、副院长、庭长担任审判委员会委员外，还应当配备若干名不担任领导职务，政治素质好、审判经验丰富、法学理论水平较高、具有法律专业高等学历的资深法官委员，应当配备若干名审判委员会专职委员。

审判委员会讨论案件实行民主集中制。审判委员会讨论案件按照听取汇报、询问、发表意见、表决的顺序进行，审判委员会的决议应当按照全体委员二分之一以上的多数意见作出。合议庭全体成员及审判业务部门负责人应当列席会议。审判委员会以会议决议的方式履行对审判工作的监督、管理、指导职责。

## 三、审判组织的内部与外部关系

### （一）审判组织的内部关系

审判组织的内部关系，是指合议庭的内部关系。只有在法院受理了某个具体的案件之后，才有必要确定一个对具体案件进行审理和裁判的审判组织，因此，合议庭是一个由审判员、助理审判员或人民陪审员随机组成的审判集体，具有临时性的特点。合议庭成员相对固定的，应当定期交流。人民陪审员参加合议庭的，应当从人民陪审员名单中随机抽取确定。合议庭全体成员平等参与案件的审理、评议和裁判，依法履行审判职责。在审判实践中，助理审判员经院长或者庭长的指定，可以临时代行审判员职务，助理审判员如果参加合议庭，经院长或者庭长指定，也可以担任审判长。陪审员参加合议庭的，应当从陪审员名单中随机抽取确定，陪审员在执行陪审职务时，与审判员有同等的权利义务。

1. 审判长

每个合议庭由一名审判员担任审判长，负责合议庭组织工作和对外代表合议庭。《民事诉讼法》第 42 条规定："合议庭的审判长由院长或者庭长指定审判员一人担任；院长或者庭长参加审判的，由院长或者庭长担任。"为强化合议庭和法官的职责，充分发挥审判长在庭审过程中的指挥、协调作用，从 2000 年下半年开始，最高人民法院在全国全面推行审判长选任制，对符合条件的法官予以考试、考核后，由审判委员会确定名单并由院长公布。但如何减少审判长选任制与合议制度的冲突，进一步的理论与实践探索仍在进行中。

2. 承办法官

合议庭接受案件后，应当根据有关规定确定案件承办法官，或者由审判长指定案件承办法官。根据《最高人民法院关于进一步加强合议庭职责的若干规定》(法释[2010]1 号)(以下简称《合议庭职责若干规定》)第 3 条的规定，承办法官履行下列职责：①主持或者指导审判辅助人员进行庭前调解、证据交换等庭前准备工作；②拟定庭审提纲，制作阅卷笔录；③协助审判长组织法庭审理活动；④在规定期限内及时制作审理报告；⑤案件需要提交审判委员会讨论的，受审判长指派向审判委员会汇报案件；⑥制作裁判文书提交合议庭审核；⑦办理有关审判的其他事项。

3. 合议庭的职责和活动原则

根据最高人民法院《关于人民法院合议庭工作的若干规定》(法释[2002]25 号)的规定，合议庭承担下列职责：①根据当事人的申请或者案件的具体情况，可以作出财产保全、证据保全、先予执行等裁定；②确定案件委托评估、委托鉴定等事项；③依法开庭审理第一审、第二审和再审案件；④评议案件；⑤提请院长决定将案件提交审判委员会讨论决定；⑥按照权限对案件及其有关程序性事项作出裁判或者提出裁判意见；⑦制作裁判文书；⑧执行审判委员会决定；⑨办理有关审判的其他事项。

合议庭作为一个审判集体，按照民主集中制原则进行活动。合议庭的审判活动由审判长主持，全体成员必须共同、平等参与案件的审理、评议、裁判，共同对案件认定事实和适用法律以及处理结果等负责。《民事诉讼法》第 43 条规定："合议庭评议案件，实行少数服从多数的原则。评议应当制作笔录，由合议庭成员签名。评议中的不同意见，必须如实记入笔录。"合议庭评议案件时，先由承办法官介绍案件涉及的相关法律、审查判断证据的有关规则，后由人民陪审员及合议庭其他成员充分发表意见，最后由审判长发表意见并总结合议庭意见。合议庭应当依照规定的权限，及时对评议意见一致或者形成多数意见的案件直接作出判决或者裁定。

合议庭评议并非都能够形成一致或多数意见，出现这种情况时如何进行裁判？我国立法上未对此作明确规定，实践中普遍实行的对案件的内部行政审批制度，[①]为解决这个问题提供了途径，但其因具有浓厚的司法行政化色彩而广受诟病。对此，各国和地区也没有统一的解决方式，其中有代表性的比较务实的方式有协商与归并。所谓协商，就是在法庭评议投票出现僵局时，首先进行协商，然后再次投票。所谓归并，就是按照一定的原则将某一方案归入另一方案之中，从而产生多数结论。我国台湾地区对此采用了典型的归并方式，其《法院组织法》第105条规定："关于数额，如法官之意见分三说以上，各不达过半数时，以最多额之意见，顺次算入次多额之意见，至达过半数为止。"无论协商还是归并，在解决合议庭评议僵局问题上，都以遵守法官独立审判原则为前提，值得借鉴。

案件层层审批与正常的审核裁判文书并提出核稿意见是不同的。《合议庭工作若干规定》第16、17条规定，院长、庭长可以对合议庭的评议意见和制作的裁判文书进行审核，但是不得改变合议庭的评议结论。院长、庭长在审核合议庭的评议意见和裁判文书过程中，对评议结论有异议的，可以建议合议庭复议，同时应当对要求复议的问题及理由提出书面意见。合议庭复议后，庭长仍有异议的，可以将案件提请院长审核，院长可以提交审判委员会讨论决定。这一做法有利于避免同一法院对同一类型案件，由于审理案件合议庭的不同而出现不同审理结果的情况，确保案件审判质量。

合议制的主要优势在于对需要解决的复杂问题能够汇聚众人之智，获得较为正确、妥当的决策方案。在我国的合议庭改革中，所谓合议庭的独任化或形合实独的问题一直受到关注，但由于效率原因以及另外一些暂时不可能消除的原因，这个问题并没有解决。

---

① 对案件的内部行政审批制度的处理流程是，合议庭审理案件并进行评议后，根据少数服从多数的原则形成处理意见，并将该处理意见逐级上报副庭长、庭长、副院长、院长审查批准后，才能形成具有法律效力的裁判文书。

### （二）审判组织的外部关系

审判组织的外部关系，主要是指合议庭与合议庭以外的组织以及人员之间的关系，包括合议庭与当事人及其他诉讼参与人的关系，合议庭与院长、庭长以及审判委员会的关系，合议庭与人民法院以外的其他组织以及社会公众的关系。实质上，这主要体现了合议庭在人民法院审判中的责任和权利的问题，其在多大层面上享有独立性，以及其他组织和社会公众对其进行监督的问题。在这里，合议庭与审判委员会之间的关系是应当予以重点讨论的对象。

审判委员会与合议庭（包括独任审判庭）的关系，是指导与被指导、监督与被监督的关系，但这种关系不应是行政上的领导与被领导的关系，审判委员会在审判业务上对合议庭进行指导和监督。具体表现在：

解决合议庭在适用法律过程中的难点问题，是审判委员会进行审判指导的主要职责。《关于改革和完善人民法院审判委员会制度的实施意见》第 11 条规定，人民法院审理下列案件时，合议庭可以提请院长决定提交审判委员会讨论：(1)合议庭意见有重大分歧、难以作出决定的案件；(2)法律规定不明确，存在法律适用疑难问题的案件；(3)案件处理结果可能产生重大社会影响的案件；(4)对审判工作具有指导意义的新类型案件；(5)其他需要提交审判委员会讨论的疑难、复杂、重大案件。合议庭没有建议提请审判委员会讨论的案件，院长、主管副院长或者庭长认为有必要的，得提请审判委员会讨论。

审判委员会虽然不直接开庭审理案件，但对重大疑难案件享有讨论决定权，其对案件作出的最后处理意见，合议庭必须执行。拟就法律适用问题向上级人民法院请示的案件，本院已经发生法律效力的判决、裁定确有错误需要再审的案件，必须提交审判委员会讨论决定。

## 第三节　审判制度

民事审判的基本制度，是指人民法院审判民事案件时，应当遵循的基本操作规则。根据《民事诉讼法》的规定，我国民事审判的基本制度包括：合议制度、回避制度、公开审判制度和两审终审制度。民事审判的基本制度的重要意义在于，保障人民法院正确行使审判权，保证民事诉讼基本原则的实现和其他程序规范的贯彻落实，保护诉讼参与人的合法权益。

## 一、合议制度

### (一)合议制度的概念和意义

合议制度,是指由三名以上的审判人员组成审判庭,代表人民法院行使审判权,对案件进行审理并作出裁判的制度。根据《合议庭职责的若干规定》的规定,合议庭是我国人民法院的基本审判组织。合议庭全体成员平等参与案件的审理、评议和裁判,依法履行审判职责。合议制度是实现司法民主的客观需要。作为社会正义最后防线的司法,其本身的民主性是民众政治诉求的组成部分,也是司法决策得到社会承认和尊重的重要社会心理力量。群体决策本身在一定程度上表征着决策的科学化与民主化,合议制裁判正好迎合了人们对司法民主化的要求。司法的民主性首先要求多人参与,相比个体决策,其受到肯定的力量明显增强。同时,人们对"众人之说"、"众人之志"的普遍信赖,使得社会更容易接受多人参与的裁判。[①] 合议制度有利于充分发挥集体的智慧和力量,弥补审判人员个人决策在知识上的缺陷和认识上的不足,避免可能出现的主观片面性,提高办案质量,保证人民法院公正审理民事案件。"群体比个体成员能更好地回忆审讯中的信息。有时群体商议不仅能去除一些偏见,而且也把陪审员的注意力从他们自己的预先判断吸引到事实证据上来。"[②]

### (二)合议制的基本类型

根据不同的标准,合议制度可以划分为各种类型。以组成人员性质的不同为标准,合议制可以划分为陪审团合议制、参审合议制和职业法官合议制。选择哪一种或多种合议制度,与不同国家的历史文化背景和政治理念相关,不是单纯的诉讼制度自身的问题。

1. 陪审团合议制

陪审团合议制是英美法系国家曾经或正在适用的一种合议制度,它指由

---

① 张雪纯:《合议制与独任制优势比较——基于决策理论的分析》,载《法制与社会发展》2009 年第 6 期,第 112 页。

② [美] 戴维·迈尔斯:《社会心理学(第 8 版)》,侯玉波等译,人民邮电出版社 2006 年版,第 464 页。

经过严格程序选任出的无专业知识和司法经验的普通公民组成陪审团，参与案件的审理与法官分享审判权，合议审判案件的制度。陪审团负责认定事实，法官负责适用法律。目前英国已经在民事诉讼中取消了陪审团合议制度，美国在个别案件的审理中仍适用该制度。

2. 参审合议制

参审合议制，又称混合合议制，是指由公民与职业法官共同组成合议庭，共同进行审判的一种合议制度。混合合议制度下，陪审员与法官共同行使审判权，既认定事实，又共同适用法律。这种类型的合议制度主要分布在大陆法系国家。建立在不同国家司法传统和社会基础上的参审模式，“在陪审制适用的法院范围、案件范围、陪审员的遴选方式、庭审的程序及权力行使内容等存在具体差异”。[①] 我国的人民陪审员参与审判制度，从本质上说属于参审合议制，但又有自己的特点。

3. 职业合议制

职业合议制度是目前世界上几乎所有国家都采用的一种审判组织形式，它是指由多个受过专业法律训练的法官组成合议庭，共同从事审判活动的一种制度。在现代社会高度分化的背景下，职业法官审理属于法律范畴的案件，符合社会分工要求和法律运作机制自身的规律，有利于降低司法成本，同样体现着司法民主。

### (三)合议制的基本特征

1. 多人参与

合议制的宗旨是发挥多人的集体智慧，为处理复杂案件提供更丰富的信息、更多的方案及检验校正偏差、失误的机会，保证审判质量和案件的正确处理。在绝大多数情况下，合议庭的组成人数为3人以上的单数，这样可以减少案件处理过程中出现僵局。“群体规模是影响合议制功能发挥的重要因素，规模太小从众风险较大，规模太大不利于沟通交流。”[②]通常情况下，合议庭人数的多少与案件的重要性直接相关。

2. 平等参与

平等参与，是指合议庭成员的法律地位平等，诉讼过程中享有平等的参与

---

① 参见施鹏鹏：《陪审制研究》，中国人民大学出版社2008年版，第160～177页。

② 张雪纯：《合议制与独任制优势比较——基于决策理论的分析》，载《法制与社会发展》2009年第6期。

权利。最高人民法院《合议庭工作的若干规定》第 4 条规定："合议庭的审判活动由审判长主持，全体成员平等参与案件的审理、评议、裁判，共同对案件认定事实和适用法律负责。"这一规定正是平等参与特征在我国民事诉讼审判中的体现。

平等参与不排斥合议庭成员之间有一定的分工，例如承办人处理更多审判事务，审判长负有合议庭的组织、协调职责。分工不应妨碍平等参与，合议庭成员必须共同参加审理活动，每一成员都应在案件评议中阐述自己的主张及相关理由，具有平等的决定权。正是因为合议庭中人人享有平等的权利，形成相互制约，才使合议制更有助于防止司法腐败，保证裁判结果的公正。

3. 集体决策

参审合议制与职业法官合议制一般采用少数服从多数的原则，而且多数派代表的人数必须超过 1/2 或更高的比例。实行少数服从多数原则，与一致同意规则相比，合议庭达成共识获得结论更为容易。从表面上看，多数同意规则符合民主的原则，但是结果可能牺牲少数人的利益。为此，设立既维护少数服从多数的原则，又兼顾少数人不同声音的措施必不可少。最高人民法院《合议庭工作的若干规定》第 11 条规定："合议庭进行评议的时候，如果意见分歧，应当按多数人的意见做出决定，但是少数人的意见应当写入笔录。"少数意见写入笔录，有利于反映评议的真实情况，便于合议庭所作裁判被其他救济程序更全面地评价。至于少数意见是否可以公开，我国立法上未作规定，实践中的改革探索尚需进一步验证其效果。

4. 独立审判

独立审判是各种审判组织都应具有的基本特征。在合议制下，法官的独立意志、独立思考对形成最优、最理性的集体决策至关重要，群体规模只有在个体独立的意义上才对决策产生实质影响。失去了独立审判，合议制就会流于形式。

合议庭独立审判有三个基本要求：(1)合议庭外的其他任何主体均不能违法介入司法程序干预其审理；(2)禁止外界因素的施压；(3)反对外界的枉评。①

① 左卫民等：《合议制度研究——兼论合议庭独立审判》，法律出版社 2001 年版，第 49 页。

### (四)陪审制度

陪审制度是司法机关吸收非法官职业的社会成员作为司法活动的参与者,参加案件审判共同对案件作出事实判断、法律评价的一种诉讼制度。

陪审制度来自普通法的古老传统,其蕴含的政治与司法价值受到西方法治国家爱的推崇与追求。我国引入前苏联式人民陪审员制度,作为实现司法民主的重要途径。全国人大常委会2004年8月28日通过的《关于完善人民陪审员制度的决定》,是我国第一部有关陪审制度的单行法规,确立了我国人民陪审制度的基本法律框架。此后,最高人民法院单独或会同有关部门先后发布了《最高人民法院、司法部关于人民陪审员选任、培训、考核工作的实施意见》(法发[2004]22号)、《最高人民法院关于人民陪审员管理办法(试行)》(法发[2005]1号)、《最高人民法院、财政部关于人民陪审员经费管理有关问题的通知》(财行[2005]7号)。最高人民法院《关于人民陪审员参加审判活动若干问题的规定》(法释[2010]2号)等,进一步明确了我国人民陪审员制度的目标和适用规则。

1. 人民陪审员制度的功能

人民陪审员制度是中国特色的人民参与管理国家事务的重要制度,在发扬司法民主,维护司法公正,树立司法权威方面,具有积极效应与独特价值。

(1)我国实行人民陪审员制度,是人民群众在司法领域依法管理国家事务的一种最重要、最直接的形式。“实行合议制度特别是陪审制和参审制,就可把普通公民本身,或至少一部分公民直接提升到权力者的地位,将领导和控制社会的权力直接置于人民之手。人们相信权力掌握于己,才会信赖权力的合法性并对其进行支持。所以,让民众参与审判,真正有效地行使民主权利,构成合议制度长期存在和广泛适用的原始动力。”①

(2)实行人民陪审员制度,扩充职业法官与普通民众的对话空间,实现司法专业化与大众化相结合,增强社会对司法裁判的认可度。只有让公民和司法有近距离的接触,他们才能对司法的过程有切身的了解,对司法结果的形成有切身的感受,并最终认同司法。实行人民陪审员制度,是司法大众化一种重要的制度安排,这一制度坚持司法工作的群众路线,充分借助人民陪审员“从群众中来、到群众中去”和通民情、知民意的优势,使司法活动更加贴近社会生

---

① 左卫民等:《合议制度研究——兼论合议庭独立审判》,法律出版社2001年版,第60页。

活、贴近时代要求，使人民群众直接感受司法公正，减少公众对司法的猜疑、不满和误解，增进人民对司法的信任、理解与支持，对司法赢得社会认同发挥积极的促进作用。

(3)人民陪审员参与审判可以集纳民众智慧，与职业法官的专业知识形成互补，从而不断提高司法应对新的社会生活的能力和形成社会矛盾化解的强大合力。司法审判按照法治规律运行，也需要融合民意。人民陪审员参与司法过程，是对适用法律的一次检验和修补。它可以更集中地通达民情，反映民意，凝聚民智，缩小立法文本与孕育该立法文本的民意之间的差距。陪审让民众有效地参与司法，使他们对司法有所作为，并对司法的结果有所影响，进而拉近司法与民众的距离。

(4)人民陪审员参与审判有利于形成相互监督、相互制约机制，可以在一定程度上抵御各种非法干预，有利于保证司法公正廉洁。人民陪审员通过行使审判权的方式，从内部对法官的权力加以制约，有助于防治司法腐败；而陪审员参与审判的随机性和临时性的限制，堵塞了其徇私的通道，使其难以腐败。①

2.人民陪审员制度的主要内容

(1)人民陪审员审判民事案件的范围

人民法院审判第一审民事案件，属于下列情形之一的，由人民陪审员和法官共同组成合议庭进行，适用简易程序审理的案件和法律另有规定的案件除外：①涉及群体利益的；②涉及公共利益的；③人民群众广泛关注的；④其他对社会影响较大的。

(2)法院对当事人陪审申请权的告知义务

第一审人民法院决定适用普通程序审理案件后，对应属于人民陪审员审判民事案件范围内的案件，应当明确告知当事人，在收到通知5日内有权申请由人民陪审员参加合议庭审判案件。

(3)人民陪审员选任方式

人民法院应当在开庭7日前采取电脑生成等方式，从人民陪审员名单中随机抽取确定人民陪审员。基层人民法院人民陪审员名额，可以适当高于本院现任法官人数；人民陪审员不应当固定在同一审判业务庭或合议庭；各基层人民法院可以根据人民陪审员的行业背景、地域分布以及陪审案件类型，进行适当分类后，采取电脑生成等方式从人民陪审员名单中随机抽取确定参审的

---

① 参见刘晴辉：《中国陪审制度研究》，四川大学出版社2009年版，第273页。

人民陪审员。

(4)人民陪审员在参加具体案件审判活动中的权利与义务

参加合议庭的陪审员,除了不能担任审判长外,与法官具有同等权利。人民陪审员参加合议庭评议案件时,有权对事实认定、法律适用独立发表意见,并独立行使表决权。人民陪审员同合议庭其他组成人员的意见有分歧,要求合议庭将案件提请院长决定是否提交审判委员会讨论决定的,应当说明理由;人民陪审员提出的要求及理由应当写入评议笔录。

## 二、回避制度

### (一)回避制度概述

回避制度,是指审判人员及其他有关人员,遇有法律规定的回避情形时,退出对某一具体案件的审理或诉讼活动的制度。

回避制度是为了保证案件公正审理而设立的一种审判制度。审判的目的在于解决当事人之间的争议,衡平社会关系,维护社会秩序的稳定。为此,不仅法官要树立居中裁判的司法理念,而且审判程序的设置也必须体现法官中立性的要求,从制度上保证法官处于中立地位。我国审判制度中关于"回避制度"的规定就体现了这种理念。依照审判权中立性原则的要求,任何人都不能作为自己案件的法官;审判结果中不应包含纠纷解决者的个人利益;纠纷解决者不应有支持或反对某一方的偏见。在民事诉讼中,实行回避制度可以确保审判人员及其他有关人员合法地退出本案,使审判者自身真正处于中间立场,既不属于和参与任何一方,也不偏袒和歧视任何一方,同时又可以消除当事人的某些顾虑和不信任感 ,使当事人及社会公众信任司法过程、尊重司法结果,保证案件审判的公正性。

### (二)回避制度适用的主体

回避制度适用的主体,又称回避制度适用的人员范围或适用对象,即哪些人不得参与特定民事案件的处理。一般而言,凡对案件处理有影响的审判人员及其他司法辅助人员均应当适用回避规定,这是现代各国或地区的通行做法。我国民事诉讼回避制度适用的主体,包括参与案件处理的法官、人民陪审员、书记员、翻译人员、司法鉴定人员和勘验人员以及执行员。此外,还有依照法律规定需要任职回避的人员,如法官的配偶、子女等。审判委员会委员因其参与具体案件的讨论和评议，直接影响经审判委员会讨论决定案件的结果，若存在回避事由，也应适用回避制度。

**(三)回避事由**

回避的事由，又称回避的法定情形，回避的理由。我国《民事诉讼法》第45条规定的应当回避的几种情形是：①是本案当事人或者当事人、诉讼代理人的近亲属；②与本案有利害关系；③与本案当事人有其他关系，可能影响对案件公正审理的。

最高人民法院2001年1月31日印发的《关于审判人员严格执行回避制度的若干规定》（以下简称《回避规定》），进一步明确了法定回避事由：①是本案的当事人或者与当事人有直系血亲、三代以内旁系血亲及姻亲关系的；②本人或者其近亲属与本案有利害关系的；③担任过本案的证人、鉴定人、勘验人、辩护人、诉讼代理人的；④与本案的诉讼代理人、辩护人有夫妻、父母、子女或者同胞兄弟姐妹关系的；⑤本人与本案当事人之间存在其他利害关系，可能影响案件公正处理的。若存在上述事由，当事人及其法定代理人要求回避的，无需提供证据加以证明。

对于下列情形当事人及其法定代理人要求回避的，应当提供相关证据材料：①未经批准，私下会见本案一方当事人及其代理人、辩护人的；②为本案当事人推荐、介绍代理人、辩护人，或者为律师、其他人员介绍办理该案件的；③接受本案当事人及其委托人的财物、其他利益，或者要求当事人及其委托的人报销费用的；④接受本案当事人及其委托的人的宴请，或者参加由其支付费用的各项活动的；⑤向本案当事人及其委托的人借款、借用交通工具、通讯工具或者其他物品，或者得接受当事人及其委托的人在购买商品、装修住房以及其他方面给予的好处的。存在上述支持怀疑法官执行职务客观性的事由时，赋予当事人申请回避的权利，对保障诉讼公正具有重要意义。而有关提供证据的要求，对防止滥用申请回避权利具有积极作用。

此外，《法官法》第17条还增加了有关任职回避的规定，即法官从人民法院离任[①]后二年内，不得以律师身份担任诉讼代理人或者辩护人。法官从人民法院离任后，不得担任原任职法院（包括该法官曾经担任过审判职务的所有法院）办理案件的诉讼代理人或者辩护人。法官的配偶、子女不得担任该法官所任职法院办理案件的诉讼代理人或者辩护人。

---

① 离任包括离休、退休、调动、辞职、辞退、开除等情形。

凡在一个审判程序中参与过本案审判工作的审判人员，不得再参与该案其他程序的审判。

### （四）回避方式

回避的方式有两种：一种是自行回避，即审判人员、书记员、翻译人员、鉴定人和勘验人遇有法定情形时，自动退出本案的审理、记录、翻译、鉴定和勘验工作。自行回避是回避主体的法定义务。另一种方式是申请回避，即当事人及其诉讼代理人根据法律规定的回避条件，以口头或书面方式，申请审判人员或其他有关人员回避。申请回避是当事人的一项重要诉讼权利，必须予以保障。

### （五）回避程序

审判人员或其他有关人员自行回避的，应当由审判人员等在知晓回避原因后自动提出回避；当事人及其诉讼代理人申请回避的，则应在案件开始审理时提出。对于当事人的申请回避权利，法院应当在合议庭组成人员或独任审判员确定后的 3 日内告知当事人，开庭审理时，审判长首先应当告知当事人申请回避权，并询问当事人是否申请回避，即使是适用简易程序审理，这一环节也不可省略；回避事由在案件审理开始后知道的，也可以在法庭辩论终结前向人民法院提出回避的申请。当事人提出回避申请，应当说明理由。

被申请回避的人员在人民法院作出是否回避的决定前，应暂停参与本案的审理工作，但案件需要采取紧急措施的除外。

人民法院对当事人的回避申请，应当在回避申请提出的 3 日内，以口头或者书面形式作出决定。决定回避的权限依被申请回避人员的不同而不同。院长担任审判长时的回避，由审判委员会决定；审判人员的回避，由院长决定；其他人员的回避，由审判长决定。申请人对该决定（驳回回避申请）不服的，可以在接到决定时申请复议一次，但复议期间，被申请回避的人员，不停止参与本案的审理工作。人民法院对复议申请，应当在 3 日内作出复议决定，并通知复议申请人。

### （六）违反回避制度的法律责任

第二审人民法院发现或者根据当事人、诉讼代理人的举报，认为第一审人民法院的审理有违反《回避规定》第 1 条至第 3 条所列情形之一的，经核查属实，应当裁定撤销原判，发回原审人民法院重新审判。依法应当回避的审判人员没有回避的，也是当事人对生效裁判申请再审的法定理由之一。

当事人、诉讼代理人认为审判人员有违反《回避规定》行为的，可以向法院的纪检、监察部门或者其他有关部门举报。受理举报的部门应当及时处理，并将有关意见反馈给举报人。

审判人员明知具有《回避规定》第1条至第3条规定的情形之一，故意不依法自行回避或者故意不对符合回避条件的申请作出回避决定的，依照《人民法院审判纪律处分办法（试行）》的规定予以处分。

审判人员明知诉讼代理人具有《回避规定》第4、5条规定的情形之一，故意不作出正确决定的，参照《人民法院审判纪律处分办法（试行）》第24条的规定予以处分。

## 三、公开审判制度

### （一）公开审判制度概述

公开审判制度，是指人民法院对民事案件，除法律规定的情况外，审理过程和判决结果向社会公开的制度。向社会公开，是指公众可以进入法庭旁听法院对案件的审理，新闻媒体可以对庭审过程进行报道。①

公开审判是我国社会主义民主政治建设和社会主义法治国家建设的重要组成部分，是人民法院各项审判工作必须严格遵循的基本宪法原则和基本诉讼制度，是诉讼文明的必然要求，同时也是保证司法公正的重要手段。民事诉讼法建立公开审判制度的重要意义在于：

（1）公开审判服务于审判活动透明化的目标，是保障人民群众知情权、表达权、监督权的制度。公开审判制度长期以来被视为程序公正的基本标准和要求。通过公开审判，将人民法院司法活动的各个环节公开，让社会和当事人知道法院的所作所为，让民众亲眼见到正义的实现过程，对此形成一种社会性的评判，最大限度地保障人民群众的知情权、参与权、表达权和监督权，从而最

① 1998年7月，最高人民法院与中央电视台首次合作，现场直播了北京市第一中级人民法院一审国内十大电影制片厂诉电视作品著作权被侵权的法庭庭审活动全过程，历时275分钟。2005年6月，在北京市高级人民法院宣传中心和北京法院网的大力支持下，北京铁路运输法院首次通过网上庭审直播系统，对郝劲松状告铁路、索要发票的两起案件的庭审和宣判情况在中国法院网进行了网上现场直播。

终对法院的行为形成一种制约。这样的公开,有助于规范司法行为,防止暗箱操作、幕后操作,确保司法廉洁,为司法获得人民群众的信任奠定基础,推进我国社会主义民主法治建设的进程。

(2)公开审判制度对案件当事人和其他诉讼参与人有一定的约束作用,可以促使当事人据实陈述案情和证人如实提供证言,让其在公众监督之下正确行使诉讼权利和履行诉讼义务,保证庭审活动的顺利进行。

(3)公开审判有利于进行法制宣传教育,扩大办案的社会效果,从而有利于预防纠纷,减少诉讼,维护社会稳定。通过对具体案件的审理,让社会公众能够看得见司法公正,能够感受到司法高效,接受生动形象的法制教育,进而增进社会公众对司法的认知和认同,增强其法律意识。

### (二)公开审判制度的基本原则

(1)依法公开。要严格履行法律规定的公开审判职责,切实保障当事人依法参与审判活动、知悉审判工作信息的权利。要严格执行法律规定的公开范围,在审判工作中严守国家秘密和审判工作秘密,依法保护当事人的隐私和商业秘密。

(2)及时公开。法律规定了公开时限的,要严格遵守法律规定的时限,在法定时限内快速、完整地依法公开审判工作信息。法律没有规定公开时限的,要在合理时间内快速、完整地依法公开审判工作信息。

(3)全面公开。要按照法律规定,在案件审理过程中做到公开开庭,公开举证、质证,公开宣判;根据审判工作需要,公开与保护当事人权利有关的人民法院审判工作各重要环节的有效信息。

### (三)公开审判制度的具体内容

《民事诉讼法》第 120 条、第 122 条和第 131 条对审判公开制度的内容作出了规定,最高人民法院《关于严格执行公开审判制度的若干规定》(法发[1999]3 号)、《关于加强人民法院审判公开工作的若干意见》(法发[2007]20 号)、《关于人民法院执行公开的若干规定》(法发[2006]35 号)、《关于司法公开的六项规定》和《关于人民法院接受新闻媒体舆论监督的若干规定》(法发[2009]58 号)等司法文件,对审判公开制度的内容又作了进一步的明确,主要包括:

(1)人民法院民事诉讼中审判公开的范围包括:立案公开、审理公开、执行公开、听证公开、文书公开和审务公开。[①]我国审判公开的内涵和外延都发生了显著变化。审判公开已由原来局限于具体案件的“审判公开”，扩大到了人民法院的所有事务的公开，已由单纯的审理案件过程和结果的公开，变成司法信息全方位的公开，已由过去单纯的到庭旁听演化出巡回审判、法院开放日、网络直播、判决书上网等新的公开形式。

(2)人民法院审理民事案件，应当在开庭前3日公告当事人的姓名、案由和开庭的时间、地点，以便群众旁听。

(3)除法律规定的情况外，案件的审理过程应当向社会公开。依据民事诉讼法及最高人民法院《公开审判制度规定》的规定，公开审理的案件，除合议庭对案件的评议活动不公开外，其他审理活动都应向社会公开。具体包括公开开庭、公开举证、公开质证和当庭认证。

(4)依法公开审理的案件，公民可以旁听，但精神病人、醉酒的人和未经人民法院批准的未成年人除外。经人民法院许可，新闻记者可以记录、录像、摄影、转播庭审实况。外国人和无国籍人持有效证件要求旁听的，参照我国公民旁听的规定办理。外国记者的旁听按照我国有关外事管理规定办理。

(5)人民法院对公开审理的案件或者不公开审理的案件，判决结果一律公开宣告。根据最高人民法院《公开审判制度规定》的规定，凡应当依法公开审

---

① 第一，立案程序公开，包括各类案件的立案条件、立案流程、法律文书样式、诉讼费用标准及缓、减、免诉讼费程序等。第二，除法律规定不公开审理的案件外，庭审过程应向群众公开，向社会公开。人民法院应当在开庭前公告当事人姓名、案由和开庭的时间、地点，以便群众旁听；媒体旁听不应受到限制，因审判场所等客观因素所限，人民法院通过庭审视频、直播录播等方式满足公众和媒体的需要，经最高法院批准，中国法院网已经开通了网络直播系统。该系统包括网上访谈和审判直播。各法院网及各级法院可以直接与中国法院网联系进行案件审判与访谈等方面的直播，所有证据应当在法庭上公开，能够当庭认证的，应当当庭认证。第三，执行公开。执行的依据、标准、规范、程序以及执行全过程向社会和当事人公开；不论是否公开审理案件，判决都必须公开宣告。第四，听证公开。人民法院对开庭审理程序之外的涉及当事人或者案外人重大权益的案件实行听证的，应当公开进行。听证公开的范围、方式、程序等参照庭审公开的有关规定。第五，文书公开。除涉及国家秘密、个人隐私以及其他不适宜公开的案件和调解结案的案件外，人民法院的裁判文书可以在互联网上公开发布。裁判文书应当充分表述当事人的诉辩意见、证据的采信理由、事实的认定、适用法律的推理与解释过程，做到说理公开。第六，审务公开。人民法院的审判管理工作以及与审判工作有关的其他管理活动应当向社会公开。当事人还可以行使自己的诉讼权利要求将案件的情况公开，从而在一定程度上克服关系案、人情案对独立审判的干扰。

理的案件没有公开审理的，应当按下列规定处理：①当事人提起上诉的，第二审人民法院应当裁定撤销判决，发回重审，依法公开审理；②当事人申请再审的，人民法院可以决定再审；人民检察院按照审判监督程序提起抗诉的，人民法院应当决定再审，再审时依法公开审理。

**（四）公开审判制度的例外规定**

公开审判对实现民事审判公正具有积极意义，但是公开审判不是绝对的。当公开审判制度与其他法律原则相冲突相抵触的时候，要根据其所处的场合，在与其他法律原则的权衡比较中确定其具体作用。有些民事案件如果公开审理，可能会对社会造成消极影响，甚至会给国家或者当事人的利益造成重大损害。因此，我国《民事诉讼法》第 120 条规定，公开审判制度不是绝对的，为了维护更大权益或基于审理事项特殊性的考虑，应合理规定制度的适用例外。《民事诉讼法》规定不公开审理的案件包括以下两类：

1. 不得公开审理的案件，主要包括涉及国家机密的案件、涉及个人隐私的案件，以及法律另有规定的案件。

国家机密一般是指关系国家利益及安全的秘密，包括党和政府的秘密及军事秘密，在审理涉及国家机密的案件时，为了保守国家秘密，这类案件就不能公开审理；个人隐私是指公民个人私生活中不愿向他人或社会公开的内容，为了保护当事人的隐私权，以及避免审理这类案件可能对社会产生的不良影响，涉及个人隐私的案件不公开审理；法律另有规定的案件，这是旨在适应立法发展需要而作的概括性规定，如果有关法律规定某类案件不得公开审判，人民法院就应适用该规定不公开审理该类案件。

2. 可以不公开审理的案件，主要包括离婚案件，涉及商业秘密的案件。对于这两类案件，当事人要求不公开审理的，应当在开庭审理之前向人民法院提出申请，说明要求不公开审理的主要理由。人民法院收到当事人的申请后，应当进行审查，决定是否不公开审理。

离婚案件的审理内容除涉及当事人之间夫妻生活中的感情纠葛外，也常常涉及当事人的一些个人隐私。对于离婚案件，当事人申请不公开审理的，经过人民法院决定，可以不公开审理。涉及商业秘密的案件的审理内容涉及尚未被公开的技术秘密、经营诀窍、经营信息等商业秘密，如生产工艺、配方、购销渠道等当事人不愿公开的工商业秘密。这些秘密能够给所有者带来经济上的利益，一旦泄露，将会给当事人造成经济利益的损失。因此，民事诉讼法规定，对于涉及当事人商业秘密的民事案件，当事人申请不公开审理的，经过人民法院决定,可以不公开审理。

需要注意的是,公开审理与开庭审理是两个既有联系又有区别的概念:公开审理需要通过开庭审理来表现,即公开审理的案件需要经过开庭审理;但是开庭审理的案件并不一定都是公开审理的案件,因为在一审中,如果案件要以判决的形式结案,那么无论是公开审理的案件还是不公开审理的案件,都必须经过开庭审理。无论是否公开审理的案件,宣判都一律公开进行。此外,《关于人民法院民事调解工作若干问题的规定》(以下简称《调解规定》)第7条规定:“当事人申请不公开进行调解的,人民法院应当准许。”调解书也不属于应当公开的裁判文书范围。另外,在民事诉讼中,合议庭对案件的合议过程也是不公开的。

## 四、两审终审制度

### (一)两审终审制的概述

《民事诉讼法》第10条规定,人民法院审理民事案件,依照法律规定实行两审终审制。根据两审终审制,一起民事案件经第一审人民法院审判后,当事人如果不服,有权依法向上一级人民法院提起上诉,由其进行第二审。二审法院作出的判决、裁定为终审判决、裁定,当事人不得再行上诉,一起民事案件经过两级法院审判就宣告终结。但是最高人民法院作出的一审判决、裁定即为终审判决、裁定。依特别程序审理的案件,也实行一审终审,当事人不得上诉。

审级制度的确立,受一个国家的经济发展、人口状况、法官职业素质以及司法体制等因素的制约。世界各国民事审判的审级制度不尽相同,有的国家实行的是两审终审制,有的国家实行的是三审终审制。我国民事诉讼法之所以确立两审终审制度,是落实宪法规定的人民法院审判基本制度的具体体现,我国法院审判实行两审终审制度是综合我国经济发展的水平、人口及交通的实际情况等多种因素而确定的。根据两审终审制度,我国民事诉讼中的上诉审即第二审,它既是事实审,又是法律审。为弥补审级相对较少的不足,民事诉讼法设立了审判监督程序。民事诉讼实践证明,实行两审终审制,符合方便当事人进行诉讼和人民法院审判、实现诉讼经济的立法精神。

**(二)两审终审制的具体内容**

1. 适用的法院

我国人民法院分为基层人民法院、中级人民法院、高级人民法院和最高人民法院四级。除最高人民法院审判的民事案件外，地方各级人民法院适用第一审程序审理的民事案件所作出的裁判，当事人不服的有权提起上诉。

2. 适用的案件

人民法院适用民事诉讼法审理的案件包括两类，一类是因财产关系和身份关系引起的民事权利义务争议的诉讼案件，另一类是无民事权利义务争议的非诉案件。两审终审制仅适用于前者。

3. 适用的程序

两审终审制适用于通过一审程序包括普通程序、简易程序审理的民事案件。《民事诉讼法》第 134 条规定，人民法院对民事案件作出一审判决时，应明确告知当事人的上诉权利、上诉期限和上诉法院，以保证当事人正确、及时地行使民事上诉权。

根据案件的性质和审级的特殊性等因素，我国民事诉讼法规定，下列民事案件实行一审终审制，当事人不能上诉：最高人民法院审理的一审案件；适用特别程序审理的案件；适用督促程序审理的案件；适用公示催告程序审理的案件。

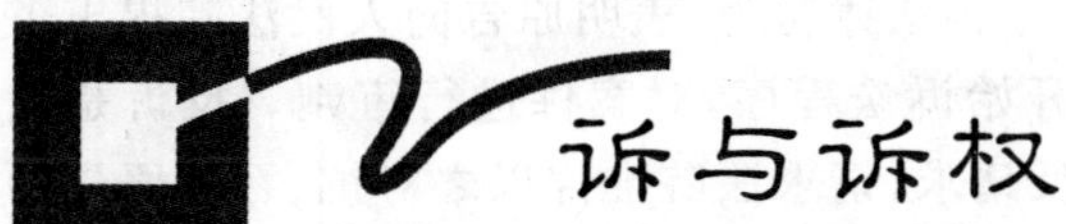

# 第四章 诉与诉权

## 第一节 诉

### 一、诉的概念

#### （一）诉的概述

诉是指民事争议发生时当事人因民事权利义务关系发生争议，而向法院提出的保护其实体权益的请求。诉的内容表现为一定的请求，包括程序意义上和实体意义上的，两种意义上的诉统一作用的结果，才构成一个完整的诉。作为民事诉讼的一个基本概念，诉不仅在民事诉讼法学理论中具有重要地位，而且对诉讼实践也有很大的指导意义。当民事纠纷发生时，如果当事人希望通过法院解决，就必须向法院提起一个诉。而诉的依法提起，就引起了民事诉讼法律关系的发生，也引起了人民法院对民事纠纷的审判。

#### （二）诉的特征

目前，学界对诉的概念的认识并不一致，有的把诉看成是一种程序，有的把诉看成是一种行为或活动，还有的把诉看成是一种法律关系等等。我们认为，诉的本质是一种请求，是在民事争议发生时当事人一方向法院提出的关于解决争议的请求。根据这一理解，诉具有以下特征：

第一，诉的主体只能是当事人。既然诉是要求法院作出利己裁判、请求司法保护的诉讼请求，那么只有民事纠纷的当事人才能提出这种请求，也只有诉讼当事人才可以通过积极的诉讼行为获得利己裁判。当事人之外的其他人员，处于纠纷之外，没有获得司法救济的现实必要，不是诉的主体。

第二，它只能向法院提出。诉讼程序和司法保护的提供者只能是法院，诉只能向法院提出，向其他国家机关或纠纷解决主体提出解决纠纷的请求，本身并不是诉。

第三，诉是一种请求。起诉是一种法律行为，表明原告向人民法院提出了诉，即提出了请求，要求人民法院开始诉讼程序，对案件进行审判。反诉是被告在诉讼中对原告提出的独立的反请求，请求法院准许以之对抗、吞并原告的请求。

第四，诉形成的根本原因在于双方当事人之间发生了民事纠纷。只有双方当事人之间发生了民事纠纷，才有必要和可能提出诉这种请求，从而开始诉讼程序，并由法院在民事诉讼程序中解决双方当事人之间的民事纠纷。

## 二、诉的要素

诉必不可少的组成部分，是诉的内在构成。诉的要素决定诉的内容，是使诉特定化的根据和区别各种不同诉的标志。关于诉的要素，理论界有“二要素说”和“三要素说”。“二要素说”又可以分为两种观点：一种观点认为诉的要素由诉讼理由和诉讼标的构成，诉的要素不能包括当事人；另一种观点认为诉的要素由诉讼主体和诉讼标的构成，诉的要素不包括诉讼理由。“三要素说”则认为诉的要素除了诉讼理由和诉讼标的外，还应当包括当事人。本书同意“三要素说”，因为诉的要素的意义在于使诉特定化，而诉的特定以及判断一诉和他诉的区别，必须根据当事人、诉讼标的和事实理由三者来进行判断。

### （一）当事人

当事人是民事诉讼的诉讼主体。决定了诉是由谁提出的，法院通过审判是要保护谁的利益，以及法院的裁判应当向谁作出等问题。

诉的要素之所以包括当事人，其理由是：首先，诉是原告基于实体法目的针对被告而提起，诉最先遇到的问题是当事人是否客观存在以及当事人是否适格。实体意义上的诉权将当事人区分为正当当事人和非正当当事人。只有正当当事人才可以引起诉的发生；没有当事人，诉就不能被提起；没有正当当事人，诉讼就不能正常进行，或者毫无实际意义。法院在受理之前发现当事人为非正当当事人的，不予受理，在受理之后发现的，驳回起诉。其次，当事人是诉讼请求和诉讼理由的依托。如果没有当事人，就无法确定诉讼理由，也无法确定诉讼请求所要涉及的主体，法院也无法确定裁判的既判力范围，甚至无法作出裁判。实际上，没有当事人，诉讼请求和诉讼理由便失去了依托。

## （二）诉讼标的

如果说当事人是诉的主观要素，那么诉讼标的就是诉的客观要素。诉讼标的是当事人之间发生争议并由当事人请求法院以裁判的形式予以解决的法律关系。诉讼标的是当事人争议的对象和人民法院的审判对象，不仅决定着诉的提起、变更、重复起诉和既判力的客观范围，而且还与正当当事人的识别、管辖的确定、证明对象等密切相关。因此，诉讼标的理应成为诉的要素。理解诉讼标的，还需要将其区别于以下概念：

第一，诉讼标的与一般的民事法律关系。诉讼标的强调的是发生争议并由当事人请求法院以裁判的形式予以解决的民事实体上的法律关系，没有发生争议的实体法律关系不是诉讼标的，发生了争议但是没有要求法院解决的实体法律关系也不是诉讼标的。

第二，诉讼标的与诉讼请求。诉讼请求是依据诉讼标的与诉讼理由提出的诉讼上的具体要求，例如，基于侵权行为提出侵权损害赔偿 200 万元人民币，是诉讼请求，而侵权法律关系则是诉讼标的。

第三，诉讼标的与诉讼标的物。诉讼标的是提交到法院裁判的实体上的法律关系，而诉讼标的物是这一法律关系中的权利义务指向的对象，具体表现为一定的金钱、财物或者行为。

## （三）诉的理由

诉的理由又称为诉讼理由，是指当事人请求人民法院给予司法保护、进行诉讼的依据。诉的理由应包括哪些内容，在民事诉讼的理论研究中有不同的认识。通常认为诉的理由包括两方面的事实：一是引起当事人之间法律关系发生、变更或消灭的事实；二是民事权益受到侵犯或发生争议的事实。这两种事实在整个诉讼中的意义不同。前者用于确认作为诉的请求是否有依据，并最终决定本案判决的内容，即当事人的诉能否获得支持。后者是当事人请求司法保护的依据，决定当事人有无提起请求的必要，决定人民法院有无受理的必要。在诉前法院发现当事人之间并无争议的，从节约当事人诉讼成本和司法资源的角度出发，法院不应受理这样的诉。

一个完整的诉不仅应包括事实方面的理由，同时还应当包含法律方面的理由。不管是英美法系还是大陆法系，法律均要求当事人提出的诉必须同时包含事实根据和法律根据。尽管法官是了解、掌握法律的专家，但是法律仍要求当事人对诉的法律依据予以陈述。在特定的情况下，当事人还需对其主张的法律承担证明责任。总之,诉的理由,是任何一个诉都必须具备的要素之一。当事人向人民法院提出保护自己合法权益的请求,若没有理由,请求就不能实现。没有诉讼理由的诉是不完整的诉,法院不能受理案件,即使人民法院受理案件,当事人的请求也得不到保护。

## 三、诉的种类

诉的种类,就是依据一定的标准对诉进行分类。根据当事人请求的目的和内容不同,可以把诉讼分为确认之诉、给付之诉和形成之诉三种。

### (一)确认之诉

1.确认之诉的概念和特征

确认之诉,是指原告请求人民法院确认其与被告间存在或不存在某种民事法律关系的诉。确认之诉具有以下特征:

(1)法院只是对双方当事人之间是否存在某种民事法律关系进行确认,而并不判决另一方履行一定的民事义务。至于事实是否存在,法律应如何解释,一般不能成为确认之诉的对象。

(2)确认之诉要求确认的民事法律关系一般应当是现存的,只有当事人对现存的法律关系存在还是不存在,或者存在的范围有争议,才能请求法院对之作出肯定或否定的裁判。以往的民事法律关系一般不能成为确认之诉的诉讼标的。某些民事法律关系虽不是现存的,但如果具有现实意义,仍可以成为确认之诉的对象。例如某甲死亡以后,某乙要求法院确认其在甲生前与甲之间存在事实婚姻关系,该婚姻关系虽不是现实存在的,但由于对该婚姻关系存在与否的判断对遗产继承与分割有重大意义,因而其可以成为确认之诉的对象。

(3)当事人之间不存在权利是否应行使、义务是否应履行的争议,仅就民事法律关系存在与否有争议。法院仅就某项民事法律关系存在与否作出最后的裁决与宣告,因之法院的裁判只具有既判力,而不具有执行力和形成力。既不存在判决的执行问题,也不存在形成新的法律关系的问题。这是确认之诉与给付之诉、变更之诉的重要区别。

2.确认之诉的分类

按照确认之诉的目的,可以将其分为积极的确认之诉和消极的确认之诉。积极的确认之诉,是当事人请求人民法院确认其与对方当事人之间存在某种民事法律关系的诉,又称为肯定的确认之诉。例如当事人请求法院确认其与对方之间存在婚姻关系，请求法院确认借贷关系、租赁关系、买卖关系成立等都属于积极的确认之诉。消极的确认之诉是指一方当事人请求法院确认其与对方当事人之间不存在某种民事法律关系的诉。例如当事人要求法院确认其与对方当事人之间的婚姻关系为无效婚姻，确认对方对某一财产、知识产权不享有所有权等均属于消极的确认之诉。

3. 提起确认之诉的条件

提起确认之诉，除必须具备诉的一般要件外，还必须具备要求法院确认的现实必要性。当事人请求法院确认某种民事法律关系存在，必须以对方当事人对其是否享有权利有争议或对方当事人对其是否应承担义务有争议为条件。当事人请求法院确认某种法律关系不存在，必须以对方当事人对其是否应承担义务有争议为条件，否则不能提起消极的确认之诉。另外确认之诉的提起还必须注意手段的正当性。例如双方当事人之间对谁享有权利有争议时，当事人一般不能提出消极的确认之诉，只能提出积极的确认之诉。对于作为给付之诉基础的民事法律关系，一般不能单独提起确认之诉，否则有违诉讼终局解决纠纷的目的。

### (二)给付之诉

1. 给付之诉的概念和特征

给付之诉，是指原告请求人民法院判令被告为一定行为之诉。给付的内容不仅包括支付金钱和交付物，而且还包括履行一定的债权性或物权性行为，具体表现为作为和不作为。如请求付款之诉、返还财产之诉、停止不法侵害之诉等。给付之诉是最为传统的诉，具有悠久的历史，也是占民事案件的绝大部分的最普通的诉。故民事诉讼法律机制的建构大多以此为基点。总的来说，给付之诉具有以下特征：

(1)双方当事人之间存在权利义务关系，即一方享有权利，而另一方应承担某种义务，或者双方当事人均享有一定的实体权利并承担一定的实体义务，享有权利的一方提出诉的目的，是要求人民法院强制义务人履行义务。

(2)双方当事人之间有权利和义务之争，即对权利是否应行使、义务是否应履行以及义务如何履行存在争议。请求人民法院对权利的行使及义务的履行问题作出裁判。

(3)法院经过对案件审理后，要在确认当事人之间民事法律关系的基础上判令义务人履行义务。

法院经过对案件的审理不仅要确认当事人之间的民事实体法律关系的内

容,还要在此基础上判令义务人履行义务。在义务人不主动履行的情况下,人民法院还可以依法定的条件和程序强制其履行。因而给付之诉中,法院的判决不仅具有既判力,而且具有执行力。生效裁判的执行力是给付之诉的重要特征。

2.给付之诉的分类

给付之诉根据不同的标准可划分为不同的类别。

(1)根据请求履行的义务是否到期,给付之诉可以分为现在给付之诉和将来给付之诉。现在给付之诉,是指请求法院判令被告履行期限已经届至的现存义务的诉,例如请求法院判令被告支付侵权损害赔偿金。将来给付之诉,是指请求法院判令被告在将来履行期限届至或所附条件成就时履行一定民事义务的诉。现在给付之诉是给付之诉的通常类型,将来给付之诉不是给付之诉的通常类型,区别它们的重要意义在于,两者起诉的条件不同,将来给付之诉的提出有更为严格的条件限制。

(2)按给付的内容不同,给付之诉可以分为财产给付之诉和行为给付之诉。财产给付之诉又可以称为物的给付之诉,是指以一定的物作为给付内容的诉。行为给付之诉,就是要求义务人作出一定的行为或者不作出一定的行为的诉。例如要求停止侵害就是要求义务人不作出一定行为的诉;要求义务人维修特定产品,就是要求义务人作出一定行为的诉。区别财产给付之诉与行为给付之诉的意义在于,一方面两者有不同的强制执行方法;另一方面,在不同的诉中,某些临时措施如财产保全或先予执行方面也有一定的差异。

3.提起给付之诉的条件

第一,当事人提起给付之诉,必须享有实体法律上的给付请求权,即依民事实体法的规定,当事人享有某种权利,对方当事人则依实体法的规定负有一定的给付义务。是否具备该项条件,人民法院一般根据当事人的主张审查判断。第二,当事人享有的实体请求权的行使期限已经来临,即债务人履行给付义务的期限已经届满,但是当事人尚未履行义务或者拒绝履行应承担的义务。对于履行期限尚未届满的将来给付之诉,虽然可以在期限到来之前起诉,但是对当事人的起诉是否应予以限制,我国民事诉讼法并未给予明确规定,学者们一般也少有探讨。因而在实践中常常出现把将来给付之诉和现在给付之诉相混淆的现象。例如有学者主张现在给付之诉和将来给付之诉划分的标准是法院判决确定的履行义务的时间。判决生效后义务人立即给付的诉为现在给付之诉,否则即为将来给付之诉。这不仅使现在给付之诉与将来给付之诉的划分失去了意义,也在本质上混淆了两种不同的给付之诉。国外民事诉讼中一般规定“有预先请求的必要性”时，才能提起将来给付之诉。“如果根据债务人的言行可以推定其无届时履行的意思时，即可认为有预先请求的必要。”

4.给付之诉与确认之诉的区别与联系

给付之诉和确认之诉既有区别也有联系。两者的联系表现在：首先，确认之诉是给付之诉的前提。人民法院审理给付之诉，解决给付纠纷，首先要确认当事人之间是否存在民事实体法律关系，然后才在此基础上解决给付问题。就同一民事法律关系提出的给付请求和确认请求不能认为是两个不同的诉讼，而只能是一个诉。其次，确认之诉的判决对某些给付之诉具有预决的效力，可以作为以后给付之诉裁判的基础。给付之诉与确认之诉的区别在于：①目的不同。当事人提起确认之诉的目的，在于要求法院确认其与对方当事人之间是否存在某种民事法律关系；当事人提起给付之诉的目的，是要求法院判令对方当事人履行一定的民事义务。②条件不同。确认之诉必须是双方当事人对现存的民事法律关系存在与否发生争议才能提起；给付之诉的提起则不一定对民事法律关系有争议，双方因实现这一法律关系的内容发生争执时即可提起。③效力不同。确认之诉的判决不具有执行效力；给付之诉的判决则具有执行效力。

### （三）形成之诉

1.形成之诉的概念和特征

形成之诉，又称为变更之诉，是指原告请求人民法院变更或消灭其与被告之间现存的一定法律关系的诉。例如要求解除婚姻关系之诉、解除收养关系之诉以及解除合同关系之诉等等。形成之诉具有如下特征：

（1）双方当事人对现存的法律关系无争议，只是对这一法律关系是否变更或如何变更有争议。

（2）双方当事人只是要求法院对某一法律关系加以变更，而不要求解决权利或义务的承担问题。因而，人民法院审查的特点在于是否有引起当事人之间民事法律关系发生、变更、消灭的法律事实。

（3）在法院的判决生效以前，当事人之间现存的民事法律关系仍然保持不变，只有法院作出的变更判决生效以后，原来的民事法律关系才发生变更或消灭。

（4）人民法院作出的变更当事人之间民事法律关系的判决，具有形成力，而不具有执行力。

2.形成之诉的分类

根据当事人要求变更的效果不同，变更之诉可以分为实体法上的变更之诉和程序法上的变更之诉。实体法上的变更之诉是指当事人请求法院变更其与对方当事人之间的民事实体法律关系的诉，要求变更的是实体法律效果。例如前述的解除婚姻关系之诉。程序法上的变更之诉是指当事人向法院提出的变更程序法律效果的诉。例如再审之诉，执行之中的第三人异议之诉，都是要求变更依程序法所作的裁判，是程序法上的确认之诉。

两者的区分在民事诉讼的理论与实务中仍有重大的意义。首先，两种变更之诉的诉讼理由不同，实体法上的变更之诉依据的是能够引起民事法律关系产生、变更、终止的法律事实的出现，在法律方面是以民事实体法的规定为依据，当事人争议的是民事法律事实的存在与否；而程序法上的变更之诉依据的程序法规定的能够变更程序法律效果的事实情况出现，当事人争议的是民事诉讼法律事实存在与否。其次，两者的效力略有差异。对于实体法上的变更之诉，法院作出的变更判决以后能够产生较为广泛的效果。例如法院判令撤销公司决议的判决，不仅对双方当事人有效，对其他利害关系人也有相应的法律约束力；而对于程序法上的变更之诉，法院作出的新判决仅对当事人本人有约束力。

3.提起形成之诉的条件

第一，必须是当事人对现存的民事法律关系无争议；第二，按原告的主张，必须出现了能够引起民事法律关系产生、变更、终止的法律事实，而对于程序法上的变更之诉则必须出现了程序法规定的能够变更程序法效果的事实情况。

## 第二节　诉讼标的

### 一、诉讼标的概述

诉讼标的，又称为诉的标的或诉的客体，是当事人双方争议和法院审判的对象。诉讼标的，是任何一起民事案件都必须具备的。无论学者们对诉讼标的的认识有多大的差异，他们都不否认诉讼标的是整个诉讼的核心。具体来说，诉讼标的的核心地位表现在以下几个方面：首先，当事人的攻击和防御都围绕着诉讼标的进行；其次，法院的判决是对诉讼标的的最终处理；最后，诉讼标的还是法院判定当事人是否重复起诉的根据。如果前诉的诉讼标的与后诉的诉讼标的相同，那么当事人不得就该诉讼标的向法院再行起诉。

## 二、有关诉讼标的的学说

诉讼标的作为当事人争议并要求法院进行审判的对象，在具体民事案件中应根据什么标准予以识别，是世界各国民事诉讼法学者争论最激烈的理论之一。对于诉讼标的的识别，主要有三种学说，即传统诉讼标的理论、新诉讼标的理论和新实体法理论。

传统诉讼标的理论是指最早阐述诉讼标的概念和识别方法的理论。其基本特征是以实体法上的请求权为根据确定诉讼标的。[①] 而识别诉讼标的的多寡，就以原告所享有的实体法上所规定的实体请求权为标准。因此，凡同一事实关系，在实体法上按其权利构成要件能产生不同的请求权时，每一实体法上的请求权均能独立形成一个诉讼标的，即使多数请求权的给付目的相同，也能构成多数不同的诉讼标的。在请求权竞合的场合，由于原告所享有的实体请求权为多数，其诉讼标的也就为多数。如果原告在同一诉讼中先主张一个请求权，后又变为另一个请求权，就产生诉之变更问题。

但是旧实体法说具有本身所不能避免的缺陷，这主要体现在当实体法请求权为多数时即有可能出现一起案件有多个诉讼标的的现象，这会造成事实上的不公平以及诉讼资源的浪费。比如一侵犯物权的行为，被害方至少拥有两个请求权（因对该物的所有权享有的返还请求权，以及对方不当得利的返还请求权）。这样，原告至少可以提出两个诉讼标的，法院需分别作出两个判决，但两个判决均判返还同一物，显然是荒唐的。

由于传统诉讼标的理论在请求权竞合问题上存在重复起诉等不足，诉讼法学者们率先对其进行了批判，并在突破传统理论的同时，创立了新的理论，即新诉讼标的理论。该理论有一分肢说与二分肢说之分野。二分肢说也称诉之声明（相当于我国诉讼法中的诉讼请求）及事实理由说。该学说认为，诉之声明与事实理由两者构成了诉讼标的识别的标准，其中两要素皆为多数时，则诉讼标的即为多数。这样，在实体请求权发生竞合时，如果事实理由和诉之声

---

①　实体法律关系说，是我国民事诉讼标的理论的通说，若对其归类，仍属于“权利主张说”。参见李龙博士学位论文：《民事诉讼标的理论研究》，第 98 页。

明合并构成一个诉讼标的，不管实体法上存在多少个请求权，都不会出现多个诉讼标的的问题。至于各请求权之间的变更，则只能认为是原告攻击方法的变更，而不是诉讼标的的变更，从而也无诉的变更。

一分肢说又称诉之声明说。此说认为，诉讼标的仅由诉之声明加以特定，在以同一给付为目的时，即使存在若干不同的事实理由，也只有一个诉讼标的。这个诉讼标的就是原告在诉之声明中向法院提出的要求法院加以裁判的请求。依一分肢说，诉之声明只要同一，即使事实理由为多数，也不会出现诉之变更问题。一分肢说尽管合理地解释了实体法请求权竞合时诉讼标的的单一性，但由于其追求诉讼标的的纯粹法律效果，在识别诉讼标的时未对事实理由给予充分的思考，故在某种情况下无疑会扩大法院的既判力范围。

新诉讼标的理论产生后，一直在诉讼法的范围内发展，从 20 世纪 60 年代开始，诉讼标的理论的研究又出现回到实体法领域的趋势。在此基础上就有了重新强调诉讼标的与实体法请求权联系的新实体法学说。该学说以事实关系为判断实体请求权的标准，认为，凡基于同一事实关系而发生的，以同一给付为目的的数个请求权存在时，并不是实体请求权的竞合，而是请求权基础竞合，实际上只有一个请求权，因为发生请求权的事实关系是单一的。诉讼中，若原告由侵权行为的损害赔偿请求变更为合同不履行的损害赔偿请求，并不产生诉之变更问题。

### 三、诉讼标的二分肢说的采纳

在以上各学说中，旧实体法说以实体法所规定的实体请求权为识别诉讼标的的标准。在遇到请求权竞合的场合其无法作出合理的解释。新实体法说则由于请求权竞合与请求权基础竞合的区分标准在实体法理论中尚未统一，也难以使人信服。对于一分肢说，在请求给付金钱或代替物之诉讼中，如不一并斟酌原因事实，几乎无法确定诉讼标的是否同一。笔者认为，诉讼标的虽是独立的诉讼法上的概念，但却无法摆脱其与实体法的关系。作为一种社会规范的实体法，同时还是法院的裁判规范，这本身就表明实体法对作为裁判对象的诉讼标的有着不可忽略的影响。正是基于此，我们对诉讼标的的概念进行考察时应获得下面的立场：就是以“诉讼标的必须尽可能接近实体法为其观察方向”。[①] 而二分肢说之诉讼标的概念，将诉之声明与原因事实结合起来作为识别诉讼标的的标准正可起到连接实体法与诉讼法纽带的作用。也就是说，原因事实是诉之声明得以实现的基础事实，基于原因事实而生的不同法律评价或法律观点则为诉之声明的最终实现提供了实体法上的裁判依据。对于二分肢说在此一意义上的合理性，有学者这样评价：“诉讼上二分肢之诉讼标的概念，自其功能上为观察，不外实体法上请求权概念之对照，是为配合诉讼法的需要所生对照。若将此种功能上之关系经常置于眼前，则实体法与诉讼法之间对于诉讼标的之讨论所招致之鸿沟得以克服。”[②]正是为此，笔者赞同二分肢之诉讼标的概念，即以诉之声明和原因事实为诉讼标的识别的标准，若两者中有一要素为多数，则诉讼标的即为多数，从而发生诉之变更。

不过，需要指出的是，由于诉讼类型的复杂多变，诉之声明结合原因事实作为识别诉讼标的多寡的标准不是绝对的，“其中原因事实只在具体判别当事人法律地位和能否具体产生法律效果时作为参考标准”。[③] 也就是说，二分肢说虽然以诉之声明和原因事实作为诉讼标的识别的标准，但诉之声明与原因事实的地位却略有不同。具体而言，在确认之诉及形成之诉中，由于诉之声明已经表明了要求确认或变更的法律关系或法律效果，单凭诉之声明已可识别案件的诉讼标的，这时原因事实的变更也就不会对诉讼标的的多寡产生影响，不过是原告攻击方法的变更而已。在给付之诉中，单凭诉之声明往往不能特定诉讼标的，需要结合原因事实加以识别，因此，两者在诉讼标的识别中具有同值地位。

## 四、我国民事诉讼法关于诉讼标的的立法和司法实践

根据我国民事诉讼理论界的通说，所谓诉讼标的是指当事人之间发生争议，并要求人民法院作出裁判的实体民事法律关系。我国《民事诉讼法》中，涉及诉讼标的这一概念的法律条文有第53条、55条、56条，在以上法律条文中，诉讼标的概念的内涵和外延与我国民事诉讼教科书中的表述一致。诉讼标的

---

① 陈荣宗：《民事程序法与诉讼标的理论》，国立台湾大学法学图书编辑委员会1975年版，第446页。

② 陈荣宗：《民事程序法与诉讼标的理论》，国立台湾大学法学图书编辑委员会1975年版，第449页。

③ 江伟主编：《中国民事诉讼法专论》，中国政法大学出版社1997年版，第89页。

指的是当事人之间争议的民事法律关系，而法律事实是发生、变更、消灭民事法律关系的原因。

尽管理论界的许多学者对传统诉讼标的理论提出了不同的观点，但在司法实践中，以民事法律关系为识别诉讼标的的标准依然占据着主流地位。2008 年的司法考试中也有专门涉及诉讼标的识别的真题。如：王大明将房子租给刘大壮居住，月租金 120 元。现王大明因刘大壮拖欠了 5 个月的房租未缴，而诉诸法院，要求刘大壮给付 6000 元房租。现问，此案的诉讼标的指的是什么？该题选择项包括：A. 王大明租给刘大壮的房子和刘大壮欠王大明的 6000 元钱；B. 王大明要求刘大壮支付的 6000 元租金；C. 王大明提出诉讼请求所依据的王大明与刘大壮之间存在的房屋租赁关系；D. 王大明、刘大壮与人民法院之间的诉讼法律关系。本题正确答案为 C。显然这是将双方当事人争议的民事实体法律关系作为诉讼标的的识别标准。

同样，在司法实践中，司法实务部门已实体法律关系作为确定案由的根据。根据最高人民法院《关于民事案由的规定》的规定，民事案由分为 10 个部分 30 类 361 种。这 361 种案由实际上就是当事人讼争的民事法律关系，也可以理解为我国民事诉讼中诉讼标的的全部外延。

总体观之，以争议的民事法律关系为识别具体案件诉讼标的的标准，在遇到请求权竞合的场合无法作出合理的解释。而以诉讼请求和事实理由为识别诉讼标的的标准的新诉讼标的理论，则能够更准确地区分此诉与彼诉，从而更好地达到民事诉讼一次解决纠纷的目的。因此，把二分肢说作为我国民事诉讼标的的识别标准，应是研究和发展的方向。

## 第三节 诉的合并、变更和追加

### 一、诉的合并

诉的合并，是指人民法院把几个独立的诉，合并在一起案件中进行审理和裁判的制度。人民法院把几个独立具有牵连关系的诉合并审理，可以简化诉讼过程、节约诉讼成本、提高诉讼效率，防止在相互关联的问题上作出互相矛盾的裁判，有利于维护司法统一。

### (一)大陆法系有关诉的合并的主要类型

对于诉的合并的情形,各国民事诉讼法学者有着不同的认识。大陆法系的德国和日本等国家,一般认为诉的合并是指关于诉讼标的的合并,主要包括以下类型:

1. 单纯合并。法院将原告向同一被告提出的两个或者两个以上的诉讼请求予以合并审理的情形,各个诉讼请求相互之间无任何关系,即使有关系也只是一种并存关系,这就是单纯合并。例如,当事人将支付买卖价金的请求与支付房租的请求加以合并主张的情形,就属于此。在此种合并情形中,由于多数的请求被置于同一诉讼程序中加以审理,因而针对所有请求的证据调查就可以共同地进行。当然,由于各请求是相互独立的,法院在认为必要时也可以分别进行审理,而且判决也可以分别作出。此外,在这种场合,法院审理请求的顺序也不是固定的。

2. 预备性合并。在法律规定的场合,原告向同一被告提出两个具有不同顺位的诉讼请求,即将主诉与预备之诉加以合并主张的情形,就是预备性合并。一般而言,对原告来说,主诉比预备之诉更为有利一些,法院首先对主请求进行审理,只有在认为主请求不成立时,才审理预备性请求。如果主请求成立,那么不再审理预备性请求。大陆法系通说认为,只有互不两立的数个请求才可以加以合并。例如,原告提出以买卖合同成立为前提的支付买卖价金的请求(主诉),当买卖合同被认定为无效时,原告要求对方返还已交付标的物之请求(预备之诉)。

3. 竞合的诉的合并。竞合的诉的合并是指同一原告对同一被告在实体法上享有几种相互独立的请求权,但这些独立的请求权具有同一目的,并以单一的诉之声明在同一诉讼程序要求法院作出同一个判决。竞合的诉的合并,是基于一个事实理由产生数个请求权而为同一给付目的。例如,原告因被告取走其名人字画一幅提起请求返还特定物诉讼,在该诉讼中,诉之声明是要求被告物,原因事实是名人字画被取走这一自然事实,但基于字画被取走这一事实,原告至少可提出基于侵犯占有权的回收占有和基于所有权的返还求权。"旧实体法学说"认为此诉有数个实体法请求权即存在数个诉讼标的,应属于诉的合并。而站在"二分肢说"立场,此诉显然只存在一个诉讼标的,不构成诉的合并,各种请求权的变化不过是攻击方法的变化而已。

**(二)我国有关诉的合并的主要类型**

在我国根据诉的合并的不同形态可以将其划分为：

1. 诉的主体合并。诉的主体合并是指诉讼当事人一方或双方为两人以上而发生的诉的合并。我国民事诉讼法所规定的共同诉讼就是诉的主体合并的一般形态。诉的主体合并又称为主观的诉的合并。

2. 诉的客体合并。诉的客体合并是指当事人一方向对方提出了数个独立的诉讼请求而发生的合并。

3. 因被告反诉而发生的合并。

4. 因第三人参加诉讼而引起的原诉与参加之诉的合并。由于在我国民事诉讼中，人民法院可以对无独立请求权的第三人与其辅助的一方当事人之间的民事法律关系一并审查，并可以直接裁决由无独立请求权的第三人承担责任。因而这种诉的合并，既包括有独立请求的第三人参加诉讼而发生的诉的合并，也包括无独立请求权的第三人参加诉讼引起的诉的合并。

**(三)诉的合并的提起与审理**

诉的合并不是当事人或者法院完全任意的行为，诉的合并必须符合法律的规定。诉的合并必须是原告在诉讼一开始就对被告提出数个独立的诉；数个独立的诉属于同一人民法院管辖，且数个诉可以适用同一程序审理；法律上并无禁止合并的规定；数个独立的诉之间有一定的关联性，从而使数个诉的合并审理并不违背节约诉讼成本和诉讼经济的初衷。

对于诉的合并，人民法院在审理时不仅应审查各个诉是否符合起诉的要件，还应审查诉的合并是否符合诉的合并的条件。对于不符合诉的合并的诉，如果人民法院有管辖权则作出另案处理的决定；如果法院无管辖权，则应当告知当事人向其他有管辖权的人民法院起诉。对于符合合并条件的数个诉，人民法院在审理时可以一并组织法庭调查和法庭辩论，但是必要时根据诉讼经济的原则，人民法院也可以采取分别调查和分别辩论的方法。

**(四)诉的分离**

诉的分离，是指人民法院受理案件以后，将原先合并审理的几个诉，分开来作为独立的案件进行审理。诉的分离的意义在于，有时候，将几个诉合并到一起审理，会增加程序的复杂和迟延，诉的分离能够降低难度，实现加速审理的目标。

根据审判实践,诉的分离的情形主要有以下几种:第一,诉的合并审理不经济。几个不同的诉合并审理,并不能达到简化诉讼程序,节约时间和诉讼费用的目的的。第二,难度大。原告向被告提出数个独立的诉讼请求,或者在诉讼的进行中又增加了新的诉,人民法院认为合并审理的难度较大的。第三,复杂化。第三人提出与本案有关的独立的诉讼请求,合并审理反而使案件更加复杂的。

符合上述情形的,可以将几个独立的诉分离,单独进行审理。在分离前,人民法院和当事人已经进行的诉讼行为,在分离以后的诉讼程序中仍然有效。

## 二、诉的变更

诉的变更,是指一个新的独立的诉代替原来的诉,实质上是旧诉的撤回与新诉提起的结合。因而诉的变更必须同时符合撤回起诉的条件和起诉的条件,只有这样才可能有新诉的提起和旧诉的撤回问题。除此以外,诉的变更还必须符合某些特殊的条件。

1. 须于举证期限届满前提出。由于诉的变更必然会给被告的防御造成一定的难度,因此,出于对双方利益的考虑,提高诉讼效率,结合我国关于诉讼制度改革的相关目的,应规定,诉的变更,须在举证期限届满前提出。

2. 须遵守级别管辖的规定。诉的变更发生后,如属于其他级别的法院管辖的,受诉法院应将案件移送到相应的管辖法院,以免当事人将诉的变更制度作为其规避管辖的工具。而由于专属管辖是指法律规定某些案件只能由某些法院管辖,其他法院无管辖权。因此,当诉之变更涉及法院专属管辖时,应依法移送,不得违反法律的强制性规定。另外,对于诉之变更与协议管辖的关系,只有一项有效的管辖协议所选择的法院才能排除其他法院的享辖权,除非当事人在管辖协议中有相反的约定。因而,变更后的案件如果不是当事人在管辖协议中约定的纠纷,应依法将其移送到有管辖权的法院。

3. 变更后的新诉与原诉须适用相同的诉讼程序。只有变更后的新诉与原诉能适用相同的诉讼程序,诉的变更才有存在的可能,否则,不应允许当事人进行诉之变更。

我国民事诉讼法规定了诉讼请求的变更,包括请求形式的变更和请求数额的变更,前者如以要求赔偿损失代替继续履行合同的请求;后者如以要求支付10万元的赔偿金代替5万元的赔偿金。有学者认为,我国现行民事诉讼法规定了诉讼请求的变更与追加,因为并未涉及诉讼标的的变更,因此并不存在诉的变更制度。

### 三、诉的追加

诉的追加是指在案件的审理过程中，原告在原来的诉的基础上又提起了新的独立的诉，诉的追加是诉的合并的特殊形态。我国民事诉讼法没有关于诉的追加的规定，仅有追加诉讼请求的规定，民事诉讼学理界的研究也仅限于诉讼请求的追加方面。但是追加诉讼请求并不能带来诉讼标的的增加。而诉的追加则是在原有的诉讼标的之上，又提出了新的诉讼标的。例如在甲诉乙的商标侵权诉讼的审理过程中，甲又对乙提出了企业名称侵权之诉。因此，诉的追加不仅要符合起诉的条件，同时必须符合诉的合并的条件。对于原告提出的新诉，人民法院要分别审查以上两个方面的条件，对于不符合条件的新诉，法院如有管辖权则另案处理，如无管辖权则裁定不予受理。对于符合条件的诉的追加，法院则应合并审理，且一并作出裁判。

## 第四节　反诉

### 一、反诉的概念与特征

反诉是指在已经开始的民事诉讼中，本诉的被告以本诉的原告为被告提出的旨在抵销、吞并原告的诉的独立的反请求。在被告提起反诉的情况下，原告提起的诉，被称为本诉。一般认为反诉具有以下特征：

#### （一）当事人的特定性

反诉中的原告，只能是本诉中的被告，反诉中的被告只能是本诉中的原告。一般来讲，本诉中的当事人与反诉中的当事人在范围上是一致的，他们均同时兼有两种诉讼角色。但是在本诉或反诉之一为共同诉讼的情况下，本诉与反诉的当事人在范围方面有可能不一致。

#### （二）反诉目的的对抗性

被告提起反诉的目的在于抵销、吞并原告提起的诉，以达到使原告的全部

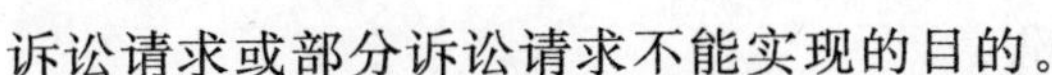
诉讼请求或部分诉讼请求不能实现的目的。

**（三）反诉时间的限定性**

反诉只能在本诉的进行过程中提起，在本诉尚未开始或本诉已终结的情况下，均无法提起反诉。

**（四）反诉的独立性**

虽然反诉的提起必须以本诉的存在为前提，但是反诉和本诉一样，都是独立的诉。因此反诉一经提起，便不再依附本诉而独立存在，本诉的撤回并不会导致反诉诉讼的终结。

反诉是由罗马法中的“抵销抗辩”演化而来的诉讼制度。目前世界上的大多数国家都规定了反诉制度。在民事诉讼中确立反诉制度有以下意义：其一，体现了民事诉讼法规定的诉讼权利平等原则。被告的反诉权是与原告的起诉权相对应的权利，赋予被告反诉权是诉讼权利平等原则在诉的制度中的具体体现。其二，节约诉讼成本和审判成本。反诉是诉的合并的一种特殊形态，而将几个独立的诉合并在一个诉讼程序中，一般能够节约当事人及法院解决纠纷的支出，达到节约诉讼成本和诉讼经济之目的。其三，将反诉与本诉合并在一起审理，可以防止法院对两个相互联系的诉作出矛盾的判决，有利于实现司法的统一。

反驳与反诉都是法律赋予被告的诉讼权利，但是两者有明显的区别。两者的根本目的都是使原告败诉，但在具体方面仍有差异。其一，反诉是诉的一种特殊形态，而反驳则仅为一种具体的诉讼行为。其二，反诉具有相对独立性，故原告撤回本诉，并不影响反诉的存在和法院对反诉的继续审理；而反驳则不具有这种相对独立性，一旦原告撤回了起诉，反驳也就失去了意义。其三，反诉一般以不否认本诉诉讼请求的成立为前提，而反驳则完全是对原告的诉讼请求做直接的否定。

## 二、提起反诉的条件

反诉是提起诉讼的一种特殊方式，因而反诉的提起首先必须具备起诉所要求的各项形式要件和实质要件。此外，反诉的特殊性还要求其必须同时符合下列特殊要求：

（1）反诉须由本诉的被告向本诉的原告提起。反诉的原告只能是本诉的被告，反诉的被告只能是本诉的原告。

（2）反诉只能向受理本诉的法院提起。只有这样，才有可能达到反诉的目的，且符合诉讼经济原则。因此，反诉的案件不能属于其他法院专属管辖。

（3）反诉与本诉须能适用同种诉讼程序。如果本诉适用普通程序而反诉适用特别程序，则难以将反诉与本诉合并审理，因而反诉不能成立。

（4）无论是在第一审还是第二审程序中提起反诉，均应在法庭辩论终结前提起，以便法院将反诉与本诉予以合并审理。

（5）反诉须与本诉具有牵连性。如果反诉与本诉之间不具有牵连性，就无从对两者进行合并审理，反诉也就失去了意义，被告只能另行起诉。所谓牵连性，我国理论界的主流观点是，判断被告提起的反诉是否与本诉具有牵连性，关键是看反诉与本诉是否有事实上或法律上的牵连关系。牵连关系界定的模糊性，导致了实践中的任意性和狭隘性，从而在一定程度上限制、削弱了反诉制度的制度功能。

## 三、反诉的审理

对于被告的反诉，人民法院应当从起诉的一般条件与反诉的特殊要求两个方面进行审查。受理后才发现不符合条件的，则应当裁定驳回反诉。当事人对不予受理或者驳回反诉的裁定不服的，可以上诉。被告所提反诉仅符合起诉的一般条件，而不符合反诉的特殊要求时，人民法院应当按一个独立的诉予以对待。对于可以反诉的案件，法院在法庭调查和法庭辩论的顺序上可以灵活掌握，既可以采取混合式的调查辩论方式，也可以分别调查和辩论，即在本诉的法庭调查与辩论完毕以后，再组织反诉的法庭调查与辩论。法院应在查明事实、分清是非的基础上分别对本诉和反诉作出裁判。审理反诉时还应注意以下几个问题：

### 1. 提起反诉的时间

我国立法未对提起反诉的时间作明确规定，理论界的认识也有差异。一般认为反诉最迟应在本诉裁判作出之前提起，但是也有少数学者认为，反诉最迟应在法庭辩论终结以前提起。理由是，只有这样才能使本诉与反诉合并审理，达到节约诉讼成本的反诉制度设立之目的。最高人民法院《关于民事诉讼证据的若干规定》（以下简称《证据规定》）第 34 条第 3 款规定："当事人增加、变更诉讼请求或者提起反诉的，应当在举证期限届满前提出。"这是从保护被反诉人的诉讼权益，保证诉讼稳定推进的角度作出的规定。

2.法院受理反诉是否应以其对反诉有管辖权为前提

现行民事诉讼法对此并无明确规定。传统理论认为，被告提起的反诉必须归受理本诉的人民法院管辖，只有向受理本诉的人民法院提起，才能由同一人民法院对本诉与反诉合并审理。这种理解严格限制了反诉的功能，使相当数量的反诉得不到受理。因为我国民事诉讼中的普通地域管辖采取"原告就被告"的原则，这样仅仅基于当事人诉讼角色的变化，就导致相当数量的反诉无法与本诉合并审理。对此，国外大多数国家对反诉管辖权的限制主要体现在专属管辖方面。也就是说，如果反诉应当由受理本诉的法院以外的其他法院专属管辖，则被告不能提起反诉，即使提起，法院也不受理。综上我们认为，受理本诉的法院不一定对反诉有管辖权，但是反诉的提起不能违反专属管辖和级别管辖的规定。

3.二审程序中的反诉问题

根据《适用意见》，在第二审程序中，原审被告提出反诉的，第二审人民法院应当根据自愿的原则，就反诉进行调解，调解不成的，告知当事人另行起诉。由此可以看出，我国立法允许原审被告在二审程序提起反诉，但是二审法院对反诉的审理只能采用调解方式，而不能采用判决的方式。其理由在于，我国采两审终审制，如果允许二审法院对当事人在二审中提起的反诉直接判决，由于二审判决为终审判决，当事人不能上诉，这样就剥夺了当事人对反诉诉讼标的的上诉权利。

## 第五节　诉权

### 一、诉权概述

谁掌握了定义，谁就掌握了命运。[①] 从中外法律辞典关于诉权的各种各样的定义中基本可以领略到该定义下所蕴含的对诉权理解的巨大差异，以及基于该差异而引起的对整个诉权理论的影响。例如，《牛津法律大词典》认为："诉权是提起诉讼的权利。一个人是否享有诉权，取决于他是否要求向他人要

---

① 苏力:《法制及其本土资源》,中国政法大学出版社 2004 年版,第 290 页。

求给予救济或补偿的、可强制执行的权利。”[①]《元照英美法辞典》认为，诉权是“为实现自己的权利或寻求法律救济而在法院就特定案件提起诉讼的权利”。[②]《布莱克法律辞典》则认为：“诉权是提起诉讼的权利。一项法律上的诉权产生并建立于一项交易或某些事实状态之上。诉权是通过司法程序获得补救的权利。”[③]而从学术界看，自诉权产生之日起，关于诉权究竟是什么性质的权利，其含义为何，更是曾经形成了若干截然不同的理论流派。

不难看出，虽然都被称为诉权学说，但上述诉权学说对诉权界定的角度却极具多样性，甚至是从不同角度展开分析的。例如，私法诉权说和抽象诉权说、具体诉权说、本案判决请求权说、宪法诉权说、司法行为请求权说之间存在的一个根本问题是关于诉权的公、私属性问题。而抽象诉权说和本案判决请求权说、权利保护请求权说则基本是围绕诉权是否应具备一定的要件以及应具备何种要件而展开的。至于司法行为请求权说，其和抽象诉权说一样，否认了诉权行使的要件要求，与上述所有诉权学说不同的是，其将诉权的权能延伸到了民事诉讼过程之中，而非局限于启动民事诉讼程序。宪法诉权说，则突破了民事诉讼的范畴，将诉权理解为是宪法上接受裁判权在民事诉讼上的延伸，尽管其研究思路与诸诉权学说的思路皆不同，其显然也是承认诉权的公法权利属性；至于诉权的要件等问题，则未在宪法诉权学说中得到研究。二元诉权说，实质上是抽象诉权说与具体诉权说的不同表述，并没有完全超越这两种诉权说，因而其所涉及的基本问题也是诉权要件的问题。

## 二、诉权与相关概念的关系

### （一）诉权与裁判请求权的关系

裁判请求权又被称为接受裁判权，是指任何人都享有请求独立的、不偏不倚的司法机关予以公正审判的权利。民事上的裁判请求权的内容包括诉诸司

---

① 戴维·M.沃克：《牛津法律大辞典》，邓正来等译，光明日报出版社 1998 年版，第 775 页。

② 薛波主编：《元照英美法辞典》，法律出版社 2003 年版，第 1201 页。

③ BLACK'S LAW DICTIONARY，Fifth Edition，West Publishing Company，1979，p. 1190.

法的权利和公正审判请求权。[①] 可见,裁判请求权的内容比诉权概念更加丰富,除了包括请求法院通过司法程序解决纠纷的权利外,还包括请求法院通过公正司法程序解决纠纷的权利。裁判请求权与诉权的区别可以从以下两个方面来理解:

第一,两者研究的理论起点不同。诉权作为一种古老的制度,最早在罗马法中出现。因此,对诉权的研究必然要遵循这种理论发展的脉络并赋予其时代内容。而裁判请求权是在近代宪法诞生以后才产生,并作为宪法上的基本权利而引起学者们的关注并加以研究的。

第二,两者的重点不同。诉权的重点在于启动民事诉讼的程序。只有在当事人行使了诉权之后,民事诉讼程序才有可能开始;而对于裁判请求权来说,其重点则在于强调国民所享有的请求国家利用公正程序解决纠纷的权利,启动司法程序的权利仅仅是其内容之一。

虽然两者具有不同点,但随着诉权理论的发展,研究的内容必然会呈现越来越多的交叉。这是因为,随着诉权理论的不断发展,诉权宪法化正成为诉权理论研究的新潮流。而这也意味着诉权和裁判请求权中诉诸司法的权利将仅仅是称谓上的不同,其实质已没有区别。正如有学者所指出的那样,裁判请求权于民诉法上之具体实现,即为诉权之概念。[②] 当然,从裁判请求权的角度来说,这也将为裁判请求权的研究从宪法层面向诉讼法层面突破提供契机,而使其获得崭新的内容。

当然,除了这种部分内容趋同的形势外,裁判请求权理论所具有的公正程序请求权内容是诉权理论本体所无法涉及的领域。虽然如此,但它却能够为当事人的诉权保护提供理论支持。这是因为,当事人在行使诉权而启动诉讼程序之后,就面临诉讼程序如何进行的问题,而裁判请求权所包含的公正审判请求权则为诉讼程序的进行提供了依据。因此,裁判请求权理论的发展必然会从最终意义上促进诉权的实现。

### (二)诉权与诉讼权的关系

所谓诉讼权,主要是我国台湾地区宪法上的概念,是旨在确保人民于其权利受侵害时,有依法定程序提起诉讼,并受法院公平审判之权利。[③] 对于诉讼

① 刘敏:《裁判请求权研究》,中国人民大学出版社 2003 年版,第 4 页。

② 魏大喨:《诉讼基本权在民事诉讼法之实践》,载《月旦法学杂志》第 105 期。

③ 2005 年 3 月 4 日我国台湾地区"'司法院'大法官解释"第 591 条。

权和诉权的关系，有学者认为，公民诉讼权与诉权是不同的，并认为诉权仅存于民事诉讼中，而公民的诉讼权存在于各个诉讼领域中；同时诉权应仅局限于民事领域进行讨论，以免与公民诉讼权这一宪法权利相混淆，带来认识和研究上的混乱。[①]

事实上，诉权的概念并非民事诉讼法所独有。诉权有广、狭两义之分，广义的诉权泛指公民向国家机关提出请求依法保护自己合法权益的权利，它含民事的、刑事的、行政的诉权。狭义的诉权专指民事诉讼上的诉权。[②] 在当前的学术研究中，学者们多根据研究的具体内容将其称为民事诉权、行政诉权等。因此可以说，诉权一词更多是从广义的意义上来适用的。事实上，尽管民事诉权的研究一直受到民诉法学界的重视，但近来，有关行政诉权和刑事诉权的研究也很多，例如，有学者对行政诉权进行了深入和理性的研究，[③]还有学者将行政诉权确立为行政诉讼法学的基础问题。[④] 对于刑事诉讼，也有学者指出，诉权与刑事诉讼之间存在着不可割裂的客观联系，[⑤]只有引入诉权理论，才能极大地丰富刑事诉讼法学的理论体系，为更多新制度的设立开拓理论空间。[⑥] 这些都表明，诉权并非仅仅存在于民事诉讼中，作为民事诉讼法研究对象的才仅仅是指民事诉权。可见，从概念适用的范围上看，诉权与诉讼权并无本质的区别，皆可以适用于各个诉讼领域。

同时，虽然诉权研究源于民事诉讼，并且是民事诉讼中最传统的理论之一，但这并不代表诉权不能从宪法角度进行研究。不能否认，对诉权的研究，即使是理论传统最为深厚的民事诉权研究长期以来也停留在民事诉讼法本身，而未能从宪法角度进行深入的研究，但固有的研究或者研究的缺乏和落后不能成为我们否定诉权作为宪法权利的本质的理由。我们看到，随着诉权理论的不断发展，诉权宪法化正成为诉权理论研究的新潮流。诉权应属于宪法上基本人权的观点正获得越来越多的认同。因此，在这一意义上，诉讼权和诉权之间也并无不同。

不过，需要强调的是，我国台湾地区“宪法”第 16 条所规定的诉讼权，其含

---

① 左卫民、朱桐辉：《公民诉讼权：宪法与司法保障研究》，载《法学》2001 年第 4 期。

② 王红岩、严建华：《广义诉权初探》，载《政法论坛》1994 年第 5 期。

③ 薛刚凌：《行政诉权研究》，华文出版社 1994 年版。

④ 高家伟：《论行政诉权》，载《政法论坛》1998 年第 1 期。

⑤ 谢佑平：《论刑事诉权》，载《现代法学》1992 年第 1 期

⑥ 汪建成、祁建建：《论诉权在刑事诉讼中的导入》，载《中国法学》2002 年第 6 期。

义一直是有变化的。早期大法官对诉讼权的理解为：旨在确保人民有接触、使用法院的权利，并未要求有诉讼程序之内容。例如，1970 年 9 月 25 日，台湾地区"'司法院'大法官解释"第 170 条时指出，人民有诉讼之权，宪法第 16 条固定有明文，惟诉讼如何进行，应另由法律定之。[①] 但 1988 年 4 月 30 日"'司法院'大法官解释"第 482 条时又认为，宪法第 16 条规定，人民有请愿、诉讼之权。所谓诉讼权，乃人民司法上之受益权，即人们于其权利受损害时，依法享有向法院提起适是审判之请求权，且包含听审、公正程序、公开审判请求权及程序上之平等权。[②] 可见，诉讼权作为我国台湾地区宪法上的权利，其含义远远超过诉权的范围；抑或说，其与上文所述的裁判请求权本质上应属于同一含义。如果非要说出其区别，则只能是各国宪法或法律文本表述的不同而已。

### （三）诉权与诉、起诉的关系

民事诉讼中的诉，是指"当事人于法院为特定之权利主张，而法院为判决程序之进行之事也"，诉也可被称为诉讼。与诉的概念有密切关系的是起诉，所谓起诉，是指原告向法院为特定之权利主张而使判决程序开始之行为。诉与起诉的关系可以称为整体和起点的关系，诉为整体，而起诉则为起点。[③]

在民事诉讼中，关于诉与诉权的关系一直是个有争议的问题。其原因主要是对诉、诉权含义的理解不同。笔者认为，作为整体意义而言的诉或诉讼是诉权的表现形式，或者说，诉权是诉存在的基础。没有诉权，就不可能有诉；有了诉，诉权才能够得到表现。不过，起诉与诉权的关系则不同。起诉是诉的起点，起诉的目的是使诉系属于法院。一旦系属于法院，如果当事人具备诉权，则诉的推进和开展才有可能；如果当事人不具备诉权，则起诉便会被法院裁定驳回，诉也会因此而终结。

需要注意的是，诉权是诉存在的基础经常会被误解为诉权是起诉存在的基础。而基于这种误解，就会导致将诉权作为起诉的条件，从而造成起诉条件过高而限制了当事人的诉权。对于这一点，我国现有民事诉讼法在很大程度上就有所体现。而其根本，则是因为混淆了诉与起诉的区别，并进而混淆了它

---

① 汤德宗：《宪法解释与诉讼权保障——公务员保障与惩戒为中心》，载《宪政时代》2005 年第 1 期。

② 汤德宗：《宪法解释与诉讼权保障——公务员保障与惩戒为中心》，载《宪政时代》2005 年第 1 期。

③ 王甲乙等著：《民事诉讼法新论》，广益印书局 1999 年版，第 241 页。

们与诉权的不同关系。

### (四)诉权与诉讼权利的关系

诉讼权利是当事人在诉讼过程中作出一定行为或者不作出一定行为的权能。对于两者的关系,目前有两种观点,一种观点认为,诉权的行使贯穿于诉讼的全过程(审判阶段和执行阶段);当事人所享有的各种具体的诉讼权利共同构成诉权的整体内容,或者说诉权是当事人的各项诉讼权利的概括和集中体现,或者说各种诉讼权利是诉权在诉讼各个阶段中的不同表现形态。[①] 第二种观点则认为,公民在各种诉讼过程中享有的程序权利如意见陈述权、辩论权、辩护权、提出证据权、诉讼进展知情权属于诉讼权利,但并不是诉权的内容,两者是不同也不能互相包含的。诉权重在公民启动或参加诉讼程序,而诉讼权利则不具备此一特征。[②]

笔者认为,将诉讼权利排除在诉权的内容之外的观点更符合诉权的本质。诉权主要指请求司法救济的权利,而诉讼权利则是在程序中当事人所享有的具体的各种权利。有了诉权,并不一定就享有一定的诉讼权利,因为诉讼权利的有无取决于诉讼程序的推进模式。正如各国都认可公民对一般民事纠纷的诉权,但当事人在诉讼中所享有的诉讼权利却因各国诉讼模式的不同而大异其趣。具体来说,在实行当事人主导模式的国家,当事人的诉讼权利是丰富而充实的,而在实行职权主义的国家,当事人的诉讼权利却寥寥可数。因此,将诉讼权利理解为诉权展开的观点是不妥当的。

除此之外,对于两者的区别,笔者认为还包括以下方面:

第一,诉权作为国民人权的重要内容,是宪法上的基本权;同时,为了具体实现和保护诉权,又在诉讼法中对它加以规定。而诉讼权利则是诉讼法上的权利,它只能在诉讼程序中得到体现,并在诉讼法中对它加以规定。

第二,诉权是针对国家司法机关的权利,而诉讼权利则是诉讼法所赋予的不针对特定的对象的一种权利。诉权是当事人对国家司法机关存在的一种纠纷解决权,针对其他机关的纠纷解决权不是诉权,比如:如果当事人不将纠纷提交法院解决,而是协议仲裁解决,那么当事人行使的就不是诉权。至于诉讼权利,其可以是针对当事人的,也可以是针对法院的,还有可能是针对其他诉讼参与人的,甚至有可能是针对案外人的。

---

① 柴发邦:《民事诉讼法学新编》,法律出版社 1992 年版,第 66~67 页。

② 左卫民、朱桐辉:《公民诉讼权:宪法与司法保障研究》,载《法学》2001 年第 4 期。

第三，诉权只能为纠纷的正当当事人所享有，而诉讼权利的享有者可以是一切诉讼法律关系的主体。依法享有诉权的人，肯定是民事诉讼适格的当事人，不适格的当事人不享有诉权；当事人以外的其他人也不享有诉权。一切进入诉讼的诉讼法律关系的主体，包括作为裁判者的法院和作为法律监督者的检察院在内，都享有不同的诉讼权利。

第四，根据一事不二理原则，就同一纠纷或案件，其诉权仅可作一次行使。一旦纠纷得到解决，诉权即归于消灭；而许多诉讼权利（如提证权、辩论权、申请回避权等）可由双方当事人多次行使，即不因行使而被消耗。

虽然诉权和诉讼权利是属于不同范畴的概念，但两者之间也有着密切的关系。简言之，诉权的行使是当事人行使诉讼权利的前提条件。无诉权，则不能保障公民接近法院、使用司法制度，因此，它是享有诉讼权利的前提；但只有诉权的保障而不享有诉讼权利，公民就无法充分参与诉讼，不能成为诉讼的主体，诉权保障之目的最终也不能达到。因此，诉讼权利的行使又有助于诉权的实现。

## 三、诉权理论的学说

### （一）私法诉权说

这种学说认为，民事诉讼实际上是民事实体法上的权利在审判上行使的过程或方法，诉权是实体法上的权利，更多的是实体法上的请求权的强制力的表现，或者说是实体法上的权利被侵害转换而生的权利。[①] 这种学说盛行于公法学说还不太发达的德国普通法时代，以萨维尼（Savigny）为代表。

这一学说的理论根源就在于当时诉讼法与实体法并没有真正分野，该学说认为诉讼法隶属于实体法，诉权只是实体法上的权利的发展、延长、变形，是实体权利的派生物。另外，由于当时只承认给付之诉这一种诉讼类型，只承认原告基于实体法上的请求权向法院行使针对被告的权利，这种权利被告是不能享有的。

---

① Savingy ,F. C. v. ,System des heutigen romischen Rechts ,Bd. V. 1841. S. 3. 转引自张家慧：《诉权意义的回复——诉讼法与实体法关系的理论基点》，载《法学评论》2000 年第 2 期。

## (二)公法诉权说

从19世纪后半叶开始,随着经济的发展、文化的进步,法治国家的思想深入人心,人们对国家享有公权的观念兴起以后,诉权的观念也就逐渐演变为对国家的公法上的权利,公法诉权说就应运而生。公法诉权说认为,国家的权利来自国民,因此,国民也就拥有要求国家给予利用诉讼制度的公权(诉权)。[①] 也就是说,诉权不是对纠纷当事人的实体法上的权利,恰恰相反,而是对国家的公法上的请求权。公法诉权说以诉权到底应该承认哪种程度的请求为标准,可以分为四类。

1. 抽象的诉权说

抽象的诉权说又被称为抽象的公权说或者形式的诉权说,这种学说认为,诉权就是要求法院作出(而法院根据法律必须作出)判决的权利,[②]是个人对国家的一种自由权,它和诉讼中争议的私法上的权利或诉讼标的没有关系。因为这一学说界定的诉权并不要求法院作出具体的判决,而只是要求得到诉讼判决本身即可,所以这一学说才叫做抽象的诉权学说。这一学说以德国学者德根科(Degenkolb)、伯洛兹(Blosy)和比洛(Bülow)为代表。

抽象的诉权说作为与私法诉权说相对立的最早的公法诉权学说,其产生的根源除了公法理论的发展之外,还与人们当时痛恨普鲁士法院以及地方司法组织蛮横剥夺诉权的情结密切相关。[③] 而基于这种极度自由主义的立场,主张诉权是不依赖任何实体条件而存在的公法权利就似乎是顺理成章的了。抽象的公法诉权说旨在将诉权概念与私法上的权利概念彻底分离,并从原告与国家及法院的程序关系面来把握诉权。而这也就意味着法院和当事人在诉讼中的法律关系不是私法性质的关系,而是当事人对国家发生的公法性质的关系。正是这种从公法立场来界定的诉权学说使得诉讼法真正摆脱了对实体法学的依附而走向独立。

2. 具体的诉权说(权利保护请求权说)

具体的诉权说又被称为权利保护请求权说。这种学说认为,诉权是当事

---

① 三月章:《日本民事诉讼法》,汪一凡译,五南图书出版公司1998年版,第14页。

② B. M. 高尔敦:《确认之诉(俄文版)》,1906年版,第92页。转引自M. A. 顾尔维奇:《诉权》,康宝田、沈其昌译,中国人民大学出版社1958年版,第11页。

③ 江伟、邵明、陈刚:《民事诉权研究》,法律出版社2002年版,第13页。

人向法院请求特定内容的胜诉判决的权利。[①] 在 1880 年由近代公法学者拉邦德(Laband) 及诉讼法学者瓦希(Wach) 提倡以后,由赫尔维格(Hellwig) 、斯太因(Stein) 、塞芬特(Seuffent) 等学者继续主张,这个学说一度是大陆法系各国学术界的通说。

具体的诉权说是在解决抽象的诉权说过于抽象、空洞问题的基础上而形成的学说。根据具体的诉权说,诉权是指原告请求胜诉判决的权利、保护请求权的要件。其中有作为实体要件的原告请求的权利关系,还有作为诉讼要件的权利保护的资格和利益。[②] 显然,具体的诉权说在实体保护要件之外,提出诉讼上的权利保护要件,将诉权和实体法上的权利予以区分、确认,这是私法诉权说所不及的地方;同时它又避免了抽象的诉权说过于空洞和缺乏内容的缺点。

3. 本案判决请求权说

本案判决请求权说是以对权利保护请求说进行批判为契机而产生的。最初是由德国学者布莱(Bley) 提倡,在德国是少数派。这一学说由兼子一博士主张,在日本产生了很大的影响。本案判决请求权说认为诉权是解决纠纷的请求权,因而其又被称为纠纷解决请求权说。

该学说认为,民事诉讼制度的目的,不在于对私权的保护,而在于解决民事纷争,确定私法上的权利义务关系。为此,具体诉权说所谓诉讼的权利保护要件,应列为诉权存在要件,具备此要件,始得由法院为有理由或无理由之判决。为诉讼标的的法律关系是否存在,则非诉权必备要件。[③]

4. 司法行为请求权说(诉讼内诉权说)

司法行为请求权说,又被称为诉讼内诉权说。该学说产生于对二战历史灾难进行反省的德国。其主张是:诉权是对于国家司法机关,要求其为适合于实体法和诉讼法之司法行为的权利。[④] 并认为,诉权具有发展的内容,即诉讼因起诉而开始,依当事人提出的攻击防御方法,在诉讼程序上诉权逐渐开展,依各阶段而演变其形态,直至裁判为止。[⑤] 诉讼内诉权说由德国的萨伊(Sauer) 、李欧、罗森贝克((Leo Rosenberg) 主倡。

---

① 兼子一、竹下守夫:《民事诉讼法》,白绿铉译,法律出版社 1995 年版,第 3 页。

② 兼子一、竹下守夫:《民事诉讼法》,白绿铉译,法律出版社 1995 年版,第 50 页。

③ 孙森炎:《论诉权学说及其实用》,载杨建华主编:《民事诉讼法论文选辑》(下),五南图书公司印行 1984 年版,第 497 页。

④ 王甲乙等著:《民事诉讼法新论》,广益印书局 1999 年版,第 249 页。

⑤ 孙森炎:《论诉权学说及其实用》,载杨建华主编:《民事诉讼法论文选辑》(下),五南图书公司印行 1984 年版,第 497 页。

依司法行为请求权说，为保障宪法所定诉讼权，贯彻法治国家基本原理，国家对人民不但有使得其能接近、使用法院之职责，而且负有裁判给付义务；而人民则对法院有裁判给付请求权。[①] 显然，司法行为请求权说已将诉权与宪法上的诉讼权联系起来，并将诉权理解为请求国家司法机关依实体法和诉讼法之规定审理和裁判的权利。不过，其由于未涉及任何诉权的要件，故从理论上与抽象的诉权说如出一辙。两者的区别仅仅在于司法行为请求权说具有发展的内容，而抽象的诉权说则认为诉权仅仅为启动裁判的权利。

5. 宪法诉权说

虽然德国的司法行为请求权说已颇有宪法诉权说的韵味，但正式从学说上提出宪法诉权论概念的则是日本的学者。二次大战后，在一定程度上受到德国司法行为请求权说的影响，日本学者根据其本国宪法关于接受裁判权的规定，也开始从宪法的角度来考察诉权问题，诉权的宪法议论由此活跃。

主张宪法诉权说的学者，基本上是从宪法的角度为其学说提供立论根据，将宪法上所规定的公法性质的人民享有接受审判的权利与诉权相结合，主张应将宪法上所保障的诉讼受益权性质引进诉权理论。该学说将诉权定位于宪法上接受裁判的权利，赋予了诉权学说以新的内容。[②]

6. 二元诉权说

二元诉权说曾经一度是我国诉权学说的通说。这一学说起源于前苏联民事诉讼理论，由前苏联民事诉讼法学家顾尔维奇首倡。他在其专著《诉权论》中主张诉权应该包含三个部分：(1) 程序意义上的诉权，即起诉权；(2) 实体意义上的诉权，即胜诉权；(3) 认定主体资格意义上的诉权。[③] 前苏联的民事诉讼法理论在此基础上，保留了诉权的前两重含义，形成了占据主流地位的二元诉权说。而我国学者则在修正前苏联二元诉权说的基础上，形成了内容稍有差异的二元诉权说。具体而言，我国的二元诉权说主要包括以下内容：

(1)程序意义上的诉权

根据二元诉权学说，程序意义上的诉权，是指民事诉讼法赋予当事人进行诉讼的基本权利。对提起诉讼的原告一方来讲，它是请求人民法院行使审判权，对自己的合法民事权益给予保护的权利。这些权利包括：提出诉讼请求的

---

① 邱联恭：《司法现代化与程序法》，台湾三民书局 1992 年版，第 90 页。

② 斋腾秀夫：《民事诉讼法概论》，有斐阁 1982 年版，第 41 页。

③ M. A. 顾尔维奇：《诉权》，康宝田、沈其昌译，中国人民大学出版社 1958 年版，第 46、136、188 页。

权利，提供证据的权利，进行辩论的权利，行使各项诉讼权利的权利，实施各项诉讼行为的权利。对被告来讲，程序意义上的诉权是应诉答辩的权利。这些权利包括被告参加诉讼的权利，承认或者反驳原告提出的诉讼请求的权利，提起反诉的权利等等。

(2)实体意义上的诉权

实体意义上的诉权，是指当事人根据实体法的规定通过人民法院向对方当事人主张实体请求的权利。实体意义上的诉权，对原告来讲，当其利用程序意义上的诉权，请求人民法院通过审判的方法保护自己的合法权益时，人民法院受理案件，经过审理，查明原告有实体意义上的诉权，并确实受到了被告的侵犯或者与其发生了民事权益争议，人民法院就应作出裁判，保护其合法权益；实体意义上的诉权，对被告来讲，是指可以通过人民法院反驳原告提出的实体上的请求，有权在诉讼中提起反诉。①

目前，二元诉权说已经受到了许多学者的质疑，学者们指出，这种学说在理论上和实务中都存在着许多难以自圆其说的地方。例如，二元诉权说中的实体上的诉权是指胜诉权、请求权，这是不科学的。因为任何一个诉讼必有一方胜诉、一方败诉或双方均败诉。这样势必有一方当事人不享有诉权。而且胜诉不是当事人的一项既定权利，任何一方都不具有共有的胜诉权利。另外，在诉讼实践中区分两重意义上的诉权相当困难而且没有必要。② 这些论证实质上表明了诉权应是程序上的权力，将实体关系内容作为诉权内容是缺乏合理性的。

### (三) 诉权否认说

由于对于诉权学说众说纷纭，且至今没有一种完美无瑕的学说，每一种学说都有难以自圆其说的理论缺陷，于是诉权否认说就产生了。诉权否认说的代表人物包括法国的狄翼、日本的三月章，以及前苏联的一些学者。

主张诉权否认说的理由并不完全相同，其中，一个有代表性的学说认为，当事人对于国家司法机关并没有诉权存在，当事人之所以能够请求司法机关就其发生的实体权利义务的争议作出裁判，仅仅是基于其“法律上的地位”而

① 常怡：《民事诉讼法学》，中国政法大学出版社 1999 年版，第 156 页。

② 顾培东：《法学与经济学的探索》，中国人民公安大学出版社 1994 年，第 219～227 页。

已，不是基于诉权。[1]

## 四、诉权的保护

诉权是当事人请求国家进行司法保护的一项基本权利，如果我们不对诉权进行充分和有效的保护，那么这一最终救济手段和途径就失去了意义，也就谈不上建设社会主义法治国家。基于此，对诉权进行有效的保护就显得尤为重要。

对诉权的保护主要体现在两个方面，即诉权的立法保护和诉权的司法保护。

### （一）诉权的立法保护

诉权的立法保护主要体现在民事诉讼法的法律规范方面。我国现行民事诉讼法的许多规定都体现了对当事人诉权的保护。我们认为，民事诉讼的立法应着重从程序保障和程序效益两个方面实现诉权的立法保护。

1. 程序保障方面

程序保障的核心之义在于让当事人充分参与程序，并影响程序结果。虽然我国民事诉讼法关于保护公民程序参与的规定具有一定的合理性和正当性，但是从真正实现诉讼公正的角度看，有关内容尚有不够完善之处。主要体现在民事诉讼的基本原则和基本制度两个方面：

(1)关于民事诉讼基本原则

首先是关于辩论原则。对于我国民事诉讼法所规定的辩论原则，有学者将其称为非约束性辩论原则，[2]也就是说，当事人的辩论对法院没有完全的约束力，法院还可以按照自己的判断独立收集证据，并将其作为裁判的依据。非约束性辩论原则的实质就是对当事人程序主体地位的否定。因此，我们有必要确立与之相对应的约束性辩论原则。其次是关于处分原则。我国现行民事诉讼法中还存在许多不尊重当事人处分权的规定，如当事人的撤诉以及变更诉讼请求等经常无法按照当事人意志实现。因此，如何使当事人处分诉讼权利的行为真正对法院的审判行为起到制约作用，是完善处分原则的重心。

(2)关于民事诉讼基本制度

在基本制度方面，对当事人诉权保护的欠缺主要体现在检察院抗诉制度、

---

① 姚瑞光：《民事诉讼法论》，商务印书馆 1972 年版，第 230 页。

② 张卫平：《民事诉讼辩论原则重述》，载《法学研究》1996 年第 6 期。

无独立请求权第三人制度、证据制度以及诉讼费用制度方面。在检察院抗诉制度方面，目前，抗诉是启动再审的一种重要方式，而且是只要抗诉，法院就必须审理。这就为检察院超越当事人的诉权实施不符合当事人意志的抗诉行为提供了可能。因此，应该对此作限制性规定，即强调检察院抗诉与当事人诉权的结合，突出当事人诉权在启动民事诉讼程序中的作用。在无独立请求权第三人制度方面，目前，无独立请求权的第三人参加诉讼，除可以由本人申请外，还可以由法院依职权通知参加。很显然，将没有行使诉权的人扯进诉讼，不能不说是对他们诉权的忽视。基于此，应进一步强调尊重他们的诉权，避免强制性地将他们扯入诉讼程序中。在举证责任制度方面，应进一步明确当事人举证与法院查证之间的关系，以及案件事实真伪不明时的败诉风险负担。

2. 程序效益方面

权利行使的成本对公民权利实现的影响是非常大的。为了保障公民诉权的行使，法律必须采取一系列降低成本的手段，实现程序效益，否则只能使法律所确认的权利成为“纸上的权利”而无任何实质意义。从民事诉讼法的角度看，与诉权实现成本直接相关的制度是诉讼费用制度，而诉讼效率则是影响诉讼成本的一个因素。因为诉讼的周期越长，当事人投入的人力、物力和财力就越多，从而造成诉讼成本的增加。正因为如此，提高诉讼效率以降低诉讼成本已成为许多国家民事诉讼制度改革的重要举措。德国在 1976 年的民诉法改革中确立了举证时限制度；英美等国在民事诉讼制度改革中强化了法官对程序的管理以防止诉讼拖延。

显然，我国现行民事诉讼程序存在的主要问题是，简易程序不够简化，难以适应现实诉讼的需要，同时也使人们不能更充分、更方便地利用民事诉讼来解决纠纷。因此，民事诉讼制度的设置应有提高诉讼效率的考虑。例如，为了使人们能够更充分、更方便地利用民事诉讼来解决纠纷，我国可以考虑建立比现行简易程序更简易的程序，还可以建立适用于小额纠纷的小额程序。

### （二）诉权的司法保护

诉权的司法保护，主要体现于行使审判权的法院对当事人诉权的保护。但是，法院如不依法行使审判权，就会使诉权受到侵犯。目前，司法实践中，还在一定程度上存在着对于当事人提起的诉讼法院不及时受理，以及对依法应受理的案件不予立案等情况，这些都构成了对当事人诉权的侵害。我们认为，要真正使诉权在司法层面获得充分的保护，最重要的是完善民事诉讼责任制度，从而使得侵犯公民诉权的违法司法行为得到制裁。

# 第五章 诉讼法律关系和诉讼行为

诉讼行为是诉讼主体实施的，能够使民事诉讼法律关系发生、变更或消灭的行为。它作为构筑独立的民事诉讼法学理论的出发点，在民事诉讼法学中具有重要地位。诉讼行为既以人民法院的诉讼行为为研究对象，也以当事人的诉讼行为为研究对象。对两者关系的分析实质上体现当事人和法院在民事诉讼发展中的不同作用。对有瑕疵的诉讼行为进行救济是必要的。

## 第一节 民事诉讼法律关系

### 一、民事诉讼法律关系概念和本质

1868 年，德国法学家标罗率先提出民事诉讼法律关系概念。他认为，诉讼是一个产生着、发展着和消灭着的整体，是在不同的阶段中前进，并一步步发展的法律关系。① 民事诉讼法律关系在近代诉讼法学中具有相当重要的地位，并成为民事诉讼法学的基础理论之一。

民事诉讼法律关系的着眼点是把诉讼理解为诉讼主体之间形成的一种关系，而且是一种权利义务关系。但对于这种权利关系究竟是谁与谁之间的关系这一问题，则有不同的学说，包括一面关系说、两面关系说、三面关系说和多面关系说。其中一面关系说认为诉讼法律关系是原告与被告的关系；两面关系说认为诉讼法律关系是法院与原告以及被告之间的关系；三面关系说认为诉讼法律关系不仅是法院与原告、法院与被告的关系，还应当包括原、被告之间的关系；多面关系说则认为诉讼法律关系包括法院与原告、法院与被告、法

---

① 张卫平：《程序公正实现中的冲突与衡平》，成都出版社 1993 年版，第 56 页。

院与第三人、法院与共同诉讼人、法院与诉讼代表人、法院与诉讼代理人、法院与证人、法院与鉴定人、法院与翻译人员、法院与勘验人员之间的多层次、多侧面的关系。①

在上述各学说中,一面关系说"将诉讼当作纯粹的体育竞技,法院只是竞技场的裁判",过于放任当事人自行解决争议,从而被学者认为是"不可取的"②并受到冷落;而其他各学说则至今仍有不同的理论支持者。

在德国,当前占据主导地位的诉讼法律关系理论被称为新诉讼法律关系理论,其实质是支持三面关系说。该理论是在批判地吸收比洛(Bu low)的诉讼法律关系论和戈尔德施密特(Goldschmidt)创建的法律状态论的基础上所形成的一种理论,其实质仍然是诉讼法律关系理论。新诉讼法律关系是一种三面诉讼法律关系,是双方当事人和法院之间以及双方当事人之间在诉讼中产生的所有法律关系。根据该理论,最重要的法律关系产生于以代表国家的法院为一方、以当事人为另一方的二者之间。当事人最重要的诉讼行为并非向对方当事人作出,而是向法院作出。法院行为针对的也是其裁判权力范围所涉及的当事人。另外,双方当事人之间在诉讼中也发生法律关系。当事人一系列的诉讼行为也直接针对对方当事人作出。显然,这种新诉讼法律关系理论实际上否认诉讼参与人之间存在诉讼法律关系。③

在我国,目前占据主导地位的是多面关系说。即认为,民事诉讼法律关系是审判法律关系和争讼法律关系构成的特殊社会关系。所谓审判法律关系,是指在人民法院与当事人及其他诉讼参与人之间形成的由民事诉讼法、法院组织法等法律调整的以审判权利和审判义务为内容的社会关系。所谓争讼法律关系,是指在当事人与其他诉讼参与人之间形成的由民事诉讼法、律师法及其他诉讼法调整的以诉讼权利和诉讼义务为内容的社会关系。

我们认为,法院和当事人之外的诉讼参与人虽然参加诉讼的原因不尽相同,但是,他们都在查明案件事实、实现当事人权利的范畴内实施某些诉讼行为,因此,在审判法律关系和争讼法律关系中,人民法院应该是分别与当事人、诉讼代理人、证人、鉴定人、翻译人员、协助执行人、人民检察院等发生诉讼法律关系。而在争讼法律关系当中,当事人之间,当事人与代理人、证人、翻译人员之间也发生争讼法律关系。正是经过这样的过程,诉讼法律关系的机能才

① 田平安:《民事诉讼法律关系论》,载《现代法学》1999 年第 6 期。

② 张卫平:《程序公正实现中的冲突与衡平》,成都出版社 1993 年版,第 63 页。

③ 蓝冰:《德国新民事诉讼法律关系理论及启示》,载《政治与法律》2008 年第 1 期。

能得以充分发挥，从而形成民事诉讼法律关系的多面性。需要强调的是，无论上述各学说之间存在多大的差异，却无一例外地认为，法院与原、被告之间的关系是民事诉讼法律关系中不可缺少的一个重要内容。而由于法院在诉讼法律关系中所为的诉讼行为是基于其享有审判权，当事人所为的诉讼行为则是基于其享有诉权和诉讼中的其他权利，因此，当事人与法院之间诉讼法律关系的主要内容之一就体现为处分权和审判权的关系。所谓的民事诉讼法律关系，实质上是人民法院与当事人之间的关系，说到底，是审判权与处分权的关系。

## 二、民事诉讼法律关系的要素

民事诉讼法律关系的要素，是指构成民事诉讼法律关系的必备因素。任何一个法律关系均由主体、内容和客体三要素构成，而民事诉讼法律关系也是由这三个要素构成。

### (一)民事诉讼法律关系的主体

民事诉讼法律关系的主体，是指在民事诉讼中依法享有诉讼权利和承担诉讼义务的人。只要是在民事诉讼中依法享有诉讼权利和承担诉讼义务的，他就具有民事诉讼法律关系主体的资格。在我国的民事诉讼理论中，还有一个与民事诉讼法律关系主体既相联系，又有区别的概念，即民事诉讼主体(简称诉讼主体)。诉讼主体不是诉讼法律关系主体的简称，而是指诉讼法律关系主体中能够直接对诉讼程序的发生、发展和终结产生影响者。诉讼主体者，一定是诉讼法律关系主体，如当事人既是诉讼主体，又是诉讼法律关系主体；而诉讼法律关系主体者，不一定是诉讼主体，诉讼主体只包括人民法院、人民检察院和当事人。

民事诉讼法律关系的主体是多元性的，它包括：人民法院、人民检察院、当事人和其他诉讼参与人。

1. 人民法院

人民法院是代表国家行使审判权的国家机关，是在民事诉讼中起组织和指挥作用的主体。审判权在民事诉讼中具体表现为：对案件的审理权、对案件的裁判权、对案件的管理权和对诉讼的指挥权。人民法院的审判行为对诉讼程序的发生、变更和消灭具有重要的作用。

2.人民检察院

在现行民事诉讼法的规范下，人民检察院基于法律监督权而对民事审判实行法律监督。根据《民事诉讼法》的规定，人民检察院发现人民法院的生效裁判确有错时，有权提出抗诉。人民检察院提出抗诉并派员参加诉讼的过程中，不仅与人民法院发生一定的诉讼权利义务关系，而且还与申诉人发生一定的诉讼权利义务关系。所以，人民检察院也是民事诉讼法律关系的主体。

3.当事人

当事人是民事诉讼法律关系必不可少的主体和诉讼主体，没有当事人，也就无所谓民事诉讼法律关系。诉讼机制的设置在很大程度上是在配置当事人的处分权和法院的审判权之间的关系，当事人包括第一审程序中的原告、被告、诉讼第三人；上诉审程序中的上诉人和被上诉人；再审程序中的申请人以及申诉人。在民事诉讼中，当事人是诉讼权利义务的承担者，有权处分自己的诉讼权利和民事权利。他的诉讼行为能够引起民事诉讼程序发生、变更或消灭的法律后果。

4.诉讼代理人

诉讼代理人是代当事人进行诉讼的诉讼参加人。诉讼代理人不是案件的直接利害关系人，他是以被代理人的名义，为维护被代理人的合法权益而参加诉讼的人。尽管如此，根据法律规定他还是享有一定的诉讼权利，负有一定的诉讼义务。因此诉讼代理人也是民事诉讼法律关系的主体。

5.其他诉讼参与人

其他诉讼参与人包括证人、鉴定人、翻译人员和勘验人员。其他诉讼参与人是在民事诉讼某个阶段中参加诉讼的人。根据《民事诉讼法》的规定，其他诉讼参与人同案件没有法律上的利害关系，他们参加诉讼的目的，是协助人民法院、当事人、人民检察院查明案件事实。其他诉讼参与人在诉讼中享有与其诉讼地位相适应的诉讼权利，承担相应的诉讼义务。所以他们也是民事诉讼法律关系的主体。

**(二)民事诉讼法律关系的内容**

民事诉讼法律关系的内容，是指民事诉讼法律关系主体依法享有的诉讼权利和所承担的诉讼义务。各诉讼法律关系主体所享有的诉讼权利和所承担的诉讼义务，构成了民事诉讼法律关系的内容。所以研究民事诉讼法律关系的内容，主要是研究民事诉讼法律关系主体所处的诉讼地位和主体之间的诉讼权利义务关系。

在民事诉讼中,因民事诉讼法律关系主体的诉讼地位不同,各个主体所享有的诉讼权利和所承担的诉讼义务也各异。

1. 人民法院

从权利的角度来看,审判权在民事诉讼中具体表现为:对案件的审理权、对案件的裁判权、对案件的管理权和对诉讼的指挥权。在民事诉讼中,法院是基于自己所享有的审判权参加诉讼的。由于审判权的公权属性,法院基于审判权所享有的各项诉讼权利同时又是人民法院的审判职责。换言之,人民法院的诉讼义务同其职责连在一起,就是保障所有诉讼参与人充分行使诉讼权利,公正地审判民事案件,维护当事人的合法权益。

2. 人民检察院

人民检察院的诉讼权利是行使民事抗诉权;人民检察院的诉讼义务是依法履行法律监督职责,按照民事诉讼法的规定派员参加诉讼,促使人民法院依法公正地对抗诉案件进行审判。

3. 当事人

当事人在民事诉讼中享有广泛的诉讼权利,同时也承担相应的诉讼义务。我国《民事诉讼法》在第 50、51、52 条中,对当事人所享有的诉讼权利予以较集中的规定。包括委托代理人、提出回避申请、收集提供证据、进行辩论、提起上诉、申请执行等,也包括被赋予的虽不相同但彼此对应的诉讼权利,如原告可以放弃或变更诉讼请求,被告可以承认、反驳诉讼请求或提起反诉等。此外,还分散型地规定了起诉权,使用本民族语言文字进行诉讼权,管辖异议权,申请公开或不公开审理权,质证权等。

同时,为保障诉讼程序顺利进行,我国《民事诉讼法》第 50 条第 3 款集中概括规定了当事人必须依法行使诉讼权利,遵守诉讼秩序,履行发生法律效力法律文书等诉讼义务。其他分散型的规定则主要通过"应当"或者"必须"等表述体现。

4. 诉讼代理人

由于诉讼代理人在民事诉讼中是以被代理人的名义参加诉讼,并在被代理人的授权和法律规定的权限范围内进行诉讼活动,因此,诉讼代理人享有的诉讼权利和承担的诉讼义务与被代理人的诉讼权利和义务基本是相同的。但诉讼代理人是代他人进行诉讼活动的人,按照法律规定他还享有诉讼代理人自身的诉讼权利和承担相应的诉讼义务。在民事诉讼中,人民法院有义务保障诉讼代理人进行诉讼活动,如应当允许诉讼代理人调查收集证据、查阅本案相关材料;诉讼代理人应当依法行使诉讼代理权,遵守法庭纪律等。

5. 其他诉讼参与人

证人、鉴定人、翻译人员和勘验人员，也是民事诉讼法律关系的主体。他们既与法院发生诉讼法律关系，又与当事人发生诉讼法律关系。他们必须为查明案件事实，服从法院对程序的指挥；必须对当事人负责，如实反映案件真实，或协助当事人实现他们的权利，并同时享有诉讼上的其他权利、承担其他诉讼义务。在诉讼活动中，他们同人民法院、人民检察院和当事人存在着诉讼上的权利义务关系。

### (三)民事诉讼法律关系的客体

不同的法律关系有不同的客体。民事诉讼法律关系的客体，是指民事诉讼法律关系主体之间的诉讼权利义务共同指向的对象。在 20 世纪 80 年代我国关于诉讼法律关系客体的观点主要有：第一种观点认为，民事诉讼法律关系的客体是实体法律关系；第二种观点认为，民事诉讼法律关系的客体是案件事实和实体权利请求；第三种观点认为，民事诉讼法律关系的客体是案件事实和实体法律关系。到了 20 世纪 90 年代，刘荣军教授认为，民事诉讼法律关系包括审判法律关系和争讼法律关系。就审判法律关系而言，参与者的权利义务所指向的对象是审判的公正，也就是程序保障的公开、判断的合法。而参与争讼法律关系的主体的权利义务指向的对象是案件事实和当事人的实体权利请求。

我们认为，相比于一般的民事法律关系，民事诉讼法律关系的客体有其复杂性。当事人向法院起诉是请求保护自己的合法民事权益，法院在整个诉讼进程中追求的也是矛盾的解决和纠纷的平息，证人等诉讼参与人围绕的中心也是案件的处理，虽然他们在诉讼中的着眼点稍有不同，但基本的方向是一致的，他们的诉讼权利义务指向的目标都是处于争执中的民事案件，案件一经法院判处，当事人的利益便得到满足(有时要通过强制执行程序才能最后满足)，法院的职责完结，各诉讼参与人的任务完成，于是诉讼结束。因此应当认为，“案件事实”是民事诉讼法律关系的客体，至于有的案件是确认民事实体法律关系，有的是变更民事实体法律关系，还有的是要求给付一定的财物，则是案件内容的差别。

## 三、对民事诉讼法律关系理论的具体分析

在传统的民事诉讼法律关系理论中，对于当事人和法院这一面的法律关

系，一般都表述为人民法院是民事诉讼法律关系的主导。① 这种突出强调法院在民事诉讼中的主导地位，将当事人在民事诉讼法律关系中的地位视为从属性质的主张，是传统的超职权主义诉讼模式在民事诉讼法律关系理论上的反映。② 其也是对诉权和审判权关系的不正确表述。

从词义的角度分析，所谓主导地位是相对于非主要、次要地位而言，因此，"法院主导地位说"在强调法院的主导地位、决定性地位及其对诉讼的主要作用和影响的同时，隐喻着相对而言当事人处于非主要的、次要的地位及其对诉讼的次要作用和影响。③ 根据公私法划分的理论，若法律关系中有一方是国家或国家授予公权的组织，则构成公法关系，④但是，一方为国家或国家公权组织，并不意味着个人权利对公权的隶属关系。"现代公法越来越重视国家与公民、公共权力与公民权利之间的互动，国家与公民之间已不再是单纯的命令与服从关系，而是服务与被服务的关系"，⑤而从诉权和审判权关系的现实内容观之，认为审判权在与当事人的诉讼法律关系中处于主导地位的说法更是值得商榷的。

不能否认，法院作为代表国家行使审判权的机关，在民事诉讼中，享有对案件进行审理和裁决的权力；在案件审理过程中还在一定程度上控制诉讼进程，享有相应的诉讼指挥权。这些都显示了法院在与当事人的诉讼法律关系中的主导作用。但是，与此同时，从当事人的角度而言，"不告不理"原则决定了如果没有当事人行使诉权提起诉讼，法院就不可能开始审判权的行使；而只要当事人所提起的诉讼符合法定的条件，法院就必须依法进行通知受理。可以说，没有当事人诉权的行使，法院与当事人之间的民事诉讼法律关系也就不可能发生；正是当事人行使诉权的行为为法院审判权的行使设置了前提和奠定了基础。同样，在诉讼过程中，法院必须尊重当事人对诉讼标的的处分，不能超越当事人的诉讼请求进行裁判。因此，绝对地将法院在民事诉讼法律关系中的地位界定为具有主导性是缺乏基础的。确切地说，法院与当事人之间的民事诉讼法律关系，并无谁占优势地位谁占劣势地位之分，而是两者之间的

---

① 章武生：《民事诉讼法新论》，法律出版社 2002 年版，第 56 页。

② 王福华：《论诉权对审判权的制衡功能》，载《烟台大学学报》1999 年第 4 期。

③ 蔡彦敏：《对民事诉讼法律关系的再思考》，载《政法论坛》2002 年第 2 期。

④ [德]卡尔·拉伦茨：《德国民法通论》(上册)，王晓桦等译，法律出版社 2003 年版，第 1 页。

⑤ 袁曙宏：《论建立统一的公法学》，载《中国法学》2003 年第 5 期。

一种相互作用、相互依存的关系。[①]

基于对这种绝对主导地位观点的反思，有学者提出了诉权与审判权应具有平等关系，法院与当事人诉讼主体地位平等的观点。并认为，当事人与法院作为民事诉讼中至为重要的一对诉讼主体，共同对民事诉讼的开始、进行和终结共同发挥着重要而不可或缺的作用，由二者构成的诉讼共同体依法协同运作推动着诉讼的进程和促使纷争的顺畅、及时、妥当解决。[②]

这种关于诉权和审判权、法院和当事人平等地位的观点，是对传统法院主导地位观点的颠覆，提出了当事人和法院在诉讼中的崭新关系。但如果将这种平等理解为如同私法关系中的权利主体平等依然是不妥当的。不可否认，公权力和公民权之间的平等关系似乎能在一些国家的传统法学模式中觅到踪迹。例如，英国普通法的特点就是没有公法和私法的严格区别，公民和政府之间的关系以及公民相互之间的关系，原则上受同一法律支配，受同一法院管辖。[③] 体现在诉讼程序中，法官就如同竞技场上的裁判且很少对诉讼过程施加积极的影响。但是，即使如此，在上世纪末进行的英国民事诉讼制度改革中，加强法官的案件管理权，包括对不遵守规则的当事人进行罚金的诉讼规则也得到了确立，其目的在于对影响司法裁判利益的当事人进行制裁。[④] 而如果当事人与法院处于平等地位，法官又怎么会有权对当事人违反程序规则的行为实施制裁呢？可见，只要有公共权力的存在，其与公民权完全平等的关系就是不可能实现的。或者说，在现代国家，出于维护社会公共利益的需要，公权力不可能与公民权处于完全平等地位；法律通过赋予公权力在管理领域内握有某些必要的所谓“特权”以充分实现公法的功能是必要的。当然，随着社会的进步，政府与公民的地位会愈来愈平等，这是社会发展的必然趋势，但这一过程必将是漫长的。

因此，就民事诉讼中当事人和法院的诉讼法律关系而言，主张法院处于绝对的主导地位是不妥当的；而认为法院应与当事人拥有完全平等的地位也是不现实的。根据诉权和审判权在诉讼过程中相互作用、相互依存的不同情形，笔者认为，当事人和法院之间的民事诉讼法律关系总体上可以表述为：审判权

---

① 刘荣军：《程序保障的理论视角》，法律出版社 1999 年版，第 195 页。

② 常怡主编：《比较民事诉讼法》，中国政法大学出版社 2002 年版，第 128 页。

③ 何勤华：《西方法学史》，中国政法大学出版社 1996 年版，第 341 页。

④ Neil. Andrews：A New Civil Procedural Code for England ：Party-control “Going, Going, Gone”, *C. J. Q.* , Vol. 19 , January, Sweet & Maxwell 2000.

和诉权的配置格局应是一种结构性均衡，即法院与当事人之间的法律地位在总体上应实现平等，审判权与当事人的诉权之间也应当实现整体平衡。在这种整体均衡的大框架下，诉权和审判权在不同的领域各自发挥主导作用，共同推进民事诉讼的顺利、有序发展。

## 第二节　民事诉讼行为

### 一、诉讼行为论的沿革

诉讼过程，或者通过诉讼解决纠纷的过程主要表现为双方当事人和法院所作出的一系列诉讼行为的累积。将构成诉讼的这些行为作为一个整体，并在与实体法学中关于法律行为的一般理论相对比的前提下对其一般性质进行的讨论，就是诉讼行为论。[①] 这种理论本来是在德国民事诉讼法学中发展起来并传播到日本法学界。在我国，诉讼行为论主要依托于民事诉讼法律关系理论，这说明诉讼行为论在我国民事诉讼法学中的地位并不高；同时，由于民事诉讼法律关系理论本身的研究就处于一个较受冷落的境地，对民事诉讼行为论的探讨基本上未能形成有力的学说。

"诉讼行为(Prozesshandlung)"一词最早由 18 世纪德国学者莱特尔布拉特(Nettelbladt, Daniel 1717—1791)提出。勒赫在 1976 年发表的论文《莱特尔布拉特和民事诉讼》(Nettelbladt und Zivilprozeβ)中指出，虽然莱特尔布拉特提出了诉讼行为的概念，但由于他的理论深受德国学说汇纂法学(Pandekten 法学)及私法诉权理论的影响，因此将诉讼行为等同于私法行为，诉讼行为不具有独立存在的价值。[②] 换句话说，由于莱特尔布拉特是从私法诉权说立场理解诉讼问题，在这种诉讼观下，诉讼法从属于实体法，诉讼行为因而从属于私法行为并且不具有本质上的独立性。

到了 19 世纪，随着公法学的发展，诉讼法取得了独立于实体法的地位，进而也为独立的诉讼行为理论的诞生创造了契机。1910 年，德国民事诉讼法学

① ［日］谷口安平：《程序的正义与诉讼》，王亚新等译，中国政法大学出版社 2002 年版，第 164 页。

② 转引自张家慧：《当事人诉讼行为研究》，西南政法大学 2000 年度博士学位论文。

家赫尔维希发表《诉讼行为和法律行为》一文，对诉讼行为有别于民事上法律行为的特征进行了详细的阐述，并将诉讼行为定义为能够产生民事诉讼法规定的效果的所有行为，属于私法以及其他公法上规定的行为应该被排除在该概念的范围之外。[①] 经过这样的一个时期，诉讼行为从此被作为区别实体法与程序法的概念而得到运用，并成为构筑独立的民事诉讼法体系的理论出发点。

可以说，上述关于诉讼行为理论的研究基本上停留在用于区别诉讼法与实体法的不同特征上，因而其关注的重点是当事人的诉讼行为，而很少涉及作为诉讼重要主体之一的法院行为。这种现象与当时过于强调民事诉讼中的当事人主体地位是有关联的。到了20世纪六七十年代，最新的关于诉讼行为理论的研究开始出现。新开始的讨论已经远离对概念的纠缠，而是集中就当事人在诉讼中的自由和法院的权限展开。[②] 从诉讼模式发展变迁的角度看，正是由于民事司法效率低下等原因，强调法院的诉讼指挥权的观点才受到重视，而如何通过法院的诉讼行为来保障当事人诉讼行为行使的正当性，也成为新的诉讼行为理论研究的重点。

鉴于民事诉讼行为论的地位，在诉讼行为论的研究中，只有将其与实体法与程序法的关系理论、诉权理论、审判权理论、诉讼模式理论、诉讼法律关系理论作综合的分析，方能使诉讼行为论的研究获得更开阔的视野。

## 二、诉讼行为的概念和性质

我国《民事诉讼法》第53条第2款、第54条、第55条第3款使用了诉讼行为的术语。德国和日本的民事诉讼法，在很多的地方，也都使用了诉讼行为的术语。但对于诉讼行为的定义却都没有明文规定。总体来说，对于诉讼行为的概念，主要有两种学说：一种是“效果说”，即认为凡伴有诉讼法效果的行为均为诉讼行为；另一种是“要件与效果说”，即认为不仅是效果，其要件也由诉讼法规定的行为才是诉讼行为。[③] 根据我国学术界的通说，诉讼行为是指诉讼主体实施的，能够使民事诉讼法律关系发生、变更或消灭的行为。显然，我国民事诉讼法学中采用的是“效果说”。在笔者看来，在确定何种行为为诉

---

① 刘荣军：《程序保障的理论视角》，法律出版社1999年版，第224页。

② 刘荣军：《程序保障的理论视角》，法律出版社1999年版，第228页。

③ 三月章：《日本民事诉讼法》，五南图书出版公司1986年版，第311页。

讼行为时，其是否具有诉讼法效果是基本的依据，因此，应基于这一立场来界定诉讼行为的界限。至于该行为是否为诉讼法所规定则并非必须。因此说，如果一个诉讼行为的要件是由诉讼法规定，且能够产生诉讼法上的效果，则其必定为诉讼行为；如果某一行为的要件不是由诉讼法规定，却能够产生或以产生诉讼法上的效果为目的，就不一定不是诉讼行为。

诉讼行为在性质上经常遇到的难题是如何与民事法律行为区分。总体上，为了更好地理解诉讼行为的性质，我们需要注意以下几个问题：

1.诉讼行为是由诉讼主体实施的行为。诉讼行为既然是能够引起民事诉讼法上效果的行为，其行使主体必然只能是民事诉讼的主体，非诉讼主体的行为不可能引起诉讼法上的效果。诉讼主体的范围，主要包括当事人（含第三人）、法院。

2.诉讼行为必须能够引起诉讼法上的效果。一定的行为只有能够在诉讼法上引起某种效果时才称为诉讼行为，所以，即使是诉讼法规定的行为，如果其不能够发生诉讼法上的效果，也不是诉讼行为。例如，当事人向法院请求阅览、抄录或复制卷内文书等。

需要指出的是，对于某一既能产生诉讼法上的效果，又能产生实体法上的效果的行为，应依据其主要效果来确定其性质。例如起诉行为，其在诉讼法上发生诉讼系属的效果，但民法亦规定其法律效果有中断消灭时效之效力，在这种情形下，应视当事人行为之主要效果属于诉讼法或实体法之领域而定。显然，起诉的法律效果主要属于诉讼法领域，因此，其为诉讼行为而非民事法律行为。再如，当事人在诉讼系属中，将诉讼标的之法律关系移转给第三人之情形，虽然也发生诉讼法上的效果，即诉讼承担。但当事人此项移转行为的主要效果为实体法上的权利义务状态之移转让与，故其依然属于实体法上之法律行为，不能解释为诉讼行为。

3.诉讼行为的认定不因当事人行为于诉讼开始以前，或于诉讼外为之而受到影响。换句话说，即使某一行为是当事人于诉讼开始前或于诉讼外作出，但由于该行为的主要目的在于发生诉讼法之效果，因此，应认定其为诉讼行为。例如，当事人在起诉以前，以书面形式授权他人为诉讼代理人的行为或就第一审法院管辖进行合意的行为，都属于诉讼行为。

## 三、诉讼行为的要件

所谓诉讼行为的要件，就是诉讼行为的有效所必须具备而不可缺少的事实。诉讼行为，如果不具备一定的要件，就不能够被认为有效。诉讼行为的要件分为实质要件和形式要件两种：

实质要件根据其内容的不同，还可以分为一般要件和特殊要件。一般要件，就是所有的诉讼行为都必须具备的要件。例如，诉讼行为能力、有管辖权等。诉讼行为能力是当事人的诉讼行为有效成立的必要条件。无诉讼行为能力的当事人所实施的诉讼行为，以及当事人对无诉讼行为能力者所实施的诉讼行为都属于无效诉讼行为。对法院来说，实施诉讼行为的一般要件是其必须对案件享有管辖权，否则其行为为无效诉讼行为。特殊要件，就是当事人和法院的诉讼行为都必须遵守诉讼行为方式的要件。由于诉讼法属于公法范畴，其中许多内容均不允许当事人按照私法自治的原则进行处理，其诉讼行为要严格按照诉讼法的规定进行。也就是说，当事人必须在诉讼法规定的范围内行使诉讼行为。例如，当事人提起诉讼就必须遵守起诉的要件，遵守诉状记载事项的要件等。对法院来说，由于其行使的是公权，也应按照法律规定的内容行使其权力。例如，法院判决形式的要件必须符合诉讼法的规定。

形式要件是指诉讼行为的方式必须符合诉讼法的规定。由于诉讼法的程序法性质，形式主义原则必然应得到贯彻，即诉讼行为的外部表现应符合诉讼法的规定。根据我国民事诉讼法的规定，当事人的诉讼行为，可以用书面或言词进行。例如，上诉、抗诉等，必须用书面。对于辩论，是否采用言词方式，我国民事诉讼法没有明文规定。但德国和日本的民事诉讼法，对此明文规定必须用言词。不用言词陈述的事项，不能为诉讼资料，不得为裁判的基础。目前，言词辩论原则已受到我国诉讼法学界的重视，并有将其确定之趋势。法院的诉讼行为，也可用书面或言词进行。例如，判决，诉讼文书的送达，都必须用书面；合并辩论，限制辩论时间等属于诉讼指挥的事项，则可以用言词。

另外，随着民事诉讼理论研究的发展，诉讼行为的行使应坚持诚实信用的原则也开始受到学界的重视。我国现行民事诉讼法并未规定诚实信用原则，但学者们普遍认为，当事人以及法院在行使诉讼权利和履行诉讼义务时，不能滥用法律赋予的诉讼权利。因此，诉讼行为的行使必须坚持诚实信用原则，否则会带来诉讼上的不利后果。

## 四、当事人的诉讼行为

### (一)当事人诉讼行为的分类

当事人的诉讼行为,是当事人就特定的诉讼所为的诉讼行为的总称。以效力为标准,当事人的诉讼行为,可以分为裁判上的诉讼行为与裁判外的诉讼行为。在诉讼程序中,当事人对法院所为的诉讼行为,被称为裁判上的诉讼行为。例如,辩论、主张、申请等。裁判外的诉讼行为,是当事人相互间或当事人一方与第三人之间所为的诉讼行为。例如,委托代理人、和解等。

以诉讼行为的性质和内容为标准,当事人的诉讼行为,可以分为:(1)要求法院为一定行为,具有意思通知性质的行为。例如,起诉、上诉、其他的申请、证据的提出等。(2)报告具体事实或法律上的事项,具有观念通知性质的行为。例如,陈述、承认等。(3)对当事人以一定效果意思为内容,诉讼法对该效果意思赋予相应的法律效果的诉讼行为。例如,诉的撤回、诉讼上的和解、请求的放弃、请求的认诺等。

以诉讼行为的机能为标准,当事人的诉讼行为可以分为:取效行为和与效行为。所谓取效的诉讼行为,就是要求法院为一定的行为(即裁判)并为维持其要求有理由提出资料的行为。例如,请求、申请、主张、证据的提出等。此类诉讼行为虽然表明了当事人的意思,但却并不直接与一定的法律效果相联系,它是建立在请求法院进行裁判的基础之上的。换言之,如果离开法院的裁判行为,它就将失去存在的意义。从这一意义上说,取效的诉讼行为是具有很强的手段性质的诉讼行为。所谓与效的诉讼行为,就是直接发生诉讼法上效果的诉讼行为。换句话说,与效的诉讼行为就是取效的诉讼行为以外的诉讼行为。例如,诉的撤回、上诉的撤回、上诉权的放弃等。总的来说,与效性诉讼行为的范围相当广泛,其性质也不尽相同。

### (二)诉讼契约与当事人诉讼行为

诉讼契约是大陆法系民事诉讼法学者提出的概念,是指当事人之间以直接或间接发生诉讼法上的效果为目的的合意。诉讼契约既然是以发生诉讼法上的效果为目的,其性质是否为当事人诉讼行为就成为研究诉讼行为不得不关注的问题。

目前,关于诉讼契约性质的观点主要有三种。第一种是私法行为说。此说认为，当事人之间在诉讼前或诉讼中所达成的合意是私法上的行为，只能产生私法行为的法律效果。第二种是诉讼行为说，该说认为，虽然诉讼契约是由私人以一般民法上的契约方式进行，但其主要内容是以发生诉讼法上的一定效果为目的，因此，凡其约定无损害公益者，都应认定为诉讼行为而有效力。第三种是折衷说，即认为不能简单地把诉讼契约划分为诉讼行为或私法行为，而是应根据不同的行为来确定其性质。[①] 在我们看来，既然诉讼契约是以诉讼法上的效果为合意的根本日的，而民事诉讼法所解决纠纷的私权性又决定了诉讼契约有存在的空间。因此，对诉讼契约来说，只要其不违反法律的强制性规定，又不违背某种程度上的当事人意志自由，就应对其诉讼法效力予以认可，即视其为当事人的诉讼行为。例如证据契约、诉之撤回的合意等。对诉讼和解来说，由于该行为既以处分实体法律关系为目的，同时又具有诉讼法上的效果（只要由法院记入笔录，就能产生诉讼法上的效果——终结诉讼），因此，诉讼和解行为应属于一种特殊情况，即兼有私法行为和诉讼行为的性质。

## 五、法院的审判行为

由于法院的诉讼行为是基于法院审判权而行使的，因此，法院诉讼行为即审判行为，具有国家行为的性质。

### （一）法院审判行为的分类

法院的审判行为可以分为裁判行为和裁判以外的行为，前者如判决、裁定、决定等，后者主要包括诉讼指挥以及调查证据等事实行为。

1. 裁判行为

裁判行为是指法院依据审判权对本案当事人之间争议的民事纠纷作出最终判断的行为，它是法院主要的裁判行为。法院裁判行为必须建立在根据事实并依据法律进行公正裁判的基础上。

法院的裁判行为，根据裁判对象的不同可分为判决行为、裁定行为、决定行为和调解行为。对于上述行为，民事诉讼法一般都对其适用的范围和方式作出了明确规定。例如，何种事项可以适用裁定、判决、或决定；何时可以进行调解等。目前，我国民事诉讼法中所规定的法院调解行为尚有许多不完善之处，从而使得法院调解往往背离当事人的意志，以至出现法院强迫调解等不恰

---

① 陈桂明：《程序理念与程序规则》，中国法制出版社 1999 年版，第 98～100 页。

当行为。追根求源,这是由诉讼法在法院调解这一诉讼行为方式上规定的缺陷造成的。因此,如何进一步完善法院调解行为的方式、要件是民事诉讼法应予以关注的问题。

2.诉讼指挥行为

诉讼指挥行为是人民法院在与当事人以及其他诉讼参与人发生诉讼法律关系时所具体实施的与审判有关的诉讼行为。法院实施诉讼指挥行为的根本目的是为了更好地实现当事人的诉讼权利,并促进诉讼公正和效率的实现。由于各国诉讼目的的差别,不同国家的民事诉讼法对法院诉讼指挥权内容的确定也是不同的。总体上,如要强调程序公正,法院诉讼指挥行为所包含的范围就会较少,而以当事人对程序的控制为主;如要强调诉讼效率,就会扩大法院诉讼指挥行为的内容,通过法院对程序的控制以促进诉讼效率的实现。由于我国民事诉讼中长期存在国家本位主义思想,法院诉讼指挥行为的内容是非常广泛的,甚至把本应属于当事人诉讼行为控制的部分内容也纳入了法院诉讼行为的范围。因此,对我国民事诉讼法来说,正确界定法院诉讼行为与当事人诉讼行为的界限是必要的。

总体上,我们认为法院诉讼指挥行为应包括以下内容:(1)指挥程序运作,即通过指定期间等方法以保障诉讼在合理恰当的时间内完成;(2)对某些程序性内容进行指挥,如进行管辖权的移送,诉讼当事人的追加等;(3)指挥法庭辩论,即在庭审时通过对庭审时间的把握、对庭审内容的限制来掌握庭审进程;(4)进行释明行为,即为了促进当事人有效辩论,行使释明权来让双方当事人明确争执的焦点,让当事人进行充分的辩论。相反,为了实现实体公正,而超越当事人诉讼请求进行审理等行为都不应属于法院诉讼行为的范围。

3.证据调查行为

证据调查行为是法院为了查明案件事实,而对当事人提交给法庭的证据进行调查,以形成对案件事实心证的手段。由于各国民事诉讼事实发现控制模式的不同,法院是否可以在诉讼中实施证据调查行为也是有区别的。具体来说,在英美法系国家,由于强调事实发现的当事人控制,法官或陪审团在庭审过程中几乎不进行证据调查行为;而在大陆法系国家,由于强调事实发现是法官的职责,所以证据调查基本是由法官控制的。我们认为,既然事实认定是法院的职责,那么,为了帮助事实认定者形成更准确的心证,就应允许其对证据进行调查,例如,对证人进行询问等。但是,我们也反对完全由法官控制证据调查的做法,为了体现当事人的诉讼主体地位,实现程序参与原则,也应允许当事人进行证据调查。而究竟如何划分当事人和法院在证据调查中的权限，应根据各国诉讼结构、当事人法律素质等情况的不同，而有所区别。

### (二)法院审判行为与当事人诉讼行为的关系

由于国家本位主义的影响，我国传统诉讼法学理论一直认为法院的诉讼行为在整个诉讼过程中起着决定作用，从而也产生认为当事人诉讼行为受法院诉讼行为支配的观点。事实上，诉讼程序的基础是诉权和审判权的集合，当事人的诉权是法院行使审判权的前提，审判权是诉权行使的应有条件。因此，认为法院诉讼行为在地位上优于当事人诉讼行为的观点是不符合现代民事诉讼法学理论的。我们在研究这两种行为的关系时，应当根据诉讼内容来确定究竟是当事人的诉讼行为还是法院的诉讼行为应占有主导地位。具体来说，在程序进行层面，应强调法院诉讼行为对程序进行的支配力；而在诉讼事项的确定等方面，应以当事人的诉讼行为为主导。总之，当事人诉讼行为和法院诉讼行为都是程序运行的动力；它们的相互作用和相互交错，促成了民事诉讼程序的逐步发展和深入。

## 六、诉讼行为的瑕疵及其救济

诉讼行为违背诉讼法规定的诉讼程序时，叫做诉讼行为的瑕疵，该诉讼行为即为有瑕疵的诉讼行为。

### (一)当事人诉讼行为的瑕疵及其救济

当事人诉讼行为的瑕疵主要是在当事人的诉讼行为违反诉讼法的规定时而产生的。既为有瑕疵的诉讼行为，便不能产生原有效果，即为无效。但出于对诉讼效率和诉讼公正的考虑，诉讼法并非对其一律采取无效的做法，而是视不同情形作不同的处理。

1. 对主体或管辖法院的错误认识造成的瑕疵。不适格当事人的出现就属于此类瑕疵。对此，一般是采取撤回有瑕疵的诉讼行为的做法或以补正瑕疵的方法进行。例如，我国民事诉讼中，对当事人不适格的，可以采取由当事人撤回起诉或由法院驳回起诉的做法。另外，对下面两种有瑕疵的诉讼行为，可以用补正的方法补正：(1)起诉违背诉讼程序的瑕疵，因其瑕疵的补正而被补正；(2)法定代理权、诉讼代理权、被选定当事人资格的欠缺，因其补正，其瑕疵也就被补正。

2. 当事人与其代理人意思沟通不畅所造成的瑕疵。如因代理权的范围所产生的分歧。对于此类瑕疵,一般采取追认其效力的方法进行处理。

3. 某些程序性事项的瑕疵。对于这类瑕疵行为,可以采取不除去瑕疵,也不使其产生无效结果,而作有效处理的做法。在大陆法系民事诉讼中,一般将其称为瑕疵的治疗。例如,当事人双方订有协议,一方当事人向人民法院起诉后,另一方当事人未基于仲裁协议提出管辖异议而接受法院管辖。

总之,当事人诉讼行为的瑕疵,既可能有主观的原因,也可能有客观的原因。法院不能过于苛刻地要求当事人的行为无任何瑕疵,而是应依据不同情况,给予当事人一定的补正或追认的机会。这不仅是实现诉讼公正和效率的要求,也是宪法以及程序保障理念的要求。因此,诉讼法应兼顾程序安定、程序效率、程序利益等因素作出科学的规定。

**(二)法院诉讼行为的瑕疵及其救济**

就法院诉讼行为而言,由于其瑕疵的种类不同,解决的方法也不相同。

1. 裁判外法院诉讼行为的瑕疵

这类行为主要包括诉讼文书的送达、证据调查等。对于这类瑕疵行为,一般采取不承认其本来应有效果的做法,即认定其无效。例如,调查证据违背诉讼规程时,其行为失效。又如,判决送达如有瑕疵,则上诉期间等不应开始计算。在处理裁判外法院诉讼行为的瑕疵时,应注意不能通过追认的方式来确认有瑕疵行为的效力。

不过,在法院裁判外行为出现瑕疵时,有时也可作有效处理。这种情形一般在法院诉讼行为违反了诉讼法规定的方式、顺序等,而当事人又依法放弃其程序上的监督权,即责问权时形成。例如,对于法院违反了证据调查的顺序,违反了某些诉讼告知的方式的,如当事人对此未提出异议,则作为有效的法院行为,并不否定其效力。

我国民事诉讼法中对法院裁判外诉讼行为的方式基本都有规定,但遗憾的是,对法院诉讼行为出现瑕疵时应如何处理却未作出规定。这就使得在诉讼实践中,常常出现因法院诉讼行为的瑕疵而影响当事人诉讼权利的情况。这种情形,既与民事诉讼对当事人诉讼权利的忽视有关,也与忽视程序正义的诉讼理念有关。因此,在民事诉讼法修订时,对法院诉讼行为瑕疵的后果和处理方法作出具体的规定是大有必要的。

2. 裁判的瑕疵

裁判的瑕疵是指违背程序法的规定而成立的裁判的瑕疵。例如,指定了宣判日期,没有传唤当事人或者不应参加判决的审判员参加判决等。另外,对于瑕疵的裁判外行为,如果承认其原有的效力而进行裁判,也可造成裁判的违法,使裁判成为瑕疵裁判。例如,将违反证据调查程序的结论作为裁判基础,就会导致裁判的瑕疵,即该裁判为违法裁判,该有瑕疵的裁判外行为则成为取消该裁判的事由。

对于有瑕疵的裁判,主要有两种处理方法。

第一,通过新的诉讼行为来取消有瑕疵的诉讼行为。由于法院裁判所具有的拘束力,一般并不允许法院自行通过新的诉讼行为来取消有瑕疵的诉讼行为,而是通过当事人上诉或申请再审的方法,要求取消有瑕疵的裁判。经过上诉期间或者用再审方法取消,有瑕疵的裁判在修正以后,其瑕疵就被补正。我国民事诉讼法除了规定当事人的上诉、申请再审程序外,对于判决的瑕疵,还可以通过法院内部以及检察院提起抗诉等方式,通过审判监督程序取消有瑕疵的裁判。

不过,由于我国民事诉讼法对法院在上诉审程序中、再审程序中应基于何种情形而取消原裁判的规定不够科学,很多有瑕疵的裁判在目前并不能得到有效的救济,从而也使得当事人的实体权利和诉讼权利受到损害。例如,对于违反管辖规定而审理的案件,以及未给予当事人充分辩论的案件等,法律都未规定救济的办法。因此,民事诉讼法有必要对再审的事由、二审法院改变原审判决的事由作出更详尽的规定。

第二,对瑕疵裁判作无效处理。因诉讼行为的瑕疵而使裁判无效的,属于一种极端的情形。目前,我国民事诉讼法中尚未规定何种情形应为无效裁判。国外民事诉讼法中则有无效判决之说。包括以死者为当事人所作的判决、未将夫妻双方作为当事人所作的离婚判决等都为无效判决。

由于法院在事实认定和作出裁判上发挥着重要作用,一旦法院诉讼行为出现瑕疵,就会对当事人的权利造成重大影响,同时也会造成诉讼资源的耗费和诉讼时间的拖延。因此,提高法官依法司法的水平以更好保护当事人的程序利益是民事诉讼法应予以关注的问题。

# 第六章 民事案件的主管和管辖

## 第一节 民事案件的主管

### 一、法院主管的概念和意义

保障国民的接受裁判权是现代法治国家普遍奉行的法治理念。如何有效地拉近国民与法院的距离，保证国民实效地利用审判制度实现自身的利益诉求，一直是接近正义运动和司法改革的主脉络。两大法系国家通过司法管辖权或民事审判权的作用范围来界定可以纳入到法院审判视野的案件范围，而我国一直用“法院主管”这一社会主义国家特有的诉讼概念来明确法院的受案范围。法院主管，是指人民法院依法受理和解决一定范围内民事纠纷的权限，也即明确人民法院与其他国家机关、社会组织之间各自受理案件的范围，其实质是明确法院行使民事审判权的范围和权限。

解决纠纷是民事诉讼的目的之一。但是，解决纠纷并非法院的专属权力，国家行政机关、仲裁机构和有关的社会组织，也在一定范围内分担着解决纠纷的职能。法院主管的旨趣在于如何将民事案件在法院与仲裁机构或者其他社会组织之间合理分配，明确法院的审判范围，过滤掉不属于法官管辖的案件。凡属于人民法院主管的民事案件，当事人起诉又符合条件的，人民法院应依法受理，而不属于人民法院主管的民事纠纷，人民法院则无权受理。

与两大法系国家采用“司法管辖权”界定民事审判权的行使范围不同，社会主义国家高度强调“法院主管”理论有着深刻的历史背景。社会主义国家的宪法都规定民事审判权由法院独立行使，但实际上，民事案件的审判权不仅由法院行使，而且还交由其他争议解决机关行使。尤其在一些社会主义国家，如前苏联、保加利亚、波兰等国，法院审理民事案件的权限被相当程度地压缩，而法院外机构解决民事争议的权限则被很大程度地扩大。对这些法院外解决民事争议的机构来说，无论是其运作的程序，还是其所致力于实现的社会功能，都同法院的职能有异曲同工之妙。质言之，这些机构具有行使司法权或审判权的功能。“法院主管”理论也就自然成了各社会主义国家民事诉讼理论的重要组成部分。①

明确人民法院的主管，有利于人民法院正确地行使民事审判权，及时实现当事人的民事权利，高效地解决民事纠纷，恢复已被破坏的社会秩序。同时法院主管理论也有利于规制法院的权力，避免法院越权受理案件或者法院消极不受理案件，保证国民的民事权利及时纳入到法院审判的范围，避免国民被无端挡在法院大门外的不当现象。法院主管理论是当事人实现民事利益诉求的前提条件。

## 二、法院主管民事案件的范围

《民事诉讼法》第 3 条规定：“人民法院受理公民之间、法人之间、其他组织之间以及他们相互之间因财产关系和人身关系提起的民事诉讼，适用本法的规定。”

人民法院主管的民事案件的主体是平权型的民事主体，既可以是中国公民、法人或其他组织，也可以是外国人、无国籍人、外国企业和组织，所涉内容应当是平等主体之间因财产关系和人身关系发生的纠纷。根据民事诉讼法及其他有关法律、法规的规定，人民法院主管的民事案件主要有以下几类：

### （一）由民法调整的平等权利主体之间因财产关系和人身关系发生纠纷而引起的案件

财产关系案件是指因财产所有权、债权发生纠纷而引起的案件，如因买卖、借贷、租赁财产、侵权等纠纷引起的案件。人身关系案件是指表现为人身关系的性质但又具有财产内容的案件，如因姓名权（或名称权）、肖像权、名誉权、荣誉权等人身权而发生纠纷的案件；或者因专利权、发现权、发明权、著作权等知识产权而发生纠纷的案件。

---

①　参见陈刚：《社会主义民事诉讼法简读》，法律出版社 2001 年版，第 69 页。

**(二)由婚姻法调整的平等权利主体之间因婚姻家庭关系发生纠纷而引起的案件**

离婚案件,追索赡养费、扶养费、抚育费案件,继承案件,解除收养关系的案件等属于由婚姻法调整的平等权利主体之间因婚姻家庭关系发生纠纷而引起的案件。

**(三)由经济法调整的平等权利主体之间因经济关系发生纠纷而引起的案件**

经济合同纠纷案件、承包经营合同纠纷案件、经济损害赔偿案件、涉外经济案件等统称为经济纠纷案件,也属于人民法院主管的案件范围。

**(四)由劳动法调整的用人单位与劳动者之间因劳动关系发生纠纷而引起的案件**

劳动争议问题依法必须先由劳动争议仲裁委员会仲裁,不服仲裁裁决的,在接到裁决书之日起 15 日内可向人民法院起诉。人民法院依照民事诉讼法受理的劳动争议案件包括:

1.劳动者与用人单位在履行劳动合同过程中发生争议的案件;

2.劳动者与用人单位之间虽然没有订立书面劳动合同,但已形成事实上的劳动关系而发生争议的案件;

3.劳动者退休后,与尚未参加社会保险统筹的原用人单位因追索养老金、医疗费、工伤保险待遇和其他社会保险费而发生争议的案件。

**(五)由其他法律调整的社会关系发生争议,法律明确规定依照民事诉讼程序审理的案件**

专利纠纷案件、房地产纠纷案件、因环境污染引起的损害赔偿案件等,应依照民事诉讼程序审理。

**(六)由海商法调整的海上运输关系和船舶关系发生纠纷而引起的海事案件**

根据我国《海事诉讼特别程序法》第 2 条的规定,在中华人民共和国领域内进行海事诉讼,适用民事诉讼法和海事诉讼特别程序法的规定。海事诉讼特别程序法有规定的,依照其规定。

### (七)适用民事诉讼法中特别程序、督促程序和公示催告程序审理的几类非民事权益争议案件

这类案件包括:选民资格案件、宣告公民失踪和宣告公民死亡案件、认定公民无民事行为能力或限制民事行为能力案件、认定财产无主案件、申请支付令案件以及公示催告案件等等。

## 三、法院主管与其他机构、社会组织主管的关系

解决民事争议的机构除人民法院以外,还包括行政机关以及仲裁机构和人民调解委员会等民间组织。非诉讼纠纷解决机制也解决一部分案件,从而分担法院的负担。因此,在确定民事诉讼主管时,有必要理顺其与其他国家机关、社会团体组织处理民事争议的关系。不过我国一直坚持司法最终裁决原则。司法最终裁决原则是指凡是其他国家机关、社会团体组织不能彻底解决的民事纠纷,最后由法院依照民事诉讼法通过审判的方式,予以最终解决,法院的裁判具有最高的权威性和法律效力,对其他机关、团体和个人都具有约束力。司法最终裁决原则包括两个方面:第一,其他国家机关、社会团体无法解决解决的民事纠纷,都由人民法院通过审判方式最终解决;第二,一件纠纷涉及多个法律关系,其中有属于法院主管的,该纠纷一并由法院通过审判方式解决。

### (一)人民调解委员会处理民间纠纷的范围

人民调解委员会是调解民间纠纷的群众性组织,在基层人民政府和基层人民法院指导下进行工作。基层人民政府及其派出机关指导人民调解委员会的日常工作由司法助理员负责。人民调解委员会处理事实清楚、权利义务关系明确、争议不大的简单民事案件,它可根据当事人的申请及时调解纠纷,当事人没有申请的,也可以主动调解。经过调解,当事人未达成协议或者达成协议后又反悔的,任何一方可以请求基层人民政府处理,也可以直接向人民法院起诉。2002 年 9 月出台的《最高人民法院关于审理涉及人民调解协议的民事案件的若干规定》首次承认人民调解协议“具有民事合同性质”,应属于“和解合同”。当事人应当按照人民调解协议的约定履行自己的义务,不得擅自变更或者解除人民调解协议。人民法院审理涉及人民调解协议的民事案件时,除

有意思表示不真实或违反法律、行政法规的强制性规定或者社会公共利益者外，应当认定其效力。遇有人民调解协议无效或者可撤销等情形的，人民法院可以判决变更、撤销人民调解协议，或者确认人民调解协议无效。

### （二）仲裁机构仲裁民事纠纷的范围

仲裁机构受理平等主体的公民、法人和其他组织之间发生的合同纠纷和其他财产权益纠纷，但婚姻、收养、监护、抚养、继承等纠纷除外。仲裁是一种自治性的纠纷解决方式，是否提交仲裁由当事人决定。如果当事人在纠纷发生前或者纠纷发生后达成书面仲裁条款或者仲裁协议，应由仲裁委员会仲裁，法院不能受理，但是当事人没有达成仲裁协议或者仲裁协议无效的除外。仲裁裁决作出后，当事人就同一纠纷再向法院提起诉讼的，法院也不能再予受理。但是如果仲裁裁决被法院撤销或者不予执行的，仍由当事人进行选择，当事人向法院起诉的，由法院主管，当事人重新达成仲裁协议申请仲裁的，由仲裁委员会主管。如果一方向法院起诉时未声明有仲裁协议，另一方在首次开庭前又未提出异议的，法院有权受理案件。

### （三）行政机关主管民事纠纷的范围

民事诉讼是平权型法律关系，注重法律关系主体的平等性；行政争议或者行政诉讼是纵向型法律关系，注重法律关系主体之间的命令与服从。单就法律关系而言，很好予以判断，但是现实中很多案件存在着交叉，这就使得如何正确判别两者成为必要。涉及民事赔偿的民事纠纷是由法院解决，还是由行政机关处理，要根据法律的具体规定来确定，主要有以下几种情形：

1. 当事人不服行政机关的调解而向人民法院提起诉讼的，属于民事案件的主管范围。如《专利法》第 57 条规定，管理专利工作的部门应当事人的请求，可以就侵犯专利权的赔偿数额进行调解；调解不成的，当事人可以依照民事诉讼法向人民法院起诉。

2. 当事人对行政处理决定不服的可提起行政诉讼。《商标法》规定，对已经注册的商标有争议的，可以自该商标经核准注册之日起五年内，向商标评审委员会申请裁定；当事人对商标评审委员会作出维持或者撤销注册商标的裁定不服的，可以向法院提起行政诉讼。当事人对行政处理决定不服的亦可提起民事诉讼。《土地管理法》规定，土地所有权和使用权争议，由当事人协商解决；协商不成的，由人民政府处理。单位之间的争议，由县级以上人民政府处理；个人之间、个人与单位之间的争议，由乡级人民政府或者县级人民政府处理。当事人对有关人民政府的处理决定不服的，可以自接到处理决定通知之日起三十日内，向人民法院提起民事诉讼。

3. 当事人可以选择向法院提起民事诉讼或者是请求行政机关处理，如果选择后者，当事人对处理决定不服的则可提起行政诉讼。如专利法规定，未经专利权人许可，实施其专利，即侵犯其专利权，引起纠纷的，由当事人协商解决；不愿协商或者协商不成的，专利权人或者利害关系人可以向人民法院起诉，也可以请求管理专利工作的部门处理。管理专利工作的部门处理时，认定侵权行为成立的，可以责令侵权人立即停止侵权行为，侵权人不服的，可以自收到处理通知之日起十五日内依照行政诉讼法向人民法院起诉；侵权人期满不起诉又不停止侵权行为的，管理专利工作的部门可以申请人民法院强制执行。

## 四、法院内部的主管关系

法院内部的主管关系，是指当同一违法行为造成了刑事诉讼或者行政诉讼与民事诉讼竞合时，需要在人民法院内部的各业务庭之间对主管进行分工，并确定解决不同性质的纠纷的先后次序。通常的做法是刑事附带民事诉讼或者行政附带民事诉讼。但是，当需要对民事纠纷给予紧急救济时，在不与刑事或行政处理相冲突的情况下，应当允许受害人先行提起民事诉讼予以救济。一概采用“先刑后民”或“先行后民”的做法，并不利于受害人的权利保障，也不利于司法正义的实现。

人民法院处理上述刑民（或行民）交叉性的纠纷时，应依照不同情况决定：

1. 刑事诉讼或者行政诉讼认定的事实一般对民事案件有预决效力，民事判决不能作出与之相冲突的裁判。若某些民事案件必须等待刑事或者行政处理结果，则民事问题不能先行裁判。如离婚案件的主要事实理由涉及一方当事人是否重婚的，则要等重婚案件定性后才能开始对民事婚姻案件进行审判。

2. 在一些情况下，当事人对民事纠纷可以选择是以附带刑事或者附带行政诉讼方式提起，还是单独提起民事诉讼；单独提起民事诉讼的，有的可以不等刑事或者行政问题处理结果而先行解决。如根据《最高人民法院关于审理名誉权案件若干问题的解答》，当事人在公共场所受到侮辱、诽谤，以名誉权受侵害为由提起民事诉讼的，无论是否经公安机关依照治安管理处罚条例处理，人民法院均应依法审查，符合受理条件的，应予受理。当事人提起名誉权诉讼后，又以同一事实和理由要求追究被告刑事责任的，应中止民事案件的审理，待刑事案件审结后，根据不同情况分别处理：对于犯罪情节轻微，没有给予被告人刑事处罚的，或者刑事自诉已由原告人撤回或者被驳回的，应恢复民事案件的审理；对于民事诉讼请求已在刑事附带民事诉讼中解决的，应终结民事案件的审理。再如，在交通肇事案件中，受害人依据交警开具的交通肇事处理结果通知，可以对肇事者提起民事诉讼，法院可以对交通事故造成的民事赔偿问题单独作出判决，无需等到追究刑事责任后再对民事赔偿问题进行裁判。在信用证诈骗案件中，追究诈骗者的刑事责任之前，权利人可以请求法院发出信用证止付令，使自己的权利及时获得救济。①

## 第二节 民事案件的管辖概述

### 一、民事案件管辖的概念和意义

民事案件的管辖，是指确定各级人民法院之间和同级人民法院之间受理第一审民事案件的分工和权限。在发生民事纠纷时，当事人向哪一级的哪一个法院提起诉讼，法律应当通过明确规定予以确定，以避免当事人投诉无门或者滥诉，也避免法院之间相互推诿。

根据《人民法院组织法》的规定，人民法院由最高人民法院、地方各级人民法院和专门人民法院组成。地方各级人民法院又分为高级人民法院、中级人民法院和基层人民法院。专门人民法院又分为军事法院、海事法院、铁路运输法院和森林法院等。因此，有必要对人民法院主管的民事案件，在法院系统内部进行分工，以确定不同法院对第一审民事案件的分工和权限。

正确确定民事案件的管辖，对审判实践具有重要的意义。首先，有利于人民法院在自己的辖区范围内及时地行使审判权，避免法院之间互相推诿或者争夺管辖权。其次，有利于当事人充分、有效地行使诉权，防止因管辖不明使当事人投诉无门，致使其合法权益不能得到及时的保护。最后，确立人民法院对涉外民事案件的管辖权，有利于维护国家主权。

---

① 肖建华：《刑事附带民事诉讼制度的内在冲突与协调》，载《法学研究》2001 年第 6 期。

## 二、民事案件主管与管辖的关系

民事案件的主管与管辖既有区别又有联系。二者的区别是：主管解决的是人民法院同其他机关、社会组织之间处理民事纠纷的权限分工问题，而管辖解决的是人民法院体系内部受理第一审民事案件的权限分工问题。二者的联系是：只有先确定某一民事案件或者经济纠纷案件由人民法院主管，才能进一步确定该案由哪一级的哪一个人民法院管辖。因此，主管是确定管辖的前提和基础，而管辖则是主管的体现和落实。

## 三、划分法院之间管辖民事案件范围的原则

民事诉讼法确定人民法院相互之间的分工和权限，明确管辖范围，遵循了以下几条原则：

### （一）便利当事人进行诉讼和便利人民法院行使审判权

从立法精神来看，我国民事诉讼法将如何便利当事人起诉，应诉以及进行其他各项诉讼活动，作为确定管辖的首要原则。民事诉讼法将大多数第一审案件规定由基层法院管辖，允许当事人合意选择合同案件的管辖法院，都体现了这一原则的要求。民事诉讼法以有利于当事人行使诉权为出发点，根据法院辖区与当事人住所地、诉讼标的所在地或法律事实发生地的关系确定了不同案件的管辖法院，便于人民法院及时审理民事案件、调查证据和传唤证人作证，以查明案情，作出公正的裁判。

### （二）均衡各级人民法院的工作负担

我国的法院分为四级，基层人民法院、中级人民法院、高级人民法院、最高人民法院，还包括铁路运输法院、海事法院和军事法院等专门法院。基层法院不负担上诉功能，大多数案件都由基层法院受理。中级以上的法院负有监督、指导下级法院的职责，所以其审理案件的任务不应过重。级别越高的法院审理的案件越少，承担的法律统一和政策制定的功能则越强。

### （三）原则规定与灵活规定相结合

管辖规定得明确、具体，以便纠纷发生后能迅速、准确地判明相应的管辖

法院，尽量避免管辖上的争议，减少诉讼过程中的障碍。但诉讼实践纷繁复杂，出现特殊情况也在所难免。因此，在确定性的规定之外，还需有一定的灵活性规定，以适应特殊情况下的特殊需要。

### （四）维护国家主权

在涉外民事诉讼中，人民法院行使司法管辖权是国家主权的重要组成部分。在确定涉外民事案件的管辖时，专属管辖和协议管辖的规定，扩大了人民法院对涉外民事案件管辖的范围。

## 四、民事案件管辖的分类和种类

### （一）民事案件管辖的分类

按不同的标准，可以对民事案件的管辖作如下分类：

1. 法定管辖和裁定管辖

以管辖的确定标准是基于法律规定还是法院裁定，可以将管辖分为法定管辖与裁定管辖。

法定管辖，是指由法律明文规定案件的管辖法院。法定管辖是管辖确定的基本依据。我国民事诉讼法中的级别管辖和地域管辖属于法定管辖。

裁定管辖，是指根据法院的裁定、决定的方式来确定管辖法院。裁定管辖在管辖制度中用来解决某些特殊情况，是法定管辖的补充。指定管辖、移送管辖、管辖权的转移都属于裁定管辖。

2. 专属管辖和协议管辖

以法律强制规定还是任意规定为标准，可以将管辖分为专属管辖和协议管辖。

专属管辖，是指法律强制规定某些种类的案件只能由特定的法院管辖，以排除其他管辖规定或者协议管辖的适用。

协议管辖，是指根据当事人的约定来确定管辖法院，又称约定管辖、合意管辖。协议管辖体现了对当事人程序主体性地位的尊重，但是协议管辖不得违背级别管辖和专属管辖的规定。

3. 共同管辖、选择管辖与合并管辖

以诉讼关系为标准，可以将管辖分为共同管辖、选择管辖和合并管辖。

共同管辖，是指两个以上的人民法院共同对同一诉讼案件享有管辖权。

如同一诉讼的几个被告住所地、经常居住地在两个以上人民法院辖区的，各人民法院都有管辖权；再如，侵权行为地、被告住所地人民法院，对侵权案件有共同管辖权。因共同海损提起的诉讼，船舶最先到达地、共同海损理算地或者航程终止地人民法院都对同一诉讼有管辖权。

存在共同管辖，就可能产生人民法院管辖冲突，所以立法还有必要规定选择管辖。《民事诉讼法》第35条规定："两个以上人民法院都有管辖权的诉讼，原告可以向其中一个人民法院起诉；原告向两个以上有管辖权的人民法院起诉的，由最先立案的人民法院管辖。"这就是选择管辖。其含义是，法律规定两个以上的人民法院都对同一诉讼有管辖权时，原告可以选择其中一个人民法院提起诉讼。如果原告向两个以上有管辖权的人民法院起诉的，由最先立案的人民法院管辖。

共同管辖与选择管辖是一个问题的两个方面，二者既有区别又有密切的联系。其区别表现在：共同管辖是从法院管辖权的角度而言的；而选择管辖则是从当事人的角度而言的。其联系表现在：共同管辖是选择管辖的前提，选择管辖则是共同管辖的落实。

合并管辖，是指对某个案件有管辖权的人民法院，可以管辖与该案有牵连的其他案件。虽然本案的受诉法院对该其他案件无管辖权，但是因为其他案件与本案有牵连关系，该受诉法院基于审判的需要合并审理，而取得对该其他案件的管辖权。如原告提起诉讼后，被告向同一人民法院提起反诉，人民法院因为对本诉有管辖权，而取得了对反诉的管辖权。

### (二)民事案件管辖的种类

我国《民事诉讼法》第二章所规定的民事案件的管辖，包括级别管辖、地域管辖、移送管辖、指定管辖和管辖权的转移。如前所述，在管辖的分类上，前两种为法定管辖，后三种为裁定管辖。本章第三节至第五节将分别对民事诉讼法规定的各种管辖进行论述。

## 五、管辖恒定

所谓管辖恒定，是指法院对某个案件是否享有管辖权，以起诉时为准，起诉时对案件享有管辖权，不因确定管辖的因素在诉讼过程中发生变化而受影响。确定管辖恒定的时间点是起诉时，即原告向法院正式递交起诉状之日或者法院将口头起诉内容记录在案之日。

管辖恒定原则的主要意义在于保持诉讼的安定性，尊重法院的权威性。如果法院在其管辖过程中由于地域的变更而使得法院丧失管辖权，一方面浪费了法院的司法资源，另一方面也严重损害了法院的权威性。管辖恒定原则具有积极的意义。

管辖恒定原则包括以下三个层面的内容：

(1) 地域管辖恒定。地域管辖恒定是指地域管辖按照起诉时的标准确定，不因诉讼过程中当事人住所地、经常居住地或标的物所在地以及行政区划等因素的变更而影响受诉人民法院的管辖权，该案始终由原受诉法院管辖（最高法院民诉法《适用意见》第 34 条、第 35 条）。

(2) 级别管辖恒定。级别管辖恒定是指级别管辖按照起诉时的标的额确定，不因诉讼过程中诉讼标的额的增加或者减少而变更案件的管辖法院。最高人民法院 1996 年在《关于执行级别管辖规定几个问题的批复》中规定："当事人在诉讼中增加诉讼请求从而加大诉讼标的额，致使诉讼标的额超过受诉法院级别管辖权限的，一般不再予以变动。但是当事人故意规避有关级别管辖等规定的除外。"这一规定体现了级别管辖中也有管辖恒定的要求。但是如何界定"故意"非常困难，因此，级别管辖恒定就为某些法院进行地方保护创造了空间。

(3) 反诉管辖恒定。反诉案件的管辖以本诉的管辖法院为根据加以确定，即使本诉已经撤回，仍不影响本诉法院对反诉的管辖。

## 第三节　级别管辖

### 一、级别管辖的概念和确定级别管辖的依据

级别管辖，是指上、下级人民法院之间受理第一审民事案件的分工和权限。级别管辖是在法院系统内部对各级法院的分工和权限所作的纵向划分，它解决的是哪些一审案件应由哪级法院管辖的问题。

我国民事诉讼法确定级别管辖采用的是"三结合"标准，即案件的性质、繁简程度和影响范围。但是"三结合"标准具有很大的弹性空间，司法实践中有时很难把握。"繁简程度的判断，须等到法院受理案件后才能确定，在当事人起诉至法院受理案件之前法院不可能了解案件的繁简问题。故级别管辖是判

断案件繁简程度的程序前提，而不是相反。”[①]而案件影响范围的大小则具有很强的主观性，使得法院具有很大的自由裁量权，这就导致了管辖法院的不确定性。所以，司法实践中法院往往以诉讼标的额的大小作为判断级别管辖的标准。2008年2月最高人民法院发布《关于调整高级人民法院和中级人民法院管辖第一审民商事案件标准的通知》，提高了高级人民法院和中级人民法院受理案件的诉讼标的额标准。北京、上海所辖中级人民法院，广东、江苏、浙江辖区内省会城市、计划单列市和经济较为发达的市中级人民法院，可管辖诉讼标的额不低于5000万元至2亿元的第一审民商事案件，以及诉讼标的额不低于2000万元至1亿元且当事人一方住所地不在本辖区或者涉外、涉港澳台的第一审民商事案件。其他中级人民法院可管辖诉讼标的额不低于2000万元至1亿元的第一审民商事案件，以及诉讼标的额不低于800万元且当事人一方住所地不在本辖区或者涉外、涉港澳台的第一审民商事案件。其他地区的高级人民法院和中级人民法院管辖案件的诉讼标的额标准也大幅提高，但是诉讼标的额的标准低于上述法院。

## 二、各级人民法院管辖的第一审民事案件

### （一）基层人民法院管辖的第一审民事案件

《民事诉讼法》第18条规定：“基层人民法院管辖第一审民事案件，但本法另有规定的除外。”所以，第一审民事案件原则上由基层人民法院管辖。由基层人民法院管辖第一审民事案件，符合便利群众诉讼，便利人民法院办案的管辖原则。基层人民法院数量大、分布广，审判人员的数量大，并且没有审理上诉案件的任务，将第一审民事案件原则上都交给基层法院承担是比较符合法院工作均衡负担原则的。同时，由于民事纠纷的发生地、当事人住所地或者争议的财产所在地，都与基层人民法院辖区相联系，由基层人民法院管辖第一审民事案件，便于法院管辖和法院执行。

### （二）中级人民法院管辖的第一审民事案件

根据《民事诉讼法》第19条的规定，中级人民法院管辖下列第一审民事案件：

---

① 肖建国：《民事诉讼级别管辖制度的重构》，载《法律适用》2007年第6期。

1. 重大涉外案件

涉外民事案件，是指民事法律关系的主体、内容、客体三者之一含有涉外因素的民事案件。重大涉外案件，是指居住在国外的当事人人数众多或者当事人分属多国国籍，或者案情复杂，或者争议标的额较大的涉外民事案件（最高法院民诉法《适用意见》第 1 条）。这类案件由中级人民法院作为一审法院进行审理。

1982 年的《民事诉讼法（试行）》曾将全部涉外民事案件划归中级人民法院管辖。1991 年的《民事诉讼法》，则将大部分涉外民事案件划归基层人民法院管辖，只将重大涉外民事案件划归中级人民法院管辖。这是由于 20 世纪 80 年代末涉外民事案件和经济纠纷案件剧增，法院工作压力巨大，而且经济特区和一些沿海开放城市的基层人民法院具备了审理一般婚姻家庭等涉外民事案件的条件。但是，涉外案件分布并不均衡，沿海城市多，内地少。为了提高案件的审判质量，最高人民法院出台了《关于涉外民商事案件诉讼管辖若干问题的规定》，从 2002 年起对五类涉外商事案件实施集中管辖。这五类案件是：

（1）涉外合同和侵权纠纷案件；

（2）信用证纠纷案件；

（3）申请撤销、承认和强制执行国际仲裁裁决的案件；

（4）审查有关涉外民商事仲裁条款效力的案件；

（5）申请承认和强制执行外国法院民商事判决、裁定的案件。

这五类案件由最高人民法院指定给省会城市所在地的中级人民法院和经济特区、计划单列市所在地的中级人民法院以及审理涉外案件较多的某些中级人民法院作为第一审法院集中管辖，高级人民法院和国务院批准的高新技术开发区所在地的基层人民法院也可作为第一审法院管辖这几类案件。这五类案件之外的其他案件，如发生在与外国接壤的边境省份的边境贸易纠纷案件，破产案件，涉外婚姻、涉外房地产、涉外知识产权案件，仍然按照原来的级别管辖规定执行，基层人民法院可以对这些案件行使管辖权。

2. 在本辖区有重大影响的案件

中级人民法院的辖区有重大影响的案件，是指案情复杂、涉及范围广、诉讼标的的金额较大，案发后案件处理结果的影响超出了基层人民法院的辖区范围，基层人民法院已不便行使管辖权，而由中级人民法院作为第一审管辖法院比较适宜。例如青海省规定，副省级以上干部的离婚案件，由中级人民法院管辖。

3. 最高人民法院确定由中级人民法院管辖的案件

除涉外案件外，基于某些案件的特殊性，最高人民法院指定由中级人民法院管辖的案件还有：

（1）海事、海商案件。海事、海商案件包括海事侵权纠纷案件，海商合同纠纷案件，其他海事、海商案件，海事执行案件以及请求海事保全案件等。根据1984年11月28日最高人民法院《关于设立海事法院几个问题的决定》的规定，国内和涉外的第一审海事、海商案件由海事法院管辖。海事法院与普通中级人民法院同级，海事法院的上级法院是海事法院所在地的高级人民法院。我国在上海、天津、广州、武汉、大连、青岛、海口、厦门等口岸城市均设有海事法院。各海事法院的管辖区域，由最高人民法院规定。

（2）除专利行政案件外的其他专利纠纷案件。根据1985年最高人民法院《关于开展专利审判工作几个问题的通知》中的规定，由北京市中级人民法院管辖的专利纠纷案件有：关于是否应当授予专利权的纠纷案件；宣告授予发明专利权无效或者维持发明专利权的纠纷案件；实施强制许可的纠纷案件；实施强制许可使用费的纠纷案件。由省、自治区、直辖市人民政府所在地的中级人民法院和各经济特区的中级人民法院管辖的专利纠纷案件有：专利申请公布后，专利权授予前使用发明、实用新型、外观设计的费用的案件；专利侵权的纠纷案件；转让专利申请权或专利权的合同纠纷案件。这三类案件，各省、自治区高级人民法院根据实际需要，经最高人民法院同意，可以指定本省、自治区内的开放城市或者设有专利管理机关的较大城市的中级人民法院管辖。重庆市、青岛市等地中级人民法院已获准对上述三类专利纠纷案件行使管辖权。

（3）著作权民事纠纷第一审案件，由中级以上人民法院管辖。但有例外：各高级人民法院根据本辖区的实际情况，可以确定若干基层人民法院管辖一审著作权民事案件。

（4）商标民事纠纷第一审案件，由中级以上人民法院管辖。但有例外：各高级人民法院根据本辖区的实际情况，经最高人民法院批准，可以在较大城市确定1～2个基层人民法院受理第一审商标民事纠纷案件。

（5）涉及域名的侵权纠纷案件，由侵权行为地和被告住所地的中级人民法院管辖。

（6）虚假陈述证券民事赔偿案件，由省、自治区和直辖市人民政府所在地的市、计划单列市和经济特区的中级人民法院管辖。

（7）重大的涉港澳台民事案件。

### (三)高级人民法院管辖的第一审民事案件

《民事诉讼法》第 20 条规定,高级人民法院管辖在本辖区有重大影响的第一审民事案件。高级人民法院的主要职能是审理上诉案件,并对本辖区内的下级人民法院的工作进行业务指导和审判监督。这是高级人民法院的主要业务区域,也就极大地压缩了高级人民法院审理第一审民事案件的范围。只有当民事案件的发生和处理结果在辖区范围内有重大影响时,高级人民法院才作为第一审管辖法院。北京、上海、广东、江苏、浙江的高级人民法院,可管辖诉讼标的额在 2 亿元以上的第一审民商事案件,以及诉讼标的额在 1 亿元以上且当事人一方住所地不在本辖区或者涉外、涉港澳台的第一审民商事案件。天津、重庆、山东、福建、湖北、湖南、河南、辽宁、吉林、黑龙江、广西、安徽、江西、四川、陕西、河北、山西、海南的高级人民法院,可管辖诉讼标的额在 1 亿元以上的第一审民商事案件,以及诉讼标的额在 5000 万元以上且当事人一方住所地不在本辖区或者涉外、涉港澳台的第一审民商事案件。甘肃、贵州、新疆、内蒙古、云南的高级人民法院和新疆生产建设兵团分院,可管辖诉讼标的额在 5000 万元以上的第一审民商事案件,以及诉讼标的额在 2000 万元以上且当事人一方住所地不在本辖区或者涉外、涉港澳台的第一审民商事案件。青海、宁夏、西藏的高级人民法院,可管辖诉讼标的额在 2000 万元以上的第一审民商事案件,以及诉讼标的额在 1000 万元以上且当事人一方住所地不在本辖区或者涉外、涉港澳台的第一审民商事案件。

### (四)最高人民法院管辖的第一审民事案件

作为我国的最高审判机关,最高人民法院的主要职能是审理不服高级人民法院裁判的上诉案件,指导和监督地方各级人民法院和各专门人民法院的审判工作,并对审判过程中如何具体适用法律、法规进行司法解释。最高人民法院主要负责法律的统一适用和政策制定,因此不应该过多审理第一审民事案件。《民事诉讼法》第 21 条规定,它只受理以下第一审民事案件:

1. 在全国有重大影响的案件

在全国有重大影响的案件,由最高人民法院作为第一审管辖法院,以利于从全局出发,正确地处理案件,维护法律的严肃性。

2. 认为应当由本院审理的案件

最高人民法院认为某一案件应由其审理,不论该案属于哪一级、哪一个法院管辖,它都有权将案件提上来自己审判,从而取得对案件的管辖权。

此外，根据《中华人民共和国香港特别行政区驻军法》第23条的规定，香港驻军人员因执行职务引起的民事侵权案件，由最高人民法院管辖。

## 第四节　地域管辖

### 一、地域管辖的概念和种类

地域管辖，是指同级人民法院之间受理第一审民事案件的分工和权限。

地域管辖与级别管辖不同。级别管辖是从纵向角度划分上、下级人民法院之间受理第一审民事案件的权限和分工，解决某一民事案件应由哪一级人民法院管辖的问题；而地域管辖是从横向角度划分同级人民法院之间受理第一审民事案件的权限和分工，解决某一民事案件应由哪一个人民法院管辖的问题。

但是，二者是有联系的。级别管辖是地域管辖的前提，只有在级别管辖明确的前提下，才能确定地域管辖；而要最终确定某一案件的管辖法院，则必须在确定了级别管辖之后，再通过地域管辖来进一步具体落实受诉法院。

地域管辖的判断基准主要是当事人住所地、诉讼标的物所在地或者法律事实所在地。地域管辖的法院就是当事人住所地、诉讼标的物所在地或者法律事实发生地的法院。

按照民事诉讼法的规定，地域管辖分为一般地域管辖、特殊地域管辖、专属管辖、共同管辖和协议管辖。下面将分别对此进行阐述。

### 二、一般地域管辖

#### (一)一般地域管辖的原则

一般地域管辖，又称普通管辖，是指以当事人住所地与法院辖区的关系来确定管辖法院。

一般地域管辖的原则是“原告就被告”，即民事诉讼由被告所在地人民法院管辖。实行“原告就被告”原则，有利于人民法院调查、核实证据，迅速查明案情，正确处理民事纠纷，有利于传唤被告出庭应诉，有利于采取财产保全和先予执行措施，如果被告败诉，还有利于执行，还可以防止被告免受原告滥诉的侵扰，实现诉讼两造的平等。

此外，按照司法解释，下列诉讼也根据“原告就被告”原则确定管辖法院：

(1)双方当事人都是现役军人的离婚诉讼，由被告住所地或者被告所在的团级以上单位驻地的人民法院管辖(《适用意见》第 11 条第 2 款)。

(2)双方当事人都被监禁或劳动教养的，由被告原住所地人民法院管辖；被告被监禁或被劳动教养一年以上的，由被告被监禁地、被劳动教养地的人民法院管辖(《适用意见》第 8 条)。

(3)夫妻双方离开住所地超过一年，一方起诉的离婚案件，由被告经常居住地人民法院管辖；被告没有经常居住地的，由原告起诉时居住地的人民法院管辖(《适用意见》第 12 条)。

(4)不服指定监护或变更监护关系的案件，由被监护人住所地人民法院管辖(《适用意见》第 10 条)。

### (二)一般地域管辖的例外规定

一般地域管辖的“原告就被告”原则，在某些特殊情况下无法适用或者适用后将对原告、对法院极为不便。为此，《民事诉讼法》第 23 条规定了几种例外的情况由原告住所地人民法院管辖；原告的住所地与经常居住地不一致的，由经常居住地人民法院管辖。这些例外情况是：

1. 对不在中华人民共和国领域内居住的人提起的有关身份关系的诉讼

符合不在中国领域内居住、与身份有关的诉讼案件(如涉及婚姻关系、亲子关系、收养关系等案件)，即可由原告住所地或者经常居住地人民法管辖。

2. 对下落不明或者宣告失踪的人提起的有关身份关系的诉讼

被告下落不明或者已经宣告失踪的情况下，根本无法确定其住所地或者经常居住地，由原告住所地或者经常居住地人民法院管辖，可以方便原告行使诉权。

3. 对正在被劳动教养的人提起的诉讼

被劳动教养的人由于离开了住所地或者经常居住地，集中在特定场所接受劳动教养，人身自由受到一定的限制。如果向被告被劳动教养地人民法院起诉，对原告来说，十分不便，法律规定由原告住所地或者经常居住地人民法院管辖。

4. 对正在被监禁的人提起的诉讼

正在被监禁的人，包括已决犯和未决犯，都丧失了人身自由，脱离了住所地或者经常居住地，不仅原告不便向被告被监禁地人民法院起诉，而且由被告被监禁地人民法院管辖，很可能造成其工作量过大，法律规定原告住所地或者经常居住地人民法院为有管辖权法院是比较恰当的。

除上述四种情况外，最高人民法院根据司法实践的需要，对“被告就原告”的适用进行了以下补充规定：

(1)被告一方被注销城镇户口的，由原告所在地人民法院管辖(《适用意见》第 6 条)。

(2)追索赡养费案件的几个被告住所地不在同一辖区的，可以由原告住所地人民法院管辖(《适用意见》第 9 条)。

(3)非军人对军人提出的离婚诉讼，如果军人一方为非文职军人，由原告住所地或经常居住地人民法院管辖(《适用意见》第 11 条)。

(4)夫妻一方离开住所地超过 1 年，另一方起诉离婚的案件，由原告住所地法院管辖(《适用意见》第 12 条)。

定居国外华侨的离婚案件具有特殊性，应当根据具体情况确定由原告住所地或者被告住所地法院管辖：

(1)在国内结婚后定居国外的华侨，如定居国法院规定离婚诉讼必须由婚姻缔结地法院管辖，当事人向人民法院提起离婚诉讼的，由婚姻缔结地或一方在国内的最后居住地法院管辖(《适用意见》第 13 条)；

(2)在国外结婚并定居国外的华侨，如定居国法院以离婚诉讼须由国籍所属国法院管辖为由不予受理，当事人向人民法院提起离婚诉讼的，由一方原住所地或在国内的最后居住地法院管辖(最高法院民诉法《适用意见》第 14 条)；

(3)中国公民一方居住在国外，一方居住在国内，不论哪一方向人民法院提起离婚诉讼，国内一方住所地的法院都有管辖权。如国外一方在居住国法院起诉，国内一方向人民法院起诉的，受诉人民法院有权管辖(《适用意见》第 15 条)；

(4)中国公民双方在国外但未定居，一方向人民法院起诉离婚的，应由原告或者被告原住所地的法院管辖(《适用意见》第 16 条)。

## 三、特殊地域管辖

特殊地域管辖，又称特别地域管辖，是指以诉讼标的所在地或者引起民事法律关系发生、变更、消灭的法律事实所在地为标准确定的管辖。特殊地域管辖是相对于一般地域管辖而言的，是法律针对特别类型案件的诉讼管辖作出的规定。

**(一)因合同纠纷提起的诉讼,由被告住所地或者合同履行地人民法院管辖**

因合同发生纠纷,有的是因合同是否成立发生的争议;有的是因合同变更发生的争议;还有的是因合同的履行发生的争议。法律规定因合同纠纷提起的诉讼,由被告住所地或者合同履行地人民法院管辖,便于法院查明案情,便于在必要时及时采取财产保全等紧急措施,以利于合同纠纷的正确解决。

合同履行地的确定是明确合同纠纷案件管辖法院的核心。合同履行地是指合同规定的履行义务和接受该义务的地点,主要是指合同标的物交接的地点。《合同法》第62条规定,履行地点不明确,给付货币的,在接受货币一方地履行;交付不动产的,在不动产所在地履行;其他标的,在履行义务一方所在地履行。合同的种类不同,合同履行地也不同。根据最高人民法院的司法解释,主要有以下几种情况:

1.因合同纠纷提起的诉讼,如果合同没有实际履行,当事人双方住所地又都不在合同约定的履行地的,应由被告住所地人民法院管辖(《适用意见》第18条)。

2.确定购销合同的履行地,应依照下列规定(《适用意见》第19条):

(1)当事人在合同中明确约定履行地点的,以约定的履行地点为合同履行地。当事人未在合同中明确约定履行地点的,以约定的交货地点为合同履行地。合同中约定的货物到达地、到站地、验收地、安装调试地等,均不应视为合同履行地。

(2)当事人在合同中明确约定了履行地点或交货地点,但在实际履行中以书面方式或双方当事人一致认可的其他方式变更约定的,以变更后的约定确定合同履行地。当事人未以上述方式变更原约定,或者变更原合同而未涉及履行地问题的,仍以原合同的约定确定履行地。

(3)当事人未在合同中对履行地点、交货地点作约定或约定不明确的,或者虽有约定但未实际交付货物,且当事人双方住所地均不在合同约定的履行地的,以及口头购销合同纠纷案件,均不依履行地确定案件的管辖。

3.加工承揽合同,以加工地为合同履行地,但合同中对履行地有约定的除外(《适用意见》第20条)。

4.财产租赁合同、融资租赁合同以租赁物使用地为合同履行地,但合同中对履行地有约定的除外(《适用意见》第21条)。

5.补偿贸易合同,以接受投资一方主要义务履行地为合同履行地(《适用意见》第22条)。

**(二)因保险合同纠纷提起的诉讼,由被告住所地或者保险标的物所在地人民法院管辖**

保险合同,是指投保人支付保险费给保险人,保险人对于投保人因自然灾害或意外事故所致的损害或责任,承担赔偿或支付一定金额的合同。因保险合同发生的纠纷,是指投保人或者保险受益人与保险人之间发生的争议。保险标的物,是投保人与保险人订立的保险合同所指向的对象,如财产、人身健康或生命等。因保险合同纠纷提起的诉讼,如果保险标的物是运输工具或者运输中的货物,由被告住所地或者运输工具登记注册地、运输目的地、保险事故发生地的人民法院管辖(最高法院民诉法《适用意见》第25条)。

**(三)因票据纠纷提起的诉讼,由票据支付地或者被告住所地人民法院管辖**

票据是指由出票人签发的、写明在一定的时间地点由本人或者指定他人按照票面所载文义,向持票人无条件支付一定金额的有价证券。票据分为本票、汇票和支票三种。所谓票据纠纷,是指出票人或付款人与持票人之间因票据承兑等发生的争议。

因票据纠纷提起的诉讼,可以由票据支付地或者被告住所地人民法院管辖。票据支付地,是指票据上载明的付款地。票据未载明付款地的,汇票付款人或者代理付款人的营业场所或者经常居住地、本票出票人的营业场所、支票付款人或者代理付款人的营业场所所在地为票据付款地。

**(四)因铁路、公路、水上、航空运输和联合运输合同纠纷提起的诉讼,由运输始发地、目的地或者被告住所地人民法院管辖**

运输合同纠纷,是指承运人与托运人在履行运输合同中发生的权利义务争议。例如,因托运的货物被损坏、丢失引起的纠纷;因旅客乘坐运输工具时人身受到伤害引起的纠纷等等。对于这类纠纷,运输始发地(即客运或货运合同规定的出发地点)、目的地(合同约定的客运、货运最终到达地)、被告住所地等三地的人民法院都有管辖权。

根据最高人民法院的有关规定,铁路运输合同纠纷及与铁路运输有关的侵权纠纷,由铁路运输法院管辖(《适用意见》第30条)。

### (五)因侵权行为提起的诉讼,由侵权行为地或者被告住所地人民法院管辖

侵权行为,是指加害人不法侵害他人财产权利和人身权利的行为。侵权行为地,包括侵害行为实施地和侵权结果发生地。侵权行为发生后,受害人既可以向侵权行为地人民法院起诉,也可以向被告住所地人民法院起诉。根据最高人民法院的司法解释,因产品质量不合格造成他人财产、人身损害提起诉讼的,产品制造地、产品销售地、侵权行为地和被告住所地人民法院都有管辖权(《适用意见》第29条)。在涉外民事诉讼中,只要侵权行为发生地或者侵权结果地在中国领域内,人民法院就依法享有诉讼管辖权。

侵权行为地难以确定的,就需要进行法律拟制。比如,网络著作权侵权纠纷案件的侵权行为地包括实施被诉侵权行为的网络服务器、计算机终端等设备所在地;对难以确定侵权行为地和被告住所地的,原告发现侵权内容的计算机终端等设备所在地可以视为侵权行为地。

### (六)因铁路、公路、水上和航空事故请求损害赔偿提起的诉讼,由事故发生地或者车辆船舶最先到达地、航空器最先降落地或者被告住所地人民法院管辖

铁路、公路、水上、航空事故是车辆、船舶或者航空器的所有人或管理人的侵权行为造成的。例如,火车相撞、脱轨;汽车倾覆,撞击了其他车辆、人员;轮船相撞、沉没;航空器坠毁;因排油、抛物造成环境污染和人身伤亡等。事故发生地,是指侵权行为发生地。车辆、船舶最先到达地,是指事故发生后,车辆第一个停靠站或者船舶第一个停靠港或沉没地。航空器最先降落地,是指航空事故发生后,飞机、飞艇、卫星等最先降落地或坠毁地。

### (七)因船舶碰撞或者其他海事损害事故请求损害赔偿提起的诉讼,由碰撞发生地、碰撞船舶最先到达地、加害船舶被扣留地或者被告住所地人民法院管辖

其他海事损害事故,是指船舶在航行过程中,除碰撞以外发生的触礁、触岸、搁浅、浪损、失火、爆炸、沉没、失踪等事故。碰撞发生地,是指船舶碰撞的侵权行为发生的具体地点。碰撞船舶最先到达地,是指船舶碰撞事故发生后,受害船舶最先到达的港口所在地。加害船舶被扣留地,是指加害船舶实施侵权行为后继续航行,后被有关机关扣留的具体地点。被告住所地,一般是加害船舶的船籍港所在地,即该船舶进行登记,获得航行权的具体港口。

**（八）因海难救助费用提起的诉讼，由救助地或者被救助船舶最先到达地人民法院管辖**

海难救助，是指对海上遇难的船舶及所载的货物或者人员给予援救。海难救助费用，是指遇难的船舶受到救助后，根据救助的事实和效果应支付救助船舶一定的报酬。救助地，是指实施救助行为或者救助结果发生地。被救助船舶最先到达地，是指被救助船舶经过救助脱险后，首先到达的地点。

**（九）因共同海损提起的诉讼，由船舶最先到达地、共同海损理算地或者航程终止地人民法院管辖**

共同海损，是指海上运输中，船舶以及所载的货物遭遇海难等意外事故时，为了避免共同危险而有意地、合理地作出特殊的物质牺牲和支付的特殊费用。共同海损经过清算后由全体受益人按比例分担。如果共同海损的全体受益人对共同海损的构成与否及分担比例等问题发生争议而诉诸法院，就是共同海损诉讼。船舶最先到达地，是指对遇难船舶采取挽救措施，使其能够继续航行，最初到达的港口所在地。共同海损理算地，是处理共同海损损失，理算共同海损费用的工作机构所在地。我国共同海损理算机构是中国国际贸易促进委员会，地点在北京，理算适用的规则是 1975 年 1 月 1 日公布的《中国国际贸易促进委员会海损理算暂行规则》（简称《北京理算规则》）。目前，国际上通用的理算规则是 1974 年的《约克—安特卫普规则》。航程终止地，是发生共同海损船舶的航程的最终目的地。

## 四、专属管辖

专属管辖，是指法律强制规定某些类型的案件只能由特定的法院管辖，其他人民法院无管辖权，当事人也不得协议变更管辖法院的制度。

专属管辖属于强制性规范，排斥一般地域管辖和特殊地域管辖的适用。对于专属管辖的案件，当事人双方无权以协议或约定的方式变更管辖法院，从而排除协议管辖的适用。外国的法院更没有管辖权，因此也排除了外国法院行使管辖权的可能性。总之，专属管辖排除适用一般地域管辖、特殊地域管辖和协议管辖。

根据《民事诉讼法》第 34 条的规定，下列案件由人民法院专属管辖：

### （一）因不动产纠纷提起的诉讼，由不动产所在地人民法院管辖

不动产，是指不能够移动或者移动后影响或丧失其性能和使用价值的财产，如土地、山林、草原以及土地上的建筑物、农作物等。因不动产纠纷提起的诉讼，主要是因不动产的所有权、使用权、相邻权发生纠纷而引起的诉讼，以及相邻不动产之间因地界不清发生争议而引起的诉讼等。

法律规定因不动产纠纷提起的诉讼由不动产所在地人民法院管辖，以便于受诉人民法院勘验现场，调查收集证据，进行财产保全或者证据保全，也便于法院执行工作的开展。

### （二）因港口作业中发生纠纷提起的诉讼，由港口所在地人民法院管辖

港口作业中发生的纠纷主要有两类：一是在港口进行货物装卸、驳运、保管等作业中发生的纠纷；二是船舶在港口作业中，由于违章操作造成他人人身或财产损害的侵权纠纷。因此类纠纷提起的诉讼，由港口所在地人民法院管辖。根据最高人民法院《关于海事法院收案范围的规定》的规定，港口作业纠纷属于海事海商案件，应由该港口所在地的海事法院管辖。

### （三）因继承遗产纠纷提起的诉讼，由被继承人死亡时住所地或者主要遗产所在地人民法院管辖

继承人因继承被继承人的遗产发生纠纷诉诸法院的诉讼，被称为继承遗产诉讼。继承遗产诉讼，由被继承人死亡时住所地或者主要遗产所在地人民法院管辖。当两个连接点一致时，该地人民法院具有管辖权。两个连接点不一致的，这两个地方的人民法院都有管辖权，由当事人选择向哪个法院提起诉讼。如果被继承人的遗产分散在几个人民法院辖区，应以遗产的数量和价值来确定主要遗产所在地，进而确定管辖法院。这样确定管辖，既有利于人民法院正确确定继承开始的时间、继承人与被继承人之间的关系以及遗产的范围和分配等问题，也有利于扩大人民法院对涉外继承诉讼的司法管辖权。

如果主要遗产是不动产，应当将此纠纷作为不动产纠纷还是作为遗产纠纷来确定管辖法院呢？这是要明确的问题。正确的做法是，依据遗产纠纷来确定管辖法院，即此类案件由被继承人死亡时住所地或者主要遗产所在地人民法院确定管辖法院。

## 五、共同管辖

共同管辖，是指依照法律规定两个或两个以上的人民法院对同一诉讼案件都有管辖权。这种情况既可以因诉讼主体或诉讼客体的原因发生，也可以因法律的直接规定而发生。

管辖权的确定直接关涉着当事人的合法权益，基于程序主体性原则，管辖权冲突的最佳解决路径是赋予原告选择权，由原告选择向哪个法院起诉。如果原告向两个以上有管辖权的人民法院起诉，由最先立案的人民法院管辖。

## 六、协议管辖

协议管辖，又称合意管辖或者约定管辖，是指双方当事人在纠纷发生之前或发生之后，以合意方式约定解决他们之间纠纷的管辖法院。管辖规范大多属强制性规范，当事人无权通过合意的方式选择。而协议管辖则从强制性的管辖规范中打开了制度豁口，赋予当事人通过合意的方式选择案件的管辖法院的权利，使得某些本不具有管辖权的法院取得了管辖权，而某些本来具有管辖权的法院丧失了案件管辖权。协议管辖直接体现了程序选择权和当事人的处分权。

《民事诉讼法》第 25 条规定："合同的双方当事人可以在书面合同中协议选择被告住所地、合同履行地、合同签订地、原告住所地、标的物所在地人民法院管辖，但不得违反本法对级别管辖和专属管辖的规定。"协议管辖的构成要件包括以下几个方面：

1. 当事人协议管辖的案件，只限于合同案件，并且只限于第一审民事经济纠纷案件中的合同案件。

2. 当事人协议选择管辖法院的范围，只限于被告住所地、合同履行地、合同签订地、原告住所地、标的物所在地人民法院。如果当事人选择了与合同没有实际联系地点的人民法院，则该协议无效。

3. 协议管辖是要式行为，必须采用书面方式，包括书面合同中的协议管辖条款或者是诉讼前双方当事人达成的管辖协议，口头协议无效。

4. 当事人必须进行确定的、单一的选择。当事人只能在上述五个法院中选择其一，如果选择两个或两个以上法院，约定管辖的协议或有关条款无效。

5. 协议管辖不得违反民事诉讼法关于级别管辖和专属管辖的规定。

我国民事诉讼法将协议管辖区分为国内民事诉讼中的协议管辖与涉外民事诉讼中的协议管辖以及明示协议管辖与默示协议管辖。与国内民事诉讼中的协议管辖不同,涉外民事诉讼中的协议管辖适用于涉外合同或者涉外财产权益纠纷案件,而且后者可以在与争议有实际联系的地点法院中选择管辖法院。明示协议管辖必须有当事人约定管辖的书面协议,默示协议管辖是指原告向无管辖权的人民法院起诉,法院受理后被告不对管辖提出管辖权异议并应诉答辩,推断双方当事人均同意由该法院管辖。我国民事诉讼法仅在涉外民事诉讼中承认默示协议管辖,国内民事诉讼中不承认默示协议管辖。这种规定极大限制了默示协议管辖为当事人的利用程度,也与合同法对书面形式的规定有所背离。

## 第五节　移送管辖与指定管辖

裁定管辖是指人民法院以裁定的方式确定案件的管辖。裁定管辖是对法定管辖的补充和变通,它既可以弥补法定管辖的不足,又可以解决因管辖问题发生的争议,以适应变动不居的司法实践情况。裁定管辖包括移送管辖、指定管辖、管辖权的转移。

### 一、移送管辖

移送管辖,是指人民法院在受理民事案件后,发现本院对该案件并无管辖权,依法将案件移送给有管辖权的人民法院审理。移送管辖是案件从无管辖权的法院向有管辖权法院的移送,其实质是对人民法院受理案件发生错误时所采用的一种纠正措施,是对案件的移送,而不是对案件管辖权的移送。移送管辖通常发生在同级人民法院之间,但也不排除在上、下级人民法院之间适用。

《民事诉讼法》第 36 条规定:“人民法院发现受理的案件不属于本法院管辖的,应当移送给有管辖权的人民法院,受移送的人民法院应当受理。受移送的人民法院认为受移送的案件依照规定不属于本院管辖的,应当报请上级人民法院指定管辖,不得再自行移送。”因此,移送管辖应具备以下条件:

(1)移送的案件必须是人民法院已经受理的案件,对于尚未受理的案件,经审查不归本法院管辖的,应告知当事人向有管辖权的人民法院起诉。

(2)移送的人民法院对本案没有管辖权。这是移送管辖的前提条件，否则就不能移送。

(3)受移送的人民法院依法对该案件享有管辖权。管辖权是人民法院依法对案件进行审理和裁判的前提。因此，受理案件而又对案件没有法定管辖权的人民法院要将案件移送到有管辖权的人民法院。

至于移送管辖的程序，实践中的一般做法是：在移送案件时，应先由承办案件的审判组织提出意见并报请院长批准，然后再以公函的形式发送给受移送的人民法院。同时，应及时通知当事人，以便他们到管辖法院去参加诉讼活动。

在下列情况下，人民法院不得移送，而必须根据法律的规定作出处理：①受移送的人民法院认为移送的案件依照规定不属于本院管辖的，应当报请上级人民法院指定管辖；②有管辖权的人民法院受理案件后，其管辖权不受行政区域变更、当事人住所地或居住地的变更而变更，案件仍由受案法院管辖；③两个以上人民法院都对案件有管辖权的，应当由先立案的人民法院具体行使管辖权，先立案的人民法院不得将案件移送至另一有管辖权的人民法院。

人民法院移送案件后，受移送的人民法院应当及时受理案件，并进行审判。如果受移送的人民法院认为移送的案件不属于本法院管辖时，不能将该案退回原移送的人民法院，也不能再移送给自己认为有管辖权的其他人民法院，而是应当报请上级人民法院指定管辖。这样规定的目的在于防止案件在人民法院之间反复移送，避免诉讼拖延，有效保证当事人合法利益的实现。

## 二、指定管辖

指定管辖，是指上级人民法院根据法律规定，以裁定的方式，指定其辖区内的下级人民法院对某一民事案件行使管辖权。指定管辖的制度旨趣在于赋予上级人民法院在特殊情况下变更和确定案件管辖法院的权力。

根据《民事诉讼法》的规定，下列三种情况需要上级人民法院指定管辖：

1.人民法院接受其他人民法院移送的案件后，经审查认为移送的案件按法律规定不属于本院管辖的，依法报请上级人民法院指定管辖。受移送的人民法院认为自己对移送来的案件无管辖权时，不得擅自再移送，而只能报请上级法院指定有关法院管辖，其后，才能依其指定移送案件。

2.有管辖权的人民法院由于特殊原因，不能行使管辖权的，由上级人民法院指定管辖。

特殊原因包括两种情况：一是事实上的原因，如发生了地震、水灾、火灾等情况，致使该地人民法院无法行使管辖权；二是法律上的原因，如当事人申请回避或者审判人员自行回避，致使某一基层人民法院出现无法组成合议庭，不能行使管辖权的情况。遇有上述情况，就需要上级人民法院指定管辖。

3. 人民法院之间因管辖权发生争议的，由争议双方协商解决；协商解决不了的，报请它们的共同上级人民法院指定管辖。

发生管辖争议的原因，可能是由有关人民法院对管辖的规定理解不一致引起的，也可能是由法院辖区的界限不明引起的，有些案件也带有很强的地方保护主义色彩。这就需要一种能够协调这种管辖权争议的机制。发生管辖权争议的两个人民法院因协商不成报请它们的共同上级人民法院指定管辖时，如双方为同属一个地、市辖区的基层人民法院，由该地、市的中级人民法院及时指定管辖；如双方同属一个省、自治区、直辖市的两个人民法院，由该省、自治区、直辖市的高级人民法院及时指定管辖；如双方为跨省、自治区、直辖市的人民法院，高级人民法院协商不成的，由最高人民法院及时指定管辖。报请上级人民法院指定管辖时，应当逐级进行。

根据司法解释，下列管辖权争议的处理方法是：(1)两个以上人民法院都对同一案件有管辖权并已分别立案的，后立案的人民法院得知有关法院先立案的情况后，应当在7日内裁定将案件移送先立案的人民法院。对为争管辖权而将立案日期提前的，该院或者其上级人民法院应当予以纠正。(2)当事人基于同一法律关系或者同一法律事实而发生纠纷，以不同诉讼请求分别向有管辖权的不同法院起诉的，后立案的法院在得知有关法院先立案的情况后，应当在7日内裁定将案件移送先立案的法院合并审理。

对于两个以上人民法院之间对地域管辖有争议的案件，有关人民法院均应当立即停止实体审理，进行协商解决，协商不成报请共同上级人民法院指定管辖的，上级人民法院应当在收到下级人民法院报告之日起30日内，作出指定管辖的裁定。适用指定管辖的程序是：上级人民法院依法指定管辖，应书面通知报送的人民法院和被指定的人民法院。报送的人民法院接到通知后，应当及时告知当事人。

两个以上人民法院的管辖权争议未解决前，任何一方人民法院均不得对案件作出判决。对抢先作出判决的，上级人民法院应当以违反程序为由撤销其判决，并将案件移送或者指定其他人民法院审理，或者由自己提审。

## 三、管辖权的转移

管辖权的转移，是指经上级人民法院决定或者同意，将某一案件的诉讼管辖权由下级人民法院转移给上级人民法院，或者由上级人民法院转移给下级人民法院。管辖权的转移，是对级别管辖的补充和变通。

根据《民事诉讼法》第39条的规定，管辖权的转移有以下两种情况：

### （一）上调性转移

它发生于两种情形：(1)上级人民法院认为下级人民法院管辖的第一审案件应当由自己审理时，有权决定把案件上调由自己来审理，上级人民法院作出决定后，管辖权即发生转移；(2)下级人民法院对本院管辖的第一审民事案件，如果认为由自己行使审判权确有困难，如该案中的当事人一方就是受诉法院的工作人员，或者案情复杂，涉及面广，政策界限不清等，需要由上级人民法院审理的，也可以报请上级人民法院审理。下级人民法院要求转移管辖权的，只有得到上级人民法院的批准后，案件的管辖权才由下级人民法院转移到上级人民法院。上级人民法院不同意的，案件仍应由有关的下级人民法院管辖。

### （二）下放性转移

下放性转移是将案件的管辖权由上级人民法院转移至下级人民法院。上级人民法院认为由其审理的第一审民事案件交由下级人民法院审理更有助于实现诉讼两便原则时，可将依法由自己审理的第一审民事案件的管辖权，转交给下级人民法院。下放性转移无需经过下级人民法院的同意。

但是司法实践中也出现了管辖权下放性转移的变异形式：基层法院收到原告提起的诉讼标的额明显超出其管辖权范围的诉讼后，不是告知原告应当向有管辖权的中级人民法院提起诉讼，而是先把诉状和证据材料收下来，再打报告给中级人民法院，要求中级人民法院授权它审理该案件。中级人民法院在收到报告后，复函同意将管辖权下放给基层人民法院。经中级人民法院授权后，基层人民法院便受理诉讼并向被告送达诉状。[①] 这极大违背了管辖权下放性转移的目的。管辖权下放性转移过程中法院拥有单方面的强大职权，因此容易造成当事人故意规避级别管辖，实行地方保护主义，同时也极大弱化

---

① 江伟主编：《民事诉讼法专论》，中国人民大学出版社2005年版，第138～139页。

了诉讼程序保障，有违保障当事人诉权的民事诉讼改革趋势。加之刑事诉讼法已经取消了管辖权下放性转移制度，有学者主张应将管辖权下放性转移从民事诉讼制度中删除。

管辖权的转移与移送管辖都属于裁定管辖，但两者具有本质上的区别。具体表现在：

1. 管辖权的转移，是有管辖权的人民法院把案件的管辖权转交给本来无管辖权的人民法院，其性质是既移交案件的管辖权，又移交案件；而移送管辖，则是无管辖权的人民法院把不属于自己管辖的案件移送给有管辖权的人民法院，其性质是案件的移送，而不是管辖权的移送。

2. 管辖权的转移，是在上、下级人民法院之间进行的，是对级别管辖的补充；而移送管辖，一般是在同级人民法院之间进行，是对地域管辖规定的落实。

3. 管辖权转移的案件，其管辖权能否转移，须由上级人民法院决定或同意，否则，不得转移；而在移送管辖中，只要受诉法院认为本院对该案没有管辖权，即可移送案件，无需报请上级人民法院批准。同时，法律规定，受移送法院不得拒绝接受移送的案件。

## 第六节　管辖权异议

### 一、管辖权异议的概念

管辖权异议，是指法院受理民事案件以后，当事人向受诉法院提出的不服该法院对本案行使管辖权的意见或者主张。

管辖法院的正确确定是当事人合法利益得以实现的前提条件。地方保护主义的蔓延更加剧了法院之间争夺案件管辖权的不当现象。赋予当事人提出管辖权异议的权利，可以有效避免地方保护主义，更加有利于提升当事人的程序主体性地位。管辖权异议是当事人的一种程序性救济机制。《民事诉讼法》第 38 条规定："人民法院受理案件后，当事人对管辖权有异议的，应当在提交答辩状期间提出。人民法院对当事人提出的异议，应当审查。异议成立的，裁定将案件移送有管辖权的人民法院；异议不成立的，裁定驳回。"

## 二、提出管辖权异议的条件

当事人提出管辖权异议，必须符合以下几个条件：

1. 管辖权异议的主体：本案被告

被告是被动地被拉进诉讼中，不但要支付必要的人财物，还要面临着原告滥诉的威胁。为了充分实现诉讼两造的平等武装对立，赋予被告提出管辖权异议的权利十分必要。

由于《民事诉讼法》第38条规定的是"当事人"有权提出管辖权异议。所以有学者认为，原告在以下三种情况下应享有管辖异议权：(1)原告误向无管辖权的法院起诉，法院受理后，原告才知道受诉法院对该案件无管辖权，而向受诉法院提出管辖权异议。(2)诉讼开始后被追加进来的共同原告对受诉法院的管辖权提出异议。(3)受诉法院认为被告提出的法院无管辖权抗辩成立，或依职权提出自己无管辖权，将案件移送，原告对移送管辖的裁定提出异议。[①] 事实上，这三种情况下原告都不能享有管辖异议权。就第一种情况而言，法院有义务告知被告方管辖错误，或将案件移送给有管辖权的法院；第二种情况仅出现在必要共同诉讼中，法院应当移送管辖，而普通共同诉讼存在的前提就是受诉法院对多个诉讼具有共同的管辖权，因此不会出现这种情况；第三种情况涉及原告的上诉权，而不是移送管辖的问题。

诉讼第三人分为有独立请求权的第三人和无独立请求权的第三人。有独立请求权的第三人不会出现管辖权异议的情况。如果有独立请求权的第三人起诉参加他人之间已开始的诉讼，就表明他认同了受诉人民法院的管辖权，人民法院可以合并管辖这两个诉讼；如果受诉法院依职权通知有独立请求权的第三人参加诉讼，该第三人有权独立参加诉讼，也有权拒绝参加诉讼，而以原告身份向其他有管辖权的人民法院另行起诉。

无独立请求权的第三人参加他人之间已经开始的诉讼，是站在与他有着法律上利害关系的当事人一方进行诉讼的，并通过支持这一方当事人的主张来维护自己权益的。其在诉讼中处于辅助地位，无权对受诉法院的管辖权提出异议。

2. 管辖权异议的客体：地域管辖和级别管辖

管辖权异议的客体，是指异议权人对哪些种类的民事诉讼管辖可以主张

---

① 章武生主编：《民事诉讼法新论》，法律出版社2002年版，第127页。

管辖权异议。首先需要明确的是，当事人只能就第一审民事案件提出管辖权异议，不能对第二审民事案件主张管辖权异议，因为一旦第一审民事案件的管辖权确定后，第二审民事案件的管辖权自然而然地确定。第一审民事案件的管辖分为地域管辖和级别管辖。毋庸置疑，异议权人可以就地域管辖提出异议，但是理论界和实务界对异议权人是否享有级别管辖的异议权却有着很大的分歧。传统理论认为，异议权人不能就级别管辖提出异议，司法实践对当事人的级别管辖异议权也经历从模糊到明确，从不正式到正式的转变过程。

很长时间内，当事人仅能就地域管辖提出异议。但是 1995 年最高人民法院《关于当事人就级别管辖提出异议应如何处理问题的函》中规定，当事人就级别管辖权提出管辖异议的，受诉法院应认真审查，确无管辖权的，应将案件移送有管辖权的法院，并告知当事人，但不作裁定。受诉法院拒不移送，当事人向其上级法院反映情况并就此提出异议的，上级法院应当调查了解，认真研究，并作出相应的决定，如情况属实确有必要移送的，应当通知下级法院将案件移送有管辖权的法院；对于下级法院拒不移送，作出实体判决的，上级法院应当以程序违法为由撤销下级法院的判决，并将案件移送有管辖权的法院，同时还应以违反审判纪律为由对有关人员作出严肃处理。这实质上确定了当事人可以就级别管辖提出管辖权异议，这是一大进步，但是对级别管辖异议权的处理却没有正式的程序，当事人也不能就级别管辖权异议提起上诉。这不能不说是一个巨大的遗憾。

2010 年 1 月 1 日起施行的《最高人民法院关于审理民事级别管辖异议案件若干问题的规定》很好地弥补了这一缺陷。该规定第 1 条规定，被告在提交答辩状期间提出管辖权异议，认为受诉人民法院违反级别管辖规定，案件应当由上级人民法院或者下级人民法院管辖的，受诉人民法院应当审查，并在受理异议之日起 15 日内作出裁定，异议不成立的，裁定驳回；异议成立的，裁定移送有管辖权的人民法院。这从程序上完善了级别管辖异议权的处理程序。该规定第 8 条规定，对于人民法院就级别管辖异议作出的裁定，当事人不服提起上诉的，第二审人民法院应当依法审理并作出裁定。该条赋予当事人就级别管辖异议权提起上诉的权利。级别管辖异议权享有了与地域管辖异议权同等的上诉权。

3. 管辖权异议的时间：提交答辩状期间内

按照《民事诉讼法》第 38 条的规定，被告应当在收到人民法院发送的起诉状副本之次日起 15 日内提出答辩状。我国没有强制答辩制度，被告可在提交答辩状期间，在提出答辩状的同时提出管辖权异议，亦可只提出管辖权异议，而不递交答辩状。当事人对受诉法院的管辖权有异议的，必须在法定的答辩期间提出。逾期提出的，人民法院不予审查。人民法院应在 15 日内作出异议是否成立的书面裁定，当事人有权对此裁定提起上诉。

## 三、对管辖权异议的处理

根据《民事诉讼法》第 38 条的规定，受诉人民法院应当对当事人提出的异议进行审查。经过审查，可作出以下处理：认为当事人对管辖权的异议成立的，裁定将案件移送有管辖权的法院；异议不成立的，裁定驳回当事人的异议。法院在裁定移送时，遇有两个以上法院都有管辖权的案件，究竟向哪一个法院移送，应当征求原告的意见。

当事人如果不服人民法院就管辖权异议所作的裁定，可在裁定书送达后 10 日内向上一级人民法院提起上诉。当事人既可以就地域管辖异议裁定提起上诉，也可以就级别管辖异议裁定提起上诉。上一级人民法院收到上诉状后，应当依法进行审理，并作出终审裁定。当事人在第二审人民法院确定案件的管辖权后，或对一审裁定逾期未上诉的，应自觉按照二审或一审生效裁定所确定的管辖权法院参加诉讼。如果当事人不按要求参加诉讼，人民法院可以按照《民事诉讼法》的有关规定处理。

# 第七章

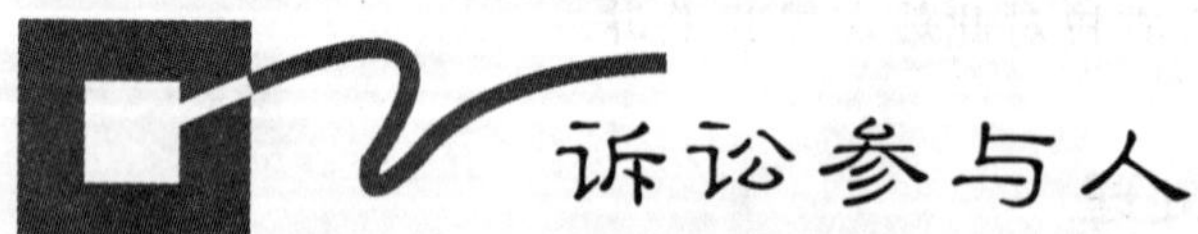

# 诉讼参与人

## 第一节 当事人概述

### 一、当事人的概念

民事诉讼当事人，是以自己的名义要求人民法院保护民事权利或者法律关系、受人民法院裁判约束的起诉方和被诉方。简单地说，当事人就是程序当事人，是实际进行诉讼的人。民事主体是否与民事权利或者法律关系有直接利害关系，对其可否成为民事诉讼当事人没有影响。在审判实践中，识别民事案件的诉讼当事人，主要是从程序方面进行的。一般来说，同时符合以下三个要求的主体就可成为民事诉讼当事人：

(1)以自己的名义起诉或者应诉，实施诉讼行为。即当事人必须在诉状内明确表示为原告或被告并以自己的名义进行诉讼，直接享有诉讼权利或者承担诉讼义务。如果以他人的名义实施诉讼行为或者接受诉讼行为，就不是当事人而是诉讼代理人。

(2)向法院请求解决争议、保护民事权益。当事人是民事争议中的对立双方。如果只有一方主体，纠纷就不可能发生，也就不可能有民事诉讼当事人；如果没有民事法律关系争议，或者虽有争议但没有请求法院解决争议或保护民事权益，即使有对立双方也不可能成为民事诉讼当事人。

(3)接受法院裁判的约束。民事诉讼当事人以自己的名义进行诉讼的必然后果是法院裁判对其具有拘束力，民事诉讼当事人必须依照发生法律效力的裁判行使权利或者履行义务。

这个界定是从程序意义上界定当事人的概念，并逐渐得到理论和司法实践认同的。我国《民事诉讼法》第 108 条规定，原告起诉时应当是与“本案有直接利害关系的公民、法人和其他组织”。其实，原告起诉时一定这么声称自己是合格的起诉人，但是，这并不能致使诉讼被法院受理，法院要实质审查并作出判断后才能确定。所以，这个要求带有实质审查起诉的前提设定。我们认为，人民法院在程序开始阶段就要求起诉或者应诉的当事人证明自己是民事法律关系的主体，对诉讼标的享有权利或者承担义务，这就等于拒绝解决某些民事纠纷，必然影响当事人行使诉权。在司法实践中，人民法院对案件实行流程管理，实行内部职能分工，即在法院内部将诉讼程序分成若干环节，立案和审判分别由立案庭和审判庭来承担，立案庭在确定是否应受理案件时，无法对当事人之间在实体法律关系上是否有直接利害关系作出判断。所以，立法或司法实践也不应当要求起诉方和被诉方就是实体法律关系的权利义务主体，更不能认为起诉的一方应当胜诉。简单说来，启动和参与民事诉讼程序的人就是民事诉讼的当事人。这种当事人只与诉讼程序的启动、进行和终结有关，而不一定与案件的实体法律关系承担有关。他们可能是实体法律关系的主体，可能不是实体法律关系的主体。因此，起诉方或者被诉方是不是民事法律关系的主体，只有在诉讼程序推进过程中，经过调查和辩论等诉讼活动，才能够清楚明了。在此之前，诉讼程序照样进行，应当承认起诉方或者被诉方是当事人。①

## 二、对有关学说的比较与评价

从程序意义上认识当事人概念，是当事人概念学说不断演变的结果。这个演变过程，不仅顺应了审判改革的需要，而且与逐渐扩大司法解决纠纷的范围相一致。这里对当事人概念的几种学说加以简单评介。

### (一)实体利害关系人说

20世纪90年代以前，我国民事诉讼传统理论对当事人的概念一般表述为“因民事权利义务关系发生纠纷，以自己的名义进行诉讼，并受人民法院裁判拘束的直接利害关系人”，并认为当事人有三个特征：(1)以自己的名义进行诉讼；(2)与案件有直接的利害关系；(3)受人民法院裁判的拘束。② 这种观点，我们称为传统当事人理论。

传统当事人理论的基本特点，就是要求当事人与案件有“直接利害关系”，

---

① 肖建华：《民事诉讼当事人研究》，中国政法大学出版社2002年版，第27～28页。

② 柴发邦主编：《民事诉讼法学》，法律出版社1987年版，第147页。

直接利害关系之外的人不能成为该案的当事人。这个概念中的当事人是依照实体法确定的,不仅反映了诉讼法依附于实体法而不独立的状态,而且对司法实践产生了负面影响。其表现是法院的立案审查制度十分严格,在一定意义上造成了当事人"告状难"。

### (二)权利保护人说

20 世纪 90 年代以后,一些学者对上述观点进行了反思,首先是把利害关系人作扩大解释,认为无论是保护自己的民事权益的人还是保护他人的民事权益的人,都是民事诉讼当事人。① 为保护自己的民事权益而进行诉讼的人,是案件的直接利害关系人;为保护他人的民事权益而进行诉讼的人,主要是指对争议的民事权益享有管理权和支配权的人,这些人并非案件的直接利害关系人,但也可以成为民事诉讼当事人。这种观点认为,破产管理人、遗嘱执行人等保护他人财产的人应当包含在民事诉讼当事人的范围内。这无疑是正确的,但仍然从实体法方面寻找民事诉讼当事人的定义,有一定的局限性。

### (三)程序适格与实体适格当事人说

该说认为,当事人应是指对解决纠纷最恰当的程序法和实体法上的主体,即当事人具有程序适格和实体适格这双重含义,或者说当事人分为程序适格当事人和实体适格当事人。判断当事人在程序上是否适格,应当以程序法的规定为根据,判断当事人在实体上是否适格,应当以实体法的规定为根据。

程序适格当事人,是真正以其名义进行诉讼的实际当事人。审查当事人程序适格,可以从程序上对实际诉讼当事人进行过滤,以免诉讼在程序上不适当的主体之间毫无意义地继续进行。如果诉讼中的一方或者双方当事人在程序上不适格,法院就应当对诉讼裁定不予受理或裁定予以驳回。实体适格当事人,是有权以自己的名义主张、放弃民事权利或者否定、承认民事义务的主体。这两种适格当事人既可能重合,也可能分离。所谓重合,就是当事人在程序上和实体上都适格或者都不适格。所谓分离,就是当事人仅在程序上适格或者仅在实体上适格。②

这种双重适格说的当事人理论把当事人成立的程序要件和实体要件区别开来,使当事人概念的实体因素和程序因素具有不同的意义,即当事人程序不

① 柴发邦主编:《民事诉讼法学新编》,法律出版社 1992 年版,第 148 页。

② 谭兵主编:《民事诉讼法学》,法律出版社 1997 年版,第 154～162 页。

适格的，人民法院将裁定不予受理或者驳回诉讼；当事人实体不适格的，人民法院将判决驳回诉讼请求。由此，程序主体的独立性和利用司法救济的充分性得到实现。但是，这种双重适格学说的当事人理论带来了概念上的分歧，即当事人到底是一个概念，还是可以同时分为两个概念。

其实，当事人适格也叫正当当事人，是一个很传统的概念，后面要谈到。该理论在当事人适格的概念之外，还提出程序适格当事人和实体适格当事人的概念，使传统的当事人适格理论无所归依。因此，对当事人作程序适格与实体适格的划分并不太恰当。[①] 当事人就是指程序当事人，当事人适格就是指当事人程序适格，而没有必要人为地将当事人的界定复杂化，给理论和实践造成混乱。

### （四）程序当事人概念及其意义

前述的当事人概念认为，当事人是以自己的名义要求人民法院保护民事权利或者法律关系、受人民法院裁判约束的起诉方和被诉方。这就是程序当事人概念，即主张不考虑实体法上的权利义务关系，而是普遍地赋予争议的主体以自己的名义起诉或者应诉的权利，实施诉讼行为，请求法院解决有关争议的诉权主体。这个概念具有重要的意义：

1. 保障当事人行使诉权

任何权利或者利益都应当有司法救济，所以任何权利主体都可以成为民事诉讼当事人。民事主体起诉或者应诉之时，程序法即确认其诉讼当事人地位，对当事人行使诉权予以肯定，并使法院在立案时不再对案件进行实体方面的审查。

西方国家的民事诉讼没有案件的受理程序。当事人向法院递交诉状，只要诉状符合法定的形式要件，案件即系属于法院，体现了给予当事人提起诉讼的宽容。我国的民事诉讼采程序当事人观点，可完善私权救济体系，充分保障当事人行使诉权。

2. 扩展司法救济空间，完善权利保障体系

现代社会中，当事人的权利或者利益已越来越受到重视。在法制完善的过程中，司法审判不仅确认实体权利，而且在特殊情况下，法院还具有解释法律甚至创设新的权利规则的功能。德国学者劳伦茨指出，即使在有完善法典的大陆法系国家，禁止法官拒绝裁判的原则，使法官负有对制定法进行解释的

---

① 肖建华：《民事诉讼当事人研究》，中国政法大学出版社 2002 年版，第 24～25 页。

义务，在制定法存在漏洞时，有补充漏洞的义务。此外，在有非常重要的理由时，法官应越出制定法进行法的创造性补充。[①] 英美法系国家主要是通过判例来形成新的权利，因此许可"潜在的权利人"进行诉讼，是判例法的特点。虽然按照美国《联邦民事诉讼规则》第 17 条的规定，每一案件都应当以真正利害关系人的名义进行诉讼，但"利害关系"仅指实体法规范规定的诉诸法院保护一定主观权利的可能性，所以其范围是相当宽泛的。实践中有一种主要趋势主张，只要原告人提出主张，说明被告人侵犯他的主观权利，就足以引发一场诉讼。[②]

很难想象，依传统的实体利害关系理论，在我国法律没有明确规定某一项具体权益的情况下，某些利益主体也能作为当事人进入诉讼，甚至获得胜诉判决。法的漏洞补充或者法官造法的过程，其实就是权利的发现与生成过程。允许尚不明确有无实体权利的主体成为民事诉讼当事人，并有可能获得胜诉判决，就保障了当事人应得的利益。如果要求起诉或者应诉的当事人必须是利害关系人，法官就不可能参与有关法律的解释，就不可能发现法律漏洞，也不可能进行法的创造性补充。

## 三、当事人的确定和当事人的称谓

### （一）当事人的确定

当事人的确定，就是指在具体的诉讼案件中决定何人为当事人。在实体利害关系学说中，确定当事人应当以判决所认定的利害关系人为标准，实际上是以实体法为标准。但是，根据程序当事人的概念，当事人应当在诉讼开始时就加以确定，诉讼主体地位不应当依其是否为实际的利害关系人而定，是否成为当事人也无需等到法院审理案件之后确定。所以，当事人应当在原告起诉时确定。

即便是应当在起诉时确定当事人，但是应以什么为标准，学者们的意见并不完全一致，主要有以下几种学说：

---

① ［德］拉仑茨：《法学方法论》，朱山隆译，日本劲草书房出版，第 8 页。转引自梁慧星主编：《民商法论丛》第 1 卷。

② ［苏联］B. K. 普钦斯基：《美国民事诉讼》，江伟、刘家辉译，法律出版社 1983 年版，第 34 页。

第一种是意思说，即以原告本意实际想起诉的人为当事人。如原告的本意是起诉甲，但误认乙为甲，诉讼开始后发现有误，允许原告进行更正，这种更正不构成诉的变更。

第二种是行为说，即以诉讼中实际实施诉讼行为的人为当事人。如有甲冒用乙的名义进行诉讼，实施诉讼行为的人为甲而非乙，所以当事人应为甲而不应为乙。

第三种是表示说，即以诉状上所记载的当事人为准。无论当事人是否对诉讼标的享有诉讼实施权，都根据诉状的记载加以确定。如甲冒用乙的名义进行诉讼，其当事人仍为乙，如果要更正为甲，则属诉之变更。

由于"意思说"难以把握原告表现于外部的内心意思，而"行为说"在有诉讼代理人时难以确定谁为当事人，所以"表示说"在日本、德国和我国台湾地区成为通说。①

我国民事诉讼法对原告和被告的确定采用了不同的标准。具体来说，它要求原告是"与本案有直接利害关系的人"，而被告只要是"明确的被告"即可。由此可见，对原告的确定采"适格说"，对被告的确定则采"表示说"。但是，从程序当事人的概念出发，无论是对原告还是对被告的确定，都应摒弃"适格说"，而应将起诉状所载明的当事人作为具体诉讼的当事人。在诉状载明的当事人已死亡，或冒名为当事人的场合，应就具体个案进行分析，而不应拘泥于"表示说"、"行为说"或者"意思说"。如果诉状所记载的当事人不明确而不能辨别谁为当事人的，法院应当行使释明权或者进行职权调查，调查的结果表明当事人不存在的，应以其诉不合法为由以裁定驳回起诉。如当事人不明确，经法院释明或者调查后明确的，可要求当事人更正或者在判决中将诉状中的错误表示与正确表示同列。在冒名诉讼中，甲冒用乙的名义进行诉讼，如果被冒用者为原告，法院应通知乙，乙应向法院表明是否有提起诉讼或者有无委托甲为诉讼代理人的意思，如无此意思，法院应驳回原告的诉讼。如果被冒用者为被告，法院应通知乙，并要求乙向法院提交授权委托书，否则，应委托他人代为诉讼或亲自出庭参加诉讼。②

### (二)当事人的称谓

由于审级和诉讼程序的不同，当事人在诉讼中的称谓也不完全相同。在

---

① 王锡三：《民事诉讼法研究》，重庆大学出版 1996 年版，第 109 页。

② 肖建华：《民事诉讼当事人研究》，中国政法大学出版社 2002 年版，第 38～39 页。

第一审普通程序和简易程序中，当事人被称为原告和被告；在第二审程序中，当事人被称为上诉人和被上诉人，其中既包括一审的原告和被告，也包括有独立请求权的第三人和被人民法院判决承担民事责任的无独立请求权的第三人。在特别程序中，当事人被称为申请人、债务人等。在审判监督程序中，若适用第一审程序审理，当事人被分别称为原审原告、原审被告、原审第三人；若适用第二审程序审理，则被分别称为原审上诉人、原审被上诉人、原审第三人。在执行程序中，当事人被称为申请人和被申请人（或申请执行人和被执行人）。

当事人有狭义当事人和广义当事人之分，狭义当事人仅包括原告和被告。所谓原告，是指以自己的名义起诉，向法院请求保护权利或者解决其他争议，并受法院裁判约束的一方当事人。而被告则是被原告声称侵犯其权利或者与之发生其他争议，从而以自己的名义应诉、并受法院裁判约束的对方当事人。

广义的当事人除原告和被告外，还包括共同诉讼人、诉讼代表人及有独立请求权的第三人。也有人认为，广义的当事人只包括原告、被告、有独立请求权的第三人和被法院判决承担民事责任的无独立请求权的第三人，不包括共同诉讼人和诉讼代表人。其原因是，共同诉讼人总要成为原告或者被告；代表人诉讼中，人数众多的一方当事人也要推举或者与人民法院商定代表人作为原告或被告参加诉讼，所以诉讼代表人也可以包括在狭义当事人范围内。

## 四、当事人的诉讼权利和诉讼义务

诉讼权利是保护当事人实体权益和程序权益的手段，诉讼义务是维护诉讼秩序、保障诉讼活动顺利进行的条件。为了使当事人的实体权益和程序权益得到程序法的充分保障，同时确保诉讼活动的有序进行，制裁民事诉讼程序中的违法行为，我国民事诉讼法赋予当事人广泛的诉讼权利，同时也为当事人设定了一定的诉讼义务。当事人应当依法行使诉讼权利并履行相应的诉讼义务，人民法院也应当保障双方当事人充分实现诉讼权利，督促双方当事人履行诉讼义务。

### （一）当事人的诉讼权利

根据我国《民事诉讼法》第 50 条第 1、2 款和第 51 条、第 52 条等条文的规定，当事人在民事诉讼中享有的诉讼权利主要有：

1. 请求司法保护的权利

公民、法人或者其他组织的民事权益受到侵害或者与他人因民事法律关系发生争议时，其有权请求人民法院实施司法保护。具体来说，原告有起诉权，被告有答辩和反诉权；原告起诉后，有变更或者放弃诉讼请求、撤回诉讼的权利，被告有承认原告诉讼请求的权利。通过行使上述诉讼权利，当事人的合法民事权益受到司法保护。

2. 委托诉讼代理人的权利

在诉讼过程中，当事人有权寻求他人的帮助，每个当事人可以委托1至2名诉讼代理人代为进行诉讼。由于既不能期待每个社会成员都是法律专家，也不能期待每个社会成员都成为百科全书式的人物，当某一具体的社会成员涉讼时，允许他委托精通法律或者谙熟某些专业知识的人员代为进行诉讼，既有利于当事人充分维护自己的合法权益，又有利于诉讼程序的顺利进行。因此，赋予当事人委托诉讼代理人的权利，具有十分重要的意义。

3. 申请回避的权利

审判人员的公正性是案件公正审理的基础。为了确保案件的公正审理，当事人有权要求具有法定回避情形的审判人员、书记员、翻译人员、鉴定人、勘验人退出对案件的审理或者与本案有关的工作。

4. 收集和提供证据的权利

为了维护自己的合法权益，使人民法院作出有利于自己的判决，当事人有权向有关单位、个人收集证据，并在诉讼过程中向人民法院提供证据证明自己的主张。对于因客观原因不能自行收集的证据，当事人有权要求人民法院调查收集。对于可能灭失或者以后难以取得的证据，当事人还有权要求人民法院采取证据保全措施。对于法庭上出示的证据，当事人有权要求重新调查、鉴定或者勘验。

5. 陈述、质证和辩论的权利

在庭审过程中，当事人有权提出自己的主张和意见，有权就对方当事人提供的证据和人民法院调查收集的证据进行质证，有权通过辩论论证自己的主张和反驳对方当事人的主张。当事人行使辩论权，既可以采取口头形式，也可以采取书面形式。

6. 请求调解的权利

原告起诉后，当事人可以请求人民法院进行调解，也可以拒绝对方当事人或人民法院提出的调解要求。

7. 自行和解的权利

在人民法院作出裁判前，当事人有权通过互相协商，达成解决争议的和解协议，以终结诉讼。

8. 申请财产保全或者先予执行的权利

对于符合采取财产保全或先予执行条件的案件，当事人有权请求人民法院采取财产保全或者先予执行措施。

9. 提起上诉的权利

对于依法可以上诉的一审判决或者裁定，在法定的上诉期间内，当事人有权依法提起上诉，请求上一级人民法院予以撤销或者变更。

10. 申请执行的权利

对于具有给付内容的生效裁判，义务人拒绝履行该裁判确定的义务的，权利人有权请求人民法院依法强制执行，以实现自己的民事权益。

11. 查阅、复制本案有关材料和法律文书的权利

当事人有权查阅本案的有关材料，有权复制与本案有关的材料和法律文书。当事人认为庭审笔录有错误的，有权要求补正。

12. 申请再审的权利

当事人认为已经发生法律效力的判决、裁定、调解书具有法定的再审事由的，有权向原审人民法院或者原审人民法院的上一级人民法院申请再审，以纠正裁判或调解书的错误，维护自己的合法权益。

**(二)当事人的诉讼义务**

根据我国《民事诉讼法》第 50 条第 3 款的规定，当事人在民事诉讼中必须承担的诉讼义务主要有：

1. 依法行使诉讼权利的义务

当事人有积极推进诉讼的义务，应当按照《民事诉讼法》的规定正当行使诉讼权利，不得滥用诉讼权利，不得损害他人的合法权益。

2. 遵守诉讼秩序的义务

当事人进行民事诉讼，必须遵守诉讼秩序，服从法庭指挥，既尊重人民法院的审判权，又尊重对方当事人的诉讼权利。

3. 履行生效的法律文书的义务

对于生效的法院判决书、裁定书、调解书所确定的义务，当事人应当切实履行。负有义务的当事人拒绝履行的，人民法院可以强制执行。

在民事诉讼中，当事人行使诉讼权利和履行诉讼义务是统一的。只有正确行使诉讼权利，履行诉讼义务，才能保证诉讼程序的顺利进行，维护法律的权威和尊严。当事人不可以只享有诉讼权利而不承担诉讼义务，也不可以只履行诉讼义务而不享有诉讼权利。

# 第二节 当事人的诉讼权利能力和诉讼行为能力

## 一、当事人的诉讼权利能力

### (一)诉讼权利能力的概念

诉讼权利能力,又称诉讼法上的权利能力或当事人能力,指可以作为民事诉讼当事人的能力或资格。只有具有这种资格或能力,当民事权益受到侵害或者与他人发生争执时,民事主体才有资格以自己的名义起诉、应诉,成为诉讼效果的承受者或归属者。

诉讼权利能力只是一种抽象的法律资格,享有这种资格的人,并不必然成为当事人。实际地成为当事人,还需要在具体的案件中通过起诉或者应诉来实现。

### (二)诉讼权利能力和民事权利能力的关系

1. 诉讼权利能力与民事权利能力的关联性

诉讼权利能力是诉讼当事人为诉讼行为和接受诉讼法上的效果所必须具有的法律上的资格,民事权利能力是民事主体享有民事权利和承担民事义务所必要的法律资格。如果有诉讼权利能力而没有民事权利能力,法院判决赋予的利益或者不利益将无从归属。所以,享有诉讼权利能力的诉讼法主体,一般应具有民事权利能力。诉讼权利能力常常不能脱离实体法对主体资格的确认,诉讼权利能力总是与民事权利能力存在着一致性或者关联性。

诉讼权利能力与民事权利能力的关联性还表现在:有民事权利能力者,一定享有诉讼权利能力。如自然人的民事权利能力始于出生、终于死亡,其诉讼权利能力同样始于出生、终于死亡,二者是一致的。法人具有民事权利能力,当然就具有诉讼权利能力。这是因为法人有独立的、有别于其出资人或成员的财产,并能够以其全部实有财产承担民事责任。独立财产和独立承担责任是法人人格的基础,而独立承担责任是独立财产的最终体现。在我国法人制度的实践中,是否独立承担责任是一个团体是否具有法人资格的最终标准之一。立法在赋予法人民事权利能力的同时,也要求法人具有与其民事权利能力相适应的财产。相应地,法人作为当事人,可以享有诉讼判决所确定的民事权利,负担相应的民事义务。法人的财产与责任独立于其出资人,法人获得了完全的民事权利能力,也相应地获得了诉讼权利能力。

2. 诉讼权利能力与民事权利能力的不一致性

诉讼权利能力与民事权利能力的不一致性主要体现为:诉讼权利能力独立于民事权利能力而存在,一些不具有民事权利能力的主体可依法享有诉讼权利能力。在极端特殊的情况下,还会出现主体没有诉讼权利能力却享有民事权利能力的现象,只是这种特殊情况会导致交易相对人无法寻求司法救济,造成交易不安全,所以极为少见。

对于自然人,其诉讼权利能力与民事权利能力的不一致性表现在:胎儿在出生前按照民法是没有民事权利能力的,但是却要享受必要的民事权利。如我国《继承法》第 28 条规定,遗产分割时,应给胎儿保留必要的份额。但是其可以成为这类案件的诉讼当事人,具备诉讼权利能力。

对于法人,其诉讼权利能力与民事权利能力的不一致性首先表现为,法人的民事权利能力要受到法律或者公司章程的限制,在公司超越其章程所定的经营范围经营时,超越经营范围的经营往往不能产生其预期的法律后果;其次,法人的人格在某些情况下可以被否定,揭开公司面纱制度,就是否定法人人格的典型表现。法人人格被否定了,但并不能否定其当事人资格,即其仍具有诉讼权利能力。可见,法人的民事权利能力具有限定性,而其诉讼权利能力具有普遍性。

其他组织(或非法人团体)诉讼权利能力与民事权利能力的不一致表现在,民事诉讼法和我国司法实践一般承认“其他组织”具有诉讼权利能力,而民法一般不赋予非法人组织民事权利能力,商法只是在单行法中赋予一些非法人组织主体资格,如合伙企业法等。承认其他组织的诉讼权利能力,同时要求其他组织在不能独立承担民事责任时,由其出资人(或上级法人)承担连带责任,甚至可以更好地保障与之交易的第三人。

## 二、当事人的诉讼行为能力

### (一)诉讼行为能力的概念

诉讼行为能力,是指当事人能够自己实施诉讼行为、行使诉讼权利和履行诉讼义务的资格，它又被称为诉讼能力。有诉讼权利能力，又有诉讼行为能力的人，才能够亲自实施诉讼行为，行使诉讼权利、履行诉讼义务。如果当事人只有诉讼权利能力而无诉讼行为能力，需要由其法定代理人代为诉讼。

当事人的诉讼行为能力与诉讼权利能力具有不同的法律后果：(1)具有诉讼权利能力是成为具体案件的当事人的前提条件，有诉讼行为能力是当事人亲自实施诉讼行为的前提条件；(2)没有诉讼行为能力但有诉讼权利能力者，即使不能实施有效的诉讼行为，也可以成为当事人。

### (二)诉讼行为能力与民事行为能力的关系

通常情况下，有民事行为能力者就有诉讼行为能力，但二者也有一些区别，主要表现在：诉讼行为能力只存在有诉讼行为能力和无诉讼行为能力之分；而民事行为能力则分为完全民事行为能力、限制民事行为能力和无民事行为能力三种。所以，限制民事行为能力人，可以独立地进行与他们的年龄或智力相适应的民事活动，但不能独立地进行民事诉讼活动，与其有关的民事法律关系发生争议必须进行诉讼时，只能由其法定代理人代为进行诉讼。

我国现行法律规定，年满 18 周岁的人是有完全民事行为能力的人，也是有诉讼行为能力的人。年满 16 周岁不满 18 周岁的公民，以自己的劳动收入为主要生活来源的，作为当事人参加诉讼时，应视为有诉讼行为能力。

诉讼当事人对自己所为的诉讼行为产生的后果应当有鉴别力和判断力。所以，除根据年龄因素来区分有诉讼行为能力和无诉讼行为能力外，能否控制和辨认自己行为的能力也是区分的依据。不能辨认或者不能完全辨认自己行为的精神病人是无民事行为能力人或限制民事行为能力人，二者都是无诉讼行为能力人，需要由其法定代理人代为诉讼。而法定代理人的范围与监护人是一致的。

应当注意，行为人实施侵权行为时未成年，在诉讼中已成年但没有经济能力的，如受害人起诉索赔，侵权行为人是被告，应当属于有诉讼行为能力人，不宜把原监护人列为法定诉讼代理人。①

### (三)当事人诉讼行为能力与辩论能力的关系

辩论能力是外国民事诉讼中的概念，我国立法未对此作规定。有外国学者认为，辩论能力是指“参与法院的诉讼程序并为诉讼行为所必要的资格”。

① 谭兵主编：《民事诉讼法学》，法律出版社 1997 年版，第 172 页。

它既是对诉讼当事人的要求也是对诉讼代理人的要求。如果诉讼当事人、诉讼代理人没有辩论能力,他们就不能实施诉讼行为,尤其是不能实施出庭辩论的行为。在实行强制律师代理制度的国家,只有律师才具有辩论能力。因此,当事人即使具有诉讼行为能力,也需要由具有辩论能力的律师代为实施诉讼行为。例如,德国《民事诉讼法》第78条规定,在州法院及其所有上级审法院,当事人都必须由受诉法院所许可的律师作为诉讼代理人代行诉讼。当事人一方未由律师代理,但在言词辩论时出庭,或由其他诉讼代理人代理时,法院应在言词辩论中以裁定命令其由律师代为诉讼,并同时另定新的言词辩论期日。受诉法院命令须由律师代为诉讼,而当事人没有律师代理诉讼,以致他无从主张权利或者防卫其权利时,受诉法院可以根据当事人的申请在该审级中指定律师以保卫其权利。不过,德国初级法院程序并不实行强制律师代理制度,当事人可自己进行诉讼(或叫"本人诉讼"),或者在言词辩论中由辅佐人协助他进行辩论。[①] 这种情况下,具有诉讼行为能力的当事人和辅佐人具有辩论能力。

将辩论能力赋予律师,必须以发达的律师业为基础。我国目前尚不具备这个条件。我国民事诉讼中,具有诉讼行为能力的当事人及其代理人均具有辩论能力。

### (四)欠缺诉讼行为能力的当事人所为的诉讼行为的后果

公民无诉讼行为能力的,应由法定代理人代为进行诉讼,如果无人代理诉讼,诉讼中发现当事人欠缺诉讼行为能力的,该当事人所为的诉讼行为的后果有三:(1)所为的诉讼行为无效;(2)对方当事人对其所为的诉讼行为也无效,这是为保护无诉讼行为能力人的合法利益所必须的;(3)其诉讼行为经过其法定代理人追认或者本人取得诉讼行为能力后追认有效。[②]

---

① 沈达明:《比较民事诉讼法初论(上)》,中信出版社1991年版,第165页。

② 谭兵主编:《民事诉讼法学》,法律出版社1997年版,第172页。

# 第三节　正当当事人

## 一、正当当事人的概念

正当当事人，是指当事人就特定的诉讼，有资格以自己的名义成为原告或被告，因而受本案判决拘束的当事人，也被称为当事人适格。

只有正当当事人起诉或者应诉，以自己的名义实施诉讼，并受本案判决拘束，诉讼才有实质意义。这种以自己的名义为当事人而受本案判决拘束的权能，被称为诉讼实施权或诉讼行为权。具有诉讼实施权的原告，被称为正当原告；具有诉讼实施权的被告，被称为正当被告。

与正当当事人对应的概念是非正当当事人，它是指当事人与特定诉讼标的没有事实上或者法律上的关系，不是该诉讼标的的权利义务主体，对有关的诉讼标的没有诉讼实施权。

## 二、确立正当当事人概念的意义

在当事人概念之外承认正当当事人的概念是有重要的理论意义的。正当当事人作为当事人制度的组成部分，确立这一概念有以下意义：

### (一)排除不适当的当事人，避免无意义的诉讼程序

民事诉讼解决纠纷要尽可能地满足当事人请求法院救济的需要，同时也应当防止当事人滥用诉权，使对方无端陷入诉讼。所以，一方面我们确立程序上的当事人概念；另一方面，要确立正当当事人的概念，侧重于考察诉讼当事人与案件涉及的实体法律关系有实际关联性，以剔除非正当当事人，尽量避免无意义的诉讼，促使司法资源得到充分而合理的利用。

### (二)扩大司法解决纠纷的范围

虽然要依实体利害关系来判断当事人是否适格，但是也不排除非实体利害关系的主体依法取得当事人资格，如破产清算人、遗嘱执行人、为保护死者名誉权的近亲属等。此时，非纠纷主体获得了正当当事人的地位，司法解决纠

纷的范围由此扩大，这就是理论上所谓的当事人适格的扩张。此外，允许有相同的事实、理由和请求权的多数人选定代表人，代表全体当事人进行群体性的诉讼，也是正当当事人范围扩张的一个典型例子。此时，民事主体自愿将诉讼实施权授予他人而使自己获得司法救济，扩大了司法解决纠纷的范围。

## 三、确定正当当事人的标准

一般而言，应当根据案件的具体情况来确定谁是本案的正当当事人。但是，诉讼法学者为了给司法实践找到方便的识别办法，提出了确定正当当事人的一般标准。诉讼实施权就是最主要的识别方法，而决定当事人有无诉讼实施权，则以管理权为基础。近来，以诉的利益为诉讼实施权基础的学说日益兴盛。

### （一）管理权

正当当事人理论以诉讼实施权为基础，而诉讼实施权的基础是什么，其范围宽窄如何，对判断当事人的正当与否具有决定性影响。

管理权和诉讼实施权的概念都是由德国学者最早提出的。实体法上的权利主体一般对作为争执标的的财产权享有管理权或者处分权，因此，有关财产权诉讼的诉讼实施权的基础就是“管理权”。民事主体在就诉讼标的所涉权利义务关系提起的诉讼中，都可成为正当当事人，具有诉讼实施权。德国普通法末期，诉讼实施权的概念，还用于第三人有权对他人实体法上的权利或者法律关系进行诉讼的场合，它成为确定法律关系外的第三人能够成为正当当事人的标准。①

但是，把管理权作为诉讼实施权的基础，有很大的局限性。因为它不适用于确认之诉。确认之诉的原告有无诉讼实施权，应根据原告对请求确认的权利或者法律关系是否有法律上的利益来决定。形成之诉中，当事人是否适格，通常应根据法律而确定。只有在法律未规定时，有形成权的人或者对形成权有管理权的人才是正当原告，与被形成的权利或者法律关系有密切关系的人为正当被告。

管理权学说不能普遍地适用于各种类型的诉讼，诉的利益学说在一定程度上弥补了这个缺陷。

---

① 参见陈计男：《民事诉讼法论》，台湾三民书局 1994 年版，第 93 页。

## (二)诉的利益

1. 诉的利益概说

诉的利益是原告请求司法救济的利益,即实施诉讼的利益。这种利益与争议的权利或者实体性利益不同,也与原告的胜诉利益不同。原告认为自己的一项应当受法律保护的利益面临危险或者不安时,就会提起诉讼并谋求对自己有利的判决,原告请求法院保护的这种利益就是诉的利益。诉的利益与管理权学说的不同之处在于,无论当事人是否对请求法院承认和保护的权利有管理权,只要有诉的利益,该当事人仍然被认为是正当当事人,可以进行事实举证和抗辩。有的学者甚至认为,诉的利益是启动权利主张、进入诉讼审判过程的关键,也是通过诉讼审判而创制实体法规范这一过程的重要开端。[①]因为在没有明确的实体法规范可循,当事人却提出权利主张的情况下,在起诉时承认原告有诉的利益,就为法院通过个案审判创制实体规范提供了条件。

2. 不同种类的诉的诉的利益

诉有三类,即给付之诉、确认之诉和变更之诉。诉的类型不同,诉的利益也不相同。

(1)给付之诉的诉的利益

给付请求权存在且清偿期已经届满的给付之诉(即现在给付之诉)的诉的利益很容易被认定。给付之诉的诉的利益要研究的问题主要是,将来给付之诉、行为给付之诉、特别是不作为请求权给付之诉的诉的利益如何确定。

总结起来,可以提起将来给付之诉的情形主要有:一是债务人不履行多次分期给付中已经到期的债务,债权人根据被告现在未履行到期债务的情况,可以合理地推知被告对以后的到期债务也不能按期偿付,就能通过诉讼获得胜诉判决,在债权到期后可以直接请求法院强制执行的制度。这是根据合同法预期违约制度可以得出的结论。[②] 这种情形下,债权人无需证明对方当事人存在主观过错,只要能够合理地推知对方当事人对以后的债务也不能履行,就可以认为其存在给付之诉的诉的利益。但是仅以被告财产状况可能恶化为由

---

① [日]谷口安平:《程序的正义与诉讼》,王亚新、刘荣军译,中国政法大学出版社1996年版,第147～151页。

② 王利明:《违约责任论》,中国政法大学出版社1996年版,第132页。我国《合同法》第166条和第167条对买卖合同的预期违约作了规定。

提起将来给付之诉，尚不足以构成请求将来给付之诉的利益。[①] 二是在给付到期日债权人就需要取得对债务人的执行根据，否则将对债权人的利益造成不应有的损害，因此，应当允许债权人提起将来给付之诉。例如，法院可以根据案件的具体情况，在租赁关系结束之前，允许出租人提起诉讼，请求承租人迁出房屋，以便在租赁关系结束时，使出租人获得执行根据，申请强制执行。[②]

不作为给付之诉，就是请求法院判决被告停止或者禁止为违法行为的诉讼。这类诉讼的提起，以存在侵害状态和将来仍然存有继续侵害的可能性为前提。这种诉讼具有预防权利受侵害的功能。现代公益性诉讼，大量使用这一预防性救济方法。对此种不作为给付之诉而言，只要存在侵害状态且将来仍然有继续侵害可能的，就应当认为具有诉的利益，相关的当事人就是正当当事人。

(2)确认之诉的诉的利益

确认之诉的诉的利益即确认利益。原告只要主张对其请求确认的法律关系有利益，即为正当原告；处于与原告相对的地位者，即为正当被告。[③]

3.形成之诉的诉的利益

形成之诉有两种，一种是实体法上的形成之诉，一种是诉讼法上的形成之诉。实体法上的形成之诉有离婚诉讼和撤销公司决议的诉讼。在这类诉讼中，形成的效果属于实体法上的内容。诉讼法上的形成之诉则属于排除诉讼法上的效果的诉讼。再审之诉、撤销仲裁裁决之诉、债务人异议之诉、第三人异议之诉等就是诉讼法上的形成之诉。该类诉讼将会产生剥夺执行名义的执行力、宣告以往的执行程序无效等诉讼法上的结果。实体法上的形成之诉和诉讼法上的形成之诉虽然同为形成之诉，但是在形成效果上有很大差异。实体法上的形成之诉的判决不仅能够创造当事人之间过去不存在的法律地位，

---

① 德国、法国、日本和我国台湾地区的民事诉讼法中，针对义务人财产状态可能恶化的情况，设有专门的假扣押或假执行制度，我国民事诉讼法中则通过财产保全制度来救济债权人。

② 德国《民事诉讼法》第 257 条规定，原告主张没有对待给付的债权、或请求迁出土地、或请求迁出非法居住的场所时，如果这些请求是限于一定的时日的，原告可以提出将来给付或迁出的诉讼。该法第 258 条确立了反复给付之诉的诉的利益，即“在定期反复给付的情形，对于作出判决后到期的给付，也可以提起将来支付的诉讼”。《澳门地区民事诉讼法典》第 393 条第 2 款也有类似规定。

③ 参见王甲乙、杨建华、郑健才：《民事诉讼法新论》，台湾三民书局 1979 年版，第 48～51 页。

而且形成判决的主观范围不单单限于当事人，也能够对许多案外人产生广泛的形成效果。例如，撤销公司决议的诉讼，当法院判决原告胜诉，公司决议被宣告撤销时，撤销的效果不仅作用于原告和公司之间，而且与当事人有一定关系之人都得承认这一效果。

形成之诉的正当当事人的确定也有其特殊性。具有形成权的主体不一定限于某一特定的当事人，还可以是法律赋予其形成权的特定的一类人或者不特定人。例如，我国《合同法》第74条规定了债权人的撤销权。债权人对于债务人与第三人签订的以达到转移债务人财产为目的的诈害合同，致使其利益受到损害的，可以提起形成之诉，请求法院撤销债务人与他人签订的诈害合同。

存在实体法或者诉讼法确定的形成权并且有给予救济的必要时，原告就可以主张其存在形成利益，并提起形成之诉。但是，若事实已经变化，原告则有可能丧失其利益。例如，在公司已经解散后提起公司设立无效的诉讼，其原告就没有诉的利益可言了。不过，前后两个诉讼之间形成的效果，如果其形成时间不同，或者效果本身可能有差异，则其诉的利益能被再次认可。例如，根据我国《民事诉讼法》第111条的规定，不准离婚的诉讼判决生效6个月之后，不禁止当事人以同一理由和证据再提起离婚之诉，即为一例。[①]

将“诉的利益”作为诉讼实施权的基础，其实是扩大了当事人适格的基础。研究确立正当当事人标准的一个重要作用是为司法实践找到确定正当当事人的一般方法。绝大多数情况下，无论是根据诉的利益还是根据管理权学说，当事人诉讼实施权的有无主要还应以实体法的有关规定为基础进行判断。

## 第四节 诉讼承担

### 一、诉讼承担的含义

诉讼承担也称诉讼权利义务的承担。其含义是，在诉讼进行中，因发生了法定事由，一方当事人将其诉讼权利转移给案外人，由该案外人续行原当事人已经开始的诉讼。日本民事诉讼法称之为诉讼承受，德国民事诉讼法称之为

---

① 肖建华：《正当当事人理论的现代阐述》，载《比较法研究》2000年第4期。

诉讼承继。最高法院民诉法《适用意见》第44条指出:“在诉讼中,一方当事人死亡,有继承人的,裁定中止诉讼。人民法院应及时通知继承人作为当事人承担诉讼,被继承人已经进行的诉讼行为对承担诉讼的继承人有效。”这就是关于诉讼承担的规定。

诉讼承担有四个前提条件:一是原当事人是正当当事人;二是诉讼正在进行中;三是出现了特定的事由;四是承担者与被承担者存在特定的关系。诉讼承担的本质是当事人诉讼地位的承受,原当事人的诉讼权利义务转移给了案外人,并由其代替原当事人继续进行诉讼。新当事人要承受原当事人的诉讼权利和义务。①

## 二、诉讼承担的事由

### (一)诉讼进行中当事人死亡,由继承人或者遗产管理人承担诉讼

由于我国继承法没有设立遗嘱执行人或者遗产管理人制度,也没有将遗产作为破产财团实施破产制度,所以,继承人承继诉讼是这种诉讼承担的主要形式。

### (二)诉讼进行中,一方当事人为法人或者其他组织的民事主体资格消灭的,由承受其权利义务的主体承担诉讼

诉讼过程中法人因发生合并或分立而消灭的,由合并后的法人或者分立后新成立的法人共同作为诉讼权利的承担者参加诉讼。在诉讼中法人被撤销的,由决定撤销的主管单位作为诉讼的承担者。需要注意的是,在诉讼进行中,法定代表人的更换不能引起诉讼权利义务的承担,因为在这种情况下当事人的实体权利义务并未发生转移。

作为诉讼当事人的组织终止的,由接受管理其财产的组织承继诉讼。不具备法人资格的乡村企业和街道企业因经营管理不善或管理体制变革而关闭的,诉讼权利义务由主管部门或主办单位承担。不具备法人资格的企业分支机构作为经济合同一方当事人的保证人,如无代为履行或者代偿能力,在有关保证责任的诉讼中,其诉讼权利义务由企业法人承担。

---

① 谭兵主编:《民事诉讼法学》,法律出版社1997年版,第175页;张晋红:《民事诉讼当事人研究》,陕西人民出版社1998年版,第136页。

### (三)诉讼中当事人转移其实体权利义务,可以引起诉讼承担

大陆法系国家民事诉讼法不禁止在诉讼系属后,当事人一方或他方转让系争物或移转其所主张的请求权。对于继受人加入原诉讼的态度,有两种不同的立法例,一是当事人恒定主义,新的权利人并不加入诉讼;一是诉讼继受主义,新的权利人可以加入诉讼。[①] 德国等许多国家采当事人恒定主义,日本采诉讼继受主义。日本允许继受人参加原来的诉讼,判决对退出诉讼的当事人(即前事主)发生效力。

在德国法中,继受人无需参加前事主已经进行的诉讼,但是判决对新的权利人有效。不过,德国的当事人恒定主义并没有坚持到底。德国《民事诉讼法》第 265 条和第 266 条规定,诉讼系属中,一方当事人将诉讼标的物转移,可以有条件地引起诉讼承担:(1)诉讼系属后,当事人可转让系争物或者移转其所主张的请求权,虽然这种转让或者移转对诉讼不生影响,但如果对方当事人同意,承继人则有权并有义务代替原权利人作为主当事人而承担诉讼。(2)就土地有所请求的权利、附着于土地上的义务、在已经登记或者建造中船舶上的义务等存在与否的诉讼中,如果占有人与第三人之间发生诉讼,而该土地或者船舶已经转让的,承继人有权代替占有人续行诉讼。

诉讼承担的某些法定事由,可能同时会引起诉讼中止或者诉讼终结。

## 三、诉讼承担的法律后果

发生诉讼承担后,承担诉讼的新当事人应当继续原当事人已经开始的诉讼,诉讼程序继续进行而不是重新开始;原当事人所进行的一切诉讼行为,都对新当事人发生诉讼法上的效力。

---

① 肖建华:《判决效力主观范围的扩张》,载《比较法研究》2002 年第 1 期。

# 第五节 诉讼代理人

## 一、诉讼代理人概述

### (一)诉讼代理人的概念

以当事人的名义,在一定权限范围内,为当事人的利益进行诉讼活动的人,被称为诉讼代理人。被代理的一方当事人被称为被代理人。诉讼代理人代理当事人进行诉讼活动的权限,被称为诉讼代理权。诉讼代理的内容,包括代为诉讼行为和代受诉讼行为。前者如代为起诉,代为提供证据、陈述事实,代为变更或者放弃诉讼请求等;后者如代为应诉,代为答辩,代为接受对方当事人的给付等。

诉讼代理人对民事诉讼制度有着重要作用。首先,它可以帮助公民、法人和其他组织获得司法保护,有利于维护当事人的合法权益。诉讼代理人不仅可以代理无行为能力的当事人行使诉讼权利,也可以为那些虽有行为能力但无暇参与诉讼,或能参与诉讼但不懂法律的人提供方便。其次,诉讼代理人能在证据收集、事实认定和适用法律方面发挥作用,有利于法庭作出公正裁判。诉讼代理人大多具有一定的法律知识,特别是律师作为诉讼代理人更是熟悉法律,有丰富的诉讼经验,有助于法院查明事实真相,正确适用法律,解决当事人之间的争议。

### (二)诉讼代理人的特征

诉讼代理人具有以下主要特征:

1.有诉讼行为能力。诉讼代理人要代理当事人实施诉讼行为和接受诉讼行为,就必须有诉讼行为能力。

2.以被代理人的名义,为维护被代理人的利益进行诉讼活动。诉讼代理人不是案件的当事人,与案件没有直接的利害关系,他参加诉讼是以被代理人的名义给被代理人提供法律帮助的。

3.诉讼代理的法律后果由被代理人承担。诉讼代理的法律后果,包括程序性的后果和实体性的后果。前者如因代理当事人申请撤诉被法院批准而结束诉讼程序,后者如因代理当事人承认对方的诉讼请求而被法院判决承担某种民事义务。

4.在代理权限范围内实施诉讼行为。诉讼代理行为的法律后果均应由被代理人承担。但超越诉讼代理权实施的诉讼行为的法律后果,则只能由诉讼代理人自己承担,除非被代理人对越权的诉讼代理行为予以追认。

5.在同一案件中只能代理一方当事人进行诉讼。诉讼代理人在同一案件中只能代理一方当事人,而不能同时代理双方当事人。

### (三)诉讼代理人的种类

以诉讼代理权发生的原因(即发生根据)为标准,我国民事诉讼法将诉讼代理人分为法定诉讼代理人和委托诉讼代理人两种。除此之外,法律上没有其他的划分。

但是关于诉讼代理人的种类,国外一些国家和我国台湾地区的情况复杂一些。如在日本和我国台湾省的民事诉讼立法中,还设有辅佐人制度。辅佐人与诉讼代理人的主要区别是:第一,诉讼代理人有代理当事人为一切诉讼行为之权,可以独立为诉讼行为;辅佐人无独立代为诉讼行为之权,只能与当事人或诉讼代理人同时到场,并立于当事人或诉讼代理人之旁,辅助其进行陈述和辩论。辅佐人在当事人或者诉讼代理人退庭后,即失去辅佐人资格,不得单独为有效之陈述。第二,诉讼代理人在整个诉讼过程中均可为诉讼行为;辅佐人只能在言词辩论期日或者调查证据期日为诉讼行为。第三,诉讼代理人实施的诉讼行为属于代理行为;辅佐人实施的诉讼行为则被视为当事人本人之行为,其行为之效力强于诉讼代理人的代理行为。例如,当事人本人、诉讼代理人和辅佐人同时出庭,当诉讼代理人与辅佐人的陈述不同时,应以辅佐人的意见为准。辅佐关系因委任而发生,因委任之终了而消灭。①

## 二、法定诉讼代理人

### (一)法定诉讼代理人的概念和特点

依照法律规定取得并行使诉讼代理权的人,被称为法定诉讼代理人。其具有以下特点:

---

① 谭兵主编:《民事诉讼法学》,法律出版社 2004 年版,第 207 页。

(1)代理权是基于法律的规定而发生。这是法定诉讼代理与委托诉讼代理的显著区别。法定诉讼代理权以民事实体法规定的亲权和监护权为基础。在通常情况下,法定诉讼代理权产生于亲权,代理人与被代理人之间存在着一定的身份关系。可以说,法定诉讼代理制度是监护制度在诉讼上的延伸。

(2)代理的对象是无诉讼行为能力人。由无诉讼行为能力人的监护人担任诉讼代理人并认真履行诉讼代理职责,不仅是法律赋予的一项权利,而且也是他们对社会应尽的一种义务。

(3)代理人的范围只限于对被代理人享有亲权和监护权的人,其他人不能担任法定诉讼代理人。

### (二)法定诉讼代理人的范围

我国《民事诉讼法》第 57 条规定,"无诉讼行为能力人由他的监护人作为法定代理人代为诉讼"。《民法通则》第 16 条和第 17 条分别对未成年人和精神病人的监护人的范围作了明确规定。

1.未成年人的监护人

未成年人的监护人首先是父母,父母死亡或者没有监护能力的,由下列人员中有监护能力的人担任监护人:(1)祖父母、外祖父母;(2)兄、姐;(3)关系密切的其他亲属、朋友愿意承担监护责任,经未成年人父、母所在单位或者未成年人住所地的居民委员会、村民委员会同意的。

对担任监护人有争议的,由未成年人的父、母所在单位或者未成年人住所地的居民委员会、村民委员会在近亲属中指定。对指定不服提起诉讼的,由人民法院裁决。

没有上述监护人的,由未成年人的父、母所在单位或者未成年人住所地的居民委员会、村民委员会或者民政部门担任监护人。

2.精神病人的监护人

可以担任无民事行为能力或者限制民事行为能力的精神病人的监护人的顺序是:(1)配偶;(2)父母;(3)成年子女;(4)其他近亲属;(5)关系密切的其他亲属、朋友愿意承担监护责任,经精神病人的所在单位或者住所地的居民委员会、村民委员会同意的。

对担任监护人有争议的,由精神病人的所在单位或者住所地的居民委员会、村民委员会在近亲属中指定。对指定不服提起诉讼的,由人民法院裁决。

没有上述监护人的,由精神病人的所在单位或者住所地的居民委员会、村民委员会或者民政部门担任监护人。

监护人以法定诉讼代理人身份代理无民事行为能力人和限制民事行为能力人参加诉讼，是其重要职责。至于监护人作为法定诉讼代理人参加诉讼有无条件限制，我国法律未作规定。一般认为，监护人具有下列情况之一的，不宜担任法定诉讼代理人：(1)无监护能力的；(2)被判刑正在服刑期间无法代理的；(3)与被监护人关系明显恶化的；(4)与对方当事人关系密切，可能损害被监护人利益的。

根据《适用意见》第 67 条的规定，无民事行为能力人和限制民事行为能力人事先没有确定代理诉讼的监护人的，可以由有监护资格的人协商确定。协商不成的，由人民法院在他们之中指定诉讼中的法定代理人。

### (三)法定诉讼代理人的代理权限

由于无诉讼行为能力的当事人不能正确表达自己的意志，因此，法定诉讼代理人的代理权不应受到限制。凡是被代理人享有的诉讼权利，他都有权代为行使；凡是被代理人应履行的诉讼义务，他都应当代为履行。法定诉讼代理人既可以代理当事人处分诉讼权利，也可以代理当事人处分实体权利。法定诉讼代理人所为的一切诉讼行为，均应被视为被代理人本人所为的诉讼行为，与被代理人本人所为的诉讼行为产生同等效力。

### (四)法定诉讼代理权的取得和消灭

1. 法定诉讼代理权取得的方式

法定诉讼代理人代理当事人进行诉讼时，应当向法院提交身份证明书，用以证明自己的身份以及同被代理人之间存在的监护与被监护关系。经法院审查属实并记录备案，诉讼代理权即告成立，代理人便可以进行诉讼代理活动，而无需另外办理诉讼代理手续。

2. 法定诉讼代理权消灭的原因

在诉讼过程中，法定诉讼代理人取得诉讼代理权以后，因某种原因而失去诉讼代理权，即法定诉讼代理权的消灭。它与监护权的丧失是同步发生的。

法定诉讼代理权消灭的原因包括：

(1)被代理人具有或者恢复了民事行为能力。如被代理的未成年人已经成年，被代理的精神病人恢复了健康等。

(2)法定诉讼代理人丧失或者被依法撤销了监护人的资格。如基于收养关系或婚姻关系而取得的法定诉讼代理权，因收养关系或婚姻关系的解除而消灭；如作为法定诉讼代理人的监护人不履行监护职责或者侵害被监护人的合法权益，根据有关人员或者有关单位的申请，已被法院撤销监护人的资格。

(3)法定诉讼代理人死亡或者丧失诉讼行为能力。

(4)被代理的当事人死亡。

#### (五)解决法定代理人之间互相推诿诉讼代理责任的方法

在审判实践中，当无民事行为能力人或限制民事行为能力人的法定代理人有两个或者两个以上时，法定代理人之间可能互相推诿诉讼代理责任。我国《民事诉讼法》第 57 条规定，“法定代理人之间互相推诿诉讼代理责任的，由人民法院指定其中一人代为诉讼”。必须明确，被法院指定的诉讼代理人仍然是法定诉讼代理人，而不是指定诉讼代理人。

### 三、委托诉讼代理人

#### (一)委托诉讼代理人的概念

根据被代理人的授权委托而发生的诉讼代理，被称为委托诉讼代理。接受被代理人的授权委托代为进行诉讼活动的人，被称为委托诉讼代理人。委托诉讼代理中，代理人的选任和代理权限都要在代理人与被代理人之间达成合意，因此，委托诉讼代理又称“意定代理”或者“约定代理”。委托诉讼代理是民事诉讼代理制度中一种最主要和最常见的代理方式，它具有广泛的适用性。

委托诉讼代理人适用于代理有诉讼行为能力的人进行诉讼。也就是说，被代理人必须是有诉讼行为能力，能够正确表达意志的人。根据《民事诉讼法》第 58 条第 1 款的规定，可以委托诉讼代理人的人，只限于当事人和法定代理人，其他人无权委托诉讼代理人。当事人包括原告、被告和第三人。其可以是公民，也可以是法人和其他组织。如果当事人是无民事行为能力人或者限制民事行为能力人，则应由当事人的法定代理人代替当事人委托诉讼代理人。在这种情况下，一般认为，法定代理人应当以自己的名义委托诉讼代理人。

#### (二)委托诉讼代理的特点

委托诉讼代理与法定诉讼代理相比，主要有以下特点：

1. 诉讼代理权基于委托人的授权而产生。委托人出具的授权委托书是诉讼代理人取得代理权的依据。但同时，委托人的授权委托委托书也要为代理人所接受。

2. 诉讼代理事项和诉讼代理权限由委托人决定。诉讼代理人只能在该权限范围内代理有关事项，不过在某些特殊情况下，委托人的授权也会受到限制。例如，根据《民事诉讼法》的规定，在离婚案件的代理中，离婚或者不离婚的意见，只能由当事人自己向法院表达，而不能由诉讼代理人代为表达。

3. 代理人和被代理人均有诉讼行为能力。

### (三)委托诉讼代理人的范围

根据《民事诉讼法》第 58 条第 2 款的规定，可以被委托担任诉讼代理人的范围是：

(1)律师。律师承办诉讼代理业务，由律师事务所统一接受委托，与委托人签订书面委托合同，并按照国家规定向委托人收取费用。我国《民事诉讼法》第 61 条规定："代理诉讼的律师和其他诉讼代理人有权调查收集证据，可以查阅本案有关材料。查阅本案有关材料的范围和办法由最高人民法院规定。"

(2)当事人的近亲属。根据最高人民法院《关于贯彻执行民法通则若干问题的意见(试行)》第 12 条，当事人的近亲属包括当事人的配偶、父母、子女、兄弟姐妹、祖父母、外祖父母、孙子女、外孙子女。

(3)有关的社会团体或者当事人所在单位推荐的人。有关的社会团体和当事人所在单位推荐的人担任诉讼代理人时，必须征得当事人的同意，并办理有关委托代理诉讼的手续。

(4)经人民法院许可的其他公民。

至于哪些人不宜担任委托诉讼代理人，法律尚无明确规定。一般认为，公民有下列情形之一的，不宜担任委托诉讼代理人：①无民事行为能力或限制民事行为能力；②被剥夺政治权利的人在剥夺政治权利期间的；③被判处刑罚正在服刑期间的；④承办本案的审判人员的近亲属；⑤可能损害被代理人利益的；⑥法院认为不宜担任诉讼代理人的其他情况。

由上可见，在我国担任委托诉讼代理人的范围是十分广泛的。一方面，我们十分重视律师代理诉讼的作用，将律师列为委托诉讼代理人的范围之首。另一方面，我们又允许非律师担任委托诉讼代理人。这与一些西方国家实行强制律师主义，规定实行合议制审判的案件必须以律师为诉讼代理人的做法不同。

### (四)委托诉讼代理人的人数

世界各国对委托诉讼代理人的人数规定不尽一致。法国只允许委托一人,美国、日本和德国等国没有限制。

我国《民事诉讼法》第 58 条第 1 款规定:"当事人、法定代理人可以委托一至二人作为诉讼代理人。"但诉讼代理人为二人时如何行使诉讼代理权,法无明文规定。我们认为,凡是当事人委托两人代理诉讼的,必须由委托人明确每个诉讼代理人的代理事项和代理权限,以免诉讼代理人之间因意见不一致而影响诉讼的正常进行。

### (五)委托诉讼代理人的代理权限

委托诉讼代理人的代理权限取决于委托人的授权,委托人对诉讼代理人的授权分为一般授权和特别授权两种。

委托人只作一般授权的,诉讼代理人只能代为一般的诉讼行为,如起诉、应诉、提出证据、询问证人、进行辩论、申请回避、申请财产保全和证据保全、对管辖权提出异议等等,而无权处分委托人的实体权利。

凡是诉讼代理人代为实施对委托人的实体权利有重大影响的诉讼行为,必须有委托人的特别授权。《民事诉讼法》第 59 条第 2 款规定,诉讼代理人代为承认、放弃、变更诉讼请求,进行和解,提起反诉或者上诉,必须有委托人的特别授权。也就是说,诉讼代理人要实施上述几项代理行为,必须由委托人在授权委托书中特别写明。未特别写明的,只能被视为一般授权,诉讼代理人无权代为实施这些诉讼行为。根据最高人民法院的有关规定,授权委托书仅写明"全权代理"而无具体授权的,仍属于一般授权,诉讼代理人无权代为承认、放弃、变更诉讼请求,进行和解,提起反诉或者上诉。

至于特别授权可否包括代为提起上诉、代理进行申请或参与强制执行的问题,法律未对此作规定。实践中的一般做法是,应当由委托人分别另行委托这些事项。

### (六)委托诉讼代理权的取得、变更、解除和消灭

1. 委托诉讼代理权取得的方式

《民事诉讼法》第 59 条第 1 款规定,"委托他人代为诉讼,必须向人民法院提交由委托人签名或者盖章的授权委托书"。可见,向法院提交由委托人签名或者盖章的授权委托书,是受托人取得委托诉讼代理权的法定方式。授权委

托书经人民法院审查认可后，受托人即取得了诉讼代理权，成为诉讼代理人，可以开始诉讼代理活动。

为了保证委托人出具的授权委托书的真实性与合法性，《民事诉讼法》第59条第3款还特别规定："侨居在国外的中华人民共和国公民从国外寄交或者托交的授权委托书，必须经中华人民共和国驻该国的使领馆证明；没有使领馆的，由与中华人民共和国有外交关系的第三国驻该国的使领馆证明，再转由中华人民共和国驻该第三国使领馆证明，或者由当地的爱国华侨团体证明。"

2. 变更和解除委托诉讼代理权

变更委托诉讼代理权，是指委托诉讼代理人取得诉讼代理权后，在诉讼过程中，委托人基于一定原因，扩大原来的诉讼代理权或者缩小原来的诉讼代理权。解除委托诉讼代理权，是指在委托诉讼代理关系成立后，因委托人收回诉讼代理权或者代理人放弃诉讼代理权而中止双方的诉讼代理关系。根据《民事诉讼法》第60条的规定，诉讼代理人的权限如果变更或者解除，当事人应当书面告知人民法院，并由人民法院通知对方当事人。否则，诉讼代理权的变更或解除不对人民法院和对方当事人发生效力。在诉讼代理权未变更、解除前，委托诉讼代理人已经实施的诉讼代理行为仍然有效。

3. 委托诉讼代理权的消灭

委托诉讼代理权的消灭不同于委托诉讼代理权的解除，委托诉讼代理权的解除完全是人为的原因，而委托诉讼代理权的消灭则既有人为的原因，也有非人为的原因。但是两者又有一定的联系，即委托诉讼代理权的解除是导致委托诉讼代理权消灭的原因之一。导致委托诉讼代理权消灭的原因有：

(1)诉讼结束，代理人已经履行完诉讼代理职责；

(2)代理人死亡或者丧失诉讼行为能力；

(3)被代理人死亡；

(4)被代理人和代理人双方自动解除委托诉讼代理关系。

上述第一种情况属于委托诉讼代理权的正常消灭，后三种情况属于委托诉讼代理权的非正常消灭。[①]

---

① 谭兵主编：《民事诉讼法学》，法律出版社2004年版，第220页。

# 第八章 多数当事人

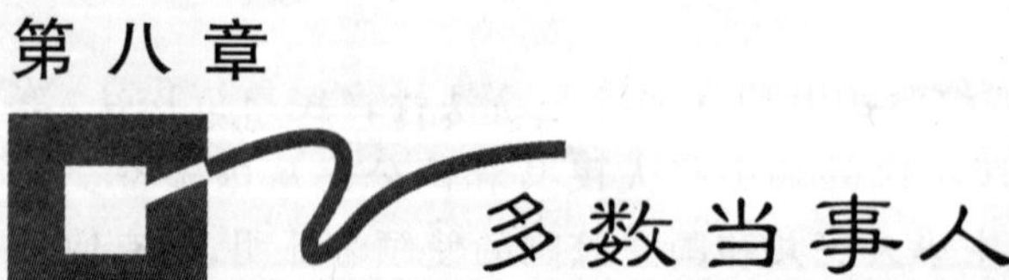

我国民事诉讼法所规定的多数当事人有共同诉讼,第三人诉讼以及代表人诉讼等形式。

## 第一节 共同诉讼

### 一、共同诉讼制度概说

#### (一)共同诉讼的概念和学理分类

共同诉讼是当事人一方或者双方人数在二人或二人以上且多数当事人一方与对方当事人之间的诉讼标的是共同的或者同一种类的诉讼。它是与一个原告和一个被告单独进行的诉讼相对应的复数诉讼形式。

如果多人因某一法律关系或权利发生争议,且所争议的权利或利益属于若干主体的,就可能出现若干人同时处于原告或者被告地位的情况,例如多人主张分割共同共有的财产,就形成了共同原告;多人被起诉承担共同侵犯名誉权的民事责任,就形成了共同被告。在学理上,共同诉讼中原告一方有二人或者二人以上的,被称为积极的共同诉讼;被告一方有二人或者二人以上的,被称为消极的共同诉讼;原告和被告双方都有二人或者二人以上的,被称为混合的共同诉讼。

现代各国的民事诉讼法都允许当事人共同参与诉讼,而且还规定在某些情况下必须进行共同诉讼,[①]我国《民事诉讼法》第 53 条就确立了共同诉讼

① 肖建华:《民事诉讼当事人研究》,中国政法大学出版社 2002 年版,第 196 页。

制度。

### (二)共同诉讼制度的意义

1. 共同诉讼制度有利于简化诉讼程序,节省诉讼时间和费用

通过共同诉讼制度,法院经一次审理就能解决与案件有关的多个当事人之间的民事纠纷,避免重复审理共同的争议,既节省当事人的时间和费用,又节省国家的司法资源,符合诉讼经济原则的要求。

2. 共同诉讼制度有利于贯彻执行民事实体法的规定,实现民事程序法与民事实体法的协调和衔接

民事实体法的规定需要民事程序法加以落实,否则民事实体法的规定就得不到贯彻执行。共同诉讼制度对落实民事实体法规定的共有制度、连带责任制度等具有重要的现实意义。

3. 共同诉讼制度有利于避免法院对相关案件作出互相矛盾的裁判

多数当事人相关联的民事案件,由不同法院或不同法官分别进行审理,很可能会产生互相矛盾的裁判,这必然影响法院的威信,也不利于维护当事人的合法权益。将此类案件交由同一审判组织、依共同的程序进行审理,就不至于作出相互矛盾的裁判,从而既维护法院的威信,又维护当事人的合法权益。

### (三)共同诉讼的特点

1. 多数人诉讼

诉的基本形态是单一型之诉,即由单一的当事人(原、被告各方仅有一人)和单一的诉讼标的构成,原告与被告之间相互对立。在共同诉讼中,当事人均为二人或者二人以上,它相对于一个原告对一个被告单独进行的诉讼来说,为多数人诉讼。

2. 诉的合并形式

任何诉讼的基本架构都是“两造对立、法官居中裁判”。当案件的当事人为二人或者二人以上时,必须将二人或者二人以上的主体归入同一方进行诉讼,最终形成一方或双方为二人或者二人以上的共同诉讼。因此,就其实质而言,共同诉讼是诉的主体的合并,即诉讼当事人的合并。换句话说,共同诉讼是诉的合并形式。

值得说明的是,诉的合并分为诉的主体的合并和诉的客体的合并两种形式,但诉的客体的合并并不必然导致共同诉讼。诉的客体的合并又称诉讼请求的合并,即法院将同一原告对同一被告提出的两个或者两个以上的诉讼请

求，或者本案被告对本案原告提出的反诉请求予以合并审理。诉的客体的合并与诉的主体的合并都可能独立存在，二者没有必然的联系。诉的客体合并的案件，若原告和被告分别只有一人的，仍然是单一型诉讼，而不是共同诉讼。当然，共同诉讼中也可能出现诉讼请求为两个或者两个以上的情形，但这只是诉的主体的合并与诉的客体的合并的竞合。总之，诉的客体的合并与共同诉讼没有必然的联系。

#### (四)共同诉讼的种类

我国《民事诉讼法》第 53 条根据共同诉讼人与诉讼标的的关系，将共同诉讼分为必要共同诉讼和普通共同诉讼两种。下面将分别对此进行论述。

### 二、必要共同诉讼

#### (一)必要共同诉讼的概念和分类

1. 必要共同诉讼的概念

必要共同诉讼是指当事人一方或者双方为二人或者二人以上，其诉讼标的是共同的多数人诉讼。所谓诉讼标的是共同的，就是共同诉讼人与对方当事人之间争议的是共同的实体法律关系。正因为争议的是共同的实体法律关系，全体共同诉讼人在争议的实体法律关系中存在着共同的利害关系，即共同享有权利或者共同承担义务。因此，对必要共同诉讼的案件，当事人必须一同起诉或者应诉，未一同起诉或者应诉的，应当予以追加，人民法院也必须合并审理与裁判。

必要共同诉讼是一种不可分的诉讼，人民法院不能依职权决定将其合并或分开，当事人也不能要求退出诉讼或者要求法院另案处理。在必要共同诉讼中，当事人的意思和人民法院的意志都受到程序法律的强制性规范。

2. 必要共同诉讼的分类

在德国、日本等国的民事诉讼法理论中，必要共同诉讼分为固有的必要共同诉讼和类似的必要共同诉讼。

所谓固有的必要共同诉讼，就是全体有关利害关系人必须一同起诉或者应诉的必要共同诉讼。所谓类似的必要共同诉讼，是指既可以由全体利害关系人一同起诉或者应诉，也可以由部分利害关系人起诉或者应诉的必要共同诉讼。对固有的必要共同诉讼来说，全体利害关系人没有一同起诉或者应诉的，当事人就不适格；对类似的必要共同诉讼来说，即使有部分利害关系人没有一同起诉或者应诉，其当事人仍是适格的，且法院对其中一人或数人起诉或者应诉所作判决的效力及于可以作为共同诉讼人但未提起或者参加诉讼的其他人。

共同共有人请求分割共有财产的诉讼是固有的必要共同诉讼的典型，缺少任何一个共同共有人，法院就无法对共同共有财产的分割作出裁判；连带债权人请求债务人给付、连带债务人被同一债权人请求给付等是类似的必要共同诉讼的典型，西方国家公司法许可的股东提起撤销股东大会决议的诉讼也是典型的类似的必要共同诉讼。

**(二)我国必要共同诉讼的几种情形**

根据最高法院民诉法《适用意见》及其他有关法律和司法解释的规定，下列情形应当进行必要共同诉讼：

1.个体工商户、个人合伙或私营企业挂靠集体企业并以集体企业的名义从事生产经营活动的，在诉讼中，该个体工商户、个人合伙或私营企业与其挂靠的集体企业为共同诉讼人。

2.个体工商户在诉讼中，营业执照上登记的业主与实际经营者不一致的，以业主和实际经营者为共同诉讼人。

3.个人合伙的全体合伙人在诉讼中为共同诉讼人。

4.企业法人分立的，因分立前的民事活动发生的纠纷，以分立后的企业为共同诉讼人。

5.借用业务介绍信、合同专用章、盖章的空白合同书或者银行账户的，出借单位和借用人为共同诉讼人。

6.因连带责任保证合同纠纷提起的诉讼，债权人向保证人和被保证人一并主张权利的，应当将保证人和被保证人列为共同被告。

7.在继承遗产的诉讼中，部分继承人起诉的，人民法院应当通知其他继承人作为共同原告参加诉讼；被通知的继承人不愿意参加诉讼又未明确表示放弃实体权利的，人民法院仍应将其列为共同原告。

8.被代理人和代理人承担连带责任的，为共同诉讼人。

9.共有财产权受到他人侵害，部分共有权人起诉的，其他共有权人应当被列为共同诉讼人。

此外，因共同危险行为致害而发生的侵权民事纠纷，也应当进行必要共同诉讼。例如，某人在某楼房前被从楼上“飞”下来的烟灰缸砸伤，在无法查明具体是谁扔下了该烟灰缸的情况下,受害人即可以可能扔该烟灰缸的该楼所有住户为共同被告提起诉讼索赔损失。

### (三)必要共同诉讼人的追加

我国司法解释没有区分固有的必要共同诉讼和类似的必要共同诉讼。根据规定,必须共同进行诉讼的当事人没有参加诉讼的,人民法院应当通知其参加诉讼;当事人也可以向人民法院申请追加。对当事人提出的申请,人民法院应当进行审查,申请无理的,裁定驳回;申请有理的,书面通知被追加的当事人参加诉讼。由人民法院通知或者经当事人申请,必须共同进行诉讼的当事人参加到诉讼中来,就被称为必要共同诉讼人的追加。

根据《适用意见》第 58 条的规定,追加共同诉讼的当事人,既可能是原告,也可能是被告。其中,应当追加的原告,已明确表示放弃实体权利的,可不予追加;既不愿意参加诉讼,又不放弃实体权利的,仍追加为共同原告,其不参加诉讼,不影响人民法院对案件的审理和依法作出判决。应当追加的被告,属于必须到庭的被告,经两次传票传唤无正当理由拒不到庭的,可以拘传;不属于必须到庭的被告,经传票传唤无正当理由拒不到庭的,可以缺席判决。在诉讼程序中,人民法院追加共同诉讼的当事人时,应通知其他当事人。

不少学者认为,诉讼中要求连带责任者一同应诉,如有遗漏人民法院可依职权通知追加,强制所有的当事人参加诉讼,显然没有考虑债权人选择债务人起诉的权利,不利于保障债权人的处分权和诉权。

### (四)必要共同诉讼人的相互独立性和牵连性

1. 必要共同诉讼人的相互独立性

相对于普通共同诉讼而言,必要共同诉讼人的独立性较弱一些。但是,为了保障当事人的意思自治,贯彻辩论原则和处分原则,必要共同诉讼人的独立性还是有所体现的。

(1)各必要共同诉讼人是否具备诉讼成立要件以及当事人是否适格,应分别调查。其中一人的诉讼权利能力或民事权利能力有欠缺的,应以该当事人之诉不合法为由予以驳回,其余共同诉讼人的诉讼并不因此受到影响。在类似的必要共同诉讼中,此种独立性体现得更为明显。

(2)必要共同诉讼人可以独立进行部分诉讼行为。例如,各必要共同诉讼人可以各自委托诉讼代理人;在类似的必要共同诉讼中,共同原告中的一人或者原告可以对共同被告中的一人撤诉。

2.必要共同诉讼人的相互牵连性

必要共同诉讼中，存在着两方面的法律关系，一是共同诉讼人与对方当事人之间的法律关系，即外部关系；另一是共同诉讼人之间的法律关系，即内部关系。无论是内部关系还是外部关系，都受到必要共同诉讼人之间的相互牵连性的影响。在德国、日本的民事诉讼中，必要共同诉讼以法律上必须合一确定为前提，裁判对各共同诉讼当事人产生同一结果，即“胜者同胜，败者同败”，以防止裁判矛盾或诉讼程序的不一致。

必要共同诉讼人的相互牵连性主要体现在以下几个方面：

(1)共同原告中一人所作的有利于全体的诉讼请求、陈述的有利事实、提出的有利证据，对全体发生效力。至于共同诉讼人中一人的行为是否有利于全体共同诉讼人，由法官从形式上判断。例如，原告甲主张被告乙、丙、丁三人连带给付，在法庭辩论时，被告乙承认对方的诉讼请求，被告丙抗辩称该项合伙债务因原告甲已免除三人的合伙债务而消灭，并提出原告免除债务的信函为证，被告丁未到场。此时，根据德国或日本《民事诉讼法》的规定，为保护全体共同诉讼人的利益，只有丙的抗辩行为有利于全体共同诉讼人，因此该抗辩对全体共同诉讼人生效，乙的承认行为不利于全体共同诉讼人，因此该承认对全体不生效力(对乙本人也不发生效力)。即使被告丁未到场，丙所作抗辩也对其发生效力。如果丙主张的债务免除的事实得到证明，法院就可以作出原告甲全部败诉的判决。

(2)一个共同被告为争执原告的请求及其主张的事实，提出抗辩或反证的，虽然其他共同被告没有为这些诉讼行为，该共同被告的诉讼行为也对其他被告发生效力。如果各共同诉讼人所陈述的有利事实相互间有矛盾，或者所举证据经过核实或者职权调查互相矛盾的，法院则依自由心证进行判断。

(3)一个共同诉讼人遵守期间，对全体发生效力。如，上诉期间是从各个共同诉讼人收到判决书的次日起分别计算，假设其中一人在上诉期间上诉，则视为全体在上诉期间内上诉，其他共同诉讼人无论是否已过上诉期间，都不必再提起上诉。

(4)一个共同诉讼人有诉讼中止的原因发生时，诉讼中止的裁定对共同诉讼人全体发生效力。

我国《民事诉讼法》第 53 条第 2 款也对必要共同诉讼中如何处理共同诉讼人的内部关系作了明确规定，即：“共同诉讼诉讼标的有共同权利义务的，其中一人的诉讼行为经其他共同诉讼人承认，对其他共同诉讼人发生效力。”根据这一规则进行共同诉讼，会很不方便，甚至延误时间。如果一共同诉讼人不出庭或者拒不同意其他共同诉讼人的意见，诉讼将无法进行下去。协商达成一致不仅不可能，也不利于保障全体共同诉讼人的利益。因此，我国司法实践中比较灵活地处理了这个问题：只要必要共同诉讼中一人的诉讼行为为其他共同诉讼人所知悉并不表示反对的，一人的诉讼行为就对全体发生效力。由于这可能会引起共同诉讼人之间的争议，所以，还需要借鉴德、日《民事诉讼法》的做法完善我国的规定。

## 三、普通共同诉讼

### (一)普通共同诉讼的概念

当事人一方或者双方为二人以上，其诉讼标的是同一种类、人民法院认为可以合并审理并经当事人同意的共同诉讼，被称为普通共同诉讼。

所谓诉讼标的是同一种类，是指各个共同诉讼人与对方当事人争议的法律关系的性质相同，也就是共同诉讼人各自分别享有的权利或者承担的义务属于同一类型。由此可见，在普通共同诉讼中，共同诉讼人与对方当事人之间争议的法律关系有两个以上，且共同诉讼人之间没有共同的权利或义务。

从实质上看，普通共同诉讼是几个诉的合并。对于有共同争点或者涉及同一法律问题的几个诉，人民法院予以合并审理与裁判，诉的主体也随之合并，从而形成共同诉讼。从诉的独立性来说，人民法院并不一定要对这几个诉合并审理与裁判，但是为了实现诉讼经济、避免作出互相矛盾的裁判，人民法院经当事人同意将其合并起来进行审理与裁判，从而形成普通共同诉讼。

### (二)普通共同诉讼的适用条件

1. 程序上的条件

根据《民事诉讼法》第 53 条第 1 款的规定，普通共同诉讼是诉讼标的为同一种类、人民法院认为可以合并审理并经过当事人同意而形成的多数人诉讼。适用普通共同诉讼，在程序上必须符合以下四个条件：

(1)存在两个或者两个以上的诉讼标的，且这些诉讼标的属于同一种类。

(2)人民法院认为可以合并审理，即人民法院认为两个或者两个以上的纠纷可以通过同一诉讼程序解决。在审判实践中，人民法院往往从是否会造成审判的烦琐或判决的迟延、是否有利于防止裁判矛盾等方面进行考虑，以决定是否合并审理。只有确认不会造成审判烦琐和判决迟延，且对防止裁判矛盾有积极作用的，人民法院才会决定合并审理。

(3)当事人同意合并审理。只有当事人同意合并审理的，人民法院才能将诉讼标的为同一种类的几个案件合并起来审理而形成普通共同诉讼。在司法实践中，当事人同意合并审理有两种表现形式，一是当事人共同起诉；二是当事人分别起诉后，人民法院征求当事人的意见时，全体当事人均同意合并审理。

(4)同一人民法院对合并审理的各个案件都享有管辖权，且这些案件都可以适用同一诉讼程序进行审判。人民法院不得决定对没有管辖权的案件合并审理，不得决定对应当分别适用不同程序进行审判的案件合并审理。

2. 实体上的条件

普通共同诉讼的诉讼标的是同一种类的。从实体上看，诉讼标的为同一种类的诉讼主要有以下两种情形，因此，在实体上具有以下两种情形之一的，就可适用普通共同诉讼。

(1)存在两个或者两个以上互不关联但是属于同一种类的法律关系争议。例如，甲、乙分别向丙借钱若干，现债务清偿期已到，二债务人均未归还欠款。于是，丙将甲、乙二人作为共同被告起诉。如果受理起诉的人民法院对丙与甲、丙与乙之间的债务纠纷案件都有管辖权，受理案件的人民法院就可以决定对上述两案合并审理，从而形成普通共同诉讼。

(2)基于同一法律事实而发生的法律关系争议。例如，甲、乙都是某宾馆的房客，当二人在房间聊天时，天花板突然掉下，二人被砸伤。甲、乙二人的人身损害都是因天花板落下这一法律事实而造成的，换言之，甲、乙二人与宾馆之间的争议是因同一法律事实——宾馆的天花板落下——而发生的，因此，二人以该宾馆为被告向同一人民法院起诉的，受理案件的人民法院可以决定合并审理，从而形成普通共同诉讼。

### (三)普通共同诉讼人的相互独立性和牵连性

在共同诉讼中，诉讼标的的共同性或者牵连性导致了共同诉讼人诉讼行为的相互影响，致使共同诉讼人的诉讼行为一方面具有独立性，另一方面又具有牵连性。在审判实践中，既要尊重当事人诉讼行为的独立性，又要利用其牵连性实现共同诉讼制度特有的功能。

1. 普通共同诉讼人的相互独立性

普通共同诉讼的本质是几个单独诉讼的合并，因此，从本质上来说，普通共同诉讼人之间是相互独立的。普通共同诉讼人的相互独立性主要体现在以下几个方面：

(1)普通共同诉讼人之间的利益没有冲突，权利义务没有关联。对于各普通共同诉讼人是否适格，人民法院应当分别进行审查。其中一人缺乏适格要件或者缺少诉讼理由或法律依据的，只能裁定对该人的起诉不予受理，不应当影响对其他共同诉讼人起诉的受理。对于普通共同诉讼人的起诉，人民法院既可以将其作为共同诉讼合并审理，也可以在发现合并审理造成程序烦琐时，将共同诉讼分开，作为各自独立的案件分别进行审理。即使是作为共同诉讼合并审理，也要分别对各当事人的民事权利义务作出判决。

(2)普通共同诉讼人可以各自独立地实施诉讼行为，其中任何一人的诉讼行为对其他共同诉讼人不发生效力。例如，各普通共同诉讼人可以分别委托诉讼代理人，可以各自撤诉、上诉等等。我国《民事诉讼法》第 53 条第 2 款对普通共同诉讼中如何处理共同诉讼人的内部关系作了明确规定，即共同诉讼的一方当事人“对诉讼标的没有共同权利义务的，其中一人的诉讼行为对其他共同诉讼人不发生效力”。

(3)普通共同诉讼人各自接受对方所为的诉讼行为。不论是否经过其他普通共同诉讼人同意，一人的诉讼行为对其他普通共同诉讼人都不发生法律效力。对方当事人对各普通共同诉讼人所为的行为可以有所不同，甚至可以完全对立。例如对方当事人可与其中之一的普通共同诉讼人和解，但拒绝与另一普通共同诉讼人和解；对方当事人可承认某一普通共同诉讼人的诉讼请求，而反驳另一普通共同诉讼人性质相同的诉讼请求。

(4)普通共同诉讼人中之一人，能够作为其他共同诉讼人的证人。共同诉讼中的一人作为其他共同诉讼的证人，其实是将其作为另一诉讼案件的证人来看待的。

总之，普通共同诉讼人进行诉讼时的诉讼权利和诉讼义务，与当事人单独进行诉讼时是基本相同的。

2.普通共同诉讼人的相互牵连性

共同诉讼人独立原则如果严格适用到底，必将导致各共同诉讼人的诉讼行为互相孤立，共同诉讼追求的诉讼经济目的也难以达到，所以，这一原则的适用将会有个界限，那就是必须考虑普通共同诉讼人相互之间的必要牵连性。共同诉讼人之间的相互牵连性，具体包括以下三个方面的内容：

(1)普通共同诉讼人中的一人提出的主张，如果对其他共同诉讼人有利，在与其他共同诉讼人的行为不相抵触的情况下，则其效力及于其他共同诉讼人。这可称为普通共同诉讼人的主张共通原则。

(2)普通共同诉讼人中的一人收集、提供的证据，如果不是仅对其个人有利的，可以作为其他共同诉讼人提出的主张的证据，人民法院可以据此认定案件事实。这可称为普通共同诉讼人之间的证据共通原则。

(3)普通共同诉讼人中的一人所作的抗辩足以否认对方主张的，对其他共同诉讼人有效。这可称为普通共同诉讼人的抗辩共通原则。

# 第二节　第三人诉讼

## 一、第三人诉讼的概念和分类

### (一)第三人诉讼的概念

对于已经开始的诉讼，案外人以该诉讼的原告、被告为被告提出一个独立的诉讼请求，或者由该诉讼中的原告或被告引进后主张独立的利益，或者为了自己的利益，辅助该诉讼一方当事人进行辩论的人，被称为民事诉讼第三人。这种有第三人参加的诉讼，被称为第三人诉讼。

第三人诉讼具有以下法律特征：

1.他人之间已经存在一个诉讼。没有他人之间存在的诉讼，就不会有第三人参加而形成第三人诉讼。第三人参加诉讼是为了保护自己的民事权益，或者是被本诉讼的当事人一方引进而加入诉讼。但是，无论如何，第三人都是以自己的名义实施诉讼行为的，第三人是与案件有利害关系的人，在诉讼中具有独立的诉讼地位。

2.第三人在他人的诉讼已经开始、法院作出裁判之前参加诉讼。原、被告之间的诉讼尚未开始或者已经因作出裁判而结束，第三人都无法参加诉讼而不可能形成第三人诉讼。

### (二)第三人诉讼的分类

第三人诉讼在我国民事诉讼法上被分为两类：一类是“有独立请求权的第三人”参加诉讼，一类是“无独立请求权的第三人”参加诉讼。前者为独立的诉讼参加，相当于德国或日本《民事诉讼法》中的“主参加”；后者为非独立的诉讼参加，相当于德国或日本《民事诉讼法》中的“从参加”。但严格来说，我国无独立请求权的第三人并不能与德国、日本《民事诉讼法》中的“从参加”概念对接，因为德国、日本《民事诉讼法》中的“从参加人”是为了自己的利益参加诉讼的，其不得被判决承担义务，而我国《民事诉讼法》规定的无独立请求权的第三人却往往被判决承担民事责任。

## 二、有独立请求权的第三人参加诉讼

### (一)有独立请求权的第三人的概念

对他人之间正在争议的诉讼标的有独立的请求权，或者他人之间的诉讼可能给自己的利益带来损失，以本诉中的原告和被告为被告提出独立的诉讼请求，以加入到已经开始的诉讼中来的、除本诉原告和被告以外的第三方面的当事人，被称为有独立请求权的第三人。

### (二)有独立请求权的第三人参加诉讼的根据

从其概念可以看出，有独立请求权的第三人参加诉讼主要有两种根据：

1. 对他人之间未决案件的诉讼标的有独立的请求权

这是有独立请求权的第三人参加诉讼的最主要的原因。德国《民事诉讼法》第 64 条规定，“某人对于他人之间已系属诉讼的诉讼标的(物或权利)的全部或一部分，为自己有所请求时，在该诉讼受到确定裁判前，有权在该诉讼所系属的第一审法院，对双方当事人提起诉讼而主张自己的请求”。日本《民事诉讼法》第 60 条有类似规定。我国《民事诉讼法》第 56 条第 1 款规定，“对当事人双方的诉讼标的，第三人认为有独立请求权的，有权提起诉讼”。对他人正在争议的诉讼标的有独立的请求权，既可以是有全部的请求权，即认为自己在争议的诉讼标的中享有全部权利，也可以是有部分请求权，即认为自己在争议的诉讼标的中享有部分权利。

2. 主张诉讼结果可能使自己的权利受到损害

日本《民事诉讼法》第 71 条规定，主张由于诉讼结果而使其权利受到损害的第三人，可以作为当事人独立参加诉讼。台湾地区 2003 年颁行的《民事诉讼法》第 54 条有类似规定。这就是所谓的“诈害防止参加”。例如，甲向乙主张给付 10 万元的诉讼已经系属于法院，丙则请求确认乙与甲之间的债权债务关系不成立。丙的理由是，甲、乙是共谋提起诉讼，意图使乙的财产减少，诈害丙对乙的债权。由于甲对乙享有的债权越多，丙就越处于不利的境地，丙提起这个诉讼，与其说是请求裁判者对自己的请求作出裁判，不如说是为了牵制本诉当事人的诉讼行为。此时，丙就是主张因他人的诉讼结果将对自己的权利造成损害而提起主参加之诉的第三人，即有独立请求权的第三人。我国《民事诉讼法》尚未将防止诈害作为有独立请求权的第三人参加诉讼的根据，但是《合同法》确立了合同当事人以外的第三人的撤销权。确立第三人为防止诈害可提起参加之诉，对维护诚实信用的市场交易秩序，保障第三人的利益，防止债务人恶意转移财产，具有重要意义。[①]

### （三）有独立请求权的第三人与必要共同诉讼人的区别

我国民事诉讼理论一般认为，有独立请求权的第三人在诉讼中的地位相当于原告。这是因为，有独立请求权的第三人既不同意原告的主张，也不同意被告的主张，他是为了维护自己的民事权益，以独立的权利人的身份向人民法院提起了一个新的诉讼。因此，他享有原告的诉讼权利，承担原告的诉讼义务。人民法院对待有独立请求权的第三人参加的诉讼，实际上是把两个诉讼合并在一个诉讼程序中加以审理。这两个诉讼是原来当事人之间的诉讼（即"本诉"）和第三人对原来当事人提起"第三人之诉"而形成的"参加之诉"。有第三人参加的诉讼形成了由本诉与参加之诉共同构成的二面诉讼结构。由于有独立请求权的第三人参加诉讼既不站在原告一方，也不站在被告一方，因此，有独立请求权的第三人与必要共同诉讼人存在根本的区别。这些区别主要体现为：

1. 与诉讼标的的关系不同

必要共同诉讼人争议的诉讼标的是共同的，他们是争议的法律关系的一方当事人，在同一法律关系中，或者共同享有权利，或者共同承担义务。有独立请求权的第三人提起的诉讼，其诉讼标的与本诉的诉讼标的可能是共同的，也可能是不同的，但有独立请求权的第三人与诉讼标的的关系不可能与本诉的任何一方当事人相同，其与本诉当事人的任何一方都不具有共同的权利义务。有独立请求权的第三人的主张具有独立性，与本诉讼的原告及被告的利益均相排斥。

2. 争议的对方当事人不同

必要共同诉讼人只能与另一方当事人发生争议，对方当事人要么是被告，要么是原告；而有独立请求权的第三人是与本诉讼的原告、被告双方发生争

---

① 肖建华：《主参加诉讼的诈害防止功能》，载《法学杂志》2000年第5期。

议，与之争议的对方当事人既包括本诉的原告，也包括本诉的被告。

3. 参加诉讼的方式不同

必要共同诉讼是不可分之诉，共同诉讼人既可以自己申请参加诉讼，也可以经人民法院通知参加诉讼；而有独立请求权的第三人只能以起诉的方式参加诉讼。

4. 诉讼地位不同

必要共同诉讼人在诉讼中既可能处于原告的诉讼地位，也可能处于被告的诉讼地位；有独立请求权的第三人只能处于原告的诉讼地位。

5. 诉讼行为的效力不同

必要共同诉讼人中一人的诉讼行为经全体共同诉讼人承认的，可以对全体共同诉讼人发生法律效力；有独立请求权的第三人的诉讼行为无论如何只对其自己发生法律效力，其既不可能对本诉的当事人发生效力，也不受本诉任何一方当事人的牵制。

因此，对于要求参加到他人之间已经开始的诉讼中来的当事人，是追加为共同原告，还是作为有独立请求权的第三人，要进行综合的分析，尤其是要分析该人的主张是否与本诉中的原告和被告的主张相冲突，而不能只看争议的法律关系是否为同一关系。例如，三个继承人中有二人因遗产分割发生纠纷而诉诸法院，另外一继承人想参加诉讼。一般认为，该人不是有独立请求权的第三人，而是共同诉讼人。但是，如果该继承人主张被继承人在书面遗嘱中将全部遗产留给了自己，那么，该人就可以提起独立的诉讼，防止已经起诉和应诉的原告和被告通过诉讼侵害自己的利益。此时，该人就是有独立请求权的第三人。

## 三、无独立请求权的第三人参加诉讼

### （一）无独立请求权的第三人的概念及其参加诉讼的根据

1. 无独立请求权的第三人概念

根据我国《民事诉讼法》第 56 条第 2 款的规定，无独立请求权的第三人是指对当事人双方的诉讼标的没有独立请求权，但是案件处理结果同他有法律上的利害关系，申请参加诉讼或者由人民法院通知他参加诉讼的人。

2. 无独立请求权第三人参加诉讼的根据

根据《民事诉讼法》的规定，无独立请求权第三人参加诉讼的根据是本诉案件的审理结果与其有法律上的利害关系。所谓有法律上的利害关系,其实质是无独立请求权的第三人与本诉的当事人存在另一个法律关系,而且本诉当事人争议的法律关系和该第三人与本诉当事人之间的法律关系具有一定的牵连性,即如果人民法院确认本诉的当事人应当承担法律责任,该法律责任最终可能由该第三人承担。例如,在一个车主诉汽车生产厂家的产品质量纠纷案中,车主以汽车存在质量问题导致其人身或财产损害为由,要求汽车生产厂家赔偿损失。汽车生产厂商则提出,发生此损害事故是由于某关键零部件存在重大瑕疵,车主的损失应当由该零部件供应商赔偿。此时,车主与汽车生产厂商之间存在一个法律关系,汽车生产厂商与零部件供应商之间存在另一个法律关系,而且这两个法律关系之间存在牵连性:一旦人民法院认定该损害是由于零部件存在质量问题而发生的,零部件生产厂商就应当承担赔偿车主损失的责任。因此,零部件供应商可以案件的处理结果与其有法律上的利害关系为根据参加诉讼,并成为本案的无独立请求权的第三人。

从实践来看,无独立请求权的第三人与案件的处理结果有利害关系,通常体现为该第三人与本诉的被告之间存在另一个与本诉争议的法律关系具有牵连性的法律关系。但是,从理论上说,并不能排除无独立请求权的第三人与本诉原告之间存在另一个与本诉争议的法律关系具有牵连性的法律关系的可能性。

### (二)无独立请求权的第三人的诉讼地位

由于案件的处理结果与其有法律上的利害关系,因此,无独立请求权的第三人参加诉讼是为了维护自己的利益,他在诉讼中的地位明显不同于诉讼代理人。同时,由于对当事人正在争议的诉讼标的没有独立的请求权,无独立请求权的第三人在诉讼中又不是完全独立的诉讼当事人。我国《民事诉讼法》第56条第2款规定,人民法院判决承担民事责任的无独立请求权的第三人,有当事人的诉讼权利义务。最高法院民诉法《适用意见》第66条、第97条、第162条对无独立请求权的第三人的诉讼权利义务作了以下规定:

(1)无独立请求权的第三人在诉讼中有当事人的诉讼权利义务,判决承担民事责任的无独立请求权的第三人有权提起上诉。但该第三人在无权一审中对案件的管辖权提出异议,无权放弃、变更诉讼请求或者申请撤诉。

(2)无独立请求权的第三人参加诉讼的案件,人民法院调解时需要确定无独立请求权的第三人承担义务的,应当经第三人同意,调解书应当同时送达第三人。第三人在调解书送达前反悔的,人民法院应当及时判决。

(3)无独立请求权的第三人经人民法院传票传唤,无正当理由拒不到庭,或者未经法庭许可中途退庭的,不影响案件的审理。

### (三)无独立请求权的第三人参加诉讼的方式

根据我国《民事诉讼法》第56条、最高法院民诉法《适用意见》第65条的规定,无独立请求权的第三人参加诉讼的方式主要有以下两种:

1. 申请参加诉讼。虽然对当事人正在争议的诉讼标的没有独立的请求权,但是案件的处理结果与其有法律上的利害关系,无独立请求权的第三人为了维护自己的利益依法申请参加诉讼的,人民法院自然应当准许。申请参加是无独立请求权的第三人参加诉讼的重要方式。

2. 经人民法院通知参加诉讼。无独立请求权的第三人与案件处理结果之间的利害关系,通常是因他与被告之间存在法律上的利害关系。也就是说,在与原告之间的法律关系之外,被告还与第三人有一个法律关系。法院在解决原告和被告之间纠纷的过程中,发现被告和第三人之间的法律关系与本诉争议的法律关系有牵连,即被告要向原告承担民事责任,第三人可能因此要向被告承担责任。在这种情况下,人民法院往往通知该第三人作为无独立请求权的第三人参加诉讼。可见,经通知参加诉讼也是无独立请求权的第三人参加诉讼的方式之一。

从司法实践来看,将无独立请求权的第三人纳入诉讼,往往是要求该第三人承担责任,因此,无独立请求权的第三人一般不是主动申请参加诉讼,而是由人民法院通知参加诉讼的。同时,个别法院还存在滥用追加无独立请求权的第三人的问题,以至严重损害了第三人的合法权益。为此,最高人民法院《关于在经济审判工作中严格执行〈民事诉讼法〉的若干规定》(法发[1994]29号)第9、10、11条对追加无独立请求权的第三人进行了限制:

1. 对于与原被告双方争议的诉讼标的无直接牵连和不负有返还或者赔偿等义务的人,以及与原告或被告约定仲裁或有约定管辖的案外人,或者专属管辖案件的一方当事人,受诉人民法院均不得将其作为无独立请求权的第三人通知其参加诉讼。

2. 在审理产品质量纠纷案件中,对于原被告之间法律关系以外的人,证据已证明其已经提供了合同约定或者符合法律规定的产品的,或者案件中的当事人未在规定的质量异议期内提出异议的,或者作为收货方已经认可该产品质量的,人民法院不得将其作为无独立请求权的第三人通知其参加诉讼。

3. 对于已经履行了义务,或者依法取得了一方当事人的财产,并支付了相应对价的原被告之间法律关系以外的人，人民法院不得将其作为无独立请求权的第三人通知其参加诉讼。

**（四）无独立请求权的第三人的特别适用**

《中华人民共和国合同法》第 74 条和最高人民法院《关于适用〈中华人民共和国合同法〉若干问题的解释》（法释[1999]19 号）第 12 条、第 16 条、第 24 条、第 27 条、第 29 条规定了合同案件中特别适用无独立请求权的第三人的情形。

1. 代位权诉讼中的无独立请求权的第三人

代位权诉讼，是指债务人怠于行使其到期债权，对债权人造成损害的，债权人向人民法院请求以自己的名义代位行使债务人的债权而提起的诉讼。根据上述法条的规定，债权人代位行使的债权不能是专属于债务人自身的债权，如基于扶养、抚养、赡养、继承关系产生的给付请求权和劳动报酬、退休金、养老金、抚恤金、安置费、人寿保险、人身伤害赔偿请求权等权利就不能提起代位权诉讼。

在代位权诉讼中，债权人以次债务人为被告向人民法院提起代位权诉讼，债务人是无独立请求权的第三人。债权人起诉时未将债务人列为第三人的，人民法院可以追加债务人为第三人。在代位权诉讼中，该无独立请求权的第三人可对债权人的债权提出异议，经审查异议成立的，人民法院应当裁定驳回债权人的起诉。

代位权诉讼判决的效力比较特殊。判决认定代位权成立的，次债务人向债权人履行清偿义务，债权人与债务人、债务人与次债务人之间相应的债权债务关系即予消灭。判决认定代位权不成立的，债权人对债务人的诉权并未消失，原告可以债务人为被告再次提起诉讼。

2. 撤销权诉讼中的无独立请求权的第三人

债务人放弃其到期债权或者无偿转让或以不合理的低价转让财产，对债权人造成损害的，债权人可以请求人民法院撤销债务人的行为。这种诉讼被称为撤销权诉讼。债权人提起撤销权诉讼时，只以债务人为被告，未将受益人或者受让人列为第三人的，人民法院可以追加该受益人或者受让人为无独立请求权的第三人。

3. 合同转让案件中的无独立请求权的第三人

合同的转让包括债权的转让和债务的转让。债权人转让合同权利后，债务人与受让人之间因履行合同发生纠纷诉至人民法院，债务人对债权人的权利提出抗辩的，人民法院可以将债权人列为第三人；经债权人同意，债务人转让合同义务后，受让人与债权人之间因履行合同发生纠纷诉至人民法院，受让人就债务人对债权人的权利提出抗辩的，人民法院可以将债务人列为第三人；合同当事人一方经对方同意将其在合同中的权利义务一并转让给受让人，对方与受让人因履行合同发生纠纷诉至人民法院，对方就合同权利义务提出抗辩的，人民法院可以将出让方列为第三人。上述三种第三人都是无独立请求权的第三人。

## 第三节 代表人诉讼

### 一、代表人诉讼的概念和分类

代表人诉讼是指一方或者双方当事人人数众多时，由众多的当事人推选出代表人代表本方全体当事人进行诉讼，维护本方全体当事人的利益，代表人所为诉讼行为对本方全体当事人发生效力的诉讼制度。

当事人一方或双方人数众多时，作为同一方当事人的多数人之间虽然在法律或者事实上有牵连关系，但该多数人并不构成一个固定的组织，所以无法将其视为一个法人实体来进行诉讼。同时，一个诉讼程序也无法容纳过多的诉讼当事人，为了一并解决众多当事人与另一方当事人之间的利益冲突，达到诉讼经济的目的，有必要由多数当事人选任代表人进行诉讼。被推选出来进行诉讼的当事人，被称为诉讼代表人。

我国法律将代表人诉讼分为两类。一类是起诉时当事人人数就可以确定的代表人诉讼，被称为“人数确定的代表人诉讼”，另一类是起诉时当事人人数不能确定，需要法院受理案件后公告告知多数人全体进行登记并选定代表人进行诉讼，被称为“人数不确定的代表人诉讼”。这两类代表人诉讼的人数下限，一般为十人以上。当事人的人数越多，越有必要适用代表人诉讼。人数众多时，让所有的当事人参加诉讼不仅极为不便，也会给法院的传唤、审理、开庭带来困难，在人数不确定的情况下更是如此。由多数当事人选定代表人进行诉讼非常必要。

不过，一方或者双方当事人人数众多，并非必须进行代表人诉讼。如果多数当事人不愿意将诉讼实施权授予代表人进行诉讼，也可以分别单独进行诉讼。特别是对于诉讼标的为同一种类的案件，人民法院就不一定要强制要求多数当事人一方选出代表人进行诉讼，而主要应当根据当事人的意愿来决定是否适用代表人诉讼制度。

## 二、代表人诉讼的提起与受理

### (一)代表人诉讼的提起

提起代表人诉讼除需具备《民事诉讼法》第 108 条规定的条件外，还应当具备下列要件：

1. 当事人一方人数众多

根据最高法院民诉法《适用意见》第 59 条的规定，当事人人数众多，是指一方当事人在 10 人以上。一方当事人未超过 10 人的案件，不得提起代表人诉讼。

2. 众多当事人一方诉讼标的相同或者属于同一种类

提起代表人诉讼，多数人之间应当存在一定的利益关系。当事人一方人数众多且人数确定的，其内部关系可能是必要共同诉讼人的关系，也可能是普通共同诉讼人的关系。当事人一方人数众多且起诉时人数不确定的，多数人之间一般是普通共同诉讼关系，其诉讼标的是同一种类，但是也不排除存在诉讼标的共同的可能性。

3. 诉讼请求或者抗辩的方法相同或者对各成员都能成立

多数人推举代表人进行诉讼，除了诉讼标的同一或者同类外，还应当具有相同的诉讼请求或者抗辩方法。如不相同，至少其请求或者抗辩方法，对各个当事人都能成立，而且不能互相矛盾。例如，多数当事人全体都是请求法院判决责令被告停止侵害、赔偿损失；都否认对方的诉讼请求或者提起反诉。在请求性质或者抗辩方法一致的情况下，如果多数人内部对适用法律发生分歧，按新诉讼标的理论，这并不影响法院依法裁断，作出统一的判决。依照最高法院民诉法《适用意见》第 60 条的规定，在多数人内部对诉讼请求或者抗辩方法达不成一致意见的情况下，可由部分当事人推选自己的代表人进行诉讼。人民法院也可以在多数人诉讼中，要求分别选定代表人。例如，某人民法院受理的一件代表人诉讼案件，六幢高层商品楼 400 多位买主起诉某房产实业公司，提出要求退还买卖房屋部分公证费等五项诉讼请求，但由于六幢楼房买主的诉讼请求不完全相同，请求的数额也不相同，所以人民法院要求每一幢楼的买主分别推选自己的代表人进行诉讼。

4.代表人适格

虽然当事人适格在一般情况下不是诉讼成立要件，但是在代表人诉讼中代表人的适格具有特殊的重要性。适格的诉讼代表人要具备下列条件：必须是他所代表的一方当事人中的一员，与其他成员具有共同的利害关系；必须由依法定程序登记的权利人商定；具有相应的诉讼行为能力；能够正确履行代表义务，能善意地维护被代表的全体当事人的合法权益。代表人诉讼中，代表人适格与否关系重大。代表人适格，才能代表众多当事人的利益，判决才能对其所代表的众多当事人产生效力；代表人不适格，则代表人诉讼不能成立。

5.受诉人民法院对案件有管辖权

我国《民事诉讼法》未对代表人诉讼案件的管辖作专门规定。按照民事案件管辖的原则及司法实践，其确定方法是：

(1)级别管辖。凡涉及当事人人数众多、标的额较大，有较大影响的案件，一般由中级人民法院管辖；案情简单、涉及面小和诉讼标的额不大的案件，由基层人民法院管辖。

(2)地域管辖。侵权纠纷或者合同纠纷中，代表人代表多数人一方作为原告方提起诉讼时，依侵权案件或者合同案件确定其地域管辖。专属管辖的案件，按照《民事诉讼法》专属管辖的规定来确定。《关于审理证券市场因虚假陈述引发的民事赔偿案件的若干规定》第 8 条、第 9 条特别规定，虚假陈述引起的证券民事赔偿案件，由发行人或者上市公司等虚假陈述行为人所在地有管辖权的中级人民法院管辖，而且只限于省、直辖市、自治区人民政府所在的市、计划单列市和经济特区的中级人民法院。

此外，有些类型的案件要求必须经过前置程序才能提起诉讼，有关利害关系人提起代表人诉讼时，也必须要符合这一要求。下列两类案件必须经过前置程序处理后才能提起：(1)对于证券市场因虚假陈述引发的民事赔偿案件，投资人提起诉讼，以有关机关对虚假陈述人进行行政处罚或者人民法院作出刑事判决为前提。(2)劳动争议案件必须经过劳动争议仲裁委员会仲裁，对仲裁裁决不服的，才可以提起民事诉讼。众多职工为一方当事人与企业之间发生争议，必须在进行劳动仲裁后，才能向法院提起代表人诉讼。

### (二)代表人诉讼的受理

人民法院受理代表人诉讼不仅要审查代表人诉讼是否具备一般的起诉要件，还要审查其是否具备提起代表人诉讼的要件。为了发挥代表人诉讼的积极作用，防止代表人诉讼的滥用，人民法院应当对诉讼代表人资格进行实体审查。例如，对于证券市场因虚假陈述引发的民事赔偿案件，投资人必须依据有关机关的行政处罚决定或者人民法院的刑事裁判文书，对虚假陈述行为人提起民事赔偿诉讼，并且要提交行政处罚决定或者公告，或者人民法院的刑事裁判文书，同时要提交交易的凭证等证据以证明投资损失。

对于符合起诉条件的代表人诉讼，人民法院应当受理并立案；对于不符合条件且不可能补正的代表人诉讼，人民法院应当裁定不予受理。

## 三、代表人诉讼案件的审理与裁判

### （一）人数确定的代表人诉讼案件的审理与裁判

1. 诉讼代表人的产生

对于人数确定的代表人诉讼，《民事诉讼法》第 54 条规定，当事人一方人数众多的共同诉讼，可以由当事人推选代表人进行诉讼。《适用意见》第 60 条规定，当事人一方人数众多且在起诉时确定的，可以由全体当事人推选共同的代表人，也可以由部分当事人推选自己的代表人；推选不出的，在必要共同诉讼中可以自己参加诉讼，在普通共同诉讼中，可以另行起诉。《适用意见》第 62 条规定，推选的代表人人数为 2 至 5 人，每位代表人可以委托 1 至 2 人作为诉讼代理人。

2. 诉讼代表人的变更及对其行使诉讼权利的限制

诉讼中出现诉讼代表人死亡、丧失诉讼行为能力以及不能尽代表人职责的情况时，可以由原推选代表人的当事人推选新的代表人予以更换。更换后的代表人继续履行原代表人职责；原代表人的诉讼行为，对新更换的代表人具有法律效力。

诉讼代表人既是当事人一方的成员，又是多数人一方当事人诉讼行为的具体实施者，为保障多数当事人全体的利益，我国《民事诉讼法》第 55 条第 3 款规定，代表人的诉讼行为对其所代表的当事人发生效力，同时规定，代表人变更、放弃诉讼请求或者承认对方当事人的诉讼请求、进行和解，必须经被代表的当事人同意。

3. 判决书主文

人民法院判决被告对人数众多的原告承担民事赔偿责任时，可以在判决书主文中对赔偿总额作出判决，并将每个原告的姓名、应获得的赔偿金额等列表附于民事判决书后。

**(二)人数不确定的代表人诉讼案件的审理与裁判**

1.追加对方当事人

某些案件中,有必要追加对方当事人,甚至要移送管辖。[①]

2.公告

人数众多一方在起诉时,其人数不确定的,人民法院受理后可以发出公告,说明案件情况和诉讼请求,并通知有关利害关系人到人民法院进行登记。公告期应根据具体案件的情况确定,最少不得少于30日。

公告要通知当事人案件已经开始,可起送达作用。同时,当事人知悉通知的内容后到人民法院登记,可确定当事人的人数。

3.登记

登记人要证明他与对方当事人的法律关系及其所受损害。证明不了的,不予登记,当事人可以另行起诉。

4.诉讼代表人的产生

《适用意见》第61条规定,当事人一方人数众多且在起诉时不确定的,由当事人推选代表人,当事人推选不出的,可以由人民法院提出人选与当事人协商,协商不成的,也可以由人民法院在起诉的当事人中指定代表人。

代表人的变更和对其行使权利的限制,与人数确定的代表人诉讼相同。

5.判决书主文

与人数确定的代表人诉讼一样,人民法院判决被告对人数众多的原告承担民事赔偿责任时,可以在判决书主文中对赔偿总额作出判决,并将每个原告的姓名、应获得的赔偿金额等列表附于民事判决书后。

司法实践中,法院对人数众多的一方当事人的具体名单、身份等要以附表说明,在开庭记录以及制作法律文书时,只写代表人的名单,但要扼要注明“其余当事人见附表”。

---

① 《关于审理证券市场因虚假陈述引发的民事赔偿案件的若干规定》第10条规定,人民法院受理以发行人或者上市公司以外的虚假陈述行为人(发起人、控股股东等实际控制人;证券承销商;证券上市推荐人;会计师事务所、律师事务所、资产评估机构等专业中介)为被告提起的诉讼后,经当事人申请或者征得所有原告同意后,可以追加发行人或者上市公司为共同被告。人民法院追加后,应当将案件移送发行人或者上市公司所在地有管辖权的中级人民法院管辖。当事人不申请或者原告不同意追加,人民法院认为确有必要追加的,应当通知发行人或者上市公司作为共同被告参加诉讼,但不得移送案件。

## 四、人数不确定的代表人诉讼判决效力的范围和扩张

### (一)人数不确定的代表人诉讼判决效力的范围

我国《民事诉讼法》第 55 条第 3 款规定，在人数不确定的代表人诉讼中，人民法院的裁判对代表人所代表的当事人发生效力，即在权利登记的范围内执行。未参加登记的权利人在诉讼时效期间内提起诉讼，人民法院认定其请求成立的，裁定适用人民法院已经作出的判决、裁定。

### (二)人数不确定的代表人诉讼判决效力的扩张

这里所说的判决效力的扩张，是指判决对未参加诉讼的案外人也有效。

由于代表人是以多数当事人全体的名义、诉讼请求和诉讼理由来向对方当事人提出诉讼主张和进行诉讼抗辩的，所以，代表人的诉讼实施权来源于所有被代表的当事人，法院判决的利益或者不利益要归属于其所代表的当事人，也要归属于其本人。就算被代表的当事人未参加诉讼，判决的效力也及于他们，这不是判决效力的扩张。

在公告期间未进行权利登记，在诉讼时效期间内，向人民法院起诉的人，人民法院将裁定对其适用代表人诉讼判决。这才是判决效力主观范围的扩张，即代表人诉讼的实体判决扩张至没有参加诉讼的另案当事人。

人数不确定的代表人诉讼，一般为诉讼标的同种类的多数人诉讼，这种诉讼其实构成普通共同诉讼。每一个权利主体所提起的诉讼都是独立的诉讼，当事人可以一起提起诉讼，也可以另行起诉。在司法实践中，一般认为在诉讼标的为同一种类但有关当事人没有参加诉讼的情况下，前一判决效力不能扩及后一个诉讼。这是为了保证每一个主体在诉讼程序中都有请求正当裁判的权利所要求的。由于代表人诉讼救济的不仅仅是私权，而且还是对社会公益的维护，对法的秩序有重大影响，所以我国代表人诉讼的判决效力就不能再限于参加登记的人，而是可以通过法院裁定其适用于与代表人所代表的诉讼有相同或相似的情形、但是没有在公告期内申报权利和进行登记的人。

# 第九章

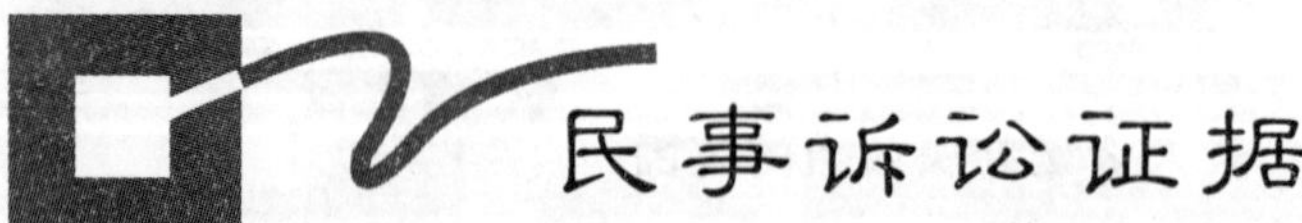

# 民事诉讼证据

## 第一节 民事诉讼证据概述

### 一、民事诉讼证据的概念和属性

#### (一)民事诉讼证据的概念辨析

民事诉讼的开始、进行和结束都离不开证据的运用,因此,证据是民事诉讼的核心。然而,对于何为证据,中外法学界可谓仁者见仁,智者见智。国外关于证据概念的争论,有原因说、结果说、方法说(或手段说)等;国内法学界对证据的定义,则有信息说、材料说、反映说、两义说、多义说、统一说、事实说、根据说等。其中,比较有代表性的观点是“事实说”、“统一说”和“根据说”。“事实说”认为,证明案件真实情况的一切事实都是证据[①]。该说在我国理论界以及立法、司法实务界长期居于通说地位。“统一说”认为,证据是证据内容和证据形式的统一,即证据是经过查证属实可以作为定案根据的,具有法定形式和来源的,证明案件真实情况的一切事实[②]。证据内容就是证据事实。而在内容与形式的关系中,内容决定形式,内容更具本质性。因此,“统一说”在本质上是“事实说”的另一种说法。“根据说”认为,证据就是证明案件事实或者与法律事务有关之事实存在与否的根据[③]。

相对而言,“根据说”更符合证据的本义、法律规定和司法实际。首先,从证据的本义来看,“证”,即证明;“据”,即根据、依据、凭据。因此,将“证”“据”

---

① 参见江伟主编:《证据法学》,法律出版社 1999 年版,第 206 页。

② 参见汤维建主编:《民事诉讼法学原理与案例教程》,中国人民大学出版社 2006 年版,第 201 页。

③ 参见何家弘主编:《证据法学研究》,中国人民大学出版社 2007 年版,第 84 页。

合而言之，即证据就是证明的根据、证明的凭据或者证明的依据。其次，从《民事诉讼法》的规定看，该法第 63 条有两款，其中第 1 款规定证据有书证、物证等七种，接着第 2 款又规定“以上证据必须查证属实，才能作为认定事实的根据”。这不仅直接把证据与“根据”联系在一起，也十分明确地肯定证据并非都是事实，因而需要“查证属实”方可作为定案根据。最后，从司法实际看，当今民事诉讼中伪证现象十分严重。伪证也属证据之列，但其内容并非客观事实。换言之，客观、真实的证据是事实，虚假、作伪的证据则是事实的反面。由此可见，“事实说”、“统一说”对证据的定义似欠科学。

### （二）民事诉讼证据的属性

证据究竟有哪些属性？这个问题在我国证据法学界一直存在争论，迄今为止，争论还在继续。我国学者对于证据的属性曾先后提出过数十种概念，如客观性、关联性、合法性、多样性、两面性、制约性、真理性、证明性、可采性、重要性、阶级性等等。通过争论，现在理论上比较一致的认识是，诉讼证据具有客观性、关联性和合法性三个属性。其中，对关联性，中外法学界都不加争论，都认为它为证据属性之中的当然品格[①]。

1. 客观性

证据的客观性，是指证据作为证明待证事实的根据，其本身必须是客观的、真实的，而不是主观想象的、臆测的或者伪造的、变造的。这一属性的本质是表明证据必须是可靠的、可信的，否则就无法对案件事实得出符合客观实际的认识。虽然在形成、调查收集和使用过程中，证据可能会受人的主观因素的影响，但是证据事实本身必须是客观存在的材料，而不是任何人的主观猜测或捏造的产物。正是因为证据具有客观性，才能使不同的裁判者可以借助司法途径对同一案件事实的认识有大体相同的结论，公正地作出裁判。

2. 关联性

证据的关联性，是指证据必须与待证事实之间存在一定的客观联系。正是因为证据与待证事实之间有这种联系，证据才能够对待证事实发挥证明作用，也就是才能证明案件事实的全部或一部分。缺乏关联性的事实材料，不是本案的证据，当然也对本案事实无证明力。

理解证据的关联性，以下几点值得注意：

---

① 参见汤维建：《关于证据属性的若干思考和讨论——以证据的客观性为中心》，载《政法论坛》2000 年第 6 期。

(1)证据的关联性是证据的客观性的一个表现。即证据与案件事实之间的联系也是一种客观存在,是不以人的主观意志为转移的。

(2)证据的关联性是出现于诉讼中的材料能否成为证据、是否具有证明力以及证明力大小的决定性因素。举例来说,甲与乙系邻居,甲曾向乙借款1万元尚未归还。一日,乙与甲因楼道的使用发生争执,因言语过激,引起甲的气愤,甲冲动地拿起身边的一根木棒朝乙打去并致乙受伤。此时,丙恰好从事发地点经过,目睹了这一幕。后丙又将其看到的甲用木棒伤害乙的情况告诉了丁,丁又告诉了戊。乙伤愈后向法院起诉,既要求甲赔偿其人身伤害所受到的损失,也要求甲返还借款1万元。这里就有两个产生争议的民事法律关系(或曰诉讼标的):一个是人身侵权之债;另一个是借款合同之债。如果法院通知丙、丁、戊出庭作证,则丙、丁、戊在法庭上所作的有关甲用木棒打伤乙的陈述可否用以证明甲乙之间的借款合同之债?此三人的证言在证明甲伤害乙的问题上是否具有同等的证据价值?对这两个问题,只能作否定的回答。首先,对于第一问,丙、丁、戊三人的证言与甲乙的借款事实之间没有内在的、具体的客观联系,风马牛不相及,也就是该三人的证言不能对借款事实发挥证明作用。质言之,就借款事实而言,该三人的证言不具有证据资格。其次,对于第二问,该三人的证言与甲伤害乙的侵权事实有关,可以用来证明甲是如何伤害乙的,即按照我国《民事诉讼法》的规定,三人的证言都具有证据资格,但三人的证言的证明力却不能等同。因为在该三人的证言中,丙是现场目击者,其陈述直接来源于案件事实,与案件事实的联系极其紧密,属于原始证据的范畴;而丁、戊则不是现场目击者,其知晓甲用木棒伤害乙的情况,是基于他人的转告,即由于有转述(转抄、复制、复印等)之中介环节的介入,丁、戊的证言与案件事实之间的联系已经变得疏远而属于传来证据的范畴。由于原始证据比传来证据接近案件事实,更有利于反映案件事实的本来面目,因而更为可靠和可信,这就使得原始证据的证明力一般要大于传来证据的证明力。

(3)证据的关联性具有多样性。证据与案件事实之间的联系可以是直接联系,也可以是间接联系;可以是肯定性联系,也可以是否定性联系;可以是条件联系,也可以是因果联系。

(4)判断某一证据有无关联性的标准,是该证据是否有利于证明待证事实的真伪,如果该证据能够使待证事实的真实或者虚假变得更为清晰,就可以确定该证据具有关联性。

(5)确定某一证据与案件事实是否具有关联性,往往取决于人们的认识能力和科技发展水平。人类的认识能力越强,科技发展水平越高,就越有利于揭示证据与案件事实之间的联系。如根据 DNA 技术进行亲子关系鉴定，是以前所不能想象的，正是科学技术的发展提高了人们认识案件事实的能力。

3. 合法性

证据的合法性，是指诉讼证据本身及其收集、提交、使用必须符合法律的要求。证据的合法性表现在：一是证据的形式应当合法；二是证据的内容应当合法；三是收集证据的主体必须合法；四是收集证据的手段和方法必须合法，《证据规定》第 68 条关于“以侵害他人合法权益或者违反法律禁止性规定的方法取得的证据，不能作为认定案件事实的依据”的规定，就体现了这一要求；五是收集、提交证据的程序以及与证据相关的其他程序必须合法。

## 二、民事诉讼证据的作用

证据的作用可从法院和当事人的角度分别加以考察：

### (一)证据是法院查明案件事实真相的手段和实现司法公正的基础

司法公正包括实体公正和程序公正两个同等重要的方面。毫无疑问，实体公正的实现是建立在案件事实明确的基础之上的；很多情况下，程序公正的实现也依赖于相应程序事实的探明，例如，审案法官是否应回避、法院是否应接受当事人的证据调查申请等均应查明是否有正当理由。这就是所谓的法院办案要“以事实为根据”。但是，由于法官不是案件事实的亲力亲为者，在接触案件事实之前，其对案情一无所知，因此，法官若想查明案件事实、发现案件真相，除极少数司法认知的事实外，必须依据已掌握的证据进行推断。如果毫无证据，法官不可能发现案件真相；如果证据不足，法官也难以发现全部真相，或者所发现的“真相”会残缺不全。这样，法官难以为判；即使判了，也难免出现差错而引致各种新的问题①。由此可见，证据是法院查明案件事实真相的手段，而事实真相的查明则是实现司法公正的基础。

### (二)证据是当事人维护其合法权益的有力武器

当事人进行诉讼，目的是为了维护自己的合法权益，因而在诉讼中就必然会提出有利于自己的主张或反驳对方的主张。按照《民事诉讼法》第 64 条的规定，当事人对自己提出的主张，有责任提供证据；《证据规定》第 2 条进一步

---

① 参见肖晗：《民事证据收集制度研究》，湖南师范大学出版社 2010 年版，第 2 页。

明确："当事人对自己提出的诉讼请求所依据的事实或者反驳对方诉讼请求所依据的事实有责任提供证据加以证明。没有证据或者证据不足以证明当事人的事实主张的，由负有举证责任的当事人承担不利后果。"可见，在民事诉讼中，当事人只有收集并提供了充分、可靠的证据，恰当地履行了举证责任，才能使其诉讼主张得以证明，进而达到维护其合法权益的目的。

## 第二节 民事诉讼证据的分类

### 一、民事诉讼证据的法定形式

民事诉讼证据的法定形式，是指立法对诉讼证据所规定的种类。我国民事诉讼法将证据分为书证、物证、证人证言、当事人陈述、视听资料、鉴定结论和勘验笔录等七种形式。近年来因电子证据的出现，诉讼证据的形式更加丰富多彩。

#### (一)书证

1. 书证的概念和特点

书证是指以文字、符号、图画等所表达的思想内容来证明案件事实的证据。书证一般表现为书面文件，如合同书、书面遗嘱、借据、收条、建筑设计图、电报、信件、日记、账簿等；也可表现为其他能为人所认识、所理解的信息，如交通信号、交通符号、防电防火符号等。需要注意的是，诉讼中，因收集调查证据而做成的文书，如询问证人、鉴定人所作的笔录和勘验笔录等，虽然是用文字表达人的思想内容，但它是以人的陈述形式表达出来的，并要接受法庭调查中的询问，或者是对勘验过程和勘验结果所作的客观记录，并非书证。不过，在另一诉讼中所做成的这种文书却可以转化为本案的书证。

书证的特征在于：(1)书证最本质的特征是以其表达的思想内容证明案件事实。(2)书证多为直接证据。有许多书证是当事人在实施民事法律行为时形成的，是对民事法律行为的过程或结果的客观记载，如合同书、遗嘱书、备忘录、公证书等，如果以后因该法律行为的内容发生争议，这些书证即可起到直接证明的作用。(3)书证的稳定性和真实性较强。书证是将思想内容固定在一定的物质载体上的，只要科学提取，保管得当，就不容易毁损、灭失，而且也不像言词证据那样，容易因有关人员主观意识的改变而改变，也不存在因时间久远造成记忆模糊而影响其证明力的现象，因而其证明作用相当稳定。此外，书证一般形成于诉讼之前，是对案件事实的客观记载，只要不被涂改、变造，就具有很强的真实性。

2.书证的分类

书证有多种表现形式，根据不同的标准，可以对书证进行以下分类：

(1)公文书与私文书。按照书证的制作主体不同，可以把书证分为公文书与私文书。公文书是指文书制作主体在其职权范围内依法定的方式和程序制作的文书。私文书是指公民、法人和其他组织非依职权制作的文书。将书证分为公文书与私文书，其意义体现在两个方面：一是判断文书是否真实的方式不同。对于公文书，主要看该文书是否为有关单位及其公职人员在其职权范围内制作。而对于私文书，则主要看该文书是否由制作者本人签名或盖章。对公文书的真伪发生疑问时，可采用向制作文书的单位调查的方式解决；而对私文书的真伪发生疑问时，则通过核对笔迹、印章或进行文书鉴定的方式解决[①]。二是证明力有所差别。《证据规定》第77条第1项规定，“国家机关、社会团体依职权制作的公文书证的证明力一般大于其他书证”。可见，在一般情况下，公文书的证明力要比私文书强。但在诉讼中也必须对公文书进行审查核实，注意其制作者是否依法定权限制作，是否遵守了有关的程式规定，所记载的内容是否可靠等。

(2)处分性书证与报道性书证。书证依其内容和效果的不同，可以分为处分性书证与报道性书证。处分性书证是指记载一定的民事法律行为的内容，以设定、变更或消灭一定的民事法律关系为目的的书证。书证中所记载或表述的内容，不是以产生一定的法律后果为目的，而是制作人用以记录或者报道某种事实，此种书证被称为报道性书证。报道性书证与处分性书证的区别在于，报道性书证表明文书制作人只观察待证事实并记载其结果，并不以产生一定的法律后果为直接目的，而处分性书证则以产生某法律效果为直接目的，因而，处分性书证对其所记载的且已发生争议的民事法律关系具有直接的证明作用，而报道性书证对待证事实则一般不具有直接的证明作用。

(3)普通书证与特别书证。以书证的制作是否应具备一定的形式为标准，可以将书证分为普通书证与特别书证。普通书证，是指仅要求其内容记载一

① 江伟主编：《民事诉讼法》，高等教育出版社、北京大学出版社2004年第2版，第140页。

定的法律事实即可,法律并不要求必须具备一定形式就可成立的文书。特别书证,是指法律规定必须采用某种特定形式或履行某种特定手续才能够成立的文书。如买卖房屋,就必须订立书面合同并经房管部门登记,才能发生法律效力。根据《民事诉讼法》第59条第3款的规定,侨居在外国的中国公民,委托代理人授权委托书,必须经我国驻该国的使、领馆证明,才发生效力。这种授权委托书,也是特别书证。此种分类的意义在于,特别书证的制作经过特定的程序,或具备特定的形式,其内容比较完善,真实性也较强,所以在诉讼中具有较强的证明力①。

(4)原本、正本、副本与节本。以制作方法为标准,书证可分为原本、正本、副本与节本等。原本,指文书制作人最初所制成的文书。原本是书证其他文本的渊源。正本,就是抄录原本、与原本具有同一内容,对外具有与原本相同效力的文本。副本,也是照抄原本全文而制成,与正本具有同样效力的文本。正本与副本的区别在于,正本是送达给主收件人保存和使用的,副本则是送达给主收件人以外的其他需要了解书证内容的人的。节本(节录本),则是仅摘抄原本、正本或副本部分内容的文本。

### (二)物证

#### 1.物证的概念和特征

凡是以其外部特征、物质属性和存在形式证明待证事实的物品或者痕迹,都是物证。所谓外部特征,主要是指物证客观存在的形状、大小、品名、规格、数量、质量、颜色、新旧、破损程度、痕迹等;所谓物质属性,包括物证的物理属性和化学属性;所谓存在形式,主要指物证所处的位置、环境、状态及其占有的时空范围等。

物证最本质的特征是以其外部特征、物质属性和存在形式证明待证事实。除此之外,它还有如下特征:(1)稳定性。物证是客观存在的物品或痕迹,所以只要及时收集,用科学的方法提取和保管,其就能长期保存下去而具有较强的稳定性。(2)可靠性。物证是以其客观存在的形状、规格、痕迹等证明案件事实,不受人们主观因素的影响和制约,只要判明物证是真实的,其就具有很大的可靠性和较强的证明力。(3)间接性。这表现在两个方面:一是在绝大多数情况下,单个物证只能证明案件主要事实的某一方面或局部,因而多为间接证

---

① 江伟主编:《民事诉讼法》,高等教育出版社、北京大学出版社2004年第2版,第141页。

据。二是办案人员单纯地审视物证是很难发现其与案件事实的关联性的，只有通过他人辨认、鉴定人鉴定等方法，才能将其与案件事实的关联性揭示出来。换言之，物证要通过第三人的沟通才能表现其证明力。正因为如此，有人把物证称为"哑巴证据"①。基于此，我国《民事诉讼法》规定"物证应当提交原物"，只有在提交原物有困难时，才可提交复制品、照片。

2. 物证与书证的区别

物证与书证均属实物证据，且有的文字材料兼有书证和物证的双重属性，均能不同程度地对案件事实发挥正面作用。二者的区别主要有：(1)书证是以其表达的思想内容来证明案件事实，而物证则以其外部特征、物质属性和存在形式来证明案件事实。(2)法律对某些书证有形式要件的要求；有时，当事人也可以约定书证的形式要件。而对物证，法律一般没有这种要求。(3)书证一般是行为人意思表示的书面形式，而物证一般是有形的物体，不包含人的意思表示。(4)审查物证时，应当对物证进行鉴定或勘验，而书证一般是通过鉴定确定其真伪。

### （三）视听资料

1. 视听资料的概念和特征

视听资料，就是利用录音录像设备、电子计算机以及其他高科技设备储存的数据和资料来证明待证事实的证据。它大致包括录音资料、录像资料、电脑贮存资料等较为传统的表现形式，还包括手机、电子监控设备、雷达、透视设备、核磁共振设备等所储存的其他资料。

诉讼手段的革新常常伴随于科技的进步。视听资料就是随着科技发展而出现的新型证据，现已被世界各国广泛采用。但是其他国家的法律并未把视听资料规定为一种独立的证据形式，一般是将其归属于传统的书证或物证。把视听资料作为一种独立的诉讼证据，最早见于我国 1982 年颁布的《民事诉讼法(试行)》，1991 年修改的《民事诉讼法》对此加以肯定，并为行政诉讼法、修改后的刑事诉讼法所借鉴。民事司法实践中，视听资料为法院查明案情、提高审判质量，正确处理民事纠纷提供了很有效的证据方法。

视听资料主要有以下几个特点：(1)客观性和可靠性。它是通过科技手段，把案件事实发生的过程和结果如实记载下来，且一般不受主观因素的影响，能客观地反映案件事实，因而具有较强的真实性和可靠性。(2)直观性和

---

① 田平安主编：《民事诉讼法原理》，厦门大学出版社 2005 年修订版，第 255 页。

动态性。这可以说是视听资料的最大优势。书证、物证等证据多以静态的形式对案件事实发挥证明作用,视听资料则不然,它可连续再现、定格、放大、缩小,通过视觉、听觉的感知作用,办案人员能从其画面、声响、数字、图表中亲身领会案件事实形成的原始过程以及当事人的原始意思,产生亲临其境之感。这样,视听资料不仅能动态地也能直观地证明案件事实,给人留下深刻的印象,进而发挥出重大的证明作用。(3)方便性。视听资料由于具有技术先进、体积小、重量轻等特点,便于收集、保管和使用。(4)易改性。视听资料容易被剪辑或伪造,即其内容容易被篡改。这就要求遇有疑点时,应当通过鉴定或者勘验等方式确定其是否被裁剪或者伪造,以确保其真实性。

2.视听资料与书证、物证的区别

书证是以书面文件记载的内容来证明案件事实的,而视听资料的声音、图像、贮存资料等,并不单纯以文字和符号表达思想内容,而是独立地反映案件的一部分或全部的真实情况和法律事实,不仅静态地反映待证事实,而且动态地说明待证事实的真实情景,这一点迥异于书证。

物证是以其外部特征、物质属性和存在形式来证明案件事实的,而视听资料是以声音、图像、贮存资料的内容来证明案件事实,两者显然不同。

### (四)证人证言

1.证人

民事诉讼中的证人,是指了解一定的案件情况而受当事人及其诉讼代理人调查或受人民法院询问或传唤到庭作证的人。

《民事诉讼法》第70条规定,凡是知道案件情况的单位和个人,都有义务出庭作证;不能正确表达意志的人,不能作证。由此可见,具备证人资格须符合三个方面的条件:(1)证人一般为自然人,包括中国人、外国人、无国籍人或双重、多重国籍人。至于单位可否成为证人,理论界存有争论,而我国《民事诉讼法》则明确规定其可为证人。(2)了解一定的案件情况。这是一个人成为证人的前提条件。如果某人对案情一无所知,决不允许其担当证人。至于证人是通过何种方式(即是直接感知还是间接感知)而知晓案件情况,从我国现有规定看,可以在所不问。(3)能够正确表达意志。这就意味着即使是生理上、精神上有缺陷或者年幼的人,只要其能将其感知的案件事实正确地表达出来,也可以充当证人。

为了更准确地理解证人的范围,还可以排除某些人的证人资格。根据我国《民事诉讼法》第70条的规定和司法实践,下列人员不能充当证人:(1)不能正确表达意志的人，不能作为证人。它主要包括那些生理上、精神上有缺陷或者年幼的人，如果不能辨别是非，不能正确表达意志，其就不得作为证人。证人为聋哑人的，可以其他表达方式作证。(2)诉讼代理人在同一案件中不得作为证人。如果诉讼代理人对正确查明事实有重要作用的，可以在终止与被代理人的委托代理关系后成为证人。(3)办理本案的审判人员、书记员、鉴定人、勘验人、翻译人员和检察人员等，不能同时是本案的证人。

证人在民事诉讼中享有的诉讼权利主要有：(1)有权用本民族语言文字提供证言。如果不通晓当地语言文字的，可以要求人民法院为其提供翻译。(2)对于自己的证言笔录，有权申请补正。(3)因作证而遭受侮辱、诽谤、殴打或者其他打击报复的，有权要求法律给予保护。(4)有权要求人民法院给予因出庭作证所支付的费用和影响的收入。证人因出庭作证而支出的合理费用，如误工工资、误工补贴、差旅费等，由提供证人的一方当事人先行支付，由败诉一方当事人承担。(5)有权接受审判人员和当事人的询问。但询问证人时，其他证人不得在场。证人不得旁听法庭审理；人民法院认为有必要的，可以让证人进行对质。

证人在民事诉讼中应承担的诉讼义务有：(1)出庭作证和接受质询的义务。证人在人民法院组织双方当事人交换证据时出席陈述证言的，可以被视为出庭作证。如果确有困难，不能出庭的，经人民法院许可，可以提交书面证言。(2)如实作证的义务。一方面须如实陈述所了解的案情或回答审判人员、检察人员、当事人、诉讼代理人提出的问题，另一方面不得作虚假陈述，不得作伪证。(3)遵守法庭秩序的义务。

2.证人证言

证人证言，是指证人就其所了解的案件情况向人民法院所作的陈述。证人陈述的方式，可以是口头形式和书面形式，还可以是其他形式(如哑语、手势语等)，但为便于质证，应以口头陈述为主。证人陈述的内容，可能涉及三个方面：一是关于案件事实的陈述。证人一般应就自己感知的事实作出陈述；如果陈述从他人处听来的事实，必须说明出处或来源，否则不能作为证据使用。二是对案件事实的意见，即向法庭说明其对案件事实的评论和推测。为保证证言的客观性，证人一般不应对案件事实在主观上作出评价，仅在必要时允许证人根据其体验的事实作一些他人无法替代的分析、判断或者推测。概言之，证人的意见性陈述一般不属于证据的范畴。三是对案件所涉及的法律问题的陈述。如何适用法律是法官的职责，因此这一内容也不属证人证言的范畴。

证人证言有如下特点：(1)不可替代性。证人与客观存在的案件事实形成的联系是特定的，是他人不可替代的。(2)真伪并存性。证人证言的真实性、可靠性受多重因素的影响。一方面，它具有客观真实性，因为证人与案件的审理结果无法律上的利害关系，其一般能站在客观中立的立场上进行陈述。另一方面，基于故意或非故意的原因，它又很可能具有虚假性。故意的原因，如证人因与当事人存在亲友关系、仇怨关系或者贿买关系而提供虚假的证言；非故意的原因，如证人对案件事实的感知不准、部分忘记、叙述遗漏等，均可能影响证言的真实性和准确性。(3)作用多重性。它既可以用于认定案件事实，还可以用来鉴别其他证据的真伪和确定其证明力的大小；既可以促使当事人放弃无理的事实主张，接受人民法院的调解和裁判，又能为人民法院调查收集证据提供线索。

### (五)当事人陈述

1. 当事人陈述的概念和特点

当事人陈述，指当事人在诉讼中就有关案件的事实情况向法院所作的陈述。

在诉讼中，当事人向法院所作的陈述常常涉及多方面的内容，如关于诉讼请求的陈述、关于案件事实的陈述、关于诉讼证据的陈述、关于案件性质和法律问题的陈述等。其中，能够作为证据使用的，仅限于当事人对案件事实的陈述。当事人就有关案件事实向人民法院所作陈述，通常有两种情况：(1)对案件事实的叙述，即当事人把涉诉之民事法律关系发生、变更或者消灭的事实以及民事争议形成的原因、经过、结果等事实向法庭作出说明。(2)对案件主要事实的承认，即当事人自认。这是指一方当事人对对方当事人陈述的不利于自己的要件事实以明示的方式予以认可。除明示的自认外，还有默示的自认，也即拟制自认，它是指当事人在诉讼准备阶段或辩论阶段对对方主张的事实无明确的争议，并且对全部辩论的内容认定也无争议时，该事实被视为自认。应当注意的是，当事人对事实的承认与对诉讼请求的承认是不同的。所谓对诉讼请求的承认，是指一方当事人对对方当事人权利的承认，也称认诺。自认与认诺既有联系也有区别。其区别在于，自认的法律效果是免除对方当事人对自认事实的举证责任，自认人不一定会败诉；而认诺的法律效果则是法院可直接判决认诺人败诉。其联系在于，对诉讼请求的承认实际上包含了对支持该请求存在的所有主要事实的全部承认。换言之，认诺包含了自认的内容[①]。

---

① 参见田平安主编：《民事诉讼法原理》，厦门大学出版社 2005 年修订版，第 266 页。

作为证据，当事人陈述最显著的特点就是“真伪并存性”，即真实性与虚假性并存。因为当事人对民事法律关系的发生、变更、消灭以及民事争议等事实比他人知道得更为清楚、全面，其有可能向人民法院提供真实的案件情况；但是由于当事人同审判结果有直接的利害关系，彼此之间的利益有对立性，所以其往往对有利于自己的事实夸大，而对不利于自己的事实就加以隐瞒、缩小，甚至可能歪曲事实、虚构情节。这一特征决定了人民法院要正确运用当事人陈述这种证据形式，就必须结合其他证据进行综合分析，去伪存真。诉讼中，如果当事人拒绝陈述案情，不影响人民法院根据其他证据认定案件事实。

2.当事人陈述的法律地位

当事人陈述可否作为一种独立的证据形式？这在世界各国的立法中有两种体例：(1)把当事人陈述作为一种独立的证据形式，即将它与其他证据形式并列。其所以如此，是因为当事人是案件事实的亲力亲为者，对案情最为了解，法院听取其陈述，有利于案件真实的发现，而且可通过运用其他证据来鉴别其真伪，防止当事人的虚假陈述。采用此种立法体例的，主要是前苏联和东欧一些国家。我国《民事诉讼法》和有关司法解释实际上也肯定了当事人陈述为独立的民事诉讼证据。(2)将当事人陈述作为补充性证据，即一般不将其作为独立证据看待。这种立法体例主要为德国、日本等大陆法系国家所采用。这些国家把当事人陈述区分为利己陈述和不利于自己的陈述(即利他陈述)。利他陈述，即自认，具有免除对方当事人证明的效力。利己陈述一般是作为证明对象，而非证据事实。只有在不得已的情况下，才把询问当事人作为获取证据的方法。这体现在德、日等国民事诉讼法之讯问当事人制度中。其含义是，法官依证言、书证、勘验等各种证据形式，还不能充分得到心证时，可以命令当事人自己为证人进行宣誓，宣誓后再加以讯问，将其证言作为证据使用。这种做法被认为是补充的证据方法，不是独立的证据表现形式。究其原因，首先是因为当事人与案件有直接利害关系，其陈述一般缺乏可靠性；其次是因为要求当事人陈述与自己有利害关系的不利的事实，未免强人所难①。

---

① 参见江伟主编：《民事诉讼法》，高等教育出版社、北京大学出版社 2004 年第 2 版，第 146～147 页；[日]兼子一、竹下守夫著：《民事诉讼法》，白绿铉译，法律出版社 1995 年版，第 122 页。

### (六)鉴定结论

1.鉴定

鉴定,是鉴定人运用自己的专门知识和技能以及必要的科技手段,对案件中的专门性问题进行检测、分析、鉴别和判断的活动。透析该概念可知,鉴定的主体是鉴定人,鉴定的客体(对象)是案件中的专门性问题,鉴定的必要条件是鉴定人具有解决专门性问题的专业知识、技能和必要的技术手段,鉴定的方式是对鉴定客体进行检测、分析、鉴别和判断,鉴定的目的则是要提出作为案件处理依据的鉴定结论。在我国目前的民事诉讼中,鉴定主要有文书鉴定、医学鉴定、痕迹鉴定、产品质量鉴定、会计鉴定等。从《民事诉讼法》第72条和《证据规定》第25至29条的规定看,鉴定有初次鉴定、重新鉴定和补充鉴定之分。综观这些条文的规定,我国民事诉讼鉴定程序的启动具有下述特点:(1)是否进行鉴定由当事人提出申请,由人民法院决定,但当事人也可以自行委托有关部门进行鉴定,只不过对该鉴定结论对方当事人有权以充分证据进行反驳,也可以申请重新鉴定。(2)除重新鉴定外,当事人申请鉴定应当在举证期限内提出。(3)当事人在举证期限内不申请鉴定的,应当承担一定的法律后果。即:对需要鉴定的事项负有举证责任的当事人,在人民法院指定的期限内无正当理由不提出鉴定申请或者不预交鉴定费用或者拒不提供相关材料,致使无法通过鉴定结论对案件争议的事实予以认定的,应当对该事实承担举证不能的法律后果。(4)鉴定机构和鉴定人的确定一般有商定和指定两种方式。即当事人申请鉴定经人民法院同意后,由双方当事人协商确定有鉴定资格的鉴定机构、鉴定人员,协商不成的,由人民法院指定。只在少数情况下,当事人可以单方面自行委托鉴定。

当事人对原鉴定结论不服的,有权申请重新鉴定。所谓重新鉴定,是在人民法院对鉴定结论进行审查后,当事人对其可采信度存有疑虑,另行委托新的鉴定人进行的鉴定。重新鉴定的条件是:(1)当事人对人民法院委托的鉴定机构作出的鉴定结论持有异议;(2)当事人须提出证据证明存在法定情形:①鉴定机构或者鉴定人员不具备相关的鉴定资格的;②鉴定程序严重违法的;③鉴定结论明显依据不足的;④经过质证认定不能作为证据使用的其他情形。(3)须经人民法院审查并准许。重新鉴定应当附送历次鉴定所需的鉴定资料,新鉴定人应独立进行鉴定,不受以前鉴定的影响。对有缺陷的鉴定结论,可以通过补充鉴定、重新质证或者补充质证等方法解决的,不予重新鉴定。

所谓补充鉴定,是在原鉴定的基础上,针对原鉴定中的个别缺陷问题,由原鉴定人进行再次修正和补充，以完善原鉴定结论的鉴定。它只是对通常鉴定的补救手段。常见的需补充鉴定的情形有：(1)原鉴定结论的措辞有错误，或者表述不确切；(2)原鉴定书对鉴定要求的答复不完备；(3)原鉴定结论作出后，委托机关又获得了新的可能影响原鉴定结论的鉴定资料；(4)初次鉴定时提出的鉴定要求有疏漏。

2.鉴定人

运用专门知识、科技手段对案件专门性问题进行鉴定的人，被称为鉴定人。在我国民事诉讼中，鉴定人是诉讼参与人之一，具有独立的诉讼地位。其既不同于证人，也不同于专家辅助人。鉴定人与证人的区别有：是否需要专业知识不同；了解案件事实的时间不同；是否需要回避和更换不同；向法庭提供的信息不同(一为结论性意见，另一为案件事实)[①]。

专家辅助人，是指由当事人聘请，帮助当事人向审判人员说明案件事实中的专门性问题，协助当事人对案件中的专门性问题进行质证的人。《证据规定》第61条规定："当事人可以向人民法院申请由一至二名具有专门知识的人员出庭就案件的专门性问题进行说明。人民法院准许其申请的，有关费用由提出申请的当事人负担。审判人员和当事人可以对出庭的具有专门知识的人员进行询问。经人民法院准许，可以由当事人各自申请的具有专门知识的人员就案件中的问题进行对质。具有专门知识的人员可以对鉴定人进行询问。"可见，专家辅助人有利于解决案件中的专门性问题。虽然专家辅助人也是由具有专门知识的人担任，也要对专门性问题进行分析说明，与鉴定人在某些方面有相似之处，但专家辅助人并不同于鉴定人：(1)二者的产生方式不同。鉴定人的产生方式主要有商定和指定两种，一方当事人单方面委托鉴定的情形并不多见。而专家辅助人的聘请，其前提是当事人提出申请和法院审查同意。一旦获得法院许可，双方当事人即可各自聘请自己的专家辅助人。因此，鉴定人一般不分原告方的鉴定人或被告方的鉴定人，但专家辅助人则可分为原告方的专家辅助人和被告方的专家辅助人。(2)二者所起作用不同。鉴定人的作用在于运用其专业知识、专门技能对鉴定客体进行分析、鉴别后得出结论性意见。这种鉴定结论是民事诉讼法定证据形式之一，有"专家证据"之称，审查属实后有极强的证明力。而专家辅助人只是帮助当事人对某些专门性问题作

① 参见江伟主编：《民事诉讼法》，高等教育出版社、北京大学出版社2004年第2版，第148页。

出解释、说明，或者是在涉及专门性问题的质证时协助当事人[①]。

鉴定人作为诉讼参与人，在诉讼中也享有一定的诉讼权利和履行一定的诉讼义务。其权利主要有鉴定材料与案情了解权、自主鉴定权、获酬权和遭受打击报复时的保护请求权等；其义务主要有客观公正鉴定的义务、及时鉴定的义务、出具鉴定书的义务、出庭并接受询问的义务、不得作虚假鉴定的义务等。

3. 鉴定结论

鉴定人对案件中的专门性问题经过鉴定所形成的结论性意见，被称为鉴定结论。在英美法系中，鉴定结论被称为意见证据或专家证言，属于证人证言的范畴，不是一种独立的证据形式；在大陆法系中，鉴定人不同于证人，鉴定结论也不同于证人证言，而是一种独立的证据形式。根据我国《民事诉讼法》第63条的规定，鉴定结论是一种独立的证据形式。

鉴定结论的特点是：(1)科学性。鉴定结论是以鉴定人的专门知识、专业技能和必要的科学技术手段为基础的，故其属于“科学证据”的范畴，具有较强的科学性和客观性。(2)意见性。鉴定结论是鉴定人对案件中的专门性事实问题在检测、分析、鉴别后所提出的理性判断意见，故又属于“意见证据”的范畴[②]。(3)确定性。鉴定结论一般要求具有确定性。即其应当明确，直接确定与案件有关的人或物，确定事实的真伪，确定事实的有无及其程度，确定事实间的因果关系，确定某一事实是否有证明力及证明力大小。(4)书面性。鉴定人鉴定完毕后，应当及时提出鉴定结论。鉴定结论须采用书面形式，不应采用口头形式[③]。鉴定书应当符合法定的形式要件，也应具备相应的内容要素。

### (七)勘验笔录

1. 勘验

勘验，指审判人员为查明一定的事实，对与案件争议有关的现场、物证进行勘测、检验的活动。根据《民事诉讼法》第73条的规定，民事诉讼中的勘验有现场勘验和物证勘验两种。勘验程序的启动既可以由当事人申请进行，也可以由人民法院依职权进行。勘验时，勘验人必须出示人民法院的证件，并邀请当地基层组织或者当事人所在单位派人参加。当事人或者当事人的成年家

---

① 参见江伟主编：《民事诉讼法》，高等教育出版社、北京大学出版社2004年第2版，第149页。

② 何家弘、刘品新：《证据法学》，法律出版社2004年版，第181～183页。

③ 参见廖永安主编：《证据法学》，清华大学出版社2008年版，第59～60页。

属应当到场，拒不到场的，不影响勘验的进行。有关单位和个人根据人民法院的通知，有义务保护现场，协助勘验工作。

2. 勘验笔录

勘验笔录，是指勘验人将勘验的情况和结果制作而成的笔录。勘验笔录具有以下特点：(1)可采用多种方法制作。勘验笔录的制作，以文字记载方式为主，也可辅之以拍照、摄像、测量、绘图等方式。必要时即勘验过程中遇有技术上的专门性问题时，法院还可通知鉴定人参加。(2)具有较强的客观性。制作勘验笔录最为重要的要求是要客观、全面地记载勘验的情况，力求保持现场和物证的原始状貌。制作文字记录时，应如实地记录勘验的过程和结果，严防勘验人主观分析判断意见的写入；为防止文字记录的漏记、误记，有条件的，应对勘验对象进行拍照和录音录像。(3)具有综合的证据价值。勘验笔录在民事诉讼中可发挥多重证据作用：一是勘验笔录本身是一种法定的证据形式，可独立发挥证明作用；二是勘验是一种证据收集方法，勘验笔录可固定和保全证据；三是勘验笔录还可用以核实其他证据，澄清有关证据中的矛盾，使法官获得比较正确的心证。所以，决不能将物证勘验等同于证据调查。司法实践中，审理不动产纠纷、相邻权纠纷等案件时，有经验的审判人员常常要去现场实地勘验，以形成对案件事实的正确认识。

依据《证据规定》第 30 条的规定，人民法院制作的勘验笔录，应当记录勘验的时间、地点、勘验人、在场人、勘验的经过、结果，由勘验人、在场人签名或者盖章。绘制的现场图应当注明绘制的时间、方位、测绘人姓名、身份等内容。虽然勘验笔录是审判人员或者专门的勘验人员制作的，但是，其也必须经过质证才能作为定案的根据。经许可，当事人可以在法庭上向勘验人发问。

勘验笔录以文字、图表等记载的内容来说明一定案件事实，与书证有某种相似性，但它并非书证。其与书证的区别主要有：(1)制作主体不同。书证的制作主体，可以是任何单位和个人，没有身份的特殊要求，在诉讼中也不涉及回避的问题；而勘验笔录的制作主体是勘验人，充当勘验人的一般是审判人员，因而有可能被申请回避。(2)制作要求不同。书证有公文书和私文书之分，公文书的制作有较为严格的程序要求，私文书的制作则无严格的要求，只要有意思表示、签名(盖章)和制作时间即可；而勘验笔录则是勘验人依法制作的诉讼文书，属于公文书的范畴，在制作程序上以及形式和内容方面均有严格的、规范的要求。(3)制作时间不同。书证一般在案件发生前或者发生过程中制作，在诉讼中不得涂改或者重新制作；而勘验笔录则是案件发生后在诉讼中制作的，若记载有漏误，可以重新勘验。(4)体现的意志不同。书证是制作人主观意志的反映;而勘验笔录的文字与图表等记载的内容,是对现场和物证的客观描绘,不应渗入制作人的主观意志。

## 二、民事诉讼证据的学理分类

在理论上,可根据不同的标准对民事诉讼证据进行分类:

### (一)原始证据与传来证据

根据民事诉讼证据来源的不同,可以将证据分为原始证据和传来证据。原始证据是直接来源于案件事实的证据,也叫第一手证据。传来证据是指证据的内容并非直接来源于案件事实而是间接来源于案件事实的证据,也即经过转述、抄录、复制、复印等中间环节而形成的第二手及其以下的证据,也叫"派生证据"或"衍生证据"。

这种分类的意义在于,原始证据与案件事实的联系最为紧密;传来证据因有转述、抄录、复制、复印等中间环节的介入而与案件事实的联系变得疏远,特别是中间环节越多,离案件事实的本来面貌越远,其内容出现差错的可能性就越大。因此,一般来说,原始证据的证明力优于传来证据。但并不能因此而否定传来证据的作用。它对发现与收集原始证据,对验证、核实原始证据的真伪都有重要作用;在不可能获得原始证据时,经查证属实的传来证据,同样可以用作认定案件事实的根据。

### (二)直接证据与间接证据

根据民事诉讼证据与案件事实的关系,证据可以分为直接证据与间接证据。直接证据是指与案件事实有直接联系,能够单独证明案件事实的证据。间接证据是指与案件事实仅有间接联系,不能单独证明案件事实,而需要与其他证据结合起来方可证明案件事实的证据。

直接证据和间接证据的划分是相对的而不是绝对的,并且是以同一证明对象为参照的。在审判实践中,由于间接证据与证明对象没有直接关系,所以运用起来不如直接证据便捷。但是,不能因此而低估间接证据的作用。间接证据在民事诉讼中可发挥相当的作用:一是通过间接证据可以发现直接证据,并为调查研究整个案情提供向导;二是间接证据可以鉴别直接证据的真伪,是直接证据的有力助手和可靠佐证;三是在缺乏直接证据的情况下,数个间接证据结合起来,形成有力的证据锁链,也可以证明整个案件事实。

由于间接证据是间接地证明案件事实，这决定了间接证据的使用更为困难和复杂，需要遵循一些证明规则：(1)每个间接证据本身必须具有客观性、关联性和合法性。(2)间接证据必须有足够的数量，能够形成一个完整的、严密的证据锁链，而且这个证据锁链是合乎道理的、无懈可击的。(3)各个间接证据之间，必须相互衔接、协调一致，彼此之间没有矛盾。(4)必须注意进行综合性的分析研究，既能从正面证实案件的事实真相，又能从反面排除虚假成分，从而得出唯一可靠的结论。

这种分类的意义在于：有助于各诉讼主体认识证据与案件事实之间存在不同的联系及直接证据所具有的直接证明的作用，以便尽量收集和运用直接证据；在无法获得直接证据而必须借助间接证据证明案件事实时，应遵守间接证据的运用规则①。

### (三)本证与反证

根据证据与证明责任承担者的关系，可以将证据分为本证与反证。本证，是由负有证明责任的一方当事人提出的证明自己主张的事实的证据。反证，是由不负证明责任的一方当事人提出的证明对方主张的事实不存在或不真实的证据。反证一般是为否定对方当事人所主张并已有证据进行证明的事实而提出的，或者是为抵消本证的证据力而提出的。提出反证的当事人所证明的事实往往与对方当事人主张的事实相反。反证不同于对本证的反驳。证据反驳，是指一方当事人针对对方所提出的证据，指出该证据不符合客观性、关联性和合法性的要求，不能作为认定事实的根据，或者指出该证据证明力很弱，不能据此认定案件事实。② 可见，证据反驳，无需主张新事实，只要否认本证本身的证据力即可，而反证则必须提出与本证所证事实相反的新事实，通过对该新事实的证明，达到否定本证所证事实的目的。

这种分类的意义在于：本证必须完成对案件真相的证明才算尽到举证责任。如果本证仅使案件事实处于真伪不明的状态，那么法院仍应认定该事实不存在，不利诉讼后果由应负举证责任的当事人承担。而反证的目的在于推翻或者削弱本证的证据力，使本证的待证事实陷于真伪不明的状态，即可达到

---

① 参见江伟主编：《民事诉讼法》，高等教育出版社、北京大学出版社 2004 年第 2 版，第 138 页。

② 参见江伟主编：《民事诉讼法》，高等教育出版社、北京大学出版社 2004 年第 2 版，第 137 页。

提出反证的目的。

此外，根据证据表现形式的不同，民事诉讼证据还可分为言词证据与实物证据。这种分类较为简单，此处从略。

## 第三节 证据的收集

### 一、民事诉讼证据收集概述

司法证明的逻辑起点是证据收集。所谓民事证据收集，可简称为取证，是指在民事诉讼中，证明主体为证明案件事实而采用一定的方法或手段，发现、采集（或提取）、固定和保管被其认为有证据价值的各种证据材料和信息。证据收集的进行，须依照一定的程序，遵循一定的规则，这就是所谓的证据收集制度。证据收集制度作为规范证据收集行为的准则，其目的是要保障法院的审判活动有充足的证据来源，保障法院的裁判能够建立在有充分可靠证据证明的事实的基础之上。可以说，如果不能收集到必要的证据，则证据制度乃至整个民事诉讼机制将难以运行[①]。

民事证据收集有以下特征：(1)收集主体的特定性。依照有关规定，在我国民事诉讼中，有权收集证据的主体，只能是当事人及其诉讼代理人、法院和检察院。这些人可被笼统地称为证明主体。(2)收集客体的待证性[②]。证明主体所收集的"证据"，还未经庭审质证，未经法院审查核实，还只是有待证实的证据材料和信息。另外，证据收集客体还具有不确定性，因为证明主体想要收集的证据材料是否存在、存在于谁的手中以及掌握证据的人是否愿意将证据交给他们，这些在收集之前是难以预料的。(3)收集对象的有限性。存有证据的人或证据存在的地方，是证据收集行为的必然指向，在此称之为证据收集对象。它们是有限的，主要包括对方当事人、证人、其他持有或控制实物证据

---

① 肖晗：《民事证据收集制度研究》，湖南师范大学出版社 2010 年版，第 272 页。

② 证明主体收集证据涉及到向谁收集和收集什么两方面的问题。前者为证据收集对象，后者为证据收集客体。参见肖晗：《民事证据收集制度研究》，湖南师范大学出版社 2010 年版，第 108 页。

的案外第三人、鉴定人和民事案件现场等[①]。(4)收集方法的多样性。证明主体收集证据,可分别采用询问、鉴定、勘验、扣押、辨认、调取、委托调查、查阅案件卷宗材料、公证取证、证据交换、证据保全、申请法院调查收集等方法。(5)收集程序的法定性。《证据规定》第68条规定,"以侵害他人合法权益或者违反法律禁止性规定的方法取得的证据,不能作为认定案件事实的依据"。这表明证据收集必须按法定程序进行,使用合法的方法或手段,履行法定的手续,以保障证据符合"三性"条件,保障有关人员的合法权益。(6)收集目的的明确性。不同的人收集证据的目的可能不一样,但均十分明确。概括地说,当事人收集证据的目的,主要是维护其合法权益或者使其诉讼利益最大化;法院调查收集证据的目的,则是要查明案件的事实真相,明确是非,分清责任,为正确裁判奠定基础,进而确保司法公正。

民事证据收集应遵守的原则有:以当事人调查收集为主导,以人民法院、人民检察院调查收集为例外的原则;平等原则;诚实信用原则;收集必要证据原则;配合和协助原则。应遵循的基本要求有:合法、及时、细致、把握重点等[②]。

## 二、民事诉讼证据收集制度的现状及其完善[③]

### (一)民事诉讼证据收集制度的现状

我国现行《民事诉讼法》关于证据收集的规定如下:(1)明确了当事人及其诉讼代理人、法院为有权收集证据的主体,界定了各主体之间收集证据的范围。这包括第50条、第61条、第64条的规定。根据这几条的规定,当事人有权收集、提供证据;当事人委托的诉讼代理人有权调查收集证据和查阅本案有关材料;当事人及其诉讼代理人因客观原因不能自行收集的证据,或者人民法院认为审理案件需要的证据,人民法院应当调查收集。(2)明确了有关单位和个人对法院调查取证的配合义务。该法第65条规定,"人民法院有权向有关

---

① 参见肖晗:《民事证据收集制度研究》,湖南师范大学出版社2010年版,第109～113页。

② 参见肖晗:《民事证据收集制度研究》,湖南师范大学出版社2010年版,第197～221页。

③ 参见肖晗:《民事证据收集制度研究》,湖南师范大学出版社2010年版。

单位和个人调查取证,有关单位和个人不得拒绝”。(3)证据保全是一种重要且特殊的证据收集方法,该法第74条也对此作了规定。(4)该法第72条规定的鉴定、第73条规定的勘验分别是鉴定结论和勘验笔录两种证据形式的收集方法,故这两条也属证据收集制度之列。(5)在审理前的准备阶段,调查收集必要的证据是准备工作之一。该法第116至118条对审前准备程序中人民法院调查收集证据的问题作了一些规定。(6)该法第125条、第132条就一审审理过程中取证主体重新调查取证和提出新证据问题作了规定,当事人可以在法庭上提出新证据;当事人也可以要求重新进行调查、鉴定或勘验,但是否准许,由人民法院决定;在开庭审理过程中,需要通知新的证人到庭,调取新的证据,重新鉴定、勘验,或者需要补充调查的,人民法院可以延期审理。(7)在收集证据的过程中,人们应依照法定程序和方法进行取证,不得非法取证,不得妨害作证,不得妨害证据,不得打击报复有关人员,否则,就要承担相应的法律责任。为此,该法第102条规定了证据收集制度中的一些罚则。(8)在涉外民事诉讼中,调查取证是一般司法协助的重要内容,该法第262、263条对其主体、程序、手续等有所规定。但涉外民事诉讼中的证据收集制度不在本文关注的范围之列。以上15个条文直接与证据收集制度相关。

此外,《律师法》、《海事诉讼特别程序法》等法律法规和《证据规定》等一些司法解释也对民事诉讼证据收集问题作了规定,但其中主要是针对法院调查收集证据的。

根据《证据规定》等有关规定,人民法院调查收集证据必须按照法定程序进行。具体而言,应遵循如下要求:(1)应由审判人员或证据调查人员主持,两人以上共同进行。(2)调查笔录要写明调查人、被调查人、记录人、调查的时间地点以及调查内容,不受当事人提供证据范围的限制。(3)摘录有关单位制作的与案件事实相关的文件、材料时,应当注明出处,并加盖制作单位或者保管单位的印章,摘录人和其他调查人员应当在摘录件上签名或者盖章。摘录文件、材料应当保持内容相应的完整性,不得断章取义。(4)调查人员调查收集的书证,可以是原件,也可以是经核对无误的副本或者复制件。是副本或者复制件的,应当在调查笔录中说明来源和取证情况。(5)调查人员调查收集的物证应当是原物。被调查人提供原物确有困难的,可以提供复制品或者照片。提供复制品或者照片的,应当在调查笔录中说明取证情况。(6)调查人员调查收集计算机数据或者录音、录像等视听资料的,应当要求被调查人提供有关资料的原始载体。提供原始载体确有困难的,可以提供复制件。提供复制件的,调查人员应当在调查笔录中说明其来源和制作经过。

根据《证据规定》第 15 条至第 19 条的规定，人民法院调查收集证据可分为两种，即当事人申请人民法院调查收集证据和人民法院依职权主动调查收集证据。(1)依申请调查收集证据。当事人及其诉讼代理人申请人民法院调查收集证据的，应当提交书面申请，并不得迟于举证期限届满前 7 日提出。人民法院审查后认为证据调查申请理由成立的，应当调查收集；认为理由不成立而不予准许申请的，应当向当事人或其诉讼代理人送达通知书。当事人及其诉讼代理人可以在收到通知书的次日起 3 日内向受理申请的人民法院书面申请复议一次。人民法院应当在收到复议申请之日起 5 日内作出答复。依申请调查收集的证据有：①申请调查收集的证据属于国家有关部门保存并须人民法院依职权调取的档案材料；②涉及国家秘密、商业秘密、个人隐私的材料；③当事人及其诉讼代理人确因客观原因不能自行收集的其他材料。(2)依职权调查收集证据。人民法院可以依职权主动调查收集的证据仅限于：①涉及可能有损国家利益、社会公共利益或者他人合法权益的事实；②涉及依职权追加当事人、中止诉讼、终结诉讼、回避等与实体争议无关的程序事项。

### (二)民事诉讼证据收集制度的完善

我国现行民事诉讼证据收集制度虽然明定当事人及其诉讼代理人有收集证据的权利，法院也有调查取证权，在特定的情况下检察院亦可调查取证，但其除了对法院收集证据的程序有较多规定外，对当事人与诉讼代理人的取证程序、取证方法、取证罚则等具体规则却语焉不详，存在着多种多样的缺陷和不足。其在实际运行中便产生了各种各样的问题，其中，主要是“取证难”和“取证乱”的问题。前者主要指当事人及其诉讼代理人的取证权难以保障，甚至连法院取证也会遭到拒绝；后者则包括当事人及其诉讼代理人伪造证据或采用其他非法方法取证，法院随意决定是否调查取证等。由此可见，完善民事诉讼证据收集制度势在必行。

# 第四节　证据的保全

## 一、证据保全的概念

证据保全，是指法定机关在起诉前或在诉讼中对证据进行调查前，依申请或依职权对可能灭失或以后难以取得的证据，予以固定和保护的行为。

证据保全的特征是：(1)其性质是一种特殊的证据收集方法；(2)其目的是保证证据不因人为或自然原因遭受破坏、灭失而失去证据价值，进而确保案件真相的查明；(3)其适用主体须是法定的有权采取证据保全措施的人民法院或公证机构；(4)其对象是诉前或诉中可能灭失或以后难以取得的证据；(5)其前提条件是证据存在灭失或以后难以取得的危险性；(6)其适用时间是在诉前或者诉讼进行过程中的法庭调查证据之前；(7)保全方法或措施具有多样性。

## 二、证据保全的种类

从有关规定看，我国民事诉讼中的证据保全有诉前证据保全和诉中证据保全两种。

### (一)诉前证据保全

诉前证据保全，是指起诉前由申请人向人民法院或公证机构申请对证据进行保全的行为。根据《公证法》第 11 条的规定，保全证据是公证机构的业务之一。这意味着无论是诉讼前还是诉讼中，公证机构均可依据申请对证据进行保全。以往，对于人民法院是否可以进行诉前证据保全，学术界存在争论，有人肯定，有人否定。随着立法和司法解释工作的发展，这种争论已为有关规定所休止。《海事诉讼特别程序法》第五章规定了海事证据保全制度，其中规定“当事人在起诉前申请海事证据保全，应当向被保全的证据所在地海事法院提出”。《著作权法》第 50 条规定：“为制止侵权行为，在证据可能灭失或者以后难以取得的情况下，著作权人或者与著作权有关的权利人可以在起诉前向人民法院申请保全证据。人民法院接受申请后，必须在四十八小时内作出裁定；裁定采取保全措施的，应当立即开始执行。人民法院可以责令申请人提供担保，申请人不提供担保的，驳回申请。申请人在人民法院采取保全措施后十五日内不起诉的，人民法院应当解除保全措施。”《商标法》第 58 条作了与《著作权法》第 50 条类似的规定。《证据规定》第 23 条规定，“法律、司法解释规定诉前保全证据的，依照其规定办理”。这就明确肯定了人民法院可以进行诉前证据保全。但是，有两点要注意：一是人民法院进行诉前证据保全仅限于有明文规定的特定案件，不能随意拓展其适用范围；二是人民法院只能依申请进行诉前证据保全，不能依职权主动采用。

### (二)诉中证据保全

诉中证据保全，是指在民事诉讼中人民法院或公证机构对证据采取的固定和保护行为。依据是我国《民事诉讼法》第74条的规定，在证据可能灭失或者以后难以取得的情况下，诉讼参加人可以向人民法院申请保全证据，人民法院也可以主动采取保全措施。由于诉前证据保全的适用范围是有限的，因此，我国民事诉讼中的证据保全主要是指诉中证据保全。

## 三、证据保全的程序

### (一)申请

除诉中证据保全在必要时可以由人民法院依职权主动进行外，证据保全一般因诉讼参加人或申请人提出申请而采取。依据《证据规定》第23条，当事人向人民法院申请保全证据的，不得迟于举证期限届满前7日。证据保全申请应当采用书面形式，并在申请书中写明以下事项：申请保全证据的名称和地点；申请保全证据的内容和范围；该证据能证明什么案件事实；申请保全证据的原因和理由等。另外，如果是向公证机构提出证据保全申请的，可依照有关公证程序进行。公证机构采取证据保全措施时只能依照申请人的申请来进行，不能依职权主动采取证据保全措施。

### (二)担保

按照有关规定，当事人申请保全证据的，人民法院可以要求其提供相应的担保。对于要求提供担保而不提供的，人民法院可以驳回其申请。

### (三)裁定

当事人申请保全证据的，由人民法院审查决定是否准许证据保全。如果人民法院接受了当事人关于证据保全的申请，就应作出准许保全的裁定，并在裁定中指明应保全何种证据，以及在何时、何地、用何种方法实施保全。

### (四)保全措施的适用

《证据规定》第24条规定："人民法院进行证据保全，可以根据具体情况，采取查封、扣押、拍照、录音、录像、复制、鉴定、勘验、制作笔录等方法。人民法院进行证据保全,可以要求当事人或者诉讼代理人到场。"可见,进行证据保全,应根据证据的不同形式,分别采取不同的措施。例如,对书证,可以复制、拍照;对物证,可以录像、拍照、制作勘验笔录;对证人证言,可以预先询问、制作笔录、录音、录像;对视听资料,可以直接提取或拷贝等。不管采取何种方法,均应客观、真实地反映证据情况,且应将所保全的证据材料存卷或加以妥善保管,以备将来使用,确保其证据价值不受损害。

## 第五节　证据的提供

### 一、提供证据的含义

根据有关规定,提供证据有两种含义:第一,指取证对象向取证主体提供证据,如,《证据规定》第 21 条、第 22 条规定,调查人员调查收集的物证应当是原物、调查收集的视听资料应当是有关资料的原始载体,被调查人提供原物或原始载体确有困难的,可以提供复制品、复制件或照片。提供复制品、复制件或者照片的,应当在调查笔录中说明取证情况。此为证据收集的一环,在此不再赘述。第二,指当事人及其诉讼代理人向法院提供证据,即当事人及其诉讼代理人在收集证据之后,将所获证据及时呈交法庭以便充分发挥其证据价值。这就是司法证明进程中的举证环节。对此,《民事诉讼法》第 50 条规定,当事人有权收集、提供证据;第 64 条第 1 款规定,当事人对自己提出的主张,有责任提供证据。《证据规定》第 2 条亦规定,当事人对自己提出的诉讼请求所依据的事实或者反驳对方诉讼请求所依据的事实有责任提供证据加以证明。可见,这种意义上的提供证据的本质是当事人履行行为意义上的举证责任。

### 二、提供证据的要求

第一,提供证据应当树立风险意识。民事审判方式改革后,法院不再大包大揽证据调查收集任务,收集、提供证据的主体已主要是当事人及其诉讼代理人;检察院参与民事诉讼时,也可以成为收集、提供证据的主体。这是因为提供证据本质上是行为意义上的举证责任,而其背后往往隐藏着结果意义上的举证责任,如果当事人不能提供证据证明其诉讼主张,就有可能承担败诉的风险。所以，提供证据对当事人而言，虽然有胜诉欲求的内在需要，但也是一种法律上的风险负担。

第二，提供证据应当接受法院的指导。人民法院应当向当事人说明举证的要求及法律后果，促使当事人在合理期限内积极、全面、正确、诚实地完成举证。对于双方当事人无争议但涉及国家利益、国家公共利益或者他人合法权益的事实，人民法院责令提供的证据，当事人及其诉讼代理人应当提供。

第三，提供证据应当遵循一定的形式要求并履行一定的手续。当事人应当对其提交的证据材料逐一分类编号，对证据材料的来源、证明对象和内容作简要说明，签名盖章，注明提交日期，并依照对方当事人人数提出副本。人民法院收到当事人提交的证据材料后，应当出具收据，注明证据的名称、份数和页数以及收到的时间，由经办人员签名或者盖章。当事人向人民法院提供的证据是在我国领域外形成的，该证据应当经所在国公证机关予以证明，并经我国驻该国使领馆予以认证，或者履行我国与该所在国订立的有关条约中规定的证明手续。当事人向人民法院提供的证据是在香港、澳门、台湾地区形成的，应当履行相关的证明手续。当事人向人民法院提供外文书证或者外文说明资料的，应当附有中文译本。

第四，以提供原始证据为一般准则。当事人向人民法院提供证据，应当提供原件或者原物。如需自己保存证据原件、原物或者提供原件、原物确有困难的，可以提供经人民法院核对无异的复制件或者复制品。

第五，提供证据应遵守诚实信用原则。如果当事人背离诚信，瞒证不举或者提供假证据的，应承担一定的法律后果。对此，《证据规定》第 75 条、第 80 条分别作出了规定，即"有证据证明一方当事人持有证据无正当理由拒不提供，如果对方当事人主张该证据的内容不利于证据持有人，可以推定该主张成立"；"当事人或者其他诉讼参与人伪造、毁灭证据，提供假证据，阻止证人作证，指使、贿买、胁迫他人作伪证，或者对证人、鉴定人、勘验人打击报复的，依照《民事诉讼法》第 102 条的规定处理"。

第六，提供证据应当及时。为了提升诉讼效率，《证据规定》确立了举证时限制度，从而使证据提供由随时提出主义转变为适时提出主义。举证期限可以由当事人协商确定，也可以由人民法院指定。其一旦被确定，当事人提供证据时就应当遵守，也就是必须在举证期限内完成证据提供任务，否则，将承担一定的不利后果，即"当事人应当在举证期限内向人民法院提交证据材料，当事人在举证期限内不提交的，视为放弃举证权利。对于当事人逾期提交的证据材料，人民法院审理时不组织质证，但对方当事人同意质证的除外"。

# 第十章

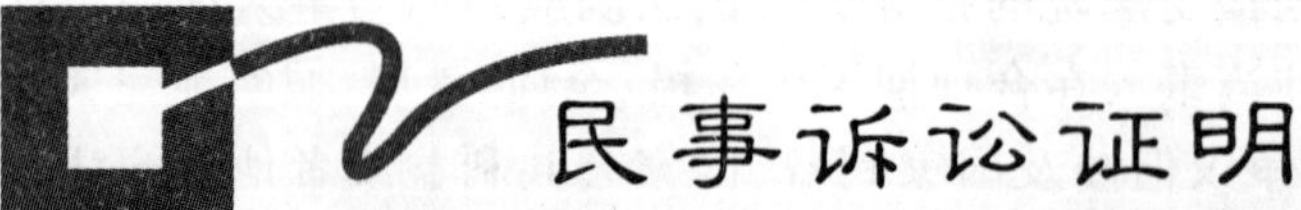

# 民事诉讼证明

## 第一节 诉讼证明概述

### 一、诉讼证明的概念

证明是一种普遍存在的社会现象，例如，历史证明（证明过去发生的历史事实）、科学证明（论证一种科学结论的正确性）、诉讼证明等。其中，诉讼证明是以过去发生的案件事实为认识对象的认识活动，通过当事人和诉讼代理人收集证据、提出证据、进行证据抗辩和反驳，通过法官调查证据、核实证据以及运用证据分析事实的活动，最终达到查明案件事实的目的。简言之，诉讼证明就是诉讼参加人（包括当事人、诉讼代理人）和法院运用证据查明案件真实情况的诉讼认识活动。

一般认为，诉讼证明具有如下三个方面的特点：

第一，诉讼证明以过去发生的案件事实为证明对象，它是一种逆向的思维和认识活动。而且，诉讼证明并不刻意地追求绝对的事实真相，只追求具有法律意义的真相。因为，“在法律的世界中，没有什么‘本来是’事实的东西，没有什么‘绝对的’事实，有的只是由主管机关在法律所规定的程序中所确定的事实……认为有什么绝对的、立即明白的事实，这是典型的外行人的看法”。[①]

第二，诉讼证明是一种必须在有限的时空内完成的认识活动。例如，我国法律规定，人民法院适用第一审普通程序审理民事案件，一般应在6个月内审结。倘若当事人不能在法定时间内提供足够的证据，法院将按照证明责任分配规则判决一方败诉，而不是必须查明真相。因为，民事诉讼的目的是为了解

① ［奥］凯尔森：《法与国家的一般理论》，中国大百科全书出版社1996年版，第153～154页。

决纠纷,"倘若人们求助法律程序来解决争执,那么争执须在某一阶段上最终解决,否则求助法律程序就毫无意义"。[①] 民事诉讼不可能无限制地拖延下去,正如法谚所说,"迟来的正义,不是正义"。

第三,诉讼证明不仅仅是一种认识活动,同时还是一种价值判断活动。法院在审理案件时,一般会在查明事实真相的基础上,依法作出相应的判决。但是,有时某些证据虽然有利于查明事实真相,但法院出于对某种法律政策的考虑,也可能不采纳该证据。例如,在我国,"以侵害他人合法权益或违反法律禁止性规定的方法取得的证据",就不能作为认定案件事实的根据。可见,查明真相不是诉讼的唯一目的,法院有时宁愿放弃在个案中查明事实真相的机会,来保护某种特别重要的社会利益,也就是说,诉讼证明活动中也有价值判断的成分。

## 二、诉讼证明的分类

按照不同的标准和方法,可以将诉讼证明划分为不同的类型:

1. 行为意义上的证明和结果意义上的证明

在现代汉语中,证明包括"以证证之"和"使之明"两种含义,前者指证明的活动,后者指证明活动的结果。相应地,诉讼证明也可分为两类:一是行为意义上的诉讼证明,指当事人和诉讼代理人收集证据、向法院提出证据、运用证据进行说服、抗辩和反驳的活动;二是结果意义上的诉讼证明,指法院在认定作为判决基础的案件事实时所获得的内心确信的状态。

从规范层面看,诉讼证明活动和证明结果分别受不同的法律调整。一般来说,行为意义上的证明基本上等同于当事人的举证、质证等诉讼活动,因此主要受诉讼法调整,其理论研究主要属于程序法学的内容;而结果意义上的证明则属于证据法的调整范围,传统上是证据法学的研究内容。

2. 自向证明和他向证明

按照证明主体的不同,诉讼证明可以分为自向证明和他向证明。所谓自向证明,就是向自己证明,一般是证明者自己先提出一个假设的结论,然后寻找证据,并按照一定规则运用证据证明该结论成立或不成立。所谓他向证明,就是向他人证明,通常证明者在证明时已经知道或者自认为已经知道了结论,

① [美]迈克尔·D.贝勒斯:《法律的原则》,中国大百科全书出版社 1996 年版,第 37 页。

但是他人不知道或不相信，所以要提出证据，来说服他人相信其结论成立。

在诉讼中，自向证明和他向证明都是存在的，但二者的主体不同。自向证明的主体，一般是有权就案件事实问题作出认定和裁判的人，即审判法官。他向证明的主体，一般是提出某种事实主张的人，如当事人及其诉讼代理人。这种划分的意义在于，有关举证规则、质证规则等绝大多数证据规则都是关于他向证明的规则，但有关自由心证的规则、事实认定的规则也不容忽视。

3. 严格证明和自由证明

根据法律对证明手段和证明过程要求的严格程度不同，可以将诉讼证明分为严格证明和自由证明。所谓严格证明，是指必须运用法定的证据手段（在我国仅指七种证据种类），经过法定的证据调查程序（即我国的“法庭调查”阶段）进行的证明。所谓自由证明，是指可以运用前述之外的证据资料，并不受法定程序（如查阅案卷、电话询问等）约束而进行的证明。

严格证明和自由证明是源自大陆法系的两个术语。两者的区别，并不在于所获得的结果不同，而在于获得结果的途径不同。一般认为，有关本案审理对象的事项，原则上要求严格证明；而有关起诉条件、回避等法院职权调查的程序事项，只要求自由证明。非诉案件，也适用自由证明。

## 三、诉讼证明的构成

在逻辑学上，证明一般由论题、论据和论证等要素构成。诉讼证明作为一种特殊的法律活动，具有一些自身特有的构成要素。具体包括：

第一，证明主体，即运用证据证明案件事实的人。在自向证明中，证明主体是指审判法官。在他向证明中，证明主体是指向法官提供证据、并试图用证据说服法官相信其主张成立的当事人及其诉讼代理人。通常情况下，人们主要是在前述第二种意义上理解诉讼证明和证明主体的。证人、鉴定人、翻译人、勘验人等其他诉讼参与人不是证明主体，他们只是协助推进诉讼活动的人。

第二，证明手段，即证据。从证明的逻辑结构看，证据属于证明的论据，是证明的关键环节。实际上，由于诉讼证明是一种运用证据推求已经发生过的案件事实真相的逆向认识活动，证据是这种认识活动的基石。

第三，证明对象，即需要运用证据加以证明的案件事实主张。从证明的逻辑结构看，证明对象属于证明的论题，是证明的最初环节。在某种意义上，正是由于证明对象的存在，才产生了诉讼证明的必要性并引发了相应的证明活动。因此，也可以说，证明对象是诉讼证明的前提和基础。

第四，证明责任，是指对于特定的案件事实主张，应由哪一方当事人提出证据加以证明，以及事实真伪不明时，由哪一方当事人承担败诉的不利后果。证明责任总是与某一方当事人的不利益有关，而不是法院的责任。而且，它总是以诉讼证明的结果出现真伪不明的状态为前提。也就是说，当案件真伪分明时，法院依据事实和法律直接作出判决；当真伪不明时，法院只能按照证明责任分配规则判决一方败诉。

第五，证明标准，即运用证据证明案件事实必须达到的可信度。在证明的逻辑结构中，证明标准与论证有关，是关于论证的可信度的一个术语。证明标准犹如跳高运动中必须跨越的栏杆，诉讼证明活动只要达到或超过这个高度，当事人的事实主张才能被法院采纳，成为法院适用相关法律作出判决的逻辑小前提。

## 第二节　证明对象

### 一、证明对象概述

#### (一)证明对象的概念

证明对象，是指民事诉讼中需要运用证据加以证明的案件情况，亦称证明客体、待证事实。

在民事诉讼中，证明对象与当事人的事实主张、法院的审判对象大致指的是同一事物。具体来说，当事人在起诉状、答辩状中提出了一定的事实主张，然后必须提出证据加以证明，当事人的事实主张就成了证明对象；而对法院来说，当事人的事实主张就是其审判的对象，判决中认定的事实不能超出也不能遗漏当事人的主张。

#### (二)证明对象的作用

在民事诉讼中，证明对象的作用主要表现在以下三个方面：

第一，明确了当事人收集证据的范围。与案件有关的社会生活事实是纷繁复杂的，但能够成为证明对象的只是其中一小部分。有关证明对象的法律规定，在很大程度上对当事人的证据收集活动起着指引作用。

第二，限定了当事人举证、质证的范围。为提高诉讼效率，诉讼证明活动必须紧密围绕着证明对象而展开，与其无关的证据材料不予考虑。由此，证明对象划定了当事人举证、质证的范围。

第三，约束着法院行使的审判权的范围。在民事诉讼中，法院只能在当事人起诉请求裁判的事实范围内作出裁判，而不得为诉外裁判。如果法院作出了诉外裁判，则对当事人不具有约束力。

## 二、证明对象的范围

民事诉讼中的证明对象主要是具有法律意义的事实，同时，法律法规和经验法则在一定情况下也可以成为证明对象。

### （一）法律事实

1. 实体法律事实和程序法律事实

当事人主张的实体法律事实，是最为主要的诉讼证明对象。从不同的角度，可以对实体法律事实作不同的划分：如事件和行为；合法行为和非法行为；导致实体法律关系产生、变更和消灭的事实等。

当事人主张的程序法律事实（如当事人资格、管辖、回避等），虽不直接涉及实体权利义务，但在具体案件中，如不对其加以证明就会影响诉讼活动的顺利进行，并影响实体问题的判决，因此其也属于证明对象。

2. 主要事实、间接事实和辅助事实

“主要事实”是指构成法律要件的事实；“间接事实”是指证明主要事实存在的事实；“辅助事实”是指用于证明证据能力或证明力的事实。[①] 这三者都属于证明对象，其不同之处在于：根据现代民事诉讼的法理，对于当事人没有主张的法律要件事实，法院不能进行审理和裁判。但间接事实和辅助事实不受此限制，即使当事人没有对此加以陈述，法院也可以将其作为裁判的依据。因为间接事实和辅助事实是判断主要事实的手段，处于与证据同等的地位，其存在与否由法官判断。

---

① 陈桂明、张卫平、潘剑锋：《国家司法考试辅导用书：民事诉讼法与仲裁制度》（第三卷），法律出版社 2003 年版，第 527 页。

### (二)外国法、地方性法规

法院审判案件,既要查明事实,又要准确地适用法律。对于国内法,根据"法官知法"的原则推定法官知悉,不需要当事人举证证明;即便法官不知,他也有义务去查阅。但对于外国法、地方性法规,法官未必了解,也没有了解的义务,往往需要当事人举证证明。具体来说:

在涉外民事诉讼中,我国法院可以将外国法作为审判的依据。应当适用的外国法律,可通过下列途径查明:一是由当事人提供;二是由与我国订立司法协助协定的缔约对方的中央机关提供;三是由我国驻该国使领馆提供;四是由该国驻我国使领馆提供;五是由中外法律专家提供。通过以上途径仍不能查明的,适用中华人民共和国法律。①

在国内民事诉讼中,传统上认为,法院在审理涉及地方的案件时,需要适用的地方性法规由当事人举证证明。这一观点是值得商榷的。因为,根据《立法法》的规定,法律、行政法规、地方性法规、自治条例和单行条例都属于广义法律的范畴,可以直接成为法院审判的依据,无需当事人举证证明。对于国务院部门规章和地方政府规章,我国《行政诉讼法》第 53 条规定其可以作为法院审判的参照,但《民事诉讼法》未对此作出明确规定。我们认为,如果存在需要当事人举证证明的国内法律文件的话,也应当是"国务院部门规章"和"地方政府规章",而不应当是所谓的地方性法规。

### (三)经验法则

经验法则,是指人们从生活经验中归纳获得的关于事物因果关系或属性状态的法则或知识。不只人们在生活中会运用经验法则进行逻辑推理判断,在审理案件中,法官也要运用经验法则进行裁判。经验法则既包括一般人日常生活所归纳的常识,也包括某些专门性的知识,如科学、技术、艺术、商贸等方面的知识。

对于经验法则是否属于证明对象,不能一概而论。日常生活领域内的经验法则,如果能为一般人所知晓(例如人的指纹互不相同、闪电总是早于雷声等),无需证明。而不为一般人所知晓的专门知识领域的经验法则,应当加以证明,可以成为证明对象。

---

① 参见最高人民法院《关于贯彻执行〈中华人民共和国民法通则〉若干问题的意见(试行)》第 193 条。

## 三、免证事实

诉讼中的事实可以分为待证事实和免证事实两大类。其中，待证事实是作为证明对象的事实；免证事实是免除双方的证明责任、由法院直接确认的事实。免证事实主要包括：

### (一)众所周知的事实

众所周知的事实，是指普通人通过报纸、收音机、电视、网络等皆可知悉的事实。它可以是历史上全国范围内众所周知的有名的事实(如2008年5月12日四川汶川大地震，致大量人员死亡、道路毁坏的事实)，也可以是受诉法院所在地区众所周知的事实(如某月某日当地下大暴雨的事实)。既然众所周知，那么审判法官当然也知晓，故不需要当事人举证证明，法官可以直接认定。

### (二)自然规律及定理

所谓自然规律，是指不经人为干预，客观事物自身运动、变化和发展中内在的、必然的联系。如太阳东升西落、日食月食等。所谓定理，是指已经用逻辑的方法判断为正确，并作为其他推理活动根据的真命题。定理可以是关于自然现象的，也可以是关于社会现象的，如勾股定理、科斯定理等。自然规律和定理已经在科学上得到公认，当事人不得在诉讼中提出质疑，即使提出质疑，也无需举证证明。

### (三)推定的事实

所谓推定，是指基于已知事实和未知事实(待证事实)之间的常态联系，在已知事实客观存在时，直接推理和认定未知事实也存在的事实认知方法。推定有两种：一是法律推定，二是事实推定。

法律推定，是指立法者基于事物之间的常态联系或法律政策的考量，在制定法中设置明确的推定规则，要求法官在已知事实存在时，应当认定未知事实也存在。例如，我国《继承法》规定，“相互有继承关系的几个人在同一事件中死亡，如不能确定死亡先后时间的，推定没有继承人的人先死亡”。[①] 需要注意的是，法律推定只是一种假定，允许当事人举出相反的证据进行反驳。有

---

① 参见最高人民法院《关于贯彻执行〈继承法〉若干问题的意见》第2条。

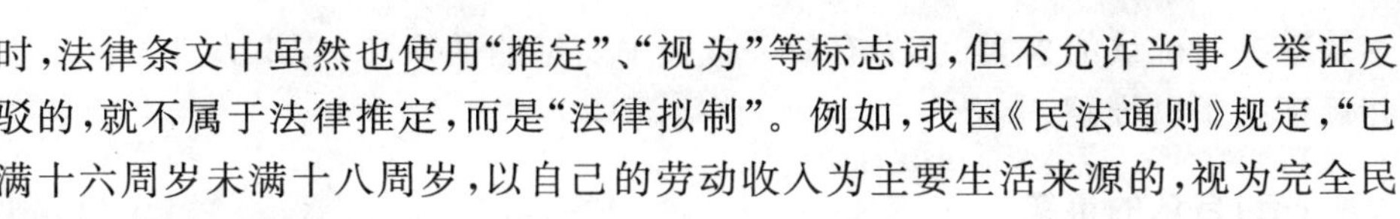

时，法律条文中虽然也使用“推定”、“视为”等标志词，但不允许当事人举证反驳的，就不属于法律推定，而是“法律拟制”。例如，我国《民法通则》规定，“已满十六周岁未满十八周岁，以自己的劳动收入为主要生活来源的，视为完全民事行为能力人”。

事实推定，是指审判法官根据一定的经验法则，以已知事实为基础事实，进而推论未知事实的存在。在民事诉讼中，法官是否进行事实推定由其根据个案情况自由裁量，法官在裁量时考虑的重要因素之一就是“经验法则”的可靠性。例如，如果医生在为病人做完手术后将手术刀遗留在了患者体内，那么法官就可以根据经验法则推定医生是有过错的。一般认为，法官进行事实推定必须符合以下条件：一是存在已知事实或日常生活经验作为前提事实；二是这些前提事实必须是真实的；三是需要推定的事实必须是无法直接证明的；四是有经验法则作为连接已知事实和推定事实的桥梁。

**（四）已为人民法院发生法律效力的裁判所确认的事实**

已为生效裁判所确认的事实，是指本案所涉及的争议事实已经在其他案件中为人民法院的生效裁判所确认。确认该事实的裁判可能是由本院作出的，也可能是由其他人民法院作出的；可能是由上级人民法院作出的，也可能是由同级或下级人民法院作出的，这些均不影响后来审理的法院直接采纳先前已经认定的事实。

**（五）已为仲裁机构的生效裁决所确认的事实**

根据我国法律规定，仲裁机构的生效裁决与法院的生效裁判具有同样的法律效力。因此，已为仲裁机构的生效裁决所确认的事实，对后来发生的诉讼案件中的争议事实具有预决效力。

**（六）已为有效公证文书所证明的事实**

公证文书是公证机关依照法定程序对有关法律行为、法律事实以及文书加以证明的法律文书。《民事诉讼法》第 67 条规定，经过法定程序公证证明的法律行为、法律事实和文书，人民法院应当将其作为认定事实的根据，但有相反证据足以推翻公证证明的除外。

上述六类无需证明的事实，除自然规律及定理外，其余五类事实，包括众所周知的事实、根据法律规定或者已知事实和日常生活经验法则能推定出的另一事实、已为人民法院发生法律效力的裁判所确认的事实、已为仲裁机构的生效裁决所确认的事实、已为有效公证文书所证明的事实，当事人都可以举出相反证据予以推翻。

### （七）自认的事实

自认，又称对事实的自认，是指一方当事人对另一方当事人主张的不利于己的案件事实予以承认。在诉讼法理上，自认分为诉讼中的自认和诉讼外的自认、明示自认和拟制自认、当事人的自认和代理人的自认等类型。

诉讼中的自认，是指在法院受理案件后，一方向法院作出的承认对方事实主张的意思表示。诉讼外的自认，是指当事人相互之间以谈话、通信、文书等方式所作的自认，而不是向法院作出的自认。我国法律只把诉讼中的自认作为免证事实对待，诉讼外的自认不能产生免证的效果。最高法院《民诉证据若干规定》第 8 条第 1 款规定，“诉讼过程中，一方当事人对另一方当事人陈述的案件事实明确表示承认的，另一方当事人无需举证”。

明示的自认，是指以书面或口头方式明确表示承认。拟制自认，是指通过单纯的沉默行为来推论当事人自认。最高法院《民诉证据若干规定》第 8 条第 2 款规定：“对一方当事人陈述的事实，另一方当事人既未表示承认也未否认，经审判人员充分说明并询问后，其仍不明确表示肯定或者否定的，视为对该项事实的承认。”

当事人的自认，是指当事人亲自向法庭表明承认对方主张的事实。代理人的自认，又分为法定代理人代为的自认和委托代理人代为的自认。其中，法定代理人代为的自认与当事人的自认有同等效力；委托代理人也可以代为自认，一般不要求有特别授权，但是其效力规则比较复杂。最高法院《民诉证据若干规定》第 8 条第 3 款规定：“当事人委托代理人参加诉讼的，代理人的承认视为当事人的承认。但未经特别授权的代理人对事实的承认直接导致承认对方诉讼请求的除外；当事人在场但对其代理人的承认不作否认表示的，视为当事人的承认。”

此外，在理解自认这种法律规则时，还应当注意以下两点：

第一，自认的法律效果是免除当事人的证明责任。但是，并非所有的事实都适用自认规则，下列情形除外：一是涉及身份关系的事项不适用自认规则；二是涉及国家利益、社会公共利益和他人合法权益的事实不适用自认规则；三是当事人为和解或调解的目的而对案件事实的认可，如果和解或调解不成，不得在判决中作为认定案件事实的依据。

第二，自认作出后不得随意撤回。如果当事人要撤回自认，必须符合以下两个条件：一是必须在法庭辩论终结以前向法院撤回其自认的意思表示；二是撤回必须是经对方当事人同意，或者撤回方有充分的证据证明其自认行为是在受胁迫或重大误解的情况下作出的，且与事实真相不符。

## 第三节 证明责任

### 一、证明责任概说

#### (一)证明责任的概念

法院审理民事案件时，必须在事实清楚的基础上，才能适用相应的法律规范，作出公正的判决。但在有的案件中，无论当事人如何举证，法院如何调查证据，当事人向法院主张的权利所依据的事实仍然无法得到证明，此时，法院仍然应当判决一方败诉，这就必须借助于证明责任及其分配制度来达到目的。

证明责任，传统上与举证责任同义，关于其含义主要有如下几种理解：

一是"行为责任说"。该说认为，"当事人在诉讼中，对自己的主张负有提出证据，以证明其主张真实的责任。至于当事人提不出证据或所提证据不足以证明其主张的真实性，是否一定要获得不利于己的裁判，并作为我国民事诉讼法举证责任的一项内容，我们的回答是否定的"。①

二是"双重含义说"。该说认为，证明责任(举证责任)"有两个基本含义：一是指谁主张就由谁提供证据加以证明，即行为意义上的举证责任；二是指不尽举证责任应当承担的法律后果，即结果意义上的举证责任的负担"。②

三是"危险负担说"。该说认为，应当区分行为意义上的证明责任和结果意义上的证明责任，并将前者称为"提供证据责任"，将后者称为"证明责任"。证明责任，"是指引起法律关系发生、变更或者消灭的构成要件事实处于真伪不明状态时，当事人因法院不适用以该事实存在为构成要件的法律而产生的不利于自己的法律后果的负担"。③

---

① 柴发邦主编：《民事诉讼法学》，法律出版社 1982 年修订版，第 219 页。

② 柴发邦主编：《民事诉讼法学新编》，法律出版社 1992 年版，第 224 页。

③ 常怡主编：《民事诉讼法学》，中国政法大学出版社 1999 年版，第 177 页。

在我国法学界，以上三种观点在不同的年代分别获得了通说的地位。现在一般认为，行为责任说只关注举证行为、不关注真伪不明的结果，舍本而逐末；双重含义说用同一词语表达两重含义，容易产生指代不明的弊端；危险负担说主张分别使用“提供证据责任”和“证明责任”两个词语，这具有积极的意义，已经得到了多数人的赞同，但其将证明责任等同于当事人承担的败诉后果的观点不尽合理。实际上，证明责任与当事人的举证行为没有直接的关系，它是一种法定的败诉风险分配形式，通常是由法律预先作了规定的风险分配形式。简言之，证明责任是指为了解决诉讼中争议事实真伪不明的问题，法律对真伪不明的风险在当事人之间所作的分配，以及对法官应当判决哪一方当事人败诉所作的指示。

**(二)理解证明责任应当注意的问题**

1. 证明责任与主张责任、提供证据责任的关系

所谓主张责任，是指当事人向法院提出具体的诉讼请求后，为了获得有利于自己的裁判，负有向法院进一步提出支持其诉讼请求的事实主张的负担。现代民事诉讼法理要求，对于当事人没有主张的事实，法院不能作出裁判。当事人提出的事实主张，就是当事人举证证明的对象，同时也是法院的审判对象。因此，从诉讼流程看，当事人提出事实主张是提供证据责任和证明责任产生的前提。

所谓提供证据责任，是指当事人为避免败诉的风险，在诉讼中负有的向法院提供证据的负担。从诉讼流程看，当事人提出事实主张后，才产生提供证据责任的问题；当事人不提供证据或者提供的证据不足时，才有败诉后果的承担问题。但实际上，哪一方当事人负有向法院提供证据责任的问题，是由证明责任分配规则所决定的，是法律预先作了规定的。从这个意义上说，提供证据责任的分担，只不过是证明责任分配在诉讼中的“投影”而已。

2. 证明责任的本质

证明责任在本质上是法律预先规定的败诉风险的分配形式，是法官为了克服诉讼中真伪不明的现象的裁判方法论。在民事诉讼中，法院作出裁判一般都是遵循三段论的逻辑推理过程，即以法律规范（通常表现为“如果出现……情况，则产生……法律后果”）为大前提，以案件事实为小前提，当查明的案件事实符合法律规范的前提要件时，法官就作出以相应法律后果为其内容的裁判。在诉讼中，经过当事人举证、法院查证等活动后，案件事实可能出现三种结果，即证明为真、证明为假和真伪不明。当证明为真时，法院就适用

相应的法律规范，并作出主张方胜诉的判决；当证明为假时，法院就不适用相应的法律规范，并作出主张方败诉的判决；问题是，当真伪不明时，法院应该怎么办。现代民事诉讼法理认为，法官不得拒绝裁判，即使出现真伪不明的情况也必须作出一方败诉的判决。那么，究竟应当判决哪一方当事人败诉呢？这是一个证明责任分配的问题，通常认为实体法律已经作了预先的败诉风险分配，法官只需按照实体法的指示作出相应的判决就可以了。所以，证明责任在本质上是法官裁判的方法论，它与法律适用理论密切相关，当事人败诉只是法官判决结果的映现而已。[①]

3. 证明责任的功能

证明责任是一个纯粹的理论装置，其功能就在于帮助法官克服诉讼中真伪不明时的裁判难题。换言之，只有在真伪不明的情况下，法官才能借助于证明责任分配规则作出裁判，真伪不明是法官作出证明责任判决的前提。何谓"真伪不明"？一般认为，真伪不明的状态应当符合四个条件：

第一，真伪不明的对象，必须是构成要件事实。构成要件事实，是指能够使法律关系产生、变更、消灭的事实。具体来说，其包括实体法律构成要件事实和程序法律构成要件事实。比如，侵权案件中的过错、违法行为、损害后果、因果关系要件，就属于前者；当事人的起诉是否符合法定条件，就属于后者。

第二，真伪不明的事实，必须有证明的必要性。双方当事人没有争议的事实、自认的事实，以及众所周知的事实、自然规律和定理等免证事实，由于没有证明的必要，因此法院应当依职权直接予以认定，而不存在证明责任分配的问题。

第三，真伪不明的界限，是高度盖然性的证明标准。准确地说，真伪不明应包括两个界限：其高限是尚未到达高度盖然性的证明标准；其低限是负有证明责任的一方提出了有一定说服力的证据，但同时对方也提出了实质性的反证。

第四，真伪不明的形成，必须是已经穷尽了所有程序上允许的、可能的证明手段。判断是否穷尽了这些证明手段，需要考虑如下因素：一是法官已尽举证指导义务；二是当事人的举证权利得到了保障；三是法院已经履行了法定的调查取证的义务；四是法庭审理已经终结，但法官仍没有获得足够的心证。

---

① 肖建华、王德新：《证明责任判决的裁判方法论意义》，载《北京科技大学学报》2005年第2期。

### (三)确立证明责任制度的意义

第一,有利于法院依法裁判。法院审理案件必须以事实为根据、以法律为准绳,但在有些案件中,无论怎么努力地证明都无法摆脱真伪不明的状况。传统上,我国法院在面对真伪不明的问题时有两种常见的处理方法:一是拒绝受理案件,即法官拒绝履行裁判义务;[①]二是法官进行"和稀泥"式的调解,对双方当事人各打五十大板,甚至"以拖压调"、"以判压调"、"以诱促调"。证明责任制度的确立,有利于法院依法履行审判义务,克服真伪不明时的裁判难题。

第二,有利于调动当事人的举证积极性,便于法院查明案件事实。证明责任制度一旦确立,如果当事人没有证据或者提供的证据不足,就会遭受法院作出的败诉判决结果。为避免这种结果出现,当事人就会积极地调查收集证据,在客观上显然有利于法院查明案件的事实真相。

## 二、关于证明责任分配的理论学说

### (一)大陆法系的证明责任分配学说

1.原告或被告负证明责任

在古代,一度存在只由原告或只由被告负证明责任的规则。例如,罗马法上存在这样一条法律原则:原告负有举证的义务。根据这一原则,只有原告对他的主张负有证明责任,被告不负证明责任。而日耳曼法则规定,被告应当负担证明责任。在日耳曼法中,举证被认为是一种权利优势,其理由是,被告在正式的证明活动的帮助下可以阐明颠扑不破的真相。这种单纯由原告或由被告负证明责任的规则,由于太过粗糙而难以涵盖纷繁复杂的证明问题,不为现代国家所认可。

2.待证事实分类说

以证明对象即待证事实的性质和内容为标准分配证明责任的理论学说,被统称为待证事实分类说。其中,代表性的学说包括:

一是消极事实说。该说将待证事实划分为积极性事实和消极性事实两大

---

① 例如,1984年9月最高人民法院《关于贯彻〈中华人民共和国经济合同法〉若干问题的意见》中曾规定:"如果合同纠纷发生的时间较长,或者无人证、物证,事实现在显已无法查清的,可以不予受理。"

类，并认为，凡是在诉讼中主张消极性事实的人无须负证明责任，凡主张积极性事实的人应当负证明责任。其理由是，从事物的性质上看，积极性事实通常容易得到证明，因此由主张积极性事实的人负证明责任具有合理性；而消极性事实通常不易证明，如“未认可”、“不允许”、“不作为”、“非明知”、“未清偿”，由主张这类事实的人负证明责任违背事物的常理。

二是外界事实说。该说依据事实能否通过人的感官从外部感知，将待证事实划分为外界事实和内界事实。前者如侵权行为的实施、合同的订立与履行、被继承人的死亡等，后者如行为人的主观故意、过失等。并认为，由于外界事实容易得到证明，所以主张的人应负证明责任；内界事实无法从外界感知，极难证明，故主张这类事实的人不负证明责任。

在 19 世纪末叶以前，待证事实分类说在大陆法系盛极一时。但这类学说也存在一些问题：一是其分类标准模糊不清，比如“某人是成年人”和“某人是非未成年人”，意思相同，但前者属于积极性事实，后者却属于消极性事实。二是将待证事实作为证明责任分配规则有时并不合理，例如，“不在场”属于消极性事实，但主张者证明起来并不困难；再如，根据外界事实说，故意、过失之类的内界事实将变得毫无法律意义，因为双方都无须负证明责任。

3. 法律要件分类说

法官作出裁判时，必须首先确定与争议法律关系有关的各种法律事实存在与否。以待证事实在法律构成要件中的地位为切入点，根据实体法规定的要件事实的不同性质来确定证明责任分配原则的学说，被统称为法律要件分类说。其中，最具代表性的是德国诉讼法学家罗森贝克创立的“规范说”。

罗森贝克认为，证明责任分配只有一条原则，即“不适用特定的法规范其诉讼请求就不可能有结果的当事人，必须对法规范要素在真实的事件中得到实现承担主张责任和证明责任”。[①] 罗氏通过研究民法条文，进而将民法规范分为两类：一类是权利发生规范（如买卖合同中，买受人负有支付价款的义务的规定），又称基本规范；另一类是反对规范，具体又包括三种类型，即权利妨碍规范（如无民事行为能力人实施的民事行为无效的规定）、权利消灭规范（如债务清偿、免除导致债权消灭的规定）、权利限制规范（如超过诉讼时效导致丧失胜诉权的规定）。在此基础上，他将证明责任分配原则进一步表述为：凡向法院主张权利存在的人，应当对权利发生要件的事实负证明责任；凡否认权利

---

① [德]罗森贝克著：《证明责任论》，庄敬华译，中国法制出版社 2002 年版，第 104 页。

存在的人，应当对权利妨碍要件、权利消灭要件或者权利限制要件的事实承担证明责任。前述理论观点，就是所谓的“规范说”，至今在德、日等大陆法系国家仍然占据通说的地位。

### (二)英美法系的证明责任分配学说

与大陆法系谋求建立一般性的证明责任分配原则的思路不同，英美法系的理论通常否认存在这样的一般性原则，而认为证明责任分配只能在综合若干要素的基础上由法官自由裁量，这种思想被概括为“利益衡量说”。

例如，美国证据法学家威格摩认为，不存在解决一切案件的一般性证明责任分配规则，证明责任分配是一个如何在各种状况下运用经验、政策和公平的问题。[①] 麦考米克认为，根本没有整齐划一的、能解决所有问题的“惊奇的试金石”。英美学者一般认为，影响法官在个案中决定证明责任分配的因素主要有：一是方便；二是公平；三是对司法政策的特别考虑；四是法官对盖然性的预测；五是让请求改变现状的人承担证明责任等。

受英美法系理论的影响，20 世纪中期以后，大陆法系的证明责任分配理论出现了两种新的发展趋势：一种是主张借鉴英美法系的“利益衡量说”，德国学者克格尔、瑞士学者高其、荷兰学者艾耐玛都持这种观点，荷兰 1959 年民法典修正草案还一度规定法官可以根据诚实信用原则和公平原则决定证明责任的分配。另一种是主张在坚持“规范说”下的证明责任分配原则之外，设置一些证明责任分配的特殊规则。例如，1966 年德国学者普霍斯提出了“危险领域说”，主张当损害原因发生在加害人所控制的领域中时，被害人对损害发生的客观和主观要件均不负证明责任，而由加害人负证明责任。1976 年德国学者瓦亨道夫提出了“损害归属说”，主张在责任法领域，应以实体法确定的损害责任归属原则为证明责任分配的标准。

## 三、我国关于证明责任分配的法律规定

### (一)我国证明责任分配的一般原则

我国《民事诉讼法》第 64 条第 1 款规定：“当事人对自己提出的主张，有责任提供证据。”这就是所谓的“谁主张、谁举证”的证明责任分配原则。

---

① 9 Wigmore, Evidence, § 2486 at 291.

由于该规定过于简单，给司法实践造成了一定的困扰。2002 年，最高法院《民诉证据若干规定》第 2 条进一步规定："当事人对自己提出的诉讼请求所依据的事实或者反驳对方诉讼请求所依据的事实有责任提供证据加以证明。""没有证据或者证据不足以证明当事人的事实主张的，由负有举证责任的当事人承担不利后果。"该条文所规定的证明责任分配原则，可以概括为"当事人应当对有利于自己的事实主张负证明责任"。实际上，该司法解释完全是在借鉴罗森贝克的"规范说"的基础上所作的规定。[①]

最高法院《民诉证据若干规定》第 2 条、第 5 条、第 6 条，还根据待证事实与法律规范之间的关系，对侵权案件、合同案件和劳动争议案件中证明责任分配的原则作了具体规定：

(1)在一般侵权案件中，主张损害赔偿的权利人应当对损害赔偿请求权所依据的事实承担证明责任，即对侵害行为、损害结果、侵害行为和损害结果之间的因果关系、行为人的过错等四项要件事实承担证明责任。

(2)在合同纠纷案件中，主张合同关系成立并生效的一方当事人对合同订立和生效的事实承担举证责任；主张合同关系变更、解除、终止、撤销的一方当事人对引起合同关系变动的事实承担举证责任。因合同是否履行发生争议的，由负有履行义务的当事人承担举证责任。因代理权发生争议的，由主张有代理权的一方当事人承担举证责任。

(3)在劳动争议案件中，如果是劳动合同争议，按照前述合同纠纷案件对待；如果属于因用人单位作出开除、除名、辞退、解除劳动合同、减少劳动报酬、计算劳动者工作年限等决定而发生的劳动争议，由用人单位负证明责任。

### (二)我国证明责任分配的特殊规定

1. 侵权案件中证明责任分配的倒置

证明责任分配的倒置，是指法律特别规定主张有利于自己的事实的一方当事人不负担证明责任，而由对方当事人负担证明责任；相应地，当该事实真伪不明时，法院应当判决对方当事人承担败诉的后果。不少人认为，2002 年最高法院《民诉证据若干规定》第 4 条规定的八种情形都是证明责任分配的倒置，这种理解是有所偏差的。事实上，这些规定中既有证明责任正常分配的情形，也有证明责任分配倒置的情形。

---

① 最高法院民事审判第一庭著：《民事诉讼证据司法解释的理解与适用》，中国法制出版社 2002 年版，第 24 页。

根据最高法院《民诉证据若干规定》第4条的规定，属于证明责任正常分配的情形主要包括：

(1)高度危险作业致人损害的侵权诉讼，由加害人就受害人故意造成损害的事实承担证明责任。其中，受害人故意是加害人的免除或减轻责任的事由，由加害人证明属于证明责任的正常分配。

(2)饲养动物致人损害的侵权诉讼，由动物饲养人或者管理人就受害人有过错或者第三人有过错承担证明责任。其中，受害人有过错、第三人有过错是加害人的免责事由，由加害人证明属于证明责任的正常分配。但根据2010年7月生效的《侵权责任法》第83条的规定，因第三人的过错致使动物造成他人损害的，被侵权人可以向动物的饲养人或者管理人请求赔偿，也可以向第三人请求赔偿；饲养人或管理人赔偿后，有权向第三人追偿。据此，第三人过错不再是饲养人或管理人免责的法定事由，饲养人或管理人应当与有过错的第三人负有连带责任。

(3)缺陷产品致人损害的侵权诉讼，由产品的生产者就法律规定的免责事由承担证明责任。《产品质量法》第41条规定，生产者能够证明有下列情形之一的，不承担赔偿责任：一是未将产品投入流通的；二是产品投入流通时，引起损害的缺陷尚不存在的；三是将产品投入流通时的科学技术水平尚不能发现缺陷的存在的。

根据最高法院《民诉证据若干规定》第4条和2010年7月生效的《侵权责任法》的有关规定，下列侵权案件的证明责任分配存在倒置的现象：

(1)因新产品制造方法发明专利引起的专利侵权诉讼，由制造同样产品的单位或者个人对其产品制造方法不同于专利方法承担证明责任。据此，本来应由原告举证证明的侵权行为要件事实，转为由被告证明不存在侵权行为的事实了。

(2)因环境污染引起的损害赔偿诉讼，由加害人就法律规定的免责事由及其行为与损害结果之间不存在因果关系承担证明责任。据此，本来应由原告举证证明的因果关系要件事实，转为由被告证明不存在因果关系的事实了。

(3)建筑物或者其他设施以及建筑物上的搁置物、悬挂物发生倒塌、脱落、坠落致人损害的侵权诉讼，由所有人或者管理人对其无过错承担证明责任。据此，建筑物致害的案件实行过错推定原则，即过错要件由被告负证明责任。但是，新生效的《侵权责任法》对此作了重大修改和细化，具体分为四种情形：

第一，建筑物、构筑物或者其他设施及其搁置物、悬挂物发生脱落、坠落造成他人损害，所有人、管理人或者使用人不能证明自己没有过错的，应当承担侵权责任。所有人、管理人或者使用人赔偿后,有其他责任人的,有权向其他责任人追偿。

第二,建筑物、构筑物或者其他设施倒塌造成他人损害的,由建设单位与施工单位承担连带责任。建设单位、施工单位赔偿后,有其他责任人的,有权向其他责任人追偿。因其他责任人的原因,建筑物、构筑物或者其他设施倒塌造成他人损害的,由其他责任人承担侵权责任。

第三,从建筑物中抛掷物品或者从建筑物上坠落的物品造成他人损害,难以确定具体侵权人的,除能够证明自己不是侵权人的外,由可能加害的建筑物使用人给予补偿。

第四,堆放物倒塌造成他人损害,堆放人不能证明自己没有过错的,应当承担侵权责任。

(4)因共同危险行为致人损害的侵权诉讼,由实施危险行为的人就其行为与损害结果之间不存在因果关系承担证明责任。据此,本来应由原告举证证明的因果关系要件事实,转为由被告证明不存在因果关系了。这同时也意味着,被告证明不存在因果关系构成了其免责事由。但是,新生效的《侵权责任法》第 10 条规定,二人以上实施危及他人人身、财产安全的行为,其中一人或者数人的行为造成他人损害,能够确定具体侵权人的,由侵权人承担责任;不能确定具体侵权人的,由行为人承担连带责任。根据新法的规定,只要共同危险行为人不能确定具体的侵权行为人,均应当承担连带责任,证明不存在因果关系不再是被告的免责事由,这主要是为了加强对受害人权利的保护。

(5)因医疗行为引起的侵权诉讼,由医疗机构就医疗行为与损害结果之间不存在因果关系及不存在医疗过错承担证明责任。据此,本来由原告证明的因果关系和过错要件事实,转为由被告医疗机构证明不存在因果关系和不存在医疗过错了,这主要是为了加强对患者权利的保护。但是,新生效的《侵权责任法》在总结实践经验的基础上,对过错要件举证责任倒置的规定又作了重大修正:

第一,在一般的医疗侵权诉讼中,实行过错责任归责原则,即由原告证明被告医疗机构存在过错。《侵权责任法》第 54 条规定,患者在诊疗活动中受到损害,医疗机构及其医务人员有过错的,由医疗机构承担赔偿责任。

第二,在例外情形下,仍然实行过错推定原则,即由被告证明自己的诊疗行为不存在过错。《侵权责任法》第 58 条规定,患者有损害,因下列情形之一的,推定医疗机构有过错:一是违反法律、行政法规、规章以及其他有关诊疗规范的规定;二是隐匿或者拒绝提供与纠纷有关的病历资料;三是伪造、篡改或者销毁病历资料。

2.证明责任分配的司法裁量

证明责任分配一般是由实体法或诉讼法预先确定的，不能由法官自由裁量决定。但是，由于诉讼案件纷繁复杂、各有特点，而且新类型的民事纠纷不断涌现，在坚持证明责任分配法定的大前提下，有必要授予法官根据个案情况自由裁量分配证明责任的权力。

最高法院《民诉证据若干规定》第7条规定："在法律没有具体规定，依本规定及其他司法解释无法确定举证责任承担时，人民法院可以根据公平原则和诚实信用原则，综合当事人举证能力等因素确定举证责任的承担。"据此，法官裁量决定证明责任的分配时必须遵守以下条件：第一，法律和司法解释对证明责任分配问题未作出特别规定。换言之，如果有特别规定的，则必须从其规定。第二，按照《民诉证据若干规定》第2条规定的证明责任分配的一般原则，在个案中将造成严重的不公正的结果。如果不会造成严重的不公正，就应当适用证明责任分配的一般原则。第三，法院裁量决定证明责任分配时，应当考虑的因素包括公平原则、诚实信用原则、当事人举证能力的强弱等，并在判决书中写明裁量分配证明责任的依据。

## 第四节　法院对证据的审查判断和证明标准

审核判断证据，就是审判人员围绕当事人主张的要件事实和当事人在庭审中争议的焦点问题，对证据材料进行审查核实、鉴别真伪，分析证据与案件事实之间的关联性，确定证据的真实性和证明力，从而正确认定案件事实的活动。

### 一、法院审核判断证据的原则

我国《民事诉讼法》第64条第3款规定："人民法院应当按照法定程序，全面地客观地审查核实证据。"但是，该法并没有规定法院审核判断证据的原则和可操作性的规则。

对于法院应如何审核判断证据，西方国家历史上存在两种截然不同的立法主义：一种是法定证据主义，是指根据证据的不同形式，法律预先规定了各种证据的证明力和审查判断证据的规则，法官必须依法定规则进行判断、而没有判断自由的一种证据制度。另一种是自由心证主义，是指法律不预先对证据的证明力和证据判断规则作出规定，而完全由法官依据其“良心”和“理性”，利用自己的法律知识和审判经验，合理判断证据的证明力的一项制度。目前，世界上绝大多数国家均采自由心证主义作为审查判断证据的原则。

在借鉴西方国家自由心证理论的基础上，我国最高法院《民诉证据若干规定》第 64 条规定：“审判人员应当依照法定程序，全面、客观地审核证据，依据法律的规定，遵循法官职业道德，运用逻辑推理和日常生活经验，对证据有无证明力和证明力大小独立进行判断，并公开判断的理由和结果。”它确认了法官根据良知、理性、经验法则和逻辑推理审核判断证据的原则，简称自由心证原则。

但是，如果完全依赖法官的自由心证，可能滋生法官滥用职权、甚至司法腐败的危险，为了合理规制法官心证的合理性，现代国家一般规定如下限制措施：

第一，恪守法官职业道德。法官个人的正义感、廉洁与否、个人好恶和偏见等因素对司法判断有着不可忽视的影响，法官良好的品行是实现司法公正的前提。我国《法官法》规定，“有良好的政治、业务素质和良好的品行”是担任法官的基本条件之一。在任法官也应当恪守职业道德，尽可能避免个人偏见影响案件的处理。

第二，遵守论理规则和经验法则。国外学者认为，“虽为自由心证，但并非纵容法官恣意判断，而必须依照论理法则和经验法则来判断(违反此规定的事实认定可以成为上告的理由)”。[①]所谓论理法则，是指人们进行正确思维和推理所必须遵循的规律性的规则，主要是指逻辑规则。逻辑规则主要包括同一律、排中律和矛盾律等，其主要作用是充当人们根据已知事实推导未知事实的逻辑推理工具。所谓经验法则，是指人们在日常生活中对个别经验进行归纳所得出的有关事物之间因果关系或性质状态的规则或知识。其主要作用是充当法官推理活动的大前提。经验法则虽然不是法律的规定，但由于是反复发生的常态社会现象，已经成为人类的常识，法官在审核判断证据和认定案件事实时不得违反。

第三，证据裁判主义。又称证据裁判原则，其基本内涵是裁判者对事实的认定，必须依据有关证据作出。证据裁判主义至少包括三方面的内容：一是法官对案件事实的裁判必须以证据基础，无证据即不得认定事实；二是裁判认定

① [日]中村英郎：《新民事诉讼法讲义》，陈刚译，法律出版社 2001 年版，第 199 页。

事实所依据的证据，必须具有证据能力（或证据资格）；三是裁判认定事实所依据的证据，必须是经过法庭调查的证据，而不能仅仅是法官个人知悉的事实。没有证据而认定事实，或者仅凭主观臆测而认定事实，均与证据裁判主义相违背。

第四，法官心证公开。法官心证的公开，其实就是将司法过程中审查证据、认定事实的所有程序公开，从而使人们通过对程序正当性的认可建立起对结果真实性的信赖。最高法院《民诉证据若干规定》第 79 条规定："人民法院应当在裁判文书中阐明证据是否采纳的理由。对当事人无争议的证据，是否采纳的理由可以不在裁判文书中表述。"

## 二、法院审核判断证据的方法

审核判断证据，可以在对证据逐个审核判断基础上，对所有证据进行综合审核判断，并认定证据的证明力。

### （一）逐个审核判断证据

逐个审核判断证据，可认识某个证据与案件事实之间是否存在联系，存在何种客观联系，由此判断其是否具有证明力及证明力的大小。根据最高法院《民诉证据若干规定》第 65 条的规定，审判人员可以从下列方面对单一证据进行审核认定：

第一，证据是否为原件、原物；如果是复印件、复制品，其与原件、原物是否相符。无法与原件、原物核对的复印件、复制品，不能单独作为认定案件事实的依据。

第二，证据与本案事实是否相关。证据与待证事实有关联则有证明力，无关联则无证明力；缺乏关联性的证据，法庭不必调查核实，可以直接予以排除。

第三，证据的形式、来源是否符合法律规定。最高法院《民诉证据若干规定》第 68 条规定："以侵害他人合法权益或者违反法律禁止性规定的方法取得的证据，不能作为认定案件事实的依据。"

第四，证据的内容是否真实。比如，视听资料是否存在拷贝、拼接、删减等疑点，存有疑点的视听资料不能单独作为认定案件事实的依据。

第五，证人或者提供证据的人，与当事人有无利害关系。与一方当事人或者其代理人有利害关系的证人出具的证言，不能单独作为认定案件事实的依据。

### (二)综合审核判断证据

一个案件往往有多个证据,而且相互之间可能相互印证,也可能互有矛盾,所以有必要通过当事人庭审质证以及法官核实判断证据,结合全案证据,对所有证据之间存在的客观联系,以及各个证据证明力的大小进行判断,并就案件事实作出符合客观实际的结论,就是综合判断证据。

根据最高法院《民诉证据若干规定》第66条的规定,审判人员对案件的全部证据进行综合审核判断的方式是:

第一,审核和判断证据与案件事实之间的关联性。首先,证据与案件事实之间有无客观的关联。其次,证据与案件事实之间联系的形式和性质。两者之间联系的形式具有多样性,既有因果联系也有非因果联系,既有必然联系也有偶然联系,既有直接的、内部的联系也有间接的、外部的联系,联系的程度不同、形式不同,其表现出来的证明力也必然不同。最后,证据与案件事实之间联系的确定性。确定性程度高的证据往往可单独认定某一案件事实,反之则必须和其他证据结合才能认定案件事实。

第二,审核判断各个证据之间的联系。从证据之间的联系中审核判断证据,才能辨别真伪,确定证据的证明力。将一个证据与其他证据加以对照、印证,进行综合分析,如果所有的证据协调一致指向了同一事实,可以认定该证据为真。双方当事人对同一事实分别举出相反的证据,但都没有足够的依据否定对方证据的,人民法院应当结合案件情况,判断一方提供证据的证明力是否明显大于另一方提供证据的证明力,并对证明力较大的证据予以确认。因证据的证明力无法判断导致争议事实难以认定的,人民法院应当依据证明责任分配的规则作出裁判。

## 三、法院认定案件事实的标准(证明标准)

法院在对每项证据进行审核判断后,就要对全部证据的证明力和案件事实作出最后认定。这就会涉及认定案件事实的标准,即证明标准的问题。

### (一)证明标准的概念

证明标准,是指在民事诉讼中用来衡量证明主体利用证据证明的活动是否达到了要求,以及具体达到了何种程度的准则和尺度。换句话说,证明标准就是在诉讼案件中已经明定的一把尺子,当事人的证明程度跨越了该尺,则这项证明所要证明的案件事实即认定为真。

在奉行自由心证原则的制度下，如果法官依据本案证据确信案件事实存在或者不存在，就可以认定案件事实，一般认为不存在一个可以精确计算的标准。但是，如果法官没有达到百分之百的确信，那么，至少要达到什么程度的确信才可以认定案件事实为真呢？这正是证明标准理论所要解决的问题。

### （二）国外有关证明标准的理论和立法

两大法系的证据理论，都选择一定程度的“盖然性”作为法定的证明标准。“‘盖然性’是有可能而不是必然的一种性质，或者说一种可能的状态。”①

1. 英美法系国家“盖然性占优势”的证明标准

在英美证据理论上，“盖然性占优势（on a preponderance of evidence）”是民事案件最低限度的证明标准。该标准要求，证据能使事实认定者（不管是法官还是陪审团）相信，一方当事人提供的证据比另一方当事人的证据更有优势。所谓证据优势，是指证明某一事实的证据分量和证明力比反对该事实存在的证据更有说服力或者可靠性更高。特别值得一提的是，盖然性占优势主要强调的是证据的可信度和说服力，而不是证据的数量。

在一些特殊的案件中，法律可能要求更高的证明标准。例如，有关口头信托或者遗嘱的案件，往往实行“明确的和有说服力的证据（clear and convincing evidence）”标准。

2. 大陆法系国家“高度盖然性”的证明标准

大陆法系的德国、日本、法国等，都采高度盖然性的证明标准。高度盖然性标准，也称内心确信标准，是指法官对案件事实的心证达到了依据日常经验可能达到的那样的高度，疑问即告解除，从而产生近似确然性的可能性，法官可以判决待证事实存在。

高度盖然性标准的“高度”该是多少，是个极其复杂的问题。德国学者埃克罗夫和马森曾试图用刻度盘理论来描述，刻度盘的两端分别为0%和100%，两端之间分为四级：第一级为1%～24%，第二级为26%～49%，第三级为51%～74%，第四级为75%～99%。其中，0%为绝对不可能，50%为可能与不可能同等程度存在，100%为绝对肯定，第一级为非常不可能，第二级为不太可能，第三级为大致可能，第四级为非常可能——他们认为民事诉讼中的证明标准应定在第四级，即在穷尽了可获得的所有证据后，如果达到或超过

---

① 何家弘主编：《外国证据法》，法律出版社2003年版，第117页。

75％的证明程度，应认为待证事实的存在已获得证明，如果达不到75％，法官应认定待证事实不存在。

### （三）我国民事诉讼证明标准

根据我国《民事诉讼法》第153条的规定，我国民事诉讼法要求的证明标准是：案件事实清楚，证据确实、充分。该规定仅仅是对证明标准的一般描述，其具体内涵并不十分清楚。

我国传统的证据理论的解读是，民事诉讼法要求的证明标准是"客观真实"。如有学者认为，"在诉讼证明上，就是认定案情必须达到客观真实。从认识论的角度来看，也就是司法人员对案件事实主观上的认识完全符合案件客观存在的实际情况……具体的标准就是案件事实、情节清楚，证据确实、充分"。[①] 传统理论对证明标准的解读过于严格，坦率地说，客观真实是无法达到的。最高人民法院肖扬院长也指出："人民法院应当努力做到法律事实与客观事实的一致，但由于司法机关和当事人收集证据的局限性，人民法院通过公正、公平程序，根据证据、事实和法律作出的裁判结果可能与客观实际情况不完全吻合。但是，在正常情况下只要做到了法律上的真实，裁判结果就应当认为是公正的。"[②]

现在，越来越多的学者认为，我国民事诉讼法确立的证明标准是"法律真实"。所谓法律真实，是指裁判人员运用证据认定的案件事实达到了法律所规定的视为真实的标准。在诉讼证明过程中，法官运用证据、逻辑推理和经验法则，对案件事实的认定达到实体法和程序法的要求，即符合法律真实的要求。

也有学者认为，"法律真实"的标准其实就是"高度盖然性"的标准，并认为这在我国多处立法中有所体现。例如，《民事诉讼法》第67条规定，"经过法定程序公证证明的法律行为，法律事实和文书，人民法院应当作为认定事实的根据。但有相反证据足以推翻公证证明的除外"；第179条规定，当事人的申请符合"有新的证据，足以推翻原判决、裁定的"情形的，人民法院应当再审。《证据规定》第2条规定，"没有证据或者证据不足以证明当事人的事实主张的，由负有举证责任的当事人承担不利后果"。这些条文中的"足以"，表明我国民事诉讼证明标准就是高度盖然性的标准。

---

① 刘金友主编：《证据理论与实务》，法律出版社1992年版，第160页。

② 孔祥俊：《论法律事实与客观事实》，载《政法论坛》2002年第5期。

总的来说，我国关于证明标准的讨论才刚刚开始，并且远未结束。如何结合我国司法实践，探索出一种行之有效的证明标准的判断方法，仍然有待于进一步研究。

# 第十一章 民事诉讼保障制度

## 第一节　期间

### 一、期间的概念

期间是指法院、当事人及其诉讼代理人和其他诉讼参与人实施诉讼行为或者完成诉讼行为所应遵守的时间。广义的期间包括期限和期日，狭义的期间仅指期限。期限是指法院、当事人及其诉讼代理人或其他诉讼参与人单方面进行某种诉讼行为的时间，如当事人不服一审判决，需在 15 天内上诉。期日是指法院、当事人及其诉讼代理人、其他诉讼参与人一起进行一定诉讼活动的日期，如开庭审理日、证据交换日、调查取证日、宣判日等。

期限和期日既有联系又有区别。它们总是期间中的某一日，但它们在以下几个方面又存在差异：(1)期限是一个时间段，有始期和终期，期日是一个时间点；(2)期限有法定期限、指定期限和约定期限之分，期口只能是指定期日或约定期日；(3)期限是法院、当事人及其他诉讼参与人单独进行一定诉讼活动的时间，期日是他们一起完成诉讼活动的时间。

期间一方面为法院、当事人和其他诉讼参与人完成诉讼行为提供保障，另一方面，也督促他们完成诉讼行为，防止诉讼拖延，提高诉讼效率。因此，期间是保证民事诉讼程序顺利进行的重要因素，它从时间的维度来保障诉讼行为的有效实施。

### 二、期间的种类

#### (一)法定期间、指定期间和约定期间

根据期间确定的依据是法律直接规定，还是法院指定，抑或是当事人的约

定，可以将期间分为法定期间、指定期间和约定期间三种类型。

1. 法定期间

法定期间是指法律[①]直接规定的期间。如立案期间、提交答辩状期间、公告期间、审理期间、上诉期间等等。对于法定期间，除法律有特别规定的外，法院、当事人或其他诉讼参与人均不得变更。在法定期间内没有完成诉讼行为的，就会引起相应的法律后果。

2. 指定期间

指定期间是指人民法院根据案件的具体情况，依职权对某一具体事项指定的期间。如《证据规定》第33条规定法院可以指定举证期限。指定期间是法定期间的补充，是法院行使诉讼指挥权，控制诉讼进程的重要手段。指定期间必须要有法律的明确授权，不得超越法律规定的期间范围，也不得与法定期间冲突。此外，指定期间长短要适宜，不能太长，导致诉讼拖延，也不能太短，造成当事人无足够的时间完成相应的诉讼行为。

3. 约定期间

约定期间是指当事人根据法律规定，协商一致并经法院认可的诉讼期间。《民事诉讼法》第75条仅规定了法定期间和指定期间。但《证据规定》第33条第2款以司法解释的形式确立了约定期间制度："举证期间可以由当事人协商一致，并经人民法院认可。"

### （二）不变期间和可变期间

期间以是否可以变动为标准，可以分为不变期间和可变期间：

1. 不变期间

不变期间是指期间确定后，法院、当事人和其他诉讼参与人均不得予以改变的期间。如上诉期间、适用简易程序的一审审理期间、二审程序的审理期间、申请再审的期间。

2. 可变期间

可变期间是指期间确定后，因情况发生变化，在规定的期间内完成一定的诉讼行为有困难的，法院可以根据当事人的申请或依职权予以变更的期间。

指定期间是一种可变期间。而法定期间大多属于不变期间，为强行法律规范。但也有一些法定期间，法律规定可以予以变更。如法院适用普通程序

---

① 这里的法律应作扩张性解释，最高人民法院发布的司法解释中规定的期间也属于法定期间。

审理一审案件,无法在法律规定的6个月内审结的,由本院院长批准可以延长6个月,经上级法院批准,可以再延长。

## 三、期间的计算和扣除

### (一)期间的计算

1.期间的计算单位。期间以时、日、月、年为计算单位。

2.期间的计算方法

(1)期间开始的时和日不计入期间。以小时为计算单位的,从下一个小时起算,如当事人申请财产保全,情况紧急,法院必须在48小时内作出裁定。对48小时的计算,不应将法院受理申请的那一小时计算在内;以日为计算单位的,从第2日起算。

期间以月和年为计算单位的,月不分大月、小月;年不分平年、闰年,均从第2日起算,并以期间届满月的相对日为期间届满日,如果没有相对日的,以该月的最后一日为期间届满日。例如当事人2008年2月29日收到法院的终审判决,其申请再审的期间届满日为2010年2月28日。

(2)期间届满的最后一天是节假日的,以节假日后的第一天为期间届满的日期。但节假日在期间中间的,不予扣除。

(3)期间不包括在途时间。诉讼文书在期满前交邮的,无论法院收到诉讼文书是在原定的期间内还是超出了原定的期间届满日,均不算过期。在途时间是指通过邮寄递交的诉讼文书,在途中所用的时间。确定诉讼文书交邮的时间,通常以邮局邮戳为准。

### (二)期间的扣除

1.诉讼文书在途时间不计入期间。

2.下列期间不计入审理期间或执行期间:

(1)因当事人、诉讼代理人、辩护人申请通知新的证人到庭、调取新的证据、申请重新鉴定或者勘验,法院决定延期审理一个月之内的期间;

(2)民事案件公告、鉴定的期间;

(3)审理当事人提出的管辖权异议和处理人民法院之间的管辖权异议的期间;

(4)民事、执行案件由有关专业机构进行审计、评估、资产清理的期间;

(5)中止诉讼(审理)或执行至恢复诉讼(审理)或执行的期间;

(6)当事人达成执行和解或者提供执行担保后,执行法院决定暂缓执行的期间;

(7)上级人民法院通知暂缓执行的期间;

(8)执行中拍卖、变卖被查封、扣押财产的期间;

(9)执行程序中就法律适用问题向上级法院请示的期间;

(10)执行程序中与其他法院发生执行争议报请共同的上级法院协调处理的期间。

## 四、期间的耽误和顺延

期间的耽误,是指当事人及其诉讼代理人未在法定期间、指定期间或约定期间内完成一定的诉讼行为。

期间耽误的原因不同,其法律后果也有所不同。如果是由当事人或其诉讼代理人主观上的原因,故意或过失导致期间耽误的,当事人失去进行该诉讼行为的权利,并因此承担相应的诉讼后果。如当事人因本人原因,未在上诉期内提起上诉的,上诉期过后,不得再行提起上诉。

如果期间的耽误是由于不可抗拒的客观原因造成的,当事人并不当然丧失实施诉讼行为的权利,其可以申请顺延期间,由法院批准是否顺延。根据《民事诉讼法》第76条的规定,期间顺延的条件和程序如下:(1)顺延申请限于当事人因不可抗拒的事由或者其他正当理由耽误期间。这里的不可抗拒事由,是指诸如天灾等当事人在主观上无法预见、在客观上无法避免的事由。(2)当事人的顺延申请须在障碍消除后的十日内提出。这十日属于不变期间,但不适用顺延。(3)法院对顺延申请审查后,决定是否准许。

对于何种期间可以适用期间顺延,现行法律并没有予以明确,可变期间和不变期间似乎都可以适用。不过可变期间本就可通过法院的延长期间而改变原定的期间,实在没有必要再通过顺延对当事人予以救济。因此,现行法应明确期间的耽误适用范围限定于不变期间。

# 第二节　送达

## 一、送达概述

### (一)送达的概念和特征

送达是指人民法院依照法定的程序和方式,将诉讼文书送交当事人或其他诉讼参与人的诉讼行为。通过送达,当事人的诉讼行为相互衔接和贯通,进而确保了诉讼活动的顺利进行。送达具有下列特征:

(1)送达是人民法院的职权行为。送达的主体只能是人民法院,当事人向法院递交诉讼文书不属于送达。受送达人不仅有容忍送达的义务,且放弃送达的行为无效。

(2)送达的对象限于当事人或者其他诉讼参与人。法院内部送递材料或向其他主体送交材料均非送达。

(3)送达的内容是有关诉讼文书或法律文书。如起诉状副本、判决书、调解书、决定书、出庭通知书等。

(4)送达应依照法定的程序和方式进行。不按照法定程序和方式进行的,不产生送达的法律效果。

### (二)送达的性质

我国和大陆法系国家及地区通常认为送达是一种司法行为,以职权送达为原则,送达无需根据当事人的申请,也不需要委托当事人进行。这是因为送达通常发生在诉讼过程中或诉讼结束后,为了迅速送达,应无需当事人申请而开始。

在英美法系国家,送达采取当事人主义,送达依当事人的申请启动并由当事人或其律师进行,仅个别情形由法院依职权送达。他们认为诉讼是当事人的私事,原告向被告送达起诉状等是天经地义的。如受送达人不到庭作证或进行其他诉讼活动,则被视为藐视法庭而被处罚。

### (三)送达的意义

作为一种法院司法行为,送达直接关系到民事诉讼程序能否顺利进行。一方面通过送达向受送达人传递诉讼信息,保障当事人诉权的行使;另一方面送达后还产生诉讼上的法律效果,受送达人无正当理由未在送达后完成一定诉讼行为的,应承担相应的诉讼后果。

## 二、送达的方式

我国的送达方式主要有六种:直接送达、留置送达、委托送达、邮寄送达、转交送达和公告送达。这些送达方式中直接送达是原则,其他送达为补充。我国的送达原则上采取到达主义,诉讼文书送达到受送达人时,才能产生预期的法律效果。

### (一)直接送达

直接送达,是指法院将诉讼文书或法律文书直接送交受送达人本人签收的送达方式。直接送达可靠,且用时短,是送达的首要选择,只有直接送达有困难时,才能采取其他送达方式。根据《民事诉讼法》的规定,以下情形属于直接送达:

1. 受送达人是公民的,应直接送交受送达人本人;
2. 受送达人本人不在的,送交其同住成年家属签收;
3. 受送达人是法人或其他组织的,应当由法人的法定代表人、其他组织的主要负责人或者由法人、其他组织负责收件的人签收;
4. 受送达人有诉讼代理人的,可以送交其诉讼代理人签收;
5. 受送达人有向法院指定代收人的,送交代收人签收。

受送达人的同住成年家属,法人或者其他组织的负责收件的人,诉讼代理人或者代收人在送达回证上签收的日期为送达日期。

### (二)留置送达

留置送达,是指在向受送达人或者其他有资格接受送达的人送交诉讼文书时受送达人或者有资格接受送达的人拒绝签收,法院依法将诉讼文书留放在受送达人住所的送达方式。直接送达受阻时,采取留置送达的做法是大陆法系国家或地区的通例,我国也采取此种做法,《民事诉讼法》第 79 条规定:

“受送达人或者他的同住成年家属拒绝接收诉讼文书的，送达人应当邀请有关基层组织或者所在单位的代表到场，说明情况，在送达回证上记明拒收事由和日期，由送达人、见证人签名或者盖章，把诉讼文书留在受送达人的住所，即视为送达。”另外，民诉法《适用意见》第 81 至 84 条作出补充规定。根据现行法律，适用留置送达的要件如下：

1. 收件人限于直接送达有困难的收件人。包括受送达人本人、受送达人的同住成年家属、被指定为代收人的受送达人的诉讼代理人以及法人的法定代表人、其他组织的主要负责人，或者办公室、收发室、值班室等负责收件的人。

2. 收件人拒绝签收诉讼文书。故如果上述主体不在送达现场的，不能留置送达。

3. 必须有见证人见证，或见证人已知晓送达事宜。见证人通常是有关基层组织、受送达人所在单位的代表。故无相应见证人见证的，不能适用留置送达。如见证人不愿在送达回证上签字或盖章的，由送达人在送达回证上记明情况，并将送达文书留在受送达人住所。

4. 留置送达的地点限于受送达人的住所或从业场所，而不应是其他场所。

另外，调解书应当直接送达当事人本人，不适用留置送达。当事人本人因故不能签收的，可由其指定的代收人签收。调解书不适用留置送达的原因在于《民事诉讼法》第 90 条规定“调解未达成协议或者调解书送达前一方反悔的，人民法院应当及时判决”，即法院调解程序中受送达人被赋予反悔权。

### (三)委托送达

委托送达，是指受诉法院直接送达确有困难，委托其他法院将需送达的诉讼文书送交受送达人的送达方式。《民事诉讼法》第 80 条规定“直接送达诉讼文书有困难的，可以委托其他人民法院代为送达”，民诉法《适用意见》第 86 条补充规定，“委托其他人民法院代为送达的，委托法院应当出具委托函，并附需要送达的诉讼文书和送达回证，以受送达人在送达回证上签收的日期为送达日期”。我国的委托送达中委托方只能是受诉法院，当事人或其他诉讼参与人不得委托；受委托方仅限于其他法院，其他机关或组织不能成为委托方送达诉讼文书。

### (四)邮寄送达

邮寄送达，是指受诉法院在直接送达有困难时，通过邮局以挂号信的方式将需要送达的诉讼文书邮寄给受送达人的送达方式。我国《民事诉讼法》第80条明确了邮寄送达制度。此外,最高人民法院还于2004年制定并发布了《最高人民法院关于以法院专递方式邮寄送达民事诉讼文书的若干规定》明确法院专递邮寄送达方式。但有下列情形之一的,法院不得邮寄送达:

(1)受送达人或者其诉讼代理人、受送达人指定的代收人同意在指定的期间内到人民法院接受送达的;

(2)受送达人下落不明的;

(3)法律规定或者我国缔结或者参加的国际条约中约定有特别送达方式的。

邮寄送达,应当附上送达回证。送达日期以送达回证上注明的收件日期为准。挂号信回执上注明的收件日期与送达回证上注明的收件日期不一致的,或者送达回证没有寄回的,以挂号信回执上注明的收件日期为送达日期。

有下列情形之一的,由邮寄送达完成:

(1)受送达人在邮件回执上签名、盖章或者捺印的;

(2)受送达人是无民事行为能力或者限制民事行为能力的自然人,其法定代理人签收的;

(3)受送达人是法人或者其他组织,该法人的法定代表人、该组织的主要负责人或者办公室、收发室、值班室的工作人员签收的;

(4)受送达人的诉讼代理人签收的;

(5)受送达人指定的代收人签收的;

(6)受送达人的同住成年家属签收的。

### (五)转交送达

转交送达,是指受送达人有特殊情况不宜或不便直接送达时,受诉法院将需送达的诉讼文书交有关机关、单位转交受送达人的送达方式。根据《民事诉讼法》的规定,有下列情形之一的,法院适用转交送达:

(1)受送达人是军人的,由其所在部队团以上单位的政治机关转交;

(2)受送达人是被监禁的,由其所在监所或者劳动改造单位转交;

(3)受送达人是被劳动教养的,由其所在劳动教养单位转交。

代为转交的机关、单位收到诉讼文书后,必须立即交受送达人签收。转交送达,以受送达人在送达回证上注明的签收日期为送达日期。

### (六)公告送达

公告送达，是指受诉法院在受送达人下落不明或者用上述方式无法送达的情况下，将需送达的诉讼文书的主要内容予以公告，公告经过一定期限即产生送达效果的送达方式。公告送达实质上是一种“推定送达”，即公告后受送达人有可能知道公告内容，也可能不知道公告内容，但法律规定公告期满，均视为送达。

由于公告送达并非实际送达，因此不得不严格其适用条件和程序：

(1)公告送达的原因是受送达人下落不明，或者其虽有音讯但行踪不定，无法联系，采用其他方式无法送达。

(2)公告送达的内容包含送达文书的主要或者基本内容。公告送达起诉状或上诉状副本的，应说明起诉或上诉要点，受送达人答辩期限及逾期不答辩的法律后果；公告送达传票的，应说明出庭地点、时间及逾期不出庭的法律后果；公告送达判决书、裁定书的，应说明裁判的主要内容，属于一审的，还应说明上诉权利、上诉期限和上诉的人民法院。

(3)公告的法定期限为自发布公告之日起60日。

(4)公告的方式应具有广知性。公告送达，可以在法院的公告栏、受送达人的原住所地张贴公告，也可以在报纸上刊登公告；对公告送达方式有特殊要求的，应按要求的方式进行公告。

## 三、送达的效力和送达回证

### (一)送达的效力

送达的效力，是指法院将诉讼文书送达给受送达人后所产生的法律效果。送达的诉讼文书不同，产生的送达效力也不同：

(1)判决书、调解书的效力开始。二审判决书和一、二审程序中的调解书送达后发生法律效力。

(2)有关的诉讼期限开始计算。如当事人对一审判决不服提起上诉的15天期限是从判决书送达之次日起开始计算的。

(3)当事人及其他诉讼参与人需实施相应的诉讼行为，否则将承担相应的法律后果。如被告接到传票，无正当理由拒不到庭的，法院可以缺席判决；必须到庭的，法院可以强制其到庭。

(4)标志着一定诉讼法律关系的产生或消灭。如法院向被告送达起诉状副本,标志着法院与被告产生诉讼上的法律关系;法院向当事人送达二审判决书后,标志着法院与当事人诉讼上的法律关系消灭。

#### (二)送达回证

送达回证,是指法院用以证明完成了送达行为的格式化的诉讼文书。送达回证是法院完成某送达行为或其送达行为正当性的证明凭证。我国现行法规定,法院送达,必须有送达回证,即无论采取哪种送达方式,法院都应当有送达回证。

送达回证既是对送达行为的证明,又是诉讼期间计算的依据。当事人为申请法院执行生效判决、调解书,除公告送达外,其必须向执行法院提交送达回证用以证明法院已经完成送达行为,执行依据已经生效。

送达回证一般记载如下内容:送达法院的名称,受送达人,送达的诉讼文书名称,送达的处所和时间,送达的基本情况,受送达人或有关见证人的签名或盖章。受送达人在送达回证上签字或盖章后,送达完成,且签收日期为送达日期。另外,送达回证必须带回或寄回法院,并附卷存档。

## 第三节　诉讼保全

### 一、诉讼保全概述

#### (一)诉讼保全的概念

所谓诉讼保全,是指为了保障权利人在将来生效裁判中确认的权利能够获得实现,人民法院依法对义务人的财产或行为采取的临时性强制措施。

诉讼保全的功效在于“防患于未然”或“解燃眉之急”,它是审判程序和执行程序间的纽带,也是现在司法制度中不可或缺的组成部分。虽然称谓可能不同,但世界各国和地区的民事诉讼立法几乎无例外地设置了保全程序。大陆法系国家的保全制度主要包括假扣押和假处分。在英美法系国家的保全制度中,保全程序主要体现为禁令制度。如美国法中的预备禁止令和临时性禁令即属于保全的禁令。

我国诉讼保全制度的立法肇始于1982年的《民事诉讼法(试行)》,参照前苏联设立诉讼保全制度。1991年《民事诉讼法》修改时,由于增加了诉讼前的保全,"诉讼保全"被改为"财产保全"。但是随后的立法逐步打破只能对财产进行保全的限制,《海事诉讼特别程序法》(1999年)中的"海事强制令"、《著作权法》、《商标法》和《专利法》以及最高人民法院发布的相关司法解释中确立的"诉前停止侵权行为"也体现了诉讼保全的功效。

### (二)诉讼保全的特征[①]

1.实现本案权利的目的指向性。保全程序是为了配合审判程序、执行程序对债权人的保护而设置的子程序,始终以实现本案权利为依归。

2.形式上的独立性与实质上的附属性。保全程序在现代民诉法典中一般被作为一项独立的制度加以规定,日本甚至于1989年颁布《民事保全法》。但保全程序始终以确保本案的终局执行为目的,具有手段方法的工具性质,须依赖本案诉讼程序的存在才有意义。

3.紧急性。保全程序以"近水救近火"的方式确保本案判决的执行或者维持有争议的法律关系的现状。法院适用保全程序时,一般仅需债权人一方的书面申请和债权人对事实理由的释明,无需言辞辩论,就可作出裁判。

4.预防性和暂定性。保全程序不具有最后确定权利存在的性质,仅具有暂定权利存在的性质。

### (三)我国诉讼保全的类型

根据我国现行立法,具有诉讼保全功能的制度有四个:财产保全、先予执行、证据保全和行为保全。但是一方面,证据保全属于证据法范畴,通常不是把它作为诉讼保全的一个重要组成部分,而是作为一种特殊的证据收集方式进行阐述;另一方面,先予执行的目的是保障诉讼过程中当事人的基本生产和生活需求,与诉讼保全保障生效裁判的执行的立法宗旨不同,理论上通常将其与诉讼保全并列,单独论述。因此,本节诉讼保全制度主要涉及两类保全程序:一是财产保全,二是行为保全。

1.财产保全

(1)财产保全的含义

所谓财产保全,是指人民法院在诉讼前或诉讼中,为保证将来生效给付判

---

① 江伟:《民事诉讼法专论》,中国人民大学出版社2005年版,第255~259页。

决确定的权利顺利实现，根据当事人申请或依职权对当事人争议的财产或者与本案有关的财物依法采取的强制性保护措施。

(2)财产保全的类型

①根据发生时间的不同，财产保全可以分为诉前财产保全、诉讼财产保全、执行前的财产保全和仲裁程序中的财产保全。

②根据适用保全的案件性质的不同，财产保全可以分为诉讼案件财产保全和非诉案件财产保全。下列非诉案件可以采取的财产保全措施：第一，公司强制清算案件。“人民法院受理强制清算申请后，公司财产存在被隐匿、转移、毁损等可能影响依法清算情形的，人民法院可依清算组或者申请人的申请，对公司财产采取相应的保全措施。”①第二，破产案件。“清算组对破产财产应当及时登记、清理、审计、评估、变价。必要时，可以请求人民法院对破产企业财产进行保全。”②

2.行为保全

行为保全，是指对非财产权的请求，因债务人的行为或其他原因，可能使判决不能执行或者难以执行的，债权人向法院申请制止某种行为或者要求作出某种行为的保全。

我国的行为保全主要体现在《海事诉讼特别程序法》和最高人民法院发布的一系列司法解释中，具体而言，我国的行为保全包括两大部分：申请海事强制令和申请诉前停止侵权行为。

## 二、财产保全

### (一)财产保全的种类及其适用条件

根据保全措施采取时间的不同，财产保全可以分为诉前财产保全、诉讼财产保全、执行前的财产保全和仲裁程序中的财产保全四种。这四种保全裁定适用的条件有所不同：

---

① 《最高人民法院关于审理公司强制清算案件工作座谈会纪要》(法发[2009]52号)第27条。

② 《最高人民法院关于审理企业破产案件若干问题的规定》(法释[2002]23号)第53条。

1.诉讼财产保全及其适用条件

诉讼财产保全，是指在诉讼过程中，为保障将来判决得以执行，而由人民法院依申请或在必要时依职权对本案有关财产采取的保护措施。

《民事诉讼法》第92条规定了诉讼财产保全适用的条件：

(1)须在诉讼中提起。这是诉讼财产保全适用的时间要件，即诉讼财产保全须在起诉后至本案判决确定前采取。

(2)须属于给付之诉。适用诉讼财产保全的案件仅限于诉讼请求有给付财产内容的诉讼。不具有财产给付的案件，将来的生效裁判不存在不能强制执行的问题。

(3)须有保全的必要。即可能因当事人一方的行为或者其他原因，使判决不能执行或者难以执行。

(4)须依当事人申请或必要时由人民法院依职权采取。

2.诉前财产保全及其适用条件

诉前财产保全，是指诉讼程序开始之前，人民法院根据利害关系人的申请，对被申请人的财产或争议的标的物采取的保护措施。

《民事诉讼法》第93条对诉前财产保全适用的条件作出了规定：

(1)须在诉讼开始前提起。即诉前财产保全只能在当事人向人民法院起诉前提起。

(2)须有保全的必要。即因情况紧急，不立即申请财产保全将会使其合法权益受到难以弥补的损害的。

(3)须依利害关系人申请采取。即只能由利害关系人向财产所在地法院申请，人民法院不得依职权采取保全措施。

(4)须提供担保。诉前申请财产保全的，申请人应当提供担保，不提供担保的，驳回申请。

3.执行前的财产保全及其适用条件

作为执行依据的法律文书生效后至申请执行前，债权人可以向有执行管辖权的人民法院申请保全债务人的财产。人民法院可以参照《民事诉讼法》第92条的规定作出保全裁定，保全裁定应当立即执行。[①] 此即执行前的财产保全。执行前的财产保全的适用条件和程序参照诉讼财产保全进行。

此外，最高人民法院《关于内地与香港特别行政区法院相互认可和执行当

---

① 《最高人民法院关于人民法院民事执行中查封、扣押、冻结财产的规定》(法释[2004]15号)第3条。

事人协议管辖的民商事案件判决的安排》和《内地与澳门特别行政区关于相互认可和执行民商事判决的安排》(以下简称《安排》)中还规定,法院在受理和执行判决的申请之前或者之后,可以按照执行地法律关于财产保全或者禁止资产转移的规定,根据申请人的申请,对被申请人的财产采取保全或强制措施。

4.仲裁程序中的财产保全

《仲裁法》第28条规定,仲裁程序中,一方当事人因另一方当事人的行为或其他原因,可能使仲裁裁决不能执行或者难以执行的,可以申请财产保全。人民法院受理的这一保全案件即为"仲裁程序中的财产保全"案件(民事案由343)。我国现行《民事诉讼法》和仲裁立法(包括《仲裁法》(1994)、《农村土地承包经营纠纷调解仲裁法》(2007)和《最高人民法院关于审理劳动争议案件适用法律若干问题的解释(二)》(2006))仅承认仲裁程序中的保全,但最高人民法院以司法解释的形式确认了仲裁程序开始前也可以申请财产保全。"诉讼或者仲裁前申请海事请求保全适用海事诉讼特别程序法第十四条的规定。"[①]

仲裁程序中的财产保全不同于诉讼过程中的财产保全,它是一个独立的保全诉讼,这可由我国《民事案件案由规定》中第343项"仲裁程序中的财产保全"案由加以佐证。法院审理仲裁程序中的财产保全案件时,参照诉讼保全程序进行。

### (二)财产保全的范围和措施

1.财产保全的范围

《民事诉讼法》第94条规定,财产保全限于请求的范围,或者与本案有关的财物。所谓"请求的范围",是指保全的财产其价值与诉讼请求相当或与利害关系人的请求相当。"与本案有关的财物"是指本案的标的物,可供将来执行法院判决的财物或利害关系人请求予以保全的财物。

(1)保全的对象是财物或者财产性权利

①可以保全的抵押物、留置物。但抵押权人、留置权人有优先受偿权[②]。

②可以保全的财产性权利。包括知识产权,如专利权、专利申请权和注册

---

① 《最高人民法院关于适用〈中华人民共和国海事诉讼特别程序法〉若干问题的解释》(法释[2003]3号)第21条。

② 《民诉意见》第102条。

商标权。[①] 专利权无论是否出质均可以保全，但对出质的专利权采取财产保全措施的，质权人的优先受偿权不受影响；股权；对第三人的到期债权；债务人到期应得的收益。

(2)保全对象限于当事人的财产，不得对案外人的财产采取保全措施。人民法院采取财产保全措施时，保全的范围应当限于当事人争议的财产，或者被告的财产。不得对案外人的财产采取保全措施，一般也不得对案外人善意取得的与案件有关的财产采取财产保全措施。[②]

但是法律和司法解释还规定下列财产或财产性权利不得保全：①外国中央银行的财产。外国中央银行财产不得给予财产保全，其享受司法强制措施的豁免，但是，外国中央银行或者其所属国政府书面放弃豁免的或者指定用于财产保全和执行的财产除外[③]。②军队、武警部队、政法机关和党政机关的国库款、军费、财政经费账户、办公用房、车辆等其他办公必需品。人民法院在审理有关移交、撤销、脱钩的企业的案件时，认定上述开办单位应当承担民事责任的，不得对开办单位的国库款、军费、财政经费账户、办公用房、车辆等其他办公必需品采取查封、扣押、冻结、拍卖等保全和执行措施[④]。③债务人的封闭贷款结算专户。人民法院审理民事经济纠纷案件时，不得对债务人的封闭贷款结算专户采取财产保全措施或者先予执行[⑤]。④已设质的出口退税专用账户内的款项。人民法院审理和执行案件时，不得对已设质的出口退税专用账户内的款项采取财产保全措施或者执行措施。[⑥]

2.财产保全的措施

保全的对象不同，财产保全的措施也不同。财产保全的措施主要包括：查

---

① 《最高人民法院关于审理专利纠纷案件适用法律问题的若干规定》(法释[2001]21号)第13条、《国家知识产权局关于协助执行对专利申请权进行财产保全裁定的规定》、《最高人民法院关于人民法院对注册商标权进行财产保全的解释》(法释[2001]1号)

② 《最高人民法院关于在经济审判工作中严格执行〈民事诉讼法〉的若干规定》(法发[1994]29号)。

③ 《中华人民共和国外国中央银行财产司法强制措施豁免法》第1条。

④ 《最高人民法院关于审理军队、武警部队、政法机关移交、撤销企业和与党政机关脱钩企业相关纠纷案件若干问题的规定》(法释[2001]8号)。

⑤ 《最高人民法院关于执行〈封闭贷款管理暂行办法〉和〈外经贸企业封闭贷款管理暂行办法〉中应注意的几个问题的通知》(法发[2000]4号)。

⑥ 《最高人民法院关于审理出口退税托管账户质押贷款案件有关问题的规定》(法释[2004]18号)。

封、扣押、冻结或者法律规定的其他方法。

(1)查封

查封是指法院对需要保全的财产清点后,加贴封条,就地封存或异地封存,主要适用于不动产或不宜移动的其他财物。

(2)扣押

扣押是指法院对需要保全的财产予以强制扣留,使保全对象脱离当事人等的控制,这种方法主要针对一般动产。

(3)冻结

冻结是指法院依法限制当事人对其在银行等金融机构的存款加以扣留,不准被申请人提取或处分。

(4)法律规定的其他方法

①人民法院对季节性商品,鲜活、易腐烂变质以及其他不宜长期保存的物品采取保全措施时,可以责令当事人及时处理,由人民法院保存价款;必要时,人民法院可予以变卖,保存价款。[①]

②人民法院对不动产和特定的动产(如车辆、船舶等)进行财产保全,可以采用扣押有关财产权证照并通知有关产权登记部门不予办理该项财产的转移手续的财产保全措施;必要时,也可以查封或扣押该项财产。[②]

③债务人的财产不能满足保全请求,但对第三人有到期债权的,人民法院可以依债权人的申请裁定该第三人不得对本案债务人清偿。该第三人要求偿付的,由人民法院提存财物或价款。但是,人民法院不应对第三人的财产采取保全措施。[③]

④人民法院对债务人到期应得的收益,可以采取财产保全措施,限制其支取,并通知有关单位协助执行[④]。

⑤对专利权、专利申请权和注册商标权进行财产保全的,人民法院应向国家知识产权局送达协助执行通知书,禁止转让、办理抵押等处分[⑤]。

---

① 《民诉意见》第 99 条。

② 《民诉意见》第 101 条。

③ 《民诉意见》第 105 条和《最高人民法院关于对案外人的财产能否进行保全问题的批复》(法释[1998]10 号)。

④ 《民诉意见》第 104 条。

⑤ 《最高人民法院关于审理专利纠纷案件适用法律问题的若干规定》(法释[2001]21 号)第 13 条、《国家知识产权局关于协助执行对专利申请权进行财产保全裁定的规定》、《最高人民法院关于人民法院对注册商标权进行财产保全的解释》(法释[2001]1 号)。

### (三)财产保全的程序

财产保全由两个阶段组成:裁定程序和执行程序。前者即财产保全的取得程序,后者即保全裁定作出后法院实现保全裁定内容的程序。这两个程序存在不同的阶段,遵循不同的诉讼原理,采取不同的制度设置,由不同的机构践行,因此诸如日本等国家或地区分别将这两个程序在《民事诉讼程序法》和《强制执行法》中加以规范。而在以德国为代表的国家,无论是裁定程序,还是执行程序,都统一规定在民事诉讼法"强制执行"编中。我国《民事诉讼法》既规定了财产保全裁定的作出程序,也规定了财产保全裁定的执行程序,案件合议庭既负责财产保全裁定的作出,又负责该保全裁定的执行,因此我国采取的是"审执合一"的做法。

1.财产保全的裁定程序

(1)提交财产保全申请

诉讼财产保全,以当事人申请为原则,法院依职权采取财产保全为例外。即诉讼财产保全措施,一般应当由当事人提交符合法定条件的申请而采取;只有诉讼争议的财产有毁损、灭失等危险,或者有证据表明被申请人可能采取隐匿、转移、出卖其财产的,人民法院方可依职权裁定采取财产保全措施[①]。当事人的财产保全申请应向受诉法院提出。当事人的财产保全申请,既可以在一审程序中提交,也可以在二审中提交。但是,对于当事人不服一审判决提出上诉的案件,在第二审人民法院接到报送的案件之前,当事人有转移、隐匿、出卖或者毁损财产等行为,必须采取财产保全措施的,由第一审人民法院依当事人申请或依职权采取。第一审人民法院制作的财产保全的裁定,应及时报送第二审人民法院[②]。

诉前财产保全,只能依当事人申请而开始,人民法院不得依职权采取保全措施。当事人申请诉前财产保全的,诉讼时效中断[③]。诉前财产保全应按级别管辖的规定,由保全财产所在地法院管辖。

仲裁程序中,当事人申请财产保全的,仲裁委员会应将当事人的申请提交

---

① 《最高人民法院关于在经济审判工作中严格执行〈民事诉讼法〉的若干规定》(法发[1994]29号)第13条。

② 《民诉意见》第103条。

③ 《最高人民法院关于审理民事案件适用诉讼时效制度若干问题的规定》(法释[2008]11号)第13条。

被申请人住所地或者财产所在地的人民法院。在级别管辖上，如果是国内仲裁，由基层人民法院管辖；如果是涉外仲裁，由中级人民法院管辖[①]。但农村土地承包经营纠纷仲裁中，当事人申请财产保全的，农村土地承包仲裁委员会应当将当事人的申请提交被申请人住所地或者财产所在地的基层人民法院。

(2)提供担保

申请诉讼财产保全的，法院可以责令申请人提供担保，若无正当理由不向法院提供担保或没有提供充足的担保的，法院驳回申请。因此，诉讼财产保全并不要求必须提供担保。对于那些经济实力雄厚且其保全申请事由具有正当性的申请人，可以不责令其提供担保。如“人民法院对金融资产管理公司申请财产保全的，如金融资产管理公司与债务人之间债权债务关系明确，可以不要求金融资产管理公司提供担保”。[②] 但是“股东提起解散公司诉讼时，向人民法院申请财产保全或者证据保全的，在股东提供担保且不影响公司正常经营的情形下，人民法院可予以保全”。[③]

申请诉前财产保全的，利害关系人必须向法院提供担保，否则法院驳回申请。

仲裁程序中申请财产保全的，参照诉讼财产保全进行，法院可以要求提供担保，而非必须。

担保的方式和数额由法院决定。担保的方式通常有四种：保证、抵押、质押和交纳保证金。提供担保的数额应当相当于请求保全的财产数额，超数额的，应当退还。但海事请求人提供担保的数额，应当相当于因其申请可能给被请求人造成的损失。

(3)法院的审查与裁定

法院对诉讼财产保全申请，情况紧急的，必须在48小时内审查并作出裁定。法院对诉前财产保全申请，一律在48小时内审查并作出裁定。

法院对财产保全申请，经过审查，认为符合财产保全条件的，作出财产保全裁定，裁定书中应记载财产保全措施所依据的事实和法律依据，申请人提供担保的种类、金额或免于担保的事实和法律依据；认为不符合财产保全条件

---

① 《最高人民法院关于人民法院执行工作若干问题的规定(试行)》(法释[1998]15号)第11、12条。

② 《最高人民法院关于审理涉及金融资产管理公司收购、管理、处置国有银行不良贷款形成的资产的案件适用法律若干问题的规定》(法释[2001]12号)。

③ 《最高人民法院关于适用〈公司法〉若干问题的规定(二)》第3条。

的，作出不采取财产保全的裁定。

财产保全的裁定一经作出即发生法律效力，法院必须立即执行。除财产保全裁定被解除和上级法院决定解除外，在财产保全的期限内，任何单位都不得解除保全措施[①]。诉讼财产保全裁定的效力一般应维持到生效的法律文书执行时。[②] 但是下列几种情形财产保全的期间不受生效法律文书执行时限制：①对专利权、专利申请权和商标权进行财产保全的，保全期限一次一般不超过6个月，自国家知识产权局接到协助执行通知书之日起计算。如果期限届满仍急需采取保全措施的，法院应当在保全期限届满前向国家知识产权局送达继续保全的协助执行通知书。保全期限届满未送达的，视为自动解除财产保全[③]。②对上市公司国有股和社会法人股冻结的期限不超过1年。如需要延长期限的，人民法院应当根据申请，在冻结期限届满前办理续冻手续，每次续冻期限不超过6个月。逾期不办理续冻手续的，视为自动撤销冻结[④]。

(4)财产保全裁定的复议程序

当事人对财产保全或者先予执行的裁定不服的，可以申请复议一次，复议期间不停止裁定的执行。对当事人的复议申请，人民法院应及时审查。裁定正确的，通知驳回当事人的申请；裁定不正确的，作出新的裁定变更或者撤销原裁定。

2.财产保全的执行程序

财产保全裁定作出后，应立即执行。财产保全裁定，由审理案件的审判庭负责执行，其中海事诉讼或仲裁程序中的海事请求保全裁定，由作出海事请求保全裁定的海事法院负责执行。

财产保全措施主要有查封、扣押、冻结等方法，它属于控制性强制措施，适用强制执行的范畴。因此，财产保全裁定的执行可以适用《查扣冻规定》[⑤]。

此外，诉讼前、诉讼中及仲裁中采取财产保全措施的，进入执行程序后，自

---

① 《民诉意见》第108条。

② 《民诉意见》第109条。

③ 《最高人民法院关于审理专利纠纷案件适用法律问题的若干规定》(法释[2001]21号)第13条、《国家知识产权局关于协助执行对专利申请权进行财产保全裁定的规定》、《最高人民法院关于人民法院对注册商标权进行财产保全的解释》(法释[2001]1号)。

④ 《最高人民法院关于冻结、拍卖上市公司国有股和社会法人股若干问题的规定》(法释[2001]28号)第6条。

⑤ 《最高人民法院关于人民法院民事执行中查封、扣押、冻结财产的规定》(法释[2004]15号)第23条。

动转为执行中的查封、扣押、冻结措施，并适用《查扣冻规定》第 29 条关于查封、扣押、冻结期限的规定。

3. 诉前财产保全的特别规定

(1)提起诉讼

诉前财产保全是诉讼开始之前，人民法院对权利人的临时性、紧急性救济。诉前财产保全措施采取后，申请人应当在 15 日内起诉，否则人民法院解除保全措施。

申请人向法院起诉的，应当向有管辖权的法院提起。但需要注意的是，采取诉前财产保全措施的人民法院并不当然地取得该案的管辖权。采取诉前财产保全措施的法院对该案没有管辖权的，应当及时将采取诉前财产保全的全部材料移送有管辖权的受诉法院。采取财产保全措施的人民法院受理申请人的起诉后，发现所受理的案件不属于本院管辖的，应当将案件和财产保全申请费一并移送有管辖权的人民法院。① 案件移送后，诉前财产保全裁定继续有效。因执行诉前财产保全裁定而实际支出的费用，应由受诉人民法院在申请费中返还给作出诉前财产保全的人民法院。②

(2)未起诉的损害赔偿

利害关系人申请诉前财产保全后没有在法定的期限内起诉，因而给被申请人造成财产损失的，被申请人可以以申请人为被告提起损害赔偿诉讼。该诉讼由采取财产保全措施的法院管辖。

此外，被申请人的损害，应该允许从申请人提供的担保中受偿。

**(四)财产保全的解除或撤销**

法院裁定采取财产保全措施后，除作出保全裁定的法院自行解除，或其上级法院决定解除外，在财产保全期限内，任何单位都不得解除保全措施。在财产保全期限内，有下列情形之一的，法院应当及时作出裁定，解除或撤销财产保全裁定或保全措施：

1. 诉前财产保全的申请人在法院采取保全措施后 15 日内不起诉的，涉外民事诉讼中，采取诉前财产保全措施后 30 日内不起诉的。

2. 被申请人提供担保的。被申请人提供担保，消除了将来判决生效后无

---

① 《最高人民法院关于如何理解《关于适用〈中华人民共和国民事诉讼法〉若干问题的意见》第 31 条第 2 款的批复》(法释[1998]2 号)。

② 《最高人民法院关于诉前财产保全几个问题的批复》(法释[1998]29 号)。

法执行或难以执行的问题，没有必要再采取财产保全措施。

3. 申请人在财产保全期间撤回申请的。

4. 被申请人已经履行义务的。被申请人已经履行义务的，财产保全的原因已不存在，没有必要继续采取保全措施。

5. 案外人（利害关系人）提出异议的。案外人对执行标的物提出异议，法院经审查，认为异议成立的，经院长批准，停止对该标的物的执行。已经采取的执行措施应当裁定立即解除或撤销，并将该标的物交还案外人。[①]

6. 法律或司法解释规定的其他应当解除或撤销的情形：(1)人民法院受理破产申请后，有关债务人财产的保全措施应当解除[②]；(2)劳动仲裁案件中财产保全裁定作出后，当事人没有在劳动仲裁机构的裁决书或者在人民法院的裁判文书生效后三个月内申请强制执行的，人民法院应当裁定解除保全措施[③]；(3)海事请求保全扣押船舶超过三十日、扣押货物或者其他财产超过十五日，海事请求人未提起诉讼或者未按照仲裁协议申请仲裁的，海事法院应当及时解除保全或者返还担保。[④]

### (五)财产保全错误的救济

申请人或案外人认为财产保全措施有错误的，可以通过下列途径寻求救济：

1. 审判监督程序

受诉人民法院院长或者上级人民法院发现采取财产保全措施确有错误的，应当按照审判监督程序立即纠正。[⑤] 但需注意的是，人民检察院对人民法院作出的诉前保全裁定提出抗诉，没有法律依据的，人民法院应当通知其不予

---

① 《最高人民法院关于人民法院执行工作若干问题的规定（试行）》（法释[1998]15号）第73条。

② 《破产法》第19条。

③ 《最高人民法院关于审理劳动争议案件适用法律若干问题的解释（二）》（法释[2006]6号）第15条。

④ 《最高人民法院关于适用〈中华人民共和国海事诉讼特别程序法〉若干问题的解释》（法释[2003]3号）第25条。

⑤ 《最高人民法院关于在经济审判工作中严格执行〈民事诉讼法〉的若干规定》（法发[1994]29号）第19条。

受理。[①] 这是因为，检察院对法院裁判的监督属于事后监督，诉前保全，案件还没有进行审理，无监督的必要。

2. 损害赔偿诉讼

当事人申请财产保全错误，造成被申请人或案外人[②]损失的，申请人应当承担赔偿责任。因人民法院依职权采取保全措施错误造成损失的，由人民法院依法予以赔偿。

因损害赔偿发生纠纷的，可以通过诉讼程序解决。当事人申请造成损害的，以申请人为被告，被申请人或案外人可以提起民事损害赔偿诉讼；人民法院依职权采取保全错误造成损害的，以法院为被告，被申请人可以提起国家赔偿诉讼。

此外，需要进一步说明的是，申请财产保全时，当事人提供担保的，因申请保全错误造成被申请人或案外人损失的，人民法院应该以申请人提供的担保予以赔偿。

## 三、行为保全

### (一)行为保全的概述

我国现行民事诉讼法没有规定行为保全，行为保全的概念是我国民事诉讼理论中一个独有的术语，最初由江伟教授和肖建国博士在 1994 年提出。在大陆法系国家，和我国行为保全制度相对应的是“假处分”。假处分是指为了保全债权人非金钱请求的强制执行而禁止就争执物为某种处分，或就争执的法律关系规定暂时状态的临时性法律保护程序。在英美法系国家，与之相对的是“临时禁令”。临时禁令是一种“非正常的法律救济”，它通常适用于侵权行为领域，其目的在于禁止某方面采取或继续采取某些行为，以阻止骚扰或防止损害加大。

虽然民事诉讼法并没有规定行为保全，但《海事诉讼特别程序法》等法律

---

① 《最高人民法院关于人民法院发现本院作出的诉前保全裁定和在执行程序中作出的裁定确有错误以及人民检察院对人民法院作出的诉前保全裁定提出抗诉人民法院应当如何处理的批复》(法释[1998]17 号)。

② 《最高人民法院关于当事人申请财产保全错误造成案外人损失应否承担赔偿责任问题的解释》(法释[2005]11 号)。

和司法解释还是对行为保全作出初步的规范。虽然我国行为保全的理论和立法还不完善，但我们还是可以从海事强制令和知识产权纠纷中的诉前停止侵权行为的立法规范中，发现我国行为保全的一般原理。行为保全与财产保全相对应，它保全的对象是债务人的行为，保全方法表现为禁止债务人实施一定行为（不作为）或者要求债务人实施一定行为（作为）；而财产保全是以债务人的财产或财产性权利为保全对象，保全方法表现为查封、扣押、冻结等限制当事人自由处分自有物的强制措施。但行为保全和财产保全在宗旨上是一致的，都是为了保障将来裁判内容的实现，它们都是法院为权利人提供的临时性救济方法，行为保全也因此被认为是与财产保全并行的一种保全制度。

行为保全既可以发生在诉讼过程中，也可以在诉前采取。根据现行法，诉讼过程中的行为保全主要体现为海事强制令；诉前行为保全主要体现为知识产权纠纷中的诉前停止侵权行为。

**（二）海事强制令**

海事强制令是指海事法院根据海事请求人的申请，为使其合法权益免受侵害，责令被请求人作为或者不作为的强制措施。海事强制令既可以在诉前申请，也可以在海事诉讼过程中申请。海事强制令的程序和财产保全基本相同，根据《海事诉讼特别程序法》，海事强制令的作出和执行程序需遵循下列规定：

1. 海事强制令的申请

（1）申请时间。当事人申请海事强制令，既可以在起诉前提出，又可以在诉讼过程中提出。

（2）受理法院。当事人申请海事强制令的，一般应向受理案件的海事法院提出，但如果是在起诉前申请的，应向海事纠纷发生地的海事法院提出，普通法院不得受理海事强制令申请。

（3）申请形式。当事人申请海事强制令，应当提交书面申请。申请书应当载明申请理由，并附有关证据。海事法院不得依职权主动作出海事强制令。

2. 海事强制令的担保

海事法院受理海事强制令申请，可以责令海事请求人提供担保。海事请求人不提供的，驳回其申请。因此，担保不是必须提供的，而是可以提供。这点和诉讼过程中的财产保全一致。

3. 海事强制令的作出

（1）海事强制令的审查

海事法院接受申请后，应当在48小时内作出裁定。裁定作出海事强制令的，应当立即执行；对不符合海事强制令条件的，裁定驳回其申请。

(2)海事强制令作出的条件：①请求人有具体的海事请求；②需要纠正被请求人违反法律规定或者合同约定的行为；③情况紧急，不立即作出海事强制令将造成损害或者使损害扩大。

4.海事强制令的执行

海事强制令由海事法院执行。被申请人、其他相关单位或者个人不履行海事强制令的，海事法院应当依据《民事诉讼法》的有关规定强制执行。

5.海事强制令的复议

当事人对裁定不服的，可以在收到裁定书之日起5日内申请复议一次。海事法院应当在收到复议申请之日起5日内作出复议决定。复议期间不停止裁定的执行。

6.海事强制令的第三人异议

利害关系人对海事强制令提出异议，海事法院经审查，认为理由成立的，应当裁定撤销海事强制令；认为理由不成立的，应当书面通知利害关系人。

7.申请海事强制令错误的救济

海事请求人申请海事强制令错误，对被请求人造成损失的，被请求人可以要求海事请求人赔偿损失，并由发布海事强制令的海事法院受理。

### (三)诉前停止侵权行为

诉前停止侵权行为，又称诉前禁令，是指专利权人、商标权人、著作权人及利害关系人有证据证明他人正在实施或者即将实施侵犯专利权、商标权和著作权的行为，如不及时制止将会使其合法权益受到难以弥补的损害的，可以在起诉前向人民法院申请采取责令停止有关行为的措施。诉前停止侵权行为在本质上是一种行为保全，是保障权利人的合法权益的临时性救济。

1991年《民事诉讼法》财产保全制度并不包括诉前停止侵权行为。但为适应入世后对我国知识产权保护的特殊要求，进入21世纪后，我国在新修订的《专利法》(2008年修订，第66条)、《商标法》(第57条)和《著作权法》(2010年修订，第50条)相继增加了诉前停止侵权行为制度。最高人民法院随后发布的一系列司法解释[①]充实了这一制度，对诉前停止侵犯知识产权行为的适用条件和程序作出详细的规定。诉前停止侵权行为的适用程序和诉前财产保全基本一致。《著作权法》（第 50 条）和《商标法》（第 57 条）明确规定，诉前停止侵权行为参照诉前财产保全进行。对于诉前停止侵权行为的适用条件，法律并没有统一的规定。诉前停止侵权行为的适用条件需要根据不同案件，结合相关的法律和司法解释，具体分析。

## 第四节　先予执行

### 一、先予执行的概念

先予执行，是指人民法院在受理民事案件后、终局性判决之前，根据一方当事人申请，裁定另一方当事人给付申请人一定数额的金钱或其他财物，或者实施或停止某种行为的制度。

在我国，先予执行不仅存在于民事诉讼程序中，在刑事附带民事诉讼、行政诉讼案件和劳动争议仲裁案件中，当事人也可以申请先予执行。在刑事附带民事诉讼中，当事人提出先予执行申请的，由人民法院依照《民事诉讼法》的有关规定，裁定先予执行或者驳回申请；在行政诉讼中，人民法院审理起诉行政机关及有关依法发放抚恤金、社会保险金、最低生活保障费等案件，可以根据原告的申请，依法书面裁定先予执行；劳动争议仲裁程序中，劳动争议仲裁庭根据《劳动争议调解仲裁法》第 44 条的规定，对追索劳动报酬、工伤医疗费、经济补偿或者赔偿金的案件，根据当事人的申请，可以裁决先予执行，移送人民法院执行。但本章先予执行制度主要限定在民事诉讼和刑事附带民事诉讼程序中。

先予执行，是相对于依据法院生效裁判所进行的强制执行而言。诉讼总是需要经历一定时间方可解决纠纷，在诉讼过程中，权利人由于经济困难，常

---

①　这些司法解释包括《最高人民法院关于审理涉及计算机网络著作权纠纷案件适用法律若干问题的解释》（2006 年修改）、《最高人民法院关于对诉前停止侵犯专利权行为适用法律问题的若干规定》（法释［2001］20 号）、《最高人民法院关于诉前停止侵犯注册商标专用权行为和保全证据适用法律问题的解释》（法释［2002］2 号）。

常面临不能维持正常的生活，或无法进行生产经营活动的困难。为解决这一问题，满足权利人生活或生产上的急需，在案件事实没有查清的情形下，人民法院裁定被申请人(义务人)向申请人(权利人)履行义务的行为，即为先予执行。先予执行不涉及对案件实体问题的最终判决，如果法院的生效判决认定申请人败诉，先予执行错误的，需执行回转，并赔偿被申请人因此而遭受的损失。所以先予执行的意义在于解决诉讼过程中当事人在生活或生产经营上的迫切需要问题，保障诉讼的顺利进行。

## 二、先予执行的适用范围和条件

由于先予执行是在诉讼过程中进行的，其适用很可能损害义务人(通常情况下为被告)的合法权益，因此对先予执行适用的案件以及适用的程序我国都作出严格的规定。

### (一)先予执行的适用范围

《民事诉讼法》第97条《适用意见》第106条对先予执行的适用案件范围作出了规定：

1.追索赡养费、扶养费、抚育费、抚恤金、医疗费用的；

2.追索劳动报酬的；

3.因情况紧急需要先予执行的。根据民诉法《适用意见》第107条的规定，以下情形可以认定为情况紧急：(1)需要立即停止侵害、排除妨碍的；(2)需要立即制止某项行为的；(3)需要立即返还用于购置生产原料、生产工具货款的；(4)追索恢复生产、经营急需的保险理赔费的。

### (二)先予执行的适用条件

根据《民事诉讼法》第98条的规定，人民法院裁定先予执行的，应当符合下列条件：

1.当事人之间的民事争议只能是给付之诉。即本案的诉讼标的和原告的诉讼请求具有给付内容。这是因为给付判决具有执行性，只有具有执行性的诉讼才需要先予执行，无论是确认之诉，还是变更之诉，均无先予执行的必要。

2.当事人之间权利义务关系明确，不先予执行将严重影响申请人的生活或者生产经营的。先予执行制度的目的是保护权利人(申请人)的权利，但为防止适用先予执行给被申请人的合法权益造成不必要的侵害，因此，只有在案件基本事实清楚，当事人之间权利义务关系明确，被申请人负有给付、返还或赔偿义务，先予执行的财产为申请人生产、生活所急需，不先予执行会造成更大损失的情况下，才能采取先予执行的措施。

3.先予执行必须存在于民事诉讼过程中。申请人必须在案件受理后终审判决前提出申请。案件受理前，诉讼还没有开始，无法查明当事人之间的权利义务关系是否明确；终审判决后，诉讼已经结束，权利人可以向法院申请强制执行，均无申请先予执行的必要。

4.被申请人有履行能力。被申请人确无履行义务的能力的，即使作出先予执行裁定，也执行不了，无先予执行的必要性。

## 三、先予执行的程序

根据《民事诉讼法》和有关司法解释的规定，先予执行须遵循下列程序：

### (一)先予执行的申请和担保

人民法院先予执行的裁定，应当由当事人提出书面申请。人民法院不得依职权主动采取先予执行措施。当事人申请先予执行的，应在案件受理后，终审判决作出前提出，在申请书中写明申请先予执行的理由和根据，并提供对方当事人有履行能力的证明。当事人申请的范围应当限于其诉讼请求的范围，并以其生活、生产经营的急需为限。

人民法院根据当事人的申请裁定先予执行的，可以责令申请人提供担保。提供担保的目的在于保护被申请人的合法权益，防止其因申请人申请错误而遭受不应有的损失。提供担保不是“必须”，而是“可以”，是否提供担保由人民法院根据案件具体情形确定。一般情形下，法院不要求申请人提供担保。但如果法院责令申请人提供担保，申请人不提供担保的，驳回其申请。

### (二)先予执行的裁定、复议和执行

1.先予执行的审查和裁定

人民法院接到当事人的申请后，应当及时审查，认为符合先予执行适用范围和适用条件的，裁定先予执行，责令申请人提供担保，申请人不提供担保的，驳回其申请。

人民法院审查应采取"开庭审理"方式[①]。在管辖权尚未确定的情况下，不得裁定先予执行。法院裁定采取先予执行的，应当在裁定书中写明：先予执行所依据的事实和法律，申请人提供担保的种类、金额等。

先予执行裁定一经作出，即发生法律效力。该裁定效力应维持到判决生效时。因此，一审法院在审理期间裁定先予执行的，一审判决作出后，当事人提起上诉，先予执行裁定的效力在二审期间仍然有效，二审法院不必重新作出先予执行的裁定。

需要注意的是，人民法院采取先予执行措施后，申请先予执行的当事人申请撤诉的，人民法院应当及时通知对方当事人、第三人或有关的案外人。在接到通知至准予撤诉的裁定送达前，对方当事人、第三人或有关的案外人，对撤诉提出异议的，应当裁定驳回撤诉申请。[②] 此点与一般撤诉制度不同。

2.先予执行裁定的复议程序

当事人对先予执行的裁定不服的，可以申请复议一次。对当事人不服先予执行裁定提出的复议申请，人民法院应及时审查。裁定正确的，通知驳回当事人的申请；裁定不当的，作出新的裁定变更或者撤销原裁定。复议期间不停止裁定的执行。因此，当事人不服先予执行裁定的救济途径是申请复议，而非提起上诉。

3.先予执行裁定的执行

先予执行裁定生效后，应立即执行。执行主体不是各级法院的执行局，而是审理案件的审判庭。先予执行裁定的执行参照民事诉讼执行程序进行，采取先予执行措施，属于强制执行的范畴。

## 四、先予执行错误的救济

申请人败诉，或其他情形导致先予执行措施采取错误时，被申请人可以通过以下程序得到救济：

---

① 见《最高人民法院关于在经济审判工作中严格执行〈民事诉讼法〉的若干规定》第16条。

② 见《最高人民法院关于在经济审判工作中严格执行〈民事诉讼法〉的若干规定》第18条。

### (一)执行回转

人民法院先予执行后,依发生法律效力的判决,申请人应当返还因先予执行所取得的利益的,责令申请人返还因先予执行而获得的利益。申请人拒不返还的,被申请人可以要求法院强制执行。

### (二)审判监督程序

受诉人民法院院长或者上级人民法院发现采取财产保全或者先予执行措施确有错误的,应当按照审判监督程序立即予以纠正。

但人民检察院对先予执行的民事裁定提出抗诉的,不予受理;坚持抗诉的,应以书面通知形式将抗诉书退回提出抗诉的人民检察院。这是因为人民检察院只能对人民法院已经发生法律效力的判决、裁定按照审判监督程序提出抗诉,而先予执行是审判过程中作出的,案件尚未审结,不涉及再审,人民检察院提出抗诉,于法无据。

### (三)损害赔偿诉讼

先予执行裁定错误,因申请错误造成被申请人损失的,由申请人予以赔偿。被申请人可以以申请人为被告提起损害赔偿诉讼。此外,被申请人的损失,可以用申请人提供的担保予以赔偿。因为先予执行中的担保,在性质上属于诉讼担保,应该无需通过诉讼即可实现。

# 第五节 对妨害民事诉讼的强制措施

## 一、对妨害民事诉讼强制措施的概述

### (一)对妨害民事诉讼强制措施的概念和特征

对妨害民事诉讼的强制措施,是指人民法院在民事诉讼中,为维护正常的诉讼秩序,保障民事审判和执行活动的顺利进行,对实施妨害民事诉讼活动的人所采取的排除其妨害行为的强制措施。世界各国和地区的民事诉讼立法中均有对妨害民事诉讼的强制措施的规定。我国《民事诉讼法》也规定了对妨害民事诉讼的强制措施。

对妨害民事诉讼的强制措施有以下特征：(1)适用目的在于排除妨害，保障诉讼活动顺利进行。(2)适用主体的特定性。能适用妨害民事诉讼强制措施的仅限于人民法院，其他任何组织或个人均无权对妨害民事诉讼的行为采取强制措施。(3)适用对象的广泛性。对妨害民事诉讼的强制措施不限于当事人和其他诉讼参与人，案外人实施妨害民事诉讼行为的，可以对其采取强制措施，以保障诉讼程序的顺利进行。(4)适用于民事诉讼全过程，既包括审判阶段，也包括执行阶段。

### (二)对妨害民事诉讼强制措施的性质

对于对妨害民事诉讼强制措施的性质，我国学界主要的代表性的观点如下：(1)法律制裁说。该说认为无论是违反实体法，还是违反程序法都应受到法律制裁，因此违反民事诉讼法的行为也应受到制裁。(2)非法律制裁说。该说认为法律制裁仅限于实体法，包括民事制裁、刑事制裁和行政制裁，而民事诉讼强制措施属于程序法，不属于法律制裁。对妨害民事诉讼的强制措施是一种排除方法和强制手段。(3)折中说。该说认为民事诉讼强制措施是一种带有制裁性质的强制手段或强制教育手段。强制措施的目的在于排除妨害，其本质上是强制手段或教育手段，只是这种手段具有一定的制裁性。

### (三)对妨害民事诉讼强制措施的意义

1.保障当事人和其他诉讼参与人充分行使诉讼权利，促进诉讼公正。只有对实施妨害民事诉讼行为的人采取强制措施，才能制止和排除妨害，从而当事人和其他诉讼参与人才能充分行使诉讼权利，促进诉讼公正。

2.保障人民法院顺利完成民事审判和执行工作，正常行使审判权。法院是诉讼程序的指挥者，排除妨害民事诉讼的行为，才能保证人民法院民事审判权的正常行使和执行工作的顺利进行。

3.维护正常的诉讼秩序，教育公民自觉遵守法律。妨害民事诉讼的行为，破坏了诉讼秩序、损害了法律权威，强制措施的采取，不仅使诉讼秩序得以恢复和维护，而且对行为人本人及社会大众也有教育和警示作用。

## 二、妨害民事诉讼行为

### (一)妨害民事诉讼行为的构成要件

妨害民事诉讼行为,是指当事人、其他诉讼参与人或者案外人在诉讼过程中故意实施的扰乱和破坏诉讼秩序,妨碍民事诉讼活动正常进行的行为。妨害民事诉讼行为的构成要件如下:

1.妨害民事诉讼的行为已发生。这是构成妨害民事诉讼行为的客观要件。行为人的行为包括作为(如毁灭证据)和不作为(如拒不履行协助义务)两种方式。实施妨害民事诉讼的行为人可以是当事人、也可以是其他诉讼参与人或案外人。

2.行为人必须是出于主观故意。这是妨害民事诉讼行为的主观要件。即行为人希望或放任妨害民事诉讼结果的发生。

3.行为人在诉讼过程中实施。这是妨害民事诉讼行为的时间要件。诉讼过程是指从起诉到执行完毕的整个过程,包括审判程序和执行程序两个阶段。因此,在诉讼开始之前和执行程序结束后所实施的行为不是对诉讼程序的妨害,不属于妨害民事诉讼行为。

4.必须足以妨害民事诉讼进行,但尚未构成犯罪。行为人实施的行为及其后果必须足以达到妨害民事诉讼的正常进行。如果是不足以妨害民事诉讼的,不得认定为妨害民事诉讼行为,不得适用对妨害民事诉讼的强制措施。但是该行为不应越过"情节十分严重,构成犯罪"的界限,否则妨害民事诉讼行为人需要承担刑事责任。如《民事诉讼法》第 101 条、第 102 条和第 106 条规定严重扰乱法庭秩序,情节严重,触犯刑律的,依法追究刑事责任。依照《民事诉讼法》第 101 条,应当出庭人员拒不出庭,要追究刑事责任的,由审理该案的审判组织直接予以判决;依照《民事诉讼法》第 102 条,拒不履行法院生效裁判,应追究刑事责任的,由人民法院刑事审判庭直接受理并予以判决;其他妨害民事诉讼进行,需要承担刑事责任的,依照刑事诉讼法的规定办理。

### (二)妨害民事诉讼行为的种类

根据《民事诉讼法》和最高人民法院司法解释的规定,妨害民事诉讼行为有下列几种:

1. 必须到庭的被告、被告的法定代理人、被执行人、被执行人的法定代表人或负责人，经两次传票传唤，无正当理由拒不到庭。

必须到庭而没有到庭的诉讼参与人有：(1)负有赡养、抚育、扶养义务和不到庭就无法查清案情的被告；(2)必须到庭的给国家、集体或他人造成损害的未成年人的法定代理人；(3)对必须到人民法院接受询问的被执行人或被执行人的法定代表人或负责人，经两次传票传唤，无正当理由拒不到场的，人民法院可以对其进行拘传。

"无正当理由"通常是指客观上不存在不可抗力、意外事件等使上述人员无法到庭的情形。

2. 违反法庭规则，扰乱法庭秩序的行为。

违反法庭规则，扰乱法庭秩序发生在民事庭审中。如哄闹、冲击法庭，侮辱、诽谤、威胁、殴打审判人员，扰乱法庭秩序。

3. 妨害诉讼证据的收集、调查和干扰诉讼进行的其他妨害行为。

(1)伪造、毁灭重要证据，妨害人民法院审理案件的行为；

(2)以暴力、威胁、贿买方法阻止证人作证或者指使、贿买、胁迫他人作伪证的行为；

(3)隐藏、转移、变卖、毁损已被查封、扣押的财产，或者已被清点并责令其保管的财产，转移已被冻结的财产的行为；

(4)对司法工作人员、诉讼参与人、证人、翻译人员、鉴定人、勘验人、协助执行的人，进行侮辱、诽谤、诬陷、殴打或者打击报复的行为；

(5)以暴力、威胁或者其他方法阻碍司法工作人员执行职务的行为；

(6)拒不履行人民法院已经发生法律效力的判决、裁定的行为。具体包括：①在法律文书发生法律效力后隐藏、转移、变卖、毁损财产，造成人民法院无法执行的行为；②以暴力、威胁或者其他方法妨害或抗拒人民法院执行的行为；③有履行能力而拒不执行人民法院发生法律效力的判决书、裁定书、调解书和支付令的行为。

此外，被执行人或其他人有下列拒不履行生效法律文书或者妨害执行行为之一的，人民法院可以认定为妨害民事诉讼的行为：①隐藏、转移、变卖、毁损向人民法院提供执行担保的财产的；②案外人与被执行人恶意串通转移被执行人财产的；③故意撕毁人民法院执行公告、封条的；④伪造、隐藏、毁灭有关被执行人履行能力的重要证据，妨碍人民法院查明被执行人财产状况的；⑤指使、贿买、胁迫他人对被执行人的财产状况和履行义务的能力问题作伪证的；⑥妨害人民法院依法搜查的；⑦以暴力、威胁或其他方法妨害或抗拒执行的；⑧哄闹、冲击执行现场的；⑨对人民法院的执行人员或协助执行人员进行侮辱、诽谤、诬陷、围攻、威胁、殴打或者打击报复的；⑩毁损、抢夺执行案件材料、执行公务车辆、其他执行器械、执行人员服装和执行公务证件的。

4.违反协助调查、执行义务的行为。

有义务协助调查、执行的单位有下列行为的，属于妨害民事诉讼的行为：

(1)有关单位拒绝或者妨害人民法院调查取证的。

(2)银行、信用合作社和其他有储蓄业务的单位接到人民法院协助执行通知书后，拒不协助查询、冻结或者划拨存款的。

(3)有关单位接到人民法院协助执行通知书后，拒不协助扣留被执行人的收入，办理有关财产权证照转移手续，转交有关票证、证照或者其他财产的。

(4)拒绝协助执行的其他行为。拒绝协助执行的其他行为包括：①擅自转移已被人民法院冻结的存款，或擅自解冻的；②以暴力、威胁或者其他方法阻碍司法工作人员查询、冻结、划拨银行存款的；③接到人民法院协助执行通知书后，给当事人通风报信，协助其转移、隐匿财产的。

5.采取非法拘禁他人或者非法私自扣押他人财产方式追索债务的行为。

采取对妨害民事诉讼的强制措施必须由人民法院决定。任何单位和个人采取非法拘禁他人或者非法私自扣押他人财产追索债务的，均属于妨害民事诉讼的行为。人民法院对非法拘禁他人或者非法私自扣押他人财产追索债务的单位和个人予以拘留、罚款的，适用《民事诉讼法》第104条和第105条的规定。

## 三、对妨害民事诉讼强制措施的种类及其适用

根据我国《民事诉讼法》，对妨害民事诉讼的强制措施的种类有以下五种：拘传、训诫、责令退出法庭、罚款和拘留。对妨害民事诉讼强制措施的适用有以下特点：其一，适用主体只能是人民法院。采取哪种强制措施必须由人民法院决定。其中拘传、罚款和拘留还必须由人民法院院长批准，作出决定书。其二，适用时间贯穿于诉讼之全过程。一审、二审、再审程序以及执行程序中均可以采取强制措施。第二审人民法院在审理案件过程中，认为当事人有违法行为应依法予以制裁而原审人民法院未予制裁的，可以径行予以民事制裁。

**(一)拘传及其适用**

1.拘传的含义

所谓拘传,是指人民法院在诉讼中强制被告或其法定代理人、被执行人到庭接受调查的一种措施。拘传的适用条件如下:(1)被拘传人须是必须到庭接受询问的被告、被告的法定代理人、被执行人、被执行人的法定代表人或负责人;(2)必须经两次传票传唤;(3)被拘传人无正当理由拒不到场。

2.拘传的适用

适用拘传强制措施,由合议庭或独任审判员提出意见,报经本院院长批准,并填写拘传票。拘传票应直接送达被拘传人;在拘传前,应向被拘传人说明拒不到庭或拒不到场的后果,经批评教育仍不到庭或不到场的,方可拘传其到庭或到场。

对被拘传人的调查询问不得超过 24 小时,调查询问后不得限制被拘传人的人身自由。在本辖区以外采取拘传措施时,应当将被拘传人拘传到当地法院。当地法院应予协助。

**(二)训诫及其适用**

1.训诫的含义

所谓训诫,是指人民法院对妨害民事诉讼秩序较轻的人,用口头方式予以严肃批评教育,并指出其行为的违法性和危害性,令其以后不得再犯的一种强制措施。

2.训诫的适用

适用训诫由合议庭或独任审判员决定,以口头方式指出行为人的错误事实、性质及危害后果,并当庭责令妨害者立即改正。训诫的内容应记入庭审笔录。

**(三)责令退出法庭及其适用**

1.责令退出法庭的含义

所谓责令退出法庭,是指人民法院强制违反法庭规则的人离开法庭的措施。责令退出法庭比训诫严重。

2.责令退出法庭的适用

适用责令退出法庭,由合议庭或独任审判员决定,审判长或审判员口头宣布,责令行为人退出法庭。责令退出法庭决定作出后,行为人应主动退出,否则，司法警察可以强制其退出法庭。该强制措施采取后，应记录在案。

法官可以直接责令退出法庭，也可以先行训诫，然后再视行为人的表现决定是否责令退出法庭。

**(四)罚款及其适用**

1. 罚款的含义

罚款，是人民法院对实施妨害民事诉讼行为情节比较严重的人，责令其在规定的时间内，交纳一定数额的金钱，以防止妨害行为继续发生的强制措施。罚款的强制程度重于训诫和责令退出法庭，轻于拘留。

2. 罚款的适用对象和数额

行为人有《民事诉讼法》第100条至第103条、第106条和《执行规定》第100条规定的妨害民事诉讼行为的，均可视情节轻重适用罚款。对有上述行为之一的单位，法院可以对其主要负责人或者直接责任人处以罚款。对个人的罚款金额，为人民币1万元以下；对单位的罚款金额，为人民币1万元以上30万元以下。

3. 罚款的决定和执行

适用罚款，首先由合议庭或独任审判员提出意见，制作罚款决定书，报本院院长批准，并告知当事人享有向上级人民法院申请复议的权利。法院罚款，必须给交款人开具收据。

4. 罚款的救济

当事人对罚款决定书不服的，可以向上一级人民法院申请复议一次，人民法院应在收到复议申请后五日内作出决定，并将复议结果通知下级人民法院和当事人。复议期间不停止执行。上级人民法院复议时认为罚款不当的，应当制作决定书，撤销或变更下级人民法院的罚款决定。情况紧急的，可以在口头通知后三日内发出决定书。

**(五)拘留及其适用**

1. 拘留的含义

拘留，又称司法拘留，是指人民法院对实施妨害民事诉讼行为情节严重的人，将其留置在特定的场所，在一定的期限内限制其人身自由，防止其继续实施妨害民事诉讼的行为的强制措施。拘留在五类强制措施中强制力最大。由于拘留涉及到对当事人人身自由的限制，因此，人民法院对采用这一强制措施，通常比较慎重，只有对极少数有严重妨害民事诉讼的行为的人，经多次耐心教育，仍坚持不改的，方可实行拘留，以保证诉讼活动的顺利进行。

2. 拘留的适用对象

行为人有《民事诉讼法》第101条、第102条、第106条和《执行规定》第100条规定的妨害民事诉讼行为的，法院视情节轻重适用拘留，拘留期限为十五日以下。《民事诉讼法》第101条、第102条规定的罚款、拘留可以单独适用，也可以合并适用。

3. 拘留的决定和执行

与适用罚款相同，适用拘留也须经院长批准，制作拘留决定书，并告知当事人享有向上级人民法院申请复议的权利。被拘留人由人民法院司法警察交公安机关看管。在拘留期间被拘留人承认并改正错误的，人民法院可以提起解除拘留，经本院院长批准后，交当地公安部门负责。

4. 拘留的救济

被拘留人对拘留决定书不服的，可以向上一级人民法院申请复议一次。上一级法院应在收到复议申请后五日内作出决定，并将复议结果通知下级人民法院和当事人。复议期间不停止执行。上级人民法院复议时认为拘留不当的，应当制作决定书，撤销或变更下级人民法院的拘留决定。情况紧急的，可以在口头通知后三日内发出决定书。

适用拘留还需注意以下两个问题：(1)禁止异地拘留。被拘留人不在本辖区的，作出拘留决定的人民法院应当派员到被拘留人所在地的人民法院，请该院协助执行。(2)禁止连续适用拘留和罚款措施。对同一妨害民事诉讼行为的罚款、拘留不得连续适用。但发生了新的妨害民事诉讼行为的，人民法院可以重新予以罚款、拘留。

## 四、民事制裁措施错误的救济

### (一)民事制裁措施的撤销

上级法院发现下级法院已经生效的民事制裁决定确有错误的，应及时予以纠正。至于纠正的方法，可以口头或者书面通知下级法院纠正，也可以使用决定书，撤销下级法院的决定。①

① 见《最高人民法院关于第二审法院发现原审人民法院已生效的民事制裁决定确有错误应如何纠正的复函》。

### (二)违法采取强制措施的国家赔偿

根据《国家赔偿法》第 38 条的规定,法院在民事诉讼中,违法采取对妨害民事诉讼的强制措施,造成损害的,被采取强制措施的当事人可以申请国家赔偿。赔偿请求人要求赔偿的程序,适用《国家赔偿法》刑事赔偿程序的规定。

违法采取对妨害诉讼的强制措施,是指下列行为[①]:

1. 对没有实施妨害诉讼行为的人或者没有证据证明实施妨害诉讼的人采取司法拘留、罚款措施的;

2. 超过法律规定期限实施司法拘留的;

3. 对同一妨害诉讼行为重复采取罚款、司法拘留措施的;

4. 超过法律规定金额实施罚款的;

5. 违反法律规定的其他情形。

# 第六节 诉讼费用

## 一、诉讼费用概述

### (一)诉讼费用的概念和意义

1. 诉讼费用的概念

所谓诉讼费用,是指当事人进行民事诉讼,依法向受诉法院交纳和支付的费用。由于民事诉讼程序旨在保护当事人的私权,与国家利益无直接利害关系,所以民事案件中当事人需交纳诉讼费用是世界各国和地区民事诉讼的通常做法。

诉讼费用有广义和狭义之分。最广义上的诉讼费用即诉讼成本,它包括国家负担的"审判成本",即公共成本,和当事人为取得个案司法保护而支出的诉讼成本,即私人成本。民事诉讼领域的诉讼费用制度主要指向后者,即当事人为进行诉讼所实际支出的各类货币成本。

我国现行法也确立了这一制度,《民事诉讼法》第 107 条规定,当事人进行

---

① 见《最高人民法院关于民事、行政诉讼中司法赔偿若干问题的解释》第 2 条。

民事诉讼,应当按照规定交纳案件受理费。财产案件除交纳案件受理费外,还按照规定交纳其他诉讼费用。而且依据 2006 年国务院制定的《诉讼费用交纳办法》,诉讼费用包括三个部分:案件受理费、申请费和其他费用。由于其他费用具有补偿性,因此在我国诉讼费用实际上即法院审判费用——案件受理费和申请费。

2. 诉讼费用制度的意义

(1)防止当事人滥用诉权,促进民事纠纷的分流解决。诉讼费用由败诉方负担,促使当事人在起诉时必须慎重考虑,避免轻率地行使诉权,开启诉讼程序,而是理性选择诉讼外调解、和解等非诉纠纷解决机制解决纠纷。如此不仅可以实现纠纷的分流解决,还可以减轻法院的审判负担。

需要明确的是,合理的诉讼费用制度才可以起到防止滥用诉权的作用。当诉讼费用过高时,部分有诉讼意愿的人会因经济负担而被阻挡在法院大门之外。此时,诉讼费用制度成为当事人诉权行使的障碍与桎梏。2006 年《诉讼费用交纳办法》降低案件受理费的目的就是保障当事人诉权的行使,排除因无力交费而放弃诉讼的"立案难",以实现司法为民的宗旨。

(2)减少纳税人的负担和国家的财政支出。民事诉讼解决的争议具有"私"的特性,涉及的利益群体具有"个体性",与其他社会成员无关,不涉及公共利益。因此法院解决个体间的私权纠纷支出的审判成本,全部由国家税收财政负担是不合理的。法院向当事人征收诉讼费用可以减少国家财政支出,减轻纳税人的负担,避免其他纳税人负担私人诉讼成本。

(3)制裁民事违法。诉讼费用通常是由败诉方负担,因此败诉的当事人不仅要承担违反合同或法律规定的民事实体责任,还要承担因民事违法给对方造成的诉讼成本。从这个意义上说,诉讼费用是对败诉当事人民事违法的一种惩罚。

(4)维护国家司法主权和经济利益。诉讼费用制度是世界各国民事诉讼所普遍确立的制度,如果我国不征收诉讼费用,在日渐增多的涉外案件中就会损害国家主权,使国家的经济利益受损。

### (二)诉讼费用的性质

民事案件,是否应收取诉讼费用,世界上主要有两种立法模式:一是有偿主义;二是无偿主义。除法国和西班牙等个别国家采取无偿主义外,大多数国家持有偿主义。我国也采用有偿主义的做法,但对诉讼费用性质的争论,表现为不同的流派:

1. 税收说

该观点认为诉讼费用具有税收的性质和功能，因为其既可以增加财政收入，又可以抑制滥诉。

2. 国家规费说

该观点认为案件受理费和申请费具有国家规费的性质和功能，即当事人请求诉讼救济如同请求其他国家机关办理事情而需交纳费用一样，补偿国家法院处理案件和其他事项所支付的成本。

3. 惩罚说

该观点认为诉讼费用一般由败诉方负担，败诉方对因自己的行为造成的损失承担赔偿责任。因此，负担诉讼费用是对违反法律规定的当事人的一种经济制裁。

4. 折中说

该观点认为诉讼费用具有国家规费的性质和功能；诉讼费用由败诉方负担，间接体现了对败诉方的制裁；诉讼费用在当事人之间分担，使得诉讼费用具有补偿性。

我国通说认为诉讼费用具有国家规费的性质。法院向败诉的当事人征收案件受理费，是因为"受益者分担"，当事人利用诉讼获得国家解决纠纷的服务，必须进一步负担支撑审判的部分费用。此外，在我国当下财政紧张，法院业务经费短缺的情形下，收取诉讼费用还有补足财政需要的现实意义。

**(三)我国诉讼费用的立法**

自 1949 年建国以后，我国一直没有统一的诉讼费用征收规则。这种状况一直持续到 20 世纪 80 年代。1984 年最高人民法院根据 1982 年《民事诉讼法(试行)》的规定，颁布《民事诉讼收费办法(试行)》，适用于全国的诉讼费用制度正式确立。此后随着司法改革的步伐，诉讼费用制度逐步完善：1989 年最高人民法院颁布《人民法院诉讼收费办法》；1991 年《民事诉讼法》确立民事案件需收取诉讼费用；1992 年最高人民法院民诉法《适用意见》以及 1999 年最高人民法院《人民法院诉讼收费办法补充规定》对诉讼费用作出进一步补充。

然而诉讼费用制度改革的成果主要体现在 2006 年 12 月国务院制定并通过的《诉讼费用交纳办法》中。该《交纳办法》于 2007 年 4 月 1 日正式施行，它开启了我国诉讼费用制度的新阶段。《交纳办法》由国务院制定(原来由最高人民法院制定)，以保障当事人诉权实现为指导方针，明确了诉讼费用法定原则，取消导致乱收费的弹性条款；调整诉讼费用的交纳标准，将财产案件、涉及财产的离婚案件的收费比例下调，对调解结案和使用简易程序的案件减半收费，行政案件一律不收费，上诉费以上诉请求数额交纳案件收费；诉讼费用的管理和监督机制更规范；明确诉讼费用的救济途径；取消申请人预交执行费的规定；对司法救助制度作出了更具体的规定。

## 二、诉讼费用的交纳

### (一)诉讼费用的交纳范围

1. 概述

2006年《诉讼费用交纳办法》第6条规定："当事人应当向人民法院交纳的诉讼费用包括：(一)案件受理费；(二)申请费；(三)证人、鉴定人、翻译人员、理算人员在人民法院指定日期出庭发生的交通费、住宿费、生活费和误工补贴。"因此在我国诉讼费用包括三类：案件受理费、申请费和其他费用。其中案件受理费和申请费是当事人向法院交纳的启动程序的费用，需上缴国库，具有国家规费的性质，属于当事人对国库承担的诉讼费用；而其他费用是当事人向法院交纳用以支付给完成一定行为的人，是法院审判的支出。因此，我国的诉讼费用实际上为德日国家的"审判费用"。

与其他国家相比，我国现行的诉讼费用制度有以下特点：(1)诉讼费用只调整当事人与法院之间的关系，当事人之间不存在诉讼费用关系；(2)诉讼费用不包括当事人费用和律师费用。即胜诉当事人支出的必要差旅费，调查取证费用，因参加庭审而遭受的损失和当事人聘请律师的费用不属于诉讼费用的范畴，由当事人自行承担。其根源在于，我国诉讼费用制度长期受职权主义诉讼模式的影响。强职权主义诉讼模式下，法院起着绝对的主导作用，法官调查取证，发现案件事实，因此相对于审判成本，当事人的私人支出可以忽略不计。不仅如此，我国不采取强制律师代理制度，律师委托属于民法调整的范围，是否聘请律师是当事人的私事，和诉讼支出无关。

2. 诉讼费用的交纳范围

根据《诉讼费用交纳办法》第6条的规定，诉讼费用由下列三个方面组成：

(1)案件受理费

案件受理费，是指当事人为启动诉讼程序，要求法院解决纠纷而向受诉法院交纳的具有国家规费性质的诉讼费用。

民事案件一般应交纳案件受理费，根据《诉讼费用交纳办法》需要交纳案件受理费的有：

①第一审民事案件；

②第二审案件；

③《诉讼费用交纳办法》规定需要交纳案件受理费的再审案件。《诉讼费用交纳办法》第 9 条规定，根据审判监督程序审理的案件，当事人不用交纳案件受理费，但下列情形除外：A. 当事人有新的证据，足以推翻原判决、裁定，向人民法院申请再审由人民法院经审查决定再审的案件；B. 当事人对人民法院第一审判决或裁定未提起上诉，第一审判决、裁定或调解书发生法律效力后又申请再审，人民法院经审查决定再审的案件。

但《诉讼费用交纳办法》和其他相关司法解释还规定了可以不交纳案件受理费的案件范围：

①依照《民事诉讼法》规定的特别程序审理的案件。

②裁定不予受理、驳回起诉、驳回上诉的案件。

③对不予受理、驳回起诉和管辖权异议裁定不服，提起上诉的案件。

④依法不需交纳受理费的民事再审案件。具体包括：A. 人民法院依职权提起的再审案件；B. 人民检察院抗诉的再审案件；C. 当事人申请再审不属于《诉讼费用交纳办法》第 9 条规定的两种例外情形的。

⑤刑事附带民事案件。

⑥申请认可台湾地区有关法院民事判决的案件。

(2) 申请费

申请费是指当事人申请法院为特定诉讼事项，或开启相关程序而依法向法院交纳的，具有国家规费性质的诉讼费用。《诉讼费用交纳办法》第 10 条规定了当事人应当交纳申请费的事项：

①申请执行人民法院发生法律效力的判决、裁定、调解书，仲裁机构依法作出的裁决和调解书，公证机构依法赋予强制执行效力的债权文书；

②申请保全措施；

③申请支付令；

④申请公示催告；

⑤申请撤销仲裁裁决或者认定仲裁协议效力；

⑥申请破产；

⑦申请海事强制令、共同海损理算、设立海事赔偿责任限制基金、海事债权登记、船舶优先权催告；

⑧申请承认和执行外国法院判决、裁定和外国仲裁机构裁决。

(3)其他费用

《诉讼费用交纳办法》第 11 条规定:“证人、鉴定人、翻译人员、理算人员在人民法院指定日期出庭发生的交通费、生活费和误工补贴,由人民法院按照国家规定标准代为收取。”

除此之外,《诉讼费用交纳办法》第 12 条第 1 款还规定:“诉讼过程中因鉴定、公告、勘验、翻译、评估、拍卖、变卖、仓储、保管、运输、船舶监管等发生的依法应当由当事人负担的费用。法院根据谁主张,谁负担的原则,决定由当事人直接支付给有关机构或单位,法院不得代收代付。”[①]

**(二)诉讼费用的交纳标准**

在诉讼费用的组成部分中,其他费用一般以实际支出为准,不涉及诉讼费用交纳标准问题。但案件受理费和申请费征收后需上缴国库,需依法明确诉讼费用的交纳标准。我国《诉讼费用交纳办法》确立诉讼费用交纳标准的依据主要有二:一是案件的诉讼性质和非诉性质;二是案件的财产性和非财产性。诉讼案件一般按标的额大小或按件收取诉讼费用,而非诉案件通常按件交纳,费用低廉,甚至免费(如适用特别程序审理的案件)。诉讼案件,如果属于财产性的,依照诉讼标的额的大小征收诉讼费用;如果属于非财产类案件,按件交纳诉讼费用。此外,《诉讼费用交纳办法》还将案件审理程序的繁简性、诉讼案件审理的阶段性和是否以诉讼和解或调解方式结案等作为诉讼费用交纳的依据。

1. 案件受理费的交纳标准

根据《诉讼费用交纳办法》的规定,我国案件受理费分为两类:一是财产案件的受理费,一是非财产案件的受理费。但如案件的诉讼标的既涉及非财产性质,又涉及财产性质,则按规定分别交纳两种案件受理费:

(1)财产案件受理费

财产案件,是指因财产权益争议而提起诉讼的案件。涉及财产权益案件的受理费,以当事人争议标的额为标准按比例分段累计交纳。具体标准如下:

不超过 1 万元的,每件交纳 50 元;

---

① 对于《诉讼费用交纳办法》第 12 条规定的鉴定费等费用是否属于诉讼费用,有不同的观点,司法实践中的做法通常认定属于诉讼费用,应遵守《诉讼费用交纳办法》第 29 条的规定,由败诉方承担。

超过 1 万元至 10 万元的部分，按照 2.5％交纳；

超过 10 万元至 20 万元的部分，按照 2％交纳；

超过 20 万元至 50 万元的部分，按照 1.5％交纳；

超过 50 万元至 100 万元的部分，按照 1％交纳；

超过 100 万元至 200 万元的部分，按照 0.9％交纳；

超过 200 万元至 500 万元的部分，按照 0.8％交纳；

超过 500 万元至 1000 万元的部分，按照 0.7％交纳；

超过 1000 万元至 2000 万元的部分，按照 0.6％交纳；

超过 2000 万元的部分，按照 0.5％交纳。

例如某一涉诉标的额为 90 万的案件，其案件受理费为：50（1 万元以下部分）＋2250（1 万至 10 万部分：9 万×2.5％）＋2000（10 万至 20 万部分：10 万×2％）＋4500（20 万至 50 万部分：30 万×1.5％）＋4000（50 万至 90 万部分：40 万×1％）＝12800 元。①

（2）非财产案件受理费

非财产案件是指因人身关系或人身非财产关系而提起诉讼的案件。非财产案件通常按件交纳费用。

①离婚案件每件交纳 50 元至 300 元，涉及财产分割，财产总额不超过 20 万元的，不另行交纳；超过 20 万元的部分，按照 0.5％交纳。

②侵害姓名权、名称权、肖像权、名誉权、荣誉权以及其他人格权的案件，每件交纳 100 元至 500 元。涉及损害赔偿，赔偿金额不超过 5 万元的，不另行交纳；超过 5 万元至 10 万元的部分，按照 1％交纳；超过 10 万元的部分，按照 0.5％交纳。

③其他非财产案件每件交纳 50 元至 100 元。

（3）知识产权民事案件，没有争议金额或价额的，每件交纳 500 元至 1000 元；有争议金额或者价额的，按照财产案件的标准交纳。

（4）劳动争议案件每件交纳 10 元。

---

①　诉讼费用的速算公式：10000 元及以下 50 元；10001～100000 元：金额×2.5％－200 元；100001～200000 元：金额×2％＋300 元；200001～500000 元：金额×1.5％＋1300 元；500001～1000000 元：金额×1％＋3800 元；1000001～2000000 元：金额×0.9％＋4800 元；2000001～5000000 元：金额×0.8％＋6800 元；5000001～10000000 元：金额×0.7％＋11800 元；10000001～20000000 元：金额×0.6％＋21800 元；20000000 以上：金额×0.5％＋41800 元。

(5)当事人提出案件管辖权异议,异议不成立的,每件交纳 50 元至 100 元。

(6)申请诉前责令停止侵犯专利权、商标权、著作权行为案件的,按每件交纳 500 元至 1000 元案件受理费收取。

此外,下列情形减半交纳案件受理费:①以调解方式结案或者当事人申请撤诉的;②适用简易程序审理的案件;③被告提起反诉、有独立请求权的第三人提出与本案有关的诉讼请求,法院决定合并审理的。

对财产案件提起上诉的,按照不服一审判决部分的上诉请求数额交纳案件受理费。需要交纳案件受理费的再审案件,按照不服原判决部分的再审请求数额交纳案件受理费。

2.申请费的交纳标准

(1)申请执行费用

申请执行法院发生法律效力的判决、裁定、调解书,仲裁机构依法作出的裁决或调解书,公证机关依法赋予强制执行效力的债权文书,申请承认和执行外国法院判决、裁定以及国外仲裁机构裁决的,按照下列标准交纳:

①没有执行金额或者价额的,每件交纳 50 元至 500 元。

②执行金额或者价额不超过 1 万元的,每件交纳 50 元;超过 1 万元至 50 万元的部分,按照 1.5%交纳;超过 50 万元至 500 万元的部分,按照 1%交纳;超过 500 万元至 1000 万元的部分,按照 0.5%交纳;超过 1000 万元的部分,按照 0.1%交纳。

③在人数不确定的代表人诉讼中,人民法院作出生效判决、裁定后,未参加登记的权利人向人民法院提起诉讼的,按照本项规定的标准交纳申请费,不再交纳案件受理费。

(2)申请保全措施

财产数额不超过 1000 元或者不涉及财产数额的,每件交纳 30 元;超过 1000 元至 10 万元的部分,按照 1%交纳;超过 10 万元的部分,按照 0.5%交纳。但是,当事人申请保全措施交纳的费用最多不超过 5000 元。

(3)申请支付令的,比照财产案件受理费标准的 1/3 交纳。

(4)申请公示催告的,每件交纳 100 元。

(5)申请撤销仲裁裁决或者认定仲裁协议效力的,每件交纳 400 元。

(6)破产案件,依据破产财产总额计算,按照财产案件受理费标准减半交纳,但是,最高不超过 30 万元。

(7)海事案件的申请费按照下列标准交纳:

①申请设立海事赔偿责任限制基金的,每件交纳 1000 元至 1 万元;

②申请海事强制令的，每件交纳1000元至5000元；

③申请船舶优先权催告的，每件交纳1000元至5000元；

④申请海事债权登记的，每件交纳1000元；

⑤申请共同海损理算的，每件交纳1000元。

(8)申请承认外国仲裁裁决的案件，预收500元。

### (三)诉讼费用的交纳和退还

1.诉讼费用的交纳

诉讼费用通常由提起诉讼程序的当事人(原告、上诉人和申请人)预交。但预交诉讼费用的当事人不一定就是诉讼费用的最终承担者。

(1)案件受理费的预交

①案件受理费由原告、有独立请求权的第三人、上诉人、申请再审人预交。被告提起反诉，依照本办法的规定需要交纳案件受理费的，由被告预交。具体如下：A.原告自接到人民法院交纳诉讼费用通知次日起7日内交纳案件受理费。B.反诉案件由提起反诉的当事人自提起反诉次日起7日内交纳案件受理费。C.上诉案件的案件受理费由上诉人向人民法院提交上诉状时预交。双方当事人都提起上诉的，分别预交。上诉人在上诉期内未预交诉讼费用的，人民法院应当通知其在7日内预交。D.依法需要交纳案件受理费的再审案件，由申请再审的当事人预交。双方当事人都申请再审的，分别预交。

但需注意的是，追索劳动报酬的案件可以不预交案件受理费。

②当事人在诉讼中变更诉讼请求数额的，案件受理费依照下列规定处理：A.当事人增加诉讼请求数额的，按照增加后的诉讼请求数额计算补交；B.当事人在法庭调查终结前提出减少诉讼请求数额的，按照减少后的诉讼请求数额计算退还。

③未预交诉讼费用的后果。当事人逾期不交纳诉讼费用又未提出司法救助申请，或者申请司法救助未获批准，在人民法院指定期限内仍未交纳诉讼费用的，由人民法院依法按照当事人自行撤诉处理。

(2)申请费的预交

申请费由申请人预交。申请人需在提出申请时或者在人民法院指定的期限内预交。但是执行申请费和破产申请费不由申请人预交，执行申请费执行后交纳，破产申请费清算后交纳。执行申请费由人民法院在执行生效法律文书确定的内容之后直接向被执行人收取，破产申请费由人民法院在破产清算后，从破产财产中优先拨付。

当事人逾期不交纳申请费又未提出司法救助申请，或者申请司法救助未获批准，在人民法院指定期限内仍未交纳的，由人民法院依法按照当事人自动撤回申请处理。

(3)其他费用的交纳

证人、鉴定人、翻译人员、理算人员的交通费、住宿费、生活费和误工补贴，以及当事人因复制案件卷宗材料和法律文书的工本费，均须等实际发生后再交纳。

2.诉讼费用的退还

诉讼费用的退还，是指由于特定情形的发生，法院将已经预收的诉讼费用退还给预交该项费用的当事人的制度。诉讼费用退还的情形如下：

(1)一审法院裁定不予受理或者驳回起诉的，应当退还当事人已经交纳的案件受理费。

(2)当事人对第一审人民法院不予受理、驳回起诉的裁定提起上诉，第二审人民法院维持第一审人民法院作出的裁定的，第一审人民法院应当退还当事人已交纳的案件受理费。

(3)二审人民法院决定将案件发回重审的，应当退还上诉人已交纳的第二审案件受理费。

(4)当事人在法庭调查终结前提出减少诉讼请求数额的，按照减少后的诉讼请求数额计算退还。

(5)人民法院审理民事案件过程中发现涉嫌刑事犯罪并将案件移送有关部门处理的，当事人交纳的案件受理费应予以退还。

但有以下情形的，法院不予退还诉讼费用：

(1)人民法院审理民事案件过程中发现涉嫌刑事犯罪并将案件移送有关部门处理，移送后民事案件需要继续审理的，当事人已交纳的案件受理费不予退还。

(2)中止诉讼、中止执行的案件，已交纳的案件受理费、申请费不予退还。中止诉讼、中止执行的原因消除，恢复诉讼、执行的，不再交纳案件受理费、申请费。

(3)依照《民事诉讼法》第 137 条的规定终结诉讼的案件，依照法已交纳的案件受理费不予退还。

案件审结后，需要向当事人退还诉讼费用的，人民法院应当自法律文书生效之日起 15 日内退还给有关当事人。

## 三、诉讼费用的负担和管理

### (一)诉讼费用的负担

诉讼费用的负担是指诉讼结束后,明确已经预交和支出的诉讼费用最终应出谁负担以及如何负担的制度。我国的诉讼费用负担,以“败诉方负担”为原则,同时还规定了“当事人协商负担”、“法院决定负担”和“自行负担”等例外规则。

1.败诉方负担

诉讼费用原则上由败诉方负担,这是如今大陆法系和英美法系国家诉讼费用制度的共识,我国也采取这种做法。诉讼费用的这一负担方法可以促使原告慎重行使诉权,同时也促使被告在诉前及时履行义务。但由于各国诉讼费用的组成不同,因此败诉方负担的诉讼费用的内容也有所不同。在我国,败诉方负担的诉讼费用仅限于案件受理费、申请费和其他费用等审判费用,当事人费用和律师费用不属于诉讼费用的范围,由当事人本人支付。

我国《诉讼费用交纳办法》对“败诉方负担”原则有详细规定。其第 29 条明确规定:“诉讼费用由败诉方负担,胜诉方自愿承担的除外。”

除此之外,《诉讼费用交纳办法》还明确以下情形大致比照败诉方负担原则进行:

(1)当事人依《诉讼费用交纳办法》第 9 条第 1 项、第 2 项的规定应当交纳案件受理费的再审案件,双方当事人都申请再审的,由败诉方负担。原审诉讼费用的负担由人民法院根据诉讼费用负担原则重新确定。

(2)申请执行费用,由被执行人负担。

(3)申请承认和执行外国法院判决、裁定和国外仲裁机构仲裁裁决的,申请费由被执行人负担。

(4)债务人对督促程序未提出异议的,申请费由债务人负担。

(5)诉讼中拍卖、变卖被扣押船舶、船载货物、船用燃油、船用物料发生的合理费用,由申请人预付,从拍卖、变卖价款中先行扣除,退还申请人。

(6)依法向人民法院申请破产的,诉讼费用依照有关法律规定从破产财产中拨付。

2.协商负担

以下情形,由当事人协商解决诉讼费用的负担:

(1)经人民法院调解达成协议的案件,诉讼费用的负担由双方当事人协商解决。

(2)离婚案件诉讼费用的负担由双方当事人协商解决。

(3)执行中当事人达成和解协议的,申请费的负担由双方当事人协商解决。

3.法院决定负担

下列情形,由法院解决案件诉讼费用的负担:

(1)部分胜诉、部分败诉的,人民法院根据案件的具体情况决定当事人各自负担的诉讼费用数额。

(2)共同诉讼当事人败诉的,人民法院根据其对诉讼标的的利害关系,决定当事人各自负担的诉讼费用数额。

(3)经人民法院调解达成协议的案件、离婚案件和执行中当事人达成和解协议的案件,诉讼费用的负担双方当事人协商不成的,由人民法院决定。

(4)第二审人民法院改变第一审人民法院作出的判决、裁定的,应当相应变更第一审人民法院对诉讼费用负担的决定。

4.自行负担

自行负担,是指无论诉讼结果如何,诉讼费用一律由特定的当事人自己负担。下列情形由当事人自行负担诉讼费用:

(1)当事人依《诉讼费用交纳办法》第 9 条第 1 项、第 2 项的规定应当交纳案件受理费的再审案件,诉讼费用由申请再审的当事人负担。

(2)原告或者上诉人申请撤诉,人民法院裁定准许的,案件受理费由原告或者上诉人负担。

(3)当事人在法庭调查终结后提出减少诉讼请求数额的,减少请求数额部分的案件受理费由变更诉讼请求的当事人负担。

(4)债务人对督促程序提出异议致使督促程序终结的,申请费由申请人负担;申请人另行起诉的,可以将申请费列入诉讼请求。

(5)公示催告的申请费由申请人负担。

(6)申请保全措施的申请费由申请人负担,申请人提起诉讼的,可以将该申请费列入诉讼请求。

(7)海事案件中的下列有关诉讼费用由申请人负担:①诉前申请海事请求保全、海事强制令的,申请费由申请人负担,申请人就有关海事请求提起诉讼的,可将上述费用列入诉讼请求;②诉前申请海事证据保全的,申请费由申请人负担;③申请设立海事赔偿责任限制基金、申请债权登记与受偿、申请船舶优先权催告案件的申请费，由申请人负担；④设立海事赔偿责任限制基金、船舶优先权催告程序中的公告费用由申请人负担。

(8)依照特别程序审理案件的公告费，由起诉人或者申请人负担。

(9)当事人因自身原因未能在举证期限内举证，在二审或者再审期间提出新的证据致使诉讼费用增加的，增加的诉讼费用由该当事人负担。

### (二)诉讼费用负担的救济程序

法院对诉讼费用负担的决定存在违法，如超出交纳标准擅自增收诉讼费用，违背诉讼费用负担的原则和规定时，当事人有权获得救济。《诉讼费用交纳办法》第 42 条对救济程序规定如下：

1. 当事人单独对人民法院关于诉讼费用的决定有异议的，可以向作出决定的人民法院的院长申请复核。复核决定应当自收到当事人申请之日起 15 日内作出。

2. 当事人对人民法院决定诉讼费用的计算有异议的，可以向作出决定的人民法院请求复核。计算确有错误的，作出决定的人民法院应当予以更正。

3. 当事人不得单独对人民法院关于诉讼费用的决定提起上诉。这是因为诉讼费用负担不属于民事实体权益争议，无需通过二审程序再次对案件审理。

此外，人民检察院对人民法院就诉讼费用负担的裁定提出抗诉的，法院不予受理。

### (三)诉讼费用的管理

诉讼费用属于国家财政性资金，其收取、分配和使用需纳入财政管理。诉讼费用实行“收支两条线”管理。

1. 诉讼费用的收取

诉讼费用的收取实行收缴分离。法院不直接收取诉讼费用。

(1)诉讼费用的交纳和收取制度应当公示。人民法院收取诉讼费用按照其财务隶属关系使用国务院财政部门或者省级人民政府财政部门印制的财政票据。案件受理费、申请费全额上缴财政，纳入预算，实行收支两条线管理。

(2)人民法院收取诉讼费用应当向当事人开具缴费凭证，当事人持缴费凭证到指定代理银行交费。依法应当向当事人退费的，人民法院应当按照国家有关规定办理。诉讼费用缴库和退费的具体办法由国务院财政部门与最高人民法院另行制定。

(3)在边远、水上、交通不便地区，基层巡回法庭当场审理案件，当事人提出向指定代理银行交纳诉讼费用确有困难的，基层巡回法庭可以当场收取诉讼费用，并向当事人出具省级人民政府财政部门印制的财政票据；不出具省级人民政府财政部门印制的财政票据的，当事人有权拒绝交纳。

(4)案件审结后，人民法院应当将诉讼费用的详细清单和当事人应当负担的数额书面通知当事人，同时在判决书、裁定书或者调解书中写明当事人各方应当负担的数额。

2.诉讼费用的管理和使用

各级法院的诉讼费用全额纳入财政专户，严格实行“收支两条线”管理。价格主管部门、财政部门按照收费管理的职责分工，对诉讼费用进行管理和监督，对违反规定的乱收费行为，依照法律、法规和国务院相关规定予以查处。

(1)地方各级人民法院的诉讼费用由省级财政专户集中管理，实行分级使用与省级统筹相结合的方式。

(2)地方各级人民法院诉讼费收入分级使用和省级统筹的具体比例，由各省级财政部门会同高级人民法院根据本地实际情况确定，其中省级统筹的比例不得高于各级地方法院所收取诉讼费用的30%。

(3)纳入地方各级财政专户管理的诉讼费用，由各级财政部门按审批的诉讼费用收支计划，作为“业务补助经费”按月核拨给同级人民法院使用。

(4)省级统筹的诉讼费用由高级人民法院提出使用计划，经省级财政部门审核批准后共同下达执行。资金通过财政专户核拨，用于统一购置辖区内法院系统必需的业务设备和补助贫困地区法院业务经费，不得用于高级法院本身的支出。

(5)最高人民法院通过指定银行依法收取的诉讼费用直接全额划入中央财政专户。财政部根据审批的收支计划和诉讼费用缴入财政专户的进度，作为“业务补助经费”定期核拨给最高人民法院使用。

(6)各级人民法院可根据审判工作的实际需要，用财政拨给的“业务补助经费”，按全年诉讼费收入的一定比例或数额建立备用金，专门用于支付应退还的预交诉讼费用和其他诉讼费用的支出。

## 四、司法救助

### (一)司法救助的概念

司法救助，是指当事人交纳诉讼费用确有困难，向法院申请缓交、减交和免交的诉讼制度。征收诉讼费用的目的是防止诉权滥用，促使司法资源的合理配置，但当事人因贫困而被迫放弃诉讼时，诉讼费用就走到了另一个极端，妨碍当事人诉权的行使。为保障当事人行使诉权，平等地利用诉讼程序，各国一般都设置司法救助，对因贫困而无力缴纳诉讼费用的当事人给予救助。

司法救助不同于法律援助。后者是对经济困难的当事人无偿提供法律咨询、代理和刑事辩护等法律服务，与诉讼费用无关。司法救助也不同于“不交诉讼费用”。后者是任何人均不交诉讼费用，而司法救助是指应当交费，但因经济困难可以缓、减、免交。

**(二)司法救助的范围**

1. 免交诉讼费用

当事人有下列情形之一，申请免交诉讼费用的，法院应当准予。但诉讼费用的免交只适用于自然人。

(1)残疾人无固定生活来源的；

(2)追索赡养费、扶养费、抚育费、抚恤金的；

(3)最低生活保障对象、农村特困定期救济对象、农村五保供养对象或者领取失业保险金人员，无其他收入的；

(4)因见义勇为或者为保护社会公共利益致使自身合法权益受到损害，本人或者其近亲属请求赔偿或者补偿的；

(5)确实需要免交的其他情形。

2. 减交诉讼费用

当事人有下列情形之一，申请减交诉讼费用的，法院应当准予。法院准予减交诉讼费用的，减交比例不得低于30%。

(1)因自然灾害等不可抗力造成生活困难，正在接受社会救济，或者家庭生产经营难以为继的；

(2)属于国家规定的优抚、安置对象的；

(3)社会福利机构和救助管理站；

(4)确实需要减交的其他情形。

3. 缓交诉讼费用

当事人有下列情形之一，申请缓交诉讼费用的，法院应当准予。法院准予缓交诉讼费用的，缓交比例不得低于30%。

(1)追索社会保险金、经济补偿金的；

(2)海上事故、交通事故、医疗事故、工伤事故、产品质量事故或者其他人身伤害事故的受害人请求赔偿的；

(3)正在接受有关部门法律援助的；

(4)确实需要缓交的其他情形。

**(三)司法救助的程序**

1.当事人提出申请

司法救助，需以当事人申请为前提，法院不得依职权主动适用。当事人申请司法救助，应当在起诉或者上诉时提交书面申请、足以证明其确有经济困难的证明材料以及其他相关证明材料。

因生活困难或者追索基本生活费用申请免交、减交诉讼费用的，还应当提供本人及其家庭经济状况符合当地民政、劳动保障等部门规定的公民经济困难标准的证明。

2.法院审查批准

法院应当依法对当事人的申请进行审查，看其是否符合法律规定的司法救助的条件，并依法作出是否给予救助的决定。

当事人请求缓交诉讼费用的，由承办案件的审判人员或合议庭提出意见，报庭长审批；当事人请求减交、免交诉讼费用的，由承办案件的审判人员或合议庭提出意见，经庭长审核同意后，报院长审批。

当事人申请缓交诉讼费用经审查符合法定条件的，人民法院应当在决定立案之前作出准予缓交的决定。人民法院准予当事人减交、免交诉讼费用的，应当在法律文书中载明。人民法院对当事人的司法救助申请不予批准的，应当书面向当事人说明理由。

人民法院对一方当事人提供司法救助，对方当事人败诉的，诉讼费用由对方当事人负担，拒不交纳的强制执行；对方当事人胜诉的，可以视申请司法救助的当事人的经济状况决定其减交、免交诉讼费用。

# 第十二章

# 诉讼调解

## 第一节 诉讼调解制度概述

### 一、诉讼调解的概念

诉讼调解，是指在民事诉讼中，由审判人员主持对双方当事人进行说服和劝导，帮助当事人之间沟通协商，促使双方就民事争议达成一致，最终化解纠纷的活动。

诉讼调解是在争议进入诉讼程序以后才进行的，所以又称法院调解或诉讼中的调解。根据诉讼调解进行阶段的不同，可以将诉讼调解分为立案后的调解、庭审前的调解、庭审中的调解以及庭审后的调解四种类型。

诉讼调解是以当事人意思自治为基础，以当事人依法行使处分权为内容的一项诉讼制度。与此同时，诉讼调解也是审判人员在充分尊重当事人行使处分权的基础上解决民事纠纷的一种职权行为，是法院行使审判权的一种方式。

诉讼调解作为我国《民事诉讼法》规定的一项基本原则，是人民法院审理民事案件的一种普遍方式，在民事诉讼中具有广泛的适用性。从适用的法院看，各级各类人民法院审理民事案件都可以进行调解。从适用的程序看，除了适用特别程序、督促程序、公示催告程序、企业法人破产还债程序审理的案件和法院依执行程序执行的案件外，第一审普通程序、简易程序、第二审程序和审判监督程序中，均可以适用诉讼调解。从适用的审理阶段看，开庭审理前可以进行调解，开庭审理中可以进行调解。另外，法院对受理的第一审、第二审和再审民事案件，可以在答辩期满后裁判作出前进行调解。在征得当事人各方同意后，人民法院可以在答辩期满前进行调解。从适用的案件类型看，凡属于民事权益争议性质、具备调解可能的案件，在当事人自愿的基础上都可以进行调解。

## 二、诉讼调解的价值

### (一)效率

对成本和费用的考虑几乎是每一个进入诉讼程序的当事人都会考虑的现实因素。“调解因为给了当事人拒绝的权利,因此可以不必在通过证据的审查逐一认定事实和法律规范的辩论解释上花费时间,也可以不用花钱请律师处理复杂的程序,当事者能够一下子就进入所争议问题的核心,请求纠纷的圆满解决。”①

### (二)对情感、关系等无形利益的满足

社会中的人除了经济利益外,还有诸多精神层面的需求和利益。“一个法院能使一个原告重新获得一方土地,但是它不能使他重新获得名誉;法院可以使一个被告归还一件稀有的动产,但是它不能迫使他恢复一个妻子已经疏远的爱情;法院能强制一个被告履行一项转让土地的契约,但是它不能强制他去恢复一个秘密被严重侵犯的人的精神安宁。”②合意解决纠纷能够维持关系的长久与和谐,能满足当事人对情感的需求。这对纠纷当事人而言,往往具有非常重要的意义。市场经济社会,良好的人际关系能带来更多的商业机会和经济效益,调解更强调未来的良好关系。对那些距离较近或存在着长期业务关系的当事人而言,裁判的结果可能给他们的生产或生活带来极大的不便,迫使他们付出更大的代价去谋求新的商业关系。

### (三)保密性强

调解更有效地保护个人秘密,尤其是商业秘密与技术秘密。公开审判是民事诉讼的基本原则之一,这种公开,既是对当事人双方公开,也是对全社会公开;不仅过程是公开的(我国合议庭评议除外),证据和结果也是公开的。很

---

① [日]棚濑孝雄:《纠纷的解决与审判制度》,王亚新译,中国政法大学出版社 1994 年版,第 46 页。

② [美]庞德:《通过法律的社会控制——法律的任务》,沈宗灵译,商务印书馆 1984 年版,第 31 页。

多国家都编辑出版判例集，详细记录当事人的诉讼活动，个人隐私和商业秘密不可避免地被泄露。而调解程序通常是保密的，可以在不引起外界注意的情况下解决纠纷，这特点适合那些不愿意把矛盾公开化的行业和组织内部的纠纷。

### （四）处理结果的灵活性和彻底性

法院裁判必须严格遵守既存的实体法律规则，法官主要关注对法律有意义的事实，这使得许多有复杂利益关系的纠纷虽然获得了法律上公正的裁判，但问题并没有真正解决。调解的空间非常广，允许各种可能的方案出现，有可能实现双赢。

### （五）便于将来的纠纷化解

对需要保持长久合作关系，而纠纷在所难免的当事人而言，如果能通过调解形成一个和平解决纠纷的惯例，积累经验，那么未来发生的争议，则更容易解决。

### （六）便于执行

我国的执行难问题已经成为损害司法权威的一大顽症。而调解结案的自觉执行比例更高，能够避免强制执行所固有的效率低下。

## 三、新中国成立后我国诉讼调解的变迁

中国的诉讼调解制度有着深远的历史渊源。我国法院着重以调解方式处理民事案件的做法，发端于新民主主义革命时期。上世纪 40 年代初期，各边区和革命根据地的法院就重视对民事案件进行调解。创立于陕甘宁边区，后来长期成为新中国民事审判工作楷模的“马锡五审判方式”将调解作为审理民事案件的一种主要方式，实行审判与调解相结合，后来，陕甘宁边区政府提出了“调解为主，审判为辅”的方针。新中国成立后，仍然十分注重和强调法院调解，把走群众路线和法院调解作为新中国民事司法制度的重要内容，各级法院广泛采用调解方式处理民事纠纷。1956 年最高人民法院提出了“调查研究，就地解决，调解为主”的民事审判工作方针，1964 年这一方针又被发展成为“依靠群众，调查研究，就地解决，调解为主”的“十六字方针”。从 1949 年新中国成立至 1978 年，我国的民事审判工作始终以调解为其主要手段。

1979 年 9 月，我国开始了起草《民事诉讼法（试行）》的工作，在立法过程中，立法机关认为“调解为主”的提法有片面性，在 1982 年《民事诉讼法（试行）》第 6 条中将“调解为主”的措辞改为“着重调解”，即“人民法院审理民事案件，应当着重进行调解；调解无效的，应当及时判决”。“着重调解”原则虽然在用语上回避了传统的“审判为辅”，但仍然保持着调解为主和调解优先的基调。

1988 年我国开始民事审判方式改革，逐步引入当事人主义民事诉讼模式，鉴于着重调解原则与审判方式改革的方向抵触，1991 年修订《民事诉讼法（试行）》时，把相关规定改为“人民法院审理民事案件，应当根据自愿和合法的原则进行调解；调解不成的，应当及时判决”。进入上世纪 90 年代之后，正当法学家还在抨击法院调解的弊端和法官的调解偏好时，法院调解却似乎在以明显的速度走向衰落。① 诉讼调解结案的比例相对于判决结案持续下降，调解越来越被视为一种“落后”的纠纷解决方式而趋于衰落，我国民事诉讼的受案数量和裁判比例在世纪之交达到了顶峰。

进入 21 世纪，随着涉法上访现象的日益突出，民众对司法裁判不公的不满越来越明显，诉讼调解又一次被重视和强调，司法领域迎来了一次“调解的复兴”。《简易程序规定》（2003 年 12 月 1 日起施行）规定，对适用简易程序审理的婚姻家庭纠纷和继承纠纷、劳务合同纠纷、交通事故和工伤事故引起的权利义务关系较为明确的损害赔偿纠纷、宅基地和相邻关系纠纷、合伙协议纠纷和诉讼标的额较小的纠纷等民事案件，除了根据案件的性质和当事人的实际情况不能调解或者显然没有调解必要的以外，人民法院在开庭审理时“应当先行调解”。根据 2004 年《调解规定》的规定，除了适用特别程序、督促程序、公示催告程序、破产还债程序的案件，婚姻关系、身份关系确认案件以及其他依案件性质不能进行调解的民事案件，人民法院不进行调解外，对于有可能通过调解解决的民事案件，人民法院都“应当调解”。从“可以调解”到“应当调解”，这种措辞的变化可以折射出本世纪初最高人民法院对诉讼调解工作的强调和重视。

2010 年 6 月 17 日最高人民法院发布了《关于进一步贯彻“调解优先、调判结合”工作原则的若干意见》（法发［2010］16 号），这一规范性文件明确提出了“调解优先、调判结合”工作原则，认为“调解优先、调判结合”是认真总结人民司法实践经验，深刻分析现阶段形势任务得出的科学结论，是人民司法优良

① 范愉：《调解的重构——以法院调解的改革为重点》，载《法制与社会发展》2004 年第 2 期。

传统的继承和发扬，是人民司法理论和审判制度的发展创新，对充分发挥人民法院调解工作在化解社会矛盾、维护社会稳定、促进社会和谐中的积极作用，具有十分重要的指导意义。这意味着我国的诉讼调解又一次获得了优于裁判的显著地位。

我国诉讼调解的起伏与变迁背后蕴含着深刻的法理，调解和裁判的关系还有诸多争论，何去何从也有待观察。诉讼调解特别适用于那些判决效果不好，容易引起更大纷争的案件，如事关民生和群体利益、需要政府和相关部门配合的案件；可能影响社会和谐稳定的群体性案件、集团诉讼案件、破产案件；民间债务、婚姻家庭继承等民事纠纷案件；案情复杂、难以形成证据优势的案件；当事人之间情绪严重对立的案件；相关法律法规没有规定或者规定不明确、适用法律有一定困难的案件；判决后难以执行的案件；社会普遍关注的敏感性案件；当事人情绪激动、矛盾激化的再审案件、信访案件等都是着重调解的案件类型。

## 第二节 诉讼调解的原则

诉讼调解的原则是指在进行调解活动和达成调解协议的过程中，审判人员和当事人应当共同遵守的基本准则。根据我国《民事诉讼法》的规定，诉讼调解应当遵守以下三个原则：

### 一、自愿原则

自愿原则，是指进行调解工作和达成调解协议都必须以双方当事人完全自愿为前提，不得强迫。《民事诉讼法》第 85 条规定，人民法院审理民事案件，根据当事人自愿的原则进行调解。《适用意见》第 92 条也规定：“人民法院审理民事案件，应当根据自愿和合法的原则进行调解。当事人一方或者双方坚持不愿调解的，人民法院应当及时判决。”该原则包括两个方面的内容：

#### （一）程序上的自愿

案件是否进入调解程序、何时进行调解、选择何种方式调解、谁来调解等程序性事项，都需要当事人的同意。如果当事人拒绝调解，调解程序就无法进行。这与诉讼的强制性有很大区别。

### (二)实体上的自愿

进入调解程序后,是否达成调解协议以及调解协议的具体内容,必须是当事人的真实意愿的表示。《民事诉讼法》第 88 条规定,“调解达成协议,必须双方自愿,不能强迫”。调解协议的内容是当事人对自己权利自由处分的体现,是当事人之间民主协商的结果,必须充分反映当事人的意愿。审判人员可以根据法律政策对当事人进行引导,向当事人提出调解的建议,但不能将自己对案件的处理意见强加给当事人。

《调解规定》进一步细化了确保调解自愿原则得以遵循的规则,规定当事人有决定是否调解的自愿,有决定调解开始时机的自愿,有选择调解方式的自愿,有是否达成调解协议的自愿,有决定调解书生效方式的自愿等。另外,当事人申请不公开进行调解的,人民法院应当准许。调解时当事人各方应当同时在场,根据需要也可以对当事人分别作调解工作。当事人可以自行提出调解方案,主持调解的人员也可以提出调解方案供当事人协商时参考。调解协议内容超出诉讼请求的,人民法院可以准许。

根据最高人民法院《关于进一步贯彻“调解优先、调判结合”工作原则的若干意见》的要求,诉讼调解中,审判人员要积极引导并为双方当事人达成调解协议提供条件、机会和必要的司法保障,审判人员要尊重当事人选择调解或者裁判方式解决纠纷的权利,尊重当事人决定调解开始时机、调解方式和调解协议内容的权利。在各个诉讼环节中,针对当事人的文化知识、诉讼能力的不同特点,用通俗易懂的语言,进行释法解疑,充分说明可能存在的诉讼风险,引导当事人在充分认识自身权利义务的基础上,平等自愿地解决纠纷。

## 二、合法原则

合法原则是指人民法院主持的调解活动和双方当事人达成调解协议的内容以及调解过程中的程序不得违反法律的强制性规定。合法原则要求:第一,调解活动必须依照法定程序进行;第二,当事人双方达成调解协议的内容,不得违反国家政策、法律的规定,不能损害国家、集体和其他公共利益。

最高人民法院《关于进一步贯彻“调解优先、调判结合”工作原则的若干意见》规定,要依法规范调解过程中法官审判权的行使,确保调解程序符合有关法律规定,审判人员不得违背当事人自愿去强迫调解,防止以判压调、以拖促调。审判人员应及时查明当事人之间的纠纷争执点和利益共同点,准确合理确定当事人利益关系的平衡点，维持双方当事人权利义务基本均衡，确保调解结果的正当性。审判人员应认真履行对调解协议审查确认的职责，确保调解协议的内容不违反法律规定，不损害国家利益、社会公共利益、第三人利益以及社会公序良俗，正确发挥司法调解的功能，切实维护公平正义。

需要注意的是，调解协议合法性的要求与判决合法性的要求不同。诉讼调解中，当事人可以在不违反法律禁止性规定的情况下，自由处分自己的民事权利，可以超越实体性法律规范达成调解协议。对调解中的合法原则应作宽泛的理解，与司法裁判时对实体法律的严格尊重不同。实践中，调解中经常出现一方让步、放弃部分权利的现象，这表面上与严格依法原则相违背，但只要这种“让步”是出于当事人的真实意愿，就应当得到尊重和保护，这也是民事诉讼处分原则在调解中的必然要求。

### 三、查明事实、分清是非原则

《民事诉讼法》第 85 条规定，法院审理民事案件根据当事人自愿的原则，在事实清楚的基础上，分清是非，进行调解。依照该条规定，调解必须贯彻“以事实为根据”的原则，不能在事实未查明、是非责任未分清的情况下调解。一般认为，只有在查明了当事人之间的民事法律关系发生、变更和消灭的事实和发生争议的原因、经过与争议的焦点后，才可能有的放矢地进行调解工作，才能保证双方当事人心悦诚服地认可接受调解协议。目前，对此原则，学界有不同意见。有观点认为某些时候调解恰恰是在事实很难查明的情况下采取的一种灵活措施，如果硬性追求“事实清楚、责任分明”，当事人可能纠缠于细节和证据当中，无法心平气和地坐下来互谅互让，调解也就可能无法进行下去。事实上，调解的优势往往体现在那些时过境迁、证据模糊、事实难以辨明的案件中，过分追究事实真相反而会导致诉讼的延误和达成和解的障碍。

## 第三节　诉讼调解的方式

### 一、调解人的角色和功能

纠纷发生后，当事人之间往往存在抵触对立情绪，如果没有第三人的介人，当事人完全通过自行协商达成合意将会非常困难。诉讼调解中，调解人员可以发挥如下作用：首先，调解人能使处于对立立场的当事人冷静下来，帮助缓和紧张情绪，促使双方坐在一起协商。这是调解的第一步，也是一个重要的基础工作。纠纷发生后，当事人之间难免出现抵触情绪，如果没有外界力量介入，双方很难坐到一起和平协商。而调解人的介入可以缓和对立抵触情绪，其可以劝服当事人进入调解程序，与对方面对面地协商。其次，调解人能在意见发生分歧时提供是非判断标准。调解人一般具有使人信服的特点，如法律专业人士、有威望的社会名流、专家，调解人借助自身的优势阐明对某一问题的专业权威意见，能使双方确立谈判的参照标准。再次，调解人能协助发掘当事人的潜在利益需求，使一些原本没有涉及的深层次问题提上桌面，从而为合意方案开拓思路。调解并非就事论事，可以追溯或展望更长远的利益需求。“在调解人的技巧单上，敏感度占了最重要的地位。调解人必须意识到在当事人之间所存在的相互联系以及他们的联系质量。他们必须对情感需求十分敏感，并承认那些不为法律所规定的事项的重要性，如对相互尊重、平等和安全的需求。”[①]最后，调解人可以提出建设性的意见，供当事人参考。这种建设性的意见经过不断修订，最后被当事人接受。这种建议的正当性来源于某种规则，但由于其包含了更多与当事人切身利益相关的因素，从而更容易被接受。调解人还可以说服各方接受其主张的方案，有时当事人由于情绪激动或者对法律存有误解等原因，不愿冷静考虑后果，或者抱有不切实际的幻想，调解人可以设身处地地为当事人着想，分析利弊，帮助当事人作出理性的决策。

## 二、调解的阶段

最高人民法院《关于进一步贯彻“调解优先、调判结合”工作原则的若干意见》要求审判人员把调解作为处理案件的首要选择，自觉主动地运用调解方式处理矛盾纠纷，把调解贯穿于立案、审判和执行的各个环节，贯穿于一审、二审、执行、再审、申诉、信访的全过程，把调解主体从承办法官延伸到合议庭所有成员、庭领导和院领导，把调解、和解和协调案件范围从民事案件逐步扩展到行政案件、刑事自诉案件、轻微刑事案件、刑事附带民事案件、国家赔偿案件和执行案件，建立覆盖全部审判执行领域的立体调解机制。审判人员应当能

---

① [美]史蒂文·苏本、玛格瑞特·伍：《美国民事诉讼的真谛》，蔡彦敏、徐卉译，法律出版社 2002 年版，第 225 页。

调则调，不放过诉讼和诉讼前后各个阶段出现的调解可能性，尽可能把握一切调解结案的机会。

根据当前的司法实践和有关司法解释，我国诉讼调解根据调解的时段和主体的不同，大致分为以下几种类型：

**(一)立案阶段的调解**

在案件立案之后、移送审判庭之前，可以利用立案窗口“第一时间接触当事人、第一时间了解案情”的优势，积极引导当事人选择调解方式解决纠纷。对事实清楚、权利义务关系明确、争议不大的简单民事案件，法院应当在立案后及时调解；对可能影响社会和谐稳定的群体性案件、集团诉讼案件，敏感性强、社会广泛关注的案件，法院也要在立案后尽可能调解。对那些当事人拒绝调解的，无法及时与当事人及其委托代理人取得联系的，或者案情复杂、争议较大的案件，以及法律规定不得调解的案件，法院应当在立案后及时移送审理。对在调解过程中发现案件涉及国家利益、社会公共利益和第三人利益的，案件需要审计、评估、鉴定的，或者需要人民法院调查取证的，法院应当终结调解程序，及时移送审理。

立案阶段的调解应当坚持以效率、快捷为原则，避免案件在立案阶段积压。适用简易程序的一审民事案件，立案阶段调解期限原则上不超过立案后10日；适用普通程序的一审民事案件，立案阶段调解期限原则上不超过20日，经双方当事人同意，可以再延长10日。延长的调解期限不计入审限。

**(二)委托调解**

《调解规定》第3条规定“根据民事诉讼法第八十七条的规定，人民法院可以邀请与当事人有特定关系或者与案件有一定联系的企业事业单位、社会团体或者其他组织，和具有专门知识、特定社会经验、与当事人有特定关系并有利于促成调解的个人协助调解工作。经各方当事人同意，人民法院可以委托前款规定的单位或者个人对案件进行调解，达成调解协议后，人民法院应当依法予以确认”。这是我国首次立法规定诉讼中的委托调解制度。人民法院在案件受理后、裁判作出前，经当事人同意，可以委托有利于案件调解解决的人民调解、行政调解、行业调解等有关组织或者人大代表、政协委员等主持调解，或者邀请有关单位或者技术专家、律师等协助人民法院进行调解。调解人可以由当事人共同选定，也可以经双方当事人同意，由人民法院指定。当事人可以协商确定民事案件委托调解的期限，一般不超过30日。经双方当事人同意,可以顺延调解期限,但最长不超过 60 日。延长的调解期限不计入审限。人民法院委托调解人调解,应当制作调解移交函,附送主要案件材料,并明确委托调解的注意事项和当事人的相关请求。

### (三)审判前调解

在案件移送审判业务庭、开庭审理之前,当事人同意调解的,应当及时进行调解,有条件的人民法院可以探索建立专门的庭前调解组织。审判前调解可以由法官助理等审判辅助人员开展,这样可以进一步优化审判资源配置,提高调解工作效率,减轻审判人员的工作负担。

### (四)审判中调解

开庭审理期间以及开庭审理结束后,诉讼调解应当在审判人员的主持下进行。调解既可以由合议庭主持,也可以由合议庭中的一位审判员主持,独任审判的则由独任审判员主持。诉讼调解时,双方当事人都应出庭,原则上要采取面对面的形式进行调解。但必要时审判人员也可以分别对双方当事人做调解工作。当事人不能出庭而委托诉讼代理人参加调解的,必须有当事人的特别授权。对无诉讼行为能力的当事人进行调解,应当由其法定诉讼代理人代为参加。离婚案件的当事人确因特殊情况无法出庭参加调解的,除本人不能表达意志的以外,应当出具书面意见。

调解可以在法庭上进行,也可以到当事人所在地进行。根据案情的需要,调解时可以邀请有关单位和个人、当事人所在地的基层组织参加,被邀请的有关单位和个人以及当事人所在地的基层组织应当积极协助法院进行调解。

## 三、调解的手段

调解开始后,审判人员应当认真听取双方当事人关于案件事实和理由的陈述,有针对性地对双方当事人阐明有关的政策和法律,引导当事人就具体的争议事项进行协商。在协商过程中,审判人员可以提出建议方案供双方当事人参考,但是不能强迫当事人接受建议方案。当事人双方或者单方也可以提出调解方案。调解协议通常是在调解方案的基础上形成的。当事人达成调解协议的,法院应当将调解协议的内容记入笔录,并由双方当事人或者经特别授权的委托诉讼代理人或者法定诉讼代理人签名。

# 第四节　调解协议与调解书

## 一、诉讼调解的结果

诉讼调解的结果有两种：一种是当事人之间达成调解协议；二是调解不成，当事人之间未达成调解协议。当事人达成调解协议的，法院经审查，发现调解协议的内容违反法律的禁止性规定或者有悖于公序良俗的，人民法院应当不予认可。对于经调解未达成协议或者调解协议不被人民法院认可的，人民法院应当结束调解程序，恢复审判，及时作出裁判，不能久调不决。

《民事诉讼法》第 89 条第 1 款规定："调解达成协议的，人民法院应当制作调解书。"在审判人员的主持下，双方当事人通过平等协商自愿达成了调解协议，调解程序即告结束。而诉讼调解书是指人民法院制作的，记载当事人之间调解协议内容的规范法律文书。它既是对当事人相互协商达成的调解协议的如实记录，也是人民法院行使审判权的重要标志，表明诉讼调解活动的司法审判权性质。

## 二、不制作调解书的情形

在某些情况下，当事人达成调解协议的可以不制作诉讼调解书。根据《民事诉讼法》第 90 条的规定，不需要制作调解书的案件有：第一，调解和好的离婚案件；第二，调解维持收养关系的案件；第三，能够即时履行的案件；第四，其他不需要制作调解书的案件。调解协议成立后，对于应当制作调解书的，人民法院应当制作调解书，送达双方当事人签收；对于依法不需要制作调解书的调解协议，由书记员记入笔录，并由双方当事人、审判人员、书记员签名或者盖章。

## 三、调解书的内容

根据《民事诉讼法》第 89 条的规定，诉讼调解书的内容包括以下三项：一是诉讼请求。即原告向被告提出的实体权利请求。如果被告向原告提起反诉的，调解书中也应当列明。有第三人参加诉讼的，还应当写明第三人的主张和理由。二是案件事实。即当事人之间有关民事权利义务争议发生、发展的全过程和双方争执的问题。三是调解结果。即当事人在审判人员的主持下达成的调解协议的内容，其中包括诉讼费用的负担。诉讼调解书应当按统一的格式制作，一般包括首部、正文和尾部三部分。首部应当依次写明制作调解书的人民法院名称，案件编号，当事人、第三人以及诉讼代理人的基本情况，案由。诉讼调解书的正文应当写明诉讼请求、案件事实和调解结果。这部分内容是调解书的核心部分，不能简略或出现疏漏，应当具体、明确而有重点地写在调解书里，避免当事人履行调解书时因有异议而发生新的纠纷。诉讼调解书最后由审判员、书记员署名，加盖人民法院印章，并写明调解书的制作时间。同时，调解书的尾部要写明"本调解书与发生法律效力的判决书具有同等效力"。

## 四、调解书的法律效力

调解书的效力，是指经人民法院依法定程序认可后制作的调解书所产生的法律后果。诉讼调解书的效力包括调解书的生效时间和具体的法律效力两方面的内容，法律对此都有规定。

### （一）时间效力

1. 调解书的生效时间

对于法院制作的调解书的生效时间，《民事诉讼法》第 89 条第 3 款规定："调解书经双方当事人签收后，即具有法律效力。"根据这一规定，调解书必须送达双方当事人签收。据此，调解书应当直接送达当事人本人，不适用留置送达和公告送达的方式。另外，调解书必须经双方当事人签收后才能生效。如果一方或双方当事人拒绝签收的，应当视为调解不成立，调解书不发生法律效力。

无独立请求权的第三人参加诉讼的案件，人民法院调解时需要确认无独立请求权的第三人承担义务的，应经其同意，调解书也应当同时送达其签收。无独立请求权的第三人在签收调解书前反悔的，人民法院应当及时判决。这种规定，实际上赋予了当事人在达成调解协议之后、签收调解书之前的反悔权，即达成调解协议后，法院制作了调解书，在调解书送达给当事人签收之前，当事人有权反悔，推翻原调解协议，此时法院制作的调解书不能发生效力。

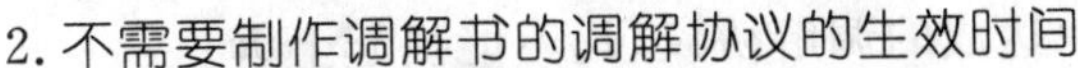

2.不需要制作调解书的调解协议的生效时间

根据《民事诉讼法》第 90 条第 2 款的规定，不需要制作调解书的协议，应当记入笔录，由双方当事人、审判人员、书记员签名或者盖章后，即具有法律效力。

司法实践中，经常会出现当事人在法庭上达成调解协议，但在签收调解书之前出于各种原因反悔，拒不签收调解书的情况。这影响了诉讼效率，甚至成为某些当事人恶意拖延诉讼的手段。为杜绝这种违背诉讼诚信原则的举动，最高人民法院《调解规定》第 13 条规定，调解协议在当事人各方同意在其上签名或者盖章后生效，经人民法院审查确认后，应当记入笔录或者将协议附卷，并由当事人、审判人员、书记员签名或者盖章后即具有法律效力。当事人请求制作调解书的，人民法院应当制作调解书送交当事人。当事人拒收调解书的，不影响调解协议的效力。一方不履行调解协议的，另一方可以持调解书向人民法院申请执行。

该条增加了调解协议自签字或者盖章时产生与调解书同等效力的规定，通过当事人的明确同意，提前了调解书生效的时间，取消了当事人签收调解书之前的反悔权。当然，这一制度需要双方明确同意调解协议的生效时间为签字或者盖章之日起。

**(二)调解书生效后的法律后果**

调解书和记入笔录的调解协议生效后，将产生以下的法律后果：

1.程序上的效力

诉讼调解是人民法院的结案方式之一。调解书生效，表明人民法院最终解决了双方当事人的纠纷，民事诉讼程序也因此而终结，人民法院不得继续对该案进行审理。

2.实体上的效力

调解书的内容确认当事人之间的权利义务关系。调解书生效后，当事人之间的权利义务关系在调解协议中得到确认，民事争议已得到解决，当事人不得再对此法律关系发生争议，当事人不得以同一诉讼标的、同一的事实和理由再行起诉。但是，对于调解和好的离婚案件或者调解维持收养关系的案件，原告如果有新情况、新理由的，在 6 个月届满后，还可以第二次起诉，请求法院审理解决。

当事人不得对调解书提起上诉。调解协议是在双方当事人自愿的前提下达成的，当事人一旦接受调解协议，就意味着放弃了上诉权。因此，无论是在一审、二审还是在再审程序中达成的调解协议，均不能提起上诉。

有给付内容的调解书具有强制执行力。调解书是双方当事人在人民法院的主持下自愿达成的，一般情况下当事人都能自觉履行。如果具有给付内容的调解协议生效后，负有义务的一方当事人不履行义务的，对方当事人可以向人民法院申请强制执行。

## 五、调解协议中的督促条款和担保条款

为提高调解协议的自动履行率，打消当事人的顾虑，最高人民法院《调解规定》第 10 条、第 11 条分别规定了调解协议中的督促条款和担保履行条款。对原告因质疑被告履行调解协议的诚意而不愿调解的案件、争议标的额较大的案件，以及调解协议确定的履行期限较长或者分期履行的案件，可以通过适用督促条款、担保履行条款，促进调解协议的达成，促使义务履行人自动履行调解协议。

《调解规定》第 10 条第 1 款规定："人民法院对于调解协议约定一方不履行协议应当承担民事责任的，应予准许。"其第 19 条第 1 款规定"调解书确定的担保条款条件或者承担民事责任的条件成就时，当事人申请执行的，人民法院应当依法执行"。此处的"民事责任"实质上是双方当事人在调解过程中约定的违反调解协议所应当承担的"违约责任"而非原有纠纷的民事责任，这一规定强化了调解书的效力，有助于督促当事人及时履行调解书。当然，这种带有惩罚性的民事责任也有一定的限度，《调解规定》第 19 条第 2 款规定"不履行调解协议的当事人按照前款规定承担了调解书确定的民事责任后，对方当事人又要求其承担民事诉讼法第二百三十二条规定的迟延履行责任的，人民法院不予支持"，这就避免了义务人遭受显失公平的双重惩罚。

《调解规定》第 11 条规定："调解协议约定一方提供担保或者案外人同意为当事人提供担保的，人民法院应当准许。案外人提供担保的，人民法院制作调解书应当列明担保人，并将调解书送交担保人。担保人不签收调解书的，不影响调解书生效。当事人或者案外人提供的担保符合担保法规定的条件时生效。"同时，其第 19 条第 1 款规定"调解书确定的担保条款条件或者承担民事责任的条件成就时，当事人申请执行的，人民法院应当依法执行"。此规定把担保机制引入调解制度，也是为了保障调解协议能够得到切实履行，并且调解担保条款与当事人约定的民事责任条款一样，也具有强制执行的效力。

# 第五节 诉讼外调解与诉讼和解

## 一、诉讼调解与诉讼外调解的区别

诉讼外调解是指纠纷进入诉讼程序之前,由有关的社会组织对争议的当事人进行协调以促进其解决纠纷的活动。诉讼外调解根据支持调解组织的不同,主要分为仲裁机构的调解、行政机关的调解和人民调解委员会的调解等。诉讼调解和诉讼外调解都是建立在当事人自愿基础上的解决民事纠纷的方式,但两者却存在以下区别:

### (一)性质不同

诉讼调解是人民法院行使审判权的一种体现,是审判组织对案件进行审理的有机组成部分,具有履行司法权能性质。诉讼外调解的主持者是仲裁机构的仲裁员、行政机关的官员或者人民调解委员会的委员,其所进行的调解活动不具有司法性质。

### (二)法律依据和程序要求不同

诉讼调解以民事诉讼法为依据,诉讼外调解以仲裁法、行政法规、人民调解法规为依据。两者在程序上的要求不完全一样,诉讼外调解比较灵活,不像诉讼调解那样规范、严格。

### (三)效力不同

生效的诉讼调解书与生效的判决具有同等的法律效力。同时,当事人签收调解书,或者在记入笔录的调解协议上签名或者盖章后,诉讼即告结束。诉讼外调解,除仲裁机构制作的调解书外,在其他机构主持下达成调解协议而形成的调解书没有强制执行力,只具有民事合同的性质或者一定的证明作用,当事人反悔或者不履行调解协议的,可以向人民法院起诉。

## 二、诉讼调解与诉讼和解的区别

诉讼和解是指民事诉讼过程中，当事人主动自行协商，就双方争议的问题达成协议，从而终结诉讼程序的制度。诉讼和解与诉讼调解都发生在民事诉讼过程中，都以达成协议的方式解决纠纷。在一定的情况下，诉讼和解可以转化为诉讼调解。如当事人通过自行协商达成协议后，为保证和解协议得到顺利履行，可以请求法院以调解书的形式确认和解协议，法院经审查后，认为协议内容不违反法律的，可以将和解协议的内容制作成调解书。但两者也存在以下的不同点：

### (一)性质不同

诉讼调解是人民法院行使审判权的一种方式，而诉讼和解是当事人对自己的实体权利和诉讼权利的自行处分。

### (二)参加的主体不同

参加诉讼调解的主体包括双方当事人和人民法院的审判人员，而且要由审判人员主持，而参加诉讼和解的主体只有双方当事人。

### (三)效力不同

诉讼调解是人民法院行使审判权的一种方式，所达成的调解协议具有与判决书同等的法律效力，有给付内容的调解书具有执行力。诉讼和解不能作为法院的结案方式，不能直接终结诉讼程序，通常都是由原告方申请撤诉或者转换为诉讼调解来终结诉讼程序。同时，诉讼和解达成的协议只能依靠当事人自愿履行，不具有强制执行力。

# 第十三章

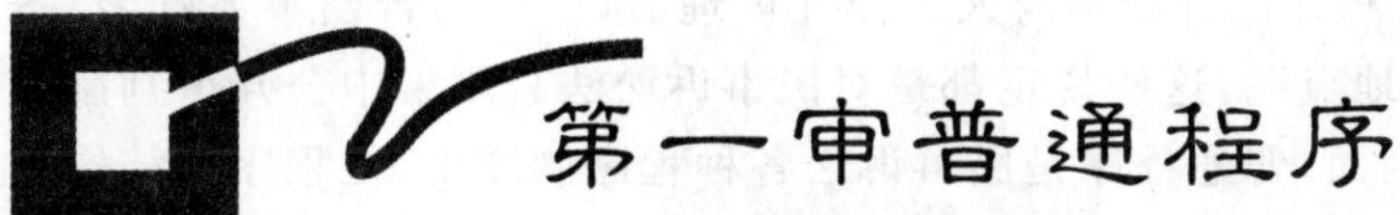

# 第一审普通程序

## 第一节　普通程序概述

### 一、普通程序的概念

普通程序是指人民法院在审理第一审民事争议案件时通常适用的审判程序，又称第一审普通程序。民事案件有简单与复杂之别，在第一审案件审理程序中，基层人民法院审理简单的民事案件适用简易程序，审理疑难复杂的民事案件适用普通程序，而中级人民法院、高级人民法院和最高人民法院审理第一审民事案件时不论繁简一律适用普通程序。因此，普通程序在我国的民事审判程序中处于非常重要的地位，具有其他审判程序无法取代的功能和作用。

### 二、普通程序的特征

相对于其他程序而言，普通程序具有以下几个方面的特征：

#### (一)普通程序具有程序构造上的完整性

普通程序是民事诉讼程序中规定得最为完整的程序，具有程序的完整性。首先，普通程序详细地规定了案件审理的全过程，包括当事人起诉，法院受理，庭前准备，开庭审理直至案件评议、裁判等各个阶段，并且对审判过程中可能出现的各种常见问题，诸如撤诉、反诉、缺席判决、延期审理、诉讼中止、诉讼终结等均有全面的规定，其内容的完整性是其他审判程序所不能相比的。其次，它将民事诉讼的基本原则和基本制度具体化。民事诉讼法总则编中规定了基本原则和基本制度，但这些规定较笼统、抽象，概括性强，缺乏可操作性。普通程序将基本原则和基本制度的内容进一步具体化，使之得以贯彻和落实。例如,普通程序规定,“人民法院审理民事案件,除涉及国家秘密、个人隐私或者法律另有规定的以外,应当公开进行”;“人民法院审理民事案件,应当在开庭3日前通知当事人和其他诉讼参与人。公开审理的,应当公告当事人姓名、案由和开庭的时间、地点”。这些规定都是对民事诉讼法总则编中公开审判制度内容的具体化。因而,普通程序是民事诉讼各种程序制度中,在程序的结构和内容上最为全面、完整和系统、详尽的程序。

### (二)普通程序具有程序结构上的独立性

第一审普通程序在程序结构和适用上,具有不依赖于其他程序而独立存在和适用的性质。我国民事诉讼法规定了诸多种类的程序,名义上各自独立。然而出于立法技术上的考虑,某些程序并非像普通程序那样就本程序的步骤、方式、程式和内容进行面面俱到的规定,而着重就自身的专门性问题进行规定,因而某些程序在具体规定上是不完整、不全面的。因而这些程序在适用中,遇有无法律明确规定的情形时,就应当依法参照基础性程序的规定处理。而我国民事诉讼法所规定的各类程序制度中,唯有第一审普通程序在适用上不依附于其他任何程序。不论是一般的诉讼案件还是重大、复杂和疑难的诉讼案件,都能通过普通程序予以审结,并能发生一审裁判的法律效力。而当适用简易程序、第二审程序、审判监督程序和非民事争议案件审判等非诉程序审理案件时,如果各程序中没有相关规定的,都要适用或者比照适用普通程序的有关规定。因而,第一审普通程序具有程序结构上的独立性。

### (三)普通程序具有适用上的广泛性

普通程序适用的广泛性主要体现在以下三个方面:首先,从适用的法院来看,从基层人民法院到最高人民法院,以及专门人民法院,只要是审理第一审民事案件,所有法院都可以适用普通程序,而其他审判程序诸如简易程序、二审程序等的适用只限于部分特定的法院,而不是各级人民法院。如简易程序只有基层人民法院和它派出的法庭才可以适用;二审程序则不能被基层人民法院适用,只供中级以上的人民法院审理案件所用。其次,从适用的案件来看,人民法院受理的第一审民事案件中,除简单的民事案件外,均适用普通程序审理。最后,普通程序是其他程序的基础。例如,简易程序实际上是普通程序的简化,人民法院适用简易程序审理民事案件时,简易程序有规定的,适用简易程序,简易程序没有规定的,就要适用普通程序的有关规定。第二审人民法院审理上诉案件,除依照《民事诉讼法》第二审程序一章的有关规定外,还应当适用第一审普通程序。因而，第一审普通程序是各种民事诉讼程序中适用得最为广泛的一种程序。

## 第二节　起诉与受理

### 一、起诉

#### (一)起诉的概念和意义

起诉是指公民、法人或者其他组织认为自己所享有的或者依法由自己管理、支配的民事权益受到侵害或与他人发生争议时，以自己的名义请求人民法院通过审判方式予以司法保护的诉讼行为。

"不告不理"是民事诉讼的基本法则，即若没有当事人的起诉，人民法院不会自行启动民事诉讼程序。因而，起诉是当事人行使诉权的起点，是当事人一项重要的诉讼权利。正是因为当事人的起诉，才引起了被告的应诉，才导致了法院与全体诉讼参与人发生民事诉讼法律关系，才使民事审判程序制度的功能得到充分体现。因此，起诉作为当事人的一项重要诉讼权利，必须受到充分尊重和保护。

#### (二)起诉的条件和方式

1. 起诉的条件

当事人起诉固然是民事审判程序开始的前提，然而当事人的起诉行为并不必然导致民事诉讼程序的开启，只有符合法定条件的起诉才可以引起诉讼程序的发生和进行。而对于不符合条件的起诉，法院将裁定不予受理。

根据《民事诉讼法》第 108 条的规定，当事人起诉必须同时具备以下条件：

第一，原告是与本案有直接利害关系的公民、法人或其他组织。原告必须是有诉讼权利能力、与本案有直接利害关系的公民、法人或其他组织。所谓"直接的利害关系"，是指公民、法人或其他组织自己的民事权益，或依法受自己管理、支配的民事权益受到了侵害或与他人发生民事争议。但这种直接利害关系只要原告主观认为存在并在诉状中声明即可，至于该声明是否客观真实将由法院通过审理程序加以认定。如果法院经过对案件的全面审理，认定原告主张的民事权益并不存在,应以判决驳回原告的诉讼请求,而非认定起诉行为不合法。因此,在起诉阶段,法院对原告是否与本案有直接利害关系的审查应为形式审查,即以当事人声明为准。

第二,有明确的被告。被告,是指原告诉称侵犯了自己合法权益,或者与自己产生了民事争议的对方当事人。诉讼所要解决的是相互对立的双方当事人之间的权利义务争议,因此,原告起诉时必须要指明与其发生争议的相对一方。而且原告所提供的被告的信息还应当明确和具体,以便将被告特定化。在被告是公民的情况下,原告必须向法院提供被告的姓名、性别、年龄、民族、职业、工作单位和住所等情况;在被告是法人或者其他组织的情况下,原告必须向法院提供被告的名称、住所和法定代表人或者主要负责人的姓名、职务。如果被告不明确,诉讼将无法进行。

第三,有具体的诉讼请求和事实、理由。“具体的诉讼请求”是指原告在起诉时必须明确请求法院予以司法保护的具体内容和方式,不能模糊含混。例如,是请求法院判令对方履行一定的义务,还是请求法院变更某种民事法律关系或者确认某种民事法律关系的存在。法院需以原告提出的诉讼请求确定案件审理的范围,如果诉讼请求不具体不明确,法院将无从对案件进行审理以及作出判决。“事实”是指当事人之间民事法律关系发生、变更和消灭的基本事实,当事人之间发生民事争议的事实等。“理由”是指原告用来证明该诉讼请求合理、合法的证据材料及相应的法律依据。应当注意的是,在起诉阶段,原告提出的事实、理由等证据材料只要能够说明争议存在的基本情况即可,并不要求达到确实充分的程度,法院无需在此阶段对事实、理由的真实性进行实质审查。

第四,属于人民法院受理民事诉讼的范围和受诉人民法院管辖。属于人民法院受理民事诉讼的范围,是指当事人之间的争议事项必须属于人民法院主管,在人民法院能够行使民事审判权的职权范围之内。根据《民事诉讼法》第 3 条的规定,“人民法院受理公民之间、法人之间、其他组织之间以及他们相互之间因财产关系和人身关系提起的民事诉讼,适用本法的规定”。这一条文划定了法院民事主管的范围,不属于这个范围的,不得提起民事诉讼。属于受诉人民法院管辖,是指原告必须根据民事诉讼法关于法院之间管辖民事案件的分工,向有管辖权的人民法院提起民事诉讼,即民事诉讼并非可向任一法院随意提起。管辖权是审判权的基础,若法院对案件没有管辖权,则无从审判。

2. 起诉的方式

起诉除了实质上必须具备上述四个实质要件之外,还必须在方式方面符合法律的规定，这也可以被称为起诉的形式要件。

《民事诉讼法》第109条规定："起诉应当向人民法院递交起诉状，并按照被告人数提交副本。书写起诉状确有困难的，可以口头起诉，由人民法院记入笔录，并告知对方当事人。"由此可见，起诉应以书面方式为原则，以口头方式为例外。即通常情况下，原告起诉都应当向法院递交书面形式的诉状，并按照对方当事人人数提交副本。只有在原告书写起诉状确有困难时方可以口头方式替代，即原告以口头陈述的方式声明被告身份、诉讼请求、事实、理由等起诉必备事项，并由法院记入笔录。原告口述时，人民法院应当按照起诉状内容的要求予以提示，使之清楚、明确而有依据。

起诉状是原告向人民法院提起诉讼的意思表示的载体，也是法院了解原告的诉讼请求和相应事实、理由的基本资料。根据《民事诉讼法》第110条的规定，起诉状应当记明下列事项：第一，当事人的姓名、性别、年龄、民族、职业、工作单位和住所，法人或者其他组织的名称、住所和法定代表人或者主要负责人的姓名、职务；第二，诉讼请求和所根据的事实与理由；第三，证据和证据来源，证人姓名和住所。除以上内容之外，起诉状还应写明受诉法院的名称，提起诉讼的具体日期，并由原告签名或盖章。起诉状内容如有欠缺，受诉人民法院应限期原告补正。

## 二、受理

受理，是指人民法院对起诉进行审查，对于符合法定条件的决定立案审理的一种诉讼活动。按照"不告不理"的诉讼原则，原告的起诉是诉讼程序的起点，没有原告的起诉，诉讼程序无从开启。然而，根据我国民事诉讼法，仅有原告的起诉亦非必然能够开启诉讼程序，尚需法院明确受理此案。即一个具体诉讼程序的进行，不仅需要原告的起诉，也需要法院的受理，在诉讼的开始阶段，有了起诉和受理两种诉讼行为的结合才可能有诉讼程序的进行。

### (一)对起诉的审查

人民法院收到原告的起诉状或口头起诉后，应当认真对起诉进行审查，查明是否符合法律的规定，以决定是否准予立案。根据我国《民事诉讼法》的规定，人民法院对原告起诉行为的审查，包括以下几个方面：

1. 审查起诉的内容和范围

首先，对起诉的形式要件进行审查。主要审查起诉状是否具备了《民事诉讼法》第 110 条所要求的各个事项，如经审查发现有遗漏或失误，法院应当通知原告进行补正。当事人的诉状中有谩骂和人身攻击之词，送达副本可能引起矛盾激化，不利于案件解决的，人民法院应当说服原告实事求是地修改。坚持不改的，可以送达起诉状副本。

其次，对起诉的实质要件进行审查。主要审查起诉是否符合《民事诉讼法》第 108 条所要求的四个条件，包括审查当事人的资格，确定原告是否为与本案有直接的利害关系的公民、法人或其他组织；审查是否有明确的被告；审查原告是否有明确的诉讼请求和事实、理由；审查当事人提起的诉讼是否属于人民法院主管和受诉人民法院管辖的范围。

2. 审查起诉的期限

根据《民事诉讼法》第 112 条的规定，人民法院对起诉的审查期限为 7 日。人民法院收到起诉状或者口头起诉后，必须在 7 日内完成对起诉的审查，并根据审查的结果确定受理或不予受理。经审查，认为符合起诉条件的，应当在 7 日内立案，并通知当事人；认为不符合起诉条件的，应当在 7 日内裁定不予受理，原告对裁定不服的，可以提起上诉。

3. 对几种不予受理的案件的处理

根据《民事诉讼法》及相关司法解释的规定，人民法院审查起诉时，发现有下列情况之一的，不予受理，并根据不同情况作相应处理：

第一，依照行政诉讼法的规定，属于行政诉讼受案范围的，告知原告提起行政诉讼。

第二，依照法律规定，双方当事人就合同纠纷自愿达成书面仲裁协议向仲裁机构申请仲裁、不得向人民法院起诉的，告知原告向仲裁机构申请仲裁。

第三，依照法律规定，应当由其他机关处理的争议，告知原告向有关机关申请解决。

第四，对不属于本院管辖的案件，告知原告向有管辖权的人民法院起诉。

第五，对判决、裁定已经发生法律效力的案件，当事人又起诉的，告知原告按照申诉处理，但人民法院准许撤诉的裁定除外。

第六，依照法律规定，在一定期限内不得起诉的案件，在不得起诉的期限内起诉的，不予受理。例如我国《婚姻法》第 34 条规定，女方在怀孕期间、分娩后 1 年内或中止妊娠后 6 个月内，男方不得提出离婚。《妇女权益保障法》第 45 条规定，女方按照计划生育的要求终止妊娠的，在手术后六个月内，男方不得提出离婚。这些规定均体现了对妇女和儿童的特殊保护。但是，女方提出离婚的，或人民法院认为确有必要受理男方离婚请求的，不在此限。

第七，判决不准离婚和调解和好的离婚案件、原告撤诉或者人民法院按撤诉处理的离婚案件、判决或调解维持收养关系的案件，没有新情况、新理由，原告在6个月内又起诉的，不予受理。

**(二)立案受理**

根据《民事诉讼法》及相关司法解释的规定，下列几种特殊案件，人民法院应予受理：

1. 如果当事人达成的仲裁条款或协议无效、失效或者内容不明确无法执行，当事人在仲裁条款或协议中选择的仲裁机构不存在，或者选择裁决的事项超越仲裁机构权限，当事人一方起诉的，法院应当受理。当事人一方向人民法院起诉时未声明有仲裁协议，人民法院受理后，对方当事人又应诉答辩的，应视为该人民法院有管辖权。

2. 裁定不予受理、驳回起诉的案件，原告再次起诉的，如果符合起诉条件，人民法院应予受理。

3. 病员及其亲属对医疗事故技术鉴定委员会作出的医疗事故结论没有意见，仅要求医疗单位就医疗事故赔偿经济损失向人民法院提起诉讼的，应予受理。

4. 判决不准离婚和调解和好的离婚案件，原告撤诉或者人民法院按撤诉处理的离婚案件，判决、调解维持收养关系的案件，在下列情况下，人民法院应当受理：第一，在6个月内，当事人的感情有了新的变化，或出现了法律规定的事由，如离婚案件中一方当事人与他人同居或有赌博、吸毒等恶习屡教不改的，就应当认为是新情况、新理由，这时原告在6个月内又起诉的；第二，原告在6个月后又起诉的；第三，被告起诉的。

5. 夫妻一方下落不明，另一方诉至人民法院，只要求离婚，不申请宣告下落不明人失踪或死亡的案件，人民法院应当受理，对下落不明人用公告送达诉讼文书。

6. 赡养费、扶养费、抚育费案件，裁判发生法律效力后，因新情况、新理由，一方当事人再行起诉要求增加或减少费用的，人民法院应当作为新案受理。

7. 当事人超过诉讼时效起诉的，人民法院应予受理。受理后查明无中止、中断、延长事由的，判决驳回其诉讼请求。

8. 当事人撤诉或人民法院按撤诉处理后，原告以同一诉讼请求再次起诉的，如果符合起诉条件，人民法院应予受理。

人民法院受理原告的起诉后，将产生以下方面的法律后果：

1.受诉法院依法取得对该案的审判权。审判权包括审判上的职权和职责。一方面，人民法院有权对民事案件进行审理，就当事人之间发生的民事争议作出裁判。另一方面，人民法院在审理过程中，必须严格依照程序法和实体法的规定进行审判，不得违反法定程序，枉法裁判。受诉人民法院受理原告起诉后，排斥了其他人民法院对案件的管辖权。即使原来对该案有管辖权的法院也由于受诉法院的受理而丧失审判权，法律另有规定的除外。当事人不得以同一诉讼标的，同一案件事实、理由向其他人民法院提起诉讼，其他人民法院也不得受理。

2.双方当事人的诉讼地位得以确立，依法享有相应的诉讼权利。起诉一经人民法院受理，双方当事人便取得诉讼主体的地位，依法行使诉讼权利和承担相应的诉讼义务。其他诉讼参与人，如第三人、诉讼代理人也依法各自取得相应的诉讼地位，有权进行各种诉讼活动。

3.诉讼时效中断。根据我国《民法通则》第140条的规定，“诉讼时效因提起诉讼、当事人一方提出要求或者同意履行义务而中断。从中断起，诉讼时效重新计算”。起诉是权利人主张权利的行为，不符合诉讼时效制度制裁怠于行使权利者的本旨，因而使诉讼时效中断。基于鼓励权利人积极主张、行使权利的考虑，实践中多对提起诉讼行为作扩张解释，使其不仅包括权利人向法院起诉的行为，而且包括权利人有同样性质的其他行为，如向有关行政机关提出权利保护请求，向法院申请强制执行，依督促程序向法院申请支付令，向仲裁机关申请仲裁，向人民调解委员会请求调解等。但如果权利人起诉后又自行撤诉，或因诉不合法被法院裁定不予受理的，均不构成提起诉讼程序，不能使诉讼时效中断。从不予受理的裁定生效之日起，诉讼时效连续计算，但应当扣除从当事人起诉到法院不予受理的裁定生效这段时间。

4.产生诉讼系属的法律效果，即案件被系属于受诉法院，除法律另有规定外，当事人不得就同一诉讼标的、同一被告、同一事实和理由再次向人民法院起诉，人民法院也不得对此类起诉再次受理。

## 第三节　审理前的准备

### 一、审理前准备的概念和作用

审理前的准备，也称审前准备程序，是指人民法院受理案件后，开庭审理之前，为确保庭审工作及时和顺利地进行，而由合议庭进行的一系列诉讼活动。这是适用普通程序审理民事案件的一个重要阶段，也是法律所规定的一些必要的法定程序。通过这一阶段的适用，一方面当事人能够互相了解对方掌握的证据和对案件事实的看法，为参加庭审作好充分准备，进而在庭审中充分行使辩论的权利；另一方面，人民法院可借此组织当事人就案件进行争点整理和证据交换，从而对案件事实和争执的问题有一个初步了解，更好地发挥庭审的功能，提高诉讼效率，保障诉讼公正和诉讼效益价值的实现。

《民事诉讼法》第 113 条至 119 条规定了审理前的准备程序，但内容比较简单。长期以来，开庭审理程序在我国审判实践中没有得到应有的重视，法官办案的主要精力放在了法庭之外询问当事人、调查取证以及背靠背的反复调解等活动上。开庭审理往往只是在调解无效，需要下判决时，由审判委员会或庭长首肯得到了最终结论的前提下才予以举行，结果是导致了“先定后审”等庭审形式化的现象。既然开庭审理本身在司法实践中被认为无足轻重，为开庭审理作准备的程序自然也就失去了重要性。随着司法改革的深入，审前准备程序越来越受到理论界和实务界的重视。1998 年最高法院《关于民事经济审判方式改革问题的若干规定》对审理前的准备程序作了补充规定。2002 年 4 月 1 日起施行的《证据规定》明确了人民法院调查收集证据的范围和条件，规范了举证时限问题，规定了证据交换，进一步完善了审理前的准备程序。至此，具有实质意义的审前准备程序在我国已经初步形成。

### 二、审理前准备的内容

根据我国《民事诉讼法》和最高人民法院司法解释的规定，审前准备程序的内容包括：

### (一)在法定期间内及时送达诉讼文书

准备阶段诉讼文书的送达,根据《民事诉讼法》第113条的规定,是指起诉状副本和答辩状副本的发出和送达。不同诉讼文书的发出都有期限,送达又有不同对象。

原告起诉状副本,从法院立案之日起5日内发送给被告。原告口头起诉的,人民法院应当将原告口述笔录内容告知被告。被告只有在了解了原告起诉的内容后,才能有针对性地依法提出答辩。被告从收到起诉状副本之日起15日内提出答辩状,并应按原告方人数提供副本。人民法院收到被告的答辩状后,从收到之日起5日内将其副本发送给原告。这种对双方的诉讼文书进行交换性的发送,便于当事人在开庭审理前进行有效的信息沟通,也有助于法院全面了解情况。

应当注意的是,《民事诉讼法》规定如果被告不提交答辩状,诉讼仍应进行,不影响人民法院对案件的审理。但是,被告答辩有助于人民法院了解双方当事人争执的焦点和相关的证据材料,它也是原告充分了解被告诉讼主张和证据资料的必要途径。因此,《证据规定》第32条对被告提交答辩状作出了更加具体的规定,认为被告应当在答辩期届满前提交书面答辩,阐明其对原告诉讼请求及所依据的事实和理由的意见。但是,由于其没有进一步规定答辩失权,仍没有形成正式的被告强制答辩制度。

被告在法定期间内提交答辩状的,人民法院应当在收到答辩状之日起5日内将其副本送达原告。

此外,根据《民事诉讼法》第114条的规定,人民法院决定受理原告起诉案件后,应当分别向原、被告发送案件受理通知书和应诉通知书,同时向当事人送达举证通知书。举证通知书应当载明举证责任的分配原则与要求、可以向人民法院申请调查取证的情形、人民法院根据案件情况指定的举证期限以及逾期提供证据的法律后果。

### (二)告知当事人的诉讼权利和合议庭的组成人员

根据《民事诉讼法》第114条的规定,人民法院对决定受理的案件,应当在受理案件通知书和应诉通知书中告知双方当事人有关的诉讼权利义务,或者口头告知。以便保证当事人正确地行使各种诉讼权利,履行诉讼义务。适用普通程序审理的民事案件,应当依法组成合议庭。为了便于当事人及时有效地行使回避申请权,合议庭组成人员确定后,应当在3日内将合议庭组成人员

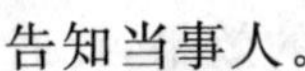
告知当事人。

### (三)指定举证时限

所谓举证时限,是指当事人向法院提交证据的期限,逾期则承担证据失效的法律后果。根据《证据规定》,当事人应当在举证期限内向人民法院提交证据材料,当事人在举证期限内不提交的,视为放弃举证权利。这意味着举证时限制度在我国得以确立,而在此之前我国实行的是《民事诉讼法》第125条体现的"证据随时提出主义",当事人在法庭辩论终结前,法庭审理的各个阶段均可以提出证据。

举证期限的确定有两种方式:一是由当事人协商一致,并经人民法院认可;二是由人民法院指定。由人民法院指定举证期限的,指定的期限不得少于30日,自当事人收到案件受理通知书和应诉通知书的次日起计算。对于当事人逾期提交的证据材料,对方当事人同意质证的,人民法院可以组织质证,以体现诉讼契约精神,尊重对方当事人的权利。当事人增加、变更诉讼请求或者提起反诉的,应当在举证期限届满前提出。当事人在举证期限内提交证据材料确有困难的,应当在举证期限内向人民法院申请延期举证,经人民法院准许,可以适当延长举证期限。当事人在延长的举证期限内提交证据材料仍有困难的,可以再次提出延期申请,是否准许由人民法院决定。

举证时限制度的确立是为了促使当事人尽早提供证据,防止诉讼拖延,它能克服"证据随时提出主义"的弊端,为双方当事人提供了平等的诉讼机会,调动了当事人举证的积极性。同时,它也有助于人民法院在庭审之前整理争点、固定证据,进一步提高审判效率,节约审判资源。然而考虑到过于严格的举证时限会影响当事人充分收集证据以证明自己的主张,从而也会使法院审理案件可用的证据资料被限缩,从而不利于当事人实体权利的保障。因此,《证据规定》也为指定期间内确因客观原因无法举证的当事人提供必要的救济手段,充分保护当事人的诉讼权利。因此,我国民事审判实践中的态度是,法院适用举证时限制度时,应当结合案件本身复杂程度为当事人举证指定一个合理的期限。

### (四)组织当事人交换证据

《证据规定》第37条规定:"经当事人申请,人民法院可以组织当事人在开庭审理前交换证据。人民法院对于证据较多或者复杂疑难的案件,应当组织当事人在答辩期届满后、开庭审理前交换证据。"对于证据较多或复杂疑难的案件，仅通过指定举证期限不易达到整理争点、固定争点和证据的效果，此时人民法院可以通过组织当事人交换证据来明确双方当事人争议的焦点和相关证据，使正式的庭审围绕这些争点展开，集中对庭前交换过的证据进行质证和辩论，以达到理想的庭审效果。

1. 证据交换的适用范围

证据交换并非所有案件审前准备的必经程序，它只适用于以下两种情形：第一，当事人提出了证据交换的申请且人民法院认为有必要进行证据交换的案件；第二，证据较多或者复杂疑难的案件。那些案情简单，证据数量不多的案件，则不必采取证据交换的方式。

2. 证据交换的时间

根据《证据规定》第38条的规定，交换证据的时间可以由当事人协商一致并经人民法院认可，也可以由人民法院指定，但均应当在答辩期满后、开庭审理之前完成。人民法院组织当事人交换证据的，交换证据之日举证期限届满。当事人申请延期举证经人民法院准许的，证据交换日相应顺延。

3. 证据交换的过程

根据《证据规定》第39条、第40条的规定，证据交换应当在审判人员的主持下进行，这里的“审判人员”可以是合议庭的组成人员，也可以是书记员或合议庭之外的审判人员，如法官助理。在证据交换的过程中，审判人员对当事人无异议的事实、证据应当记录在卷；对有异议的证据，按照需要证明的事实分类记录在卷，并记载异议的理由。通过证据交换，确定双方当事人争议的主要问题。为了防止当事人利用证据交换拖延诉讼，证据交换一般不超过两次。但重大、疑难和案情特别复杂的案件，人民法院认为确有必要再次进行证据交换的，可不受两次的次数限制。

### （五）审核诉讼材料

审核诉讼材料是准备阶段的重要工作，法官借此可以逐步深入了解案情，整理案件争点，为开庭审理打下坚实的基础。合议庭组成后，合议庭的成员应当认真审核案件的诉讼材料。根据当事人提供的起诉状和答辩状，了解原告的诉讼请求和被告的反驳请求，各自根据的事实和理由，哪些是已有证据可供证明的，哪些还需要一定的证明材料，需要通知当事人进行补充的。同时，还要注意，被告是否提起了反诉，反诉是否符合条件，反诉的诉讼请求是什么，能否和本诉合并审理，其有何事实和理由，为庭审查明案件事实有无必要进行鉴定或勘验工作，以及是否还有其他需要通知参加诉讼的人。审判人员通过对诉讼材料的审核，了解双方当事人对案件的基本态度和主要分歧，对证据材料的真伪及其证明力作出初步的判断，初步整理双方当事人争执的焦点，确定是否需要由人民法院调查收集证据。

### （六）调查收集必要的证据

诉讼所需的证据材料应由当事人来提供，但在特定的情况下，由人民法院调查收集，以便更好地解决纠纷，保护当事人的合法权益。根据《民事诉讼法》第 64 条的规定，人民法院调查收集证据限于两种情形：一是当事人及其诉讼代理人因客观原因不能自行收集的证据，可以向人民法院申请调查收集；二是人民法院认为审理案件需要的证据，人民法院应当依职权主动调查收集。《证据规定》第 15 条将“人民法院认为审理案件需要的证据”解释为以下两种情形：其一是涉及可能有损国家利益、社会公共利益或者他人合法权益的事实；其二是涉及依职权追加当事人、中止诉讼、终结诉讼、回避等与实体争议无关的程序事项。

人民法院调查收集证据时，应符合《民事诉讼法》第 117 条的规定，“人民法院派出人员进行调查时，应当向被调查人出示证件。调查笔录经被调查人校阅后，由被调查人、调查人签名或者盖章”。这是人民法院进行证据调查的法定程序，要求调查人员出示证件，以表明合法的证据调查主体身份，并显示调查工作的严肃性。调查人员在向被调查人调查时，应保持客观公正的立场，并认真做好记录，如实反映被调查人所提供的事实。

如果需要调查的案件事实、调查对象不在受诉法院辖区，则需由受诉法院委托外地法院进行调查。对此，《民事诉讼法》第 118 条作了规定。受诉法院对案件的某些事实或者证据，不能在本法院辖区内调查或者取得，而需要外地法院予以协助时，就可以提出明确的调查事项和要求，委托外地法院调查。受托法院收到委托书后，即按照《民事诉讼法》第 117 条规定的程序进行调查。委托调查，必须提出明确的项目和要求，而受委托人民法院也可以主动补充调查。受托法院收到委托书后，应当在 30 日内完成调查，因故不能完成的，应当在上述期限内函告委托人民法院。委托调查体现了法院之间的司法协作关系，做好这项工作有利于提高法院审理案件的质量和效率。

### （七）追加当事人

在必要共同诉讼中，不论是共同原告，还是共同被告，他们对诉讼标的的权利义务是不可分的，这样的当事人应当一同参加诉讼，这既有利于维护当事人自身的合法权益，也有利于人民法院对案件进行全面审判。因此，人民法院在审查诉讼材料后，发现必须到庭参加诉讼的当事人没有参加诉讼的，应当根据《民事诉讼法》第119条通知其参加诉讼。法院追加当事人可以依职权主动进行，也可以基于当事人的申请而进行。当事人申请，人民法院应当进行审查，申请无理的，裁定驳回；申请有理的，准予追加。追加当事人的具体方式，法律上未作明确规定，但追加当事人事关其重要法律权益，故应以严格的程序来进行，司法实践中要求追加当事人参加诉讼应采取书面通知的方式，除通知被追加的本人外，也应通知其他当事人。需要追加的原告明确表示放弃实体权利的，可以不作为当事人；需要追加的原告既不愿意参加诉讼，又不放弃实体权利的，仍然追加为共同原告，其不参加诉讼不影响法院对案件的审理。若追加的当事人是必要共同诉讼的被告，则接到人民法院的通知后，必须参加诉讼，其不出庭参加诉讼不影响法院对案件的审理，判决仍对其发生效力。对于必须到庭的被告，经人民法院合法传唤，无正当理由拒不到庭的，人民法院可以采取强制措施，强制其到庭。对于不是必须到庭参加诉讼的被告，可以适用缺席判决。对于无独立请求权的第三人，人民法院认为有必要追加或当事人提出申请时，也可以追加为当事人。

## 第四节　开庭审理

### 一、开庭审理概说

#### （一）开庭审理的概念

开庭审理，亦称法庭审理，是指人民法院在当事人和其他诉讼参与人的参加下，按照法定的方式和程序对案件进行全面审理并作出裁判的诉讼活动。开庭审理是在审判人员的主持下，在当事人及其他诉讼参与人的参加下进行的，因而庭审活动是会合性的诉讼活动，也是集中性的诉讼活动。在庭审中，不仅审判人员对案件行使审判权，同时，当事人及其他诉讼参与人也行使一系列相应的诉讼权利，开庭审理是人民法院行使审判权和当事人行使诉讼权利最集中、最重要的阶段。开庭审理是人民法院对案件审理的核心环节，也是普通程序中最主要的诉讼阶段，民事诉讼的基本原则与基本制度都要在开庭审理中得到贯彻和体现。不仅庭前准备的一切工作均是为了使开庭审理顺畅有序地进行，而且对整个案件审判质量的评价也是以庭审为依据的，案件的一切事实和证据，均应通过开庭审理予以揭示和审查核实，据此审判人员方可作出最终判决。

### （二）开庭审理的形式

开庭审理的主要任务是：全面审查核实证据，查明案件事实，分清当事人之间的是非责任，正确适用法律，通过具有法律效力的法律文书确认当事人之间的实体权利义务关系，制裁民事违法行为，解决当事人之间的民事纠纷，保护当事人的合法权益。通常情况下，开庭审理必须在法庭上以言词审理和直接审理的方式，公开进行。

1. 人民法院审理第一审民事案件必须开庭审理，且开庭审理必须采取法庭审理的形式。这里的法庭既指审理案件的合议庭，也指用于审判的特定空间，即开庭审理的具体场所。最高人民法院《关于严格执行公开审判制度的若干规定》第 8 条规定，“人民法院公开审理案件，庭审活动应当在审判法庭进行。需要巡回依法公开审理的，应当选择适当的场所进行”。《民事诉讼法》第 121 条规定，“人民法院审理民事案件，根据需要进行巡回审理，就地办案”。据此，开庭审理通常应在法院专门设置的审判法庭进行；在巡回审理、就地办案的情况下可以临时选择其他场所来审理案件。

2. 开庭审理以公开审理为原则。公开审判是民事诉讼法的一项基本制度。根据《民事诉讼法》第 120 条的规定，“人民法院审理民事案件，除涉及国家秘密、个人隐私或者法律另有规定的以外，应当公开进行。离婚案件，涉及商业秘密的案件，当事人申请不公开审理的，可以不公开审理”。开庭审理有公开审理和不公开审理两种方式。公开审理是指开庭审理时向群众和社会公开，允许群众旁听，允许新闻媒体对案件审理的情况进行采访报道，将案情公之于众。不公开审理是指不向社会公开，禁止群众旁听和新闻媒体采访报道。开庭审理以公开审理为原则，以不公开审理为例外。

3. 开庭审理应当采取言词审理、直接审理的方式。言词审理原则，是指在开庭审理的过程中，法院和诉讼参与人的一切诉讼行为必须以言词的方式进行。若法院与诉讼参与人的诉讼行为均以书面方式进行，则为“书面审理原则”。言词审理原则所要求的根本性问题，是法院据以作出裁判的基础——诉讼资料，包括案件的事实、证据等，应以当事人言词陈述的方式进行。换言之，法官应以当事人在法庭审理中言词辩论的内容为其裁判基础，只有经过言词辩论得以陈述和显示的内容才属于判决应当加以考量的资料。直接审理原则，是指法官在审理中直接当面听取当事人的辩论，自行审查证据并作出判断，他与当事人之间不存在隔离。直接审理原则事实上规定着法官获取、评价证据及审理案件的方式，意味着法官只能依据亲自在法庭上调查核实过的证据作出判决。与之相对的间接审理原则，则指将他人审理所得结果作为法官审判之基础，法官不直接听取当事人辩论或不直接审核证据。直接审理原则包括三个方面的内容：一是案件必须由受诉法院的法官主持审理，亲自听取各方的陈述及辩论；二是案件事实及证据必须由主持审理的法官亲自审查判断；三是案件审理的判决结果必须由主持审理的法官自行作出。

## 二、开庭审理的程序

人民法院适用普通程序审理民事案件，必须严格依照法定程序来进行。根据《民事诉讼法》及相关司法解释的规定，开庭审理的过程分为几个既相互独立又相互联系的阶段：开庭准备；法庭调查；法庭辩论；合议庭评议和宣告判决。

### (一)开庭准备

开庭准备是法庭审理的预备阶段，具体是指人民法院在事先确定的开庭期日，在正式对案件进行实体审理之前，为保证案件审理的顺利进行而进行的各项准备工作。开庭准备不同于审理前的准备。根据民事诉讼法的规定，开庭准备的内容包括：

1. 送达开庭通知。按照民事诉讼法的规定，人民法院应当在开庭前3日向当事人和其他诉讼参与人通知开庭事项，将传票送达当事人，将出庭通知书送达其他诉讼参与人。这一通知不得晚于开庭前的3日，传票和通知书应当写明案由、开庭的时间和地点，以确保当事人和其他诉讼参与人为参加庭审做好准备。

2. 发布开庭公告。按照民事诉讼法的规定，对公开审理的案件，人民法院应当在开庭前3日发布公告，公告当事人的姓名、案由和开庭的时间地点。公告可以在法院的公告栏张贴，巡回审理的可以在案发地或其他相关的地点张贴。其目的是加强新闻媒体和社会公众对人民法院审判活动的了解和监督，确保案件审理的公正和效益。

3. 查明当事人及其他诉讼参与人是否到庭，宣布法庭纪律。正式开庭审理之前，书记员应当一一查点到庭人员，查明原告、被告、第三人、诉讼代理人、证人、鉴定人、翻译人员等是否到庭，并向审判长报告查点情况。如果必须到庭的人员未到庭，还需要查明原因，有的还可能影响到开庭审理。因此，查点到场人员与宣布开庭有着密切的关系。同时宣布法庭纪律，告知全体诉讼参与人和旁听人员必须遵守，以维护诉讼秩序，保证庭审活动顺利进行。

4. 审判长宣布开庭及完成有关事项。开庭审理时，首先由审判长宣布开庭，核对当事人。核对当事人应按原告、被告、第三人的顺序逐一进行，核对的内容包括姓名、性别、年龄、民族、籍贯、工作单位、职业和住所；当事人是法人或其他组织的，核对其法定代表人和主要行政负责人的姓名、职务；对于诉讼代理人应当查明其代理资格和代理权限。核对完毕由审判长宣布案由，宣布审判人员、书记员名单，告知当事人有关的诉讼权利义务，询问当事人是否提出回避申请。

在完成以上开庭准备工作后，审判长即应宣布进入法庭调查阶段。

### (二)法庭调查

法庭调查是在法庭上对案件事实进行全面调查。法庭调查的主要任务是，审判人员在听取法庭上当事人充分陈述、证人证言和出示各种证据的基础上，全面揭示案情，并对所有证据一一进行核实，为正确认定案件事实和适用法律奠定基础。依照民事诉讼法及相关司法解释的规定，法庭调查按照下列顺序进行：

1. 当事人陈述

法庭调查首先从当事人陈述开始，其顺序是原告、被告、第三人及其诉讼代理人。首先由原告口头陈述其诉讼请求及其所依据的事实、理由，然后由被告陈述案件事实及其所持的不同意见。被告提起反诉的，应陈述反诉的诉讼请求及其所依据的事实、理由。有诉讼第三人的，先由有独立请求权的第三人陈述诉讼请求及其所依据的事实、理由，再由无独立请求权的第三人针对原、被告的陈述提出承认或者否认的答辩意见。当事人有诉讼代理人的，可以由诉讼代理人陈述或答辩，也可以在当事人陈述或答辩完后，再由诉讼代理人补充。同一身份的诉讼参与人中有数人的，可以分别进行陈述，也可由他们推选出代表进行。在当事人陈述的过程中，审判人员有权就案件事实进行询问，这既可引导当事人客观、真实和系统地陈述，又可提出问题要求当事人作补充陈述，在此基础上归纳本案争议焦点或者法庭调查重点，并征求当事人的意见。

2.当事人出示证据和质证

根据《民事诉讼法》及《证据规定》,证据应当在法庭上出示,并由当事人互相质证。未经质证的证据,不能作为认定案件事实的依据。但是,当事人在证据交换过程中认可并记录在卷的证据,经审判人员在庭审中说明后,可以作为认定案件事实的依据,不必在法庭上质证。当事人质证的顺序是:原告出示证据,被告、第三人与原告进行质证;被告出示证据,原告、第三人与被告进行质证;第三人出示证据,原告、被告与第三人进行质证。

质证是民事诉讼开庭审理阶段的重要环节,它是指在法庭审理活动中,双方当事人在审判人员的组织下,围绕证据的真实性、关联性、合法性,针对证据证明力有无以及证明力大小,进行质疑、说明与辩驳的活动。根据《证据规定》第48条,涉及国家秘密、商业秘密和个人隐私或者法律规定的其他应当保密的证据不得在开庭时公开质证。

根据《民事诉讼法》的规定,各类证据按以下顺序出示,并由当事人进行质证:

(1)证人作证。证人应当出庭作证,确有困难不能出庭的,经人民法院许可,可以提交书面证言或者视听资料或者通过视听传输技术手段作证。证人作证前,审判人员应当对证人的身份进行确认,询问证人姓名、性别、年龄、工作单位、住址和与当事人的关系,并告知证人的权利义务,要求其客观真实地提供证言,说明如有伪证,应负法律责任。出庭作证的证人应当客观陈述其亲身感知的事实并接受当事人的质询。证人为聋哑人的,可以通过其他表达方式作证。证人作证时,不得使用猜测、推断或者评论性的语言。审判人员和当事人可以对证人进行询问。为了保证证人所提供的证言的真实性和客观性,证人不得旁听法庭审理;询问证人时,其他证人不得在场。人民法院认为有必要的,可以让证人进行对质。

(2)出示书证、物证和视听资料。在法庭出示的书证、物证和视听资料,包括当事人提供的证据,也包括人民法院调查收集的证据。人民法院依照当事人申请调查收集的证据,作为提出申请的一方当事人提供的证据。书证应在法庭上出示,当庭宣读。物证不能当庭出示的,应出示物证的照片或者复制品。出示视听资料时必须当庭播放演示,必要时由录制人员到庭说明录制过程和情况。对书证、物证、视听资料进行质证时,当事人有权要求出示证据的原件或者原物,但是出示原件或者原物确有困难并经人民法院准许出示复制件或者复制品的,或者原件、原物已不存在,但有证据证明复制件、复制品与原件或原物一致的,可以出示复制件、复制品。

(3)宣读鉴定结论。鉴定结论应由鉴定人在法庭上宣读，审判人员可以就作出鉴定结论的科学依据、鉴定方法和过程提出问题，当事人及诉讼代理人经法庭许可，也可以就鉴定结论问题向鉴定人发问，要求鉴定人对鉴定结论作出必要的解释或补充说明。鉴定人确因特殊原因无法出庭的，由审判人员宣读鉴定结论，经人民法院准许，鉴定人可以书面答复当事人的质询。当事人对鉴定结论不服的可以申请重新鉴定，是否准许由法庭决定。

(4)宣读勘验笔录。勘验笔录是由审判人员或者法院指定的其他人员依法对现场进行勘验所制作的笔录。勘验笔录由勘验人或审判人员当庭宣读。拍摄的照片或绘制的图表，都应向当事人出示。经法庭许可，当事人可以向勘验人发问。当事人可以申请重新勘验，是否准许由法庭决定。

经过庭审质证的证据，能够当即认定的，应当当即认定；不能当即认定的，可以休庭合议后再予以认定。

当事人可以在法庭上提出“新的证据”。这里的“新的证据”是指当事人在一审举证期限届满后新发现的证据和当事人确因客观原因无法在举证期限内提供，经人民法院准许，在延长的期限内仍无法提供的证据。当事人提出的新证据或经准许重新鉴定、勘验所得的结论，必须再次开庭质证。法庭决定再次开庭的，审判长应当对本次开庭情况进行小结，指出庭审已经确认的证据，并指明下次开庭调查的重点。第二次开庭审理时，只就未经调查的事项进行调查和审理，对已经调查、质证并已认定的证据不再重复审理。

法庭调查结束前，审判长应当对法庭调查认定的事实和当事人争议的问题进行归纳总结，还应询问当事人、第三人及其诉讼代理人，是否还有意见要作最后的陈述，并听取他们的最后陈述。法庭认为案件的事实已经清楚，必要的证据业已齐全，即可由审判长宣布终结法庭调查，进入法庭辩论阶段。

### (三)法庭辩论

法庭辩论是民事诉讼辩论原则最生动和最集中的体现，它是双方、第三人及其代理人在法庭上就有争议的事实和法律问题进行辩论和质证。法庭辩论是在法庭调查的基础上开展的。因此，法庭辩论应围绕法庭调查中提出的问题进行。辩论的过程是一个摆事实讲道理的过程，也是逐一对证据进行审查核实的过程。法庭辩论的任务，是通过双方、第三人就争议问题行使辩论权，对经过法庭调查的事实和证据充分阐述自己的主张和论据，以查明事实，分清是非，使案件事实和当事人之间的是非曲直进一步明朗化，为法院正确适用法律、依法作出判决打下坚实的基础。根据《民事诉讼法》第 127 条的规定，法庭辩论按照下列顺序进行：

1.原告及其诉讼代理人发言。法庭辩论开始，先由原告及其诉讼代理人发言。原告发言的内容，主要是针对被告在法庭调查中主张的事实和理由，作出回答及进行辩解，以论证自己的主张，驳斥被告在法庭调查中提出的事实和理由，而不是重复自己在法庭调查阶段所作的陈述内容。

2.被告及其诉讼代理人答辩。原告及其代理人发言完毕，由被告及其代理人答辩。被告及其诉讼代理人的答辩，主要针对原告及其代理人提出的事实和理由，作出回答并进行辩解，以论证自己反驳的事实和理由，以证明原告的诉讼请求是不合法的，不应得到法庭支持，而不是对自己在法庭调查阶段的陈述和答辩的简单重复。

3.第三人及其诉讼代理人发言或者答辩。有独立请求权的第三人认为本诉原告和被告都侵犯了自己的合法权益，因而，其发言或答辩是针对本诉原告和被告所主张的事实、理由和请求进行辩驳，从而证明自己的合法权益应受到保护。由于无独立请求权的第三人，一般是参加到本诉中与之有法律关系的一方当事人中来，他与该方当事人的关系既是对立的又是统一的。在针对对方当事人的时候，他们之间是统一的，无独立请求权的第三人辅助该方当事人对对方当事人主张的事实和请求进行回答和辩驳。当涉及参加之诉中权利的享有或责任的承担时，他们之间的关系是对立的，此时，无独立请求权的第三人可能针对与之有法律关系的当事人提出事实、理由和请求进行回答和辩驳。

4.互相辩论。互相辩论的顺序也是先原告，后被告，再第三人。如果说原告、被告、第三人的发言及其答辩是系统地全面地发言和辩论的话，那么双方互相辩论就是主要针对某项具体事实或某个争执点作针锋相对的辩论。审判人员应当引导当事人围绕争议焦点进行辩论。当事人及其诉讼代理人的发言与本案无关或者重复未被法庭认定的事实，审判人员应当予以制止。必要时，审判长可以根据案情限定当事人及其诉讼代理人每次发表意见的时间。一轮辩论结束后当事人要求继续辩论的，可以进行下一轮辩论，但不得重复第一轮辩论的内容。法庭辩论时，审判人员不得对案件性质、是非责任发表意见，不得与当事人辩论。法庭辩论终结后，由审判长按照原告、被告、第三人的先后顺序征询各方最后意见。

法庭辩论结束后，如果案件事实清楚的，审判长应当按照原告、被告、第三人的先后顺序询问他们是否愿意调解。当事人愿意调解的，可以当庭或者休庭后进行。经调解达成协议的，调解书由合议庭签发送达当事人签收后即发生法律效力。如果调解不成的，合议庭应当及时判决。

### (四)评议和宣判

评议和宣判是开庭审理的最后阶段,是合议庭根据已经查明的事实和证据,作出判决并宣告判决结果,从而解决当事人之间民事争议的阶段。

1. 合议庭评议

法庭辩论结束后,合议庭不进行调解,或调解不成的,合议庭应当休庭,进入评议室进行评议。评议时合议庭应根据法庭调查和法庭辩论的情况,确定案件的性质,认定案件的事实,分清是非责任,正确地适用法律,对案件作出最后的处理。

根据最高人民法院《关于人民法院合议庭工作的若干规定》(法释[2002]25 号)及《合议庭职责若干规定》(法释[2010]1 号)的相关规定,合议庭评议案件应当在庭审结束后五个工作日内进行。合议庭全体成员均应当参加案件评议。评议案件时,合议庭成员应当针对案件的证据采信、事实认定、法律适用、裁判结果以及诉讼程序等问题充分发表意见。必要时,合议庭成员还可提交书面评议意见。合议庭成员评议时发表意见不受追究。合议庭评议案件时,由审判长主持,先由承办法官对认定案件事实,证据是否确实、充分以及适用法律等发表意见,审判长最后发表意见;审判长作为承办法官的,由审判长最后发表意见。对案件的裁判结果进行评议时,由审判长最后发表意见。审判长应当根据评议情况总结合议庭评议的结论性意见。合议庭有不同意见时,实行少数服从多数的原则,但少数意见要如实记入评议笔录。评议笔录由书记员制作,经合议庭成员和书记员签名或盖章。评议笔录是合议庭内部对案件处理意见的一种记录,不对外公开,故当事人及其诉讼代理人不得查阅、复制评议笔录。评议结束后,应制作判决书,并由合议庭成员签名。

2. 宣告判决

合议庭评议结束后,能够当庭宣判的,可以当庭宣判,不能当庭宣判的,也可以定期宣判。当庭宣判的,应当在十日内将判决书发送当事人;定期宣判的,宣判后应立即将判决书发送当事人。宣告判决时,必须告知当事人上诉的权利、上诉期限和上诉法院。宣告离婚判决时,应告知当事人在判决未生效前,不得另行结婚。无论是公开审理还是不公开审理的案件,宣告判决一律公开。

## 三、法庭笔录

在开庭审理时，书记员对开庭审理全过程所作的真实记录，被称为法庭笔录，或开庭审理笔录。法庭笔录是人民法院审理民事案件的重要诉讼文书，它反映了法庭上审判人员、当事人及其他诉讼参与人的全部审理活动和诉讼活动情况。首先，案件是否经过法庭审理，审理的程序是否合法，都以法庭笔录为依据。其次，法庭笔录是法院对案件的全部事实进行审查核实的记录，因而也是法院制作判决书的基础。再次，法庭笔录是上诉法院和再审法院审理上诉、再审案件的基础，也是上级法院对民事审判活动进行监督的重要依据。制作法庭笔录，应当按照开庭审理各个阶段的顺序客观、真实、全面地记载庭审的全部过程，由合议庭成员和书记员签名。法庭笔录作为关系到当事人权益的一种重要的诉讼文书，当事人和其他诉讼参与人有权了解其内容。同时，为了保证记录的准确性，案件审理结束后，法庭笔录由书记员宣读，也可以告知当事人和其他诉讼参与人当庭或者在5日内阅读。经宣读或阅读，当事人和其他诉讼参与人认为法庭笔录无误的，应当在笔录上签名或盖章，拒绝签名、盖章的，记明情况附卷；认为对自己的陈述记录有遗漏或者差错，申请补正的，允许在笔录后面或者另页补正。如果合议庭和书记员认为没有遗漏或者差错，不予补正的，由书记员将申请内容和不同意补正的理由，在笔录中加以说明，当事人和其他诉讼参与人认为没有遗漏、差错或虽有遗漏、差错但已作了补正的，应当在笔录上签名或者盖章。拒绝签名或盖章的，书记员应将未签名盖章的情况说明附卷。

## 四、审理期限

所谓审理期限，是法律规定的人民法院审结民事案件的时间限制，具体是指人民法院就某一案件从立案受理到作出裁判，结束该案诉讼的审理期间。根据《民事诉讼法》及最高人民法院《关于严格执行案件审理期限制度的若干规定》(法释[2000]29号)相关规定，人民法院适用普通程序审理的案件，应当在立案之日起6个月内审结。有特殊情况需要延长的，由本院院长批准，可以延长6个月；还需要延长的，报请上级人民法院批准，可以再延长3个月。

民事案件的审理期限从立案次日起计算。下列期间不计入审理期限：第一，民事案件公告、鉴定的期间；第二，审理当事人提出的管辖权异议和处理法院之间的管辖争议的期间;第三,诉讼中止的期间。

## 第五节　撤诉、缺席判决与延期审理

### 一、撤诉

撤诉是指在人民法院受理案件后到判决宣告前,原告撤回其起诉的行为,不要求法院审理的诉讼行为。撤诉权与起诉权相对应,是原告享有的一项诉讼权利,撤诉是当事人自由处分自己诉讼权利的一种体现。我国民事诉讼法规定的撤诉包括两种情形:申请撤诉和按撤诉处理。

#### (一)申请撤诉

申请撤诉是指在法院立案受理后、判决宣告前,原告向人民法院申请撤回其起诉的一种诉讼行为。《民事诉讼法》第 131 条第 1 款规定:“宣判前,原告申请撤诉的,是否准许,由人民法院裁定。”据此规定,原告申请撤诉必须符合以下条件:

1. 撤诉的主体只能是原告。起诉和撤诉的主体具有同一性,申请撤诉和起诉的只能是同一方当事人,通常是原告。有独立请求权的第三人由于向人民法院提出了独立的诉讼请求,其诉讼地位相当于原告,可以撤回自己的起诉,但其撤诉不影响原被告之间诉讼的照常进行。在反诉的情况下,反诉的原告即本诉的被告可以撤回反诉。

2. 申请撤诉必须是原告的自愿行为。申请撤诉是当事人民事诉讼上的处分行为,撤诉被许可之后将会产生一系列的法律后果,因此除非原告有明确的意思表示,任何单位和个人包括审判人员不得强迫原告申请撤诉。

3. 撤诉必须合法。撤诉在程序上必须是由有权申请撤诉的人提出,必须是在法院宣告判决之前提出。申请撤诉的目的必须正当、合法。原告对自己诉讼权利的处分要符合法律的规定,不得损害国家、集体和他人的合法权益,否则,会受到国家的干预。

4. 撤诉必须经法院作出裁定。原告提出撤诉申请后,受诉人民法院应当及时进行审查,不论是否准许,都应作出裁定。经审查,认为原告的撤诉申请符合条件的,裁定准予撤回起诉;反之,裁定不准许撤回起诉。至于裁定是以口头的形式，还是以书面的形式，法律上未作具体规定。但除双方当事人在场，可用口头裁定，记入记录外，一般应以书面的形式为宜。

### (二)按撤诉处理

根据民事诉讼法和相关司法解释的规定，人民法院在审理民事案件的过程中遇有下列情形之一的，可以按撤诉处理：

1. 原告经传票传唤，无正当理由拒不到庭的；

2. 在法庭审理过程中，原告未经法庭许可中途退庭的；

3. 原告为无诉讼行为能力人，其法定代理人经传票传唤，无正当理由拒不到庭，又不委托诉讼代理人到庭的；

4. 原告未按规定预交案件受理费，经法院通知后仍不预交，又没有申请免交或者缓交理由的。

不论是当事人申请撤诉，法院准许撤诉的，还是因为当事人未完成法律规定的诉讼行为导致法院按撤诉处理的，都会产生一定的法律后果：

1. 本案诉讼程序终结。人民法院裁定撤诉后，本案诉讼程序即宣告结束。当事人不能请求人民法院按原诉讼程序续行审理，人民法院也无需对案件继续行使审判权。

2. 法院准许撤诉或按撤诉处理后，视为原告未起诉，原告仍有起诉的权利。撤诉只表明当事人对诉讼权利的处分，并未涉及实体权利，人民法院也未就当事人的实体权利义务关系进行确认。因此，当事人在撤诉后还可以就同一诉讼请求再行起诉，人民法院应当受理。

3. 诉讼时效重新计算。无论是当事人申请撤诉，还是按撤诉处理，自人民法院裁定准许撤销之日起，诉讼时效期间均应重新计算。

## 二、缺席判决

缺席判决是对席判决的对称，它是指人民法院在一方当事人无正当理由拒不参加法庭审理的情况下，法院依法审理后作出判决的制度。人民法院审理民事案件通常应在双方当事人都在场的情形下制作和宣告判决，但当事人有可能无正当理由拒赴法庭，这势必影响法庭威信，同时也不利于保护对方当事人的合法权益。缺席判决是为维护诉讼秩序，保证法庭审理正常进行的一种保障性制度。

### (一)缺席判决的事实依据

当事人经合法传唤无正当理由拒不到庭,或者未经法庭许可中途退庭,这是民事诉讼法确定可以缺席判决的事实依据。法院对当事人的合法传唤是缺席判决的法定程序要件,当事人无正当理由拒不到庭或者中途退庭,是当事人不履行法定程序的事实。只有同时具备这些条件才能缺席判决。如果未经合法传唤,或者虽经合法传唤,而当事人有正当理由的,不能视为拒不到庭而作出缺席判决。

### (二)缺席判决适用的对象

缺席判决适用于部分当事人,而非全部当事人缺席法庭的情形,如果当事人都未出庭诉讼,则不适用缺席判决制度。

缺席判决通常适用于被告,既包括本诉的被告,又包括反诉的被告。在第三人参加诉讼的情况下,既包括本诉的被告,又包括参加之诉的被告。另外,人民法院不准撤诉的案件,原告经法院传唤,无正当理由拒不到庭的,也可以缺席判决。

### (三)缺席判决的效力

缺席判决的效力问题,民事诉讼法中未作特别规定,应视为等同于对席判决。一审法院作出的缺席判决,未出庭的一方当事人,在上诉期内仍可根据上诉的条件提起上诉,对方当事人上诉的,他仍是被上诉人。二审法院缺席判决,同样是终身判决,对双方同样发生拘束力。但是,如果当事人提出证据,证明确实未经过合法传唤,或者确是因正当理由未到庭,确是判决违反法定程序,其效力就与对席判决有所不同。一审案件存在此种情形当事人提起上诉的,就需要发回重审,当事人未上诉或者是二审终结的,就需要对案件进行再审。

## 三、延期审理

延期审理是指人民法院确定了案件的审理期日后或者在开庭审理过程中,由于出现了法律规定的特殊情况使开庭审理无法如期进行,或者已经开始的庭审无法继续进行,从而决定推延审理的一种诉讼制度。延期审理是民事诉讼中的一项应急制度,它是在出现某些特殊情况时为了应急解决具体问题而设立的。同时,延期审理制度还是一项保障制度,保障在出现某些特殊情况时使庭审工作得以最终完成。

根据《民事诉讼法》第132条的规定,有下列情形之一的,可以延期审理:

1. 必须到庭的当事人和其他诉讼参与人有正当理由没有到庭的。

必须到庭的当事人,是指不到庭就无法查清案情的当事人。诉讼应当在当事人之间进行,如果必须到庭的当事人不出庭,案件就无法进行审理。必须到庭的当事人主要包括:第一,能正确表达意志且无特殊情况的离婚案件当事人;第二,负有赡养、抚育、扶养义务和不到庭就无法查清案情的被告。同时,案件事实的查清,还必须依靠证人、鉴定人、翻译人员等其他诉讼参与人的协助,如果必须到庭的其他诉讼参与人不出庭,庭审也无法进行,如不可缺少的翻译人员、对案件事实的认定起重要作用的证人等。这里要具备两个条件:其一是没有出庭的当事人和其他诉讼参与人是根据法律的规定必须到庭的,而不是普通的情况;其二是不出庭有正当理由。如果不是必须到庭的当事人和其他诉讼参与人,或者虽然是必须到庭的当事人和其他诉讼参与人,但无正当理由没有到庭的,可根据情况适用撤诉、缺席判决或正常地依法判决,而无需延期审理。

2. 当事人临时提出回避申请的。

申请回避是当事人的诉讼权利之一。在审理前的准备阶段,合议庭的组成人员确定后,应当在3日内告知当事人,以便当事人有足够的时间考虑是否申请有关人员提出回避。但如果申请回避的事由是在开庭审理时才了解的,当事人也可以在法庭辩论终结前提出回避申请。如果在法庭审理过程中,当事人临时提出回避申请的,被申请回避的人员在人民法院作出是否回避的决定前,除案件需要采取紧急措施的以外应当暂停参与本案的工作。这时,只能延期审理,等待人民法院对回避申请作出决定。

3. 需要通知新的证人到庭,调取新的证据,重新鉴定、勘验,或者需要补充调查的。

法院决定开庭后,在审理过程中,在符合民事诉讼法和相关司法解释的前提下,当事人仍有权提出新的证据,有权要求重新进行鉴定或勘验。如果法院认为不完成上述工作将影响对案情认定和案件的正确处理,则可根据实际情况准许当事人的这种请求,案件可以延期审理。

4. 其他应当延期的情形。

这是一个弹性条款,由人民法院根据实际情况自行掌握是否延期审理,以适应复杂的实际情况的需要。如责令当事人及其诉讼代理人退出法庭等。

延期审理只能发生在开庭审理阶段，延期审理前已进行的诉讼行为，对延期后的审理仍然有效。但延期的时间不计算在审理期限内。延期审理在一定程度上影响着案件的及时解决，因此，法院必须慎重对待延期审理，不能任意扩大延期审理的范围，不能以延期审理为由，任意拖延案件的审理。

## 第六节　诉讼中止和终结

民事案件审理的各个阶段，一般是连续进行的，直至法院作出判决。但是，有时由于发生某些特殊情况，致使诉讼程序无法正常进行，或者诉讼程序只能暂时停止，或者诉讼程序无法继续下去，或者继续进行诉讼程序已无意义。因此，法律上设立了各种不同的制度，以适应诉讼实践的需要，这就是诉讼中止和诉讼终结制度。诉讼中止，是诉讼程序的中途停止。诉讼终结，是诉讼程序的结束。

### 一、诉讼中止

#### (一)诉讼中止的概念

诉讼中止是指在诉讼过程中，因出现法定事由而使本案诉讼活动无法继续进行，必须暂时停止诉讼程序，待特殊情况消除后，再恢复诉讼程序，因而由受诉法院裁定暂时停止本案诉讼程序的制度。

诉讼中止与延期审理虽然都是因诉讼过程中发生特殊情况而导致诉讼无法顺利进行，但二者仍有明显区别：延期审理仅发生在开庭审理过程中，而诉讼中止则可能发生在审判程序的任一阶段；延期审理只是推迟审理的时间，其他诉讼活动并不停止，而诉讼中止则导致整个诉讼程序的暂时停止；延期审理的法定事由一般发生在诉讼之中，对于何时恢复开庭审理，受诉法院一般可以根据情况确定下次开庭的时间，且推延开庭审理的时间较短，而诉讼中止的法定事由主要发生在诉讼之外，恢复的时间无法确定，且中止诉讼程序的时间一般较长。

#### (二)诉讼中止的原因

根据《民事诉讼法》第 136 条之规定，即有下列情形之一的，人民法院裁定中止诉讼：

1. 一方当事人死亡，需要等待继承人表明是否参加诉讼的。

作为一方当事人的自然人死亡，其民事诉讼主体资格自然消灭，不再具有当事人资格。但是有关财产的争议没有得到解决，诉讼并不必然停止。诉讼是否进行，取决于是否有愿意承担诉讼权利义务的继承人参加诉讼，在此之前，诉讼程序暂时停止。

2. 一方当事人丧失诉讼行为能力，尚未确定法定代理人的。

当事人参加诉讼的前提是具有诉讼行为能力。如果一方当事人丧失了诉讼行为能力，不能亲自参加诉讼活动，则诉讼不能继续进行，必须在确定法定代理人之后由其代为诉讼。在法定代理人确定之前，诉讼程序暂时停止。

3. 作为一方当事人的法人或者其他组织终止，尚未确定权利义务承受人的。

法人或其他组织因合并、解散、被宣告破产等原因终止的，其诉讼应由其合并后的法人或者其他组织或者清算组等承担，在尚未确定承受人的情况下，中止诉讼。其他组织是组合体，在其终止后，如有清算组的，由其清算组承担诉讼；如无清算组，则仍应由其原主要负责人继续进行诉讼，一般不存在尚未确定权利义务承受人问题。但是，如果原主要负责人因故不能参加诉讼，仍应中止诉讼，等待组织成员确定参加诉讼的代表人或管理人。

4. 一方当事人因不可抗拒的事由，不能参加诉讼的。

不可抗拒的事由是指不能预见、不能避免并不能克服的客观情况，即人力无法抗拒的强制力所造成的事由，如自然灾害、战争等。一方当事人因此而不能如期参加诉讼活动的，应当中止诉讼。待不可抗拒的事由消失后，再恢复诉讼。

5. 本案必须以另一案的审理结果为依据，而另一案尚未审结的。

本案与其他民事案件、行政案件或刑事案件有牵连，这些案件的处理对本案有重大影响，如果这些案件尚未审结，就难以对本案作出正确处理的，只能中止诉讼。比如，本案是专利侵权纠纷的诉讼，而另一案是确认专利有效或者无效的案件，前者就需要后者确定后才能继续进行。

6. 其他应当中止诉讼的情形。

这是一个弹性条款，由人民法院根据审判实践中的复杂情况灵活掌握，用以解决可能出现而又需要中止诉讼的其他情形。人民法院认为诉讼应当中止的，则裁定中止诉讼。

### (三)诉讼中止裁定的效力

出现诉讼中止的法定事由后,人民法院应当作出中止诉讼的裁定。裁定一经宣布,立即生效,当事人不得上诉,也不得申请复议。裁定中止诉讼后,法院、当事人和其他诉讼参与人应当停止与本案有关的诉讼活动,但财产保全和证据保全除外。中止诉讼的原因消除后,即应恢复诉讼程序。至于诉讼程序的恢复,既可由当事人申请,也可由法院依职权主动恢复。诉讼程序恢复后,中止诉讼的裁定自然失效,不需作出新的裁定撤销原裁定。从人民法院通知或准许当事人双方继续进行诉讼时起,中止诉讼的裁定即失去效力。恢复诉讼程序,是恢复中止之前应该进行而未进行的诉讼程序,而不是诉讼程序的重新开始。因此,中止诉讼前进行的诉讼行为继续有效。

## 二、诉讼终结

### (一)诉讼终结的概念

诉讼终结是指在诉讼过程中,由于出现某种法定的特殊原因使诉讼无法继续进行或进行下去没有意义,从而结束诉讼程序的一种法律制度。广义的诉讼终结,还包括因法院作出裁判、当事人撤诉、达成调解协议等事由导致的诉讼终结,而诉讼终结是诉讼的非正常结束。

诉讼终结和诉讼中止,虽然都是停止诉讼活动,但两者有根本的区别,表现在:诉讼终结是永远停止,不再具有恢复的可能性;而诉讼中止是暂时停止,待障碍消除后可恢复诉讼程序。

### (二)诉讼终结的原因

《民事诉讼法》第137条对诉讼终结的原因作了规定,即有下列情形之一的,人民法院裁定终结诉讼:

1.原告死亡,没有继承人,或者继承人放弃诉讼权利的。

原告是诉讼请求的提出者,如果在诉讼过程中原告死亡,其财产权利由其继承人继承。但是,如果原告没有继承人,或者虽有继承人,但继承人放弃对原告所主张权利的继承、不承担诉讼的,则案件因无诉讼请求主张者而终结。如果原告所主张的权利依法不得继承,原告死亡后,也可以视为没有继承人,应终结诉讼。

2.被告死亡，没有遗产，也没有应当承担义务的人的。

在诉讼中，如果被告死亡，没有遗产，也没有应当承担义务的人，原告的诉讼请求不可能通过诉讼得到满足，继续进行诉讼已没有实际意义，应当终结诉讼。如果被告死亡，有继承人继承被告的诉讼地位，则诉讼应继续进行。

3.离婚案件一方当事人死亡的。

婚姻关系是身份关系，婚姻关系的存在是以配偶双方的存在为前提的。配偶一方死亡，当事人之间的婚姻关系即自行消失，因此，请求解除婚姻关系的诉讼没有必要继续进行，因而终结诉讼。

4.追索赡养费、扶养费、抚育费以及解除收养关系案件的一方当事人死亡的。

追索赡养费、扶养费、抚育费案件及解除收养关系的案件，属于与人身关系密切联系的财产权益案件，其权利义务关系主体均是特定的，是不可继承的。因此，一方当事人死亡，双方当事人之间的民事法律关系即告消灭。原告死亡的则无主张权利的人，被告死亡的则无承担义务的人，无论属于两者之中何种情形，诉讼均没有进行下去的必要，应当终结诉讼。

**(三)诉讼终结裁定的效力**

由于终结诉讼并未解决当事人之间的实体权益问题，因此，终结诉讼应由法院作出裁定而非判决。裁定可以采用书面形式，也可采用口头形式。书面裁定的，应将裁定书送达当事人，裁定书自送达之日起发生法律效力。口头裁定的，应向当事人宣布，并将裁定内容记入笔录，裁定自宣布之日起发生法律效力。对于诉讼终结的裁定，当事人不得声明不服。

诉讼终结的法律后果，一是人民法院不再对案件进行审理；二是当事人不能基于同一事实、同一理由就同一诉讼标的再行起诉。

# 第十四章

# 简易程序

## 第一节　简易程序概述

### 一、简易程序的概念

我国民事诉讼中的简易程序，是指基层人民法院和它的派出法庭审理事实清楚、权利义务关系明确、争议不大的简单民事案件所适用的诉讼程序。它是第一审程序中与普通程序并存的一种独立的简便易行的诉讼程序。

### 二、简易程序与相关程序的比较

简易程序与普通程序。简易程序是普通程序的简化，它与普通程序既有共性，又有差异。其共性表现在：简易程序与普通程序一样，都是民事诉讼的第一审程序，是法院审理民事诉讼案件的法定程序。简易程序既是在普通程序的基础上，对某些具体程序的简化，又有其特别规定。人民法院在适用简易程序审理案件时，简易程序未规定的，适用普通程序的有关规定，这是二者主要的关联性。其差异表现为：简易程序只适用于简单的民事案件，只有基层法院与其派出法庭才能适用，具有一定的局限性；而普通程序适用于除简单的民事案件之外的其他一切民事诉讼案件，是各级法院审理第一审案件通常所适用的程序，具有广泛的适用性。

简易程序与二审程序。二者都是独立的诉讼程序，适用简易程序审结的案件，当事人不服判决，提起上诉后，案件适用第二审程序审判。但是，简易程序是第一个审级的程序，二审程序是第二审级的审判程序。经二审法院发回重审的案件，虽然应适用第一审程序审理，但只能适用普通程序，而不适用简易程序。

简易程序与申请再审程序。适用简易程序审结的案件，判决发生法律效力后，如果当事人根据法定的事实和理由申请再审，仍然按照第一审程序审理。但是，原来适用简易程序审理的一审案件，当事人申请再审，适用普通程序审判，而不适用简易程序审判。

简易程序与特别程序。二者都属于审理民事案件的第一审程序，但它们的区别也很明显。简易程序是审理民事诉讼案件的简便易行的程序，而特别程序是审理选民资格案件以及其他非诉案件的非诉程序。当然，简易程序与特别程序也有关联，如适用特别程序对案件进行审理时，若发现案件属于民事权益争议的，应裁定终结特别程序，告知当事人向有管辖权的人民法院另行起诉。如果属于简单的民事案件，可以适用简易程序进行审理。

## 三、简易程序的意义

(1)简易程序是我国确立合理科学的民事审判程序机制的重要举措。程序是为处理案件服务的，不同情况的案件，应适用不同程序处理，这就是程序与案件的适应性。因此，合理的诉讼机制，要求审判程序的审理要有针对性；案件审理实行繁简分流，不同性质的案件，在一定的条件下要适用不同的审判程序解决。简易程序的设立，将简单的诉讼案件与一般、复杂、疑难的案件的审理程序相区别，满足了合理科学的审判程序机制的要求，有利于司法资源的合理配置。

(2)简易程序便于人民群众进行民事诉讼，便于人民法院审理案件。简易程序是从我国的实际情况出发制定的。我国幅员辽阔，人口众多，许多地方是山区，交通十分不便，而基层人民法院管辖的范围比较广，尤其近年来民事纠纷案件数量大幅度上升，如果全部按照普通程序进行审理，客观上不仅给人民群众进行诉讼造成了一定的困难，而且给人民法院的工作带来了极大的压力，不利于及时解决纠纷和保护当事人利益。由于简易程序手续简便、方式灵活，既方便当事人诉讼，也便于人民法院办案。

(3)简易程序便于人民法院提高审判效率，使其更好地处理重大、复杂的民事案件。适用简易程序审理案件，还可以节省人力、财力和物力，既减轻当事人的负担，又提高人民法院的办案效率，有利于人民法院集中力量审理更重大、复杂的案件，保证办案质量。

## 第二节　简易程序的适用范围

简易程序的适用范围，是指哪些民事案件应当适用简易程序审理，哪些人民法院可以适用简易程序。因此，简易程序的适用范围包括两个方面的内容：一是适用简易程序的案件，二是适用简易程序的人民法院。

### 一、适用简易程序的案件范围

#### (一)确定简易程序适用的案件范围的标准

根据《民事诉讼法》第 142 条的规定，简易程序只适用于审理事实清楚、权利义务关系明确、争议不大的简单的民事案件。

所谓“事实清楚”，是指案件的事实是清楚的，或基本上是清楚的，即双方当事人之间民事法律关系发生、变更、消灭的事实是清楚的，当事人双方对争议事实的陈述基本一致；已有证据能揭示案情，不需要再进行大量的调查、取证工作，即可明了案情。

所谓“权利义务关系明确”，是指在作为本案诉讼标的的法律关系中，谁是责任的承担者，谁是权利的享有者，是明确的。这表现为本案争点明确，权利、义务及责任没有不明确的情况，不需要通过其他事实去认定，才能确认双方当事人之间的权利义务关系。

所谓“争议不大”，是指当事人对案件的是非、责任以及诉讼标的的金额没有太大的争议，争执无原则分歧。

以上是构成简单民事案件的三个概括要件，缺少其中任何之一，都不能被作为简单民事案件对待从而适用简易程序审理。当然，我国民事诉讼法对适用简易程序的案件范围采用的是“概括式”的方法，规定过于原则。为了便于法院在实践中合理把握“简单民事案件”的标准，最高人民法院在总结实践经验的基础上，曾在司法解释中以“列举式”的方法对适用简易程序的案件范围立法予以细化，认为以下几种案件，通常应当被作为简单民事案件适用简易程序审理。这一规定至今在民事审判实践中仍有重要参考价值。

(1)结婚时间短，财产争议不大的离婚案件，或者当事人婚前就患有法律规定不准结婚的疾病的离婚案件；

(2)权利义务关系明确，只是给付时间和金额上有争议的追索赡养费、扶养费和抚育费案件；

(3)确认或变更收养、扶养关系，双方争议不大的案件；

(4)借贷关系明确，证据充分和金额不大的债务案件；

(5)遗产和继承人范围明确，讼争遗产金额不大的继承案件；

(6)事实清楚，责任明确，赔偿金额不大的赔偿案件；

(7)事实清楚，情节简单，是非分明，争议焦点明确，讼争金额不大的其他案件。

### (二)不得适用简易程序的民事案件

2003 年 9 月 10 日最高人民法院发布了《简易程序规定》。该司法解释进一步对《民事诉讼法》第 142 条规定的简单民事案件的范围，作了一些排除性的规定，明确将五类案件排除在简易程序适用范围之外。这五类案件是：

(1)起诉时被告下落不明的案件；

(2)发回重审的案件；

(3)共同诉讼中一方或者双方当事人人数众多的案件；

(4)法律规定应当适用特别程序、审判监督程序、督促程序、公示催告程序和企业法人破产还债程序的案件；

(5)人民法院认为不宜适用简易程序进行审理的案件。

## 二、适用简易程序的法院

我国人民法院分为四级，即基层人民法院、中级人民法院、高级人民法院及最高人民法院。人民法庭是基层人民法院在本辖区内设置的固定的派出机构，它是基层人民法院的组成部分，它所进行的审判活动就是基层人民法院进行的审判活动，它所作出的裁判，与基层人民法院作出的裁判具有同等效力。

根据《民事诉讼法》的规定，只有基层人民法院和它的派出法庭在审理第一审民事案件时，才能适用简易程序。因此，虽然根据民事诉讼法关于级别管辖的规定，我国的四级人民法院都有权审理第一审民事案件，但是，只有基层人民法院及其派出的法庭才能适用简易程序，中级以上的人民法院均不得适用简易程序审理案件。

## 三、简易程序与普通程序的转换

(1)当事人自愿选择适用简易程序时，法院不得将普通程序转为简易程序。根据最高人民法院《简易程序规定》的规定，简易程序除由人民法院依法适用之外，还可以由当事人合意适用。基层人民法院适用第一审普通程序审理的民事案件，当事人各方自愿选择适用简易程序，经人民法院审查同意的，可以适用简易程序进行审理。人民法院不得违反当事人自愿原则，将普通程序转为简易程序。法院不能将简易程序与普通程序混用，不能任意扩大简易程序的适用范围。已经适用普通程序审理的案件，审理过程中无论是否发生了情况变化，都不得改用简易程序审理。

(2)简易程序转为普通程序。简易程序是对普通程序的简化，简易程序中未规定的部分，适用普通程序的规定。已经按照简易程序审理的案件，当事人就适用简易程序提出异议，人民法院认为异议成立的，或者人民法院在审理过程中发现案情复杂，不宜适用简易程序的，应当将案件转入普通程序，由合议庭进行审理，并及时通知双方当事人。审判人员在审理过程中发现案情复杂需要转为普通程序的，应当在审限届满前及时作出决定，并书面通知当事人。

(3)对当事人就法院适用简易程序提出异议的处理。当事人一方或者双方就适用简易程序提出异议后，人民法院应当进行审查，并按下列情形分别处理：第一，异议成立的，应当将案件转入普通程序审理，并将合议庭的组成人员及相关事项以书面形式通知双方当事人；第二，异议不成立的，口头告知双方当事人，并将上述内容记入笔录。

(4)转入普通程序审理的民事案件的审理期限。转入普通程序审理的民事案件的审理期限自人民法院立案的次日起开始计算，即 6 个月的审理期限，但应当从中扣除法院此前适用简易程序审理案件已经过的期限。

# 第三节　简易程序的具体规定

## 一、起诉方式与答辩

依照《民事诉讼法》第 143 条及最高人民法院《简易程序规定》第 4 条之规

定，对于简单的民事案件，原告本人不能书写起诉状，委托他人代写起诉状确有困难的，可以口头起诉。原告口头起诉的，人民法院应当对当事人的基本情况、联系方式、诉讼请求、事实及理由予以准确记录，对相关证据予以登记。人民法院应当将上述记录和登记的内容向原告当面宣读，原告认为无误后应当签名或者捺印。

双方当事人到庭后，被告同意口头答辩的，人民法院可以当即开庭审理；被告要求书面答辩的，人民法院应当将提交答辩状的期限和开庭的具体日期告知各方当事人，并向当事人说明逾期举证以及拒不到庭的法律后果，由各方当事人在笔录和开庭传票的送达回证上签名或者捺印。

## 二、案件受理

依照民事诉讼法的规定，适用简易程序审理的案件，当事人双方可以同时到基层人民法院或者其派出法庭请求解决纠纷。基层人民法院和它派出的法庭可以当即审理，也可以另定日期审理。不是原告起诉成立后，被告才能应诉，也不是法院通知被告应诉，而是在双方到场的情况下，进行起诉、审查起诉、受理和应诉几个环节。当然，也只有在双方到场的情况下，这几个环节才能合并同时进行。适用简易程序受理案件的程序简便，有利于及时审结简单的民事案件。

## 三、诉讼文书送达

### （一）诉答阶段须明确送达地址

根据《简易程序规定》第 5 条，当事人应当在起诉或者答辩时向人民法院提供自己准确的送达地址、收件人、电话号码等其他联系方式，并签名或者捺印确认。送达地址应当写明受送达人住所地的邮政编码和详细地址；受送达人是有固定职业的自然人的，其从业的场所可以视为送达地址。

原告起诉后，法院既可以口头传唤和通知，也可以采取捎口信、电话、传真、电子邮件等简便方式随时传唤双方当事人、证人。同时不受普通程序开庭前 3 日通知当事人和其他诉讼参与人规定的限制，法院可以随时传唤当事人和通知其他诉讼参与人。

但是根据《简易程序规定》第 18 条，以捎口信、电话、传真、电子邮件等形式发送的开庭通知，未经当事人确认或者没有其他证据足以证明当事人已经收到的，人民法院不得将其作为按撤诉处理和缺席判决的根据。相比之下，若适用普通程序审理案件，则必须依照法定的程序和方式传唤当事人和通知其他诉讼参与人。

**(二)无法通知被告应诉时的处理**

送达过程中如果出现按照原告提供的被告的送达地址或者其他联系方式无法通知被告应诉等特别情形的，应分别按照以下情况来处理：

1.原告提供了被告准确的送达地址，但人民法院无法向被告直接送达或者留置送达应诉通知书的，应当将案件转入普通程序审理；

2.原告不能提供被告准确的送达地址，人民法院经查证后仍不能确定被告送达地址的，可以被告不明确为由裁定驳回原告起诉。

**(三)被告到庭后拒绝提供自己的送达地址和联系方式时的处理**

被告到庭后拒绝提供自己的送达地址和联系方式的，人民法院应当告知其拒不提供送达地址的后果；经人民法院告知后被告仍然拒不提供的，按下列方式处理：

1.被告是自然人的，以其户籍登记中的住所地或者经常居住地为送达地址；

2.被告是法人或者其他组织的，应当以其工商登记或者其他依法登记、备案中的住所地为送达地址。

人民法院应当将上述告知的内容记入笔录。

**(四)诉讼文书未能被当事人实际接收时的处理**

因当事人自己提供的送达地址不准确、送达地址变更未及时告知人民法院，或者当事人拒不提供自己的送达地址而导致诉讼文书未能被当事人实际接收的，按下列方式处理：

1.邮寄送达的，把邮件回执上注明的退回之日视为送达之日；

2.直接送达的，把送达人当场在送达回证上记明情况之日视为送达之日。

上述内容，人民法院应当在原告起诉和被告答辩时以书面或者口头方式告知当事人。

### (五)拒绝签收诉讼文书时的处理

受送达的自然人以及他的同住成年家属拒绝签收诉讼文书,或者法人、其他组织负责收件的人拒绝签收诉讼文书的,送达人应当依据《民事诉讼法》第79条的规定邀请有关基层组织或者所在单位的代表到场见证,被邀请的人不愿到场见证的,送达人应当在送达回证上记明拒收事由、时间和地点以及被邀请人不愿到场见证的情形,将诉讼文书留在受送达人的住所或者从业场所,即视为送达。

## 四、独任制审判

根据《民事诉讼法》第145条的规定,适用简易程序审理简单的民事案件,由审判员一人独任审理,书记员担任记录。独任制与合议制是人民法院审理民事案件的两种审判组织形式。人民法院适用普通程序、上诉程序和再审程序审理的民事案件,一律实行合议制。同时,适用普通程序审理民事案件,可由审判员和人民陪审员共同组成合议庭,或者由审判员组成合议庭;而适用简易程序审理简单的民事案件,是由审判员一人独任审理,不能有人民陪审员参加。

## 五、审理前的准备

### (一)举证

适用简易程序审理的案件是一些简单的民事案件,不需要做大量的调查取证工作,就能够查清事实,分清是非。加上当事人之间权利义务关系明确,争议不大,一般情况下,当事人不需要花费很长的时间举证,人民法院无需花费很长的时间就可以审结。

当事人双方同时到法院请求解决简单的民事纠纷,但未协商举证期限,或者被告经简便方式传唤到庭,当事人在开庭审理时要求当庭举证的,应予准许。

当事人当庭举证有困难的,举证期限由当事人协商确定,但最长不得超过15日;协商不成的,由法院决定。

当事人申请法院调查收集证据和申请证人出庭作证的,应在举证期限届满前提出，但其提出申请的期限不受《证据规定》第 19 条第 1 款、第 54 条第 1 款的限制。

**(二)简易程序中的调解**

1.应当先行调解的简易案件

根据《简易程序规定》第 14 条，除了根据案件的性质和当事人的实际情况不能调解或者显然没有调解必要的案件以外，下列简单民事案件，人民法院在开庭审理时应当先行调解：

(1)婚姻家庭纠纷和继承纠纷；

(2)劳务合同纠纷；

(3)交通事故和工伤事故引起的权利义务关系较为明确的损害赔偿纠纷；

(4)宅基地和相邻关系纠纷；

(5)合伙协议纠纷；

(6)诉讼标的额较小的纠纷。

2.调解协议和调解书的效力

调解达成协议并经审判人员审核后，双方当事人同意该调解协议并经双方签名或者捺印生效的，该调解协议自双方签名或者捺印之日起发生法律效力。当事人要求摘录或者复制该调解协议的，应予准许。调解协议符合前款规定的，人民法院应当另行制作调解书。调解协议生效后一方拒不履行的，另一方可以持调解书申请强制执行。

3.调解书的生效时间

人民法院可以当庭告知当事人到人民法院领取调解书的具体日期，也可以在当事人达成调解协议的次日起 10 日内将调解书发送给当事人。

4.调解书的补正

当事人以调解书与调解协议的原意不一致为由提出异议，人民法院审查后认为异议成立的，应当根据调解协议裁定补正调解书的相关内容。

## 六、开庭审理

适用简易程序审理案件，也应当开庭审理。但是，法庭审理的方式和步骤比普通程序简便。简易程序中关于开庭审理的简化，一是表现为公告的时间和方式，一是表现为调查和辩论的合并。

(1)公开审理的案件，不必在开庭前 3 日公布当事人姓名、案由和开庭的时间地点，只需要在开庭时宣布公开审理并允许群众旁听即可。适用普通程序审理案件，公开审理的，应当在开庭前 3 日发布公告，公告当事人姓名、案由和开庭的时间地点。适用简易程序审理案件，可以不拘于这些要求，公开审理的，不受 3 天时间规定的限制，也不一定要以公告的方式公布案件的基本信息。基层人民法院和它派出的法庭，可以当即审理，也可以另定日期审理，不受开庭前 3 日通知当事人和其他诉讼参与人的限制。

(2)开庭前已经书面或者口头告知当事人诉讼权利义务，或者当事人各方均委托律师代理诉讼的，审判人员除告知当事人申请回避的权利外，可以不再告知当事人其他的诉讼权利义务。

(3)双方当事人到庭后，被告同意口头答辩的，人民法院可以当即开庭审理；被告要求书面答辩的，人民法院应当将提交答辩状的期限和开庭的具体日期告知各方当事人，并向当事人说明逾期举证以及拒不到庭的法律后果，由各方当事人在笔录和开庭传票的送达回证上签名或者捺印。

(4)在庭审过程中，经双方当事人陈述，权利义务关系明确、事实清楚的，在征得双方同意后，人民法院可以直接进行调解而不必经过审前准备程序。

(5)庭审过程还不受普通程序中法庭调查和辩论顺序的约束，可以将其合并进行，灵活掌握。适用简易程序审理的案件，可以不按照法庭调查和法庭辩论的顺序进行审理，法庭调查和法庭辩论两个阶段可以合并进行，也可以穿插进行，由独任审判员根据案件具体情况灵活掌握。

(6)适用简易程序审理的民事案件，应当一次开庭审结，但人民法院认为确有必要再次开庭的除外。

(7)适用简易程序审理的民事案件，除人民法院认为不宜当庭宣判的以外，应当当庭宣判。

## 七、判决

### (一)判决的作出

根据《民事诉讼法》及《简易程序规定》，为充分体现简易审判程序的特点，提高办案效率，应该简化判决书、调解书记载的内容。裁判文书应当简明扼要，重点将判决书、调解书主文部分叙述准确、清楚、无误即可。有的法院根据适用简易程序案件的不同类型制定出格式化判决书、调解书等样式，使用时根据不同情况填上相应的内容，这样大大节省了审判人员制作法律文书的时间，让其腾出更多精力去多办案、办好案。《简易程序若干规定》第 32 条规定，适用简易程序审理的民事案件，有下列情形之一的，人民法院在制作裁判文书时可以对认定事实或者判决理由部分适当简化：

1. 当事人达成调解协议并需要制作民事调解书的；

2. 一方当事人在诉讼过程中明确表示承认对方全部诉讼请求或者部分诉讼请求的；

3. 当事人对案件事实没有争议或者争议不大的；

4. 涉及个人隐私或者商业秘密的案件，当事人一方要求简化裁判文书中的相关内容，人民法院认为理由正当的；

5. 当事人双方一致同意简化裁判文书的。

### (二)判决的宣告与送达

1. 当庭宣判的案件裁判文书的领取

当庭宣判的案件，除当事人当庭要求邮寄送达的以外，人民法院应当告知当事人或者诉讼代理人领取裁判文书的期间和地点以及逾期不领取的法律后果。上述情况，应当记入笔录。人民法院已经告知当事人领取裁判文书的期间和地点的，当事人在指定期间内领取裁判文书之日即为送达之日；当事人在指定期间内未领取的，指定领取裁判文书期间届满之日即为送达之日。当事人的上诉期从人民法院指定领取裁判文书期间届满之日的次日起开始计算。

2. 裁判文书的邮寄送达

当事人因交通不便或者其他原因要求邮寄送达裁判文书的，人民法院可以按照当事人自己提供的送达地址邮寄送达。人民法院根据当事人自己提供的送达地址邮寄送达的，邮件回执上注明收到或者退回之日即为送达之日。当事人的上诉期从邮件回执上注明收到或者退回之日的次日起开始计算。

3. 按撤诉处理或者缺席判决的送达

原告经传票传唤，无正当理由拒不到庭或者未经法庭许可中途退庭的，可以按撤诉处理；被告经传票传唤，无正当理由拒不到庭或者未经法庭许可中途退庭的，人民法院可以根据原告的诉讼请求及双方已经提交给法庭的证据材料缺席判决。按撤诉处理或者缺席判决的，人民法院可以按照当事人自己提供的送达地址将裁判文书送达给未到庭的当事人。

4. 定期宣判的案件送达之日的确定

定期宣判的案件，定期宣判之日即为送达之日，当事人的上诉期自定期宣判的次日起开始计算。当事人在定期宣判的日期无正当理由未到庭的，不影响该裁判上诉期间的计算。当事人确有正当理由不能到庭,并在定期宣判前已经告知人民法院的,人民法院可以按照当事人自己提供的送达地址将裁判文书送达给未到庭的当事人。

5. 审理期限

人民法院适用简易程序审理民事案件,应当在立案之日起3个月内审结,并且不得延长。人民法院在审理过程中发现案情复杂需要转为普通程序的,应当在审限届满前及时作出决定,并书面通知当事人。

# 第十五章

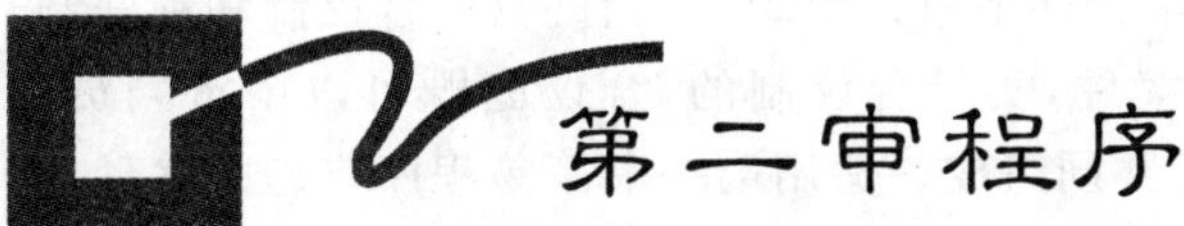

# 第二审程序

## 第一节　第二审程序概述

### 一、第二审程序的概念

#### (一)第二审程序的概念

第二审程序，是指民事诉讼当事人不服第一审人民法院未生效的判决、裁定，在法定期限内向上一级法院提出变更或撤销该未生效裁判的请求，上一级人民法院对案件进行审理所适用的程序。由于第二审程序是由上诉人上诉引起的，因此又称上诉审程序。

第二审程序，属审级制度的内容。与很多采取三审终审制的国家不同，我国实行四级两审终审制度，当事人不服第一审法院作出的裁判，可以向一审法院的上一级人民法院提起上诉，经上一级法院审理并作出裁判，该二审裁判一经宣告送达即发生法律效力，当事人不得再要求启动诉讼声明不服。因此第二审程序又称终审程序。

#### (二)第二审程序与第一审程序的区别

第二审程序与第一审程序有明显的不同，其区别主要表现在：

1.程序发生的原因不同。第一审程序的启动，是基于当事人的起诉权和法院的管辖权；第二审程序的启动，是基于当事人的上诉权和第二审法院的审判上的监督权。

2.审理的对象不同。第一审程序审理的是双方当事人之间的民事权益争议；而第二审程序是对当事人上诉请求有关事实和适用的法律进行审查，所以第二审程序审理的对象是一审法院裁判的事实认定和法律适用。

3.审级不同。第一审程序是初审程序，各级法院均可适用；第二审程序是案终审程序，只能由中级以上法院适用。

4.审判组织不同。第一审程序下审判组织形式有两种：合议制和独任制。适用第一审普通程序审理的案件，实行合议制的，合议庭既可以由审判员组成，也可以由审判员和陪审员共同组成。适用第一审简易程序审理的案件，实行独任制。第二审程序下只能采取合议制，并且合议庭必须由审判员组成，不能有陪审员参加。

5.审理方式和期限不同。适用第一审程序审理的民事案件，法院只能采取开庭审理的方式；适用第二审程序审理上诉案件，法院可以开庭审理，也可以对某些法定的案件不经开庭而径行裁判。适用第一审普通程序审理案件的期限一般为6个月，适用第一审简易程序审理案件的期限为3个月；适用第二审程序审理案件，对判决不服的，审理期限为3个月，对裁定不服的，审理期限为30天。

6.裁判的效力不同。按照第一审程序审结后所作的诉讼判决和法律允许上诉的裁定，在上诉期间内不发生法律效力。按照第二审程序作出的判决、裁定一经宣告和送达即发生法律效力，是不准再行上诉的终审判决。

## 二、第二审程序的性质

从各国有关二审程序与一审程序的关系立法情况来看，二审程序的构造有下列三种主义：

### (一)复审主义(复审制)

根据复审主义，第二审法院全面重新收集一切诉讼材料，当事人亦得无限提出新事实和新证据，再度从头进行审理并作出裁判。因此，在该主义下，第二审实际上是“第二次的初审”。采取复审主义的典型代表是美国对治安法官作出的判决提起的第二审上诉。

### (二)事后审主义(事后审制)

根据事后审主义，第二审法院，仅以审理第一审判决的内容有无不当为目的，只能以当事人在第一审中提出的诉讼资料为依据，不允许当事人提出新的事实和证据。第二审法院认为原判决妥当则应驳回上诉，认为不当则撤销原判发回重审。奥地利和英美法系国家采取此种做法。

### (三)续审主义(续审制)

根据续审主义,第二审是在第一审审理的基础上进行审理。当事人在第一审提出的诉讼资料,对第二审仍旧有效,当事人在第二审中可以提出新的事实和证据。续审主义是复审主义和事后审主义的折中,它既不完全排斥当事人在第二审程序中提出新事实和新证据,又不完全重复第一审已经进行的审理。目前世界上大部分国家的第二审采用的是续审制。其中德、法、日三国都被认为是续审制模式的典型。

我国 1982 年颁布的《民事诉讼法(试行)》规定的第二审程序属于典型的复审制。该法第 149 条规定:“第二审人民法院必须全面审查第一审人民法院认定的事实和适用的法律,不受上诉范围的限制。”该模式片面追求事实真实,严重损害了程序的效率价值,无法维护当事人的处分权和初审法院的独立审判权,不能适应我国民事诉讼的发展需要。我国现行《民事诉讼法》弥补了这一不足,采取了类似续审制的模式。根据现行民诉法的规定,将第二审程序的审理范围限定在上诉人上诉请求范围之内,同时允许上诉人提出新的证据,甚至对当事人变更、增加诉讼请求,提起反诉都不加禁止。

## 三、第二审程序的功能和目的

虽然上诉制度的程序设置不同,但各国上诉制度的基本功能和目的是相通的,都是为了对当事人进行救济和保障法律适用的统一。前者当事人受益,体现了上诉制度的私人目的,即通过纠正错误的初审裁判,对当事人的权利实施救济;后者国家受益,体现了上诉制度的公共目的,即确保司法裁定的公信力,保障法律适用的正确性与统一性。我国二审程序的功能定位与其他国家大体相同,包括对当事人权利进行救济;纠正一审裁判错误;保障法律解释和适用的统一;吸收当事人的不满,提高司法的公正性和可接纳性等方面。

### (一)对当事人进行权利救济

对当事人而言,上诉审是对其权利的第二次救济程序。通过上诉审,将案件交由较高级别的法院重复审理,对当事人之间的民事权利义务争议重新审查及作出认定,可以纠正初审法院可能出现的错误,保障当事人能通过诉讼获得公正判决。因此,上诉制度设立的最根本的功能或目的应是对当事人的权利进行救济。

### (二)纠正一审裁判错误

对法院而言，上诉法院通过对案件重复审理，可以纠正一审裁判的错误，降低案件事实认定和法律适用的错误率。初审裁判是法官作出的，由于受人的认知能力的限制以及受其他诸如地方保护主义等社会因素的影响，出现错误实属难免。通过对案件再次审理，可以最大可能地纠正初审法院因各类主客观因素作出裁判的错误。

在权利救济和裁判纠错之间更侧重于哪一个，决定了上诉审程序性质的差异。如果侧重于权利救济，那么对上诉人在上诉中没有提出的请求，二审法院不能进行审理和作出裁判。根据现行《民事诉讼法》第151条的规定，“第二审人民法院应当对上诉请求的有关事实和适用法律进行审查”，其立法意图应是倾向于对当事人的权利进行救济。但我国民事诉讼审判在上个世纪八九十年代侧重于纠正错误。1982年《民事诉讼法(试行)》第149条规定，二审法院审查的内容，不受上诉范围的限制；1992年最高人民法院颁布的民诉法《适用意见》第180条规定，二审法院发现在上诉请求以外原判确有错误的，应予纠正。但是，随着审判方式改革的深入，我国二审程序逐步转向对当事人权利进行救济。1998年《经审规定》(法释[1998]14号)第35条规定，“第二审案件的审理应当围绕当事人上诉请求的范围进行，当事人没有提出请求的，不予审查”，第36条规定，“被上诉人在答辩中要求变更或者补充第一审判决内容的，第二审人民法院可以不予审查”都体现了我国二审程序的设置侧重于当事人权利救济的功能和价值理念。因此，无论是从现行《民事诉讼法》第151条的立法规定来看，还是从审判实践趋势来看，我国的二审程序功能都应当更侧重于权利救济。

### (三)保障法律准确适用和统一适用

二审程序中，通过对案件的重复审理，可以纠正一审法院对法律理解的偏差或错误适用，保证法院裁判案件适用法律的准确性和正当性。同时，由于终审法院的级别较高，法官的审判业务素质强，具有共同的审判理念，可以克服因法院不同或法官认知不同导致的裁判差异，做到类似事项类似处理，进而保障法律在全国的统一适用。

此外，我国最高人民法院发布的司法解释及各类审判政策，是保障法律在全国各级法院统一适用的重要支柱。我国终审法院的级别较低，大量的案件集中在各地的中级法院审结，审理案件并进行法律适用的法官人数多，素质参差不齐，因此最高人民法院针对某一法律或具体案件发布的司法解释就成为各地法院类似案件类似处理，适用法律一致的关键因素。

**(四)吸收当事人的不满，提高司法裁判的正当性和可接纳性**

这项功能随着程序正义和法律正当性理念被广泛吸收而受到越来越多的重视。在一审法院中败诉的一方当事人往往会认为他们的败诉是不公正的，这种感觉会妨碍他们接受判决的愿望，也会影响与其处于同样地位的公众对判决和整个法律的尊重。将案件提交更高一级的、由多个法官组成的合议庭审理的机会，可以为这种感觉提供一个健康的出口，使当事人双方和公众确信自己的案件已受到充分重视而不是轻率处理，确信审判是按照业已确立的程序合法而适当地进行的，判决结果并非产生于一个或一级法官的偏见或独断行为，是法律和制度的产物。[①] 第二审程序反映了司法判决的审慎与对当事人程序权利的保障，增强了程序进行的正当性和司法裁判的合法性。

## 第二节　上诉的提起与受理

### 一、上诉的提起

上诉是指当事人对第一审未生效的判决、裁定在法定期限内声明不服，要求上一级人民法院进行审理，并撤销或变更原审判决、裁定的诉讼行为。我国上诉具有下列特征：(1)是当事人的一种诉讼行为；(2)上诉对象是未生效的一审民事判决和裁定；(3)上诉的内容是请求审查并撤销或变更下级法院的裁判；(4)上诉是启动二审程序的前提，即上诉程序实行“不告不理”；(5)只能向上一级法院提起。我国不允许越级上诉。

**(一)提起上诉的条件**

上诉是当事人一项重要的诉讼权利，它会引起第二审程序的开始。当事人提起上诉应当具备下列条件：

---

① 江伟：《民事诉讼法专论》，中国人民大学出版社 2005 年 7 月版，第 390 页。

1.客体合法

提起上诉的客体属于上诉的实质要件，即属于依法可以提起上诉的判决和裁定。

(1)判决

根据现行法的规定，下列判决可以上诉：①地方各级人民法院适用普通程序和简易程序审理后作出的第一审判决；②第二审人民法院发回重审后作出的判决；③按照第一审程序再审作出的判决。

(2)裁定

根据《民事诉讼法》及其他法律的规定，下列裁定可以上诉：①不予受理的裁定；②管辖权异议的裁定；③驳回起诉的裁定；④不予受理破产申请的裁定；⑤驳回破产申请的裁定[①]；⑥不予受理强制清算申请的裁定；⑦驳回强制清算申请的裁定[②]。

除此之外，人民法院按照特别程序、督促程序、公示催告程序审理后作出的裁判，第二审法院的终审裁判，最高人民法院作出的一审裁判以及除上述7种裁定以外的其他法院裁定都是不能上诉的裁判，当事人不得对其提起上诉。

2.上诉主体合法

(1)上诉人和被上诉人

在民事诉讼中，有权提起上诉而成为上诉人的应当是依据一审判决享有实体权利或者承担实体义务的人。根据我国民事诉讼法的规定，第一审案件的当事人，即原告、被告、共同诉讼人、有独立请求权的第三人、一审判决判令承担义务的无独立请求权的第三人。无民事行为能力人、限制民事行为能力人的法定代理人，也可以代理当事人提起上诉。

上诉审程序中当事人的诉讼地位按照当事人是否提起上诉来确定。凡提起上诉的当事人都被称为上诉人，没有提起上诉的当事人，被称为被上诉人。对上诉人都上诉问题的处理，最高人民法院《适用意见》第176条规定，双方当事人和第三人都提起上诉的，均为上诉人。因为二审程序不同于一审程序，适用一审程序审理的是双方当事人之间的实体权利义务争议，因此必须有双方当事人；而适用二审程序审理的是当事人对一审判决不服而提起上诉的内容。因此，二审程序中既可以存在双方当事人，即上诉人与被上诉人，也可以只有

---

① 《中华人民共和国破产法》第12条。

② 《最高人民法院关于审理公司强制清算案件工作座谈会纪要》(法发[2009]52号)。

上诉人一方，而没有被上诉人。

(2)必要共同诉讼情形下上诉人和被上诉人的确定

对于必要共同诉讼部分共同诉讼人上诉的，根据民诉法《适用意见》第177条的规定，按照下列情况处理：

①该上诉是对与对方当事人之间权利义务分担有意见，不涉及其他共同诉讼人利益的，对方当事人为被上诉人，未上诉的同一方当事人依原审诉讼地位列明，称“原审原告”、“原审被告”、“原审第三人”等；

②该上诉仅对共同诉讼人之间权利义务分担有意见，不涉及对方当事人利益的，未上诉的同一方当事人为被上诉人，对方当事人依原审诉讼地位列明；

③该上诉对双方当事人之间以及共同诉讼人之间权利义务承担有意见的，未上诉的其他当事人均为被上诉人。

总之，在确定必要共同诉讼人的上诉问题时，其规律是：享有上诉权的当事人中谁提起上诉，谁就是上诉人，上诉人对与谁之间的权利义务分担有意见，谁就是被上诉人；上诉人的上诉请求不涉及的人依原审诉讼地位列明。

3.必须在法定期限内提起上诉

上诉期间是当事人行使上诉权的法定期间，当事人必须在法定期间内提起上诉才有效。当事人不能在法定期间提起上诉，须申请延期，是否准许，由人民法院决定。根据《民事诉讼法》第147条的规定，当事人不服一审法院判决的上诉期间为15日，对一审裁定不服提起上诉的期间为10日，超过上诉期间一审法院的判决、裁定即发生法律效力，当事人丧失了上诉权。此外，在涉外案件中，根据《民事诉讼法》第247条的规定，在中华人民共和国领域内没有住所的当事人，不服第一审人民法院判决和裁定的，上诉期为30日。

上诉期间的计算，是从一审裁判文书送达当事人之次日起计算。当事人分别接受人民法院裁判文书的，以各自收到裁判文书的时间计算上诉期。当事人在各自的上诉期内，享有上诉权。

普通共同诉讼人的上诉期限的计算，是以共同诉讼人各自收到法院裁判文书的时间计算，各自独立地行使上诉权。但必要共同诉讼人因共同诉讼人之间诉讼标的具有共同利害关系，故共同诉讼人的上诉期的计算，以最后一个共同诉讼人收到裁判书的时间计算。最后一个共同诉讼人的上诉期满，共同诉讼人不上诉的，即丧失上诉权。这是因为普通共同诉讼人的诉讼行为相互独立，而必要共同诉讼时共同诉讼人一人的行为经过其他共同诉讼人的承认后对他们生效。人数确定的和人数不确定的代表人诉讼，其上诉期的计算可按照《民事诉讼法》第78条的规定计算,人民法院可将判决书直接交其代表人签收,从代表人签收之次日起计算。

4.必须提交书面上诉状

上诉状是当事人表示不服一审人民法院尚未生效的裁判,请求上一级人民法院变更或撤销原审裁判的诉讼文书。上诉状是上诉人提起上诉的法定形式,也是第二审人民法院接受上诉请求的依据。上诉不仅是上诉人声明不服一审裁判所确定的内容,而且表明上诉人与对方当事人或与共同诉讼人之间的权利义务有争议,所以民事诉讼要求上诉以书面方式进行。根据民诉法《适用意见》第178条的规定,一审宣判时或判决书、裁定书送达时,当事人口头表示上诉的,人民法院应当告知其必须在法定上诉期间内提交上诉状。未在法定上诉期间内递交上诉状的,视为未提起上诉。上诉期届满不递交上诉状的,一审裁判即发生法律效力。

根据《民事诉讼法》第148条的规定,上诉状的内容应当包括:

①当事人的姓名,法定代表人的姓名或者其他组织的名称及其主要负责人的姓名。

②原审人民法院的名称、案件的编号和案由。

③上诉的请求和理由。上诉的请求和理由是上诉状的主要内容,是上诉状的实质部分。上诉的请求就是上诉人提起上诉所要达到的目的,例如请求撤销原判,依法改判。上诉的理由,是上诉人认为第一审法院认定事实和适用法律不当或有错误所根据的事实和理由。

以上要件中,客体要件属于实质性要件,主体、时间和上诉状要件属于形式性要件。上诉必须同时具备以上四个要件,当事人的上诉才能成立。如有欠缺,人民法院应当限期补正,上诉人逾期不补正的,应当驳回上诉。此外,上诉还应当交纳上诉费。双方都上诉的,都要按规定交纳上诉费用。

纵览以上四个要件,我国对上诉的条件几乎没有限制,当事人很容易启动二审程序。这是造成审判实务中当事人滥诉的一个重要原因。当事人利用这一立法缺陷谋取不法利益,故意拖延时间、转移财产或逃避法律责任已属司空见惯。滥诉不仅损害对方当事人的合法权益,也增加法院的审判负担,造成审理资源的浪费。

### (二)关于上诉利益

上诉利益是一项来源于大陆法系的民事诉讼法理论,它是指当事人提出不服一审裁判的声明与相关请求进行审判的必要性。在大陆法系国家或地区，虽然其民事诉讼立法中并没有明文规定上诉利益，但理论上及审判实务中均认为只有当上诉人有上诉利益时，上诉法院方能对上诉案件进行实质审理，即“上诉利益”是上诉的实质性要件，缺少这一要件的，上诉法院可以不审理实体争议，直接驳回上诉。大陆法系“上诉利益”理论的基本目的在于“保障审判资源的合理使用，制约上诉权的滥用，以及为一审败诉的当事人建立一种合理的救济机制”。[①] 对“上诉利益”的识别，大体上有两种观点：一是形式不服说，一是实质不服说。前者认为可以将当事人的声明与第一审判决的结果进行比较，判断当事人是否有上诉利益；后者认为在二审辩论终结时，上诉人有可能在实体法上获得比初审判决有利的上诉判决时，即可认定有上诉利益。

由于我国长期受职权主义诉讼模式的影响，立法对上诉的条件未作实质性限制，这引发了我国的“无限上诉”、“上诉权滥用”等问题。为减轻二审法院的审判压力，避免司法资源浪费，合理引导当事人上诉，实现上诉程序“救济审”的功能，我们认为，我国也应该引入上诉利益制度，以解决审判实务中的这些“上诉难题”。

### （三）关于附带上诉

上诉案件中，只有一方当事人上诉时，为给予未上诉一方当事人平等的保护，大陆法系国家或地区普遍确立了附带上诉制度，允许未上诉的当事人在对方提起的上诉程序中附带声明不服，以达到纠纷整体解决的目的。但遗憾的是，我国现行法并没有附带上诉制度。

1.附带上诉的概念

附带上诉是相对于上诉人的上诉而言的，它是指本来没有提起上诉的被上诉人在上诉人提起上诉审程序后，被上诉人就原审裁判提出上诉主张，请求法院一并审理的制度。附带上诉一般有以下特征：(1)程序的依附性。附带上诉依附于主上诉，主上诉没有提起，附带上诉也不得提起，上诉人上诉撤回的，附带上诉失去效力。(2)主体的特定性。附带上诉是被上诉人以上诉人为附带上诉的被上诉人而提起的。(3)可诉范围的唯一性。被上诉人只能就上诉人已经上诉的第一审判决提起附带上诉，不得就未经上诉的第一审判决提起附带上诉。(4)审理的合并性。附带上诉必须与上诉合并审理，这是由附带上诉的依附性决定的。(5)目的的对抗性。当事人提起附带上诉的目的是为了抵消上诉人的上诉请求。

---

① 廖中洪：《“上诉利益”若干问题研究》，载《河北法学》2007年第9期。

附带上诉的功能主要体现在:(1)平等地保护当事人的合法权益;(2)有助于抑制当事人滥行上诉权;(3)有助于纠纷的一次性解决,提高司法效率。

在大陆法系国家或地区,附带上诉制度和"不利益变更禁止原则"相配套。当事人提起附带上诉的,不得适用"不利益变更禁止原则"。

2. 我国建立附带上诉的问题

我国历史上不存在附带上诉制度,这是由我国长时间以来的强职权主义审判模式决定的。1982 年《民事诉讼法(试行)》第 149 条明确规定:"第二审人民法院必须全面审查第一审人民法院认定的事实和适用的法律,不受上诉范围的限制。"1992 年民诉法《适用意见》第 190 条规定,二审法院发现未上诉的裁判有错误的,可以进行审理。可以看出我国上个世纪 80 年代到 90 年代,法院的审理范围实际上是不受当事人上诉请求的限制,因此,是否有附带上诉制度就无关紧要了,无论案件如何,法院都会对其进行全面审理。

但是 1998 年最高人民法院颁布了《经审规定》(法释[1998]14 号),该司法解释将人民法院对上诉案件的审理范围原则上限定在上诉请求范围内,只有"判决违反法律禁止性规定、侵害社会公共利益或者他人合法权益"的才可以例外。这是上个世纪末的旨在弱化法院的职权,强化当事人的处分权的审判方式改革在民事上诉制度上的一个反映。目前这种从职权主义到当事人主义审判方式的改革还在继续。因此,在这样的立法和司法背景及发展趋势下,二审法院的审判范围将更多地像大陆法系国家民事诉讼法规范的那样,限于上诉请求的范围。在法院不再依职权审查全部一审判决的趋势下,为保护未上诉的一方当事人在二审程序的利益,我国有必要参照大陆法系国家的做法,赋予未上诉的当事人在他人提起的二审程序中附带提起上诉的权利,进而实现双方当事人的平等对抗。

此外,附带上诉制度可以解决我国审判中普遍存在着的当事人滥用上诉权,诉讼效率低的难题。当事人为防止因未提起上诉而在二审中丧失诉讼利益,将那些可上诉,可不上诉的胜诉把握不大的案件一律提交上诉,违背了上诉审的立法目的,导致纠纷解决的效率低下。同时,附带上诉制度也可以缓解二审法院的审判压力,提高审判效率。

## 二、上诉的受理

根据《民事诉讼法》第 149 条、第 150 条的规定,当事人提起的上诉,符合法定条件的,人民法院均应受理,并履行如下法定程序:

**(一)诉讼文书的接收和送达**

当事人提起上诉的,原则上应当通过原审人民法院提交上诉状,并按照对方当事人的人数提交上诉状副本。因为通过原审人民法院提交上诉状,便于当事人提起上诉,便于人民法院及时了解裁判文书是否已发生效力,及时审查当事人上诉是否符合法定条件,对不符合条件的上诉可以通知上诉人及时修正或补正,对已过上诉期的,可以直接裁定驳回上诉;通过原审人民法院提交上诉状也便于完成民诉法规定的由原审人民法院送达上诉状和答辩状副本的工作,也便于案卷材料的移送。

当然,从本质上说,当事人的上诉是向上一级法院提起的,为了保障当事人的上诉权利,以及考虑到实践中有些当事人对一审法院可能存在的不信任的现象,也允许当事人直接向二审法院提交上诉状,第二审人民法院应当接收,并应当于5日内将收到的上诉状及其副本移交原审人民法院。

原审人民法院收到上诉状,应当在5日内将上诉状副本送达对方当事人,对方当事人在收到之日起15日内提出答辩状。人民法院应当在收到答辩状之日起5日内将副本送达上诉人。对方当事人不提出答辩状的,不影响人民法院审理。

**(二)案卷和证据的报送**

原审人民法院收到上诉状、答辩状,应当在5日内连同全部案卷和证据,报送第二审人民法院。至此,案件全部脱离一审法院,诉讼法律关系在一审全部结束,而由二审法院进行审理,产生二审诉讼法律关系。

**(三)立案**

第二审人民法院在收到第一审人民法院移送的全部案卷材料、证据和上诉材料后,应当予以受理,并在5日内立案。如果第二审人民法院在审查立案时,发现上诉案件材料不全的,应当在2日内通知原审人民法院,原审人民法院应当在接到第二审人民法院通知后的5日内补齐;第一审人民法院接到第二审人民法院有关调卷通知的,应当在接到通知后5日内将有关案卷和证据移送,最迟不超过10日。

## 三、上诉的撤回

上诉的撤回,是指上诉人在提起上诉后,第二审人民法院裁判宣告前,撤回上诉请求的诉讼行为。

### (一)撤回上诉与撤回起诉

撤回上诉与撤回起诉一样,都是当事人的一项诉讼权利,也是基于当事人处分权的内在要求。因此撤回上诉和撤回起诉在基本原理和制度设置上相同,如上诉的撤回也需要法院的审查和监督,也包括撤回上诉和按撤回上诉处理两种情形。

但是两者仍有不同:(1)两者发生的程序不同。撤回起诉发生在一审程序;撤回上诉发生在二审程序。(2)两者撤回的诉的情形不同。一个是撤回起诉,即撤回的是向人民法院提出的对民事争议进行审理和裁判的请求;一个是撤回上诉,即撤回的是向上一级人民法院提出的对第一审裁判进行审理并予以变更或撤销的请求。(3)法律后果不同。原告撤回起诉后,视为未起诉,当事人可以再行起诉;上诉人撤回上诉后,不仅发生终结第二审程序的效力,而且还发生终结一审裁判的效力,上诉人即使再对一审裁判有异议,也不得再行上诉,而只能依法向人民法院申请再审。

### (二)申请撤回上诉和按自动撤回上诉处理

根据《民事诉讼法》及相关司法解释的规定,撤回上诉有两种情形:申请撤回上诉和按自动撤回上诉处理。

1. 申请撤回上诉

上诉权是当事人依法享有的一项重要诉讼权利,属当事人处分权的范围,因此当事人可以根据自己的意愿依法对其进行处分,撤回上诉就是当事人自己行使处分权的具体体现。我国《民事诉讼法》第156条规定:"第二审人民法院判决宣告前,上诉人申请撤回上诉的,是否准许,由第二审人民法院裁定。"

(1)当事人撤回上诉申请。当事人申请撤回上诉的,应当在二审判决宣告前提起。

另外,针对当事人在上诉期间内上诉后又撤回上诉,能否在此期间再次上诉的问题,我们认为不能再上诉,因为再上诉违反了诚实信用原则。而且审判实务中这种情形很少发生。当事人的上诉申请应在二审程序中提出,即上诉案件立案之前不存当事人撤回上诉问题。而当事人从提起上诉到二审立案的时间常常已经超过了15天的上诉期(一审法院移送案卷期限5至10天,加上二审法院收到移送上诉材料和案卷后审查的期限5天)。因此也就不存在当事人在上诉期间内上诉后再次撤回的情形,那么在上诉期间内再次起诉也就无从谈起。

(2)二审法院对撤回上诉申请的审查和裁定

二审法院接到当事人撤回上诉申请的,经过审查后裁定是否允许上诉。二审法院对撤回上诉申请审查的理论依据在于,我国当事人的处分权不是绝对的,国家可以对其进行干预。根据民诉法《适用意见》第190条的规定,人民法院经审查认为一审判决确有错误,或者双方当事人串通损害国家和集体利益、社会公共利益及他人合法权益的,不应准许。

2. 按自动撤回上诉处理

当事人提起上诉后,在法定情形下,即使当事人没有提出撤回上诉,人民法院也按自动撤回上诉处理。按自动撤回上诉处理的裁定,其效力等同于准许上诉人撤回上诉的裁定。

根据最高人民法院1998年《关于第二审法院裁定按自动撤回上诉处理的案件第一审法院能否再审问题的批复》(法释[1998]19号)的规定,有以下两种情形的,第二审人民法院裁定按自动撤回上诉处理:(1)上诉人不依法预交上诉案件受理费的;(2)经传唤无正当理由拒不到庭的。

#### (三)撤回上诉的效力

1. 二审程序终结。当事人不得就争议再次起诉,或者上诉。

2. 一审裁判生效。二审作出撤回上诉的裁定后,第一审判决自第二审裁定确定之日起生效。即一审法院判决于二审法院撤销上诉裁定送达当事人后生效。

3. 当事人不服按自动撤回上诉处理的裁定的,可以申请再审。人民法院认为符合《民事诉讼法》第179条规定的情形之一的,应当再审。经再审,裁定确有错误的,应当予以撤销,恢复第二审程序。

#### (四)二审程序中当事人申请撤回起诉的问题

一审中的原告在二审程序中申请撤回起诉的,是否允许,现行法没有规定。《民事诉讼法》第131条规定,“宣判前,原告申请撤诉的,是否准许,由人民法院裁定”。申请撤诉是在一审宣判前,还是终审判决宣判前,现行法没有明确。但审判实务中有允许撤回起诉的做法，即通常所说的“一撤到底”。

我们认为，一审中的原告在二审程序中申请撤回起诉的，不应该允许。首先，《民事诉讼法》第 131 条规定在第一审程序中，“宣判前，原告申请撤诉的，是否准许，由人民法院裁定”，因此应当将“宣判前”认定为“一审宣判前”，而非生效判决宣判前。其次，允许一审原告在二审程序中撤回起诉，将侵害被告的程序利益，有违实体正义。当原告在二审程序中是被上诉人时，原告撤回起诉的，不仅被告支出的诉讼成本无法得到补偿，而且被告还面临着再次被原告起诉的危险。

## 第三节　上诉案件的审理

上诉案件的审理，适用第二审程序的规定，若第二审程序没有特别规定的，则以第一审程序为基础，适用第一审普通程序的相关内容。

### 一、审理前的准备工作

《民事诉讼法》第 152 条规定：“第二审人民法院对上诉案件，应当组成合议庭，开庭审理。经过阅卷和调查，询问当事人，在事实核对清楚后，合议庭认为不需要开庭审理的，也可以径行判决、裁定。第二审人民法院审理上诉案件，可以在本院进行，也可以到案件发生地或者原审人民法院所在地进行。”根据这一规定，第二审法院在收到第一审法院报送的上诉案件后，应做好以下准备工作：

#### (一)组成合议庭

二审法院审理上诉案件，一律由审判员组成合议庭，不得采取独任制，也不得由审判员和陪审员共同组成合议庭。这是由二审案件的性质决定的。上诉人对一审案件的裁判不服提起上诉，通常情况下说明当事人之间的争议比较大，案情比较复杂，第二审人民法院审理上诉案件不仅要对当事人之间的民事权利义务争议进行审理，还负有审查监督第一审人民法院的审判工作是否正确的任务。所以采取合议制以及不适用陪审制，有利于保证案件的裁判质量。

### （二）审查案卷材料、调查和询问当事人

合议庭组成后，首先应当是审阅全部上诉材料。除审查上诉必须具备的条件外，主要审查裁判认定的事实是否清楚，证据是否充分、确凿，适用法律是否正确；了解上诉人上诉的请求和理由，了解被上诉人的答辩理由，明确双方的争议焦点。通过阅卷，明确哪些案件事实是清楚的，哪些问题需要进行调查和询问当事人后才能查清楚。合议庭还要根据情况进行必要的调查和询问当事人，进一步查明案情，以决定是开庭审理，还是径行裁判。

## 二、上诉案件的审理范围

我国《民事诉讼法》第151条明确规定："第二审人民法院应当对上诉请求的有关事实和适用法律进行审查。"根据此规定，上诉案件的审理范围有以下几个要点：

### （一）原则上限于上诉请求的范围

二审法院的审理范围以上诉请求为限。这是民事诉讼法上处分权原则在上诉审的体现。所谓上诉请求，是指上诉人要求第二审人民法院作出裁判的事项。不告不理原则，不仅适用于初审，也同样适用于上诉审，当事人对原判没有不服的部分，上诉法院不得审理并裁判。

但是审判实践中这一原则存在例外。1998年《审改规定》第35条规定："第二审案件的审理应当围绕当事人上诉请求的范围进行，当事人没有提出请求的，不予审查。但判决违反法律禁止性规定、侵害社会公共利益或者他人利益的除外。"即原审判决违反法律禁止性规定、侵害社会公共利益或者他人利益的，即使当事人没有提起上诉，二审法院也可以审理并作出裁判。

需要指出的是，1998年《审改规定》，修改了1992年民诉法《适用意见》第180条"第二审人民法院依照民事诉讼法第一百五十一条的规定，对上诉人上诉请求的有关事实和适用法律进行审查时，如果发现在上诉请求以外原判确有错误的，也应予以纠正"的规定，将该条中"确有错误"限定在"违反法律禁止性规定、侵害社会公共利益或者他人利益"的范围内，除此之外，当事人没有上诉的，法院不得审查。这是一种进步，体现了民事审判方式改革中对当事人诉讼主体地位的强化和上诉审权利救济功能的加强。

### (二)包括认定事实和法律适用

我国的上诉审既是事实审,又是法律审。这是由我国采取二审终审制的审级制度决定的。由于不存在三审,二审既是上诉审,又是终审,因此二审程序不可避免地与一审程序相似,既认定事实,又适用法律。但是二审法院审理的事实和法律问题,是围绕着当事人的上诉请求进行的,即只审理与上诉请求有关的事实和法律问题。

## 三、上诉案件的审理方式

依据我国现行《民事诉讼法》第 152 条的规定,上诉案件的审理以开庭审理为原则,以径行裁判为例外。

### (一)开庭审理

所谓开庭审理,是指人民法院在双方当事人到庭以及其他诉讼参与人参加下,通过法庭审理调查有关事实和诉讼资料,进行辩论,并以此为基础作出判决的审理方式。

由于上诉审程序的功能之一是增强当事人感觉上的公平性,通过程序吸收当事人的不满,使当事人对裁判结果形成信服,最终强化司法裁判的正当性,所以各国立法规定上诉审的审判方式应当以开庭审理为原则,以书面审理为例外。而开庭审理和口头辩论有利于体现程序的复杂性,使当事人形成案件经过慎重考虑的感觉,并能够为当事人提供进一步声明主张和宣泄不满的机会,从而强化程序的公正性。[①]

### (二)径行裁判

所谓径行裁判,是指第二审人民法院对不需要开庭审理的民事案件,通过阅卷、调查、询问当事人,在全部事实核对清楚后直接作出裁判的审理方式。这也是我国民事上诉审程序不同于第一审程序的一个突出特点。

根据最高人民法院《若干意见》第 188 条的规定,对于下列案件可以依照《民事诉讼法》第 152 条的规定径行判决、裁定:

1. 一审就不予受理、驳回起诉和就管辖权异议作出裁定的案件;

---

① 杨荣馨:《民事诉讼原理》,法律出版社 2003 年版,第 457 页。

2. 当事人提出的上诉请求明显不能成立的案件；

3. 原审裁判认定事实清楚，但适用法律错误的案件；

4. 原判决违反法定程序，可能影响案件正确判决，需要发回重审的案件。

我国民事诉讼法规定的这种"径行判决、裁定"和西方国家民事诉讼中规定的"书面审理"不同。所谓书面审理，是指不开庭、不调查、不询问当事人证人，上诉法院只通过审查一审案卷材料即作出裁判的审理方式。它与开庭审理相对。而我国民事诉讼中采用径行判决、裁定审理的案件，审判人员应与当事人见面，亲自听取当事人陈述、询问当事人，并进行必要的事实调查，在查清事实后进行裁判。

## 四、第二审程序中的调解

### (一)概述

法院调解是民事诉讼法的一项基本原则，它贯穿于民事诉讼的全过程，无论是一审程序，还是二审程序，都可以根据自愿、合法原则进行调解。因此，在我国法院调解被看作法院行使审判权的一种特殊形式，是法院处理民事案件的一种结案方式。我国《民事诉讼法》第 155 条对二审中的调解作出了规定："第二审人民法院审理上诉案件，可以进行调解。调解达成协议，应当制作调解书，由审判人员、书记员署名，加盖人民法院印章。调解书送达后，原审人民法院的判决即视为撤销。"

二审程序中的调解和一审程序中的调解在适用原则、适用程序和法律效力上基本相同，二审法院进行调解的，参照一审程序中的调解进行。二审程序中的调解不受上诉请求的限制，也不受一审诉讼请求的限制，二审法院可以对当事人在第一审程序中的全部诉讼请求以及在第二审程序中提出的新请求一并进行调解。

### (二)适用调解结案的几种特殊情形

由于调解协议是建立在双方当事人自愿的基础上的，不存在上诉问题，因此，在二审程序如果发现遗漏当事人、漏判当事人诉讼请求等无法用判决处理的情形时，可以适用调解方式解决。根据司法解释的规定，下列情形二审法院无法用判决处理，需要适用调解处理：

1. 遗漏诉讼请求的。对当事人在一审中已经提出的诉讼请求，原审人民法院未作审理、判决的，第二审人民法院可以根据当事人自愿的原则进行调解，调解不成的，发回重审。

2.遗漏必须参加诉讼的当事人的。必须参加诉讼的当事人在一审中未参加诉讼的，第二审人民法院可以根据当事人自愿的原则予以调解，调解不成的，发回重审。发回重审的裁定书不列应当追加的当事人。

3.新增诉讼请求或提起反诉的。在第二审程序中，原审原告增加独立的诉讼请求或原审被告提起反诉的，第二审人民法院可以根据当事人自愿的原则就新增加的诉讼请求或反诉进行调解，调解不成的，告知当事人另行起诉。

4.离婚案件中二审法院认为一审判决不准离婚错误的。一审判决不准离婚的案件，上诉后，第二审人民法院认为应当判决离婚的，可以根据当事人自愿的原则，将其与子女抚养、财产问题一并调解，调解不成的，发回重审。

有上述几种情形的，法院一般应先行调解，调解不成的，不能直接作出判决，而是发回重审或者告知当事人另行起诉。这是因为如果人民法院直接作出二审判决，那么当事人不服时就无法提起上诉，即当事人的上诉权被变相剥夺。

### (三)调解的效力

二审调解书送达当事人后，即发生法律效力。调解书生效后同法院的生效判决具有同等的法律效力：(1)二审程序结束，当事人之间的法律关系依据调解书的内容得以确定；(2)当事人不得再行起诉；(3)当事人认为调解书违反自愿、合法原则的，可以向法院申请再审，启动再审程序。

调解书生效后，原一审法院的判决“视为撤销”。二审法院既不需要另行裁定撤销原判决，也不需要在调解书中注明撤销原判决。这是因为二审生效调解书一方面是第二审人民法院行使审判权的体现，而另一方面是双方当事人合意处分自己权利的结果，所以二审调解不能是“撤销原判”，只能是二审调解书生效使一审裁判不发生法律效力，是“视为撤销”而已。

## 五、上诉案件的审理期限

第二审法院审理不服判决的上诉案件，应当在第二审法院立案之日起3个月内审结。有特殊情况需要延长的，应当在审理期限届满10日前，向本院院长提出申请，院长应当在审理期限届满以前作出批准或决定。经本院院长批准，可以延长 3 个月。[①]

第二审法院审理不服裁定的上诉案件，应当在第二审立案之日起 30 内作出终审裁定，并不得延长。

二审程序中规定审理期限的目的，与一审程序相同，都是为了督促法院提高审判效率，更好地保护当事人的合法权益。

## 第四节　上诉案件的裁判与调解

第二审法院审理上诉案件，不仅包括审查双方当事人之间的实体权利义务争议，而且还包括审查一审裁判认定的事实是否清楚，适用法律是否正确，有无违反法律程序等。因此，针对一审裁判的不同情况，第二审人民法院对上诉案件要作出不同裁判，包括裁定和判决两种形式。

### 一、对第一审判决上诉案件的裁判

#### （一）判决驳回上诉，维持原判

第二审人民法院对上诉案件，经过审理，认为原判决认定事实清楚，适用法律正确的，判决驳回上诉，维持原判决。

驳回上诉，维持原判是上诉审法院对第一审法院认定的事实和适用法律的评价，也是上级人民法院对当事人之间的权利义务关系的认定，这是对案件实体问题的判断和处理，所以依法应当用判决的方式。驳回上诉，维持原判的判决，与第一审程序中的驳回起诉裁定不同，驳回起诉是人民法院审查起诉的结果，起诉条件属于程序问题，应当用裁定的方式予以处理。另外，从表面上看，二审驳回上诉，维持原判的裁判文书，并不另外写明判决的主文，但是并不意味着作出判决的主体是一审法院，维持原判在性质上是二审判决，判决主体是上诉审法院。

---

① 见《最高人民法院关于严格执行案件审理期限制度的若干规定》（法释[2000]29 号）第 2 条。

### (二)依法改判

1.依法改判的具体情形

第二审人民法院对上诉案件经过审理,有下列两种情况的依法改判:(1)原判决认定事实清楚,但适用法律错误的;(2)原判决认定事实错误,或者原判决认定事实不清,证据不足,但经过二审查清事实的。

第一审裁判在认定事实和适用法律上有瑕疵,第二审法院可依法行使审判权和审判监督权,依法变更第一审判决。第二审法院之所以在上述两种情形下,不将案件发回重审,主要是由于案件经过第一审的审理,已经具备或基本具备了作出终结裁判的基础。由第二审法院直接作出终结裁判,有利于实现诉讼效率和诉讼经济的价值目标。第二审法院对第一审裁判的变更,包括对一审判决法律适用的变更和对事实认定的变更,其最终结果是当事人实体权利义务内容的变化,所以依法应适用判决的方式改判。

2.关于二审裁判的"不利益变更禁止原则"

二审法院对上诉案件审理后,能否作出比一审判决更不利于上诉人的判决呢?这即是国外"不利益变更禁止原则"理论研究的范围。

所谓不利益变更禁止原则,是指"上诉人提起上诉,二审法院经过审理后不得作出比原审对上诉人更为不利的判决"①。例如,原告在原审中主张基于对方当事人侵权的事实,应当赔偿自己的损失10万元,原审法院审理后,判决赔偿7万元,对方当事人没有提起上诉,二审法院进行审理后认为实际损失只有5万元,因此将其改判为赔偿5万元,即违反了不利益变更禁止原则,上诉人利益减少,未提起上诉的被上诉人利益增加。

不利益变更禁止原则,是大陆法系国家和地区普遍明文确立的一项上诉审裁判规则②。《日本民事诉讼法》第304条规定,"撤销或变更第一审判决,只能在声明不服的范围内进行";《德国民事诉讼法》第536条规定,"对于第一审的判决,只能在申请变更的范围内变更之";我国台湾地区《民事诉讼法》第450条也规定,"第二审法院认为上诉为有理由者,应于上诉声明之范围内,为废弃或变更原判决之判决"。这一原则在只有一方当事人上诉的特定条件下,

---

① 张卫平:《民事诉讼法》,法律出版社2004年版,第311页。

② 与"禁止不利益变更禁止原则"相伴的是"禁止利益变更原则",即上诉判决不得超出上诉请求范围增加上诉人的利益。这两个原则从正反两个方面限定了上诉法院只能在上诉请求范围内作出裁判。

指导和规制法官裁判。因此其适用范围十分狭窄,适用的对象十分有限,并非普遍适用的原则。

"不利益变更禁止原则"确立的基本依据是私权自治,是处分原则在上诉审的体现。依据处分原则,法院只能在当事人上诉请求的范围内进行审理,当事人没有不服的部分,就不应当判决予以变更。因此,"不利益变更禁止原则"与刑事诉讼中的"上诉不加刑"不同,后者设立的依据是保障上诉人的上诉权。

我国民事诉讼法并没有确立"不利益变更禁止原则"。审判实务中,该原则也没有机会在法律出现空白时"自下而上"地成为二审法院的实际的裁判规则,二审法院对只有一方当事人上诉的案件,可以作出对上诉人更为不利的判决,因此,上述的案例中原告二审被判的赔偿额度降低至5万的做法是被认可的。理论上,学界对我国要不要确立该原则有两种相反的做法:一是肯定说,该说认为我国应引进和确立该原则,它可以较好地贯彻和体现辩论主义,促进审判民主、防止裁判突袭和保障法官裁判的中立①;二是否定说,该说认为附带上诉本身就是对不利益变更禁止原则的否定,使不利益变更禁止原则形同虚设;我国没有使用该原则的空间和存在的必要。② 我们同意第一种观点,认为我国应当确立不利益变更禁止原则。"不利益变更禁止原则"是我国民事诉讼法规定的处分原则在上诉审中的体现和延伸:既然对方当事人(被上诉人)没有上诉,就意味着其放弃了要求上诉人承担更多民事责任的权利,即处分了自己的实体权利,上诉审法院依照民诉法规定的处分原则就不能要求上诉人承担更多的不利后果;同时,上诉人利益的减损,意味着被上诉人利益的增加,而被上诉人未向二审请求给予这种利益,于是,如果二审法院不是基于社会公共利益或第三人利益而依职权作出不利益变更,就违背了处分权原则和司法消极主义的理念。

**(三)裁定撤销原判,发回重审**

1.概述

裁定撤销原判,发回重审就是撤销第一审法院作出的判决,将案件发回原审法院重新审理,这是对第一审裁判结果的全部否定。第二审法院作出撤销原审裁判往往是由于第一审法院在审理程序上或者事实认定方面存在重大

---

① 廖中洪:《"禁止不利益变更"原则若干问题研究》,载《现代法学》2009年第1期。

② 廖中洪:《民事上诉改革热点问题研究综述》,中国检察出版社2006年版,第806~808页。

的、无法由二审法院直接弥补的瑕疵，为了维护当事人的实体权利，同时基于当事人审级利益的考虑，二审法院不宜直接对上诉案件进行实体改判，而将案件发回原审法院重审的一种制度。

2. 发回重审的具体情形

根据《民事诉讼法》以及相关司法解释的规定，裁定撤销原判，发回重审主要适用于以下几种情况：

(1)原判决认定事实错误，或者原判决认定事实不清，证据不足的案件。

(2)原判决违反法定程序，可能影响案件正确判决的。根据民诉法《适用意见》第 181 条的规定，有下列四种情形之一的，可以认定违反法定程序，应当裁定撤销原判，发回原审人民法院重审：①审理本案的审判人员、书记员应当回避未回避的；②未经开庭审理而作出判决的；③适用普通程序审理的案件当事人未经传票传唤而缺席判决的；④其他严重违反法定程序的。

(3)其他需要发回重审的情形。这里主要是指在二审程序中发现的一审遗漏诉讼请求、遗漏当事人，一审判决不准离婚二审认为应当判决离婚的或者其他一审法院应裁判而没有裁判过的事项，当事人不愿调解或者达不成调解协议的，应当裁定撤销原判，发回重审。

此外，根据民诉法《适用意见》第 189 条的规定，在第二审程序中，作为当事人的法人或者其他组织分立的，人民法院可以直接将分立后的法人或者其他组织列为共同诉讼人；合并的，将合并后的法人或者其他组织列为当事人。不必将案件发还原审人民法院重审。

发回重审的案件，原审法院应当按照第一审程序另行组成合议庭，原审法院对发回重审案件所作的判决，属于第一审判决，当事人不服的，有权提起上诉。

3. 对发回重审的限制

现行法没有对发回重审设置过多的限制：适用发回重审的情形相对宽泛，无论是事实认定错误，还是程序违法，均可成为法院发回重审的理由，且发回重审的次数没有限制，发回重审的适用程序缺失。因此，审判实践中会出现反复发回重审的现象，有的导致诉讼程序的严重拖延，增加了当事人的诉讼成本，浪费国家司法资源，还加深了当事人之间的矛盾，不利于纠纷解决。为了提高第二审程序的效率，避免反复的审理给当事人增加的不必要的诉讼成本，有必要对“发回重审”进行限制。

值得注意的是，我国的审判实务部门也注意到了这个问题，并发布司法解释对一定情形下发回重审的次数作出了限制。最高人民法院于 2002 年 7 月公布了《关于人民法院对民事案件发回重审和指令再审有关问题的规定》(法释[2002]24 号),该司法解释第 1 条规定:“第二审人民法院根据民事诉讼法第 153 条第 1 款第(3)项的规定将案件发回原审人民法院重审的,对同一案件,只能发回重审一次。第一审人民法院重审后,第二审人民法院认为原判决认定事实仍有错误,或者原判决认定事实不清、证据不足的,应当查清事实后依法改判。”该解释虽然并没有对发回重审的适用事由、适用条件等核心部分作出修改,但对发回重审的次数作出了限制,因程序违法而对同一案件发回重审的次数仅限于一次,这是一个进步。

**(四)裁定撤销原判,驳回起诉**

第二审法院认为原审人民法院判决的案件不应由人民法院受理的,依照《若干意见》第 186 条的规定,可以由第二审人民法院直接裁定撤销原判,驳回起诉。

## 二、对第一审裁定上诉案件的裁判

《民事诉讼法》第 154 条规定,第二审人民法院对不服第一审人民法院裁定的上诉案件的处理,一律使用裁定。因为裁定所解决的问题是程序事项,不涉及对当事人之间实体权利义务关系的确认,二审法院同样只能用裁定方式处理。

对裁定的上诉案件,二审法院根据不同的情况作出不同裁判:

1. 裁定驳回上诉,维持原裁定

第二审法院经过审理,认为原裁定认定事实清楚、证据充分、适用法律正确的,裁定驳回上诉,维持原裁定。

2. 改变原裁定

第二审法院认为原裁定认定事实不清或适用法律错误的,分别以下述方式处理:根据民诉法《适用意见》第 187 条的规定,认为第一审法院作出的不予受理的裁定有错误的,应在撤销原裁定的同时,指令第一审法院立案受理;认为第一审法院作出的驳回起诉裁定有错误的,应在撤销原裁定的同时,指令第一审法院进行审理;认为第一审法院作出的管辖权异议裁定有错误的,应当在撤销原裁定的同时,指令第一审法院审理或将案件移送有管辖权的法院审理。

## 三、第二审裁判的效力

我国实行两审终审制，第二审程序即为终审程序，第二审法院的裁判为终审裁判，其法律效力主要体现在以下三个方面：

### （一）不得对二审裁判再行上诉

第二审法院的裁判是对当事人之间实体权利义务的最终确认，一经送达当事人，即具有法律效力，当事人不得就此再行上诉。如果当事人认为第二审法院的裁判有错误的，只能按审判监督程序向人民法院申请再审或者向检察院申诉。

### （二）不得再行起诉

当事人不得就同一诉讼标的，以同一事实和理由重新起诉，否则将违反一事不再理原则。但是判决不准离婚、调解和好的离婚案件，以及判决、调解维持收养关系的案件除外，经过一定期限后的当事人可以依法重新起诉。

### （三）具有强制执行力

第二审法院作出的具有给付内容的裁判，如果义务人无正当理由拒不履行义务的，对方当事人有权向法院申请强制执行。人民法院在特定的情形下也可以依职权开启执行程序，以保护当事人的合法权益的实现。

第二审裁判一经送达当事人即具有法律效力。即二审法院裁判的生效时间是法院送达完成之时，而非二审法院裁判作出之时。

# 第十六章

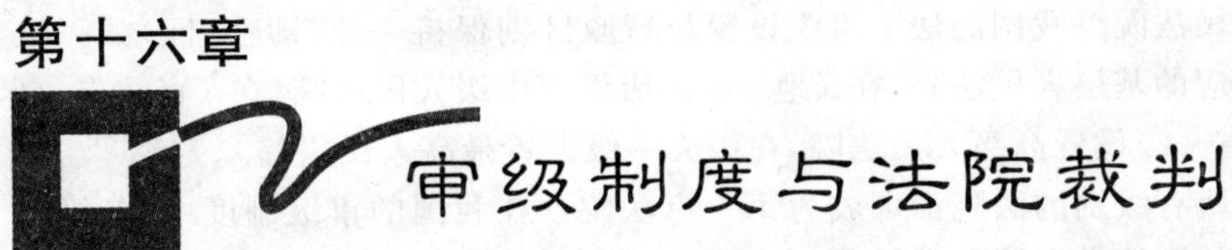

# 审级制度与法院裁判

## 第一节　审级制度

### 一、审级制度的概念

所谓民事审级制度，是指按照法律的规定，能够审理民事案件的审判机关在组织机构上的层级划分，以及一个民事案件需要经过几个不同级别的法院审理才能够终结的制度。民事诉讼中的审级制度是民事诉讼法所规定的基本程序制度，各个国家均通过立法的形式肯定了审级制度的具体内容和基本功能，并由此产生了不同的审级制度：一审终审制、两审终审制和三审终审制，或者混合的审级制度 。[①] 民事审级制度决定了国家在处理民事案件时分配司法资源的基本模式，同时也影响着当事人能够获得司法救济的机会。

"目前世界上实行单一审级模式的国家并不多，有许多国家从保障公正、有利法制的统一性和提高诉讼效率的多角度综合考虑，实行多元的审级模式，即根据案件的性质和争议诉讼标的额的大小决定审级制度。"[②]有些案件一审终审，有些案件两审终审，还有些案件三审终审。第三审一般为法律审，只审查下级法院的裁判适用法律有无错误。

### 二、我国审级制度的特征

1. 法院组织体系层次设置，完全与行政区划相联系。根据《法院组织法》的规定，我国的人民法院分为四级：最高人民法院、高级人民法院、中级人民法

---

① 杨荣新、乔欣：《重构我国民事诉讼审级制度的探讨》，载《中国法学》2001 年第 5 期。

② 张卫平：《民事诉讼法》，法律出版社 2009 年版，第 76 页。

院和基层人民法院。除最高人民法院以外，其他各级人民法院都有自己的上一级人民法院。我国的法院组织设置与行政区划保持一致，即在(区)县一级设置相应的基层人民法院，在（地 )市一级设置中级人民法院，在（直辖市、自治区)省一级设置高级人民法院，在中央一级设置最高人民法院。

2.所有级别的法院都可成为第一审法院。在我国的审级制度中，各级法院之间的职能没有明显差异，都是以解决个案纠纷为基本宗旨的。从理论和制度上看，最高人民法院也可以成为第一审法院，尽管时至今日，它还没有进行过一例一审民事案件的审判。而其他国家和地区则有相对固定的初审法院、二审法院和终审法院。

3.实行两审终审制。当事人对地方各级人民法院作出的未生效第一审判决不服的，可依法向上一级人民法院上诉，而上一级人民法院作出的终局判决就是生效判决，不允许再次上诉。

## 三、两审终审制度

### (一)两审终审制度的概念

两审终审制度，是指一起民事案件经过两级法院审判就宣告终结的制度。根据两审终审制，一起民事案件经第一审人民法院审判后，当事人如果不服，有权依法向上一级人民法院提起上诉，由其进行第二审。二审法院作出的判决、裁定为终审判决、裁定，当事人不得再行上诉。但是最高人民法院作出的一审判决、裁定即为终审判决、裁定。依特别程序审理的案件，也实行一审终审，当事人不得上诉。

我国的审级制度有一个发展过程，中华民国和新民主主义革命时期的革命根据地，曾经实行过三审终审制。新中国成立后，基本上确立了两审终审制。关于我国确立两审终审制的理由，权威的民事诉讼法学者早期曾经作出了这样的总结:“第一，可以减少当事人的讼累，方便当事人进行诉讼……审级过多，会使民事关系长期处于不稳定状态……;第二，可以使高级法院和最高法院摆脱审理具体案件的工作负担，集中精力搞好审判业务的指导监督;第三，我国的审判监督程序可弥补审级少的不足……;第四，第三审仅作书面审和法律审，对案件事实部分不予过问，因而作用极为有限。”①我国现行的两审

① 江伟主编:《民事诉讼法学原理》，中国人民大学出版社 1999 年版，第 333 页。

终审制，是从我国的国情出发的一种制度选择。

**(二)我国两审终审制度的缺陷**

1. 我国现行的四级两审终审制是一种柱型结构的司法等级制。各级法院的价值目标、职能配置及运作方式几乎没有分别。[①]各级法院及各个审级之间职能分层不清，影响审级制度适用的实际效果。

2. 多数案件的终审法院为中级人民法院，其级别较低，不利于法律适用的统一。

3. 两审终审的审级较少，以对上诉理由不设实质性限制和案件请示制度等为补充，影响法院独立审判，对当事人诉讼权利救济保障仍有不足。为克服两审终审制度的弊端，改革现行的审级制度，建立有限的三审终审制度的观点得到了学界的普遍认同。但其作为基本审判制度的变革，还有待在民事诉讼法的修改中作出统一安排。

## 第二节　法院裁判的形式

### 一、判决

**(一)民事判决的概念与特点**

民事判决，是指人民法院依照法定程序对民事案件进行审理终结时，就案件的实体问题作出的权威性判定。民事判决的实质是将人民法院确认的当事人之间的权利义务关系，用法定形式加以确定。民事判决具有以下几个方面的特点：

1. 民事判决由审判组织依法制作，是人民法院行使审判权的表现形式。在我国，有权行使审判权的职能机关仅限于人民法院，其他机关、社会团体和个人都无权审理民事案件，无权作出民事判决，也无权干涉人民法院的民事判决。

2. 民事判决是人民法院审理民事案件和当事人进行诉讼的结果。原则

① 傅郁林：《民事司法制度的功能与结构》，北京大学出版社 2006 年版，第 19 页。

上未经过法庭调查和辩论不能作出判决。

3. 民事判决是用以确定案件的实体问题的法定形式。确定案件的实体问题，就是确定当事人之间的民事权利义务关系或者肯定、否定一些特定的法律事实。判决本身并不为当事人创设权利，或者减免义务，因为权利义务本身是由实体法所确定的。

4. 民事判决具有权威性。判决是法院对民事案件行使审判权作出终结审理案件的审判行为。它是一种强制性结论，一经作出，对当事人、法院和社会都产生相应的拘束力，非经法定程序，任何单位和个人都无权改变。

**(二)民事判决的种类**

民事判决可以根据不同的分类标准分为不同的种类，具体包括：

1. 诉讼案件的判决和非诉案件的判决

根据判决内容是否涉及民事权益争议，可以将民事判决分为诉讼案件的判决和非诉案件的判决。

诉讼案件的判决，是解决双方当事人之间的民事权益争议，确认争议的权利义务关系的判决。适用普通程序、简易程序、二审程序、审判监督程序审理案件作出的判决，都是诉讼案件的判决。

非诉案件的判决，是指人民法院对某些不直接涉及民事权利义务争议的案件，根据民事诉讼法规定的特别程序进行审理，对申请人要求确认的法律事实，作出肯定或者否定的判决。例如，宣告失踪或者宣告死亡的判决、认定公民无民事行为能力或者限制行为能力的判决、认定财产无主的判决等等，都是非诉案件的判决。非诉案件的判决均不得通过上诉、再审进行救济。

2. 给付判决、确认判决和形成判决

根据被裁判的诉的种类的不同，在支持诉的判决的情况下，民事判决可以分为给付判决、确认判决和形成判决。

给付判决，是指人民法院制作的责令一方当事人向另一方当事人履行一定义务或者给付一定金钱、财物的判决。例如，责令败诉方返还胜诉方的借款；责令败诉方停止或者作出某种行为等。给付判决的特点是，如果负有义务的一方当事人不履行义务，那么享有权利的一方当事人可以申请人民法院强制执行。

确认判决，是指人民法院制作的确认当事人之间存在或者不存在某种民事权利义务关系或者某项法律事实的判决。例如，判决确定某房屋的所有权不是原告享有；判决确认甲乙之间存在收养关系等。

形成判决，是指人民法院制作的变更或者消灭当事人之间原来存在的无争议的民事法律关系之判决。例如，解除或撤销合同的判决；解除婚姻关系的判决。形成判决所具有的形成力，不仅及于当事人，也及于一般第三人。

3.一审判决、二审判决和再审判决

根据其所依据的审级和审判程序的不同，民事判决可以分为一审判决、二审判决和再审判决。

一审判决，是一审法院适用第一审程序对案件进行审理后作出的判决，它包括适用普通程序、简易程序和特别程序作出的判决。对于一审判决，法律规定可以上诉的，当事人可以在法定上诉期限内提起上诉，如适用普通程序、简易程序作出的一审判决即是，超过上诉期限，当事人没有上诉的，该判决生效。法律规定不准许上诉的，判决书送达当事人后即发生法律效力，如根据特别程序作出的判决即是。

二审判决，是二审法院适用第二审程序对上诉案件进行审理后，依法作出的判决。二审判决是终审判决，判决书在宣告或者送达后即发生法律效力，当事人不得对此上诉。

再审判决，是人民法院对已经发生法律效力的判决，发现其在认定事实上或者适用法律上确有错误，适用再审程序，对案件再行审理后作出的判决。对于按照第一审程序再审后作出的再审判决，当事人仍然可以于法定期限内提起上诉；按照第二审程序再审后作出的再审判决，为终审判决，当事人不能提起上诉。

4.全部判决和部分判决

根据其是终结案件的全部还是一部分，民事判决可以分为全部判决和部分判决。

全部判决，是指人民法院在案件全部审理结束时所作出的判决。全部判决作出后，该案的诉讼程序即宣告结束。当事人对全部判决的一部分不服提起上诉时，判决中没有上诉的事项因为整个判决的上诉而不发生法律效力。

部分判决，是一部终局判决的简称，是全部终局判决的对称，是指在诉讼进行中，法院认为对系属于诉讼的诉讼标的的一部分或一诉主张数项标的的部分的审理达到了可裁判的程度，以终结该一部分诉讼在该审级的系属为目的的判决。① 我国《民事诉讼法》第 139 条规定："人民法院审理案件，其中一

---

①　杜睿哲：《论民事诉讼中的部分判决》，载《甘肃政法学院学报》2006 年 9 月总第 88 期。

部分事实已经清楚,可以就该部分先行判决。"部分判决是对当事人主张的诉讼标的的部分认定和解决,完整地解决可以在一个或多个另外的部分判决中作出。部分判决如请求偿还借款5万元的诉讼,双方当事人对其中2万元互有争执,对其余无争执的3万元的判决即属于部分判决。

部分判决作出后,该案的诉讼程序并未结束,人民法院应当继续审理余下的部分事实并作出判决。部分判决的法律效力与全部判决的法律效力相同。当事人对部分判决未上诉的,上诉期满后该部分判决即发生法律效力。我国诉讼实践中部分判决的适用非常少见,多为全部判决。

5. 对席判决和缺席判决

根据双方当事人是否都出庭,民事判决可以分为对席判决和缺席判决。

对席判决,是指人民法院在双方当事人自始至终都参加诉讼活动的情况下所作出的判决。

缺席判决,是指在一方当事人经人民法院合法传唤,无正当理由拒不出庭或者未经法庭许可中途退庭的情况下,法院依另一方阐明的事实和提供的证据,依法进行开庭后所作出的判决。

6. 原判决和补充判决

根据其作出的先后时间,民事判决可以分为原判决和补充判决。

原判决,是指人民法院对一起案件审理后首次作出的判决。

补充判决,是指在原判决宣告后,人民法院在原判决主文不明难以执行或者有遗漏错误的情况下,针对原判决所作的更正、解释或者补充的判决。补充判决与原判决具有同等的法律效力。

### (三)民事判决的内容

根据民事诉讼法的规定和审判实践中的做法,民事判决书由首部、事实、理由、判决结果和尾部等组成,各个部分的内容和格式要求如下:

1. 首部

首部主要包括标题、案号、诉讼参加人的基本情况及案由。

民事案件的案由依据当事人主张的民事法律关系的性质来确定。案由应当高度概括和简洁明了,其表述方式原则上确定为"法律关系性质"加"纠纷",如房屋拆迁安置补偿合同纠纷、侵犯著作财产权纠纷。最高人民法院颁布的《民事案由规定》(法发[2008]11号)是确定案由的依据。

2. 当事人争议的事实和理由

当事人争议的事实和理由,是双方当事人各自对案件所主张的争议情况及其根据。对当事人争议的事实和理由的表述，应当做到客观、准确、完整、精练。

3.判决认定的事实、理由和法律根据

判决认定的事实是经过法庭审理查明的事实。判决理由是法院依据所认定的事实和法律根据，对当事人的诉讼请求作出判决结论的过程的表述。我国判决书对事实与法律之间的逻辑关联普遍缺乏论证。加强裁判文书的说理性，判决理由公开，也是司法改革的重要任务之一。

4.判决结果

判决结果是判决的主文部分。判决结果是法院对当事人诉讼请求的答复。学理上认为判决事项应当与当事人请求裁判的事项和范围一致，是对诉讼标的的裁判。判决结果可以全部支持或否定当事人的诉讼请求，也可以部分支持或否定当事人的诉讼请求，但不能超出当事人的诉讼请求范围。

5. 尾部

判决书的尾部包括诉讼费用负担、本判决是否准许上诉、上诉的期限和上诉的法院，合议庭的组成人员或者独任审判员、书记员署名，同时要注明该判决书制作的年、月、日，并应当加盖人民法院印章。

判决书制作后，要与原本核对，无误的加盖“本件与原本核对无误”章。

上述判决书的内容，主要是对一审诉讼案件判决书的要求。非诉讼案件和二审诉讼案件的判决书，在内容和要求上与此不同。非诉讼案件的判决，由于不存在民事权益之争，所以不存在争议的事实和理由，又由于非诉讼案件是要求确认法律事实，所以应当记明申请人申请确认的事实和根据。同时，因为一审终审的缘故，只需表明该判决为终审判决即可。

**(四)生效民事判决的效力**

生效民事判决的效力是指生效民事判决所具有的实际作用。主要表现在以下几个方面：

1.确定力

确定力是指生效民事判决在程序法上的效力。其可分为形式上的确定力和实质上的确定力。前者是指受生效判决拘束的当事人不得以上诉的方法要求人民法院对判决予以变更或撤销的效力，后者是指既判力。

2.执行力

执行力是生效给付判决所具有的强制执行的法律效力。如果义务人没有按照生效判决履行义务，权利人可以向法院申请强制执行，法院依法强制债务人履行义务。有执行力的法律文书并不限于判决。

3.形成力

生效民事判决的形成力，是指形成判决具有的使原实体法律关系变更或消灭的效力。形成判决的形成力不只产生于当事人之间，还具有对社会的效力，第三者不能否定其形成效果。

## 二、裁定

### (一)民事裁定的概念

民事裁定，是指人民法院在审理民事案件过程中，对所发生的程序上应当解决的事项作出的居于诉讼法上约束力的权威性判定。一般而言，法院解决程序问题，应当使用民事裁定。裁定不仅是人民法院判定程序问题的法定形式，也成为人民法院指挥民事诉讼的有效方式。

民事诉讼从立案直至诉讼的结束阶段，以及执行程序，都有可能出现一些阻碍程序正常推进的程序问题。人民法院可以用裁定的方式，对这些问题进行及时处理，以保证诉讼程序的有效运行。

裁定与判决相比，存在明显区别：①解决问题性质不同。判决主要是解决民事实体问题，而裁定主要是解决民事案件的程序问题。即使有些程序问题涉及实体问题，法院也不能用裁定对实体权利义务关系问题作出判定。②适用阶段不同。判决通常只能在案件审理终结时作出，而裁定可以在案件审理终结时作出，也可以在案件审理的过程中作出，还可以在执行程序中作出。③表现形式不同。判决只能用书面形式表现，而且有严格的格式，裁定可以用书面形式表现，也可以用口头形式表现。④上诉期间不同。依法准许上诉的民事判决的上诉期是15天，而依法准许上诉的民事裁定的上诉期只有10天。

### (二)民事裁定的适用范围

根据《民事诉讼法》第140条的规定，裁定的适用范围是：

1.不予受理。当事人不享有民事程序上的诉权，或者该法院对此案无管辖权的，法院应当裁定不予受理。具体来说，一是原告起诉的事项不属于法院的主管范围，或者虽属法院的主管范围，但不属于本院管辖或者不属于民事案件的受案范围；二是原告的起诉不符合起诉条件，又无法补正或者原告未在一定期限内补正；三是法律规定在一定期限内不得起诉，但原告在此期限内起诉。对上述情形,法院裁定不予受理。原告对不予受理的裁定不服的,有权在接到裁定书后 10 日内提起上诉,要求上一级法院撤销不予受理的裁定,并要求其指定下级人民法院立案受理。

2. 管辖权异议。一方当事人向法院起诉,受诉法院予以受理后,另一方当事人认为受诉法院对该案无管辖权的,可以在应诉之前向受诉法院提出管辖异议。对此,法院应当进行审查,经过审查认为异议没有理由的,书面裁定驳回异议;认为有理由的,裁定将案件移送有管辖权的法院。若对该项裁定不服,当事人有权向上一级法院提起上诉。

3. 驳回起诉。原告向法院起诉,法院予以受理后,在审理过程中发现当事人没有实体意义上的诉权或者程序意义上的诉权,无权起诉或者起诉不符合起诉条件,法院以裁定驳回起诉。当事人不服的,可以提起上诉。

4. 财产保全和先予执行。财产保全和先予执行事实上要涉及实体问题,如财产保全要查封、扣押财产,先予执行要责令一方当事人预先履行一定的义务。但是对财产的保全并非决定财产的归属,只是禁止处分财产,先予执行也只是基于某些案件原告人的特殊需要,责令被告暂时预先履行一定的义务,而不是最终确定当事人的实体权利义务问题,终局判决中可以先予执行。所以,财产保全和先予执行的目的是为了保证诉讼的顺利进行,与程序问题紧密相关,人民法院采用裁定的方式进行财产保全和先予执行。

对于财产保全和先予执行的裁定,当事人不能上诉,但可以向作出裁定的法院申请复议一次。复议期间,不停止对裁定的执行。

5. 准许或者不准许撤诉。撤诉是当事人行使处分权的表现形式。当事人撤诉只要符合法律规定,法院就应当准许。但是,当事人的撤诉违反法律或者损害国家、集体和他人合法权益的,法院应当不准许其撤诉。

6. 中止或者终结诉讼。中止诉讼是由于出现了特殊情况,诉讼程序中途停止。终结诉讼是由于出现了特殊情况,使正在进行的诉讼既无必要也不可能继续进行下去,因而最终结束诉讼程序。在诉讼过程中,遇有需要中止诉讼或者终结诉讼的情况,由人民法院裁定。

7. 补正判决书的笔误。补正判决书的笔误,是对判决书中的错误进行补充或者更正。由于其不涉及法院断定的实体问题,因此采用裁定。

8. 中止或者终结执行。中止执行是由于出现了特殊情况,执行程序中途停止。终结执行是由于出现了特殊情况,使正在进行的执行程序失去继续进行下去的可能性和必要性,因而最终结束执行程序。在诉讼过程中,遇有需要中止执行或者终结执行的情况,法院应当作出裁定。

9.不予执行仲裁裁决或者公证机关赋予强制执行效力的债权文书。仲裁机构的裁决发生法律效力后,一方当事人不履行的,对方当事人可以向有管辖权的法院申请执行。如果被申请人提出证据证明仲裁裁决存在应当不予执行的事由,法院经审查属实后应当裁定不予执行仲裁裁决。

公证机关依法赋予强制执行效力的债权文书,一方当事人不履行的,对方当事人可以向有管辖权的法院申请强制执行。受申请的法院确认债权文书确有错误的,也可以裁定不予执行。

10.其他需要裁定解决的事项。根据审判实践的需要,法律作出这一项弹性规定,以保证审判实践中的新情况、新问题得以顺利解决。其他需要裁定解决的事项有:由简易程序审理的案件,改用普通程序进行审理;第二审法院撤销一审法院裁判的案件,按审判监督程序决定再审的,中止原判决的执行;督促程序中,申请人的申请不成立的,驳回申请;经公示催告,利害关系人申报后,终结公示催告程序;宣告进入破产还债程序;承认和执行外国的判决、裁定等。

上述民事裁定中,除了前三种是当事人可以上诉的裁定,以及财产保全和先予执行裁定可以申请复议外,对其他裁定不服的,当事人既不能上诉,也不能申请复议。

### (三)民事裁定的形式和内容

裁定既可以书面形式作出,也可以口头形式作出。但在审判实践中,裁定大多为书面形式,对于依法准予上诉的裁定,必须以书面形式作出。民事裁定的书面形式就是民事裁定书。

民事裁定书由首部、正文、尾部组成。首部应当写明标题、案号以及当事人及其诉讼代理人的基本情况,其要求与民事判决书的要求基本相同。正文应当写明事实、理由和结论。事实即该案诉讼程序进行中所遭遇到的客观情况;理由即该案的审判组织依据法律所确认的理由;结论即人民法院根据事实和理由对所遇问题作出的权威性判断。民事裁定书的尾部应当由审判人员、书记员署名,加盖人民法院印章。凡法律允许当事人上诉的民事裁定,人民法院必须在民事裁定书中注明上诉的期间及上诉的法院。

以口头形式作出的裁定,书记员应当记入笔录。

### (四)民事裁定的效力

裁定生效后也在法律上产生拘束力,约束法院和当事人;有的裁定如先予执行等还具有执行力。

因为裁定解决的问题在内容、性质上有很大的不同，所以生效的时间也不同。对于不予受理、对管辖权有异议和驳回起诉的裁定，法律规定准许上诉，上诉期限为10天，超过上诉期不上诉的，裁定就发生法律效力。对于其他不准许上诉的裁定，一经宣布或者送达，即发生法律效力。但财产保全和先予执行的裁定，虽然也不许上诉，但当事人可以依法申请复议一次，不过在复议期间，并不停止对裁定的执行。

发生法律效力的裁定包括：第一，最高人民法院作出的裁定；第二，二审法院作出的裁定；第三，一审法院作出的依法不得上诉的裁定；第四，一审法院作出的可以上诉但在上诉期内没有上诉的裁定。

裁定生效后当事人及其他诉讼参与人必须执行裁定，不得再对同一事项提出相同要求；人民法院也受裁定的拘束，未经法定程序，不得随意改变或者撤销生效裁定。此外，有些裁定对社会有关部门和人员也具有拘束力。如财产保全裁定、先予执行裁定、补正判决书中笔误的裁定生效后，有关部门和人员有协助执行的义务。

## 三、决定

### （一）民事决定的概念

民事决定，指人民法院对民事诉讼中的特殊事项依法作出的权威性判定。民事决定的特殊事项，是指在诉讼中有相当的紧迫性或重要性的特定事项。为保证人民法院公正地审理民事、经济案件，维护正常的诉讼秩序，正确处理人民法院内部的工作关系，人民法院常常使用民事决定。

人民法院适用民事决定处置特殊事项时，可以视情况选用口头形式或者书面形式。如果口头作出民事决定，应当由书记员记入笔录；如果使用书面形式，应当写明人民法院的全称，决定书种类和案号，该决定所依据的事实、理由以及该决定的内容，最后还应注明该决定是否准予申请复议。同时，应当由作出决定的组织、人员署名以及注明作出决定的日期，并加盖人民法院印章。

民事决定依法一律不准上诉。

### （二）民事决定的适用范围

根据民事诉讼法的规定，民事决定主要适用于民事诉讼中的下列事项：

(1)决定回避;(2)决定对妨害民事诉讼的行为采取强制措施;(3)决定诉讼费用的减、免、缓;(4)决定顺延期限;(5)决定再审;(6)决定暂缓执行;(7)其他需要人民法院作出决定的事项

### (三)民事决定的效力

民事决定是对特定事项作出的职务判定,为及时解决问题,法律对其何时生效,一般不作限制性的规定。通常情况下,民事决定一经人民法院作出或者送达,即发生法律效力,而不论其是否可以依法申请复议。对回避决定、拘留罚款决定等不服的,可以申请复议一次,复议期间民事决定并不停止执行。

## 第三节　既判力

### 一、既判力的含义

既判力是大陆法系国家民事诉讼中的一个概念,被称为判决实质上的确定力,是指确定判决(生效判决)关于诉讼标的所表示的判断对法院和当事人的强制性拘束力或通用力,是依确定判决承认或否认的权利及法律关系,使之在后来的诉讼中不变的效力。具体地讲,它表现为当事人不得在以后的诉讼中主张与该判决相反的内容,法院也不得在以后的诉讼中为内容矛盾之判断。

既判力理论发端至今,在民事诉讼理论中占据着重要地位,它是民事诉讼法学的基本理论范畴,"如果诉权论是关于诉讼的出发点的话,那么既判力可以说是关于诉讼终结点的理论。"[①]我国的民事诉讼法中没有关于既判力的明确和直接的规定,对既判力理论的研究也是从 20 世纪 90 年代中期才开始的。既判力源于达到解决民事纠纷的目的和维护法的安定性的要求,如果判决没有既判力,那么其所确定的法律关系仍可为当事人重新争执,判决将随时有可能被推翻,其应有的恢复和维护社会秩序的功能将无法实现。因此,任何国家都不可能不赋予判决以实质上的既判力,我国也不例外。时至今日,既判力制度已为诉讼法学界学者所认可和接受。

---

① [日]兼子一、竹下守夫:《民事诉讼法》,白绿铉译,法律出版社 1995 年版,第 156 页。

既判力的作用主要是针对以后的诉讼。法院应以生效判决就诉讼标的的判断为后诉判决的基础,不得作出相异判决。任何一项生效裁判要取得既判力,应当同时满足这样的条件:先后存在两个诉讼;前后两个诉讼有相同的当事人;"前后两个诉讼诉讼标的要么相同、要么前诉的诉讼标的是后诉诉讼标的的前提、要么后诉的诉讼请求与前诉的判决相矛盾"。[①]

构成既判力制度核心的是既判力的范围,包括既判力的客观范围、主观范围和时间范围。

## 二、既判力的客观范围

既判力的客观范围,又称事的界限,是指判决中哪些判断事项产生既判力的问题。既判力的客观范围要解决的问题,是生效判决的内容对哪些诉讼标的——法律关系或实体请求权有拘束力,即已经被生效判决判断过并终局性地解决了的纠纷的范围。由于判决对诉讼标的的判断必须集中于判决主文中,因此,按照大陆法系的一般观点,既判力原则上以判决主文中的判断事项为限(以确定的终局判决中经裁判的诉讼标的为限),判决理由没有既判力。

德国《民事诉讼法》第 322 条(实质的确定力)规定:"判决中,只有对以诉或反诉而提起的请求所为的裁判,有确定力。"日本《民事诉讼法》第 114 条第 1 款规定 :"确定判决对主文内容有既判力。"我国台湾地区《民事诉讼法》直接指明了既判力的客观范围与诉讼标的之间的一致性,其《民事诉讼法》第 400 条第 1 项规定:"诉讼标的于确定之终局判决中经裁判者,除法律别有规定外,当事人不得就该法律关系,更行起诉。"

如何确定前后两诉的诉讼标的是否一致,涉及诉讼标的理论中对诉讼标的的识别标准。采纳不同的诉讼标的理论,既判力的客观范围也会随之发生相应变化。"一般说来,采纳旧诉讼标的理论,既判力的客观范围较小,采纳新诉讼标的理论,既判力的客观范围则较大。"[②]

民事诉讼法学理论界对判决理由中的判断没有既判力,大都持肯定意见。这主要是由于"当事人不能穷尽使用攻击或者防御的手段和方法,无法完全尽到主张和证明的责任。若承认判决理由中的判断具有拘束力,可能会发生

---

① 参见张卫平:《民事诉讼法》,法律出版社 2009 年版,第 121 页。

② 常怡、肖瑶:《民事判决的既判力客观范围》,载《甘肃政法学院学报》2006 年总第 86 期。

'突袭性'的裁判，损害当事人或案外人的合法权益，导致判决结果的不公。另一方面，从司法实务上看，多数国家和地区都不承认判决理由中的判断具有拘束力。法国、日本都将判决理由中的判断视为判决要解决的先决事项，而不是判决本身所面临的问题”。①

## 三、既判力的主观范围

既判力的主观范围，又称既判力的人的界限，是指生效判决对哪些主体有既判力。通说认为，民事诉讼解决的是当事人之间的权益纠纷，判决的效果只应对双方当事人加以拘束，随意拘束第三人会不当地侵犯第三人享有的诉讼程序保障权，并可能损害其正当的实体权益。所以，原则上既判力的主观范围限于当事人，不及于第三者。作为该原则的例外，既判力在特定情况下也会向第三者扩张。在大陆法系国家受既判力扩张的第三者包括诉讼系属后当事人的继受人，为当事人或其继受人利益占有诉讼标的物的人。

## 四、既判力的时间范围

既判力的时间范围，又称既判力的基准时，指的是既判力以事实审言词辩论终结时为基准产生效果，当事人之间的权利义务关系被确定，不得复为争执。

由于当事人之间的权利义务关系往往是在不断变化之中的，既判力所确定的法律关系仅仅是在一个特定时间点上的权利义务。在既判力基准时之后，如果发生了关于该法律关系的新的事实，在前诉已经终结的情况下，当事人能否在后诉中主张该事实？对于既判力基准时之前已经存在的事由（攻击防御方法），当事人如不适时在诉讼中提出，不问有无过失，不得在以后再提出该等事由争执已为既判力所确定的权利义务关系。基准时之前已存在而未提出之攻击防御方法被既判力所遮断。例如，被判令支付货款的被告，不得把口头辩论终结前就已经存在但未被主张的债务偿还、延期支付等事由，作为新的诉讼中抗辩否定前诉判决的既判力。既判力具有使当事人无法在后诉中再提出基准时以前存在的事实主张的后果，这被称为既判力的“失权效”，也称“阻

---

① 邓辉辉：《既判力理论研究》，中国政法大学出版社2004年版，第113页。

断效"或"遮断效"。[①]

既判力的基准时限定在事实审言词辩论终结时，这受到了大陆法系国家法律制度和诉讼理论的一致肯定。将事实审言词辩论终结时作为既判力的基准时，其理由在于终局判决是以口头辩论终结时为止，之前所提出的诉讼主张和证据事实为依据，对争议的权利义务关系作出一体性判定。从当事人的角度来看，到口头辩论终结时点为止的所有事由，应当是当事人能主张的事由，因此禁止对这些事由再度进行争议，对当事人而言具有合理性并无剥夺辩论权之嫌。实行三审终审制度的国家的第三审通常只是法律审，而法律审中法院仅就上诉案件中争议的法律问题进行审理并作出判决，法律审法院对案件事实的认定受事实审法院认定的约束，法律审中即使重开口头辩论也不能提出新的事实资料，因此，如果产生既判力的判决是由法律审法院作出的，其既判力的基准时仍然是原事实审中言词辩论终结之时。

既判力基准时的法律意义在于，明确了生效判决的既判力只对该基准时之前的事实有排斥作用，对该基准时之后出现的事实不具有既判力。后发事实尽管与前诉判决的权利义务关系有关，仍然可以由当事人在后诉中主张。

---

① 参见张卫平：《民事诉讼法》，法律出版社 2009 年版，第 131 页。

# 第十七章

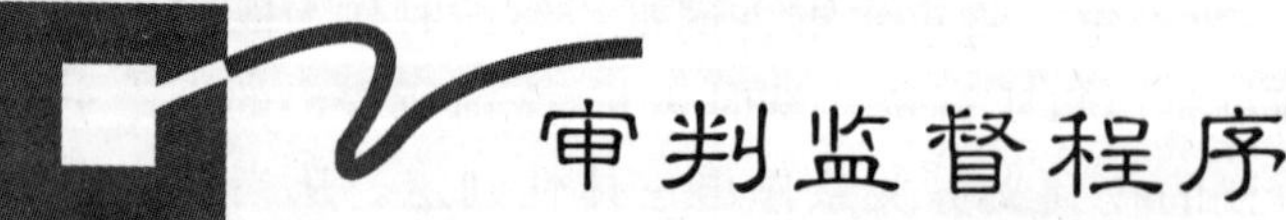

# 审判监督程序

## 第一节 审判监督程序概述

### 一、审判监督程序的概念

审判监督程序，是指司法裁判文书、调解书发生法律效力后，人民法院依照法定程序对案件进行再次审理并重新作出裁判的诉讼活动。我国民事诉讼法中使用了审判监督程序的称谓。一般认为，审判监督程序和再审程序是一致的，本书并不作区分①。

### 二、审判监督程序的特点

再审程序是民事诉讼法规定的一种独立的诉讼程序，就其性质而言，再审程序是纠正人民法院已经发生法律效力的民事判决、裁定，法院调解的错误的一种补救程序。它与我国民事诉讼法规定的第一审程序、第二审程序和特别程序相比具有以下特点：

---

① 我国《民事诉讼法》在立法上明确使用了“审判监督程序”这个法律术语，按照通常的理解，审判监督程序的提起应该是基于相关主体的审判监督权而引起的，但我国《民事诉讼法》第 16 章规定的审判监督程序的启动有三种情况：人民法院决定、人民检察院抗诉和当事人申请。人民法院决定对案件进行再次审理是基于审判监督权而启动审判监督程序；人民检察院以抗诉的方式启动审判监督程序是基于法律监督的职权；而当事人以申请的方式启动审判监督程序是行使诉权。很明显，审判监督权、法律监督权、诉权是不同的权利，不能统称为“审判监督权”。我国《民事诉讼法》第 16 章所规定的内容实际上就是再审程序制度，但却冠以“审判监督程序”之名，因此许多民事诉讼法学教科书为了弥合立法与理论上的缝隙，在给审判监督程序下定义的时候都不会忘记补上一句“它又称为再审程序”。

### (一)以生效的法律文书为前提

当生效裁判文书可能存在错误时,如果不加以补救就可能造成司法不公,最终破坏司法的权威。这就不同于一审、二审程序的启动原因,两者都是由当事人的意志直接启动的,第一审程序的启动原因是当事人之间因民事权利义务关系发生争议或者当事人的民事权益受到侵害,第二审程序的启动原因是当事人对第一审裁判不服,当事人认为一审裁判有误。

### (二)审判监督程序启动主体的多元化

根据我国民事诉讼法的规定,启动再审程序的主体包括人民法院和人民检察院,人民法院基于审判监督权启动再审程序,人民检察院基于检察监督权启动再审程序,而当事人的申请再审只是法院、检察院再审程序启动的线索。

### (三)程序的复杂性

再审程序可以划分为两个前后相续的环节,一是再审的启动程序,二是再审案件的审理程序。再审的启动程序解决的是已经发生法律效力的裁判文书是否需要进行再审的问题,启动程序的重点是审查该案是否符合法定的再审事由,生效裁判是否存在需要纠正的错误。只有通过了启动程序,即人民法院裁定案件进入再审,才会涉及该再审案件的审理法院以及审理程序。与一审程序和二审程序不同,再审程序的启动要求非常严格,仅有极少数案件能启动再审,这也是基于再审程序固有的对判决既判力的侵蚀效果而采取的必要限制措施。

## 三、再审"实事求是"原则与判决既判力的关系

司法裁判一旦产生法律效力,就具有既判力,当事人之间的实体权利义务关系即行确定,当事人不得就该裁判内容再行争执,法院也不得作出与此裁判相矛盾的新裁判。但是,裁判的稳定性和权威性以公正性为基础,要维护裁判的权威,就必须及时纠正裁判中的错误,确保裁判的正确性。由于现实中裁判出现错误是不可避免的,再审制度也就有了存在的必要。

再审制度的确立,体现了法治社会既要维护裁判权威,又要追求裁判公正的价值取向。再审制度是在裁判稳定性、权威性与裁判正确性、公正性之间寻求平衡的结果。平衡的结果就是对再审程序的启动,必须保持谨慎的态度。

"再审是当事人对已经确定的判决以诉讼程序上有重大瑕疵或作为其判断的基础资料里有严重缺陷为理由，请求撤销该判决并且恢复已终了的诉讼，进行重新审判的、非常的不服声明的方法。判决被确定后，如仅仅因为判断不当或发现新的证据就承认当事人的不服声明，则诉讼是无止境的；但另一方面，从作出正确、公正的裁判的理想来说，不管有什么样的瑕疵一律不准撤销已确定的判决，也是不合理的。于是，法律规定在判决里有特别重大并且对当事人也有严重的瑕疵时，应准许再审。"[①]从这个角度看，再审"申请难"现象有其合理性。

2007年修订的《民事诉讼法》，有关审判监督程序的修改有7个条文，涉及申请再审管辖、再审事由、申请再审的审查程序和审查期限等内容。为进一步细化规则，提高法律的可操作性，最高人民法院制定《关于适用民事诉讼法审判监督程序若干问题的解释》(以下简称《审判监督程序解释》)，多次听取全国各高级法院、多家中级法院和一些基层法院的意见，也吸收了专家学者、院内各相关庭室办以及全国人大法工委的意见。《审判监督程序解释》已于2008年11月10日经最高人民法院审判委员会第1453次会议通过，并于2008年12月1日公布施行。

## 第二节　当事人申请再审

当事人申请再审，是指当事人对已经发生法律效力的判决、裁定，认为确有错误的，或者提出证据证明人民法院作出的已经发生法律效力的调解书在调解时违反自愿原则或者调解协议的内容违反法律规定，依照法定程序提出申请，请求人民法院对已经审结的民事案件进行再次审理和重新裁判的诉讼行为。

### 一、当事人申请再审的意义

申请再审是当事人享有的一项重要的诉讼权利。当事人是法院判决、裁定或者调解书确认的实体权利的享有者和实体义务的承担者，如果法院判决、

① [日]兼子一、竹下守夫著：《民事诉讼法》，白绿铉译，法律出版社1995年版，第249页。

裁定或者调解书存在错误,必然对当事人的实体权利义务产生直接影响。赋予当事人申请再审的权利,对维护当事人的合法权益具有十分重要的意义。根据《民事诉讼法》的规定,只要当事人的再审申请符合法律规定的条件,人民法院就应当对案件进行再审。因此,申请再审是引起再审程序的重要途径之一。

## 二、当事人申请再审的条件

根据我国《民事诉讼法》的规定,当事人申请再审必须符合下列条件:

### (一)针对已经发生法律效力的判决、裁定、调解书提起

再审程序只能针对已经生效的判决、裁定或者调解书提起,当事人只能对法院的判决、裁定或者调解书已经生效的案件申请再审。对于判决、裁定尚未生效且依法可以上诉的案件,当事人可以通过上诉的方式声明不服,引起第二审程序,寻求权利的进一步救济;对于调解书尚未发生法律效力的案件,当事人可以拒绝在调解协议书上签名或盖章,使调解书不能生效,由人民法院及时作出裁判。总之,判决、裁定或者调解书尚未生效的案件,当事人不能以申请再审的方式寻求权利的救济。

已经发生法律效力的判决、裁定、调解书,既包括已经生效的第一审判决、裁定和调解书,也包括第二审判决、裁定和调解书。其中,只有不予受理和驳回起诉的裁定才能申请再审。对于管辖权异议的裁定,可以上诉,但是否可以申请再审,没有明确规定,司法实践中一般认为没有必要,因为这一裁定生效后,当事人可以案件管辖错误、程序不合法为由直接对判决提出再审申请,同样能达到预期目的。

### (二)当事人不得申请再审的案件

根据《民事诉讼法》第 183 条及最高法院民诉法《适用意见》第 207 条的规定,对于下列案件,当事人不得申请再审:

1.判决解除婚姻关系的案件。婚姻关系案件具有社会公益性,人民法院判决、调解解除婚姻关系的案件,男女双方之间基于婚姻关系而形成的人身权益关系就消灭,若当事人申请再审,就有可能损害他人的利益和社会公益。当然,在这种案件中,当事人不得申请再审的仅限于解除婚姻关系部分,当事人可以就离婚案件中的财产分割问题申请再审;如果涉及判决中未作处理的夫

妻共同财产，应当告知当事人另行起诉。

2. 按照督促程序、公示催告程序、企业法人破产还债程序审理的案件。对于按照督促程序、公示催告程序审结的案件，如果裁判确有错误，当事人、利害关系人可以另行起诉，通过普通诉讼程序解决纠纷；对于按照企业法人破产还债程序审结的案件，由于债务人随着破产清算完毕而丧失主体资格，即使裁判有错误，其主体资格也无法恢复。因此，对于按照上述程序审理的案件，当事人不得申请再审。

### （三）必须向有管辖权的人民法院提出申请

根据《民事诉讼法》第 178 条的规定，当事人申请再审，应向上一级人民法院提出。这是修订后的《民事诉讼法》与旧法的不同之处，旧法允许向原审人民法院或者上一级法院提出再审申请。上一级人民法院，是指原审人民法院的上一级人民法院。原审人民法院，是指原来审结案件的人民法院。发生法律效力的判决、裁定、调解书是第一审人民法院作出的，第一审人民法院就是原审人民法院；发生法律效力的判决、裁定、调解书是第二审人民法院作出的，第二审人民法院就是原审人民法院。如原审人民法院是基层人民法院，其上一级人民法院就是中级人民法院。明确规定申请再审的管辖法院，一方面有利于当事人行使再审申请权，另一方面有利于明确法院的职责，防止人民法院之间互相推诿而损害当事人的合法权益。

### （四）在法定期限内提出申请

根据《民事诉讼法》第 184 条及民诉法《适用意见》第 204 条的规定，当事人申请再审，应当在判决、裁定、调解书发生法律效力后 2 年内提出。另外，修订后的《民事诉讼法》增设了“二年后据以作出原判决、裁定的法律文书被撤销或者变更，以及发现审判人员在审理该案件时有贪污受贿，徇私舞弊，枉法裁判行为的，自知道或者应当知道之日起三个月内提出”的新规定，在特殊情况下对申请再审的期间可以延长。2 年不变期间自判决、裁定、调解书发生法律效力之次日起计算。在法定期间内，具有法定事由的，当事人有权申请再审；超过法定期间的，只有据以作出原判决、裁定的法律文书被撤销或者变更，以及发现审判人员在审理该案件时有贪污受贿，徇私舞弊，枉法裁判行为的，当事人才能在知道或者应当知道之日起 3 个月内申请再审。明确规定申请再审的期间，一方面有利于保障和维护当事人的再审申请权，另一方面有利于促使当事人及时行使权利，确保判决、裁定、调解书以及当事人之间的实体权利义务关系的稳定性。新民诉法对再审申请期间的放宽也进一步强化了当事人的权利。

## 三、当事人申请再审的法定事由

当事人申请再审的法定事由,也称再审理由,《民事诉讼法》第 179 条规定了当事人对以判决和裁定方式结案的案件申请再审的法定事由。这是 2007 年民诉法修改较多的一部分。根据该条规定,对于以法院判决和裁定方式结案的案件,只要当事人的申请符合下列情形之一,人民法院就应当对案件进行再审:

(1)有新的证据,足以推翻原判决、裁定的。根据《证据规定》第 44 条,所谓"新的证据"是指原审庭审结束后新发现的证据。所谓"足以推翻原判决、裁定",就是当事人新提供的证据将全部或者部分否定原来的判决、裁定所确认的事实,这是对当事人新提供的证据在效果方面的要求。

(2)原判决、裁定认定的基本事实缺乏证据证明的。证据是认定案件事实的基础,缺乏证据证明,裁判的基础就不牢固,据此认定的事实、适用的法律以及作出的裁判结果就可能是错误的。

(3)原判决、裁定认定事实的主要证据是伪造的。

(4)原判决、裁定认定事实的主要证据未经质证的。

(5)对审理案件需要的证据,当事人因客观原因不能自行收集,书面申请人民法院调查收集,人民法院未调查收集的。

(6)原判决、裁定适用法律确有错误的。适用法律错误包括引用法律条文错误或者适用失效、尚未生效法律的,或者违反法律关于溯及力规定的,都属于适用法律错误的情形。

(7)违反法律规定,管辖错误的。

(8)审判组织的组成不合法或者依法应当回避的审判人员没有回避的。

(9)无诉讼行为能力人未经法定代理人代为诉讼或者应当参加诉讼的当事人,因不能归责于本人或者其诉讼代理人的事由,未参加诉讼的。

(10)违反法律规定,剥夺当事人辩论权利的。

(11)未经传票传唤,缺席判决的。

(12)原判决、裁定遗漏或者超出诉讼请求的。

(13)据以作出原判决、裁定的法律文书被撤销或者变更的。

另外,对违反法定程序可能影响案件正确判决、裁定的情形,或者审判人员在审理该案件时有贪污受贿，徇私舞弊，枉法裁判行为的，人民法院应当再审。审判人员的廉洁性和公正性是案件获得公正裁判的基本保障。如果审判人员在审理该案件时有贪污受贿、徇私舞弊、枉法裁判行为，裁判的公正性就失去了基础，当事人的合法权益就可能受到损害，因此当事人可以申请对案件进行再审。新《民事诉讼法》修改之处主要是将司法解释中对于原法条“违反法定程序，可能影响案件正确判决、裁定的”的具体情形细化了。

但是，语言有着不可消除的模糊性，新《民事诉讼法》中关于再审事由的规定仍然存在模糊之处，如对“新的证据”、“对审理案件需要的证据”、“适用法律确有错误”、“管辖错误”、“剥夺当事人辩论权利”等概念仍然存在争议和分歧。《审判监督程序解释》对再审事由作了进一步明确，力求统一认识，防止理解偏差。

关于新的证据，《审判监督程序解释》第 10 条第 1 款明确将原审庭审结束前已客观存在、庭审结束后新发现的证据；原审庭审结束前已经发现，但因客观原因无法取得或在规定的期限内不能提供的证据；原审庭审结束后原作出鉴定结论、勘验笔录者重新鉴定、勘验，推翻原结论的证据等三种情形，作为再审事由中的“新的证据”。该条第 2 款对新证据的界定有所放宽，即对于当事人在原审中提供的主要证据，原审未予质证、认证，但又属于足以推翻原判决、裁定的，应当视为新的证据。原审中提供的主要证据未经质证和认证，有可能是由于原审法院的疏忽，也可能是超出举证时限后提供的证据，原审法院根据举证时限规则而不予质证。因为举证时限导致的证据失效，《审判监督程序解释》规定可以视之为新的证据。不过，对于此种情况，《审判监督程序解释》规定，申请再审人或者申请抗诉的当事人在原审程序中因自身原因未能在指定的举证期限内举证的，人民法院可以根据被申请人的请求，要求提出新的证据的当事人承担一定的民事责任。民事责任包括采用相关诉讼费用制裁和损害赔偿两种方式，促使当事人在原审程序中遵守举证时限的有关规定。另外，《审判监督程序解释》将被申请人主张由此增加的差旅、误工等费用，归为诉讼费用，人民法院一旦作出决定，当事人不能对此提出上诉救济；将被申请人主张由此扩大的直接损失予以赔偿，归为侵权损害赔偿纠纷，被申请人可以另行提起诉讼解决。

关于《民事诉讼法》第 179 条第 1 款第(六)项规定的“原判决、裁定适用法律确有错误”，《审判监督程序解释》第 13 条将“法律”明确为“法律、法规或司法解释”；将“适用法律确有错误” 明确为“适用的法律与案件性质明显不符的”、“确定民事责任明显违背当事人约定或者法律规定的”、“适用已经失效或尚未施行的法律的”、“违反法律溯及力规定的”、“违反法律适用规则的”、“明显违背立法本意的”等 6 种情形。

《民事诉讼法》第 182 条规定了当事人对以调解方式结案的民事案件申请再审的事由。当事人只要提出证据证明调解结案的案件具有下列情形之一的，就可以申请再审；经查证属实的，人民法院就应当再审：

1. 有证据证明调解违反自愿原则的。自愿是法院调解的基本原则，违反自愿原则的调解不但违反了法院调解最基本的要求，而且是对当事人处分权的侵害，最终损害当事人的合法权益。因此，当事人有证据证明调解违反自愿原则的，可以申请人民法院对案件进行再审，以维护自己的合法权益。

2. 有证据证明调解协议的内容违反法律规定的。当事人在诉讼过程中达成的调解协议发生法律效力后，如有证据证明该协议的内容违反了法律的禁止性规定，就可以申请人民法院对案件进行再审，人民法院应当再审，以维护法律的尊严和当事人的合法权益。

## 四、当事人申请再审的程序

### (一)申请再审的方式

当事人申请再审应当向上级人民法院提交书面的再审申请书，并附生效的法律文书。申请再审不能以口头的形式提出。再审申请书应当载明下列内容：当事人的基本情况，作出原判决、裁定、调解书的法院名称及判决、裁定、调解书的案号，请求的事项，申请再审的事实与理由，致送人民法院的名称，申请时间等。

当事人根据《民事诉讼法》第 179 条第 1 款第 1 项的规定，即以“有新的证据，足以推翻原判决、裁定的”为事由申请再审的，应当向人民法院提供该新的证据，以证明自己的申请理由成立；当事人以其他事由申请再审并有新的证据的，也应当在提出申请时提交给人民法院。人民法院为查明再审事由是否成立，可以要求申请人和对方当事人补充有关材料，询问有关事项。

### (二)通知对方当事人

修订后的《民事诉讼法》还规定了人民法院将再审申请通知对方当事人的制度。《民事诉讼法》第 181 条规定，人民法院应当自收到再审申请书之日起 5 日内将再审申请书副本发送对方当事人。对方当事人应当自收到再审申请书副本之日起 15 日内提交书面意见；不提交书面意见的，不影响人民法院审查。

## 五、人民法院对再审申请的审查

### (一)再审申请的审查方式

《审判监督程序解释》结合各地审判的实践经验，明确了当事人申请再审后，人民法院可以采取的三种审查方式，径行裁定、调卷审查以及询问当事人，由合议庭或承办法官根据案情需要分别采用。径行裁定是指针对再审事由明显成立或明显不成立情形采取的审查方式。比如当事人以《民事诉讼法》第 179 条第 1 款第(十二)项的事由申请再审的，应当径行裁定再审；当事人超过 2 年期间申请再审并且未提出时效延长的法定事由的，应当径行裁定驳回再审申请。调卷审查是指合议庭或承办法官认为在仅审查当事人提交的再审申请书等材料难以作出提起再审的裁定或驳回再审申请裁定的情形下，应当采用的审查方式。询问当事人是指当事人申请再审的事由很可能存在，召集一方或双方当事人了解情况。以新的证据事由申请再审的，《审判监督程序解释》规定法院应当询问当事人，以便查清案件事实。

### (二)人民法院对再审申请的审查时限

旧民诉法没有对人民法院收到再审申请的审查和处理的时限的规定，导致实践中常常出现久拖不决的情形。这次修改规定人民法院应当自收到再审申请书之日起 3 个月内审查。由于规定了这个审查期间，就避免了现在存在的当事人反复申诉，很多申诉石沉大海的情况。人民法院接到当事人的申诉后必须在 3 个月给当事人一个答复，是否进入再审程序。有特殊情况需要延长的，由本院院长批准。

人民法院对当事人的再审申请，应当进行审查，认为符合再审条件的，应当决定或裁定再审。经审查，认为当事人的申请不符合法定条件的，应当用裁定的形式驳回其申请。

## 六、再审审理范围

根据民事诉讼中的当事人处分原则，《审判监督程序解释》规定，人民法院应当在具体的再审请求范围内或在抗诉支持当事人请求的范围内审理再审案件。同时，由于再审程序又是原审程序的延续，是对当事人不服原审裁判的特别救济程序，故《审判监督程序解释》规定，当事人超出原审范围增加、变更诉讼请求的，不属于再审审理范围。但涉及国家利益、社会公共利益，或者当事人在原审诉讼中已经依法要求增加、变更诉讼请求，原审未予审理并且客观上不能形成其他诉讼的除外。另外，如果案件经再审，裁定撤销原判决发回重审的，由于已经重新恢复到第一审程序，从彻底解决纠纷、节省诉讼资源考虑，《审判监督程序解释》规定，当事人增加诉讼请求的，人民法院可以依照《民事诉讼法》第 126 条的规定合并审理。

## 第三节　法院决定再审

人民法院发现已经发生法律效力的判决、裁定确有错误，基于审判监督权应当决定对案件再行审理。根据《民事诉讼法》的规定，基于审判监督权对民事案件提起再审的主体是：各级人民法院院长及审判委员会、上级人民法院及最高人民法院。提起再审的机关和公职人员不同，相应地，提起的具体程序也就不尽相同。

### 一、本院院长及审判委员会提起再审

人民法院对民事案件作出的判决，一经宣告或送达，即具有约束力，不得随意撤销、变更。如果裁判确有错误，则只能通过再审程序进行纠正。在本院行使审判监督权的是本院院长和审判委员会，他们对本院审判人员和合议庭的审判工作进行监督。因此，本院院长发现已发生法律效力的判决、裁定确有错误需要再审的，应当提交审判委员会讨论决定。决定再审的，应当裁定中止原判决、裁定的执行。

### 二、最高人民法院提起的再审

根据《民事诉讼法》的规定，最高人民法院对地方各级人民法院已经发生法律效力的判决、裁定，发现确有错误的，有权提审或者指令下级人民法院再审。最高人民法院提审的，应通知下级法院，调取案卷进行审理。指令下级法

院再审的,指令到达法院之时,为再审提起之日。下级法院接到指令后,再审的审理即应开始,审理后作出的裁判,应报送最高人民法院。

最高人民法院提审的案件,由最高人民法院自己作出裁定,中止原裁判的执行;指令下级法院再审的案件,由下级法院作出裁定,进行再审。至于哪些案件适用提审,哪些案件适用指令下级法院再审,《民事诉讼法》未作规定,由最高人民法院根据具体情况选择适用。

### 三、上级人民法院提起的再审

根据《民事诉讼法》的规定,上级人民法院对下级人民法院已经发生法律效力的判决,发现确有错误的,有权提审或者指令下级人民法院再审。

上级法院决定提审的,通过下级法院,提取全部案件材料,作出裁定,由自己进行再审。指令下级法院再审的,说明情况指出理由,并告知下级法院。下级法院接到上级法院的通知后,应根据通知进行再审,并将再审结果上报发出指令的上级法院。

## 第四节　人民检察院抗诉

### 一、抗诉的概念

人民检察院抗诉,是指人民检察院对人民法院已经发生法律效力的民事判决、裁定,发现确有错误,依照法定程序要求人民法院对案件进行再次审理的诉讼行为,也称民事抗诉。人民检察院是国家的法律监督机关,依法对人民法院的民事诉讼行为享有法律监督权,抗诉正是人民检察院基于其法律监督权而进行的职权行为。人民检察院通过行使法律监督权办理民事抗诉案件,对人民法院的民事审判活动进行法律监督,有利于维护国家利益和社会公共利益,维护司法公正和司法权威,保障国家法律的统一正确实施。因此,人民检察院对人民法院已经发生法律效力的判决、裁定,发现确有错误的,应当依法提出抗诉,人民检察院提出抗诉的案件,人民法院应当再审。

作为一种事后监督,人民检察院主要通过以下几种途径发现人民法院裁判的错误:第一,当事人或者其他利害关系人的申诉;第二,国家权力机关或者其他机关转办；第三，上级人民检察院交办；第四，人民检察院自行发现。上述四种途径也就是人民检察院民事抗诉案件的主要来源。

对于以上来源的民事案件，人民检察院应当受理，并由有抗诉权或者有提请抗诉权的人民检察院立案，进行是否提出抗诉的审查。根据《人民检察院民事行政抗诉案件办案规则》的规定，人民检察院应当在立案以后调(借)阅人民法院的审判案卷，并在调(借)阅审判案卷后 3 个月内审查终结。审查的主要内容是原判决、裁定是否符合法定的抗诉条件，审查的主要方式是就原审案卷进行审查，非确有必要时，不进行调查。

## 二、抗诉的法定事由

《民事诉讼法》第 179 条和 187 条规定了人民检察院提出抗诉的法定事由。对于人民法院的裁判和诉讼行为，具备《民事诉讼法》第 179 条情形的，人民检察院才能提出抗诉。对新民诉法的再审事由的理解，可以结合最高人民检察院发布的《人民检察院民事行政抗诉案件办案规则》的有关规定理解。该规则第 33 条规定，具有下列情形之一的，应当认定“原判决、裁定认定事实的主要证据不足”：(1)原判决、裁定所认定事实没有证据或者没有足够证据支持；(2)原判决、裁定对有足够证据支持的事实不予认定；(3)原判决、裁定采信了伪证并将其作为认定事实的主要证据的；(4)原审当事人及其诉讼代理人由于客观原因不能自行收集的主要证据，人民法院应予调查取证而未进行调查取证，影响原判决、裁定正确认定事实的；(5)原审当事人提供的证据互相矛盾，人民法院应予调查取证而未进行调查取证，影响原判决、裁定正确认定事实的；(6)原判决、裁定所采信的鉴定结论的鉴定程序违法或者鉴定人不具备鉴定资格；(7)原审法院应当进行鉴定或者勘验而未鉴定、勘验；(8)原判决、裁定认定事实的主要证据不足的其他情形。《人民检察院民事行政抗诉案件办案规则》第 34 条规定，“原判决、裁定适用法律确有错误”包括：(1)原判决、裁定错误认定法律关系性质；(2)原判决、裁定错误认定民事法律关系主体；(3)原判决、裁定确定权利归属、责任承担或者责任划分发生错误；(4)原判决、裁定遗漏诉讼请求或者超出原告诉讼请求范围判令被告承担责任；(5)原判决、裁定对未超过诉讼时效的诉讼请求不予支持，或者对超过诉讼时效的诉讼请求予以支持等情形；(6)适用法律错误的其他情形。《人民检察院民事行政抗诉案件办案规则》第 35 条规定，“人民法院违反法定程序，可能影响案件正确判决裁定”包括：(1)审理案件的审判人员、书记员依法应当回避而未回避的；

(2)应当开庭审理的案件，未经开庭审理即作出判决、裁定的；(3)适用普通程序审理的案件，当事人未经传票传唤而缺席判决、裁定的；(4)违反法定程序的其他情形。

与人民法院自行决定再审不同的是，人民检察院抗诉具有法定事由的限制，即只有具备法定事由之一的，人民检察院才能提出抗诉。

## 三、抗诉的方式

经过审查，人民检察院应当依法作出抗诉、不抗诉、向人民法院或者有关单位提出检察建议的决定。其中，对于下级人民法院已经发生法律效力的判决、裁定，经审查符合抗诉条件的，应当由检察长批准或者由检察委员会决定，作出向同级人民法院提出抗诉的决定；地方各级人民检察院对同级人民法院已经发生法律效力的判决、裁定，经审查认为符合抗诉条件的，应当提请上一级人民检察院抗诉。

有权直接作出抗诉决定的是最高人民检察院和作出生效裁判的人民法院的上级人民检察院。从新民事诉讼法的规定来看，地方各级人民检察院不能对同级人民法院生效的民事判决、裁定提出抗诉。地方各级人民检察院对同级人民法院已经发生法律效力的判决、裁定，发现具有法定应当提出抗诉的情形的，应当提请上一级人民检察院按照审判监督程序提出抗诉。

根据《人民检察院民事行政抗诉案件办案规则》的规定，人民检察院提请抗诉，应当制作《提请抗诉报告书》，并将审判卷宗、检察卷宗报上级人民检察院。《提请抗诉报告书》应当载明：案件来源、当事人基本情况、基本案情、诉讼过程、当事人申诉理由、提请抗诉理由及法律依据。对于下级人民检察院提请抗诉的案件，上级人民检察院应当在3个月内审查终结，并依法作出抗诉或者不抗诉的决定。需要延长审查期间的，由检察长批准。作出抗诉决定的人民检察院应当向其同级人民法院提出抗诉。最高人民检察院应当向最高人民法院提出抗诉，而不能向高级人民法院或者某市中级人民法院提出抗诉。

例如，对于某省的地级市中级人民法院作出的生效民事判决、裁定，该地级市人民检察院发现具有法定抗诉事由的，不能直接向中级人民法院提出抗诉，而应当制作《提请抗诉报告书》，提请省人民检察提出抗诉。省人民检察院经审查认为符合抗诉条件的，应当由省人民检察院向省高级人民法院提出抗诉，而不能直接向作出生效判决、裁定的某市中级人民法院提出抗诉，也不能向最高人民法院提出抗诉。

人民检察院发现本院抗诉不当的，应当由检察长或者检察委员会决定撤回抗诉；上级人民检察院发现下级人民检察院抗诉不当的，有权撤销下级人民检察院的抗诉决定。人民检察院决定撤回抗诉，应当制作《撤回抗诉决定书》，送达同级人民法院，通知当事人，并报送上一级人民检察院；下级人民检察院接到上级人民检察院的《撤销抗诉决定书》，应当制作《撤回抗诉决定书》，送达同级人民法院，通知当事人，并报送上一级人民检察院。

《民事诉讼法》第189条规定，人民检察院决定对人民法院已经发生法律效力的民事判决、裁定提出抗诉的，应当制作抗诉书。抗诉书是人民检察院对人民法院生效裁判提出抗诉的法律文书，也是引起人民法院对案件进行再审的法律依据。抗诉书应当载明：抗诉的检察院，抗诉案件的原审人民法院及案号，案件的来源和审查过程，人民法院的审理情况，检察院的审查结论，抗诉的法律依据和抗诉要求，致送人民法院的名称等事项。抗诉书由检察长签发，加盖人民检察院印章。抗诉书副本应当送达当事人，并报送上一级人民检察院。

### 四、抗诉的效力

对人民检察院抗诉的民事案件，人民法院应当进行再审。一旦再审程序开始，人民法院应当裁定中止原判决、裁定的执行。为防止法院久拖不决，新《民事诉讼法》第188条增设了接受抗诉的人民法院应当自收到抗诉书之日起30日内作出再审的裁定的期限规定。这个30日是不变期间，也就是说，人民检察院的抗诉必然引起再审程序。只要人民检察院提出的抗诉符合程序性规定，人民法院就必须对案件进行再审，并且必须在收到抗诉书30日内作出再审裁定，人民法院无权对人民检察院的抗诉是否有理由进行审查。人民检察院抗诉的此种效力是由民事抗诉的权力基础——法律监督权的性质所决定的。

根据最高人民法院的有关司法解释，对于人民检察院抗诉的案件，人民法院依法再审后维持原判决、裁定的，人民检察院不得就该案再次提出抗诉。

## 第五节　再审案件的审理

再审程序的启动和对再审案件的审理是两种不同的程序。对再审案件的审理，也称再审的进行。再审程序的启动是案件进行再审的前提，而对再审案件的审理是再审程序的核心。无论是当事人申请、人民法院依职权决定还是人民检察院抗诉，都只能是启动再审程序，而不能决定生效判决、裁定或者调解书是否确实存在错误。只有再审法院在当事人、抗诉机关、其他诉讼参与人的参加下，对原审判决、裁定的事实认定、法律适用以及审理或者调解的程序等事项进行审查终结以后，才能由再审的人民法院确认原审判决、裁定或者调解书是否确实存在错误，并在确认错误存在的基础上纠正错误或者重新达成调解协议。

## 一、再审案件的审理法院

再审程序启动后，首先要解决的问题是由哪一个法院审理该案件，即再审的法院。

### (一)当事人申请启动的再审

对于因当事人申请再审，法院经审查后裁定再审的案件，《民事诉讼法》第181条第2款规定，因当事人申请裁定再审的案件由中级人民法院以上的人民法院审理。最高人民法院、高级人民法院裁定再审的案件，由本院再审或者交其他人民法院再审，也可以交原审人民法院再审。

由于当事人只能向原审法院的上一级人民法院申请再审，因此作出再审裁定的最低级别的法院是中级人民法院。根据法律规定，因当事人申请而裁定再审的由中级人民法院以上的法院审理，所以如果作出生效裁判的原审法院是基层人民法院，再审的法院必须是中级人民法院，而不能由原审人民法院再审。如果作出生效裁判的原审法院是中级人民法院，则裁定再审的法院是高级人民法院，此种情形下的案件可以由高级人民法院再审或者交其他法院再审，也可以交原审的中级人民法院再审。依此类推，如果作出生效裁判的原审法院是高级人民法院，则裁定再审的法院是最高人民法院，此种情形下的案件可以由最高人民法院再审或者交其他中级人民法院以上的法院再审，也可以交原审的高级人民法院再审。

### (二)法院依职权启动的再审

1. 原审人民法院决定再审的，由原审人民法院作出裁定，中止原裁判的执行，同时另行组成合议庭，按照原审程序对再审案件进行审理。原来是第一审法院审结的，再审时仍按第一审程序进行审理，审理后作出的裁判属于未确定的裁判，当事人不服的，可以提起上诉。原来是第二审法院审结的，再审时仍按第二审程序进行审理，审理后作出的裁判为终审裁判，当事人不得再提起上诉。原来是第二审法院审理的案件，按照第二审程序再审时，发现事实不清的，不应发回第一审法院重审，而应由第二审法院自己纠正。

2. 上级人民法院和最高人民法院提审和指令再审。最高人民法院对各级人民法院、上级人民法院对下级人民法院已发生法律效力的判决、裁定，发现确有错误的，有权提审或者指令下级法院再审。对再审案件指令再审，只限于上级人民法院对其下级人民法院所审理并已发生法律效力的裁判。对于下级人民法院依法作出的第二审裁判，不应指令第一审法院再审。提审是指对下级法院已经审结但裁判确有错误的案件，上级法院认为不宜由下级法院再行审理，因而决定由自己审判。提审制度建立的基础，一是审判权由人民法院统一行使的原则，二是上级法院对下级法院的审判活动有审判监督权。提审主要发生于以下几种情况：第一，对已经审结的案件，如果裁判确有错误，就应该进行再审。但在司法实践中，对于某些案件的裁判是否确有错误，各级法院的认识并不一致。比如，有的案件的裁判确有错误，但原来审结该案的法院却认为没有错误，此时，上级法院可把案件提归自己审判。第二，由于上级法院和下级法院之间并非领导与被领导的关系，所以，当上级法院指令下级法院再审而下级法院不再审时，上级法院就可以自己提审。第三，上级法院和最高法院认为由自己对案件进行审理为宜，就不一定指令下级法院再审，而可以自己提审。

### （三）抗诉的再审

《民事诉讼法》第188条规定，接受抗诉的人民法院裁定再审后，有本法第179条第1款第1项至第5项规定情形之一的，可以交下一级人民法院再审。这表明裁定再审的人民法院，也就是原审法院的上级人民法院，既可以决定自行再审，也可以交下一级人民法院再审。如原审法院是基层人民法院，中级人民法院裁定再审后可以交由基层人民法院再审，这与因当事人申请再审而启动再审程序的规定不同，后者再审的法院必须是中级人民法院以上的法院，中级人民法院不得裁定由基层人民法院再审。

《审判监督程序解释》结合审判工作实际，对上下级人民法院之间审理再审案件的分工加以细化。将上一级人民法院经审查认为申请再审事由成立的，明确为一般由本院裁定再审并提审。《审判监督程序解释》中区分了“指定再审”和“指令再审”两种情形。最高人民法院、高级人民法院将裁定再审的案件交给与原审人民法院同级的其他人民法院再审的，称指定再审；交给原审人民法院再审的，称指令再审，这两个名词有着不同的指代。同时，为防止指定再审和指令再审可能出现的弊端，《审判监督程序解释》对其作了必要的限制。对于指定再审，《审判监督程序解释》规定应当考虑案件的影响程度以及当事人和其他诉讼参与人的情况，决定是否指定；认为需要指定再审的，应当考虑两便原则，即便利当事人行使诉讼权利以及便利人民法院审理等两个因素；接受指定再审的人民法院，可以根据指定授权，撤销原判决、裁定，并重新作出判决、裁定。对于指令再审，《审判监督程序解释》规定了原审人民法院有“管辖错误”、“审判人员在审理该案件时有贪污受贿，徇私舞弊，枉法裁判行为的”事由以及原判决、裁定是经原审人民法院审判委员会讨论作出的等需要作适当回避情形之一的，无论是因当事人申请裁定再审还是因检察机关抗诉裁定再审的，上级人民法院均不得将再审案件指令原审人民法院再审，防止反复再审，浪费司法资源。

## 二、再审案件的审理程序

只有明确了再审的人民法院，才能决定再审所适用的审理程序。再审案件的审理程序应当根据提起再审的方式和原来审结的程序确定。总体来看，审理再审案件适用的程序分为适用原审程序和一律适用第二审程序两种情况。《民事诉讼法》第 186 条规定，人民法院按照审判监督程序再审的案件，发生法律效力的判决、裁定是由第一审法院作出的，按照第一审程序审理，所作的判决、裁定，当事人可以上诉；发生法律效力的判决、裁定是由第二审法院作出的，按照第二审程序审理，所作的判决、裁定，是发生法律效力的判决、裁定。上级人民法院按照审判监督程序提审的，按照第二审程序审理，所作的判决、裁定，是发生法律效力的判决、裁定。

1. 适用原审程序。对于原审人民法院依职权决定本法院再审、上级人民法院指令原审人民法院再审的案件（包括当事人申请再审、人民检察院抗诉以及法院依职权提起再审三种情况），应当依原审程序进行再审。具体来说，由第一审人民法院作出生效判决、裁定或者调解书的案件，原审程序是第一审程序，应当按照第一审程序对案件进行再审，所作的裁判仍然是第一审裁判，当事人不服的，可以上诉；由第二审人民法院作出生效判决、裁定或者调解书的案件，原审程序是第二审程序，应当按照第二审程序对案件进行再审，所作的裁判是终审裁判，当事人不得提起上诉。而且，根据民诉法《适用意见》第 202

条的规定,“由第二审人民法院判决、裁定的案件,上级人民法院需要指令再审的,应当指令第二审人民法院再审”。

2. 适用第二审程序。对于上级人民法院提审的,无论是哪一种启动再审程序的情形,都应当依第二审程序进行再审,所作的裁判是终审裁判,当事人不得提起上诉。对于提审的案件,无论案件原来是否经过第二审程序的审理,都适用第二审程序进行审理。

## 三、再审案件的特殊规定

对再审案件进行审理,首先应当由人民法院裁定中止原判决、裁定或者调解书的执行,然后由再审法院另行组成合议庭,分别按照第一审程序或者第二审程序对案件进行审理。

### (一)裁定中止原判决、裁定或者调解书的执行

《民事诉讼法》第 185 条规定:“按照审判监督程序决定再审的案件,裁定中止原判决的执行。裁定由院长署名,加盖人民法院印章。”人民法院决定对案件进行再审之后,之所以要裁定中止原判决的执行,主要是为了防止继续执行有错误的判决给国家、集体、社会公共利益或者他人的合法权益造成更大的损害。

### (二)另行组成合议庭

《民事诉讼法》第 186 条第 2 款规定:“人民法院审理再审案件,应当另行组成合议庭。”为了防止审判人员先入为主,避免偏见及其他原因可能对再审造成的不良影响,确保案件的公正处理,更换审理法官,即另行组成合议庭对再审案件进行审理是非常必要的。原审法院对案件进行再审,应当另行组成合议庭,原来参加过本案审理的人员,一律不得参加再审合议庭。原审是第一审程序的,按照第一审程序的相关规定组成合议庭;原审是第二审程序的,按照第二审程序的相关规定组成合议庭。此外,依第一审程序审理再审案件时,只能适用普通程序,不得适用简易程序。

### (三)抗诉案件的检察院出庭

人民检察院抗诉的案件,人民法院再审时,应当通知人民检察院派员出席法庭。受理抗诉的人民法院指令下级人民法院再审的,提出抗诉的人民检察

院可以指令再审人民法院的同级人民检察院派员出席再审法庭。人民检察院接到人民法院派员出席再审法庭的通知或者上级人民检察院派员出席再审法庭的指令后，应当按照通知或者指令的时间、地点出席再审法庭支持抗诉，实现对再审活动的法律监督。检察人员出席抗诉案件再审法庭的任务，一是宣读抗诉书；二是发表出庭意见；三是发现庭审活动违法的，向再审法院提出建议。

### (四)撤回再审申请、撤回抗诉以及撤回起诉

《审判监督程序解释》规定，申请再审人在再审期间撤回再审申请的，是否准许由人民法院裁定。裁定准许的，应终结再审程序。申请再审人经传票传唤，无正当理由拒不到庭的，或者未经法庭许可中途退庭的，推定其具有上述意志，可以裁定按自动撤回再审申请处理。对于因人民检察院抗诉再审的案件，申请抗诉的当事人有上述情形，且不损害国家利益、社会公共利益或第三人利益的，人民法院应当裁定终结再审程序。对于人民检察院撤回抗诉的，《审判监督程序解释》尊重启动再审主体的意志，规定人民法院应当准予。人民法院在裁定终结再审程序之后，应恢复原判决的执行。另外，对于按照第一审程序审理再审案件，《审判监督程序解释》明确规定，一审原告申请撤回起诉的，是否准许由人民法院裁定。裁定准许撤回起诉的，应当同时裁定撤销原判决、裁定或调解书。

### (五)开庭审理

由于再审案件一般争议较大，开庭审理有利于各方当事人充分表达意见，展开有效辩论，便于人民法院查明事实，确保再审裁判的质量。因此不论是按照第一审还是按照第二审程序审理再审案件，人民法院原则上应当开庭审理。《审判监督程序解释》同时规定了一项例外，按照第二审程序审理的再审案件，如果双方当事人已经通过其他方式充分表达意见，且书面同意不开庭审理的，可以不开庭审理。

### (六)庭审发言顺序

《审判监督程序解释》规定人民法院开庭审理再审案件，应分不同情形进行：(1)因当事人申请裁定再审的，先由申请再审人陈述再审请求及理由，后由被申请人答辩及其他原审当事人发表意见；(2)因人民检察院抗诉裁定再审的，先由抗诉机关宣读抗诉书，再由申请抗诉的当事人陈述，后由被申请人答

辩及其他原审当事人发表意见；(3)人民法院依职权裁定再审的，当事人按照其在原审中的诉讼地位依次发表意见。庭审调查之后的辩论、最后陈述的顺序，可以比照上述次序进行。

**(七)再审案件的审限**

再审案件的审限自决定再审的次日起计算，分别适用第一审普通程序和第二审程序的规定。依第一审程序进行再审的，其审限适用第一审普通程序的规定；依第二审程序进行再审的，其审限适用第二审程序的规定。再审法院宣告判决，既可以自行宣判，也可以委托原审人民法院或者当事人所在地的人民法院代行宣判。但是，无论在何地宣判，一律公开进行。

## 四、再审案件的裁判

通过对再审案件的审理，再审法院根据查明的事实正确适用法律对当事人之间的权利义务关系作出裁断，并对原判决、裁定或者调解书在认定事实、适用法律、审理程序等方面是否正确与适当作出评价，就是再审案件的裁判。从内容上看，再审案件的裁判既要对当事人之间的实体权利义务关系作出裁断，又要对原判决、裁定或者调解书作出评价，与第一审或者第二审裁判存在重大区别。

从形式上看，再审案件的裁判分为判决与裁定两种，从具体内容来看，可以分为以下几种：

**(一)维持原判决、裁定的判决、裁定**

经过再审，认为原判决、裁定认定事实清楚，适用法律正确，审判程序合法的，再审法院应当作出维持原判决、裁定的判决、裁定，以维护法制的权威与尊严，保护当事人的合法权益。

对于原判决、裁定在认定事实、适用法律、阐述理由方面存在瑕疵等无害错误，不影响裁判结果正确的，《审判监督程序解释》规定，人民法院应在再审判决、裁定中纠正上述瑕疵后予以维持。对民事调解书进行再审审理时，发现调解违反自愿原则或调解协议的内容违法的事由不成立的，由于不宜作出维持原调解书的判决，《审判监督程序解释》规定应当作出裁定，驳回再审申请，并恢复原调解书的执行。

### (二)变更原判决、裁定的判决、裁定

经过再审,认为原判决、裁定在认定事实、适用法律或者审判程序方面存在错误的,再审法院可以根据不同情况,全部或者部分撤销原判决、裁定,并依据认定的事实正确适用法律对案件作出新的判决、裁定。

### (三)撤销原一、二审判决,驳回起诉的裁定

人民法院提审或者按照第二审程序审理的再审案件,在审理中认为该案不符合民事诉讼法规定的受理条件的,应当裁定撤销一、二审判决,驳回起诉。

### (四)撤销原一、二审判决,发回原审人民法院重审的裁定

这种裁定主要适用于以下两种情况:第一,人民法院提审或者按第二审程序审理的再审案件,在审理中发现原一、二审违反法定程序,可能影响公正裁判的,应当裁定撤销原一、二审判决,发回原审人民法院重审。这些具体事由包括:审理本案的审判人员、书记员应当回避未回避的;未经开庭审理而作出裁判的;适用普通程序审理的案件当事人未经传票传唤而缺席判决的;其他严重违反法定程序的。第二,人民法院在再审中发现原一、二审判决遗漏了应当参加诉讼的当事人,经调解不成的,裁定撤销原一、二审判决,发回原审人民法院重审。

《审判监督程序解释》规定,人民法院按照第二审程序审理再审案件,发现原判决认定事实错误或者认定事实不清的,应当在查清事实后改判。但原审人民法院便于查清事实,化解纠纷的,可以裁定撤销原判决,发回重审;原审程序遗漏必须参加诉讼的当事人且无法达成调解协议,以及其他违反法定程序不宜在再审程序中直接作出实体处理的,应当裁定撤销原判决,发回重审。

对于当事人申请再审的以调解方式结案的案件,再审法院的裁判在形式和内容上与原法院裁判的案件基本相同,可以分为判决维持、判决变更、裁定撤销并驳回起诉、裁定发回重审等四种。

# 第十八章

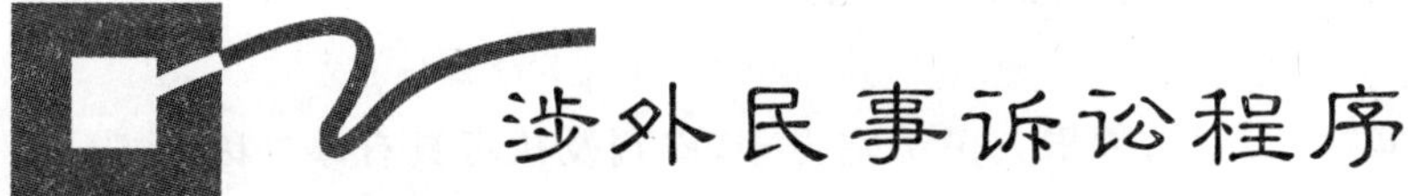

# 涉外民事诉讼程序

## 第一节　涉外民事诉讼程序概述

### 一、涉外民事诉讼的概念

涉外民事诉讼，是指具有涉外因素的民事诉讼，即法院在双方当事人和其他诉讼参与人的参加下，依法审理和解决具有涉外因素的民商事纠纷的活动以及在此过程中所形成的各类诉讼法律关系的总和。所谓涉外因素包括以下三种情况：

(1)诉讼主体涉外。所谓诉讼主体涉外，是指诉讼中一方或者双方当事人是外国自然人、外国法人、外国企业和组织，或者当事人一方或各方住所在外国。如一德国人在上海游览世博会时意外受到另一美国人的伤害，向我国法院提起损害赔偿诉讼。应当注意，人民法院在审理国内民商事案件过程中，因追加当事人或者第三人而使得案件具有涉外因素的，属于涉外民商事案件。

(2)法律事实涉外。双方当事人争议的民事法律关系发生、变更、消灭的法律事实存在于国外。例如合同的签订地或履行地在国外。

(3)诉讼标的物涉外。当事人争议的诉讼标的物在国外，例如当事人双方虽同为中方当事人，合同的签订与履行也是在国内进行的，但购销合同的标的物在国外。

在不同的涉外民事关系中，涉外因素的具体情况并不完全一样，可能存在只有一个因素涉外，或有多个因素涉外的情况。但通说认为，只要具备了上述三个因素之一的民事诉讼就属于涉外民事诉讼。值得说明的是，涉及华侨和港、澳、台同胞的民事诉讼，不属于涉外民事诉讼。但由于涉及华侨和港、澳、台同胞的案件的特殊性，在我国民事审判实践中，一般对之做特殊处理。即主要适用民事诉讼法的一般规定，在此基础上，可以参照涉外民事诉讼的特殊规定办理，但并不能因此认为适用了涉外程序规定的案件都是涉外案件。

## 二、涉外民事诉讼程序的概念和特点

涉外民事诉讼程序，是指人民法院受理，审判及执行具有涉外因素的民事案件所适用的程序。严格地说，涉外民事诉讼程序不是独立的程序，其全称应当为涉外民事诉讼程序的特别规定。因此，涉外民事诉讼程序相对于国内民事诉讼程序而言具有以下几个特点：

（1）涉外民事诉讼程序只适用于涉外民事案件的审理，而非一切的民事诉讼关系。涉外民事案件是涉及多国的案件，处理过程中不仅涉及国家主权问题，而且在具体程序的规定上，如送达、传唤等，与国内民事案件的规定有较大区别。因此，涉外民事诉讼程序不是仅仅依靠一国的力量就能解决的，各国应当在相互尊重对方国家主权的基础上进行司法协助。

（2）法院在审理涉外民事案件时应该首先适用涉外民事诉讼程序，只有在涉外民事诉讼程序对有关问题没有规定或者规定不全的时候才可以适用国内法中的一般民事诉讼程序。涉外民事案件不同于一般民事案件。人民法院审理涉外民事案件时，涉外民事诉讼程序有特别规定的，适用特别规定；没有特别规定的，适用民事诉讼法的一般规定。涉外民事诉讼程序的特别规定，同民事诉讼其他程序的一般规定，都是以民事诉讼法的基本原则为指导，贯彻基本原则的精神。

（3）涉外民事诉讼程序在适用上可能会涉及法律选择的问题。国内民事诉讼法在适用上是不存在法律选择的问题的，一律适用我国的民事诉讼法的规定即可。而对于涉外民事诉讼程序，虽然各国理论和实践上的做法都是程序法的适用依法院地法，但在涉外民事诉讼程序的适用上如果法院地国有缔结或加入的国际条约的，应当适用国际条约的规定，而不能只考虑国内民事诉讼法的适用。

## 三、涉外民事诉讼程序的立法体例

目前，世界主要国家对涉外民事诉讼程序均有规定，但各国在涉外民事诉讼程序的立法体例上各有不同。从各国的立法实践上看，大致包括三种体例：

（1）单行立法式。即在民事诉讼法典之外制定单独的涉外民事诉讼法。但各国一般都不会单纯地制定涉外民事诉讼法，而是将其与国际私法规则合并，其中比较有代表性的是1964年《捷克斯洛伐克国际私法及国际民事诉讼法》、1982年《土耳其国际私法和国际诉讼程序法》。我国国际私法学在2000年修订出版的《中国国际私法示范法》第六稿中，将司法协助内容规定在第四章中。该立法式的优点在于使涉外民事诉讼程序相对完整，自成体系。但其缺陷似乎更明显，因为涉外民事诉讼程序与国内民事诉讼程序的共同内容要多于特殊内容，易造成立法上的重复。

(2)散见式。即在民事诉讼法典的有关章节中，对涉外民事诉讼设立特别条款，分别加以规定，如德国《民事诉讼法典》。这种立法模式的好处在于可以节约立法成本，避免法条重复。但缺陷在于规定过于分散，不利于案件快速处理和当事人查阅。

(3)专篇专章式。即在民事诉讼法典中设立专编、专章对涉外民事诉讼程序的特殊问题作集中规定。这种立法体例避免了立法的重复，而且对涉外民事诉讼中的特殊问题集中规定既便于法院办案，又便于当事人掌握和遵循。该立法体例成为各国涉外民事诉讼程序立法的新趋势。

我国民事诉讼法采用的是第三种立法体例，将涉外民事诉讼程序作为第四编单独规定在《民事诉讼法》中。根据我国民事诉讼法第四编的规定，涉外民事诉讼程序主要包括以下内容：一般原则；管辖；送达、期间；财产保全；涉外仲裁；司法协助。

## 第二节 涉外民事诉讼的原则

因涉外民事诉讼具有与国内民事诉讼的不同的特点，法院及当事人在涉外民事诉讼案件中，既要遵守民事诉讼法的共通原则，也要遵守涉外民事诉讼的一般原则。所谓涉外民事诉讼的一般原则，是指在涉外民事诉讼程序中，法院、当事人及其他诉讼参与人应当遵守的有关涉外民事诉讼的基本原则。我国《民事诉讼法》第5条及第4编第23章，对涉外民事诉讼程序的一般原则进行了规定，主要包括：适用我国民事诉讼法原则；优先适用我国缔结或参加的国际条约原则；司法豁免原则；使用我国通用的语言、文字原则；委托中国律师原则。涉外民事诉讼的一般原则虽然各不相同，但都是建立在维护国家主权基础上，是国家主权在涉外民事诉讼中的具体体现。

## 一、适用我国民事诉讼法原则

这一原则是指我国人民法院在审理涉外民事案件时，应当适用我国民事诉讼法的规定。审理涉外民事案件程序法适用方面，国际上公认的做法是适用法院地国的程序法。我国《民事诉讼法》第 235 条明确规定，“在中华人民共和国领域内进行涉外民事诉讼，适用本编规定。本编没有规定的，适用本法其他有关规定。”因此，这一原则的主要内容包括：

(1)外国人、无国籍人、外国企业和组织在我国起诉、应诉，应当依照我国民事诉讼法的规定。

(2)凡属我国人民法院管辖的案件，我国人民法院均享有司法管辖权；凡属于我国民事诉讼法规定的专属管辖的案件，任何外国法院均无权管辖。

(3)任何外国法院的裁判，必须经我国人民法院审查并承认后，才能在我国发生法律效力。对当事人申请或者外国法院请求我国人民法院承认和执行的外国法院判决，我国人民法院应当依照我国法律，或者根据我国缔结或者参加的国际条约的规定进行审查并承认后，才能依照我国民事诉讼法的规定予以执行。

## 二、优先适用我国缔结或者参加的国际条约原则

这一原则是指我国人民法院在审理涉外民事案件时，应当优先适用我国缔结或参加的国际条约中关于诉讼程序的规定。在国际法上，遵守所缔结或参加的国际条约是国家的基本义务，我国一直严格恪守该义务。我国《民事诉讼法》第 236 条规定，“中华人民共和国缔结或者参加的国际条约同本法有不同规定的，适用该国际条约的规定，但中华人民共和国声明保留的条款除外。”该原则的主要内容包括：

(1)我国缔结或参加为适用前提。我国人民法院只承认和适用我国缔结或参加的国际条约，而对我国没有缔结或参加的国际条约没有适用之义务。人民法院在审理涉及我国未缔结或参加的国际条约的涉外案件时，应当依照我国的民事诉讼的相关规定进行处理。

(2)条约义务优先。我国缔结或参加的国际条约的规定如果与我国民事诉讼法的相关规定不一致，应当优先适用条约的规定。

(3)保留条款排除。根据条约法的相关规定，如果一国对本国缔结或参加

的国际条约中的某项条款申明保留，而该保留为条约所不禁止者，则该条款对申明保留国没有法律效力。因此，对我国缔结或参加的国际条约中的保留条款所涉及的事项，不适用国际条约的规定，而应当适用我国民事诉讼法的相关规定。

## 三、司法豁免原则

该原则是指，对享有外交特权与豁免的外国人及组织在我国不受人民法院的司法管辖。该原则是国际法上主权平等原则在司法领域的具体体现，也是“平等者之间无管辖权”这一古老法谚在我国的运用。司法豁免权，是指一个国家根据本国法律或者缔结、参加的国际条约，对在本国境内的其他国家的外交代表和组织赋予的免受司法管辖的权利。外交代表和国际组织基于其职务需要和代表国家的身份，赋予这一特殊主体在民事诉讼领域享有豁免权，不仅体现了我国对其他国家和国际组织的尊重，也利于各国外交代表和国际组织在我国顺利履行职务。

我国《民事诉讼法》第237条规定，“对享有外交特权与豁免的外国人、外国组织或者国际组织提起的民事诉讼，应当依照中华人民共和国有关法律和中华人民共和国缔结或者参加的国际条约的规定办理。”我国的有关法律包括1986年《中华人民共和国外交特权与豁免条例》、1990年《中华人民共和国领事特权与豁免条例》等规定。我国缔结或者参加的国际条约主要包括：1946年的《联合国特权与豁免公约》，1949年的《联合国各专门机构特权与豁免公约》，1961年的《维也纳外交公约》以及1963年的《维也纳领事关系公约》等。

但应当注意，在民事领域中的司法豁免原则的适用不是绝对的，而是有限制的。在外交与领事关系法上，享有司法豁免权的人因其所属主管机关宣布放弃司法豁免的，或者享有司法豁免权的人因私人事务涉及诉讼的，或者享有司法豁免权的人向驻在因起诉引起反诉的，丧失民事司法豁免权。

根据《中华人民共和国外交特权与豁免条例》的相关规定，对外国驻我国的外交代表和与外交代表共同生活的配偶及其未成年子女提起的民事诉讼，我国人民法院不能受理。但下列情形除外：

(1)享有司法豁免权的外国人，派遣国政府明确宣布放弃其司法豁免权的，我国法院有权受理对其提起的民事诉讼。

(2)外交代表以私人名义涉及在中国的不动产的诉讼。

(3)外交代表以私人身份进行的遗产继承的诉讼。

(4)外交代表在中国境内从事公务范围以外的职业或者商业活动的诉讼。

(5)因车辆、船舶或者航空器等交通工具在中国境内造成的事故而引起的诉讼。

(6)外交代表主动提起诉讼,引起的对方当事人的反诉。

而根据《中华人民共和国领事特权与豁免条例》的相关规定,领事官员所享有的豁免权比外交代表所享有的豁免权的范围要少。如凡是领馆官员以私人身份订立的契约发生争议所产生的诉讼是不在豁免之列的。

## 四、使用我国通用的语言、文字原则

这一原则是指,外国人在我国进行民事诉讼,必须按我国法律的相关规定,使中国通用的语言、文字。审理涉外民事案件使用本国通用的语言、文字,这是各国在民事诉讼活动中通行的准则,也是国家主权原则的具体体现。我国《民事诉讼法》第 238 条规定,“人民法院审理涉外民事案件,应当使用中华人民共和国通用的语言、文字。当事人要求提供翻译的,可以提供,费用由当事人承担。”该原则的主要内容包括:

(1)人民法院在审理涉外民事案件时,应当使用我国通用的语言、文字进行审判和发布法律文书。

(2)外国人在我国进行民事诉讼,如果需要提交诉讼文书,而该诉讼文书是外文的,必须附具中文译本。

(3)在诉讼活动中,必须使用我国通用的语言、文字,外国当事人如果要求提供翻译的,我国法院可以为其提供,但费用由其承担。

## 五、委托中国律师原则

这一原则是指,外国人、无国籍人、外国企业和组织在我国人民法院进行诉讼活动,如果需要委托律师代理诉讼的,应当委托中国的律师,否则只能以非律师身份担任代理人。我国《民事诉讼法》第 239 条规定,“外国人、无国籍人、外国企业和组织在我国人民法院起诉、应诉,需要委托律师代理诉讼,必须委托中国律师。”

法律制度本身从产生之初就是有严格的地域性的。近年来,虽然随着国际民商事交往的发展,各国民商事法律的适用在一定程度上突破了传统法律适用的地域性界限,但就司法制度而言并没有打破法律地域性的特征。一国的司法制度只能适用于本国，而不能延伸到国外。而律师制度作为国家司法制度的重要组成部分，是不具有域外适用的效力的。任何一个主权国家都不允许外国司法制度干涉其本国的司法事务，这是国际上公认的一条原则。因此，任何国家的律师只能在其本国领域内从事诉讼代理业务，而不能到外国法院以律师身份代理诉讼。

根据《适用意见》第 308 条的规定，在涉外民事诉讼中，外籍当事人需委托代理人进行诉讼的，可以委托本国人为诉讼代理人，也可以委托本国律师以非律师身份担任诉讼代理人。外国驻华使、领馆官员，受本国公民的委托，可以以个人名义担任诉讼代理人，但在诉讼中不享有外交特权与豁免权。从我国法律规定上来看，该原则只是禁止外国律师在我国以律师身份从事诉讼活动，但如果当事人聘请了中国律师，而又聘请了外国律师以助手身份协助诉讼，应当准许。根据 2002 年国务院制定的《外国律师事务所驻华代表机构条例》，外国律师事务经国务院批准可以在我国设立代表机构、派驻代表，但只能从事不包括中国律师事务在内的下列活动：向当事人提供该外国律师事务所律师已获准从事执业业务的国家的法律咨询，以及有关国际条约、国际惯例的咨询；接受当事人或者中国律师事务所的委托，办理在该外国律师事务所律师已获准从事律师执业业务的国家的法律事务；代表外国当事人，委托中国律师事务所办理中国法律事务；通过订立合同与中国律师事务所保持长期的委托关系办理法律事务；提供有关中国法律环境影响的信息。

为保护不在我国领域内的外国当事人的利益，《适用意见》第 309 条的规定，涉外民事诉讼中，在作为当事人的外国国民不在我国领域内的情况下，外国驻华使、领馆可以授权其本馆官员，以外交代表身份为其本国国民在我国聘请中国律师或者中国公民代理民事诉讼。

外国当事人委托中国律师或者其他人代理诉讼的，必须办理有关授权委托手续。《民事诉讼法》第 240 条规定，“在中华人民共和国领域内没有住所的外国人、无国籍人、外国企业和组织委托中华人民共和国律师或者其他人代理诉讼，从中华人民共和国领域外寄交或者托交授权委托书，应当经所在国公证机关证明，并经中华人民共和国驻该国使领馆认证，或者履行中华人民共和国与该所在国订立的有关条约中规定的证明手续后，才具有效力。”

# 第三节 涉外民事诉讼的管辖

## 一、涉外民事诉讼管辖的概念和意义

涉外民事诉讼管辖，是指法院受理涉外民事案件的范围及法院内部对涉外第一审民事案件的分工和权限。与国内的民事诉讼管辖的含义有所不同的是，涉外民事诉讼管辖的概念不仅包括对涉外第一审民事案件的分工和权限，而且还包含了涉外民事案件的范围。人民法院在受理某个涉外民事案件时必须具有涉外民事诉讼管辖权，即法院处理涉外民商事案件的权限或者资格。

涉外民事案件的管辖权是法院在处理涉外民事案件时的基础，这一点和国内民事案件的管辖没有区别。但相对于国内民事案件管辖来说，涉外民事案件的管辖具有更重要的意义。一方面，确定涉外民事诉讼的管辖有利于维护国家主权。涉外民事诉讼的管辖实际上是国家主权原则在涉外民事诉讼中的具体体现，确定我国人民法院对涉外民事案件的管辖权限，可以避免当事人随意挑选法院现象的产生。另一方面，确定涉外民事诉讼的管辖也有利于法院审判活动的顺利进行，避免法院在处理涉外民事案件时，互相推诿或争夺对案件的管辖权。最后，确定涉外民事案件的管辖有利于我国法院的判决结果在外国的承认与执行。在维护国家主权的基础上，通过与其他国家协调相互间涉外民事案件的管辖，可以减少各国在管辖权问题上的冲突，也能够使我国法院的判决结果在外国得到承认与执行。

## 二、确定涉外民事诉讼管辖的原则

目前在涉外民事诉讼管辖原则上，各国的规定有所不一，而我国确立自成一体的涉外民事诉讼管辖原则。

### （一）各国涉外民事诉讼管辖原则

目前世界主要国家确立的涉外民事诉讼管辖的原则主要包括：

1. 属地原则

属地原则是指以涉外民事案件对应的地域因素作为管辖权行使依据所形

成的原则，该地域因素包括当事人的住所地、标的物所在地、引起法律关系发生变更消灭的事实发生地等。属地原则是最早确立的管辖原则，属地管辖原则以国家领土主权原则为基础，实际上就是国家领土主权原则在涉外民事案件管辖上的具体体现。属地原则侧重于将案件的各要素与相关国家的地域相联系，强调一国法院对于其领域范围内的人、物、事的管辖权。在属地管辖原则中，通常以被告所在地作为法院行使管辖权的依据。

2.属人原则

属人原则是指以当事人的国籍因素作为管辖权行使依据所形成的原则。这一原则的产生是由于人口流动，传统的地域管辖使得对不在本国境内的内国人无法有效行使管辖而产生的新的管辖原则。其目的是扩张本国法的适用范围。但属人原则的适用必然引起当事人本国法与所在地国法中管辖权的冲突问题，因而各国在适用这一原则时都非常谨慎。目前该原则并未得到大多数国家的公认，仅在法国和意大利等少数国家，对法院管辖权有决定作用。如法国法规定，在涉及合同债务的案件中，如果原告和被告是法国国民，由法国法院管辖；但是如果当事人双方都是外国人，则一般都排除法国法院的管辖权。而我国民事诉讼法中并未规定属人原则。

3.实际控制管辖原则

实际控制管辖原则，又称为"有效原则"，是指根据法院能否对被告或者其财产实行有效的或直接的控制，来确定法院对涉外民事案件是否具有管辖权。实际控制管辖原则又包括对人诉讼和对物诉讼两种管辖权。对人诉讼，只要在诉讼开始时，被告在受理案件的法院地国出现，无论其在法院地国有无住所或居所，只要法院能将诉讼文书送达被告，就可以对被告行使管辖权。对物诉讼，只要涉案财产或被告住所处于法院地国，则法院地国可以取得对案件的管辖权。

前述的属地原则和属人原则一般为大陆法系国家在涉外民事诉讼中所采用的确定管辖的原则，而实际控制管辖原则是英美法系国家通常采用的确定涉外民事诉讼管辖的原则。

### (二)我国涉外民事诉讼管辖原则

相对于其他国家的涉外民事诉讼的管辖原则，我国的涉外民事诉讼的管辖原则通说认为包括以下几个：

1.维护国家主权原则。维护国家主权原则是我国涉外民事诉讼法的基本原则，这个原则贯穿于我国整个涉外民事诉讼程序的全部，也包括涉外民事诉讼管辖。各国确立涉外民事诉讼管辖的基本原则不同,使这一原则的确定更具有重要意义。在各国法律逐步趋同化的今天,我们在强调与其他国家在涉外民事诉讼管辖进行协调的同时,更不能放弃我国的国家主权。在我国涉外民事诉讼管辖的基本类型中,专属管辖权的行使是维护国家主权原则的重要体现。

2. 诉讼与法院所在地实际联系原则。这一原则强调只要涉外民事案件的各要素与我国存在一定的实际联系,我国法院就有权对该涉外民事案件行使管辖权。《民事诉讼法》第 241 条对涉外民事案件管辖的一般规定就体现了我国法院有权对在我国领域内有实际联系的案件行使管辖权。

3. 尊重当事人原则。民事诉讼的特点之一就是允许当事人享有一定的意思自由并行使一定的处分权,涉外民事诉讼中也是如此。这一原则允许当事人在不违反级别管辖和专属管辖的基础上,选择与争议有实际联系的地点的法院作为管辖法院。《民事诉讼法》第 242 条关于协议管辖的规定就体现了充分尊重当事人的原则。

## 三、我国涉外民事诉讼管辖的特别规定

根据我国《民事诉讼法》第 241 条至第 244 条,涉外民事诉讼管辖的规定包括地域管辖、协议管辖和专属管辖。除此之外,还包括集中管辖和诉讼竞合的情况。

### (一)地域管辖

国内民事诉讼管辖分为一般地域管辖和特殊地域管辖。涉外民事诉讼中一般地域管辖与国内民事诉讼中的一般地域管辖的规定并无二致。我国的民事诉讼法中对涉外案件的一般地域管辖并未作专门规定,根据《民事诉讼法》第 235 条之规定,涉外民事诉讼程序没有规定的,适用本法其他有关规定。因此,涉外民事诉讼的一般地域管辖同样是适用《民事诉讼法》第 22 条之规定,由被告住所地人民法院管辖。因此,只要被告人在我国境内有住所的,我国人民法院就有管辖权。

我国涉外民事诉讼中特殊地域管辖的规定,主要是根据《民事诉讼法》第 241 条,因合同纠纷或者其他财产权益纠纷,对在中华人民共和国领域内没有住所的被告提起的诉讼,如果合同在中华人民共和国领域内签订或者履行,或者诉讼标的物在中华人民共和国领域内,或者被告在中华人民共和国领域内

有可供扣押的财产，或者被告在中华人民共和国领域内设有代表机构，可以由合同签订地、合同履行地、诉讼标的物所在地、可供扣押财产所在地、侵权行为地或者代表机构住所地人民法院管辖。该条的适用条件包括：

(1)适用涉外民事案件特殊地域管辖的案件类型只能是合同纠纷或其他财产权益纠纷。因此，其他涉及身份类的民事纠纷，如婚姻纠纷等，不适用于本条之规定。

(2)本条规定只能适用于在我国境内没有住所的被告。如果被告在我国境内有住所，则应适用民事诉讼管辖的一般规定，即《民事诉讼法》第 22 条之规定。

(3)根据本条规定，我国法院对涉外民事案件有管辖权的情况主要包括五种：

①合同在我国领域内签订或者履行的，由合同签订地或者履行地人民法院管辖。

②侵权行为实施地或者损害结果发生在我国领域内，由侵权行为实施地或者结果发生地人民法院管辖。

③当事人双方争讼的财产在我国领域内，由诉讼标的物所在地人民法院管辖。

④被告在我国领域内有可供扣押的财产的，由被告可供扣押的财产所在地人民法院管辖。

⑤被告在我国领域内设有代表机构的，由代表机构所在地人民法院管辖。

**(二)协议管辖**

协议管辖，是指涉外纠纷发生后由双方当事人协商确定由某个国家的法院对案件行使管辖权，是充分尊重当事人意愿的管辖制度。协议管辖包括明示协议管辖和默示协议管辖。

1. 明示协议管辖

明示协议管辖，是指由双方当事人以书面协议约定管辖法院。我国《民事诉讼法》第 242 条规定，“涉外合同或者涉外财产权益纠纷的当事人，可以用书面协议选择与争议有实际联系的地点的法院管辖。选择中华人民共和国人民法院管辖的，不得违反本法关于级别管辖和专属管辖的规定。”根据该规定，涉外协议管辖应当具备以下成立条件：

(1)涉外协议管辖的协议，必须采取书面形式。

(2)涉外协议管辖的案件仅限于涉外合同或者涉外财产权益纠纷的案件。

涉及身份关系的纠纷,不允许协议管辖。

(3)协议选择的法院只能是第一审管辖法院,而不能协议选择第二审管辖法院。

(4)协议选择的管辖法院,必须是与争议案件有实际联系地点的法院。通常认为,合同签订地、合同履行地、标的物所在地、原被告住所地、侵权行为地法院,均属于与案件有实际联系地点的法院。

(5)涉外协议选择管辖法院,不得违反我国民事诉讼法关于级别管辖和专属管辖的规定。《民事诉讼法》第 34 条及第 244 条之规定,均属于我国专属管辖的案件。

2. 默示协议管辖

默示协议管辖,也称应诉管辖或推定管辖,是指双方当事人没有达成书面的管辖协议,一方当事人向一国法院起诉,另一方当事人对该国法院行使管辖权不提出异议,无条件应诉答辩或者提出反诉的,视为承认受诉人民法院为有管辖权的法院。我国《民事诉讼法》第 243 条规定,涉外民事诉讼的被告对人民法院管辖不提出异议,并应诉答辩的,视为承认该人民法院为有管辖权的法院。

默示协议管辖成立的条件包括:

(1)必须具备明示协议管辖成立的后四项要件。默示协议管辖与明示协议管辖的最主要区别就是在于有无书面形式,但其他的条件应当相同。

(2)必须被告对受诉法院的管辖不提出异议,并应诉答辩。无论双方当事人在纠纷发生前或纠纷发生后有无达成协议,被告不提出异议并应诉答辩的行为均构成对受诉法院有管辖权的默示同意。

3. 涉外协议管辖与国内协议管辖的区别

涉外协议管辖因其涉外性,所以规定上与国内协议管辖制度有较大的区别。不同之处在于:

(1)涉外案件可协议管辖的范围比较广。涉外协议管辖既可以对合同纠纷约定管辖法院,也可以对其他涉外财产权益纠纷约定管辖法院,而国内协议管辖只能就合同纠纷约定管辖法院。

(2)涉外协议管辖选择法院的范围比国内协议管辖选择法院的范围宽。涉外协议管辖既可以协议选择我国人民法院管辖,也可以选择外国法院管辖,而国内协议管辖只能协议选择国内法院管辖。

(3)涉外协议管辖的种类比国内协议管辖的种类多。涉外协议管辖允许默示协议管辖,而国内协议管辖只有明示协议管辖一种。

### (三)专属管辖

专属管辖,是指对特定类型的案件,只能由我国人民法院行使管辖,从而排除其他国家法院行使管辖的可能性。一般此类案件均是在民事诉讼法立法时,立法者考虑的与我国的公共政策和特定利益相关联的案件。根据我国《民事诉讼法》第 244 条的规定,因在中华人民共和国履行中外合资经营企业合同、中外合作经营企业合同、中外合作勘探开发自然资源合同时发生纠纷提起的诉讼,由中华人民共和国人民法院管辖。

此外,一般认为《民事诉讼法》第 34 条所规定的三类国内民事专属管辖的案件中,因不动产纠纷提起的诉讼和因港口作业中发生纠纷提起的诉讼,如不动产所在地或港口所在地在我国境内,则我法院有专属管辖的权力,而因继承遗产纠纷提起的诉讼,一般在涉外民事诉讼中不作为专属管辖对待。

### (四)集中管辖

集中管辖,就是指将以往分散由各基层人民法院、中级人民法院管辖的涉外民商事件集中交由少数受案较多、审判力量较强的中级人民法院和基层人民法院管辖。为保护涉外民事案件中当事人的合法权益,最高人民法院于 2002 年 2 月 25 日颁布了《关于涉外民商事案件诉讼管辖若干问题的规定》,对部分民商事案件实行集中管辖。

实行集中管辖的民商事案件包括五类:涉外合同和侵权纠纷案件;信用证纠纷案件;申请撤销、承认与强制执行国际仲裁裁决的案件;审查有关涉外民商事仲裁条款效力的案件;申请承认和强制执行外国法院民商事判决、裁定的案件。这五类案件中,并不包括发生在与外国接壤的边境省份的边境贸易纠纷案件、涉外房地产案件和涉外知识产权案件。

上述涉外民商事案件的第一审法院包括:国务院批准设立的经济技术开发区人民法院;省会、自治区首府、直辖市所在地的中级人民法院;经济特区、计划单列市中级人民法院;最高人民法院指定的其他中级人民法院;高级人民法院。而上述中级人民法院的区域管辖范围由所属高级人民法院确定。

### (五)诉讼竞合

诉讼竞合,是指当事人就同一争议,基于相同的法律事实以相同的诉讼理由向两个以上国家的法院提起诉讼的现象。诉讼竞合主要存在两种情况:一是同一当事人分别向两个以上的与纠纷相关联的国家的法院提起诉讼;二是一方当事人向一个与纠纷相关联的国家的法院提起诉讼，而另一方当事人向另一个与纠纷相关联的国家的法院提起诉讼。由此可见，诉讼竞合实际上就是两个国家的法院在对同一涉外民事争议的管辖权冲突问题，如果不能有效地解决诉讼竞合问题，那么可能会引起国家之间的矛盾，也会使当事人的权益无法得到有效的保障。

对于诉讼竞合问题的解决主要是通过缔结国际条约和国内立法两种方式来解决。目前各国主要通过三种方式来解决：拒绝行使管辖权或中止诉讼、禁止在外国法院进行的诉讼、允许当事人自行选择管辖法院。但由于涉及法院地国的利益问题，该问题即使是理论上都还没有取得统一，实践中各国也多出于自身利益的考虑来确定如何解决诉讼竞合问题。

我国对于诉讼竞合的规定主要是在《适用意见》中。《适用意见》第 15 条规定，中国公民一方居住在国外，一方居住在国内，不论哪一方向人民法院提起离婚诉讼，国内一方住所地的人民法院都有权管辖。如国外一方在居住国法院起诉，国内一方向人民法院起诉的，受诉人民法院有权管辖。《适用意见》第 306 条规定，中华人民共和国人民法院和外国法院都有管辖权的案件，一方当事人向外国法院起诉，而另一方当事人向中华人民共和国人民法院起诉的，人民法院可予受理。判决后，外国法院申请或者当事人请求人民法院承认和执行外国法院对本案作出的判决、裁定的，不予准许；但双方共同参加或者签订的国际条约另有规定的除外。

## 第四节　涉外民事诉讼的送达、期间与财产保全

### 一、涉外民事诉讼的送达

涉外民事诉讼中的送达，是指人民法院在涉民事诉讼中，依照法定方式，将诉讼文书送交在我国领域内没有住所的当事人或者其他诉讼参与人的行为。因此，涉外民事诉讼送达的适用对象是在我国领域内没有住所的当事人，如果当事人在我国领域内有住所或经济居住地则直接按国内民事诉讼送达方式送达。

根据《民事诉讼法》第 245 条之规定，涉外民事诉讼送达方式包括七种：

1. 依照受送达人所在国与中华人民共和国缔结或者共同参加的国际条约中规定的方式送达

该送达方式的基础是国际条约，因此对与我国缔结或共同参加国际条约的国家来说，适用较为方便。但缺陷在于，对与我国没有缔结或共同参加国际条约的国家，则不能采用该送达方式。

海牙送达公约（即《关于向国外送达民事或商事司法文书和司法外文书公约》）是目前涉外民事诉讼送达方面的重要国际条约。我国已于 1991 年 3 月 2 日由全国人大常委会作出批准加入海牙送达公约的决定，公约自 1992 年 1 月 1 日起对我国生效。1992 年 9 月，司法部、最高人民法院、外交部印发《关于执行海牙送达公约的实施办法》的通知。根据该通知，我国司法部为中央机关和有权接收外国通过领事途径转递的文书的机关。送达程序为：我国法院需要向在公约成员国居住的该国公民、第三国公民、无国籍人送达文书时，应将文书及相应文字的译本各一式三份（无须致外国法院的送达委托书及空白送达回证）按该通知规定的途径送最高人民法院转司法部。译文应由译者签名或翻译单位盖章证明无误。司法部收到最高人民法院转来向国外送达的文书后，应按海牙送达公约附录中的格式制作请求书、被送达文书概要和空白证明书，与文书一并送交被请求国的中央机关。必要时，也可由最高人民法院将文书通过我国驻该国的使馆转交该国指定的机关。

2. 通过外交途径送达

这种送达方式适用于我国与受送达人所在国没有缔结或共同参加国际条件的情况，由我国各省、自治区、直辖市的高级人民法院将需要送达的诉讼文书，送交我国外交机关，由我国外交部领事司送交当事人所在国驻我国的外交代表机构，并由其转交给该国的外交机关，再按照该国国内法中规定的送达方式将诉讼文书送达给受送达人。这种送达方式为最正规的送达方式，但缺陷也非常明显，就是手续繁杂、费时，因而在实践中适用较少。

3. 对具有中华人民共和国国籍的受送达人，可以委托中华人民共和国驻受送达人所在国的使领馆代为送达

该送达方式的根据是我国 1979 年加入的《维也纳领事关系公约》的规定。对具有我国国籍但在我国境内没有住所的当事人送达诉讼文书，可以由我国司法机关直接委托我国驻当事人所在国使、领馆代为送达诉讼文书。而根据司法部、最高人民法院、外交部印发《关于执行海牙送达公约的实施办法》的通知，我国法院如果需要通过我驻公约成员国的使领馆向居住在该国的中国公民送达文书，应将被送达的文书、致使领馆的送达委托书及空白送达回证按该

通知规定的途径转最高人民法院，由最高人民法院径送或经司法部转送我驻该国使领馆送达当事人。

4.向受送达人委托的有权代其接受送达的诉讼代理人送达

这种送达方式是在受送达人所在国与我国即没有缔结或共同参加国际条约，又没有建立外交关系的情况下所采取的。应该说这种方式通过诉讼代理人以个人身份接受受送达的诉讼文书，可以避免引起国际争端。但采用这种方式送达也存在相当大的缺陷，即从条件上来说，必须当事人委托了诉讼代理人，并且明确了该诉讼代理人有收取诉讼文书的权利。如果没有达到这样的条件也就无法适用这种方式了。

5.向受送达人在中华人民共和国领域内设立的代表机构或者有权接受送达的分支机构、业务代办人送达

这种送达方式主要是针对受送达人是外国企业或者组织的情形下采取的。对在我国境内设有代表机构或者有权接受送达的分支机构、业务代办人送达，非常简便易行。境外当事人在我国境内设立的分公司、全资子公司可以视为境外当事人在我国设立的代表机构，人民法院可以向其送达诉讼文书。但对于分支机构、业务代办人送达必须要经过境外当事人明确授权才可以进行送达。

6.邮寄送达

受送达人所在国的法律允许邮寄送达的，可以邮寄送达，自邮寄之日起满6个月，送达回证没有退回，但根据各种情况足以认定已经送达的，期间届满之日视为送达。

7.公告送达

不能用上述方式送达的，公告送达，自公告之日起满6个月，即视为送达。公告送达时，应当通过国内外公开发行的报纸或者其他新闻媒体进行。

我国民事诉讼法规定的几种涉外送达方式，除公告送达外，其他几种方式不分先后次序，只要不与公约相冲突，人民法院可以使用我国民事诉讼法规定的其他途径送达。只有公约与我国法律相冲突的，才优先适用公约的规定。

## 二、涉外民事诉讼的期间

在涉外民事诉讼中，由于当事人在我国领域内没有住所的，因此当事人进行诉讼活动的时间相较于普通民事诉讼的时间可能更长。为了方便涉外民事诉讼当事人充分地行使诉讼权利，我国民事诉讼法中对涉外民事诉讼期间作

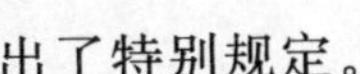
出了特别规定。

### (一)被告提出答辩的期间

我国《民事诉讼法》第 246 条规定,“被告在中华人民共和国领域内没有住所的,人民法院应当将起诉状副本送达被告,并通知被告在收到起诉状副本后30 日内提出答辩状。被告申请延期的,是否准许,由人民法院决定。”如果涉外民事案件一方当事人在国内有住所,而另一方当事人在国内没有住所,对国内当事人适用诉讼期间的一般规定,对国外当事人则适用涉外期间的特别规定。

### (二)当事人上诉和答辩的期间

我国《民事诉讼法》第 247 条规定,“在中华人民共和国领域内没有住所的当事人,不服第一审人民法院判决、裁定的,有权在判决书、裁定书送达之日起30 日内提起上诉。被上诉人在收到上诉状副本后,应当在 30 日内提出答辩状。当事人不能在法定期间提起上诉或者提出答辩状,申请延期的,是否准许,由人民法院决定。”《适用意见》第 311 条规定,当事人双方分别居住在我国领域内和领域外,对第一审人民法院判决、裁定的上诉期,居住在我国领域内的为 15 日和 10 日;居住在我国领域外的为 30 日。双方的上诉期均已届满没有上诉的,第一审人民法院的判决、裁定即发生法律效力。

### (三)审理期限

涉外民事诉讼没有对审结期限进行限制。这是由于相对于国内民事诉讼而言,涉外民事诉讼在调查取证及文书送达方面都具有复杂性和高费时性。因此,《民事诉讼法》第 248 条规定,“人民法院审理涉外民事案件期间不受本法第 135 条、第 159 条的限制。”即第一审案件应当在 6 个月内审结、第二审的案件应当在 3 个月内审结、对裁定的上诉案件应当在 30 日内审结的限制,都不适用于涉外民事案件。但这并不意味着涉外民事诉讼审理期限可以无休止地拖延,而只是说明人民法院在审理涉外案件时的审结期限可以适当长一些。

## 三、涉外民事诉讼的财产保全

### (一)涉外民事诉讼财产保全的概念和特点

涉外民事诉讼财产保全,是指涉外民事诉讼发生前或进行过程中,因为一方当事人的行为或其他原因,使将来法院的判决或仲裁裁决可能无法得到执行或难以执行时,人民法院根据申请人的申请,责令被申请人提供担保或扣押其财产的一种强制性保护措施。《民事诉讼法》第 249 条规定,当事人依照本法第 92 条的规定可以向人民法院申请财产保全。利害关系人依照本法第 93 条的规定可以在起诉前向人民法院申请财产保全。因此,涉外民事诉讼的财产保全也包括了诉前财产保全和诉讼财产保全两类。

与国内财产保全相比,涉外民事诉讼财产保全具有以下几个特点:

1. 只能依申请。《民事诉讼法》第 249 条规定,涉外民事诉讼财产保全只能根据当事人申请采取保全措施,人民法院不能依职权主动采取保全措施。而国内财产保全的发动方式有两种,既可以由当事人申请发动,也可以由人民法院依职权主动采取保全措施。

2. 诉前财产保全起诉期限为 30 日。《民事诉讼法》第 250 条规定,人民法院裁定准许诉前财产保全后,申请人应当在 30 日内提起诉讼。逾期不起诉的,人民法院应当解除财产保全。而国内民事诉讼中,诉前财产保全的起诉期限为 15 日。

3. 监督机制。《民事诉讼法》第 253 条规定,人民法院决定保全的财产需要监督的,应当通知有关单位负责监督,费用由被申请人承担。而国内民事诉讼中,没有规定采取保全措施后的监督。

### (二)涉外民事诉讼中财产保全的措施

涉外财产保全措施,主要是发布扣押令,扣押被申请人的财产,但也可以采取查封、冻结等措施。被保全的财产,主要是指船舶、航空器、车辆等。例如,对合资企业时进行诉讼保全时,可以对当事人在合资企业中分得的利润进行冻结,如果外籍当事人在诉讼期间,转让其在合资企业股权时,法院可以应他方当事人的申请冻结其股权。

### (三)涉外民事诉讼中财产保全的解除

涉外民事诉讼中财产保全和国内民事诉讼财产保全的性质相同,都是一种临时性的强制措施,如果采取保全措施的法定原因消失后,人民法院无须再对被申请人的财产进行保全,应当及时解除保全措施。人民法院在下列情形下,应当解除财产保全:第一,利害关系人起诉前向人民法院申请财产保全后,30日内不起诉的;第二,被申请人提供担保的;第三,受诉法院在审理中认为实施的原因已消失的;第四,经过人民法院审理后申请人败诉的。但是,在人民法院没有发布解除保全的命令前,任何单位和个人均无权转移、侵占、使用、毁损被保全的财产。

### (四)申请保全不当的赔偿

我国《民事诉讼法》第252条规定,“申请有错误的,申请人应当赔偿被申请人因财产保全所遭受的损失。”申请人申请财产保全的目的,是为了维护自己的正当权益。而申请人申请错误,损害了被申请人的合法权益,致使因其不当申请保全行为给被申请人造成了实际损失,申请人应当赔偿被申请人因不当财产保全行为所遭受的损失。

# 第五节　涉外民事诉讼的司法协助

## 一、司法协助的概念及意义

### (一)司法协助的概念

司法协助,是指不同国家的法院之间,根据本国缔结或参加的国际条约,或依互惠原则,相互协助,帮助对方完成一定诉讼行为的制度。

司法协助一般是基于两种情况而产生:

1.国家缔结或参加的国际条约

这种国际条约在实践中主要体现为两国之间为双方的利益,以互相协助完成涉外民事诉讼活动为目的而签订的双边条约。国际条约的签订为双方提供了稳定的进行司法协助的基础和平台。

2. 互惠原则

所谓互惠原则，也就是在双方没有正式签订双边司法协助协议，也没有参加共同的国际条约的情况下，基于互惠的目的，在对等的前提下，互相自愿地给予对方完成涉外民事诉讼活动的便利。互惠原则下实施的司法协助没有国际条约的形式稳定，一方不愿意给予对方相应的协助也不会产生国际法律责任。

### (二)司法协助的意义

在涉外民事诉讼活动中，不可避免地会发生与外国有关的诉讼行为，而法律是有严格地域性特征的，内国法院是不可能直接到外国领域内从事相关的司法活动的。因此，必须要对方法院协助，才能完成涉外民事案件的处理。这种协助，是国际必要的和有益的协作关系。各国之间的这种协助，有利于法院对案件的审理及裁决的执行，也有利于保护当事人的合法权益。

司法协助的包括两个方面的主要内容：一是一般司法协助，也即是代为实施一般的诉讼行为，如域外送达、域外财产保全等；二是特殊司法协助，也即是接受外国法院的委托，代为执行外国法院的判决、裁定和仲裁机构的裁决，或者请求外国法院代为执行我国法院的判决和裁定。

## 二、一般司法协助

一般司法协助，是指根据我国缔结或参加的国际条约，或依据互惠原则，我国人民法院与外国法院互相协助，代为实施一般的诉讼行为。进行一般司法协助行为的目的在于为涉外民事诉讼当事人提供可能的帮助，主要内容就是代为送达诉讼文书、代为取证、代为提供有关法律资料。

根据民事诉讼法的相关规定，一般司法协助必须具备以下条件：

1. 一般司法协助必须根据我国缔结或参加的国际条约，或者按照互惠原则进行

《民事诉讼法》第260条第1款规定，根据中华人民共和国缔结或者参加的国际条约，或者按照互惠原则，人民法院和外国法院可以相互请求，代为送达文书、调查取证以及进行其他诉讼行为。因此，存在共同的国际条约，或者在没有条约时，存在互惠关系，是我国与其他国家实施一般司法协助行为的基础。

2. 外国法院的请求事项不得有损于我国的主权、安全或者社会公共利益

《民事诉讼法》第 260 条第 2 款规定，外国法院请求协助的事项有损于中华人民共和国的主权、安全或者社会公共利益的，人民法院不予执行。该款规定实质上起保护作用，防止外国法院利用司法协助协议或互惠关系损害我国主权，侵害我国安全，或者损害我国的社会公共利益。

3. 采取司法协助的途径必须符合我国法律的规定

《民事诉讼法》第 261 条规定，请求和提供司法协助，应当依照中华人民共和国缔结或者参加的国际条约所规定的途径进行；没有条约关系的，通过外交途径进行。外国驻中华人民共和国的使领馆可以向该国公民送达文书和调查取证，但不得违反中华人民共和国的法律，并不得采取强制措施。除前款规定的情况外，未经中华人民共和国主管机关准许，任何外国机关或者个人不得在中华人民共和国领域内送达文书、调查取证。

该条明确地规定了外国法院寻求我国人民法院提供司法协助时应当采取的三种途径：有国际条约的按国际条约规定的途径；没有国际条约的，通过外交途径；外国驻华使领馆可以对其本国公民进行送达文书和调查取证。但该条同时作了保护性规定，一方面限制外国驻华使领馆的送达文书及调查取证的手段，另一方面规定除以上三种方式外任何外国机关或个人不得在我国领域内从事相关司法活动。

同时，考虑涉外民事诉讼所涉国家的法律规定各不相同，为了维护国际民事诉讼活动的顺利进行，我国保留了对外国法院提出的特殊的司法协助方式的可采性。《民事诉讼法》第 263 条规定，人民法院提供司法协助，依照中华人民共和国法律规定的程序进行。外国法院请求采用特殊方式的，也可以按照其请求的特殊方式进行，但请求采用的特殊方式不得违反中华人民共和国法律。

4. 文本应当附中文或国际条约规定的其他文本文字

《民事诉讼法》第 262 条规定，外国法院请求人民法院提供司法协助的请求书及其所附文件，应当附有中文译本或者国际条约规定的其他文字文本。人民法院请求外国法院提供司法协助的请求书及其所附文件，应当附有该国文字译本或者国际条约规定的其他文字文本。

对外国法院的司法协助请求，我国人民法院经过审查后认为符合以上条件的，应当依照我国民事诉讼法的相关规定予以协助。对不符合以上条件，我国人民法院可以拒绝外国法院的协助请求。

## 三、特殊司法协助

特殊司法协助，是指根据我国缔结或参加的国际条约，或依据互惠原则，我国人民法院与外国法院互相协助，相互承认并执行对方法院作出的生效判决、裁定。一般司法协助是对对方国家涉外民事诉讼活动的某个方面进行协助，而特殊司法协助是承认和执行对方国家法院作出的生效判决和裁定，这意味着对对方国家法院处理涉外民事案件的全过程效力的认可，也涉及外国法院作出的判决和裁定在内国具有法律效力。因此，特殊司法协助涉及的是各国利益的核心，也关乎当事人的基本利益，各国对外国法院判决和裁定的承认与执行都规定了严格的程序。

特殊司法协助包括两类行为：一是承认，二是执行。所谓承认，是指认可对方法院作出的生效判决、裁定在内国具有法律效力。执行是指将认可的对方法院作出的生效判决、裁定依照内国的民事诉讼执行程序予以实现。一般来说，承认是执行的前提，只有外国法院所作的生效判决、裁定的效力为内国法院所接受，才能取得执行力。但在单纯的确认之诉中，如果外国法院的生效判决、裁定不具有可执行的内容，则只需内国法院确认该判决、裁定的生效效力即可。

特殊司法协助包括两个方面内容：一是外国法院对我国法院判决、裁定的承认与执行，二是我国法院对外国法院判决、裁定的承认和执行。

### (一)外国法院对我国法院判决、裁定的承认与执行

《民事诉讼法》第 264 条第 1 款规定，人民法院作出的发生法律效力的判决、裁定，如果被执行人或者其财产不在中华人民共和国领域内，当事人请求执行的，可以由当事人直接向有管辖权的外国法院申请承认和执行，也可以由人民法院依照中华人民共和国缔结或者参加的国际条约的规定，或者按照互惠原则，请求外国法院承认和执行。

根据该条规定，请求外国法院执行我国法院判决、裁定，必须符合以下几个条件：

1. 必须是在我国已经生效的判决和裁定

但应当注意，由于我国实行的是两审终审制，并在正常审级之外附设有再审程序，如果当事人申请再审，并获得补救，那么原判决、裁定就失去了法律效力。为了防止当事人选择对自己有利的裁判向外国法院申请执行，《适用意

见》第 320 条规定，当事人在我国领域外使用人民法院的判决书、裁定书，要求我国人民法院证明其法律效力的，以及外国法院要求我国人民法院证明判决书、裁定书的法律效力的，我国作出判决、裁定的人民法院，可以本法院的名义出具证明。

2. 被申请执行人或其被申请执行的财产不在我国领域内

被申请执行人或其被申请执行的财产不在我国领域内，当事人才有向外国法院申请承认和执行的必要。如果被申请执行人或其财产在我国领域内，当事人直接向我国人民法院申请执行即可。

外国法院承认和执行我国法院的生效判决、裁定的方式主要有两种：一是当事人直接向有管辖权的外国法院提出申请；二是当事人向我国法院提出申请，由我国法院请求外国法院承认和执行。

当事人直接向有管辖权的外国法院提出申请的程序包括：一是由当事人提出申请外国法院承认和执行我国法院生效判决、裁定的申请书，并提供判决书、裁定书副本；二是提供证明判决书、裁定书已经送达的送达回证或其他证明文件。

当事人向我国法院提出申请，由我国法院请求外国法院承认和执行的程序包括：一是由申请人向所在地的中级人民法院提出申请书；二是我国法院制作承认和执行判决的请求书。

### （二）我国法院对外国法院判决、裁定的承认和执行

《民事诉讼法》第 265 条规定，外国法院作出的发生法律效力的判决、裁定，需要中华人民共和国人民法院承认和执行的，可以由当事人直接向中华人民共和国有管辖权的中级人民法院申请承认和执行，也可以由外国法院依照该国与中华人民共和国缔结或者参加的国际条约的规定，或者按照互惠原则，请求人民法院承认和执行。

根据该条规定，请求我国法院执行外国法院判决、裁定的，必须符合以下几个条件：

（1）必须是已经发生法律效力的外国法院的判决、裁定。这与请求外国法院执行我国法院的判决、裁定的前提是一致的。

（2）该外国法院的判决、裁定不违反我国法律的基本原则，不会损害我国的主权、安全和社会公共利益。《民事诉讼法》第 265 条规定，人民法院对申请或者请求承认和执行的外国法院作出的发生法律效力的判决、裁定，依照中华人民共和国缔结或者参加的国际条约，或者按照互惠原则进行审查后，认为不

违反中华人民共和国法律的基本原则或者国家主权、安全、社会公共利益的，裁定承认其效力，需要执行的，发出执行令，依照本法的有关规定执行。违反中华人民共和国法律的基本原则或者国家主权、安全、社会公共利益的，不予承认和执行。

我国对外国法院判决、裁定的承认与执行程序包括：

1. 请求的提出

根据我国民事诉讼法的规定，提出的方式有两种：一是当事人直接向我国有管辖权的中级人民法院提交申请书；二是由该外国法院向我国人民法院提出请求书。当事人向我国法院申请承认与执行外国法院的判决、裁定主要是根据我国与该外国缔结或共同参加的国际条约，或双方有互惠关系。但对于与我国没有缔结或共同参加国际条约也没有互惠关系的国家的当事人申请我国法院承认与执行该外国生效判决，我国也给予了相应的协助途径。《适用意见》第 318 条规定，当事人向中华人民共和国有管辖权的中级人民法院申请承认和执行外国法院作出的发生法律效力的判决、裁定的，如果该法院所在国与中华人民共和国没有缔结或者共同参加国际条约，也没有互惠关系的，当事人可以向人民法院起诉，由有管辖权的人民法院作出判决，予以执行。同时，根据《适用意见》第 319 条规定，与我国没有司法协助协议又无互惠关系的国家的法院，未通过外交途径，直接请求我国法院司法协助的，我国法院应予退回，并说明理由。也即是，对方国家如果与我国既没有缔结或参加国际条约，也没有互惠关系，也可以通过外交途径申请我国法院对该国法院的判决、裁定予以执行。

2. 审查

我国法院在接到申请书或请求书之后，将依照我国缔结或参加的国际条约，或按照互惠原则进行审查。但应当注意，该审查只限于形式审查，而不包括实质审查，即只审查外国法院的判决、裁定是否符合我国法律规定的承认和执行外国法院裁判的条件，对外国法院裁判中的事实认定和法律适用问题不予审查。

3. 裁定

经我国人民法院审查，对符合我国法律规定的外国法院的裁决，裁定承认其法律效力，需要执行的，发出执行令。对不符合我国法律规定的外国法院的裁决，将申请书或请求书退回当事人或请求国法院。

根据我国民事诉讼法的规定，我国人民法院在一定情况下可以拒绝承认和执行外国法院的裁判。可以拒绝的情况主要包括：

(1)没有通过法定途径。也就是该外国与我国既非缔结或共同参加了国际条约,又没有互惠关系,当事人也没有通过外交途径向我国人民法院起诉的。

(2)外国法院裁判形式存在瑕疵。形式瑕疵主要包括:该判决和裁定是由无管辖权的法院作出的、该判决和裁定尚未发生法律效力、当事人没有经过合法传唤、当事人被剥夺了答辩的机会等。

(3)该外国法院的判决和裁定违反我国法律的基本原则,有损于我国的主权、安全或社会公共利益。

(4)与我国有管辖权冲突。即,我国法院对于相同当事人之间就同一诉讼标的的案件已经作出了判决或正在进行审理,且该审理是在向作出需要予以承认和执行的判决的法院提起诉讼之前开始的。

(5)违反我国专属管辖的规定。对我国法院有专属管辖权的案件,如果外国法院不考虑中国的专属管辖权而作出裁判,当事人在裁判后请求我国法院执行的,我国法院应当裁定不予当承认和执行外国法院裁判。

# 第十九章

# 涉港、澳、台民事诉讼程序

## 第一节 涉港、澳、台诉讼概述

### 一、涉港、澳、台民事诉讼的概念和特征

涉港、澳、台民事诉讼，是指具有涉港、澳、台因素的民事诉讼。由于目前我国法律体系的特点是一国两制、多法域，香港实行的是英美法系审判制度，而澳门和台湾地区虽然属于大陆法系审判制度，但因历史原因，两岸及港澳之间的民事诉讼基本制度规定相去甚远，因此，涉港、澳、台民事诉讼民事诉讼具有与一般民事诉讼不同的特点，主要包括：

1. 涉港、澳、台民事诉讼的主体、客体和内容与一般民事诉讼不同

涉港、澳、台民事诉讼的主体是指一方或双方当事人是我国香港、澳门或台湾地区的自然人、法人或其他组织。涉港、澳、台民事诉讼的客体是指双方当事人争议的标的物位于我国香港、澳门或台湾地区。涉港、澳、台民事诉讼的内容是指引起当事人之间民事法律关系发生、变更、消灭的法律事实发生在我国香港、澳门或台湾地区。以上三个因素中有一个涉及香港、澳门或台湾地区的即为涉港、澳、台民事诉讼。根据最高人民法院 1987 年《关于审理涉港澳经济纠纷案件若干问题的解答》(以下简称《解答》)，人民法院受理的经济纠纷案件，凡具有下列情况之一的，属于涉港澳经济纠纷案件：(1)当事人一方或双方是港澳同胞或在香港、澳门地区登记成立的企业或者其他经济组织；(2)经济纠纷争议的标的物在香港、澳门地区的；(3)经济关系的发生、变更或者消灭在香港、澳门地区的。

2. 诉讼程序上参照涉外民事诉讼程序的相关规定

理论上，涉外民事诉讼程序中的涉外，如果作广义的理解并不能单纯的理解为外国，而是应当理解为外法域，但目前国内习惯将涉外民事诉讼程序和涉

港、澳、台民事诉讼程序分开理解，这是因为涉港、澳、台民事诉讼特殊性产生的原因是由于我国国内法律制度的不同所造成的，这一点与涉外民事诉讼有本质区别。因此，我们在处理涉港、澳、台民事案件时，绝不能将此类案件整理为涉外民事案件。但同时，也应当充分认识，由于历史原因导致的涉港、澳、台民事诉讼与内地民事诉讼的特点，使我们在处理涉港、澳、台民事案件时，要以我国民事诉讼法的相关规定为基础，同时适用涉港、澳、台民事诉讼特别规定，在某些程序的适用方面也要参照涉外民事诉讼程序的相关规定。

## 二、涉港、澳、台民事诉讼法律规定现状

由于内地与香港、澳门、台湾地区的司法制度存在较大的差异，因此，在不同法域之间展开区际司法协助成为一个迫切的需求。与涉外民事诉讼一样，在内地与香港、澳门、台湾地区之间送达、取证、各地区之间的裁判文书的承认与执行等问题上都存在协助的必要性。

目前，内地与香港和澳门特别行政区保持着较为良好的司法联系。根据香港特别行政区基本法和澳门特别行政区基本法的规定，最高人民法院与香港和澳门特别行政区协商，分别与之达成了关于送达、取证以及执行仲裁裁决等方面的一致意见，颁布了《最高人民法院关于内地与香港特别行政区法院相互委托送达民商事司法文书的安排》(1998 年)、《最高人民法院关于内地与香港特别行政区相互执行仲裁裁决的安排》(1999 年)、《最高人民法院关于内地与澳门特别行政区法院就民商事案件相互委托送达司法文书和调取证据的安排》(2001 年)、《关于内地与香港特别行政区法院相互认可和执行当事人协议管辖的民商事案件判决的安排》(2006 年)和《安排》(2006 年)等一系列司法解释。

由于历史原因，大陆与台湾地区的司法交流与联系不如内地与香港、澳门特别行政区的联系紧密。但最高人民法院仍然在民事诉讼相关司法解释中，如《证据规定》等，规定了涉台案件某些程序事项的处理规定，并发布了《关于人民法院认可台湾地区有关法院民事判决的规定》及《最高人民法院关于人民法院认可台湾地区有关法院民事判决的补充规定》。

## 第二节　涉港、澳、台诉讼的特别规定

目前,内地人民法院审理涉港、澳、台民事案件时,根据最高人民法院司法解释和内地与港、澳、台之间相互达成的有关协议,主要在案件范围、管辖、当事人、证据等方面存在特别规定。

### 一、涉港、澳、台民事案件的范围

《解答》规定,人民法院受理的经济纠纷案件,凡具有下列情况之一的,属于涉港澳经济纠纷案件:(1)当事人一方或双方是港澳同胞或在香港、澳门地区登记成立的企业或者其他经济组织;(2)经济纠纷争议的标的物在香港、澳门地区的;(3)经济关系的发生、变更或者消灭在香港、澳门地区的。

但要注意的是,《解答》中以排除的方法规定两类案件不属于涉港澳民事案件:

(1)居住在香港、澳门地区的外国人(包括持英国、葡萄牙本土护照的华人)或者港澳同胞在外国登记成立的企业、其他经济组织,与内地的企业、其他经济组织或者与在港澳地区登记成立的企业、其他经济组织之间的经济纠纷案件,不属于涉港澳经济纠纷案件,而是涉外经济纠纷案件。

(2)港澳同胞或者港澳地区企业、其他经济组织在内地成立的独资企业或者投资兴办的合资经营企业、合作经营企业与内地的企业、其他经济组织之间的经济纠纷案件,也不属于涉港澳经济纠纷案件,而是国内经济纠纷案件。

### 二、涉港、澳、台民事案件的管辖

涉港、澳、台民事案件的管辖主要包括一般管辖和集中管辖两类。根据民事诉讼法和相关司法解释的规定,涉港、澳、台民事案件的管辖规则主要包括:

(1)级别管辖上,重大的第一审涉港、澳、台民事案件由中级人民法院管辖。而案情比较简单,争议不大,诉讼标的较小的案件,可由基层人民法院管辖。

(2)地域管辖上,直接依据民事诉讼法关于地域管辖的规定办理。

(3)集中管辖。根据《最高人民法院关于涉外民商事案件诉讼管辖若干问

题的规定》第5条，涉及香港、澳门特别行政区和台湾地区当事人的民商事纠纷案件的管辖，参照本规定处理。根据该规定，第一审涉外民商事案件由下列人民法院管辖：国务院批准设立的经济技术开发区人民法院；省会、自治区首府、直辖市所在地的中级人民法院；经济特区、计划单列市中级人民法院；最高人民法院指定的其他中级人民法院；高级人民法院。上述中级人民法院的区域管辖范围由所在地的高级人民法院确定。该规定适用于下列案件：涉外合同和侵权纠纷案件；信用证纠纷案件；申请撤销、承认与强制执行国际仲裁裁决的案件；审查有关涉外民商事仲裁条款效力的案件；申请承认和强制执行外国法院民商事判决、裁定的案件。

## 三、涉港、澳、台民事案件的当事人及委托诉讼代理人

### (一)当事人

涉港、澳、台民事案件的当事人的确定，根据《解答》包括以下几种情况：

(1)在港澳地区成立的个人企业、合伙组织应以其业主、合伙人作为诉讼当事人参加诉讼。

(2)在港澳地区成立的有限责任公司参加诉讼，应以公司股东大会或董事会议授予全权代表公司对外进行活动的人作为法定代表人。

(3)作为诉讼一方当事人的港澳企业或者其他经济组织，如果已在香港、澳门地区宣告破产的，可由其破产清算人作为代理人参加诉讼。

(4)香港、澳门地区的企业或者其他经济组织在内地设立的办事机构或者分支机构不具有法人资格的，不能作为当事人参加诉讼；其工作人员作为诉讼代理人时，应当提交授权委托书。

涉港、澳、台民事案件的当事人在内地进行诉讼活动，应当向人民法院提交相关证明文件，以证明其当事人的身份。

### (二)委托诉讼代理人

港、澳、台自然人、法人或者其他组织在内地人民法院起诉、应诉，需要委托律师代理诉讼的，只能委托内地的律师。虽然根据2006年司法部《取得内地法律职业资格的香港特别行政区和澳门特别行政区居民在内地从事律师职业管理办法》的规定，凡参加内地举行的司法考试合格，取得法律职业资格证书的香港、澳门特别行政区的居民，可以在内地申请律师执业，但目前外币单

位在内地律师执业的香港、澳门特别行政区居民只能从事非诉法律事务，而不能代理出庭除涉港、澳婚姻、继承外的诉讼。但当事人也可以委托港、澳、台律师或者普通公民以非律师身份代理诉讼。

境外当事人委托的诉讼代理人，应当提交经公证、认证的授权委托书，并明确代理权限。未履行公证、认证手续的，人民法院应当不允许受托人出庭代理诉讼。港澳居民从香港、澳门提交给人民法院的授权委托书，应当按如下规定办理证明手续：

(1)我驻港、澳机构(新华社香港分社、中国银行、华润公司、招商局、澳门南光公司、澳门南通银行)的工作人员，可由所在机构出具证明；

(2)港九工会联合会、香港中华总商会、香港教育工作者联合会、澳门中华教育会、澳门中华总商会的会员可以由其所在的社团出具证明；

(3)社会上的一般群众可以由司法部委托的香港律师出具证明；

(4)对香港民政署、民政处出具证明认证问题，凡由司法部委托的律师转送的，即可以认为可靠。

台湾居民从台湾提交人民法院的授权委托书，应当经公证证明。如果对公证书的真实性有怀疑，可以参照 1993 年《两岸公证书使用查证协议》，通过中国公证员协会或者有关省、自治区、直辖市公证员协会与台湾地区海峡交流基金会联系办理。

## 四、涉港、澳、台民事案件证据的特别规定

根据《证据规定》第 11 条第 2 款的规定，“当事人向人民法院提供的证据是在香港、澳门、台湾地区形成的，应当履行相关的证明手续”。

司法实践中，一般需要办理证明手续的事项主要包括：用于认定当事人诉讼主体资格的国籍身份、资格证件；委托诉讼代理人、诉讼代表人的授权委托书；需要办理证明手续的作为认定案件事实的主要诉讼证据；当事人对案件处理的意见书。

相关的证明手续包括：我驻港、澳机构(新华社香港分社、中国银行、华润公司、招商局、澳门南光公司、澳门南通银行)的工作人员，可由所在机构出具证明；港九工会联合会、香港中华总商会、香港教育工作者联合会、澳门中华教育会、澳门中华总商会的会员可以由其所在的社团出具证明；社会上的一般群众可以由司法部委托的香港律师出具证明。

根据最高人民法院关于转发《关于委托香港 8 位律师办理公证的若干问

题的通知》,香港当事人从内地以外寄交或者托交的有关诉讼材料,需经我国司法部委托的香港律师公证。委托事项主要包括:(1)凡发生在香港地区的法律行为、有法律意义的事实和文书的公证事项;(2)公证机关在受理内地与香港的一些公司、企业签订的经济合同时,如有需要,可要求港方当事人提供由司法部委托的香港律师出具的证明、该公司或企业登记注册的证明、银行资信情况证明、公司章程证明、委托代签合同的委托书的证明、公司或企业纳税的证明、银行担保证明等;(3)港澳同胞因婚姻、财产等纠纷,在内地人民法院诉讼,提交给人民法院的答辩书、意见书、委托书等有关材料的证明;(4)香港公司、企业因经济合同纠纷在内地人民法院诉讼或在仲裁机关仲裁时,提交给人民法院或仲裁机关的法人登记注册证、委托书等有关材料的证明;(5)关于港澳同胞到内地申请收养子女、未婚证明等证明。公证书上应盖有中国法律服务(香港)有限公司转递香港公证文书专用章。

在内地无住所的澳门当事人从内地寄交或者托交的有关诉讼材料,应盖有中国法律服务(澳门)有限公司证明事务专用章。

在我国大陆无住所的台湾地区当事人从台湾地区寄交或者托交的有关诉讼材料,目前在法律上还没有明确的规定。但一般认为应当经台湾当地的公证机构或者其他部门、民间组织、律师出具证明,个人可以由其工作单位出具证明。对于公证文书的真实性如何认定,则应当依《海峡两岸公证书使用查证协议》和司法部 1993 年《海峡两岸公证书使用查证协议实施办法》的规定办理。此外,台湾当事人也可以通过香港、澳门当事人采用的办法办理公证事宜。

参照涉外民事诉讼程序,在以下几种情况下,涉港、澳、台民事诉讼当事人提供的证据材料无须办理公证或其他证明手续:在我国境内有住所的当事人提交的授权委托书、身份证明;当事人作为原告亲自到庭起诉而提交的个人身份证明;当事人在办案人员面前签署的授权委托书;通过双边司法协助协定取得的证据材料。

## 第三节 涉港、澳、台诉讼中的区际司法协助

### 一、区际司法协助的概念及我国区际司法协助的特点

#### （一）区际司法协助的概念

区际司法协助，是指同一主权国家内部不同法域的司法机关之间在民商事司法领域内的合作与互助。区际民商事司法协助的主要内容包括代为送达和取证、相互承认和执行法院裁判。前章所述的司法协助是指国家间的司法协助，发生于两个不同的主权国家相互之间进行司法协助，代为完成一些诉讼行为。由于各国情况不一，在联邦制国家以及我国这样实行特殊体制的单一国家内部，也会出现多法域的情况。不同法域之间因为适用的法律体系及基本制度不同，也需要相互协助和配合才能完成民事诉讼行为。

#### （二）我国区际司法协助的特点

我国区际司法协助因我国的特殊政治体制及历史原因所产生，因而具有与国际司法协助和一般区际司法协助不同的特点，主要体现在以下几个方面：

1. 建立基础不同。我国的区际司法协助是建立在“一国两制”的特殊政治制度的基础之上的，而纵观其他国家，即使是联邦制国家，其区际司法协助是建立在“一国一制”的基础上。

2. 相互协助的法域不同。在联邦制国家中，虽然其内部各组成部分在法律规定上有所不同，但绝大多数联邦制国家内部各组成部分仍然是属于同一法系。而我国则是建立在不同法系的基础上。

3. 独立性不同。我国虽然是单一制国家的区际司法协助，但各法域都有独立的立法权、司法权和终审权，同时我国并没有一个统一的最高司法机关来协调各法域相互之间的关系。而在其他多法域国家，尽管各法域有相对独立的立法权和司法权，但中央仍有高于各法域的立法权和司法权，而且各法域都没有终审权。

## 二、我国区际司法协助的相关规定

### (一)司法文书的送达

目前在涉港、澳、台民事案件的送达上，内地与香港和澳门特别行政区之间都已经有相应的司法协定，规定较为完善。但大陆与台湾地区目前还没有关于送达方面的协定。内地与香港和澳门特别行政区关于送达的规定是依据《最高人民法院关于内地与香港特别行政区法院相互委托送达民商事司法文书的安排》和《最高人民法院关于内地与澳门特别行政区法院就民商事案件相互委托送达司法文书和调取证据的安排》，主要规则包括：

1.委托机构

内地人民法院法院和特别行政区法院双方委托送达司法文书，须通过内地各高级人民法院和香港特别行政区高等法院或者澳门特别行政区终审法院进行。但最高人民法院司法文书可以直接委托香港特别行政区高等法院或者澳门特别行政区终审法院送达。

2.委托书

委托方请求送达司法文书，须出具盖有其印章的委托书，并须在委托书中说明委托机关的名称、受送达人的姓名或者名称、详细地址及案件的性质。委托书应当以中文文本提出。所附司法文书没有中文文本的，应当提供中文译本。以上文件一式两份。受送达人为两人以上的，每人一式两份。受委托方如果认为委托书与本安排的规定不符，应当通知委托方，并说明对委托书的异议。必要时可以要求委托方补充材料。

3.送达

送达司法文书，应当依照受委托方所在地法律规定的程序进行。委托方法院请求按照特殊方式执行委托事项的，如果受委托方法院认为不违反本辖区的法律规定，可以按照其特殊方式执行。受委托方对委托方委托送达的司法文书的内容和后果不负法律责任。

不论司法文书中确定的出庭日期或者期限是否已过，受委托方均应送达。委托方应当尽量在合理期限内提出委托请求。受委托方接到委托书后，应当及时完成送达，最迟不得超过自收到委托书之日起 2 个月。

送达司法文书后，内地人民法院应当出具送达回证；香港或者澳门特别行政区法院应当出具送达证明书。出具送达回证和证明书，应当加盖法院印章。

受委托方无法送达的，应当在送达回证或者证明书上注明妨碍送达的原因、拒收事由和日期，并及时退回委托书及所附全部文书。

4.费用

委托送达司法文书费用互免。但委托方在委托书中请求以特定送达方式送达所产生的费用，由委托方负担。

5.送达文书的范围

内地可以委托香港法院送达的司法文书包括：起诉状副本、上诉状副本、授权委托书、传票、判决书、调解书、裁定书、决定书、通知书、证明书、送达回证。香港特别行政区可委托的司法文书包括：起诉状副本、上诉状副本、传票、状词、誓章、判案书、判决书、裁决书、通知书、法庭命令、送达证明。内地和澳门法院相互委托送达的文书范围更宽，包括上述列举的司法文书以外的“其他司法文书和所附相关文件”。

6.内地人民法院与澳门特别行政区法院关于送达的特殊规定

内地人民法院与澳门特别行政区法院关于送达的安排较与香港特别行政区关于送达的安排出台时间更新，因而在规定上也较与香港的送达安排更为完善。该特殊规定主要表现在两个方面：

(1)案件范围更明确。内地人民法院与澳门特别行政区法院特别指出，民商事案件包括劳动争议案件(澳门特别行政区称民事劳工案件)，可以相互委托送达司法文书和调取证据。

(2)规定了不予送达的情况。内地和澳门的司法协助规定特别，委托方法院收到委托书后，不得以本辖区法律规定对委托方法院审理的该民商事案件享有专属管辖权或者不承认对该请求事项提起诉讼的权利为由，不予执行受托事项。

受委托方法院在执行受托事项时，如果该事项不属于法院职权范围，或者内地人民法院认为在内地执行该受托事项将违反其基本法律原则或者社会公共利益，或者澳门特别行政区法院认为在其特别行政区执行该受托事项将违反其基本法律原则或公共秩序的，可以不予执行，但应当及时向委托方法院书面说明不予执行的原因。

### (二)取证

取证方面，目前内地只与澳门特别行政区有相互委托取证的规则。根据《最高人民法院关于内地与澳门特别行政区法院就民商事案件相互委托送达司法文书和调取证据的安排》，取证主要包括以下内容：

1. 取证的对象

委托方法院请求调取的证据只能是与诉讼有关的证据。代为调取证据的范围包括：代为询问当事人、证人和鉴定人，代为进行鉴定和司法勘验，调取其他与诉讼有关的证据。

2. 取证程序

双方相互委托调取证据，均须通过各高级人民法院和澳门特别行政区终审法院进行。最高人民法院与澳门特别行政区终审法院可以直接相互委托调取证据。

受委托方法院取证时，被调查的当事人、证人、鉴定人等的代理人可以出席。如委托方法院提出要求，受委托方法院应当将取证的时间、地点通知委托方法院，以便对方当事人及其诉讼代理人也能够出席。根据委托方法院的请求，可以允许委托方法院派司法人员出席。必要时，经受委托方允许，委托方法院的司法人员可以向证人、鉴定人等发问。

受委托方法院可以根据委托方法院的请求，并经证人、鉴定人同意，协助安排其辖区的证人、鉴定人到对方辖区出庭作证。

证人、鉴定人在委托方地域内逗留期间，不得因其离开受委托方地域之前，在委托方境内所实施的行为或者针对他所作的裁决而被刑事起诉、羁押，或者为履行刑罚或者其他处罚而被剥夺财产或者扣留身份证件，或者以任何方式对其人身自由加以限制。证人、鉴定人完成所需诉讼行为，且可自由离开委托方地域后，在委托方境内逗留超过七天，或者已离开委托方地域又自行返回时，前款所指的豁免即行终止。证人、鉴定人到委托方法院出庭而导致的费用及补偿，由委托方法院预付。

3. 委托书

双方相互委托代为调取证据的委托书应当写明：委托法院的名称；当事人及其诉讼代理人的姓名、地址和其他一切有助于辨别其身份的情况；委托调取证据的原因，委托调取证据的具体事项、被调查人的姓名地址，其他一切有助于辨别其身份的情况，以及需要向其提出的问题；调取证据需采用的特殊方式等。

受委托方法院完成委托调取证据的事项后，应当向委托方法院书面说明。如果未能按委托方法院的请求全部或者部分完成调取证据事项，受委托方法院应当向委托方法院书面说明妨碍调取证据的原因，并及时退回委托书及所附全部文件。当当事人、证人根据受委托方的法律规定，拒绝作证或者推辞提供证言时，受委托方法院应当以书面通知委托方法院，并退回委托书及所附全部文件。

**(三)相互承认和执行民商事判决**

2006 年,内地与香港、澳门特别行政区分别达成了《关于内地与香港特别行政区法院相互认可和执行当事人协议管辖的民商事案件判决的安排》和《安排》,当事人可以向内地人民法院和香港、澳门特别行政区法院申请承认和执行。1992 年,台湾地区颁布的“台湾地区和大陆地区人民关系条例”(第 74 条)规定,“在大陆地区作成之民事确定裁判、民事仲裁判断,不违背台湾地区公共秩序或者善良风俗者,得声请法院裁定认可。前项经法院裁定认可之裁判或判断,以给付为内容者,得为执行名义”。根据这一规定,人民法院裁判和大陆地区仲裁裁决都可以在台湾地区得到承认执行。最高人民法院 1998 年以司法解释的形式表示承认台湾地区的裁判和仲裁裁决,发布了《关于人民法院认可台湾地区有关法院民事判决的规定》,2009 年最高人民法院又对该规定作了补充规定。当事人也可以根据该规定向大陆人民法院和台湾地区法院申请承认和执行民事判决。

1. 内地与香港特别行政区相互承认和执行民商事判决

根据《关于内地与香港特别行政区法院相互认可和执行当事人协议管辖的民商事案件判决的安排》,内地人民法院和香港特别行政区法院在具有书面管辖协议的民商事案件中作出的须支付款项的具有执行力的终审判决,当事人可以根据本安排向内地人民法院或者香港特别行政区法院申请认可和执行。

(1)管辖法院

申请认可和执行符合本安排规定的民商事判决,在内地向被申请人住所地、经常居住地或者财产所在地的中级人民法院提出,在香港特别行政区向香港特别行政区高等法院提出。被申请人住所地、经常居住地或者财产所在地在内地不同的中级人民法院辖区的,申请人应当选择向其中一个人民法院提出认可和执行的申请,不得分别向两个或者两个以上人民法院提出申请。

被申请人的住所地、经常居住地或者财产所在地,既在内地又在香港特别行政区的,申请人可以同时分别向两地法院提出申请,两地法院分别执行判决的总额,不得超过判决确定的数额。已经部分或者全部执行判决的法院应当根据对方法院的要求提供已执行判决的情况。

(2)应提交的书面文件

申请人向有关法院申请认可和执行判决的,应当提交以下文件:请求认可和执行的申请书;经作出终审判决的法院盖章的判决书副本;作出终审判决的法院出具的证明书，证明该判决属于本安排第二条所指的终审判决，在判决作出地可以执行；身份证明材料。

(3)期限

申请人申请认可和执行内地人民法院或者香港特别行政区法院判决的程序，依据执行地法律的规定。本安排另有规定的除外。申请人申请认可和执行的期限，双方或者一方当事人是自然人的为一年，双方是法人或者其他组织的为六个月。该期限的计算，内地判决到香港特别行政区申请执行的，从判决规定履行期间的最后一日起计算，判决规定分期履行的，从规定的每次履行期间的最后一日起计算；香港特别行政区判决到内地申请执行的，从判决可强制执行之日起计算，该日为判决上注明的判决日期，判决对履行期限另有规定的，从规定的履行期限届满后开始计算。

(4)不予承认和执行的情况

对申请认可和执行的判决，原审判决中的债务人提供证据证明有下列情形之一的，受理申请的法院经审查核实，应当裁定不予认可和执行：①根据当事人协议选择的原审法院地的法律，管辖协议属于无效，但选择法院已经判定该管辖协议为有效的除外；②判决已获完全履行；③根据执行地的法律，执行地法院对该案享有专属管辖权；④根据原审法院地的法律，未曾出庭的败诉一方当事人未经合法传唤或者虽经合法传唤但未获依法律规定的答辩时间，但原审法院根据其法律或者有关规定公告送达的，不属于上述情形；⑤判决是以欺诈方法取得的；⑥执行地法院就相同诉讼请求作出判决，或者外国、境外地区法院就相同诉讼请求作出判决，或者有关仲裁机构作出仲裁裁决，已经为执行地法院所认可或者执行的。内地人民法院认为在内地执行香港特别行政区法院判决违反内地社会公共利益，或者香港特别行政区法院认为在香港特别行政区执行内地人民法院判决违反香港特别行政区公共政策的，不予认可和执行。

2. 内地与澳门特别行政区相互承认和执行民商事判决

(1)管辖法院

根据《安排》的规定，内地有权受理认可和执行判决申请的法院为被申请人住所地、经常居住地或者财产所在地的中级人民法院。两个或者两个以上中级人民法院均有管辖权的，申请人应当选择向其中一个中级人民法院提出申请。澳门特别行政区有权受理认可判决申请的法院为中级法院，有权执行的法院为初级法院。被申请人在内地和澳门特别行政区均有可供执行财产的，申请人可以向一地法院提出执行申请。申请人向一地法院提出执行申请的同时,可以向另一地法院申请查封、扣押或者冻结被执行人的财产。待一地法院执行完毕后,可以根据该地法院出具的执行情况证明,就不足部分向另一地法院申请采取处分财产的执行措施。

(2)应提交的书面文件

请求认可和执行判决的申请书应当附生效判决书副本,或者经作出生效判决的法院盖章的证明书,同时应当附作出生效判决的法院或者有权限机构出具的证明下列事项的相关文件:①传唤属依法作出,但判决书已经证明的除外;②无诉讼行为能力人依法得到代理,但判决书已经证明的除外;③根据判决作出地的法律,判决已经送达当事人,并已生效;④申请人为法人的,应当提供法人营业执照副本或者法人登记证明书;⑤判决作出地法院发出的执行情况证明。

(3)期限

《安排》中并没有明确规定承认和执行的期限,仅规定,被请求方法院应当尽快审查认可和执行的请求,并作出裁定。

(4)不予承认和执行的情况

被请求方法院经审查核实存在下列情形之一的,裁定不予认可:①根据被请求方的法律,判决所确认的事项属被请求方法院专属管辖;②在被请求方法院已存在相同诉讼,该诉讼先于待认可判决的诉讼提起,且被请求方法院具有管辖权;③被请求方法院已认可或者执行被请求方法院以外的法院或仲裁机构就相同诉讼作出的判决或仲裁裁决;④根据判决作出地的法律规定,败诉的当事人未得到合法传唤,或者无诉讼行为能力人未依法得到代理;⑤根据判决作出地的法律规定,申请认可和执行的判决尚未发生法律效力,或者因再审被裁定中止执行;⑥在内地认可和执行判决将违反内地法律的基本原则或者社会公共利益;⑦在澳门特别行政区认可和执行判决将违反澳门特别行政区法律的基本原则或者公共秩序。

3.大陆与台湾地区相互承认和执行民商事判决

(1)申请承认和执行的裁判种类

根据《关于人民法院认可台湾地区有关法院民事判决的规定》及补充规定,申请认可的台湾地区的裁判种类包括法院民事判决(包括对商事、知识产权、海事等民事纠纷案件作出的判决)、民事裁定、调解书、支付令,以及台湾地区仲裁机构裁决。

(2)管辖法院

台湾地区有关法院的民事判决,当事人的住所地、经常居住地或者被执行财产所在地在内地的，当事人可以向申请人住所地、经常居住地或者被执行财产所在地中级人民法院申请认可。申请人向两个以上有管辖权的中级人民法院申请认可的，由最先立案的中级人民法院管辖。申请人向被执行财产所在地中级人民法院申请认可的，应当提供被执行财产存在的相关证据。

(3)申请书及相关材料

申请人应提交申请书，并须附有台湾地区有关法院民事判决书正本或者经证明无误的副本、证明文件。其内容不得违反“一个中国”原则。申请人申请认可台湾地区有关法院民事判决，应当提供相关证据，以证明该判决真实并且效力已确定。

(4)审理程序

申请认可台湾地区有关法院民事判决的案件，应根据案件的不同类型，由相关民事审判庭的审判人员组成合议庭进行审理。

(5)期限

申请认可台湾地区有关法院民事判决的，应当在该判决效力确定后二年内提出。当事人因不可抗拒的事由或者其他正当理由耽误期限而不能提出认可申请的，在障碍消除后的十日内，可以申请顺延期限。人民法院受理申请人申请后，应当在六个月内审结。

(6)不予承认和执行的情况

具有下列情形之一的，裁定不予认可：①申请认可的民事判决的效力未确定的；②申请认可的民事判决，是在被告缺席又未经合法传唤或者在被告无诉讼行为能力又未得到适当代理的情况下作出的；③案件系人民法院专属管辖的；④案件的双方当事人订有仲裁协议的；⑤案件系人民法院已作出判决，或者外国、境外地区法院作出判决或境外仲裁机构作出仲裁裁决已为人民法院所承认的；⑥申请认可的民事判决具有违反国家法律的基本原则，或者损害社会公共利益情形的。

# 第二十章

# 特别程序

## 第一节 特别程序概述

特别程序，是指人民法院审理某些非民事权益争议案件所适用的特殊审判程序。它是我国民事诉讼法规定的审判程序的重要组成部分。我国《民事诉讼法》第十五章专门规定了“特别程序”，适用于两类案件，一类是选民资格案件，另一类是某些非诉案件，即宣告公民失踪或者宣告公民死亡案件、认定公民无民事行为能力或限制民事行为能力案件和认定财产无主案件。

特别程序是既不同于普通程序又不同于简易程序的一种独特的民事审判程序，具有以下特点：

1. 程序的功能具有特殊性。人民法院采用普通程序、简易程序审理民事案件，就是要依法解决某种纠纷，确认民事权利义务关系，制裁民事违法行为。与此不同，适用特别程序的民事案件主要是非诉案件，而非诉案件不存在实体权益相冲突的双方当事人，只存在作为利害关系人的申请人一方。利害关系人向人民法院申请的目的不是请求人民法院解决某种民事纠纷，而是请求法院做出权威裁判确认某种事实的存在。因此，特别程序的功能是对某种事实的存在与否进行权威确认。

2. 程序的启动方式具有特殊性。因为适用特别程序的案件除了选民资格案件之外都是非诉案件，所以特别程序的发动不同于普通程序和简易程序。无论是普通程序还是简易程序，都是由当事人起诉而发动的。而特别程序除了选民资格案件的审理程序是以起诉方式发动的以外，其他案件的审理程序都是以利害关系人向人民法院申请的方式发动的。

3. 审判组织具有特殊性。适用特别程序审理民事案件时，审判组织原则上采用独任制，只有选民资格案件和重大疑难的非诉案件，才组织成合议庭进行审理。而人民法院采用普通程序审理民事案件时，一律实行合议制，只有基层人民法院和它的派出法庭适用简易程序审理简单的民事案件，才可以实行独任制。

4. 实行一审终审制。按照特别程序审理的民事案件，实行一审终审制，法院的裁判文书一经送达，立即发生法律效力，申请人或者起诉人不得对该裁判提起上诉。而除了最高人民法院以外的所有人民法院适用普通程序或简易程序审理民事案件所做出的判决或者裁定均实行两审终审制，当事人对第一审人民法院做出的判决或裁定不服的，可以向第一审人民法院的上一级人民法院提起上诉。

5. 不适用再审程序推翻原判决。人民法院按照特别程序审理民事案件所做出的判决，是对某种事实的权威确认。这种确认本来就是对客观事实的一种推断，而客观事实是自在的东西，并且客观情况是发展变化的。例如法院判决宣告某公民死亡，但实际上该公民并未死亡，并且在法院做出该判决后不久又出现在原来的住所地；又如法院判决认定某公民为无民事行为能力人，但在其判决生效的半年以后，该公民却具有了完全民事行为能力。在出现上述情况时，如果利害关系人提出申请要求推翻原判决，就涉及适用什么样程序问题。按照特别程序审理的民事案件，在判决发生法律效力以后，如果发现判决在认定事实或者适用法律上确有错误，或者出现了新情况、新事实，不适用再审程序，根据有关人员的申请，由作出判决的人民法院在查清事实后，直接依据特别程序的规定撤销原判决，做出新的判决。再审程序是一种纠错程序，而推翻依特别程序做出的原判决，绝不是纠正裁判错误。因为适用特别程序做出的判决仅仅是权威确认某种事实，而这种确认是依据现有事实进行的一种推断。当实际情况发生变化时，推翻原判决实际上是进行新的确认，这与纠正裁判错误有本质区别。而对于适用普通程序或者简易程序做出的生效裁判，其在认定事实或适用法律上的错误必须通过再审程序予以纠正。不通过再审程序，任何机关和个人都无权撤销生效的判决。

6. 审理期限较短。根据《民事诉讼法》的规定，按特别程序审理的案件，应当在立案之日起 30 日内或者公告期满后 30 日内审结。有特殊情况需要延长的，由本院院长批准。但选民资格案件必须在选举日前审结，不得延长。而按照普通程序审理的案件应在立案之日起 6 个月被审结，有特殊情况需要延长的，经本院院长批准可延长 6 个月，还需要延长的，报请上级人民法院批准。按照简易程序审理的民事案件，应当在立案之日起 3 个月内审结。可见，特别程序的审理期相对较短。

7. 免交案件受理费。按照特别程序审理的民事案件，一律免交案件受理费。

## 第二节 选民资格案件[①]

### 一、选民资格案件概述

选民资格案件，是指公民不服选举委员会对选民资格申诉的处理决定，向选区所在地基层人民法院提起诉讼而形成的案件。

选举权与被选举权是我国《宪法》和《选举法》赋予公民的一项基本政治权利。根据选举法的规定，选举前，应当划分选区，进行选民登记，并在选举之日前 30 日公布选民名单。公民对选举委员会公布的选民名单有不同意见的，可以向选举委员会申诉，选举委员会必须在 3 日内依法做出决定。申诉人如果对选举委员会的决定不服，可以向人民法院提起诉讼。

公民对选民资格名单有不同意见，是指公民认定为选举委员会公布的选民名单有错误，如应当列入选民名单的人没有列入选民名单，不应当被列入选民名单的人却被列入。根据选举法的规定，我国公民中有两种人没有选民资格：不满 18 周岁的未成年人和依法被剥夺政治权利的人。同时，无法行使选举权的精神病患者，也不列入选民资格名单。如果公民对选民资格名单有意见，可以依法向选举委员会申诉，不服选举委员会对申诉的决定的，可以向人民法院起诉，最终由以人民法院判决来确认选民资格名单是否有错误。可见，人民法院审理选民资格案件，是通过审判程序来解决选举委员会公布的选民资格名单有无错登、漏登的问题，但不解决破坏选举的违法犯罪行为的法律责任问题。

人民法院通过对选民资格案件的审理，可以保护有选举资格的公民依法享有选举权和被选举权，使他们能够充分发挥参与国家事务管理的积极性，增强他们的主人翁责任感，依法参加选举活动，行使神圣的选举权利，选举出自

---

① 很多教材和论著将选民资格案件、宣告失踪或宣告死亡案件、认定公民无民事行为能力或限制民事行为能力案件、认定财产无主案件分别直接等同于选民资格案件审理程序、宣告失踪或宣告死亡案件审理程序、认定公民无民事行为能力或限制民事行为能力案件审理程序、认定财产无主案件审理程序，这种做法显然忽视了基本的逻辑常识，因而也是错误的。案件和案件的审理程序是两个不同的概念，不能混为一谈。

己信任的代表管理国家事务。同时，也使没有选举权和被选举权的公民不能非法参加选举，从而保障选举工作的顺利进行。

## 二、选民资格案件的特点

《民事诉讼法》关于选民资格诉讼程序的规定体现了它与普通诉讼程序甚至其他法定特别程序的特殊之处，主要包括：

### (一)此类诉讼解决的不是民事争议或民事法律问题，而是宪政纠纷

此类诉讼解决的不是民事争议或民事法律问题，而是宪政纠纷，因此，严格意义上来说，选民资格诉讼本身应属于宪政诉讼而非民事诉讼的范畴，但是由于我国尚未建立宪政诉讼制度，因此将其规定在民事诉讼法特别程序中。

### (二)此类诉讼对起诉人资格没有特定限制，不要求起诉人与选民资格纠纷具有利害关系

《民事诉讼法》第 164 规定："公民不服选举委员会对选民资格的申诉所作的处理决定，可以在选举日的五日以前向选区所在地基层人民法院起诉。"这里的公民，并未被限定为选举资格受到影响的选民，甚至未被限定为选区的选民，意味着对某一选区选民名单有异议的所有中华人民共和国公民都有权向该选区选举委员会申诉并进而可能成为起诉人。这一点与普通诉讼有关原告条件的规定不一致。

### (三)此类诉讼只有一方当事人，同时又有多种特定身份的其他诉讼参与人

选民资格诉讼的诉讼参与人包括，起诉人、选举委员会的代表和有关公民。人民法院的判决书，应当在选举之日前送达选举委员会和起诉人，并通知有关公民。在这里，选举委员会的诉讼地位不同与普通诉讼中的被告，有其特殊性，有学者认为应当将其定性为一种特定身份的其他诉讼参与人。此外，涉及选民资格之争的"有关公民"[①]的诉讼也很特殊。在选民资格案件中，存在着多种利害关系主体，但他们的身份既有别于当事人，又有别于其他诉讼参

① 或者是应该具备选民资格但却没有被列入选民名单的公民，或者是不具备选民资格但却被列入选民名单的公民。

与人。

我们认为，法律规定不将选举委员会列为被告或被诉人似乎与处理当事人不服一审判决提起上诉时不得将第一审法院列为被上诉人有着相同的逻辑，但是无论是普通诉讼还是特别诉讼，“两造俱备”，法官居中审理，才能形成基本的诉讼构造，就像行政诉讼中可将行政机关列为被告一样，将选举委员会列为被告(被诉人)似乎并无不可。至于涉及选民资格之争的“有关公民”，应该明确定性为此类诉讼中的第三人。

### (四)此类诉讼的审判组织要求采用合议庭形式，并且人民陪审员不得参与审理

《民事诉讼法》对选民资格案件与一般性的特别程序案件的审判组织作了差异性规定：选民资格案件，包括重大、疑难的特别程序案件，由审判员组成合议庭审理，其他案件由审判员一人独任审理。这种规定无疑凸显了选民资格案件的重要性和特殊性。

### (五)此类诉讼的审理时间与选举日期相关联，审限具有不确定性

根据《民事诉讼法》的规定，特别程序案件的审限一般为立案之日起 30 日内或者公告期满后 30 日内，而人民法院受理选民资格案件后必须在选举日前审结，不受前述规定的限制。这样规定显然是考虑到选民资格诉讼的判决结果和选举进程的关联关系。因为根据选举法的规定，选民名单一般会在选举日的 20 日以前公布，但通常不会提前超过一个月。加上当事人异议和选举委员会处理申诉的时间，留给法院审理的时间所剩无几。这就要求选民资格诉讼应当讲求时效性，人民法院应当及时审理，及时判决，以免造成选举开始而选民名单尚未确定的尴尬局面。

## 三、选民资格案件的审理程序

### (一)起诉和受理

《民事诉讼法》规定，对于选举委员会公布的选民名单持有异议，即认为选

民名单有错误[1]的公民，可以向选举委员会提出申诉。选举委员会对申诉意见，应当在3日内作出处理决定。公民不服选举委员会对选民资格的申诉所作的处理决定，可以在选举日的5日以前向选区所在地基层人民法院起诉。这一规定表明，公民向选举委员会提出申诉是向法院起诉的前置程序，未经申诉的，法院不予受理。

公民起诉应当提交起诉书，载明起诉人姓名，选举委员会名称，向选举委员会提出申诉的经过及其决定内容，起诉的事实和理由。法院经形式审查，认为符合法律规定的，应予立案受理；认为不符合法律规定的，通知起诉人不予受理，起诉人坚持起诉的，可裁定驳回起诉。

#### （二）审理

人民法院受理选民资格案件后，必须由审判员组成合议庭进行，并在选举日前审结。审理时，法院必须通知起诉人、选举委员会的代表和有关公民参加并允许他们陈述意见、进行辩论。法律之所以规定必须由审判员组成合议庭进行审理，主要是考虑到选民资格案件关系到公民的基本政治权利问题，必须严肃、慎重对待。

#### （三）判决

开庭审理后，合议庭经合议按照少数服从多数的原则作出判决。人民法院的判决书，应当在选举日前送达选举委员会和起诉人，并通知有关公民。

## 第三节　宣告公民失踪、宣告公民死亡案件

### 一、宣告公民失踪案件

#### （一）宣告公民失踪案件概述

宣告公民失踪案件，是指公民离开自己的住所地或者经常居住地下落不

① 包括具有选民资格的人没有被列入选民名单，或者不具有选民资格的人被列入选民名单，或者选民名单中存在书写错误等问题。

明达到法定期限，利害关系人申请人民法院裁判宣告该公民为失踪的民事案件。

公民离开其住所地或者经常居住地长期下落不明，与他相关的民事法律关系必然处于不稳定状态，这对社会生活的稳定发展是不利的。我国法律建立宣告公民失踪制度具有十分重要的意义。首先，有利于保护失踪人的合法权益。公民失踪以后，其财产无人管理，难免因此造成毁坏、流失或者被他人侵害。经法律程序宣告该公民失踪以后，就可以依法为其指定财产代管人，使失踪人的财产得到有效的保护。其次，有利于保护与失踪人有利害关系之人的利益。判决宣告长期下落不明的公民为失踪人并为其指定财产代管人以后，利害关系人就可以要求财产代管人以失踪人的财产支付失踪人所欠的债务，如果因此发生纠纷，债权人可以将财产代管人作为被告向人民法院提起诉讼。这样，就避免了因公民失踪而对与失踪人有利害关系之人的合法权益造成损害。再次，有利于贯彻我国《民法通则》规定的失踪宣告制度。民事诉讼法将宣告公民失踪案件作为一种独立的民事案件，并规定特别的审判程序，使之与《民法通则》的相关规定相衔接，从而为实体法的实施提供保障。

### (二)宣告公民失踪案件的审理程序

1. 申请和受理

宣告公民失踪案件的审理程序必须由利害关系人提出申请，如果没有利害关系人提出申请，人民法院不得主动宣告该公民为失踪人。利害关系人申请人民法院宣告公民失踪必须具备相应的实质要件，基层人民法院在收到利害关系人的申请以后，对符合立案条件的，应当立案受理，对不具备实质要件的申请，法院可以不经过审理，裁定驳回申请；对不具备形式要件的申请，可以责令申请人予以补正，补正后再立案。

第一，根据《民事诉讼法》第 166 条第 1 款的规定，利害关系人申请人民法院判决宣告公民失踪，必须符合下列实质要件：(1)公民必须有下落不明的事实。即公民离开其住所地或者经常居住地，去向不明，没有丝毫音信。这种事实状态的存在就构成了公民下落不明的事实。(2)公民下落不明的时间，必须持续满 2 年。公民下落不明的起算时间，应当自公民离开自己的最后住所地或者居住地之日起，持续计算满 2 年，中间不能间断。如果有间断，应从最后一次出走或者最后一次来信之日起计算；如果是战争期间下落不明的，从战争结束之日起计算；因意外事故下落不明的，从事故发生之日起计算；登报寻找失踪人，从登报之日起计算。(3)必须由该公民的利害关系人提出申请。通常认为的利害关系人,是指该公民的配偶、父母、成年子女或者与其关系密切的近亲属。根据《适用意见》的规定,申请宣告公民失踪的利害关系人包括被申请宣告失踪人的配偶、父母、子女、兄弟姐妹、祖父母、孙子女、外孙子女,以及其他与被申请人有利害关系的人。如果几个利害关系人对是否申请宣告该公民失踪意见不一致的,申请权的行使可以按照下列顺序进行:首先是,配偶、父母、子女;然后是,兄弟姐妹、祖父母、外祖父母、孙子女、外孙子女;最后是,其他与被申请人有利害关系的人。

第二,根据《民事诉讼法》第 166 条第 2 款的决定,利害关系人申请人民法院宣告公民失踪的形式要件是:(1)提交书面申请。利害关系人申请宣告公民失踪,不能口头申请,必须向下落不明人住所地的基层人民法院提出书面申请,写明该公民下落不明的事实、下落不明的时间和宣告失踪的要求。(2)提出公安机关或者其他有关机关关于该公民下落不明的书面证明。

2. 公告和判决

基层人民法院在收到利害关系人的申请以后,对符合立案条件的,应当立案受理,并发布寻找下落不明人的公告,公告应当写明以下事项:申请人的姓名、住所;寻找的下落不明人的姓名、年龄、性别、职业、面貌特征;该公民失去音信的最后时间;公告期间;邀请向接受申请的法院陈述该公民下落和信息的意旨。公告期为 3 个月,从发布公告的次日起计算。公告期内,如果被申请人出现,或者有人提供失踪人的确切下落和信息并经查证属实,说明申请宣告该公民失踪的事实是不存在的,法院应裁判驳回申请;公告期届满,确认申请宣告公民失踪的事实是存在的,法院应作出判决,宣告该公民为失踪人。宣告公民失踪的判决一经作出并送达当事人,立即发生法律效力。

### (三)宣告公民失踪的法律后果

公民被宣告为失踪人以后,其民事权利能力并不因此而消灭,与失踪人人身有关的民事法律关系(如婚姻关系、收养关系等)不发生变化。如果在宣告失踪以后涉及继承遗产问题,该公民的继承权并不因为他被宣告为失踪人而改变,但与失踪人有关的财产关系要发生一定变化,因为公民被宣告为失踪人以后,必须处理好如何管理其财产的问题。

法院宣告公民失踪以后,失踪人的财产应当交由适当的人进行管理。根据《民法通则》第 21 条第 1 款的规定,失踪人的财产由他的配偶、父母、成年子女或者关系密切的亲戚朋友代管。在下列几种情况下人民法院应当为失踪人指定财产代管人:(1)没有上述代管人的;(2)虽有上述代管人,但他们均没有能力代管的;(3)虽有上述代管人且有代管能力,但因某种原因不宜做代管人的;(4)虽有上述代管人且他们也有能力代管,同时又不存在不宜做代管人的原因,但他们对代管有争议的。

根据最高人民法院的《意见》第195条的规定,失踪人的财产代管人经人民法院指定后,代管人申请变更代管的,应比照民事诉讼特别程序的有关规定进行审理。申请有理的,裁定撤销申请人的代管人身份,同时另行指定财产代管人;申请无理的,裁定驳回申请。

代管人的职责是管理和保护失踪人的财产,清偿失踪人失踪前所欠的税款、债务和其他费用。如果被指定的财产代管人不履行其职责或者侵犯失踪人的合法财产权益的,失踪人的其他利害关系人可以请求法院判令代管人承担相应的民事责任,同时可以请求法院变更财产代管人。失踪人的其他利害关系人请求变更代管人的,应以原指定的代管人为被告,适用民事诉讼普通程序。

### (四)宣告公民失踪判决的撤销

人民法院判决宣告某个公民为失踪人,是根据一定期间该公民下落不明的事实所作的法律上的推定,因此,被宣告失踪的公民完全有重新出现的可能。当被宣告为失踪人的公民重新出现或者确知他的下落时,就会遇到推翻原判的问题。当然,在推翻原宣告公民失踪判决的问题上,为了体现意思自治原则和处分权原则,在本人或者利害关系人申请撤销原判决时,人民法院应当撤销对他的失踪宣告;但如果本人或利害关系人没有申请撤销失踪判决,人民法院不应当主动撤销,因为特别程序不存在"审判监督"之类的纠错机制。当人民法院因申请撤销原判决后,财产代管人的职责就此终止,代管人应向该重新出现的公民移交相关手续。

## 二、宣告公民死亡案件

### (一)宣告公民死亡案件概述

宣告公民死亡案件,是指公民下落不明满法定期限,人民法院根据利害关系人的申请,依法宣告该公民死亡的案件。

公民的死亡对与他的民事权利能力、民事行为能力以及他所参与的各种民事法律关系具有十分重要的影响。我国法律规定了宣告公民失踪的制度,但是宣告失踪的法律后果并不能结束下落不明的公民所参与的各种民事法律关系，而指定财产代管人管理失踪人的财产也只是一项临时性的措施，失踪人的权利义务仍然处于不确定状态。因此，我国《民法通则》又规定了宣告公民死亡制度，《民事诉讼法》相应的也设立了宣告公民死亡的特别程序。通过宣告失踪人死亡，结束因公民长期下落不明而使某些法律关系处于不稳定状态，从而保护公民及利害关系人的合法权益，维护正常的社会经济秩序和生活秩序。

### (二)宣告公民死亡案件的审理程序

1.申请和受理

宣告死亡是自然死亡的对称。公民因法律上规定的下落不明的事实状态持续一定期间后，经利害关系人的申请，人民法院在查明事实、认定死亡事实存在的基础上，作出判决，从法律上推定该公民死亡的，称作宣告死亡。申请宣告公民死亡，应具备相应的实质要件和形式要件。人民法院对利害关系人的申请，认为符合实质要件和形式要件的，予以受理；不符合实质要件的，裁定不予受理；对不符合形式要件的，责令限期补正，补正后予以受理；不符合形式要件的，在限期内不能补正的，裁定不予受理。

申请宣告公民死亡的实质要件包括：(1)必须有公民下落不明的事实存在。公民下落不明事实通常有三种情况：①在正常情况下离开自己的住所或者经常居住地去向不明，从离开的次日起没有音信；②因意外事故离开住所或经常居住地下落不明，从离开之日起没有音信；③因意外事故离开住所或者经常居住地去向不明，有关机关证明该公民不可能生存的。有上述三种情况之一的，就视为该公民下落不明的事实存在。(2)下落不明需要满法定期限或者有关机关证明其不可能生存的。在正常情况下公民下落不明事实的状态必须持续4年，才能申请宣告该公民死亡；因意外事故下落不明的事实状态必须持续2年；但因意外事故下落不明，经有关机关证明该公民不可能生存的，下落不明的持续期间不受4年或2年期限的限制。

申请宣告公民死亡的形式要件包括：(1)提出书面申请。利害关系人必须以书面方式向下落不明人住所地的基层人民法院提出申请，并写明：①申请人的姓名、性别、年龄、与被申请人的关系；②被申请人下落不明的事实、时间；③申请该公民死亡的要求。(2)提供有关证明文件。提出公安机关证明其不可能生存的，应当提出有关机关出具的该公民不可能生存的证明文件。

2. 公告和判决

根据《民事诉讼法》第168条的规定，人民法院受理宣告公民死亡案件以后，必须发出寻找下落不明公民的公告。公告的内容包括：申请人的姓名、年龄、性别、住所、与被申请人的关系；下落不明人的姓名、年龄、性别、职业、面貌特征；该公民失去音信的最后时间；邀请向接受申请的人民法院陈述该公民的下落和信息的意旨。在正常情况下公告期间为1年。因意外事故下落不明，经有关机关证明该公民不可能生存的，公告期间为3个月。公告期间自发出公告的次日起计算。

公告期间内，如果失踪人出现，或有人提供的该公民的确切下落、该公民或生或死的情况经查证属实的，人民法院应当作出判决，驳回宣告死亡的申请；公告期届满，确认申请该公民死亡的事实存在的，判决宣告该公民死亡。判决一经作出并送达当事人，即发生法律效力，公开宣判之日，为该公民死亡之日。

### （三）宣告公民死亡的法律后果

公民被宣告死亡与自然死亡的法律后果基本相同，表现为结束了该公民以自己的住所地或者经常居住地为中心发生的民事法律关系，如原有的婚姻关系随之消灭；该公民在原住所地或者经常居住地的民事权利能力终止；在原住所地或者经常居住地，继承因死亡宣告而开始等。但宣告死亡毕竟不等于自然死亡，如果该公民在异地生存，并不影响其民事活动。

### （四）宣告公民死亡判决的撤销

宣告死亡，是人民法院根据法律规定推定下落不明的人死亡，但事实上他是否死亡，无法确知。所以，人民法院宣告某个下落不明的公民死亡以后，该公民仍然可能重新出现或者可确知其下落。如果出现上述情况，该公民本人或者其他利害关系人可以向作出判决的人民法院提出申请，请求人民法院撤销原判决，作出新判决。

新的判决生效以后，该公民的民事权利能力随之恢复，但他在原住所地或者经常居住地的民事法律关系能否恢复，应区别不同情况分别处理：

(1)婚姻关系。原配偶在该公民被宣告死亡期间未再婚的，婚姻关系自行恢复；原配偶在该公民被宣告死亡期间再婚后又离婚，或者再婚后其配偶死亡的，婚姻关系不能自行恢复。

(2)子女收养。被宣告死亡的人在被宣告死亡期间，其子女如果被他人合法收养的，死亡宣告判决被撤销后，该公民仅以未经本人同意为由主张收养关系无效一般不应准许，但收养人和被收养人同意的除外。

（3）财产关系。被宣告死亡人的财产，在宣告死亡期间被他人取得的，死亡宣告判决被撤销以后，该公民有权请求返还；依照继承法取得该公民财产的个人或组织，应当返还原物；原物不在的，给予适当补偿。利害关系人隐瞒真实情况，使他人被宣告死亡而取得财产的，该利害关系人除了返还原物以及孳息外，还应赔偿因此给被宣告死亡人造成的损失。

## 三、宣告公民失踪、宣告公民死亡案件审理程序的主要缺陷及其完善

应该指出的是，民事诉讼法规定了利害关系人有权对下落不明人申请宣告失踪、宣告死亡，但并没有规定不同的利害关系人之间是否存在顺位关系。这种不加区别的规定容易导致申请主体的矛盾和冲突，并且不利于被申请人的权利保障。

同时，实践中还存在某些利害关系人对下落不明人提出宣告失踪、宣告死亡申请，而其他利害关系人持反对意见的情况。囿于现行民事诉讼法对宣告失踪、宣告死亡审理程序并未规定开庭审理环节尤其是辩论环节，持反对意见的利害关系人往往无法到庭陈述不同意见。而且，现行民事诉讼法只是在司法解释中有关于指定被宣告失踪人财产代管人的规定，而缺乏关于被宣告死亡人遗产分配执行人的规定，这也在一定程度上影响到民事流转秩序。因此，为完善审理程序，确保宣告失踪、宣告死亡判决的公正性，我们建议对以下事项作出明确规定。

（1）我们认为，从亲属关系远近程度或利害关系紧密程度考虑，为避免实践中就是否申请宣告失踪、宣告死亡问题产生矛盾和冲突，法律有必要比照《继承法》的规定对利害关系人的顺位关系加以规定，具体应将配偶、父母、子女、债权人等规定为第一顺位申请人，将兄弟姐妹、祖父母、外祖父母、孙子女、外孙子女以及其他利害关系人规定为第二顺位申请人。第一顺位申请人并且未提出宣告失踪、宣告死亡申请的，第二顺位申请人不得提出申请；同一顺位申请人具有同等的申请权；多个同一顺位申请人同时提出申请的，则为共同申请人。

（2）增加通知和公告环节：法院受理宣告失踪、宣告死亡案件后，应在五日之内通知已知的利害关系人并发出公告，允许其他利害关系人申请参加诉讼，

陈述意见，公告时间不得少于30日。

(3)明确规定开庭审理环节：在法院发布受理宣告失踪、宣告死亡案件公告期间届满后、发出寻找下落不明人(或者失踪人)的公告之前，法院应当通知申请人和已知利害关系人参加开庭审理，允许申请人和其他利害关系人就申请事项进行陈述和辩论，以便确认是否有必要发出寻找下落不明人(或者失踪人)的公告。在寻找下落不明人(或者失踪人)的公告期间届满后，法院还应当通知申请人和已知利害关系人再次开庭，允许申请人和其他利害关系人就被申请人的状况进行陈述和辩论，以便确认是否作出宣告失踪或宣告死亡的判决。

(4)增加关于指定被宣告失踪人财产代管人和被宣告死亡人遗产分配执行人的规定。公民被宣告失踪的，法院应当为其指定财产代管人，代为保管失踪人的财产，合理、尽责地适当处置失踪人的财产、清偿到期债务，并可代表失踪人收回到期债权。公民被宣告死亡的，法院应当指定被宣告死亡人遗产分配执行人，代为保管失踪人的财产，合理、尽责地适当处置失踪人的财产、清偿到期债务，并可代表失踪人收回到期债权。被宣告死亡人生前立有遗嘱或者遗赠协议的，遗产分配按遗嘱或者遗赠协议执行，没有遗嘱或者遗赠协议的，按法定继承规定执行。①

## 第四节　认定公民无民事行为能力或者限制民事行为能力案件

### 一、认定公民无民事行为能力或者限制民事行为能力案件的概述

认定公民无民事行为能力、限制民事行为能力案件，是指人民法院根据利害关系人的申请，对不能辨认或者不能完全辨认自己行为的精神病人，按照法定程序，认定并宣告该公民无民事行为能力或者限制民事行为能力的案件。

民事行为能力，是民事主体通过自己的行为享有民事权利和承担民事义

---

① 当然，我国《继承法》尚无遗产分配执行人的规定，这种修改要与《继承法》的修改同时进行。我们认为，条件成熟时应该考虑将遗产继承事件纳入非诉事件的范畴，按照类似现有特别程序的非诉程序处理，相关的遗产分配处理机制也要加以配套规定。

务的资格。根据我国《民法通则》的规定，18 周岁以上的成年公民以及 16 周岁以上、不满 18 周岁但以自己的劳动收入作为主要生活来源的公民，为完全民事行为能力的人；10 周岁以上的未成年人为限制民事行为能力人；不满 10 周岁的未成年人为无民事行为能力人。同时，如果公民为精神病患者，不能辨认或者不能完全辨认自己的行为，即使已经成年，也不具有民事行为能力，或者只是具有限制民事行为能力。我国法律规定的认定公民无民事行为能力、限制民事行为能力制度，对于保障精神病患者的合法权益，保护与精神病患者有民事权利义务关系的有关利害关系人的合法权益，以及保障民事流转的正常进行，维护社会的正常经济秩序，都具有十分重要的意义。

## 二、认定公民无民事行为能力或者限制民事行为能力案件的审理程序

### (一)申请和受理

根据《民事诉讼法》第 172 条的规定，人民法院审理认定公民无民事行为能力、限制民事行为能力案件，应当由该公民的近亲属为代理人，但申请人除外。如果近亲属相互推诿的，则由人民法院指定一人为代理人。该公民健康状况许可的，还应当询问本人的意见。最高人民法院《意见》第 193 条规定，在争议案件的民事诉讼中，当事人的利害关系人提出该当事人患有精神病，要求法院认定该当事人为无民事行为能力人或者限制民事行为能力的人，应当由利害关系人向人民法院提出申请，由受诉人民法院裁定中止原诉讼，按照特别程序立案审理。人民法院对符合申请的实质要件和形式要件，裁定予以受理；不符合实质要件的裁定不予受理；对形式要件有欠缺的，责令补正，补正后予以受理。

根据我国《民事诉讼法》第 170 条的规定，申请人民法院判决认定公民无民事行为能力或者限制民事行为能力必须具备下列实质要件和形式要件。

1. 必须由利害关系人提出申请

利害关系人包括该精神病患者的配偶、父母、子女、兄弟姐妹、祖父母、外祖父母、孙子女、外孙子女，或者与该精神病患者关系密切的其他亲属、朋友以及愿意承担监护责任、经精神病患者所在单位或所在地居民委员会、村民委员会同意的人。

2.必须采用书面形式

利害关系人申请人民法院判决认定公民无民事行为能力或限制民事行为能力，必须向被申请人所在地的基层人民法院提交书面申请，申请书应写明以下内容：申请人的姓名、性别、年龄、住所，与被申请人的关系；被申请人的姓名、性别、年龄、住所。

3.提交相应证据

利害关系人申请人民法院判决认定公民无民事行为能力或者限制民事行为能力，应当提供该公民无民事行为能力或者限制民事行为能力的事实和根据。如果有医院出具的诊断结论，也应当一并提交人民法院。

### (二)鉴定

根据《民事诉讼法》第171条的规定，人民法院受理利害关系人的认定公民无民事行为能力或限制民事行为能力申请以后，应对被申请人进行精神病医学鉴定，以取得科学依据。如果申请人已经提供鉴定结论的，应当对该鉴定结论进行审查，如有合理怀疑的，可以重新进行鉴定。

### (三)审理和判决

人民法院通过审理查清被申请人的实际情况后，认为该公民并未丧失或部分丧失民事行为能力，申请没有事实依据的，应当作出判决，驳回申请；认为该公民已经丧失或者部分丧失民事行为能力，申请有事实依据的，应当作出判决，认定该公民无民事行为能力或限制民事行为能力。判决一经作出并送达当事人，即发生法律效力。

认定公民无民事行为能力或限制民事行为能力的判决生效以后应当由下列人员担任该公民的监护人：(1)配偶；(2)父母；(3)成年子女；(4)其他近亲属；(5)关系密切的其他亲属、朋友愿意承担监护责任，经精神病患者所在单位或者住所地的居民委员会、村民委员会同意的。如果上述有监护资格的人员对担任监护人有争议，由该公民所在单位或者住所地的居民委员会、村民委员会从近亲属中指定。被指定人对指定不服的，应当自接到通知之日起30日内向人民法院起诉。逾期起诉的，按照变更监护关系处理。

监护人的职责是保护被监护人的人身、财产和合法权益；管理被监护人的财产，照顾被监护人的生活，对被监护人进行管理和教育，代理被监护人进行民事活动；当被监护人与他人发生争议时，代理被监护人进行诉讼。如果监护人不履行监护职责或者侵害被监护人的合法权益，应当承担责任，给被监护人造成财产损失的应当赔偿损失。

## 三、认定公民无民事行为能力、限制民事行为能力判决的撤销

公民被判决认定无民事行为能力或者限制民事行为能力以后，如果经过治疗病情痊愈或者有很大改善，能够正确或者在一定程度上正确判断自己行为的性质和后果，胜任民事活动，说明造成其无民事行为能力或者限制民事行为能力的原因已经消除，这样就没有必要再让原来的判决继续有效。此时，该公民本人或者其他利害关系人有权向人民法院申请，请求人民法院撤销原判决。人民法院受理后，在查证属实的基础上，作出新判决，从法律上恢复该公民的民事行为能力，同时撤销对他的监护，以保护该公民的合法权益。判决一经宣告，立即发生法律效力。

## 四、认定公民无民事行为能力或者限制民事行为能力案件审理程序的主要缺陷及其完善

应该指出的是，与宣告失踪、宣告死亡案件审理程序一样，民事诉讼法规定了近亲属和其他利害关系人有权申请认定公民为无民事行为能力或者限制民事行为能力人，但并没有规定不同的利害关系人之间是否存在顺位关系。这种情况需要补充规定。

同时，实践中还存在某些利害关系人申请认定公民为无民事行为能力人、限制民事行为能力人，而其他利害关系人持反对意见的情况，甚至发生某些利害关系人尤其是配偶、成年子女、父母为了私利而故意对有行为能力的人申请认定为公民无民事行为能力人、限制民事行为能力人的情况。囿于现行民事诉讼法对认定公民无民事行为能力人、限制民事行为能力人案件审理程序并未规定开庭审理环节尤其是辩论环节，持反对意见的利害关系人无法到庭陈述不同意见。而且实践中还存在大量近亲属或利害关系人由于种种原因不愿意对精神病人或者间歇性精神病人申请认定为无民事行为能力人或者限制民事行为能力人的情形。很多法院是在进行一般民事诉讼中才发现有关当事人可能患有精神病或者间歇性精神病而进行司法鉴定，通过普通诉讼程序中的司法鉴定程序来认定有关当事人是否无民事行为能力人或者限制民事行为能力人。这种做法与经由特别程序认定公民无民事行为能力人或者限制民事行

为能力人的效果显然不可同日而语，而且不利于民事流转秩序的实际运行[①]。现实生活中更是屡屡发生近亲属之间因为财产争议或者其他争议或者政府部门由于种种原因而不经司法程序直接将有关公民强行送往精神病院的现象，严重侵害了有关当事人的合法权利。

另外，诉讼实践中往往存在当事人是植物人或者因生理或心理疾病不能正确表达的人的情形，由于现行法律并没有将这些人纳入无民事行为能力人、限制民事行为能力人的范畴，所以多数法院对此类案件采取无限期拖延或中止诉讼的态度，少数法院按无民事行为能力人、限制民事行为能力人为其指定监护人处理，但显然这两种做法都不利于相关主体民事权利的行使。事实上，植物人、因生理和心理疾病不能正确表达的人的确与精神病人一样，难以以自己的行为从事民事活动，所以应该通过修改民法和民事诉讼法，将他们列为限制民事行为能力人，待他们心理、身体条件好转能够正确表达时，可以经由人民法院判决重新确认为完全民事行为能力人。

因此，为完善审理程序，确保认定公民无民事行为能力人、限制民事行为能力人案件审理的公正性，我们建议对以下事项作出明确规定。

(1)明确规定作为认定公民无民事行为能力人、限制民事行为能力人案件申请人的近亲属、利害关系人的顺位关系。我们认为，从亲属关系远近程度或利害关系紧密程度考虑，为避免实践中就申请与否问题产生矛盾和冲突，与宣告失踪、宣告死亡案件相比，在认定公民无民事行为能力人、限制民事行为能力人案件中，法律更有必要比照《继承法》的规定对利害关系人的顺位关系加以规定，具体应将配偶、父母、成年子女、债权人等规定为第一顺位申请人，将成年兄弟姐妹、祖父母、外祖父母、成年孙子女、成年外孙子女以及其他利害关系人规定为第二顺位申请人，存在第一顺位申请人并且未提出认定公民无民事行为能力人、限制民事行为能力人申请的，第二顺位申请人不得提出认定公民无民事行为能力人、限制民事行为能力人申请；同一顺位申请人具有同等的申请权；多个同一顺位申请人同时提出申请的，则为共同申请人。

(2)增加通知和公告环节。法院受理认定公民无民事行为能力人、限制民

---

① 《适用意见》第193条规定："在诉讼中，当事人的利害关系人提出该当事人患有精神病，要求宣告该当事人无民事行为能力或限制民事行为能力的，应由利害关系人向人民法院提出申请，由受诉人民法院按照特别程序立案审理，原诉讼中止。"但因为该《意见》规定应由利害关系人向人民法院提出申请才由受诉人民法院按照特别程序处理，而未规定法院可以依职权为之，在利害关系人不提出申请的情况下，法院往往只能如此变通处理。

事行为能力人申请后，应在五日之内通知被申请人和已知的利害关系人并发出公告，允许其他利害关系人申请参加诉讼，陈述意见，公告时间不得少于30日。

(3)明确规定开庭审理环节，并将司法精神病鉴定规定为必经程序：现行民事诉讼法并未明确规定认定公民无民事行为能力人、限制民事行为能力人案件的开庭审理环节，也没有将司法精神病鉴定规定为必经程序，而只是规定人民法院受理申请后，必要时应当对被请求认定为无民事行为能力或者限制民事行为能力的公民进行鉴定；申请人已提供鉴定结论的，应当对鉴定结论进行审查。显然，这种规定是有欠严谨的。我们认为，此类案件必须开庭审理，并且司法精神病鉴定应该成为法院判决的依据。在法院发布受理认定公民无民事行为能力人、限制民事行为能力人案件公告期间届满后，法院应当通知申请人、被申请人和已知利害关系人参加开庭审理，允许申请人、被申请人和其他利害关系人就申请事项进行陈述和辩论，以便确认是否有必要对被申请人进行司法精神病鉴定。在司法精神病鉴定结论作出之后，法院还应当通知申请人和已知利害关系人再次开庭，允许申请人和其他利害关系人就鉴定结论和被申请人的相关状况进行陈述和辩论，以便确认是否作出宣告失踪或宣告死亡的判决。

(4)将植物人以及其他因生理和心理疾病不能正确表达的人增列为可能认定为无民事行为能力、限制民事行为能力的对象①，允许人民法院在其他诉讼中，发现案件当事人可能属于无民事行为能力人或者限制民事行为能力人的，依当事人或其他利害关系人申请或者依职权中止正在进行的诉讼，适用认定公民无民事行为能力或者限制民事行为能力案件审理程序进行审理。经鉴定并判决相关当事人无民事行为能力或者限制民事行为能力的，法院应当为其指定监护人，并恢复中止的诉讼。

(5)增加法院依职权认定公民无民事行为能力、限制民事行为能力的规定。人民法院在其他诉讼中，发现案件当事人可能属于无民事行为能力人或者限制民事行为能力人的，应当依申请或者依职权中止正在进行的诉讼，适用认定公民无民事行为能力或者限制民事行为能力案件审理程序进行审理。经

---

① 我们注意到，现行《民事民事诉讼法》第70条第2款规定："不能正确表达意志的人，不能作证。"显然，这里的"不能正确表达意志的人"不能简单地等同于无民事行为能力人、限制民事行为能力人(即未成年人或精神病人、间歇性精神病人)，应该还包括植物人、因生理和心理疾病不能正确表达的人。

鉴定并判决相关当事人无民事行为能力或者限制民事行为能力的，法院应当为其指定监护人，并恢复中止的诉讼。

(6)增加将有关公民送往精神病院强制治疗必须取得法院认定该公民为无民事行为能力人或者限制民事行为能力人的判决的规定。如前所述，现实生活中由于各种原因近亲属或者政府部门不经司法程序直接将有关公民强行送往精神病院的现象时有发生，而精神病院往往不问青红皂白就进行收治，严重侵害了有关当事人的合法权利，更是助长了违法行为和不道德行为的蔓延滋长。因此，相关法律应当规定，任何人将有关公民送往精神病院强制治疗的，必须持有法院认定该公民为无民事行为能力人或者限制民事行为能力人的判决；未取得判决的，应当经由法院适用特别程序对相关公民进行行为能力认定。对未经司法程序认定为无民事行为能力或者限制民事行为能力的人非法送医或者非法收治的，应当承担民事责任；情节严重构成犯罪的，应当承担刑事责任。

## 第五节　认定财产无主案件审理程序

### 一、认定财产无主案件的概述

认定财产无主案件，是指人民法院根据公民、法人或者其他组织的申请，依照法定程序确认并宣布某项财产为无主财产，将其判归国家或者集体所有的案件。现实生活中，可能出现某些有价值的财产所有者缺位或者无人认领的情况，这种情况不利于社会财富的充分利用和有效流转。我国《民事诉讼法》专门规定了认定财产无主案件的审理程序，旨在通过这种程序对特定财产的所有者进行司法确认，如果经相应程序无人申报或主张权利的话，法院可以以判决的形式宣布某项财产为无主财产，将其判归国家或者集体所有。

### 二、认定财产无主案件的审理程序

#### (一)申请和受理

《民事诉讼法》规定，申请认定财产无主，由公民、法人或者其他组织向财产所在地基层人民法院提出。这里的公民、法人或者其他组织没有任何资格限制，因而可以认定任何有完全民事行为能力的人均可以作为申请人。申请人提出申请时，应向法院提交《认定财产无主申请书》。申请书应写明：申请人的姓名或名称、住所或机构所在地，待认定财产的种类、数量、形状、所在地，目前占有状况以及请求认定财产无主的理由。

法院接受申请人的申请后，应对其进行审查，经过审查，认为申请符合条件的，应当立案受理；认为申请不符合条件或者财产有主的，通知申请人不予受理；申请人坚持申请的，裁定驳回申请。

### （二）发布财产认领公告

人民法院受理申请后，经审查核实，应当发出财产认领公告。公告期为一年。发布财产认领公告是认定财产无主案件的必经程序。

### （三）作出裁判

对判决认定无主的财产收归国家或者集体所有，公告满一年无人认领的，法院应当作出认定财产无主的判决，收归国家或者集体所有。如公告期间有人对财产提出请求，人民法院应裁定终结特别程序，告知申请人另行起诉，适用普通程序审理。

## 三、认定财产无主裁判的撤销

人民法院通过判决的方式认定财产无主，仅仅是对财产无主的事实状态进行法律上的推定。因此，判决生效以后，该财产的真正所有人或者他的合法继承人完全有可能出现。在这种情况下，人民法院应当根据利害关系人的申请，在查证属实的基础上，撤销原判决，作出新判决，以保护该财产的原所有人或者他的合法继承人的合法权益。

根据我国《民事诉讼法》第 176 条的规定，判决认定财产无主以后，财产的原所有人或者其合法继承人重新出现的，在《民法通则》规定的诉讼时效内可以对该财产提出请求，人民法院在查证属实以后，应当作出新判决，撤销原判决。诉讼时效期间为普通诉讼时效期间，即 2 年，从财产原所有人或者其合法继承人知道或者应当知道人民法院判决认定该财产为无主财产之日起计算。超过法定诉讼时效期间，财产原所有人或者其合法继承人提出返还财产请求的，人民法院不予支持。原判决被撤销以后，财产由其原所有人或者其合法继承人认领，占有该财产的单位应当返还原物，原物不存在的，应当折价补偿。

## 四、关于无主财产的界定

几乎所有论者都认为：被认定的无主财产，以有形财产为限，无形财产或精神财富，不属于认定无主财产的范围。但是，我们找遍现有法律和司法解释，却没有发现任何相应规定。还有论者认为，在司法实践中，认定财产无主的情形有：(1)财产所有人已不存在或者无法确定所有人的；(2)发现所有人不明的埋藏物和隐藏物；(3)拾得遗失物、漂流物、失散的饲养动物，经公安机关或有关单位公告期满无人认领的；(4)遗产无人继承的，即自然人死亡后，没有继承人或者全体继承人放弃继承或者丧失继承权的，其遗产因无人继承而变成无主财产。但事实上，前述情形往往经由公安机关或有关单位直接上交或作变卖处理，或者由相关人员自行处理，就此向人民法院申请认定财产无主的甚为罕见，即使有人提出申请，也旨在希望法院将无主财产判归申请人自己所有而不是国家或集体所有。

例如，我们查询了大量资料，非常不易地找到一则关于认定财产无主的案例：申请人陈某向财产所在地上海市杨浦区人民法院提出申请，要求认定上海市某路 323 弄 12 号前半间房屋为无主财产，并将该房屋判归其所有。法院依特别程序由审判员独任审理，经审理查明：坐落于上海市某路 323 弄 12 号前半间约 7 平方米房屋，系申请人陈某之姑母陈某妹遗留的私房。陈某妹于 1989 年 9 月死亡。陈某妹与丈夫徐某(于 1979 年 6 月死亡)生前育有一子，名徐某林(于 1973 年 1 月死亡)。陈某妹的丈夫徐某龙及儿子徐某林死亡后，其生活主要由申请人陈某照料，陈某对陈某妹尽了较多的扶养义务。法院于 1994 年 4 月 18 日在该院公告栏及上述财产所在地发出认领该财产的公告，公告期一年届满，上述财产无人认领。法院认为财产价值不大，收归国家的意义也不大，而申请人请求将该财产判归其所有的请求合乎法律规定，最后判决支持了申请人的请求，将该房屋判归其个人所有。①

---

① 资料来源：北京市博友律师事务所网站《申请认定财产无主案例分析》，http://www.boyoulaw.com/Html/anlijieshao/48686510125.html，访问日期：2010 年 10 月 10 日。

## 五、认定财产无主案件审理程序的主要缺陷及其完善

显然，现行认定财产无主案件审理程序较为简单，譬如没有明确对哪些财产可以提出申请，对无形财产是否可以提出申请①，对鲜活、易腐烂变质财产的公告期是否可以变通处理，公告期间有人认领或主张权利的是否需要开庭查证属实，认领或主张权利者在两人以上的是否允许相互辩论等，所以该规定还有很多值得完善的地方。但是，如前所述，因为实践中无主财产往往遭到废弃或被以其他方式处理，真正进入诉讼程序的案例十分罕见，也有人因此质疑这种程序设置的必要性。

① 参见刘家兴主编：《民事诉讼法学教程》，北京大学出版社 1994 年版，第 329 页；又见江伟主编：《民事诉讼法(第三版)》，高等教育出版社 2007 年第 3 版，第 32 页。

# 第二十一章 督促程序

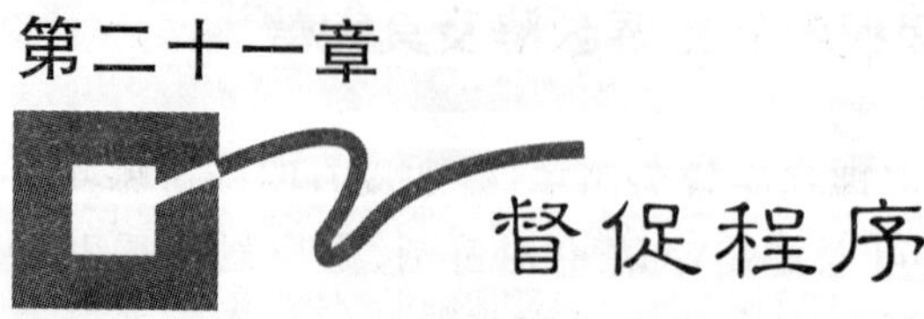

## 第一节 督促程序概述

### 一、督促程序的概念和意义

督促程序，是指人民法院根据债权人的申请，以支付令的方式，催促债务人在法定期间内向债权人履行给付金钱和有价证券义务，如果债务人在法定期间内未履行义务又不提出书面异议，支付令即发生法律效力，债权人可以根据支付令向人民法院申请强制执行的程序。

司法实践中存在一些以给付金钱和有价证券为标的，且债权债务关系明确的案件。这些案件中，双方当事人对他们之间的债权债务关系并没有争议，只是由于缺乏清偿债务能力等原因，致使债务人逾期没有自动履行义务。对于此类案件如果按照通常的民事诉讼程序来解决的话，无疑会增加诉讼成本，有悖诉讼经济和诉讼效率的原则。因此，我国在借鉴德国、日本等大陆法系国家的立法经验基础上，建立了督促程序。这一程序既不同于普通的民事诉讼程序，又不同于特别程序的略式诉讼程序。

督促程序旨在通过适用一种简单而迅速的程序，使那些在当事人之间没有争议的以给付一定金钱、有价证券为标的的已经到期的债权得以快速实现。司法实践中，人民法院在适用督促程序处理这类案件时，通过书面审查即可催促债务人履行给付义务，如果债务人在法定期间内不履行债务又没有提出书面异议，支付令即发生法律效力，债权人可以向人民法院申请强制执行，从而使债务纠纷方便快捷地得到解决。因此，督促程序对于方便当事人诉讼、减少诉累，节约当事人实现债权的成本，方便人民法院办案和及时保护当事人的合法权益，提高诉讼效率具有重要的意义。

## 二、督促程序的特点

### (一)程序的非诉性

督促程序与解决民事争议案件的一般民事审判程序不同，它以当事人之间不存在实体上的权利义务争议为前提，当事人不直接发生对抗。债权人是申请人而不是原告，其权利请求仅限于向人民法院申请以支付令的方式催促债务人履行到期债务。督促程序因债权人的申请而开始，没有对立的双方当事人参加诉讼，也不经过辩论、调解和裁判等对案件的事实和当事人之间的权利义务进行评判的程序。因此，督促程序并不解决当事人之间的民事权益争议，具有非诉的特点。

### (二)适用范围的特殊性

与处理民事争议案件的审判程序不同，督促程序对民事案件不具有普遍的适用性，它仅适用于请求给付金钱和有价证券的案件。所谓金钱，是指作为流通手段和支付手段的货币，通常是指人民币，在特定的情况下也包括外国货币。所谓有价证券，是指汇票、本票、支票、股票、债券、国库券以及可以转让的存单。

按照最高人民法院《意见》的规定，债权人向人民法院申请支付令，应当符合下列条件：(1)请求给付金钱或汇票、本票、支票以及股票、债券、国库券、可转让的存款单等有价证券的；(2)请求给付的金钱或者有价证券已到期且数额确定，并写明了请求所根据的事实、证据的；(3)债权人没有对待给付义务的；(4)支付令能够送达债务人的。因此，申请支付令必须附有一定条件限制，如债权人没有对待给付义务、支付令能送达债务人等。此外，从诉的角度来看，督促程序仅适用于以金钱、有价证券为标的的给付之诉，不适用于确认之诉和变更之诉。

### (三)程序的可选择性

债权人请求债务人给付金钱、有价证券，符合条件的，可以选择适用督促程序。但是，法律并没有强制规定这类案件必须适用督促程序，当事人可以在通常诉讼程序和督促程序之间进行选择。一般来讲，选择通常的诉讼程序周期较长，不利于纠纷的快捷简便解决。同时，需要注意的是，如果当事人选择了通常诉讼程序,人民法院通过适用第一审普通程序或者简易程序进行审理,当事人就不能再选择督促程序了。可见,督促程序不是解决这类案件的必经程序或惟一程序,法律赋予了当事人的程序选择权。

#### (四)审理的简捷性

人民法院适用督促程序审理案件,仅对债权人提出的申请和债权债务关系的事实和证据进行书面审查,不传唤债务人,也不开庭审理。对符合条件的,人民法院直接向债务人发出支付令,督促其履行给付义务;对不符合条件的,人民法院裁定驳回债权人的申请。督促程序的审判组织采用独任制的形式,审级上实行一审终审。因此,与通常的诉讼程序相比,督促程序具有简便、快捷的特点。

#### (五)支付令生效的附条件性

人民法院向债务人发出的支付令只有符合一定的条件才能生效。这些条件包括两个方面:一是期限上的要求,即债务人自收到支付令之日起 15 日届满支付令才能生效;二是行为上的要求,即债务人在上述期限届满前不清偿债务,也不提出书面异议的,支付令才能生效。只有同时具备这两个条件,支付令才发生强制执行的法律效力。

## 第二节 支付令

### 一、支付令的申请

#### (一)申请支付令的条件

根据《民事诉讼法》以及最高人民法院司法解释的规定,债权人向人民法院申请支付令,必须符合下列条件,这些条件包括:(1)必须由债权人自己提出申请。(2)申请人的请求只能是以请求给付金钱、有价证券为标的。(3)债权已到期且数额确定。债权已到期,是指债权人请求给付的金钱或者有价证券已到双方约定或者法律规定的偿还期限。数额确定,是指作为请求给付标的物的金钱或者有价证券数额明确且双方无争议。(4)债权人与债务人之间没有其他债权债务纠纷。即申请人对被申请人没有给付金钱或者其他债务的纠纷。(5)支付令能够送达债务人。能够送达,是指实际送达,使债务人知道支付令的事实。债务人下落不明需要公告送达或者不在我国境内的,不适用督促程序。按照最高人民法院《意见》第 220 条的规定,向债务人本人送达支付令,债务人拒绝接受的,人民法院可以留置送达。因此,支付令送达应当适用除公告送达之外的其他法定送达方式。①

**(二)申请支付令的方式**

债权人申请人民法院发布支付令,应当提交书面的申请书,并附有相关的债权文书。申请书应写明:(1)当事人及其法定代理人的基本情况;(2)请求给付金钱或者有价证券的数额;(3)债权债务关系存在的事实和证据。

**(三)支付令申请的效力**

支付令申请的效力是指支付令申请在法律上的效果,包括:(1)启动督促程序;(2)诉讼时效中断;(3)人民法院取得支付令案件的管辖权。

**(四)支付令的驳回**

根据《督促程序规定》第 5 条的规定,人民法院受理债权人的支付令申请后,经审理,有下列情况之一的,应当裁定驳回申请:(1)当事人不适格;(2)给付金钱或者汇票、本票、支票以及股票、债券、国库券、可转让的存款单等有价证券的证明文件没有约定逾期给付利息或者违约金、赔偿金,债权人坚持要求给付利息或者违约金、赔偿金;(3)债权人要求给付的金钱或者汇票、本票、支票以及股票、债券、国库券、可转让的存款单等有价证券属于违法所得;(4)债权人申请支付令之前已向人民法院申请诉前保全,或者申请支付令同时又要求诉前保全。

---

①　对民事诉讼法规定的督促程序的下列表述中,哪些选项是正确的? A. 向债务人送达支付令时,债务人拒绝签收的,法院可以留置送达;B. 向债务人送达支付令时法院发现债务人下落不明的,可以公告送达;C. 支付令送达债务人之后,在法律规定的异议期间,支付令不具有法律效力;D. 债务人对支付令提出异议,通常以书面的形式,但书写异议书有困难的,也可以口头提出。根据民事诉讼法和相关司法解释,只有 A 选项是正确。

## 二、支付令案件的管辖

根据《民事诉讼法》第 191 条规定，债权人可以向基层人民法院申请支付令。《督促程序规定》第 1 条规定，基层人民法院受理债权人依法申请支付令的案件，不受争议金额的限制。

支付令案件应当由债务人所在地、经常居住地基层人民法院管辖。当由于共同债务人住所地、经常居住地不在同一基层人民法院辖区而导致存在两个以上管辖法院时，债权人可以向其中任何一个基层法院申请支付令；债权人向两个以上有管辖权的法院申请支付令时，由最先立案的人民法院管辖。

## 三、支付令申请的审查和受理

### （一）支付令申请的审查

债权人提出支付令的申请后，有管辖权的人民法院应按照民事诉讼法规定的申请条件，由审判员一人对申请进行审查。审查的方式是书面审查。审查的范围包括下述事项。

1. 主体资格的审查

申请主体的资格包括申请人是否是依法享有债权的公民、法人或其他组织。申请人是公民，还应审查其是否有诉讼行为能力；申请人是法人或其他组织，应提交营业执照复印件、法定代表人或主要负责人身份证明书。

2. 请求内容的审查

请求内容的审查从两个方面进行：一是债权债务关系是否明确、合法；二是请求给付的标的物，是否符合民事诉讼法规定的给付金钱或有价证券的范围。

3. 请求所依据的事实和证据的审查

人民法院收到债权人的申请后，应对其请求所依据的事实和证据进行审查，如对债权人提交的还款协议、发票、发货凭证、运货单、提货单、票据复印件等文件，以及请求给付的金钱、有价证券是否已到履行期限进行审查。

4. 支付令能否送达债务人的审查

申请书应当具体写明债务人的住所，住所不明的不能适用督促程序。

**(二)支付令申请的受理**

人民法院审查债权人申请后,认为债权债务关系明确、合法,债权人没有对待给付义务,请求给付内容有根据的,人民法院应当受理申请,并在五日内通知债权人。经审查,债权人申请不成立的,人民法院应当在15日内裁定驳回申请,债权人对该裁定不得上诉。

## 四、支付令的制作、发出和效力

**(一)支付令的制作和发出**

支付令是人民法院根据债权人的申请,督促债务人限期清偿债务的法律文书。人民法院决定受理债权人的申请,应在法定期限内制作督促债务人清偿债务的支付令。根据《意见》第219条的规定,支付令应载明以下事项:(1)债权人、债务人的姓名、住所或法人、其他组织的名称等基本情况;(2)债务人应当给付的金钱、有价证券的种类、数量;(3)债务人清偿债务或提出异议的期限;(4)债务人在法定期间内不提出异议的法律后果。支付令由审判员、书记员署名,写明支付令制作的年、月、日,并加盖人民法院印章。人民法院对债权人的申请,经审查认为符合民事诉讼法规定条件的,应当在受理之日起15日内向债务人发出支付令。人民法院应以法定的送达方式向债务人发出支付令。

**(二)支付令的效力**

支付令是人民法院依法制定的法律文书,一经送达债务人,即具有法律效力。支付令的法律效力主要体现在两个方面:

(1)支付令具有督促债务人在法定期间履行清偿债务的效力。债务人收到支付令之后,必须按照支付令的要求,在法定期限内,即收到支付令之日起的15日内履行清偿债务的义务。

(2)支付令具有与生效判决相同的法律效力。债务人在收到支付令后15日内既不清偿债务,也不提出异议,支付令即发生与生效的判决相同的法律效力。具体包括拘束力、确定力和执行力等。其中,债权人可以根据生效的支付令依法向人民法院申请强制执行。

根据《督促程序规定》的规定,对设有担保的债务案件主债务人发出的支付令，对担保人没有拘束力。债权人就担保关系单独提起诉讼的，支付令自行失效。

## 第三节　债务人异议及程序终结

### 一、债务人异议

债务人异议，是指对于人民法院签发的支付令，债务人在法定期间内依法向发出支付令的人民法院表明不服支付令所确定的给付义务的一种诉讼行为。人民法院发布支付令之前，仅对债权人的申请材料进行审查，债务人并没有答辩和异议的机会，为平等保护双方当事人的合法权益，《民事诉讼法》规定，债务人自收到支付令之日起 15 日内，可以提出书面异议。

债务人对支付令提出异议，是债务人在整个督促程序中行使陈述权和抗辩权的唯一机会，是债务人行使诉讼权利的最重要的保障。

#### (一)异议成立的条件

根据我国《民事诉讼法》以及最高人民法院司法解释的规定，被申请人提出异议，必须符合下列条件：

1. 异议主体。提出异议的主体只能是债务人及其法定代理人，或经过特别授权的委托代理人。

2. 异议形式。提出异议的形式必须是书面形式，口头异议无效，向发出支付令的法院提起诉讼，也构成异议，而向其他法院提起诉讼，则不构成异议。上述内容在各种考试中经常涉及。①

3. 异议期间。提出异议的期限必须在收到支付令之日起 15 日内的法定期间提出，超过法定期间提出的，异议不能成立。15 日为不变期间，债务人必

---

① 例如，山西某经营干货的公司向陕西某土产公司购买价值 5 万元的干辣椒，山西公司认为陕西公司用劣质辣椒充当特等辣椒，因而拒绝付款。为此陕西公司向人民法院申请支付令，要求山西公司支付货款。收到支付令后，山西公司不提出异议，也不履行义务，而是向另一人民法院提起诉讼，要求退货。对此，哪些选项是正确的？A. 山西公司的行为使支付令失去效力；B. 山西公司的行为不影响支付令的效力 ；C. 若山西公司在收到支付令后 15 日内向发出支付令的法院提起诉讼，将产生债务人异议的法律后果；D. 受理支付令申请的人民法院应裁定终结督促程序 。上述选项中只有 B C 是正确的。

须遵守,人民法院也不得任意变更。

4.异议内容。异议必须针对债权人的请求,即异议应针对债权债务关系本身,对债权人要求履行债务的主张在实体权利方面予以否定,包括全部否定或部分否定。例如可以提出债权债务关系不存在、已履行、不应给付;也可以提出对方违约、存在对待给付义务等。如果债务人对债务本身并无异议,而仅仅提出缺乏偿付能力,则不能构成异议。

5.异议对象。异议必须向发出支付令的人民法院提出。在上述案例中,如果山西公司不是向另一人民法院提起诉讼,而是在法定期间内,向发出支付令的人民法院提起诉讼,也构成支付令异议。

值得注意的是,在督促程序中,法律赋予债务人绝对的异议权,即债务人提出异议可以不附任何理由和证据,只要作出异议陈述即可。法律之所以如此规定,与督促程序的非诉性质相关。人民法院在审查债权人支付令申请时,仅作形式审查,因此,在债务人异议时,人民法院也并不对其异议理由及其证据进行实质性的审查。

### (二)异议的效力

对支付令的异议,是指债务人对支付令异议在法律上的后果。债务人在法定期间提出异议,经人民法院审查符合异议条件的,则产生以下效力:

(1)支付令自动失效;(2)债务人不能以支付令为依据申请法院强制执行,只能按普通诉讼程序提起诉讼;(3)督促程序终结,人民法院应依法作出终止督促程序的裁定。

督促程序的一个重要前提是,债权人、债务人之间无纷争,即双方对债权债务关系不存在任何的异议,一旦债务人对债务关系提出异议,那么,督促程序存在的前提条件就不复存在,因此,人民法院应当终止督促程序。

被申请人收到支付令后,对支付令的异议可能及于支付令的全部,也可能只及于部分,即对支付令提出部分异议,其效力则应区别对待。债务人对支付令中的一项请求提出异议,则异议效力仅及于该项请求,其他请求仍然产生确定的效力。

## 二、督促程序的终结

督促程序的终结,是指在督促程序中,因发生法律规定的情况或者某种特殊原因出现而结束督促程序。在下列情形下,督促程序终结:

(1)自然终结。债务人在支付令送达之日起15日内向债权人清偿债务的,督促程序自然终结。

(2)驳回终结。人民法院受理申请后,经审查债权人提出的事实、证据,认为债权人的申请不符合法定条件,裁定予以驳回。人民法院驳回申请的裁定,申请人不得上诉。申请人的申请经审查不成立的,人民法院裁定驳回申请,督促程序终结。

(3)撤回终结。人民法院发出支付令前债权人撤回申请的,人民法院裁定终结督促程序。

(4)裁定终结。裁定终结分三种情况:人民法院受理支付令申请后在一定期限内无法将支付令送达债务人的,应根据实际情况依职权裁定终结督促程序,根据《督促程序规定》第6条的规定,人民法院发出支付令之日起30日内无法送达债务人的,应当裁定终结督促程序;债务人在支付令送达之日起15日内依法向人民法院提出异议的,人民法院应当裁定终结督促程序,支付令自行失效,债权人可以起诉;人民法院受理支付令申请后,债权人就同一债权关系又提起诉讼的,人民法院应当裁定终结督促程序。

(5)生效终结。债务人在支付令送达之日起15日内,既不提出异议又不履行义务的,支付令生效,督促程序终结。

(6)撤销终结。根据《督促程序规定》第11条的规定,人民法院院长对本院已发生法律效力的支付令,发现确有错误,认为需要撤销的,应当提交审判委员会讨论决定后,裁定撤销支付令,驳回债权人的申请。

## 三、督促程序与诉讼程序的关联

关于督促程序与诉讼程序的关联问题,即督促程序终结后是否直接转为诉讼程序的问题,大陆法系的许多国家规定,督促程序在债务未清偿情况下终结后直接转为诉讼程序,诉讼程序溯及督促程序发生之时,即视支付令的申请为诉讼程序的起诉。

在我国,督促程序终结后,不会自动转入诉讼程序,诉讼程序是否开始取决于债权人的态度,债权人可以向有管辖权的人民法院起诉,由于受诉的人民法院与发出支付令的法院并不是同一法院,并且还存在级别管辖的问题,因此,督促程序终结债务未清偿的情况下,由债权人另行起诉。只是,按照《缴纳办法》的规定,在诉讼中,债权人可以将支付令申请费列入诉讼请求中,要求债务人支付。

# 第二十二章

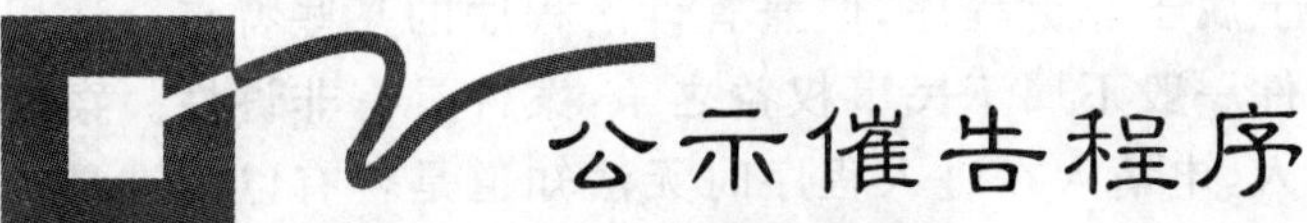

# 公示催告程序

## 第一节　公示催告程序概述

### 一、公示催告程序的概念

公示催告程序，是指人民法院根据申请人的申请，以公示的方法，告知并催促不明的利害关系人在一定期限内申报权利，到期无人申报权利的，则根据申请人的申请依法作出除权判决的程序。其目的在于保护丧失票据的持有人或其他事项持有人的权利。

在票据关系中，票据持有人的票据权利必须通过票据实现。票据丧失，不管是遗失、被盗等相对丧失，还是票据的毁损等绝对丧失，票据的权利并不消灭，但是权利人却无法实现其权利。在票据相对丧失的情况下，因利害关系相对方不明而无法提起诉讼，票据权利还极可能受到非法持票人的侵害。公示催告程序是一种非诉程序，它不解决当事人之间的实体争议，只是用公示的方式，从程序上保护丧失票据的持有人的权利。

依据该程序，权利人在票据丧失的情况下，可以申请法院以公告的方式，催告利害关系人在指定期限内申报权利，如果法定期间内不申报或者申报被法院驳回，便可从法律上推定此项权利属于申请人，法院根据申请人的再一次申请即可作出除权判决，宣告票据无效，除去票据上的权利，进而实现申请人即使是不持有票据，也享有票据的权利的目的。

### 二、公示催告程序的特征

公示催告程序不同于通常的民事诉讼程序，也不同于其他的民事诉讼特别程序。其特点包括以下几个方面。

### (一)公示催告程序适用案件的非诉性

公示催告程序本质上属于非诉程序,但兼有诉讼程序的某些特点。适用公示催告程序解决的案件一般不属于民事权益之争,案件具有非诉性。案件不具有明确的对方当事人,申请人在进入程序时无法知道是否有以及谁是利害当事人。而在通常的民事诉讼程序中,必须要求有明确的被告和民事权益的争议。公示催告申请人启动程序的目的是因为票据丧失,希望法院通过法定公告的方式,催告不明的利害关系人申报权利,并在无人申报的情况下宣告票据无效,以实现票据权利,而不是因票据上的权利与他人发生争议。如果申请人知道利害关系人,则不能适用公示催告程序,应以利害关系人为被告提起诉讼。如果票据当事人发生票据给付纠纷或者其他纠纷也不适用此程序。可见是否有确定的对方当事人和民事权益争议是适用公示催告程序的前提。但从法院作出判决,确定民事权利义务关系的角度看,它又有诉讼程序的某些特点。

### (二)公示催告程序适用范围的限定性

公示催告程序适用的范围各国规定不尽一致。依据我国《民事诉讼法》第193条的规定,仅限于可以背书转让的票据,以及法律规定的其他事项。可以背书转让的票据,不论是否已经背书转让,只要发生被盗、遗失或者灭失,均可以向人民法院申请公示催告。不能背书转让的票据,即使发生被盗、遗失或者灭失的情况也不能适用公示催告程序。而适用公示催告程序的其他事项必须有法律的明确规定。

### (三)公示催告程序当事人的特定性

公示催告程序的申请人只能是丧失票据的票据持有人,即指票据被盗、遗失或者灭失前的最后持有人,而不是所有与票据有某种关系的人都可以作为公示催告程序的申请人。

### (四)公示催告程序审理方式的特殊性

在公示催告程序中,相对的当事人不明确,故受理法院不能使用通常程序中的调解、辩论方式审理,也无须调查取证和开庭审理,而仅仅就申请人单方提供的材料进行书面审查,如果符合条件就以公告的方式来确定利害当事人是否存在。公告期间无人申报权利的,人民法院也不直接作出宣告该票据无效的判决，而必须由受理申请法院作出除权判决。因除权判决只是根据公告后无人申报权利的事实作出，无须进行实质调查，所以由独任审判员审理，不必组成合议庭。

**（五）公示催告程序的阶段性**

公示催告程序具有与通常民事诉讼程序不同的两大阶段，即公示催告阶段和除权判决阶段。公示催告是公示催告程序的必经阶段，目的是根据当事人的申请通过公告催促相对的利害关系人向人民法院申报权利。除权判决不是公示催告程序的必经阶段，它是根据当事人的申请对催告程序的延续，内容是宣告票据权利无效。没有当事人的申请，法院一般不能主动作出除权判决。可见，公示催告程序存在明显的公示催告和除权判决两个阶段。

**（六）公示催告程序实行一审终审**

人民法院在无利害关系人申报权利的情况下，依据申请人的申请，作出的除权判决，宣告丧失票据权利无效。该判决在公告之日起发生法律效力，利害关系人不得提起上诉。如利害关系人在法院指定的期间内申报权利，法院则裁定终结公示催告程序，并通知申请人和支付人。对法院作出终结公示催告程序的裁定，申请人不得上诉。

**（七）公示催告程序的判决具有除权性**

人民法院依据公示催告程序作出的判决，是一种除权性质的判决。这是相对于确权判决而言的。除权判决是宣告票据权利与票据本身相分离，使票据失去效力的判决，即判决的内容是通过宣告票据无效来消除票据权利或其记载的权利。判决不确认票据关系人之间的权利义务，只解决票据是否有效的问题。这不同于通常程序的判决，在通常程序的判决中，基本的内容在于确定当事人之间的权利义务关系。

**（八）公示催告程序目的具有特定性**

通常诉讼程序的目的在于解决当事人之间的权益纠纷，公示催告程序则以消除票据权利为目的。申请人申请公示催告，其目的是使被盗、遗失或灭失的票据失去法律效力，使自己能够重新行使票据权利。即公示催告的目的体现在两个方面：其一是除权，排除申请人之外的任何人对票据享有权利；其二是确权，确定申请人对票据享有权利。公示催告程序可以使因票据被盗、遗失或灭失而导致的票据关系不稳定状态的消除，维护票据当事人的合法权益。

## 三、公示催告程序的功能

在现代社会经济交往中，票据的作用日益明显，票据的被盗、遗失或者灭失的情况也很常见。由于票据与票据上的权利是不能分离的，持票人一旦丢失票据，就会丧失票据上的权利，并有可能被他人非法行使票据上的权利。在这种情况下，民事权利处于一种不稳定的状态，交易安全受到威胁。公示催告程序是为满足社会经济生活的需要而逐渐发展、完善起来的。民事诉讼法对公示催告程序作出专章规定，由人民法院适用法律程序解决票据被盗、遗失或灭失的问题，从而消除票据权利所处的不稳定状况，不仅有利于票据持有人正常的工作、生活和生产经营，也有利于社会的稳定和经济的发展。该程序的设立一方面对利害关系人的合法权益进行救济；另一方面使失票人重新获得票据上的权利，维护票据丢失人的合法权益，从而确保票据流通安全、交易安全。

1991年修订《民事诉讼法》公示催告程序是新增设的三大程序之一，既是对西方，尤其是大陆法系国家法律制度的合理移植，又是为了适应市场经济发展的需要。世界各国民事诉讼法对公示催告程序都有规定，但在适用的条件和范围上规定不一。但从现代民事诉讼发展趋势看，各国公示催告程序的适用范围正趋于变窄，仅局限于特定案件。日本民事诉讼法规定，对于被窃取、遗失或灭失的票据，以及其他按照商法规定的得以认为无效的票证，可以适用公示催告程序审理。公示催告程序适用范围最广的国家首推德国。在德国，除了死亡宣告和宣告票据无效可以适用公示催告程序外，还可以在排除土地所有权人，排除债权人，排除继承人，排除抵押权人，以及法律规定的其他方面适用公示催告程序。除权判决宣告后，所有人取得抵押权，交付给债权人的抵押证书失去效力。我国台湾地区的“民事诉讼法”也对公示催告程序作出了适用范围较宽的规定，申报权利之公示催告，以得以背书转让之证券及其他法律有规定为限。得以背书转让的证券包括指示证券、提单、仓单、汇票、本票、支票、公司股票等。其他法律规定得以公示催告的事项，如台湾“民法”规定，继承开始后，法院应以公示催告程序公告命被继承人的债权人于一定期限内申报债权。法院也可以公示催告程序公告继承人，命其于法定期限内承认继承。公示催告程序的确立是为了适应市场经济，尤其是为了满足票据制度的需要。设立公示催告程序，具有以下几方面的意义。

**(一)有利于保护票据持有人的合法权益**

随着市场经济的高度发展,票据制度在我国飞速发展起来,票据在我国经济建设中适用范围日益广泛,发挥着支付、信用、结算、融资等重要作用。但在日常经济生活中,由于各种原因,常常发生票据丧失的情况。票据一旦丧失,权利人就无法行使票据权利,而且票款有被人冒领的可能,危及权利人的权利。各国票据法都规定了票据丧失的救济方法,以体现法律的公平原则,保护票据权利人的权益,消除票据上权利所处的不稳定状态。如英国票据法规定,票据丧失人提供担保,可向发票人提出交付新票据的要求;法国商法规定,失票人要提供担保,请求法院作出命令支付的裁判;德国票据法规定,失票人可请求法院进行公示催告,并申请除权判决。在我国,以前人们在丧失票据后总是习惯于到金融机构申请挂失,或借助媒体声明作废。但是这种票据挂失和声明作废的做法,由于其法律效力较低下或根本就不具有法律效力,难以制止非法持有人冒领票据款项,不能有效地保护票据权利人的权益。相比之下,公示催告程序具有很强的保护力,它不仅可以宣告票据无效,而且可以恢复失票人的票据权利。

**(二)有利于保护票据利害关系人的合法权益**

市场经济条件下,票据流通的范围很广,有的利害关系人是通过合法的途径获得的票据,本身并无过错。如果有人挂失或声明票据作废,就有可能使利害关系人持有的票据成为失票,从而给利害关系人造成损失。公示催告程序给予利害关系人在公告期间内向法院申报权利的机会,从法律上为利害关系人的保护提供了条件。

**(三)有利于保障商事流转的安全,维护市场秩序,促进市场经济的健康发展**

随着市场经济和信用制度的发展,商业票据基于自身的快速、安全等特征越来越被广泛地使用。票据不仅改变了传统的结算方式,而且在信用、流通和融资等方面发挥巨大作用。然而,票据给我们带来巨大利益的同时也带来了风险,降低票据流通中的风险不仅关系到保护票据当事人和善意第三人的利益,更关系到票据的正常使用、流通和市场经济的健康发展。

## 第二节　公示催告程序的适用范围和条件

### 一、公示催告程序的适用范围

公示催告程序的适用范围各个国家规定不一，各国大都根据本国的具体情况作出不同的规定。世界各国有关公示催告程序的适用范围的规定经历了由宽到窄的演变过程。我国《民事诉讼法》第193条第1款规定："按照规定可以背书转让的票据持有人，因票据被盗、遗失或灭失，可以向票据支付地的基层人民法院申请公示催告。依照法律规定可以申请公示催告的其他事项，适用本章规定。"可见，我国民事诉讼法对关于公示催告程序的适用范围做了较为严格的限制，只限于可以背书转让的票据被盗、遗失或者灭失引起的公示催告的申请。据此，公示催告程序的适用范围包括两个方面。

#### (一)按照规定可以背书转让的票据

票据是出票人依法签发的，约定由本人或委托他人，在一定时间、地点，按照票面所载文义无条件支付一定金额给收款人或持票人的一种有价证券。票据具有无因性、文义性、流通性、无条件支付性、要式性和有价性等特征。无因性是指只要具备法定条件，票据权利即告成立，票据义务随之产生，权利的行使和义务的履行不问设立票据的原因。文义性是指票据的权利和义务，完全根据票据所记载的文字意义决定，不得以票据记载以外的原因，改变票据的效力。流通性是指票据到期前，持票人可以通过背书或交付的方式自由转让票据权利。无条件支付性指依据票据提出的货币支付请求，其支付应当是无条件的，即收款人在指定日期内无须任何对价支取票面金额。要式性是指票据的制作必须依法定方式，才产生票据法上的效力，否则票据归于无效。有价性是指票据以一定的货币金额表示其价值，票据的价值随票据的设立而取得，随票据的转移而转移，随票据的付款消灭。占有票据即占有票据的价值，占有票据是行使票据权利的前提，否则便不能主张票据上的权利。票据的突出特征是见票即付。它为从事经济活动的当事人提供了便利，避免了进行经济活动时携带大量现金的不便，也使经济活动更为安全。为了方便交易的进行，法律规定相当一大部分票据可以背书转让，代替货币进入流通领域。背书是指票据权利人以转移票据权利为目的，在票据背面或背面粘单上签名并载明转让的意思表示的票据行为。依照规定可以背书转让的票据称为背书票据，即背书人背书签名后，被背书人就取得票据权利的票据。无论是记名票据还是指示票据都应当经过背书，才可以转让给他人。根据我国《民事诉讼法》第193条和《票据法》关于票据种类的规定，可以背书转让的票据包括汇票、本票和支票三种。

(1)汇票是由出票人签发的，委托付款人在见票时或指定日期无条件支付一定金额给收款人或持票人的票据。汇票是一种支付命令。汇票的当事人一般有出票人、付款人和收款人。

(2)本票是出票人签发并承诺自己在见票时或指定的日期无条件支付一定金额给收款人或持票人的票据。本票的当事人包括出票人与收款人，出票人始终是主债务人。本票是一种无条件支付的承诺，是自付证券。出票人也是付款人，这是本票与支票和汇票的不同之处。本票包括银行本票和商业本票。目前我国票据法仅规定了银行本票。本票记载的内容应当包括：表明本票的字样；无条件支付的承诺；一定的票据金额；付款日期、付款地点；收款人名称；出票日期、地点；出票人签章。

(3)支票是出票人签发的委托银行或其他金融机构在见票时无条件支付确定的金额给收款人或持票人的票据。支票是一种无条件支付命令。支票有出票人、付款人和持票人三方当事人。付款人仅限于办理支票存款业务的金融机构，出票人是金融机构的存款户。持票人是债权人。支票的重要特点：一是付款人以银行为限；二是见票即付。按支票的结算范围，可分为现金支票和转账支票。现金支票不能背书转让，而转账支票在一定条件下可以依照法律规定的方式进行转让，包括背书转让。按支票是否记名，可以分为记名支票和不记名支票(空白支票)。支票应记载的内容包括：支票的字样；无条件支付的承诺；一定的票据金额；付款人(银行)，付款地点；收款人名称；出票日期、地点；出票人签章。

### (二)依照法律规定可以申请公示催告的其他事项

从国外法律规定来看，可以申请公示催告的事项，除了票据外，还包括有价证券，如指示证券、股票、提单、仓单、保险单、载货证券等。这些证券目前在我国仍禁止背书转让，是否可以申请公示催告，大多尚无法律明确规定。从立法趋势看我国会逐步在有关实体法中规定此项内容，这是市场经济实践的需要。民事诉讼法之所以规定“依照法律规定可以申请公示催告的其他事项”也适用公示催告程序,也是为以后扩大公示催告程序的适用范围留有余地,允许法律增加适用公示催告的事项。《公司法》第150条规定,记名股票被盗、遗失或灭失,股东可以依照民事诉讼法规定的公示催告程序,请求人民法院宣告该股票失效。按此规定记名股票被盗、遗失或灭失,可以适用催告公示程序。司法实践中,有些地方法院允许提单、保险单等单据遗失人申请公示催告程序。理论界对此也多持肯定观点。

## 二、公示催告程序的条件

### (一)申请的主体合格

申请的主体必须是依法享有票据权利的最后持有人,其他单位和个人无权申请公示催告程序。最后持票人又称失票人,是指丧失可以背书转让的票据的公民、法人和其他组织。当然这里所说的票据持有人只是一种法律上的虚拟,并不意味着法院的最终确认。但这种法律程序的假设非常重要,它是法院启动程序的依据。当然,申请人事实上可能不是票据的最后持有人,但这种假设不会损害真正票据权利人的实体权利和程序权利,因为一方面真正的票据持有人仍然可以行使公示催告申请权,另一方面,公示催告程序即使启动也不会从实质上确认票据持有权的归属。签发票据的出票人是否可以作为公示催告的申请人,学术界一般认为应当根据不同的情况确定。出票人签发的票据未交付收款人之前遗失的,应当可以向人民法院申请公示催告。因为在这种情况下出票人也是该票据的合法权利人,不应理解为债务人。如果出票人签发的票据已经交付给收票人后遗失,该出票人已是票据债务人,不能申请公示催告。不过也有人认为出票人签发的票据未交付收款人之前遗失的,不应当向人民法院申请公示催告程序。因为:

(1)票据的有效设立是提起公示催告的前提。公示催告是对票据丧失的一种补救措施,票据的有效存在是提起公示催告的前提。票据的有效存在是在出票行为完成之后。《票据法》第20条规定:"出票是指出票人签发票据并将其交付给收款人的票据行为。"此条规定了出票的行为内容,包括两个行为程序:一是制作票据的行为,二是将票据交付收款人的行为。如果仅将票据制作完成,而未交付,这种出票行为并未结束,票据也就没有在法律意义上创设。

(2)票据申请人不是合格的票据持有人。公示催告是对票据丧失进行救济的一种司法制度,只有具有票据权利的持票人丧失票据,才能主张票据权利，提起公示催告。出票是创设票据权利，形成票据责任的票据法律关系的法律行为，票据权利始于出票行为的完结。在票据交付之前，票据关系没有形成，票据权利也没有创设，因此票据申请人不是享有票据权利的合格持票人，也就没有提起公示催告申请的法定资格。

(3)尚未生效的票据无须宣告票据无效。未经合法交付的票据本质上是无法律效力的票据，这种票据丧失后，并不需要人民法院宣告其无效。

### (二)申请的原因合法

为了防止申请人滥用申请权，损害其他权益人的合法权益，扰乱票据秩序和市场秩序，我国法律对申请公示催告程序的原因作出了严格的规定。申请的原因必须是可以背书转让的票据被盗、遗失或灭失。除此之外的原因，不能作为申请公示催告程序的理由。申请原因的范围，关系到权利人的权利是否可以通过公示催告程序加以救济，因而具有重要意义。我国法律规定的申请原因仅限于票据的被盗、遗失或灭失，对此应加以明确。理论上，票据被盗、遗失或灭失都属于票据丧失。票据丧失是指持票人并非出于自己的本意而丧失对票据的占有，它包括绝对丧失和相对丧失两种。绝对丧失如票据因被焚烧、毁损、涂销、撕碎、浸渍、洗烂、埋腐等情形而丧失；相对丧失如票据因被盗、遗失而丧失。对于我国诉讼法规定的灭失，究竟是应从广义上去理解还是应从狭义上去理解？从实践的需要和保护的目的出发，应对灭失作广义的理解，即灭失包括焚烧、毁损、涂销、撕碎、浸渍、洗烂、埋腐等绝对丧失票据情形。有的学者还对票据被焚烧、毁损、涂销、撕碎、浸渍、洗烂、埋腐等情况做进一步分析来确定是否属于票据丧失。如果票据持有人无抛弃票据权利的意思，应属于票据丧失；如果票据持有人有抛弃票据权利的意思表示，如票据权利人为向票据债务人表示免除票据债务的意思，故意烧毁、撕碎票据，则不应属于票据丧失。

### (三)利害关系人处于不明确状态

通说认为，在公示催告程序中利害关系人处于不明确的状态，是申请公示催告程序的前提条件。如果在申请之前利害关系人确已出现，或与失票人发生争议，失票人就可以向法院起诉，以此来保护自己的票据权利。因票据权利的纠纷提起的诉讼适用普通程序，不适用公示催告程序。债权人请求债务人给付有价证券(包括票据)的非诉案件由于双方当事人已经确定，也不能适用公示催告程序，而只能适用督促程序。所谓利害关系人不明，是指与申请事项有权益关系的人有无不明，或该利害关系人是谁不明。

**（四）必须向有管辖权的人民法院提出申请**

按照《民事诉讼法》第193条的规定，当事人应向票据支付地的基层人民法院申请公示催告。票据支付地，是指票据上载明的付款机构所在地或票据付款人的住所地。法律规定以票据支付地为法院的管辖地，是体现了管辖的两便原则，即便于人民法院的审理，便于申请人申请公示催告。

## 第三节　公示催告程序的审理

### 一、申请

**（一）公示催告申请的提出**

公示催告程序只能依有关当事人的申请启动，人民法院不能依职权主动发动。公示催告的申请，是指享有请求权的持票人，依法向人民法院请求，以公示催告的方式维护自己票据上的权利的法律行为。

《民事诉讼法》193条第2款规定，“申请人应当向人民法院递交申请书，写明票面金额、发票人、持票人、背书人等票据主要内容和申请的理由、事实。”根据该规定，公示催告申请书应当包括以下几部分：(1)文书名称。在文书的上面正中写明“申请书”。(2)申请人的基本情况。申请人系公民个人的，写明姓名、性别、年龄、职业、籍贯、民族和住址等；申请人如系单位，应写明名称、地址和法定代表人。申请人如有律师担任代理人的，还应写明律师姓名和所在的执业机构。(3)票据的主要内容，写明票面金额、发票人、持票人、背书人等。(4)申请公示催告的理由、事实。写明票据使用和流通的过程，票据和持票人相分离的原因，即被盗、遗失或者灭失的过程，并结合公示催告的条件，说明提出的理由。(5)受理的法院。写明“致某某法院”。(6)申请人署名和年、月、日。

**（二）公示催告申请的撤回**

申请人撤回申请，是指公示催告申请人提出申请经人民法院受理后，在人民法院作出公示催告前主动将申请撤回的法律行为。申请人在公示催告期间申请撤回的，人民法院可以径行裁定终结公示催告程序。申请人撤回申请终结公示催告程序后又申请催告的，如果符合法定条件，人民法院仍应当受理。

## 二、受理

公示催告申请的受理，是指人民法院对申请人的申请，经审查认为符合法定条件的，应予以审理的行为。适用公示催告程序审理的案件，依据法律的规定，可以由审判员一人独任审理；判决宣告票据无效的，应当组成合议庭进行审理。对审判组织作如上的规定，一方面是考虑到公示催告程序审理的案件性质，仅是简单地通过程序审查后对事实予以确认，可以由审判员独任审理。另一方面如果票据被宣告无效会影响到当事人的实体权利，所以法律要求除权判决应组成合议庭进行审理。

人民法院收到公示催告的申请，应当立即进行审查，并决定是否受理。人民法院对公示催告程序进行审查的范围包括实质要件和形式要件。实质要件的审查包括：(1)申请主体资格的审查，即审查申请人是否是享有请求权的票据持有人；(2)审查是否属于法院的受案范围，即申请的对象是否是法律规定的可以背书转让被盗、遗失或灭失的票据；(3)审查当事人是否提供了与申请请求相符的事实和证据；(4)当事人的申请是否属于本法院管辖。

形式要件审查是指人民法院对当事人递交的申请书是否完整进行审查。经过审查后认为申请符合法律规定的受理条件的，裁定予以受理，并同时通知支付人停止支付；认为申请不符合受理条件的，如果申请书有欠缺或手续不完备且可以补正的，比如关于票据的主要内容没有写明的，应当通知申请人限期补正，无法补正的，应当在 7 日内裁定驳回申请；对不属于本院管辖的，应告知申请人向有管辖权的法院提出申请。

## 三、止付和公告

### (一)止付

止付即通知有关组织停止支付。停止支付通知，是人民法院决定受理公示催告申请后向支付人发出的停止支付的法律文书。支付人收到停止支付通知后，应当立即停止支付，直至公示催告程序终结。

停止支付的性质，是人民法院在公示催告程序中，为了保护票据关系人的合法权益而采取的一项应急性保全性措施。这项保全性措施的设计源于票据本身的特点。票据是支付人见票即付的有价证券，票据权利可以和持票人相分离。权利人在丧失票据的情况下，随时面临权利被侵害的危险。人民法院要求支付人停止支付的通知书，是严肃的法律文书，具有很强的法律效力。

《民事诉讼法》第 195 条第 1 款规定："支付人收到人民法院停止支付的通知，应当停止支付，至公示催告终结。"可见，停止支付的通知书禁止支付人向任何人支付票据上的金额，如果支付人在收到人民法院停止支付的通知后不停止支付，将承担由此产生的法律责任。根据最高人民法院《意见》第 236 条的规定，支付人收到停止支付的通知后拒不停止支付的，除了可以依照《民事诉讼法》第 102 条、第 103 条的规定采用强制措施外，在判决后，支付人仍应承担支付义务。此通知书自送达支付人之日起开始生效，直到人民法院作出判决。

人民法院决定受理申请，究竟采用何种方式通知支付人停止支付，在法律上没有明确规定。实践中，应当赋予停止支付的通知书具有很强的法律效力，支付人如果违反，将承担由此带来的法律后果，因此要求这一通知采用书面方式，以防止口头形式通知的任意性。书面形式的通知送达支付人后，支付人应当在送达回证上签字。

**(二)公告**

公告，是指人民法院在受理公示催告程序申请后，以一定的形式，将申请宣告无效的票据公示于社会，催促相对利害关系人在指定的期限向法院申报权利的告示。公示催告的申请人向人民法院声称其票据被盗、遗失或灭失，这一事实无法以积极的方式加以证明。申请人虽然向人民法院要求公示催告，但有两点无法确定：其一，申请人指明的票据是否确实与持票人相分离，即是否确实被盗、遗失或者灭失；其二，如果某一票据确实与持票人相分离，那么这票据是否确属于申请人。这两个问题在人民法院受理公示催告的时候没有证据加以证明，因此只能发出公告，催促利害关系人申报权利，如在一定期间内没有人申报，即无人主张票据的所有权，法院可以根据法律的规定，推定这一票据归申请人所有。

1. 公告目的

第一，确定是否有可能的利害关系人，以保护可能利害关系人的利益；第二，公告期间届满后，如无人申报权利，则推定申请人为票据持有人及所持有的票据被盗、遗失或者灭失的事实存在；第三，警示社会，在公示催告期间内，已被公示催告的票据存在瑕疵，票据的转让无效。

2. 发布公告

发布公示催告的公告是人民法院审理公示催告案件的必经程序。人民法院决定受理申请，应当同时通知支付人停止支付，并在 3 日内发布公告，催促利害关系人申报权利。公示催告期间由人民法院根据票据种类、流通范围、支付期日等实际情况确定，但从发布之日起算，不得少于 60 日，国外一般为 6 个月。最高人民法院《关于审理票据纠纷案件若干问题的规定》(下称《若干规定》)第 34 条规定，依照民事诉讼法第 195 条第 2 款的规定，在公示催告期间，以公示催告的票据质押、贴现，因质押、贴现而接受该票据的持票人主张票据权利的，人民法院不予支持，但公示催告期间届满以后人民法院作出除权判决以前取得该票据的除外。付款人及其代理付款人在公示催告期间对公示催告的票据付款的，应当自行承担责任。显然，明确公示催告期间应从何时起算，对维护票据当事人及其代理人的合法权益具有重要的现实意义。至于起始日的确定一般认为应以发布之日起算。根据最高人民法院《意见》第 229 条的规定，人民法院发布公告应同时以在法院公告栏内张贴和在报纸等宣传媒介上刊登的方式进行。人民法院所在地如果有证券交易所的，还应同时使用在交易所张贴的方式。[①]

3. 公告内容

关于公告内容，各个国家和地区的法律规定大致相同。依据《适用意见》的规定，人民法院的公告应当写明如下内容：(1)公示催告申请人的姓名或名

---

① 理论界提出，由于这三种方式不可能同时在一日完成，尤其报纸不能保证及时刊登公告，与法院的张贴往往相差一个多月的时间。那么，应以哪种方式的发布日期来确定为公示催告期间的起始日？学者的看法不一。有人认为应以刊登日的次日起算；有人认为应以张贴日次日起算；有人认为应以张贴日和刊登日中最后一个日期的次日起算；还有人认为应以法院决定受理公示催告申请时起算。不过，各种方式均存在不足之处：以刊登日的次日起算虽然发布范围广，但是发布时间具有不可确定性；以张贴日次日起算虽然时间确定，但发布的范围小。从法律的规定可以看出，法院发出公告的目的，是为了催促利害关系人申报权利。法院仅在公告栏张贴公告，不能达到催促利害关系人申报权利的目的。票据流通转让的特点决定了利害关系人可分布在全国范围内。仅张贴于法院公告栏违背了公平与效率的原则。因此，《若干规定》第 32 条规定：人民法院决定受理公示催告后发布的公告应当在全国性的报刊上登载。其他两种方式也值得商榷。可见，对此问题法律应加以明确规定，以避免造成实践的混乱。

称。申请人是公民的,应写明姓名、性别、年龄、职业和住所;是法人或其他组织的,应写明单位名称、法定代表人或负责人的姓名、机构所在地等。(2)票据的种类、票据金额、出票人、持票人、背书人,及申请的事实和理由等。(3)利害关系人申报权利的时间。按照《民事诉讼法》第194条的规定,利害关系人申报权利的期限为60日。期间应当注明始日和终日。(4)在公示催告期间转让票据权利和利害关系人不申报权利的法律后果。人民法院在公告中写明在公示催告期间转让票据权利无效,以及利害关系人不申报权利将产生失去权利的法律后果。①

4.公告效力

(1)禁止票据权利转让的效力。《民事诉讼法》第195条2款规定:"公示催告期间,转让票据权利的行为无效。"因为公示催告期间的权利主体尚未确定,权利处于不稳定状态,票据权利也不应当转让。

(2)对于利害关系人申报权利期限的限定力。我国民事诉讼法对利害关系人申报权利的期间,只规定人民法院根据情况确定,但不得少于60日。对于具体的公示催告案件来说究竟申报期间为多长,只有在公告发出的时候利害关系人才知道。公告一旦发出,从这时起算,规定期限内利害关系人应当申报权利,无正当理由而不申报将招致不利法律后果,即因未申报而被人民法院作出除权判决,致使票面上的权利归公示催告申请人。

(3)公告具有推定力。一旦公告期间届满,如无人申报权利,则推定申请人为票据持有人及所持有的票据被盗、遗失或者灭失的事实存在。

## 四、申报权利

申报权利,是指受公示催告的利害关系人,在公示催告期间向人民法院主张票据权利的行为。申报权利是利害关系人维护自己权利的一种手段,能够避免自己的票据权利因人民法院的除权判决而受到侵害。

---

① 关于公告内容,有的学者认为存在缺陷,其一,在公示催告中没有写明付款人。付款人在公示催告案件中是个非常重要的问题,关系到人民法院的止付通知应向谁发出。其二,没有要求写明在申请人丧失票据之前的其他所有票据当事人或利害关系人,如保证人、票据申请人等,这样不利于保护这些人的合法权益,也不利于防止不法分子利用公示催告的手段和方法进行欺诈或诈骗。

### (一)申报权利的条件

根据民事诉讼法以及司法实践,利害关系人申报权利应当具备以下条件:

(1)申报权利人必须是持有公示票据的持票人。所谓持票人,是指被催告申报权利的失票的实际持有人,即票据持有人被盗、遗失或者灭失票据后,取得票据的人。按照票据法的规定,票据上的权利与票据是联系在一起的,是不能分离的。持有票据才能行使票据上的权利。所以申报权利的利害关系人,必须是被催告申报权利的失票持有人。对丧失票据承担义务的人,如出票人、背书人、承兑人、保证人、付款人等均不得申报权利。所以,利害关系人申报权利,人民法院应当通知其出示票据,并通知公示催告申请人在指定的期间查看票据。申报人出示的票据,必须同被催告的票据一致,申报才成立。公示催告申请人申请催告的票据与利害关系人出示的票据不一致的,人民法院应当裁定驳回利害关系人的申报权利的申请。

(2)利害关系人应当在公示催告期间向人民法院申报权利,最迟应在除权判决作出前申报。根据《民事诉讼法》第 194 条规定,公示催告的期间由人民法院根据情况决定,但公示催告的期间不得少于 60 日,利害关系人应在公示催告期间向人民法院主张权利。如利害关系人在公示催告期间申报权利,人民法院应当裁定终结公示催告程序;如利害关系人在公示催告期间因故未能申报权利,而在申报权利期间届满后,人民法院作出除权判决前申报权利的,人民法院同样应当裁定终结公示催告程序。人民法院作出除权判决后,利害关系人不得再申报权利,只能另行起诉来救济自己的权利。

### (二)申报权利的效力

申报权利的效力,是指利害关系人向人民法院主张权利在法律上所产生的后果,即利害关系人申报权利成立,在法律上产生终结公示催告程序的效力。根据《民事诉讼法》第 196 条的规定,人民法院收到利害关系人的申报后,经审查符合申报的条件的,应当裁定终结公示催告程序,并通知申请人和支付人。裁定应当由审判员、书记员署名,加盖人民法院印章。申请人如不服人民法院终结公示催告程序的裁定,可以向票据支付地或被告住所地的基层人民法院提起诉讼。经审查,认为利害关系人的申报不符合申报条件的,就裁定驳回利害关系人的申报。

这里有一个实践性很强的问题需要探讨一下,即关于支付人在接到人民法院依据收到利害关系人的权利申报所作出的裁定后,可否向票据持有人支付的问题。《民事诉讼法》第 196 条的规定是否意味着支付人在收到裁定后，可不受人民法院止付通知的约束向票据持有人支付？法律对此没有明确规定。在公示催告程序终结后，申请人或利害关系人依法有权向人民法院依普通程序起诉，但是否起诉，申请人或利害关系人有处分权。如果申请人与利害关系人均不起诉，支付人可否支付？有的学者认为可以，《民事诉讼法》第 196 条中法院通知支付人的目的就在于解除止付，恢复支付。有的学者认为，民事诉讼法对利害关系人的起诉期限做了规定，但对申请人的起诉期限却未做规定。这不利于保护票据持有人的权利，也使支付人限于两难境地。因此为了保护真正的票据权利人的利益，人民法院在公示催告程序终结后，仍应要求支付人继续停止支付，而且法律应限定申请人的起诉期限，在法定的期限届满后，申请人仍不起诉的，支付人可以向票据持有人支付。

## 第四节　除权判决

### 一、除权判决的概念

除权判决，是指人民法院在公示催告期间届满无人申报权利，或者申报被驳回的情况下，依申请人的请求所作的宣告失票无效的判决。除权判决是人民法院在公示催告程序中制作的最终的、也是最重要的法律文件。人民法院作出除权判决，必须根据公示催告申请人的申请，人民法院不能依职权主动作出除权判决。根据《民事诉讼法》第 197 条和最高人民法院《意见》第 232 条的规定，结合民事诉讼法学原理，法院作出除权判决，必须具备两个条件：(1)在申报权利期间无人申报，或者申报被法院驳回；(2)申请人在申报权利期间届满的次日起一个月内申请法院作出判决。逾期不申请判决的，终结公示催告程序。除权判决不确认票据关系人之间的权利义务，只解决票据是否有效的问题。人民法院作出的除权判决，应当明确宣告票据无效，使票据与票据权利分离。除权判决应送达给申请人并通知支付人。

### 二、除权判决的效力

除权判决的效力，是指除权判决在法律上的确定力、强制力和执行力。除权判决作出后应当再次公告，自公告之日起除权判决发生法律效力。公示催告程序实行一审终审，除权判决作出后，当事人不能上诉。除权判决具有以下效力：(1)被催告申报权利的票据丧失效力，即持有该票据的利害关系人不能行使票据上的权利；(2)丧失票据的权利人(即公示催告申请人)虽不持有票据却取得票据上记载的权利；(3)票据债务人与不持有票据的权利人之间产生了债权债务关系，权利人有权依据人民法院的除权判决向债务人请求付款，债务人不得拒绝支付；(4)公示催告程序终结。

### 三、除权判决的撤销

公告除权判决的目的是救济利害关系人，如果利害关系人在作出除权判决之前因故未能申报权利，其合法权益就有可能因除权判决而受到损害。考虑到除权判决是依公示催告申请人，也是该程序唯一的当事人申请而作出的，申请人不会上诉，因除权判决蒙受不利的人不是该程序的当事人，也无权上诉，所以各国民事诉讼法几乎都规定，对法院所作的除权判决，不得上诉，除权判决一经公告，立即发生法律效力，其效力及于一切受公示催告的利害关系人。

我国民事诉讼法规定，对除权判决有异议，既不能提起上诉，也不能要求再审，显然对于因除权判决而使自身权利受到影响的利害关系人是不当的。为了保障所有票据关系人的权益，民事诉讼法作了诉讼补救的规定。《民事诉讼法》第198条规定："利害关系人因正当理由不能在作出判决前向人民法院申报权利的，自知道或应当知道判决公告之日起1年内，可以向作出判决的人民法院起诉。"根据这一规定，利害关系人起诉应当符合下列条件：(1)必须是利害关系人在人民法院作出除权判决之前没有申报权利，而且有正当理由。如果利害关系人申报过权利，但被人民法院裁定驳回申报的，或者利害关系人虽没有申报过权利，但其未申报权利没有正当理由，则不能在除权判决后另行起诉。(2)利害关系人必须在知道或应当知道判决公告之日起1年内起诉，逾期不起诉的丧失诉权。(3)必须向作出除权判决的人民法院起诉。对利害关系人进行诉讼救济是现代诉讼正义和公平的要求，所以必须完善我国民事诉讼法中的公示催告程序的司法救济制度，使得具体程序更加明确、具体，具有可操作性。

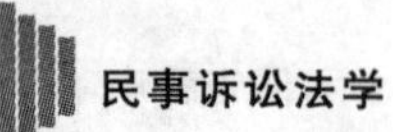


# 第二十三章 民事执行程序总论

## 第一节 执行程序概述

### 一、民事执行的概念和特征

#### (一)民事执行的概念

民事执行,也称民事强制执行或者强制执行,是指人民法院以生效的法律文书(即执行根据)为依据,运用国家强制力,依照执行程序强制义务人履行生效法律文书所确定的民事义务的一种民事诉讼活动。民事执行程序是一个独立的程序,不以审判程序为前提。民事执行的基本目的是迅速、经济、适当地从事实上实现生效法律文书所确定的权利和权益。

在民事执行中,有权根据生效法律文书向人民法院申请强制执行的人,称为申请执行人;对方当事人,称为被执行人。

#### (二)民事执行的特征

(1)以国家强制力作保障。民事执行程序设立的基础是司法执行权,执行权只能由人民法院依法行使,确保债权人的债权得以实现,其他任何机关和个人均不得非法行使。

(2)以当事人申请为前提的。执行程序的启动应当以当事人提出申请为条件,执行的目的是为了实现债权人经依法确认的债权。只有当债务人不履行该债务时,债权人向人民法院提出申请强制执行,才能引起执行程序的开始。

(3)以生效法律文书作为执行根据。执行根据是法院行使执行权的基础,没有执行根据,法院的执行只能是无源之水,无本之木。因此,法院必须依据已经发生效力的法律文书作为执行的前提和要件，没有发生效力的法律文书不得作为执行根据。

(4)生效的法律文书必须具有给付内容。也就是说执行根据必须具有要求债务人给付财产或者履行或不履行相应的行为为内容的义务，并且该义务的履行期限已经届满。

## 二、民事执行程序

民事执行程序，是指执行机构、申请执行人、被执行人以及协助执行人，依据已经发生效力的法律文书，运用国家强制力采取执行措施，强制当事人履行法律文书确定义务的活动中必须遵守的法定行为方式、方法和步骤。

执行程序是与审判程序相对应的程序，二者之间既有密切的联系，又存在本质的区别。二者的联系体现在：

执行程序与审判程序的联系表现在：

(1)二者都是民事诉讼程序的有机组成部分。二者相辅相成、缺一不可，共同为完成民事诉讼法的任务，解决民事纠纷和保护当事人合法权益服务。

(2)二者的目的都是为了保护当事人的合法权益、解决民事纠纷和维护私法秩序。

(3)二者在某些基本原则和制度方面有相同之处。例如，在审判程序和执行程序中都适用当事人处分原则、同等原则和对等原则，审判权和执行权都由人民法院来行使。另外，有关当事人能力、期间、送达、回避以及对妨害民事诉讼的强制措施等规定，民事执行和民事审判都须遵守。

(4)执行程序是审判程序的后续和保障。没有执行程序，生效裁判所确认的内容往往无法实现；而在大多数情况下，没有审判程序确认一方当事人实体权利的存在，执行程序也无从提起。在此意义上可以说，审判程序是执行程序的前提和基础。

(5)执行程序与审判程序相互交叉。如在审判程序中做出财产保全或先予执行裁定的，要适用执行程序的有关规定；在执行程序中如有案外人提出异议，发现生效裁判确有错误的，要通过审判监督程序予以纠正。

二者的主要区别体现在以下四个方面：

(1)权力来源不同。执行程序的进行以国家民事执行权为权力来源，而审判程序的进行则是以国家审判权为权力来源。

(2)基本原则不同。民事审判程序以平等原则、调解原则、辩论原则等为其基本原则。[①] 而执行程序更注重执行有据原则、执行有限原则、公正高效透明原则、协助执行原则等。[②]

(3)完成的任务不同。审判程序的任务是查明事实、分清是非、明确当事人之间的权利义务,保护当事人行使诉讼权利和人民法院正确行使审判权,解决民事纠纷,维护社会主义市场经济秩序。而执行程序的任务是通过国家强制力,强制债务人履行法律文书所确定的义务,实现债权人的合法权益。

(4)行使权力的内容不同。审判程序是人民法院通过民事审判权解决当事人的民事纠纷,裁决当事人之间的权利与义务。执行程序则是人民法院通过民事执行权强制债务人履行义务,确保权利人的权益予以实现。

(5)程序包含的内容不同。执行程序是由各种执行方式和强制措施构成的单一程序。审判程序则是由各种单一程序构成的,其中既有审理民事争议案件所适用的一审、二审、再审程序,也包括适用于审理非诉案件的各类特别程序,如审理选民资格案件及宣告公民失踪、死亡等案件所适用的特别程序。

(6)两者在诉讼程序中的地位不同。审判程序是民事诉讼的必经程序,执行程序则并非必经程序。

(7)适用的范围不同。审判程序适用于人民法院受理公民、法人、其他组织之间以及他们相互之间因财产关系和人身关系提起的民事诉讼。执行程序则是对发生法律效力的民事判决、裁定以及刑事判决、裁定中的财产部分,或者法律规定由人民法院执行的其他法律文书的执行时所应当适用的程序。

## 三、民事执行的基本原则

民事执行的基本原则,是指导人民法院、执行当事人及协助执行人进行执行活动的基本准则。在整个执行程序中,各执行主体的执行行为都必须遵循执行原则的指导和约束。根据我国民事诉讼法及其司法解释的有关规定以及司法实践的经验,我们认为,执行应当遵循如下原则。

### (一)执行合法原则

执行合法原则,是指执行活动应严格按照民事诉讼法和有关法律规定进

---

① 参见江伟主编:《民事诉讼法》,高等教育出版社2004年第2版,第39～47页。

② 参见杨荣馨主编:《强制执行立法的探索与构建——中国强制执行法(试拟稿)条文与释义等》,中国人民公安大学出版社2005年版,第4页。

行，既要符合实体法，又要符合程序法。

(1)执行必须以生效的法律文书为根据。没有据以执行的法律文书或者法律文书尚未生效，就不能启动执行程序。

(2)执行必须按照法定条件、程序开始和进行。执行程序的开始，除人民法院依职权主动启动的少数情况外，均须以债权人的申请为前提，且其申请必须符合申请执行的法定条件。执行活动的进行必须遵循民事诉讼法规定。

### (二)执行标的有限原则

执行标的，即执行的客体或对象。这一原则有如下含义。

(1)执行标的限于被执行人的财产或行为，而不包括被执行人的人身。一方面是因为现代法律以尊重人权为基本原则，把人作为权利主体而非权利客体对待，因而，债权人只能通过请求人民法院强制执行债务人所有的财产，或强制债务人实行一定行为的方式来实现债权，而不能以限制债务人人身自由的方式代替其向债权人所为财产或行为的给付。另一方面，这也反映了民事执行的可行性的要求。

(2)对可执行的财产范围有一定的限制。一是在执行公民财物时，要兼顾被执行人的利益，适当保留其本人及其所扶养家属必需的生活费用和生活用品，否则就会侵犯作为基本人权的公民的生存权。二是在执行法人或其他组织的财产时，应适当兼顾其生产和经营。

### (三)执行及时原则

民事执行的内在价值主要体现为迅速、廉价和适当，执行及时原则就体现了“迅速”这一价值。如果说在审判程序中，“迟来的正义”是非正义，那么在执行程序中讲求迅速，则具有更为现实的意义。如果裁判不能得到迅速的执行，一是损害了债权人的权益；二是损害了国家司法行为的权威性和法律的尊严；三是会使纠纷复杂化而影响社会的安定，妨碍民事执行目的的最终实现。

执行及时原则对执行活动提出的具体要求是：

(1)对申请执行或移送执行的案件，执行机构要及时审查。经审查符合法定条件的，要及时立案，开始执行。

(2)人民法院的各项执行行为均应在法定的相应阶段按时进行和完成，不能久拖不执。

(3)债权人提起强制执行申请的，必须符合法定的申请期限要求。

### (四)人民法院执行与有关单位、个人协助执行相结合的原则

执行是人民法院行使国家民事执行权的诉讼活动,具有浓厚的行政性特点。在这一活动中,人民法院执行机构负有组织指挥和具体实施的重要职责。但缺少了债务人以外的有关单位或个人的协助,执行工作也往往难以顺利开展。如:冻结、划拨被执行人在银行的存款需要银行协助;扣押被执行人委托他人保管的财物,需要保管人的协助等。可见,协助执行作为保障执行的重要辅助性制度,是必不可少的。为使这项原则具有可操作性,我国《民事诉讼法》规定了协助执行人应承担的协助义务。对在接到人民法院协助执行通知书后拒不履行协助义务的有关单位或个人,可按照处理妨害民事诉讼行为的有关规定,依法采取罚款、拘留等强制措施,对情节严重者依法追究刑事责任。

### (五)全面保护双方当事人合法权益原则

根据本原则精神,人民法院在采取执行措施保证债权人权利完全实现的同时,也要照顾被执行人的实际需要,不得侵犯被执行人的合法权益。本原则包括以下具体要求:

(1)要保留被执行人及其所扶养家属的生活必需物品及费用,不能因执行而使他们失去基本生活保障,为社会秩序带来不稳定因素。

(2)要保护申请执行人的合法权益,但不得超出执行根据所确定的债务人应履行义务的范围进行执行。

(3)在采取查封、扣押、强制迁出房屋或退出土地等执行措施时,应有被执行人及有关见证人在场。

(4)拍卖、变卖被执行人的财产时,要依法进行,不得贱价出售。

## 四、民事执行行为

### (一)民事执行行为的性质

关于民事执行行为的性质,学者们仁者见仁、智者见智,归纳起来有以下几种观点。

1. 司法行为说

此说认为民事执行行为是国家司法机关即法院实施的行为,民事执行权是国家赋予的司法职能的一部分,民事执行行为应当属于司法行为。此说为

我国民事诉讼法学界的正统观点。

2. 行政行为说

此说认为民事执行行为旨在实现判决所确定的民事权利，而不是解决当事人之间的私权纠纷。民事执行权由法院和行政机关共同行使，在由法院行使民事执行权的场合，这种权力有别于司法审判权。并主张以此为前提构建存在着纵向领导和横向联系的行政模式的执行体制。

3. 折中说

此说认为民事执行行为中包含有两类不同性质的行为，即纯粹的执行行为和执行救济行为。纯粹的执行行为是指执行主体依照执行根据，基于国家公权力，采取执行措施，强制债务人履行债务，实现债权人权利的行为。这种行为主要发生在执行主体和债务人之间，遵循的是职权进行主义和当事人不平等主义。该执行行为性质上类似于行政行为。执行救济行为是指执行主体为处理执行过程中出现的争议而实施的行为，如执行和解、执行中止、执行终结、执行异议、执行回转等，这种行为具有司法的消极性和被动性特征，属于司法行为。

折中说又可分为以司法行为为本质的折中说和以行政行为为本质的折中说。前者认为，尽管执行行为具有一定的行政行为的特点，但从整体上看，执行行为仍是一种司法行为。因为执行行为的正当性最终来源是审判行为的正当性，并且从国家权力分工来看，执行行为是实现司法救济的基本手段，是审判行为的保障措施和当然的、不可或缺的附属物。后者认为，司法行为属于一种解决争议的行为，是由作为司法机关的法院依申请实施的行为。民事执行非解决争议的行为，未必完全由法院来实施，因此其本质上不是一种司法行为，而是与司法行为有密切联系的行政行为。在由法院为执行行为时，它是由司法机关实施的一种特殊行为。

我们认为，民事执行行为本质上是一种司法强制行为，是在司法行为控制下并与审判行为平行的一种司法强制行为。它遵循司法行为的某些原理，但又具有自身的特殊性和相对独立性。

### （二）民事执行行为的分类

依据不同的标准，可以将民事执行行为作如下分类。

1. 依据执行的效果划分，民事执行可分为终局执行和保全执行

终局执行是指使债权人的债权获得实现或满足的执行。例如，依据确定的给付判决所为的执行。保全执行是指维持债务人财产现状，以保证将来的

终局执行的执行。例如，对债务人财产的查封、扣押、冻结等限制债务人处分其财产的行为。民事执行原则上指终局执行，保全执行为例外。

2.依据执行根据所载债权的性质，民事执行可分为金钱执行和非金钱执行

金钱执行是指实现执行根据上所载金钱债权的执行。非金钱执行是指非为实现金钱债权请求权而进行的执行，包括交付物的请求权的执行和完成行为的执行。金钱执行和非金钱执行，因实现的权利性质不同，二者的执行方法也有所不同。

3.依据民事执行的方法，民事执行可分为直接执行、间接执行和替代执行

直接执行是指执行机关直接以强制力实现债权人的权利的执行，如查封、扣押、拍卖债务人的财产，并以拍卖所得价款满足债权人的债权。间接执行是指执行机关不直接以强制力实现债权人的权利，而给予债务人一定的不利益，以迫使债务人履行债务的执行，如拘留债务人或者拘传债务人的法定代表人。替代执行是指执行机关命第三人代债务人履行债务，而由债务人负担费用的执行。

4.依据执行标的，民事执行可分为对人执行和对物执行

对人执行是以债务人或者应当为债务人清偿债务者的身体、名誉或者自由等为执行对象，从心理上迫使其履行债务。对物执行是以债务人的财产权为执行标的。对物执行中有执行标的物，而对人执行中无执行标的物。

5.依据执行债务人财产的范围，民事执行可分为一般执行和个别执行

一般执行是指债务人的财产不足以清偿总债权时，全体债权人就债务人的全部财产所进行的执行。个别执行是指债权人为满足或者保全其个别债权，而对债务人财产所为的执行。个别执行的实施无须债务人不能清偿。我国现行民事诉讼法中所规定的民事执行即为个别执行。

## 五、民事执行的类型

### （一）金钱债权的执行与非金钱债权的执行

按照债权的性质进行划分，金钱债权的执行是指实现法律文书所确认的具有金钱给付内容的债权所进行的执行；非金钱债权的执行是指为实现非金钱债权的内容所进行的执行。划分该类型的法律意义在于金钱债权的执行标的只能是财产，执行机构只能对债务人的财产采取执行措施，如查封、扣押、冻结、拍卖、变卖债务人的财产等。而非金钱债权的执行多是要求债务人履行或

者不作为某一行为，执行过程中既可以对其财产采取执行措施，也可对其行为进行执行。如要求债务人履行修理义务的，债务人不履行，执行机构可以委托第三人完成该行为，但由此产生的费用由债务人负担；债务人拒绝支付的，执行机构可以对其财产采取强制措施达到与履行相同的状态。

### （二）终局执行与保全执行

根据执行的结果为标准划分，可分为终局执行与保全执行。终局执行又称满足执行，是指债权人的债权获得实现的执行。保全执行则是指为了保证审判或将来的终局执行顺利执行而采取执行措施，以维持债务人的财产现状。划分的法律意义是保全执行是临时性的执行，该执行是终局执行的保障；而终局执行则是最终实现债权人的权利，从而彻底解决了当事人的民事纠纷，完成了公力救济的使命。所以民事执行原则上是指终局执行，而保全执行则是民事执行的例外。

### （三）直接执行、间接执行与替代执行

按照执行方法划分，可分为直接执行、间接执行与替代执行。直接执行是指执行机构直接对执行标的进行执行，从而实现债权人权利的执行。间接执行是指执行机构不是直接对执行标的进行执行，而是通过强制措施给予债务人一定的不利益，从而迫使债务人履行义务的执行。替代执行是指执行机构委托第三人完成债务人的义务，债务人承担由此而产生的费用的执行。此类型划分的法律意义在于间接执行运用的情形是债务人有履行能力而拒不履行义务，其行为已经构成了对执行的妨碍，执行机构可以据此对其进行制裁。执行机构采取了制裁措施才使债务人不得已履行债务，如英国通过对公民暂扣驾驶执照、护照、禁止第三人将来的信用借贷等；对企业可以采取增加税收、减少税收减让、取消该企业董事的从业资格等制裁措施，敦促债务人履行义务。[①] 所以间接执行实质是通过对债务人的法律制裁，迫使其履行义务。替代执行实质是变更了执行根据所确认的履行义务的主体，变更了既判力的内容，所以执行机构应当谨慎使用。

---

① 齐树洁：《执行程序的局部修正与整体改革——兼论司法改革的整体性》，载《法律科学》2007 年第 6 期。

### （四）一般执行与个别执行

按照对债务人财产的范围为标准，执行可以分为一般执行与个别执行。一般执行是指为了满足全体债权人的权利，对债务人的全部财产所进行的执行，如破产程序。个别执行则是为了满足个别债权人的债权，而对债务人的财产进行的执行。此类标准划分的法律意义在于：一般执行在程序上优于个别执行，当个别执行与一般执行发生冲突时，债权人只能通过申请加入一般执行来实现其债权。[①]

### （五）对人的执行与对物的执行

这是按照执行标的为标准进行的分类。对人的执行是指以人身或名誉、信用等人身权为执行标的的执行。如基于对未成年人的探视权申请的执行，未成年人就会成为执行的标的。对物的执行是指以债务人的财产作为执行标的所进行的执行。划分该类型的法律意义是：精神权利高于财产权利，在崇尚人格权的现代社会，执行机构应当以对物的执行为原则，而对人的执行作为例外，其仅是对物的执行的补充。

## 第二节　执行主体和执行参与人

### 一、执行主体

执行主体，是依据民事执行法律规定，在民事执行程序中享有权利和承担义务，并能够引起执行程序发生、变更和终结的组织或个人，包括执行机构、执行当事人。

### （一）执行机构

执行机构，是指设置于人民法院内部，代表国家行使民事执行权，在执行活动中起主导作用的职能机构。执行机构具有两方面特征：一方面，由于执行

---

① 《执行规定》第 89 条规定：“被执行人为企业法人，其财产不足清偿全部债务的可告知当事人依法申请被申请人破产。”

的本质是国家公权力对私权关系的强制干预，为防止权力被滥用，作为干预主体的执行机构必须是由法律明确授权的，且其活动方式也受到宪法和法律的明确约束，因而执行机构具有法定性。另一方面，它作为人民法院的职能机构，不是临时性的执行办案组织，而是专司执行生效法律文书之职的机构，具有专门性、固定性。当今世界各国和地区的执行机构的设置模式主要有两类：一是设置于法院内部，如德、日等国及中国台湾地区；二是设置于法院外部，如美、法等国。尽管各国采用的设置模式有上述分别，却大都不约而同地实行了各种形式的审执分立制度，即将审判职能和执行职能分属不同的、相互独立的主体机构承担的制度。与其相对应的则是审执合一制度，即审判活动与执行活动由同一机构主持，审判组织兼行执行之职。

新中国成立以来，我国民事执行机构的设置经历了审执分立——审执合一——审执分立的不同阶段。1991 年颁布施行的《民事诉讼法》第 209 条规定，基层人民法院、中级人民法院根据需要，可以设立执行机构，从而正式以立法形式确立了审执分立制度。在 1998 年颁行的《最高人民法院关于人民法院执行工作若干问题的规定(试行)》(以下称《执行规定》)第 1 条中又规定，人民法院根据需要，依据有关法律的规定，设立执行机构，专门负责执行工作；第 3 条规定，人民法院在审理民事、行政案件中作出的财产保全和先予执行裁定，由审理案件的审判庭负责执行；第 4 条规定，人民法庭审结的案件，由人民法庭负责执行。其中复杂、疑难或被执行人不在本法院辖区的案件，由执行机构负责执行。据此，我国执行机构的设置具有以下主要特点。

(1)在各级法院内部实行审判和执行相分立的原则。审判和执行在性质、遵循的原则及适用的程序等方面均存在很大的差异，如果实行审执合一，势必易导致执法不公等不良后果。确立审执分立制度有利于审判人员和执行人员分工负责、各司其职，实现执行工作的专业化、规范化，以提高执行工作的质量和效率。

(2)在各级法院内部均设置了执行机构。为了适应目前民事执行的现实需要，除了原有已在基层和中级法院设立的执行庭之外，各地高级法院也都相应设立了执行庭，最高人民法院则成立了执行办公室以指导、监督和协调地方各级法院的执行工作。另外，值得注意的是，在当前全国法院执行机构改革中，一些地方法院出于将执行实施权和执行裁决权相分离的目的，在法院内部成立执行局以替代原有的执行庭，专事执行实施权，并且下级法院执行局的业务和人事工作均由上级法院执行局垂直管理和监督，以排除地方和部门保护主义，提高执行工作的有效性。

(3)执行机构通常由庭(局)长、副庭(局)长、执行员、书记员和司法警察组成。执行员代表法院行使执行权,负责执行工作。书记员负责记录及其他日常性工作,并协助执行员办理有关的执行事项。司法警察在必要时参加执行,受执行员指挥维持执行秩序,保证民事强制执行措施的顺利实施,采取重大的执行措施则必须有司法警察参加。

确立审执分立制度的理由主要是:

(1)有利于审判人员和执行人员分工负责,实现执行工作的专业化、规范化,提高执行工作的质量和效率。

(2)审判和执行可相互配合、相互制约,确保民事、经济案件的正确审判和顺利执行。

(3)执行权和审判权是两种不同性质的权力,执行工作和审判工作性质不同,各有自身的特点和规律,应分别配备专门人员、机构,独立组织和进行。按照审执分立的要求,目前我国各基层人民法院、中级人民法院大都设立了执行庭(局),一些高级人民法院以及最高人民法院也设立了相应的执行机构。

### (二)执行当事人

执行当事人是指在民事执行程序中享有权利和承担义务的人。其中享有生效法律文书所确定的权利的一方是权利主体,因此通常称谓其为债权人。而应当履行生效法律文书所确定的义务的一方是义务主体,故通常称谓其为债务人。对于执行当事人,在申请执行的情形中,我国民事诉讼法一般使用申请执行人和被执行人的称谓,但有时也使用债权人及债务人、申请人及被申请人之类称谓。

## 二、执行当事人的权利与义务

在执行程序中,执行当事人除了在实体法上享有权利和承担义务外,还在诉讼法上享有权利与承担义务。

### (一)执行当事人的诉讼权利

执行当事人的诉讼权利是指在民事执行过程中,当事人依据民事诉讼法律法规所享有的权利。主要体现在:(1)保护实体权利的请求权。如申请执行权、提级执行申请权等。(2)维护程序公正的权利。如回避权、管辖异议权等。(3)程序救济权。如执行异议权、复议权、债务人异议之诉权等。(4)处分实体权益的权利。如执行和解。(5)执行措施知情权。如获取通知权、阅卷权等。

### (二)执行当事人的诉讼义务

执行当事人的诉讼义务是指在民事执行过程中,当事人依据民事诉讼法律法规所应当为或不为一定行为的义务。执行当事人的诉讼义务主要体现在:(1)协助执行的义务。如申请执行人有义务向人民法院提供执行线索、被执行人有义务按照人民法院的要求保管被采取执行措施的财物等。(2)必须履行生效法律文书所确定的义务。如被执行人必须在人民法院指定的期限内履行相应的义务,否则人民法院会强制执行。(3)应当遵守诚实信用原则。如申请执行人不得滥用诉讼权利,被执行人应当如实向人民法院报告财产状况等。(4)按时到庭、遵守法庭秩序的义务。

## 三、执行当事人的变更或追加

执行根据的法律效力,一般只能及于法律文书所确认的权利人与义务人,也就是一般意义上的执行当事人。执行当事人的范围必须受该法律文书的拘束,原则上只能是该文书所载明的权利义务主体。但是,在执行过程中由于法定的原因或事由的出现,会发生执行当事人与法律文书中的主体不一致的现象,即执行当事人的变更或追加。

执行当事人的变更,是指执行根据的法律文书生效后,由于法律文书确定的权利人或义务人死亡或终止或分立、合并等法定事由发生,致使原权利人或义务人失去执行当事人资格,该权利或义务由法律规定的其他主体予以承受的情形。

执行当事人的追加,是指在执行过程中,案外人因实体法上的原因承受被执行人的地位,对被执行人的债务承担连带或补充责任的情形。

学理上一般对执行当事人的变更或追加不做区分,而将其视为执行承担的法律现象。不过二者是有区别的。其一,执行当事人的变更发生在原法律文书确定的权利人或义务人死亡或丧失法律人格时,变更的主体承受原权利人或义务人的权利或义务;而执行当事人的追加则是在原义务人仍应当承担原义务的情况下,由追加的主体对其承担连带或者补充义务的责任。其二,执行当事人的变更即可以是申请执行人,也可以是被执行人;而后者只能是被执行人。其三,执行当事人的变更即可以由申请执行人提出申请,也可以由法院依职权变更;但是执行当事人的追加主要是法院依职权追加,即便是申请执行人提出申请，是否追加由法院依职权确定。故我们对二者进行分别论述。

### (一)执行当事人变更的形态

我国法律和司法解释主要规定了以下变更主体。

1. 公民的继承人

债权人死亡的，没有继承人或者继承人放弃继承权利的，或者是追索赡养费、抚养费、抚育费案件的权利人死亡的，应当终结执行程序(《民事诉讼法》第233条第4项)；如果债权人有继承人的则应当裁定由其继承人承受其权利。

债务人死亡的，无遗产可供执行，又无义务承担人的，应当裁定终结执行(《民事诉讼法》第233条第3项)。如果其遗产继承人没有放弃继承的，人民法院可以裁定变更被执行人，由该继承人在遗产的范围内偿还债务；继承人放弃继承的，人民法院可以直接执行被执行人的遗产(《意见》第274条)。

2. 权利义务承受人

作为被执行人的法人、其他组织终止的，由其权利义务承受人履行义务(《民事诉讼法》第209条)，如果尚未确定权利义务承受人的，法院应当裁定中止执行(《民事诉讼法》第232条第3项)。

3. 法人或组织分立、合并后续存的企业

被执行人按法定程序分立为两个或多个具有法人资格的企业，分立后存续的企业按照分立协议确定的比例承担债务；不符合法定程序分立的，裁定由分立后存续的企业按照其从被执行企业分得的资产占原企业总资产的比例对申请执行人承担责任(《执行规定》第79条)。如果被撤销的依有关实体法的规定有权利义务承受人的，可以裁定该权利义务承受人为被执行人(《意见》第271条)。

4. 名称变更后的法人或其他组织

作为被执行人的法人或其他组织名称变更的，法院可以裁定变更后的法人或其他组织为被执行人(《意见》273条)。

5. 被执行人的开办单位或主管部门

被执行人被撤销、注销或歇业后，上级主管部门或开办单位无偿接受被执行人的财产，致使被执行人无遗留财产清偿债务或遗留财产不足清偿的，可以裁定由上级主管部门或开办单位在所接受的财产范围内承担责任(《执行规定》第81条)。

被执行人无财产清偿债务，如果其开办单位对其开办时投入的注册资金不实或抽逃注册资金，可以裁定变更或者追加其开办单位为被执行人，在注册资金不实或抽逃注册资金的范围内对申请执行人承担责任(《执行规定》第80条)。该类型赋予法院根据案件的实际情况,确认变更或追加案外人。

### (二)执行当事人追加的形态

在我国司法实践中,主要追加主体的情形有以下几种。

1.独资企业业主

被执行人为无法人资格的私营独资企业,无力履行法律文书确定的义务的,人民法院可以裁定追加该独资企业业主的其他财产(《执行规定》第76条)。

2.合伙人或联营企业

被执行人为个人合伙组织或合伙联营企业,无能力履行生效法律文书确定的义务的,人民法院可以裁定追加该合伙组织的合伙人或参加该联营企业的法人为被执行人(《执行规定》第77条)。

3.企业分支机构的法人或法人的其他分支机构

被执行人为企业法人的分支机构不能清偿债务时,可以裁定企业法人为被执行人。企业法人直接经营管理的财产仍不能清偿债务的,人民法院可以裁定执行该企业法人其他分支机构的财产(《执行规定》第78条)。

4.财产保全的保证人或暂缓执行的担保人

人民法院在审理案件期间,保证人为被执行人提供保证的,人民法院据此未对被执行人的财产采取保全措施或解除保全措施的,案件审结后如果被执行人无财产可供执行或者其财产不足清偿的,即使生效法律文书中未确定保证人承担责任,人民法院有权裁定执行保证人在保证责任范围内的财产(《执行规定》第85条)。

被执行人在人民法院决定暂缓执行的期限届满后仍不履行义务的,人民法院可以直接执行担保财产,或者裁定执行担保人的财产,但执行担保人的财产以担保人应当履行义务部分的财产为限(《意见》第270条)。

## 四、执行参与人

执行参与人是指除人民法院和执行当事人以外的参与到执行过程中的人。根据《民事诉讼法》、《执行规定》、《意见》、《执行程序解释》等规定,执行参与人主要有以下人员:

1.执行协助人。执行协助人是指依据法律的规定有义务协助人民法院执行的人。主要有金融机构(包括银行、非银行金融机构、其他有储蓄业务的单位)(《民事诉讼法》第218条、《意见》第280条、《执行规定》第32条)、有被执行人收入的有关单位(《执行规定》第37条),办理财产权证照的机关(《民事诉讼法》第227条、《意见》第292条、《执行规定》第41条)、知识产权权利登记部门(《执行规定》第50条)、司法警察(《执行规定》第8条等。

2.执行见证人。执行见证人是指在执行过程中按照人民法院的通知到指定的地点,亲自对执行活动进行见证的人。被执行人的成年家属、基层组织所派人员、单位的法定代表人或者主要负责人、单位的上级主管部门(《民事诉讼法》第221条、第226条,《意见》第287条)等。

3.人民法院委托的人。人民法院委托的人是指在执行过程中,受人民法院的委托完成委托事项的人。在执行过程中,为了尽快实现债权人的债权,因受专业知识或为了节约执行成本等因素的影响,人民法院按照法定程序将有关事务的处理委托给有关的单位或个人处理。依据《执行规定》第46条、47条法院可以委托拍卖机构拍卖,委托评估机构进行评估等。

除以上类型的人员,还有鉴定人、财产保管人、被调查人、翻译人等主体也会出现在执行程序中。但是执行参与人不能引起民事执行的法律关系发生、变更或消灭的法律后果,这是与执行当事人本质的区别。

## 第三节 执行标的

### 一、执行标的概述

#### (一)执行标的的概念

执行标的,是法院强制执行行为所指向的对象,即由执行根据所确定的、债务人应当交付于债权人的一定财物或应当为债权人完成的一定行为,又称执行对象或执行客体。

执行标的经历了一个长时间演变过程,即由以前的以人为主要执行对象到现在的以债务人的财产为重点执行对象的演进历程。在法制演变中,尊重人的尊严,保护基本人权已经成为当今社会的基本格局和共同追求目标,即使强制执行也要协调好尊重人权与实现债权的关系,不应该以牺牲基本人权为代价来实现财产权益。故以人为执行标的仅限于特定的案件，如申请执行人基于监护权请求探视未成年人，该未成年人就会执行对象。或者在作为强制被执行人履行义务的制裁措施时所采用，如被执行人有履行能力而拒不履行义务时，人民法院可以对被执行人进行司法拘留以此来强制其履行债务。

民事执行的目的是为了保障生效法律文书确认的具有给付内容的权益得以实现，因此执行标的首先应当是能够用于满足实现申请执行人权益请求的对象，如金钱、特定物、车辆、船舶、飞机、房屋等财物。其次执行标的应当是与债务人存在法律上的利害关系的财物或行为，如被执行人享有的存款、现金、收入、动产或不动产等。因此案外人的财产不能执行，也不能成为执行标的。

### （二）执行标的的特点

（1）执行标的的确定性。人民法院必须依据生效法律文书确定的给付内容确定执行标的，非经法定程序或其他法律文书不得撤销或变更执行根据中的给付内容，严格按照确定的执行标的进行执行。

（2）执行标的的法定性。法律明确规定执行标的类型、范围、期限、采取的措施、处理的方式等，也就是说人民法院应当严格按照法律规定的执行标的进行执行，不得违法执行。如《意见》第 254 条规定了类型“强制执行的标的应当是财产或者行为”；《查扣冻规定》第 2 条规定了执行标的的范围“人民法院可以查封、扣押、冻结被执行人占用的动产、登记在被执行人名下的不动产、特定动产及其他财产权”；《最高人民法院关于人民法院办理执行案件若干期限的规定》（以下简称《执行期限规定》）要求法院不得无故中止、终结或者暂缓执行，第 1 条规定“被执行人有财产可供执行的案件，一般应当在立案之日起 6 个月内执结；非诉执行案件一般应当在立案之日起 3 个月内执结”；《执行规定》则在第五、第六、第七部分详细规定了金钱给付、交付财产和完成行为及被执行人到期债权的执行的具体措施、处理方式及办案程序等；执行标的被采取执行措施后的处理方式《拍卖变卖规定》第 1 规定“在执行程序中，被执行人的财产被查封、扣押、冻结后，人民法院应当及时进行拍卖、变卖或者采取其他执行措施”。

（3）执行标的的有限性。民事执行的标的应当限制在必要和适度的范围内，禁止采取剥夺被执行人及其家属的基本生存权的执行措施，应当尊重被执行人的人格尊严。被执行人享有宪法赋予的基本人权，非经法定程序不得剥夺或限制。在执行过程中，虽然执行标的是被执行人的财产或其享有财产权益，《查扣冻规定》第 5 条明确规定了不得作为执行标的具体情形。

4. 执行标的的非诉性(或非抗辩性)。执行标的的非诉性是指执行标的不需执行当事人举证证明,也无须进行言词辩论确认执行标的是被执行人所有或者存在合法权益,直接根据生效法律文书的内容进行确定即可。如人民法院可以直接依据不动产权属登记来确定与被执行人的权属关系,不动产登记是被执行人名义的,法院便可以对该不动产采取执行措施,而无须再通过审判程序确认不动产的所有权人。执行标的的非诉性决定了在民事执行中没有必要通过开庭的方式,经过当事人的言词辩论来确定执行标的。这也是执行标的的确定性所决定的。

## 二、执行标的的类型

执行标的有两类:一为财物,二为行为。

1. 财物

财物可以分为可执行的财物和不可执行的财物两类。

不可执行的财物是指依法律规定或其性质,不得作为执行客体的财物。包括:(1)民法上禁止让与、扣押的财产,如土地、矿藏等。(2)根据民事诉讼法规定,应为被执行人及其所扶养家属保留的生活必需费用及物品。(3)在性质上不得作为执行客体的权利。一般是与债务人人身相联系的专属权利,如健康权、姓名权等。(4)法律上禁止流通的物品,如违禁品、淫秽物品等。

可执行的财物则指不可执行的财物以外的、由生效法律文书所确认的、应由债务人交付于债权人的一定财物。包括:(1)债务人现有的财产;(2)债务人可预期取得的财产;(3)债务人非法处分的财产。

财物按照是否可以替代又可以分为种类物与特定物。种类物是指具有相同的属性可以相互替代的物,如现金、大米、型号相同的配件等。特定物是指具有独特的属性,他物不能替代的物,如字画、古董等。此类的划分在于:如果特定物在执行过程中毁损、灭失了,法院只能裁定被执行人折价、或赔偿损失等方式变更法律文书确定的内容进行执行,种类物的执行则原则上不得变更执行法律文书所确定的内容。

按照财物的表现形态可以分为实物与财产权益。实物是具有自身规格、型号、形态等物理属性的财物,既包括有体物,也包括虚拟物,如返还一台电视机,赔偿游戏币 50000 个等。财产权益则是具有财产性权益的财物,如著作权、专利权、商标权等。

2. 行为

行为的执行标的是指人民法院强制被执行人按照法律文书所确定的，作出或不作出的一定行为。行为又可分为积极的行为和消极的行为，积极的行为是强制被执行人履行一定的行为，如修理电器、公开赔礼道歉等行为；消极的行为则是强制被执行人不得作出一定的行为，如强制船长不得交付提单、停止侵权行为等。

依据是否能为他人代为实施行为的执行标的又可分为可替代的行为和不可替代的行为。可替代的行为是指在被执行人不履行行为义务时，可以由法院或申请执行人委托他人完成该行为，被申请执行人承担由此产生的费用。如法国《民法典》第 1143 条规定“债权人有权请求废除违约进行的事物，并可请求允许由债务人承担费用而废除之”，是对“不作为之债”的执行；而第 1144 条规定的“在债务人不履行的情况下，债权人得受准许自行让人履行债务并由债务人负担费用”，是“作为之债”的执行。[①] 我国《民事诉讼法》第 228 条亦规定“对判决、裁定和其他法律文书指定的行为，被执行人未按执行通知履行的，人民法院可以强制执行或者委托有关单位或者其他人完成，费用由被执行人承担”。

不可替代的行为是指生效法律文书指定的行为只能由被执行人履行，其他人不能代为履行的行为。如要求被执行人某歌星演唱、某书画家作画等。不可替代的行为多是基于与被执行人身份相关的行为，所以在被执行人拒不履行法律文书指定的行为时，法院可以对被执行人采取必要的执行措施如不得演出、限制出境等。德国《民事诉讼法》第 888 条规定，“一种作为不能由第三人实行，而且是完全取决于债务人的意思时，第一审受诉法院依申请可以宣告，债务人如不履行该项作为时，将处以强制罚款，如仍不实行，将处以强制拘留”。第 890 条规定，“债务人违反不作为或者容忍某种作为义务时，第一审受诉法院应依债权人的申请每一次违反行为对债务人处以违警罚款，如仍不遵循时，处以 6 个月以下的违警拘留。”德国通过上述规定迫使被执行人履行指定的行为。[②]

---

① ［法］让·文森，雅克·普雷沃著：《法国民事执行程序法要义——强制执行途径与分配程序》（根据法国 Dalloz 出版社 1999 年第 19 版翻译），罗结珍译，中国法制出版社 2002 年版，第 21 页。

② 赵钢：《对人执行之辨析与执行立法之完善》，载《法学评论》2001 年第 5 期。

# 第四节 执行根据

## 一、执行根据的概念

执行根据，又称执行名义，是指有关机构依法出具的、载明债权人享有一定债权，由执行机构据以强制执行的生效法律文书。

执行根据是确定申请执行人享有权利的，被执行人负有义务的法律文书，是执行程序开始的必要条件，不同的国家对此作出不同的规定。美国的执行根据是由胜诉债权人向法院书记官申请发给的执行令状。法国则是由作出判决的法院的书记官在判决或裁定上或公证人在做成的文书上加盖的执行词句，其内容是："法兰西共和国命令全体法院执达员执行该判决或者裁定，各大程序法院检察官予以协助，武装人员经合法要求时予以支援"，从而获得执行名义。英国采取的是各种执行令状作为执行根据。日本将执行根据称为"债务名义"，在其《民事执行法》第 22 条进行了规定。我国的台湾地区是在"民事执行法"第 4 条规定了执行名义。世界各国和各地区基本上都在立法中对执行根据进行明确的规定或者规定了一些原则，凸显其在执行程序中的重要法律地位。

## 二、执行根据的特性

(1)类型的法定性。执行根据的类型必须是法律明确规定的具体类型。

(2)内容的确定性。执行根据是人民法院强制被执行人履行义务，从而实现申请执行人权利的法律的文书，该法律文书必须载明债权内容，明确债权人、债务人以及债权的种类、范围、数量和债务履行的期间、条件等，否则无法成为执行根据，无从进行执行活动。

(3)义务的给付性。执行程序是通过国家公权力强制被执行人履行义务的程序，所以执行根据应当是具有给付内容的法律文书，不具有给付内容的如解除婚姻的判决书、确认合同无效的判决书、认定公民为无民事行为能力的判决书等法律文书不能成为执行根据。

(4)必须是已经发生法律效力的法律文书。

## 三、执行根据的类型

依据生效法律文书制作的主体不同，执行根据可以分为人民法院制作的执行根据和其他国家机关制作的执行根据。

1.人民法院制作的执行根据的类型

(1)具有给付内容的判决书。执行根据主要是民事、行政和刑事判决中有关财产部分的判决书(《民事诉讼法》第201条、第212条；《刑事诉讼法》第77条；《行政诉讼法》第65条)。

(2)具有给付内容的裁定书。财产保全和先予执行的裁定(《民事诉讼法》第93条、第97条)，变更或者追加被执行人的裁定(《执行规定》第76条至第81条、第85条，《意见》第270条至第274条)，执行回转的裁定(《民事诉讼法》第210条、《执行规则》第109条)，人民法院承认外国法院作出的判决、裁定以及外国仲裁机构作出的仲裁裁决书的裁定书。

(3)发生法律效力的调解书。当事人在民事、刑事附带民事诉讼及行政赔偿诉讼过程中达成的调解书，当事人必须履行，一方拒绝履行的，对方当事人可以向人民法院申请执行(《民事诉讼法》第212条)。

(4)支付令。支付令是债权人申请人民法院请求债务人给付金钱或有价证券，不经辩论，便向债务人发出支付令；债务人未在法定期限内提出异议的，支付令就发生与生效判决同等的效力。债务人在法定期限内不提出异议又不履行支付令的，债权人可以向人民法院申请执行(《民事诉讼法》第193条第3款)。

2.其他机关制作的执行根据的类型

按照法律规定，其他机关制作的执行根据主要有：

(1)行政机关制作的依法由人民法院执行的行政处罚决定书和行政处理决定书。

(2)我国仲裁机构作出的仲裁书、调解书(《民事诉讼法》第213条)。

(3)公证机关制作的具有强制执行效力的债权文书(《民事诉讼法》第214条)。

(4)法律规定由人民法院执行的其他法律文书。

# 第五节 执行管辖

## 一、执行管辖概述

执行管辖是指同级法院之间以及不同级别的法院之间划分民事执行案件的分工和权限。执行管辖与诉讼管辖不同，它不允许当事人协议管辖，只能按照法律规定确定执行管辖。

执行当事人对执行管辖存在异议的，不能通过管辖权异议的方式救济，可以依据《执行程序解释》第 3 条的规定自收到执行通知书之日起 10 日内提出管辖权异议，人民法院应当对异议进行审查，异议成立的，应当撤销执行案件，并告知当事人向有管辖权的人民法院申请执行；异议不成立的，裁定驳回。当事人对裁定不服的，可以向上一级人民法院申请复议。管辖权异议审查和复议期间，不停止执行。

首先，执行管辖是申请执行人请求人民法院行使执行权的基础和实现权利的前提。通过管辖，执行当事人能够及时准确地向有管辖权的法院提出申请，有利于当事人行使诉讼权利。其次，执行管辖是人民法院明确自己对执行案件的分工和权限，防止互相推诿消极行使管辖权的现象，也可有效防止相互争夺，积极争管辖权的弊端。再者，执行管辖也有利于司法监督权的行使。上级法院对下级法院是否正确行使执行管辖，纠正违反管辖权的执行提供了法律依据。同时，执行管辖对法院系统内部协调、均衡法院的工作量、提高执行的效率和公正等方面也具有实质性的重要意义。

## 二、执行管辖的确定

执行管辖的确定有二种方式，其一是法定管辖，其二是裁定管辖。

### (一)法定管辖的确定

按照《民事诉讼法》的规定，法定管辖遵循被执行人住所地或者主要财产所在地的人民法院管辖的原则，主要有以下情形。

1. 第一审法院管辖的执行案件

第一审法院对于已经发生法律效力的民事判决、裁定以及刑事判决、裁定中的财产部分进行执行，也可以由与第一审法院同级的被执行的财产所在地的人民法院执行（《民事诉讼法》第 201 条第 1 款）。

2. 法律规定由人民法院执行的案件

(1)仲裁机构作出法律文书的执行。仲裁机构作出的国内仲裁裁决书由被执行人住所地或者主要财产所在地的人民法院执行，如涉及级别管辖的，参照各地法院受理诉讼案件的级别管辖的规定确定（《执行规定》第 10 条）。另外，仲裁过程需要财产保全的，如果是国内仲裁，则由被申请执行人住所地或者被申请保全的财产所在地的基层人民法院裁定并执行；如果是涉外仲裁由被申请执行人住所地或者被申请保全的财产所在地的中级人民法院裁定并执行。仲裁过程需要证据保全的，如果是国内仲裁则由证据住所地的基层人民法院裁定并执行，如果是涉外仲裁由证据所在地的中级人民法院裁定并执行（《执行规则》第 11 条、第 12 条）。

(2)专利机关作出法律文书的执行。专利管理机关依法作出的处理决定和处罚决定，由被执行人住所地或者财产所在地的省、自治区、直辖市有权受理专利纠纷案件的中级人民法院执行（《执行规定》第 13 条）。

(3)人民政府和海关作出法律文书的执行。国务院各部门、各省、自治区、直辖市人民政府和海关依照法律、法规作出的处理决定和处罚决定，由被执行人住所地或者财产所在地的中级人民法院执行（《执行规定》第 14 条）。

(4)其他由法律规定应当人民法院执行的案件。这种情形一般由被执行人住所地或者财产所在地的人民法院执行（《民事诉讼法》第 201 条第 2 款）。

### (二)裁定管辖

执行管辖发生争议或者为了统一协调、统一管理以及执行监督等事由，人民法院可以基于裁定取得执行案件的管辖权。一般有以下几种情形。

1. 指定管辖的案件

人民法院之间因执行管辖权发生争议的，由双方协商解决；协商不成的，报请双方共同的上级人民法院指定管辖（《执行规定》第 16 条）。为了提高执行效率，保障执行公正，有的法院还规定其他指定执行的案件。《江苏省高级人民法院执行工作细则（试行）》（以下简称《江苏执行细则》）第 156 条规定有下列情形之一的，上级人民法院应裁定指定执行：

(1)有执行条件，超过一年未执结的案件；

(2)经上级法院两次以上督办仍无结果的案件或存在其他严重影响公正执行事由的案件;

(3)最高人民法院、高级法院明确要求指定执行的案件;

(4)重大、疑难或在当地具有重大影响,上级法院认为应指定执行的案件;

(5)上级法院认为其他应指定执行的案件。

2.管辖权转移的案件

管辖权转移是由于特定原因使原本有执行管辖的法院丧失了管辖权,而使原本没有执行管辖权的法院获得管辖权。管辖权的转移既可以发生在上下级法院之间,也可以发生在同级法院之间,具体表现为:

(1)"上调性转移"(或提级执行)。是指由下级法院执行的案件,上级法院决定或者同意由自己来执行,即管辖权的上移。对下级法院长期未能执结的案件,确有必要的,上级法院可以决定由本院执行。《江苏执行细则》第157条规定有下列情形之一的,上级人民法院可以裁定指定执行或者提级执行:

①下级法院执行案件当事人同时为上级法院执行案件当事人的;

②案件被执行人同时为其他法院执行案件申请执行人的;

③当事人双方同时在不同法院执行案件中互为申请执行人与被执行人的;

④同一被执行人同时被上级法院辖区内两个以上法院执行的;

⑤因地方或部门保护主义影响,致使案件无法执行或难以在法定期限内执结的;

⑥经上级法院督办无果的案件;

⑦上级法院认为其他可以指定执行或提级执行的情形。

"上调性转移",不但为当事人权利的实现提供了更有力的保障,[①]对执行案件的统一管理、统一协调,排除不利因素的影响也起到了实质性的法律效果。

(2)"下调性转移",是指原本由上级法院管辖的执行案件,基于特殊的事由,下级法院依据上级法院的决定或同意而取得执行管辖的情形。《江苏执行细则》第155条规定"上级法院可以将本院执行的案件裁定指定下级法院执行,也可将下级法院执行的案件裁定提级执行"。在司法实践中,上级法院出于均衡执行工作负担,减少执行压力等原因会采取下移执行管辖权,但是这在

① 参见曹建明主编:《程序公正与诉讼制度改革》,人民法院出版社2002年版,第761页。

很大程度上会损害当事人的审级利益[①]，因此一定谨慎适用。故有学者提出管辖权的转移仅限于案件的管辖权由下级法院转移到上级法院，而不得从上级法院转移到下级法院。[②]

(3)变更执行

在执行过程中，执行法院无正当理由怠于执行，不能在执行期限内执行完结，上级法院可以根据申请执行人的申请，将该执行案件变更为其他法院执行的现象。

变更执行的情形依据《执行程序解释》第 11 条的规定主要有：①债权人申请执行时被执行人有可供执行的财产，执行法院自收到申请执行书之日起超过六个月对该财产未执行完结的；②执行过程中发现被执行人可供执行的财产，执行法院自发现财产之日起超过六个月对该财产未执行完结的；③对法律文书确定的行为义务的执行，执行法院自收到申请执行书之日起超过六个月未依法采取执行措施的；④其他有条件执行超过六个月未执行的。

变更执行多是同级法院之间的执行管辖权的转移，其有利于克服地方保护或部门保护主义的负面影响，有效地抵制司法腐败的干扰，提高了执行效率，是实现债权人的合法权益、维护其诉讼权利的重要保障制度。

## 第六节　执行的开始、中止与终结

### 一、执行的开始

执行开始有两方面的含义。一方面是指基于一定的原因所引起的执行机构对执行程序的启动，由此产生进入执行程序，并引发按程序实施一系列执行措施的法律后果。另一方面，它和执行措施的实施、执行中止及执行终结一道分别代表了执行程序的几种不同阶段及基本状态。执行开始，是执行程序的首要和必经的阶段。在这一阶段，人民法院执行机构要对启动程序的条件进行必要的审查，并为进入具体执行阶段做好必要的准备。

---

① 参见江伟主编：《中国民事执行法专论》，中国政法大学出版社 1998 年版，第 318 页。

② 参见宋朝武主编：《民事诉讼法学》，中国政法大学出版社 2008 年版，第 446 页。

执行程序只有申请执行人提出申请以后才能启动，在学理上称为当事人进行原则，在特别情况下也有不依当事人申请而由法院依职权开始的，故称为职权原则。世界各国的立法原则上采用当事人进行原则为主，职权原则为辅的体例。[①] 根据我国《民事诉讼法》第二十章的规定，启动执行程序的方式有两种：一是申请执行；二是移送执行。申请执行是引起执行程序开始的主要方式，这是由债权人对其民事实体权利享有处分权所决定的；而移送执行则是启动执行程序的个别和例外的方式，是申请执行的补充。

### （一）申请执行

申请执行是具有给付内容的生效法律文书的权利人，在法定期限内，申请执行法院对不履行义务的债务人采取强制措施，实现其合法权益的诉讼行为。一般情况下，当事人向人民法院申请执行的，人民法院应当予以执行，但是遇有法定不予执行的情形的，人民法院则裁定不予执行。申请执行应当符合以下条件：

(1)主体适格。申请执行人应当是生效法律文书确定的权利人，或者是该权利人的继承人或权利承受人；被执行人应当是生效法律文书确定的债务人，或者是债务人的继承人或义务承受人。

(2)客体合法。申请的客体必须是合法的执行根据，即法律明确规定的可以作为执行根据的法律文书，主要有人民法院制作的具有给付内容的裁判，公证机关制作的具有强制执行效力的债权文书、仲裁机构制作的裁决书、行政机构制作的决定书及法律规定应当由人民法院执行的法律文书。

(3)在法定的期限内提出申请。《民事诉讼法》第 215 条规定，申请执行的期间为二年。申请执行时效的中止、中断，适用法律有关诉讼时效中止、中断的规定。期间的计算从法律文书规定履行期间的最后一日起算；法律文书规定分期履行的从规定的每次履行期间的最后一日起计算；法律文书未规定履行期间的，从法律文书生效之日起计算。

(4)受理法院有执行管辖权。申请执行人应当向有执行管辖权的人民法院提出申请，否则法院不予受理。

(5)提交规定的文件和证件。申请执行人应当按照《执行规定》第 20 条规定，向人民法院提交下列文件和证件：①申请执行书。申请执行书中应当写明申请执行的理由、事项、执行标的，以及申请执行人所了解的被申请执行人的

① 参见王锡三著：《民事诉讼法研究》，重庆大学出版社 1996 年版，第 460 页。

财产状况。申请执行人书写申请执行书确有困难的，可以口头提出申请。人民法院接待人员对口头申请应当制作笔录，由申请执行人签字或盖章。外国一方当事人申请执行的，应当提交中文申请执行书。当事人所在国与我国缔结或共同参加的司法协助条约有特别规定的，按照条约规定办理。②生效法律文书副本。③申请执行人的身份证明。公民个人申请的，应当出示居民身份证；法人申请的，应当提交法人营业执照副本和法定代表人身份证明；其他组织申请的，应当提交营业证照副本和主要负责人身份证明。④继承人或权利承受人申请执行的，应当提交继承或承受权利的证明文件。⑤其他应当提交的文件或证件。《执行规定》第 21 条规定，申请执行仲裁机构的仲裁裁决的，应当向人民法院提交有仲裁条款的合同书或仲裁协议书。申请执行国外仲裁机构的仲裁裁决的，应当提交经我国驻外使领馆认证或我国公证机关公证的仲裁裁决书中文本。《执行规定》第 22 条规定，申请执行人可以委托代理人为申请执行。委托代理的，应当向人民法院提交经委托人签字或盖章的授权委托书，写明委托事项和代理人的权限。委托代理人代为放弃、变更民事权利，或代为进行和解，或代为收取执行款项的，应当有委托人的特别授权。

### (二)移送执行

生效法律文书的执行，一般应当由当事人依法提出申请。《执行规定》第 19 条规定，发生法律效力的具有给付赡养费、扶养费、抚育费内容的法律文书、民事制裁决定书，以及刑事附带民事判决、裁定、调解书，由审判庭移送执行机构执行。

移送执行只能适用于人民法院制作的具有给付内容的生效法律文书，其他机关制作的法律文书不适用移送执行。移送执行要填写移送执行通知书，写明移送执行案件的编号、案由、事项和执行标的，以及被执行人的经济状况、履行能力及其对生效裁判的态度，还需写明在执行中需要注意的其他事项。经庭长或院长批准后，审判人员可以将移送执行通知书连同执行根据交给执行机构。

### (三)执行案件的受理

根据《执行规定》第 18 条的规定，人民法院对于符合下列条件的执行案件应当受理：

(1)申请或移送执行的法律文书已经生效；

(2)申请执行人是生效法律文书确定的权利人或其继承人、权利承受人；

(3)申请执行人在法定期限内提出申请；

(4)申请执行的法律文书有给付内容，且执行标的和被执行人明确；

(5)义务人在生效法律文书确定的期限内未履行义务；

(6)属于受申请执行的人民法院管辖。

人民法院对符合上述条件的申请，应当在7日内予以立案；不符合上述条件之一的，应当在7日内裁定不予受理。

### (四)执行准备

执行工作是一项复杂而艰巨的系统工程，其开展不仅需要执行人员、执行当事人的参与，还常常需要协助执行人及政府部门、公安机关等各方面的通力协调和配合。同时，执行案件不同，被执行人各异，主客观条件千差万别，也决定了其不可能有一个统一的模式。人民法院决定受理执行案件后，应当认真做好执行准备工作，主要应当完成以下工作：

(1)送达诉讼文书。《执行期限规定》规定，人民法院立案后7日内确定承办人，承办人在收到案件材料后3日内向被申请执行人发出执行通知书，责令其在指定期间内履行生效法律文书确定的义务，并承担迟延履行期间的债务利息或迟延履行金；并通知申请执行人提供被执行人财产状况或财产线索。

(2)查明财产状况。为了高效、全面实现权利人的债权，人民法院应当查明被执行人的财产状况和履行义务的能力。申请执行人应当向法院提供其所了解的被执行人的财产状况或线索，被执行人也必须如实向法院报告其财产状况。法院有权向被执行人、有关单位或公民个人，调查了解被执行人的财产状况；可以传唤被执行人或被执行人的法定代表人或负责人到法院接受询问；被执行人拒绝按人民法院的要求提供其有关财产状况的证据材料的，法院可以依法搜查，通过调查掌握被执行人的收入、银行存款、有价证券、不动产、车辆、机器设备、知识产权、对外投资权益、到期债权等资产状况。

(3)了解案情。执行人员应当熟悉案情，明确需要执行的事项和范围，必要时，可以调取卷宗材料，特别是法院执行非诉讼生效法律文书的，可以向制作生效法律文书的机构调阅相关的卷宗资料。

人民法院可以根据查明的被执行人有无可供执行的财产以及可供执行财产的种类、数量、性质、价值、所在地等具体信息，决定强制执行应当采取的执行措施、方法、时间等问题，执行前的准备工作是确保准确及时地完成强制执行工作的关键阶段。

## 二、执行中止

执行程序一经启动，非经法定事由不得停止、结束。在执行过程中，可能会由于某些情况的发生，导致执行程序暂时中断，或者无法进行，或者无须进行，发生执行阻却。根据原因的不同，这些情况包括执行异议、执行担保、执行和解、执行中止和执行终结。

### （一）执行中止的概念

执行中止是指在执行过程中，因出现了某种特殊的法定情形而暂时停止执行程序，待该暂时停止执行程序的事由消除后，再恢复执行程序的一种法律制度。

### （二）执行中止的事由

及时、高效地执行生效法律文书，维护当事人的合法权益是执行程序的根本目的。执行中止必须严格按照法律规定的事由方可暂时停止执行，否则会严重影响债权人的权利的实现。我国《民事诉讼法》第 232 条规定以及《执行规定》第 102 条、第 103 条对执行中止的事由作出了相关规定，主要包括：

(1)申请执行人表示可以延期执行的；

(2)案外人对执行标的提出确有理由的异议的；

(3)作为一方当事人的公民死亡，需要等待继承人继承权利或承担义务的；

(4)作为一方当事人的法人或其他组织终止，尚未确定权利义务承受人的；

(5)人民法院认为应当中止的其他情形。根据《执行规定》第 102 条的规定，其他情形主要是：①人民法院已受理以被执行人为债务人的破产申请的；②被执行人确无财产可供执行的；③执行标的物是其他法院或仲裁机构正在审理的案件争议标的物，需要等待该案件审理完毕确定权属的；④一方当事人申请执行仲裁裁决，另一方当事人申请撤销仲裁裁决的；⑤仲裁裁决的被申请执行人向人民法院提出不予执行请求，并提供适当担保的。

### （三）执行中止的处理方式

人民法院在执行过程中出现以上事由的，应当裁定中止执行。中止执行的裁定书应当写明中止执行的理由和法律依据，该裁定作出后发生法律效力并应当送达当事人。当中止执行的情形消失后，执行法院可以根据当事人的申请或依职权恢复执行。人民法院恢复执行的，应当书面通知执行当事人。

**（四）中止执行与暂缓执行的区别**

暂缓执行是在执行过程中申请执行人同意暂时停止执行，或者上级法院进行执行监督时因发现某些特殊的原因，决定下级法院应当暂时停止执行纠正错误，待暂缓执行的原因消除后，通知下级法院恢复执行的一种法律制度。

中止执行与暂缓执行都是执行阻却的表现形式，二者的区别主要表现为：

(1)发生的原因不同。中止执行是因为在执行过程中发生了法定的中止事由，执行程序暂时停止。暂缓执行是由于当事人或者其他利害关系人申请或者人民法院依职权决定暂缓。依据《暂缓执行规则》第 3 条，有下列情形之一的，人民法院可以根据申请决定暂缓执行：①执行措施或者执行程序违反法律规定；②执行标的物存在权属争议的；③被执行人对申请执行人享有抵销权的。《暂缓执行规定》第 7 条规定，有下列情形之一的，人民法院可以依职权决定暂缓执行：①上级人民法院已经受理执行争议案件并正在处理的；②人民法院发现据以执行的法律文书确有错误，并正在按照审判监督程序进行审查的。《执行规定》第 130 条第 1 款、第 133 条规定："上级法院发现下级法院在执行中作出的裁定、决定、通知或具体执行行为不当或有错误的，应当及时指令下级法院纠正，并可以通知有关法院暂缓执行"；"上级法院在监督、指导、协调下级法院执行案件中发现据以执行的生效法律文书确有错误的，应当书面通知下级法院暂缓执行，并按照审判监督程序处理"。另外，在委托执行中遇有需要中止、终结执行或案外人对执行标的提出异议的情形，需要委托法院作出裁定的，在此期间，可以暂缓执行。

(2)作出的主体不同。中止执行是由执行法院依法决定，暂缓执行的决定可以由执行法院作出，也可由执行法院的上级法院作出。

(3)作出的形式不同。前者是以裁定的方式作出，后者是以通知的方式作出。

(4)暂停执行期限的要求不同。前者暂停的期限没有要求，只要中止的事由没有消除就应当停止执行，后者则对暂停执行的期限作出要求。《执行规定》第 134 条规定，暂缓执行的期限一般不得超过 3 个月。有特殊情况需要延长的，应报经院长批准，并及时通知下级法院"；《执行规定》第 135 条规定，暂缓执行的原因消除后，应当及时通知执行法院恢复执行。期满后上级法院未通知继续暂缓执行的，执行法院可以恢复执行。

## 三、执行终结

### （一）执行终结概述

执行终结，又称执行终止，是指在执行过程中，因出现法律规定的特殊事由，使执行程序没有必要或者不可能再继续，人民法院依法裁定结束执行程序的一种法律制度。执行终结是执行结案的一种特殊方式，执行终结之后，执行程序以后也不再恢复进行；而执行中止则是暂时停止执行，待中止事由消除后再恢复执行，不能引起结案的法律效果。我国《民事诉讼法》第 233 条以及《执行规定》第 105 条对执行终结的事由作出了规定。

（1）申请执行人撤销申请的；

（2）据以执行的法律文书被撤销的；

（3）作为被执行人的公民死亡，无遗产可供继承，又无义务承担人的；

（4）追索赡养费、扶养费、抚育费案件的权利人死亡的；

（5）作为被执行人的公民因生活困难无力清偿欠款，无收入来源，又丧失劳动能力的；

（6）人民法院认为应当终结执行的其他情形。

《执行规定》第 105 条规定，在执行中，被执行人被人民法院裁定宣告破产的，执行法院应当依照民事诉讼的规定，裁定终结执行。

人民法院决定终结执行时，应当制作写明终结执行原因和法律依据的裁定书，并由执行员、书记员署名及加盖人民法院印章。依据《民事诉讼法》第 140 条规定，对执行终结的裁定，当事人不能上诉，裁定书送达当事人后立即生效。

### （二）与执行结案的比较

执行结案是指人民法院结束对某一执行根据的执行程序的一种法律制度。执行结案与执行终结是包含与被包含的关系，执行终结是执行结案的一种表现形式。

根据《执行规定》第 108 条的规定，执行结案的方式有：

（1）生效法律文书确定的内容全部执行完毕；

（2）裁定终结执行；

(3)裁定不予执行；

(4)当事人之间达成执行和解协议并已履行完毕。

另外有学者主张执行撤销也是执行结案的一种方式①。执行撤销是指在民事执行过程中，由于法定是事由的发生，法院解除执行措施或结束执行程序的一种法律制度。主要表现形式有：①诉前保全后没有起诉的，如《民事诉讼法》第 93 条第 3 款“申请人在人民法院采取保全措施后 15 日内不起诉的，人民法院应当解除财产保全”；②财产保全的被申请执行人提供担保的，如《民事诉讼法》第 95 条“被申请执行人提供担保的，人民法院应当解除财产保全”；③案外人异议的理由成立的，如《执行规定》第 73 条“执行标的物不属于生效法律文书指定交付的特定物，经审查认为案外人的异议成立的，报经院长批准，停止对该标的物的执行。已经采取的执行措施应当裁定立即解除或撤销，并将该标的物交还案外人”。

执行结案的期限是有严格限定的，被执行人有财产可供执行的案件，一般应当在立案之日起 6 个月内执行结案，非诉执行案件一般在立案之日起 3 个月内执结。确有特殊情况需要延长的，由本院院长或者副院长批准。但是下列期间不计入办案期限：①公告送达执行法律文书的期间；②暂缓执行的期间；③就法律适用问题向上级法院请示的期间；④与其他法院发生争议报请共同上级法院协调处理的期间；⑤中止执行的期间。

## 第七节　委托执行与协助执行

### 一、委托执行

#### (一)委托执行的概念

委托执行，是指对被执行人或被执行财产在外地的，受理执行案件的人民法院，在其不便于执行时，可以依法委托有关的人民法院代为执行的执行制度。在委托执行中，接受委托代为执行的当地法院称受托法院，受理执行案件，并将该案委托给外地法院代为执行的人民法院称委托法院。

---

① 宋朝武主编：《民事诉讼法学》，中国政法大学出版社 2008 年版，第 467 页。

### (二)委托执行的法律属性

委托执行是人民法院间进行司法互助的重要制度。所谓司法互助是人民法院之间根据法律的规定,就一定的诉讼行为或与诉讼有关的行为,相互之间代为完成的一项法律制度。司法互助可以整合有效的司法资源,节约诉讼成本,提高诉讼效率,有利于实现司法公平正义的宗旨。委托执行是在执行过程中,委托法院由于特殊事由不便直接执行,而由受托法院代为执行,其实质是人民法院间的一种重要的司法互助制度①。

### (三)委托执行的条件

受执行难、执行案件数量激增、法院执行人员少、执行案件的结案率等因素的影响,可能会出现法院借委托执行之由将自己的职责推卸给受托法院的情形。为避免法院之间相互推诿,明确法院对执行案件的职责,委托执行只有在符合法定的条件才可以适用。我国《民事诉讼法》第 206 条、《执行规定》第 111 条至第 123 条对委托执行作出了相关规定。

1. 委托法院具有委托资格

委托法院应当是合法取得执行管辖权的法院,没有取得管辖权或存在管辖权争议尚未解决的,人民法院不得进行委托执行。

2. 委托事由合法

委托执行的原因必须是法律明确规定的事由,根据《民事诉讼法》第 206 条和《最高人民法院关于加强和改进委托执行工作的若干规定》(以下简称《委托执行规定》)第 1 条的规定,存在以下事由的可以进行委托执行:

(1)被执行人或被执行的财产在本省、自治区、直辖市辖区以外的案件,除少数特殊情况之外,应当委托执行。

(2)被执行人或被执行的财产在本省、自治区、直辖市辖区内,需跨中级人民法院、基层人民法院辖区执行的案件,亦应以委托执行为主。

(3)直辖市内法院间的跨辖区的执行案件,以及设区跨辖区的执行案件,是否以委托执行为主,由各高级人民法院根据实际情况自行确定。

3. 受托法院应当适格

《执行规定》第 113 条规定,受托法院一般应是委托法院的同级法院,经对方法院同意,也可委托上一级的法院执行。被执行人是军队企业的,可以委托

① 参见谭兵主编:《民事诉讼法学》,法律出版社 1997 年版,第 470 页。

其所在地的军事法院执行。执行标的物是船舶的，可以委托有关海事法院执行。

### (四)委托执行的制约

1.不得委托执行的事由

委托执行是基于受托法院更便于执行时方能行使，否则有违立法本意。为节约司法资源，在出现以下事由时，委托法院不得委托执行：

(1)被执行人无确切住所，长期下落不明，又无财产可供执行的；

(2)有关法院已经受理以被执行人的破产案件或者已经宣告其破产的。《执行规定》第112条规定，如果委托法院已经将执行案件委托给受托法院后，出现以上事由的，委托法院应当及时裁定中止或者终结执行。

2.可以不委托的事由

依据《委托执行规定》第2条的规定，下列特殊情况的，可以不委托执行：

(1)被执行人在不同辖区内有财产，且任何一个地方的财产不足以单独清偿债务的；

(2)分布在不同法院辖区的多个被执行人对清偿债务责任的承担有一定关联的；

(3)需要裁定变更或追加本辖区以外的被执行人的；

(4)案件审理中已对当事人在外地的财产进行保全，异地执行更为方便的；

(5)因其他特殊情况不便委托执行经高级人民法院批准的。

### (五)委托执行的程序

1.办理委托手续

委托法院立案后，对于需要委托执行的案件应当在1个月内办妥委托手续；超过此期限委托的，须经受托法院同意。

2.移送相关资料

《执行规定》第114条规定，委托法院应当向受托法院出具书面委托函，并附送据以执行的生效法律文书副本、立案审批表复印件及有关情况说明，包括财产保全情况、被执行人的财产状况、生效法律文书履行的情况，并注明委托法院地址、联系电话、联系人等。

3.受托法院准备执行

《执行规定》第117条规定，受托法院接到委托后，应当及时指定承办人，并应将承办人的联系电话、地址等告知委托法院，如果受托法院发现委托执行的手续、资料不全，应及时要求委托法院补办，但不得据此拒绝接受委托。

4. 受托法院行使执行实施权

案件委托执行后，未经受托法院同意，委托法院不得自行执行，执行实施权由受托法院行使。如果委托法院发现被执行人在本辖区内有可供执行的财产或者其他有关情况，应当及时向受托法院通报，受托法院可以与委托法院协商，视情况共同执行或采取其他执行措施。受托法院根据法律的规定，有权依法自行决定采取强制执行措施和对妨碍执行行为的强制措施，也可以与委托法院共同商定执行方式方法。受托法院应当高效、有序地完成委托事项，切实保障当事人的合法权益。受托法院不得拖延，或者再行委托执行。

5. 受托法院的执行期限

《委托执行规定》第 4 条规定，受托法院收到委托函件后，必须在 15 日内开始执行，不得拒绝。执行完毕后，应当将执行结果及时函复委托法院；在 30 日内如果还未执行完毕，也应当将执行情况函告委托法院，最迟应当在 6 个月内执行完毕；委托手续不全的，执行期限自受托法院收到齐全手续之日起算。《民事诉讼法》第 206 条第 2 款规定，受托法院自收到委托函件之日起 15 日内不执行的，委托法院可以请求受托法院的上级法院指令受托法院执行。

6. 对受托法院的执行监督

《委托执行规定》第 13 条规定，高级人民法院和中级人民法院对所属下级法院办理的受托执行案件，应当采取有效措施监督执行，必要时可以采取指定执行、共同执行和提级执行以及统一集中清理的办法执行。

### (六)委托执行审查权的行使

委托执行毕竟是受托法院代委托法院完成委托事项，受托法院的民事执行权因此会受到限制，其只能在委托的权限内自行决定行使执行实施权，执行审查权原则上还是由委托法院行使。在委托执行过程中出现以下特殊情况的，受托法院应当按照法律规定的方式处置。

1. 自行行使执行审查权的情况

《执行规定》第 120 条规定，对执行和解和执行担保的情况以及案外人对非属法律文书指定交付的执行标的物提出的异议，由受托法院依照有关法律规定处理，并及时通知委托法院。

2. 需要变更或追加被执行主体的

《执行规定》第 121 条规定，受托法院在执行中，认为需要变更被执行人的，应当将有关情况函告委托法院，由委托法院依法决定是否作出变更被执行人的裁定。

3. 执行阻却的处理

《执行规定》第 122 条规定，受托法院认为委托执行的案件应当中止、终结执行的，应提供有关证据材料，函告委托法院作出裁定。受托法院提供的证据材料确实、充分的，委托法院应当及时作出中止或终结执行的裁定。

4. 法律文书有错误的

受托法院认为委托执行的法律文书有错误的，如执行可能造成执行回转困难或无法执行回转的，《执行规定》第 123 条规定，受托法院应当函请委托法院审查。受托法院按照委托法院的审查结果继续执行或停止执行。[①]

5. 案外人提出异议的

《委托执行规定》第 10 条规定，案外人对据以执行的生效法律文书指定交付的财物和票据提出异议的，受托法院应当及时将案外人的书面异议转交委托法院处理。委托法院应当及时作出中止执行或驳回异议的裁定，并通知受托法院。

**（七）委托执行费用依据**

《委托执行规定》第 5 条规定，“申请执行费和执行中实际支出的费用，在案件委托后，由受托法院直接向当事人收取。委托法院已经预收的，应当在办理委托手续后 3 日内，将预收的费用退给申请执行人，由其直接向受托法院缴纳”。但《执行规定》第 115 条却规定，“委托执行案件的实际支出费用，由受托法院向被执行人收取，确有必要的，可以向申请执行人预收。委托法院已经向申请执行人预收费用的，应当将预收的费用转交受托法院”。前者规定的内容与后者规定的内容范围是不同的，前者不但规定了申请执行费，还规定了实际

---

① 《委托执行规定》第 11 条规定：“受托法院认为委托执行的法律文书有错误的，如执行可能造成执行回转困难或无法执行回转的，应当首先采取查封、扣押、冻结等保全措施，必要时要将保全款项划到法院账户，然后将书面意见及时转交作出生效法律文书的法院处理。作出生效法律文书的法院收到受托法院的书面意见后，应当于 2 个月内作出书面答复。受托法院应当按照其答复意见执行。超过 2 个月未作出答复的，受托法院可以将案件退回委托法院，并抄告其上级法院。”该条款与《执行规定》存在冲突。那么受托法院是函请生效法律文书作出的法院还是委托法院处理法律文书有错误的情形呢？我们认为作出生效法律文书的法院要比委托法院更知悉案情，由其处理会更快捷、更公正，且按照新法优于旧法的原则，应当按照《委托执行规定》第 11 条的规定处理。

支出的费用。后者仅规定实际支出费用。在实际支出费用收取方式上二者存在冲突，前者规定由受托法院直接向当事人收取，委托法院预收的，应当退给申请执行人；后者规定原则上由受托法院直接收取，但是委托法院已经预收的，则由其转交受托法院。鉴于前后二者存在的冲突，我们认为受托法院应直接收取申请执行费用，一方面，案件的执行是受托法院完成的，执行实际支付费用交付受托法院有利于其顺利执行，不会处于办案经费不足的尴尬境地。另一方面，按照《诉讼费用缴纳办法》第 20 条第 2 款的规定，执行费用应当由被执行人负担，被执行人直接向受托法院缴纳更便捷，且根据新法优于旧法的原则适用前者的规定应更便于执行。

## 二、协助执行

### (一)协助执行的概念

协助执行是指受理执行案件的人民法院通知有关单位、个人或者请求有关人民法院协助执行生效法律文书所确定的内容的一种法律制度。人民法院是我国的执行机关，独立行使民事执行权。在执行程序程中，人民法院承担实现申请执行人确定的合法权益的职责，但是为了顺利圆满地实现法律文书所确定的权利，除人民法院之外的有关单位和个人也有义务按照人民法院的通知，协助完成执行任务。

有学者提出协助执行有广义和狭义之分。狭义的协助执行是指人民法院内部的一种司法协助；广义的协助执行，除了人民法院之间的协助执行外，还包括有关单位的协助执行和公民个人的协助执行。[①] 我们认为人民法院之间的协助，实质上是法院之间基于某些事由相互帮助、共同完成相关法律事务的一种法律现象。它与协助执行有本质的区别是：协助仅是单方协助，也就是有协助义务的一方只能按照法院的通知完成相关的任务，其无权得到被协助一方即人民法院的帮助，协助一方不能再要求人民法院协助其完成一定的任务；而司法互助则是人民法院之间相互配合、相互帮助，共同完成相关法律事务。因此人民法院之间的协助应当是司法互助制度的一种表现形态。协助执行应当是除人民法院外的其他单位或公民个人，按照法院的通知，协助完成生效法律文书所确定的内容的一种方式。

---

① 江伟主编：《民事诉讼法》，高等教育出版社 2004 年第 2 版，第 483 页。

执行难已成为当今社会的顽疾，影响到了司法的效力。为了解决执行难，全国上下群策群力，探讨寻求各种对策，以期尽快达到执行目的。[①] 执行工作不仅仅是人民法院的职责，社会大众亦有协助执行的责任，所以《执行工作意见》第二部分第二项中明确提出，各级人民法院要努力争取党委的支持，动员全社会的力量共同解决执行难问题。要在制度上明确与执行工作相关的党政管理部门，包括纪检监察、组织人事、新闻宣传、综合治理、检察、公安、政府法制、财政、民政、发展和改革、司法行政、国土资源管理、住房和城乡建设管理、人民银行、银行业监管、税务、工商行政管理和证券监管等部门在执行工作中的具体职责，积极协助人民法院开展有关工作。协助执行已经成为执行程序中一项重要的法律制度。

### （二）协助执行的类型

公民个人或有关单位，按照人民法院的通知协助完成执行中的某些法律事务，根据《民事诉讼法》及司法解释的规定，主要有以下类型。

1. 有储蓄业务单位的协助执行

银行、信用合作社和其他有储蓄业务的单位有协助人民法院查询、冻结、划拨、扣留、提取被执行人存款或收入的义务，人民法院决定冻结、划拨被执行人的存款，扣留、提取被执行人的收入时，应当作出裁定，并发出协助执行通知书，银行、信用合作社和其他有储蓄业务的单位必须办理。

2. 执行标的物持有人的协助执行

《民事诉讼法》第225条规定，有关单位或公民持有法律文书指定交付的财物或票证的，应当根据人民法院的协助通知书转交或交出，拒不交出的人民法院强制执行。

3. 办理财产权证照单位的协助执行

《民事诉讼法》第227条规定，在执行中，需要办理有关财产权证照转移手续的，有关单位应当按照人民法院发出的协助执行通知书办理转移手续。知识产权登记部门应协助法院，不得办理被执行人专利权、注册商标专用权、著作权等财产权的转移手续。登记机关按照人民法院查封、扣押、冻结的协助通知办理对不动产、特定动产采取的执行措施登记、轮侯登记等。

---

① 参见汤维建等著：《民事诉讼法全面修改专题研究》，北京大学出版社2008年版，第419～422页。

4. 限制出境的协助执行

《民事诉讼法》第 231 条规定，被执行人不履行法律文书确定的义务的，人民法院可以对其采取限制出境的措施，需要有关单位协助执行的，有关单位必须办理。

5. 被执行人所在单位的协助执行

被执行人在其所在单位有收入的，其单位有义务按照人民法院的通知协助扣留、提取被执行人的收入。

6. 有被执行人收益的单位的协助执行

被执行人在有关企业中有应得的已到期的股息或红利等收益，有关企业收到人民法院发出的协助冻结通知后，不得向被执行人支付股息或红利，不得办理已经冻结股权的转移手续。

7. 公安机关的协助执行

为了确保执行现场安定的秩序或其他妨碍执行程序进行的情形时，人民法院可以要求公安机关协助维持现场秩序，保证执行的顺利进行。

8. 见证人的协助执行

在执行过程中，人民法院可以根据需要通知有关的单位或公民到执行现场见证执行过程，见证人有义务如实见证，并应当在执行笔录上签名或盖章，见证人不得拒绝。

9. 需要协助的其他事项

除上述事项以外，在执行中，人民法院认为应当需要有关单位或公民协助执行的其他事项。如《执行规定》第 130 条第 3 款规定“上级法院认为请求复议的理由不成立，而下级法院仍不纠正的，上级法院可以直接作出裁定或决定予以纠正，送达有关法院及当事人，并可直接向有关单位发出协助执行通知书”。

### (三)协助执行的程序

协助执行必须符合正当法律程序，人民法院违反法定程序的，协助人有权拒绝协助执行。协助执行应当按照以下要求进行。

1. 送达协助通知书

人民法院在执行过程中，依法认为有协助执行必要的，应当制作协助通知书。协助通知书应当包括协助人的自然情况、协助的事项(包括时间、地点、方式、方法等具体内容)、协助的事实和理由、协助的法律依据、被协助的法院名称、承办人、联系方式等具体事项，并应当加盖人民法院的印章和执行人员署名。协助通知书应当送达协助人,未经送达或送达不到的,对协助人不产生法律效力。

2.依法办理协助执行手续

人民法院对采取强制执行措施的财产要求协助人保管的,应当将财产移交给协助执行人,并应当制作财产交付清单和交接执行笔录;通知有关单位协助办理登记的,人民法院应办理登记手续,未办理登记手续的不得对抗其他已经办理了登记手续的执行。人民法院应根据具体的执行内容按照依法办理相关的协助执行手续。

3.协助执行费用

协助执行必须遵循不收费原则。① 国土资源管理、住房和城乡建设管理、人民银行、银行业监管、税务、工商行政管理和证券监管等部门在协助执行中,除复制有关材料所必需的工本费外,不得向人民法院收取其他费用。

4.拒绝或妨碍协助执行的法律责任

协助人拒绝或妨碍执行的,人民法院依据具体情况可以采取妨碍执行的措施,如警告、罚款、拘留等,排除妨碍,促使协助人完成协助任务;也可要求协助人承担相应的法律责任,如限期追回款物、赔偿损失等,情节严重的可以移送司法机关追究刑事责任。

## 第八节　参与分配

### 一、参与分配的概念和法律属性

参与分配,是指在执行过程中,因被执行人的财产不足以清偿各债权人的全部债权时,申请执行人以外的其他债权人依据有效的执行根据也申请参与到已经开始的执行程序,请求法院就所有债权公平受偿的法律制度。

执行程序原则上是个别债权人权利实现的程序,但当被执行人的财产不足以清偿其多个债权人债权时,执行程序还受"债务人之总财产为债权人之共同担保"这一实体法基本原则的约束。因此,参与分配是为实现对债务人的多个债权人的公平保护而设立的执行程序,在执行程序启动后,被执行人的多个

① 参见江伟主编:《民事诉讼法》,中国人民大学出版社 2008 年第 4 版,第 419 页。

债权人可以凭借有效执行根据参与到已经开始的执行，并申请法院对债务人的财产请求执行或者与其他债权人平等受偿。由于我国采取的是有限破产主义，即仅规定了法人适用破产法律制度，而不具有法人资格的公民或其他组织在其总财产不足以清偿其债务时，债权人仅能通过参与分配制度来保护其合法权益，因此，参与分配制度可以弥补有限破产主义的缺陷。除了享有担保物权的债权人可以优先受偿之外，各债权人都有获得公平清偿的权利。民事诉讼法《意见》以及《执行规定》对参与分配的条件和程序作出了明确规定。

参与分配是被执行人的多个债权人同时或先后以其不同的执行根据，就同一被执行人的财产请求执行。由于被执行人的财产不足以清偿各个债权人的债权，债权人之间的权利相互产生排斥，不能使各债权获得满足，导致执行冲突，为维护实体的公平正义，解决的方式就是债权人按照分配方案平等受偿。所以参与分配制度既是执行竞合的表现形式之一，也是执行竞合的解决方式之一。[①]

## 二、参与分配的要件

按照民事诉讼法《意见》、《执行规定》的相关规定，我国的参与分配应当同时具备以下条件。

1. 申请执行人具有参与的资格

申请参与分配的权利人必须是被执行人的债权人，且债权人是多个的，即只有一个被执行人而该被执行人有多个债权人。申请执行人的债权是合法金钱债权，依据是《执行规定》第 90 条规定的“债权人已经取得金钱债权执行依据”，《意见》第 297 条规定的“已经取得金钱债权执行依据或者已经起诉的债权人”。那么已经起诉的债权人是否具有申请执行人资格呢？当前许多法院的做法是：在允许已经起诉的债权人参与分配的前提下保留其份额，待其取得执行根据时，按生效法律文书确定的债权数额再确定分配额予以清偿；保留份额多于分配数额的，多余部分再向所有债权人分配，保留份额少于分配数额

---

① 章武生认为：执行竞合是指两个或两个以上的权利根据各自不同的法律文书，申请法院执行同一义务人的特定财产，并导致不同法律文书的执行相互排斥，各个权利人的请求无法同时满足的执行状态。

的，不再予以分配。[①] 因此，已经起诉的债权人是可以申请参与分配的。

2. 被执行人的限制

《执行规定》第 89 条规定，被执行人只能是其财产不能清偿所有债权的公民或其他组织，不能是企业法人。被执行人为企业法人，其财产不足清偿全部债务的，可告知当事人依法申请被执行人破产。

3. 申请参与分配的期限

申请参与分配的期限，按照《意见》第 289 条第 2 款的规定，“应当在执行程序开始后，被执行人的财产被清偿前提出申请”；而《执行规定》第 90 条的规定是“在被执行人的财产被执行完毕前”。二者对申请参与分配的最后期限规定是不同的，前者是被执行人的财产被清偿前，后者是被执行人的财产被执行完毕前。那么应当适用那个规定更恰当呢？我们认为前者规定具体明确，可操作性较强，只要被执行人的财产被清偿前即可；而后者执行完毕界定的量化尺度和标准较难把握，应是执行结案完毕抑或款项交接完毕存在模糊不清之嫌。

4. 被执行人的财产已经被人民法院采取执行措施

被执行人的全部或主要财产已被人民法院因执行具有金钱给付内容的法律文书而查封、扣押或冻结，无其他财产可供执行或其他财产不足清偿全部债务的，其他债权人可以申请参与分配。申请参与分配应当在执行措施采取后启动，如果被执行人的财产没有采取执行措施，那么其他债权人完全可以申请强制执行而无须申请参与分配。因为我国采取的是禁止重复查封、冻结，禁止超额查封、扣押原则，当被执行人的全部或主要财产已被采取执行措施后，其他债权人即使是申请强制执行，受理的法院因无可供采取执行措施的财产，也不能强制执行。债权人权利的实现因此失去了保障，只能选择申请参与分配，才有实现权利的可能。

## 三、参与分配的程序

1. 提出申请

《执行规定》第 92 条规定，债权人申请参与分配的，应当向其原申请执行法院提交参与分配申请书，写明参与分配的理由，并附有执行依据。该执行法

① 参见王娣著：《强制执行竞合研究》，中国公安大学出版社 2009 年版，第 320～321 页。

院应将参与分配申请书转交给主持分配的法院，并说明执行情况。已经起诉的债权人申请参与分配的，还应当提交其债权存在的证据及起诉的相关诉讼资料。

2. 确定主持参与分配的法院

《执行规定》第 91 条规定，参与分配的工作，应当由首先查封、扣押或冻结的法院主持。首先查封、扣押、冻结的法院所采取的执行措施如系为财产保全裁定，具体分配应当在该案件审理终结后进行。主持法院对参与分配的申请，经审查认为符合申请参与分配条件的，应当准予其参与分配；不符合要求的，法院可以责令其限期补正，逾期不补正的，驳回申请。

3. 制作分配方案并送达当事人

主持法院应根据参与分配的债权数额以及被执行人可供执行的财产范围制作分配方案，财产的分配应当按照《意见》第 299 条和《执行规定》第 94 条规定的顺序进行分配。分配的顺序依次是：(1)诉讼费用。包括执行费用、保全费用、诉讼费。(2)有优先权的债权如被执行人所欠职工工资和劳动保险费用，有优先权的工程款等。(3)被执行人所欠的税款。(4)设定有担保物权的债权。(5)一般债权。同一顺序的，按比例分配。应当注意的是，只有清偿完第(3)顺序之前的款项之后的剩余的财产，才是作为参与分配所执行的财产。这部分财产按照平等受偿原则进行处理①。主持法院按照分配顺序制作完财产分配方案后，送达各债权人和被执行人。

4. 按照分配方案进行分配

《执行程序解释》第 26 条规定，债权人或被执行人未对分配方案提出异议的，按照原分配方案分配。如有提出异议的，未提出异议的债权人或被执行人在法定期限未对异议提出反对意见的，主持法院对异议进行审查，修正分配方案后进行分配；如果未提出异议的债权人或被执行人在法定期限内对异议提

---

① 对于债权人申请执行后其他数个债权人申请参与分配如何清偿，世界各国的立法有三种形式：优先主义、平等主义、团体优先主义(又称折中主义)。强制执行程序中，债务人的财产不足清偿各债权人的全部债权，申请执行人以外的其他债权人申请参与到执行程序中，请求平均受偿，如果法院按照采取执行措施的先后顺序分配债务人的财产使债权人得到受偿的是优先主义；如果法院不是依据对执行标的物采取的措施的先后顺序清偿债权人，而是依各债权人的债权额，按比例平均受偿，则是平等主义；如果法院是按照债权人申请参与分配的时间，在该时间内参与分配的债权人平均受偿，并对该期限后申请参与分配的债权人产生优先权，则是团体优先主义的体现。由此看出，我国采取的是平等清偿主义。

出反对意见的，异议人可以提起诉讼，异议人未提起诉讼的，主持法院依原分配方案进行分配。异议人提起诉讼的，主持法院诉讼期间进行分配的，应当将与争议债权数额相应的款项予以提存，对无异议部分财产进行分配。

5. 继续执行

《执行规定》第 95 条规定，被执行人的财产被分配给各债权人后，被执行人对其剩余债务应当继续清偿。债权人发现被执行人有其他财产的，人民法院可以根据债权人的申请继续依法执行。

## 四、分配方案的异议

债权人和被执行人收到法院的分配方案后，对分配方案有异议的，应当自收到分配方案 15 日内向主持法院提存书面异议。法院应当通知未提出异议的债权人或被执行人。

《执行程序解释》第 26 条第 2 款规定，未提出异议的债权人、被执行人收到法院通知之日起 15 日内未提出反对意见的，主持法院依异议人的意见对分配方案审查修正后进行分配；提出反对意见的，应当通知异议人。异议人可以自收到通知之日起 15 日内，以提出反对意见的债权人、被执行人为被告，向主持法院提起诉讼；异议人逾期未提起诉讼的，执行法院依原分配方案进行分配。

## 五、分配方案的异议之诉

分配方案的异议之诉是指分配方案的异议人，因债权人或被执行人对其异议提出反对意见后在法定期限内，向执行法院请求行使司法审判权保护自己合法权益的诉讼。分配方案的异议之诉应当符合以下条件。

1. 原告应当是分配方案的异议人

依据《执行程序解释》第 26 条的规定，分配方案的异议人有权提起诉讼，而对分配方案未提出或未在法定期限内提出异议的债权人或被执行人不得起诉。

2. 被告应当是对异议提起反对意见的人

债权人或被执行人接到分配方案的异议通知后，在接到之日起 15 日内提出反对意见的，则异议人应当以提出反对意见的债权人或被执行人为被告。

3.管辖法院

异议人应当向主持分配的法院即执行法院提起诉讼，执行法院取得专属管辖权。

4.应当在法定期限内起诉

异议人在接到反对意见通知之日起15日内提起诉讼，如异议人逾期未提起诉讼的，执行法院按照原分配方案进行分配。

异议人起诉符合以上条件的，执行法院应当受理，不符合条件的限期补正，逾期不补正或仍不符合条件的，裁定不予受理。法院受理后，执行法院应当将与争议债权数额相应的款项予以提存。

## 第九节　执行救济

执行救济是指在执行过程中，执行当事人或案外人认为法院的强制执行侵害其合法权益而请求法院予以纠正或撤销强制执行所设定的一种补救制度或方法。世界各国和各地区关于执行救济的方式有两种：一是程序上的救济方法，即执行当事人或案外人就执行行为在程序上有异议的，因此请求执行机关纠正其执行行为在程序上违法的错误，通常称为执行异议；二是实体上的救济方法，即执行当事人或案外人就实体法上的法律关系提出主张，请求通过审判程序作出裁判，以排除强制执行的救济，通常称为异议之诉。[①] 我国学者提出执行救济还有一种方式既是程序救济也是实体救济——执行回转。[②] 执行回转是指执行程序结束后，据以执行的生效法律文书被撤销，对已被执行的财产法院重新执行，使其恢复到执行开始的状态。执行回转不是由于强制执行错误而是因执行根据被撤销，从而恢复到执行开始的状态，因此执行回转不是执行救济，而是一种新的执行程序。[③]

根据《民事诉讼法》第202条至第204条、《执行程序解释》及其他的司法解释的规定，我国程序上的执行救济主要有：执行管辖权异议、执行异议、执行复议等几种。实体上的执行救济主要有：案外人异议、异议之诉等。

---

① 参见常怡主编：《比较民事诉讼法》，中国政法大学出版社2002年版，第760页。

② 参见江伟主编：《民事诉讼法》，中国人民大学出版社2008年版，第430页；常怡主编：《强制执行理论与实务》，重庆出版社1990年版，第194页。

③ 参见宋朝武主编：《民事诉讼法学》，中国政法大学出版社2008年版，第503页。

## 一、执行异议

执行异议，是指在执行过程中，当事人或利害关系人认为执行行为违反法律规定，侵害了其合法权益，请求执行法院予以救济的制度。提起执行异议应当符合以下条件。

1. 执行异议的主体

提出执行异议的主体应当是执行当事人或利害关系人，执行当事人即生效法律文书中确定债权人和债务人或执行承受人，执行当事人可以参看本章第四节确定。利害关系人是除执行当事人以外的，其合法权益受到执行行为侵害的人。

2. 异议事由

异议事由只能是执行行为违反法律的规定，即属于程序违法的执行行为，而不能是因实体法上的权利义务关系发生争议提出异议。一般违反程序法的事由可以是执行措施违法、执行命令或裁决违法、程序违法等事项。对于人民法院在执行过程中以妨碍执行行为为由作出的强制措施不服的，不属于执行异议的事由。

3. 管辖法院

异议人应当向实施强制执行行为的法院提出异议申请，执行法院享有专属管辖权。

4. 异议的期限

当事人或利害关系人只有在执行程序进行中提起异议，执行程序没有启动或已经终结的，异议人只能通过其他方式寻求救济，而无法通过执行异议维护其合法权益。

5. 应当书面方式提出

当事人或利害关系人认为执行行为违反法律规定的，可以向负责执行的人民法院提出书面异议。

《执行期限规定》第 10 条规定，当事人或利害关系人提出书面异议的，人民法院应当自收到书面异议之日起 15 日内审查；理由成立的，裁定撤销或者改正；理由不成立的，裁定驳回。对执行异议的审查需要进行听证的，合议庭应当在决定听证后 10 日内组织异议人、申请执行人、被执行人及其他利害关系人进行听证。承办人应当在听证结束后 5 日内提出审查处理意见。《执行期限规定》第 11 条规定，执行异议的审查，人民法院一般应当在 1 个月内办理完毕，需延长期限的，承办人应当在期限届满前3日内提出申请。《执行程序解释》第10条规定，执行异议审查期间，不停止执行。被执行人、利害关系人提供充分、有效担保请求停止相应处分措施的，人民法院可以准许；申请执行人提供充分、有效的担保请求继续执行的，应当继续执行。

## 二、执行复议

执行复议是当事人或利害关系人对执行法院作出的执行异议裁定不服的，在法定期限内请求执行法院的上一级人民法院撤销或变更原裁定所进行的执行救济。

执行复议是2007年修改的《民事诉讼法》第202条所建立的执行救济制度，该条规定当事人或利害关系人对执行异议裁定不服的，可以自裁定送达之日起10日内向上一级人民法院申请复议。执行复议不同于对审判程序作出的裁判所进行的上诉程序，按照《执行程序解释》的规定，执行复议是采取特定程序完成的，具体包括以下几方面。

1. 申请复议的主体

不服执行异议裁定的当事人或利害关系人，应当是申请执行复议的主体。也就是执行异议裁定中的主体，任何一方不服的，均可以提起复议。

2. 申请复议的期限

当事人或利害关系人不服执行异议裁定的，应当在收到裁定之日起10内提出异议。

3. 复议材料的报送

执行异议申请书可以通过执行法院转交，也可以直接向执行法院的上一级人民法院提交。《执行程序解释》第7条规定，执行法院收到复议申请后，应当在5日内将复议所需的卷宗材料报送上一级人民法院；上一级人民法院收到复议申请后，应当通知执行法院在5日内报送所需的卷宗材料。

4. 组成合议庭审查复议申请

《执行程序解释》第8条规定，上一级人民法院对当事人、利害关系人的复议申请，应当组成合议庭进行审查。上一级人民法院应当自收到复议申请之日起30日内审查完毕，并作出裁定。有特殊情况需要延长的，经本院院长批准，可以延长，延长的期限不得超过30日。

执行复议不停止执行是确保高效快捷实现申请执行人权利的一项主要原则。《执行程序解释》第10条规定，执行复议审查期间，不停止执行。被执行人、利害关系人提供充分、有效担保请求停止相应处分措施的，人民法院可以准许；申请执行人提供充分、有效的担保请求继续执行的，应当继续执行。

## 三、案外人异议

案外人异议是指在执行过程中，案外的第三人对执行标的提出实体权利的主张，向执行法院提出异议维护自身合法权益的一种执行救济。《民事诉讼法》第204条规定，“执行过程中，案外人对执行标的提出书面异议的，人民法院应当自收到书面异议之日起15日内审查，理由成立的，裁定中止对该标的的执行；理由不成立的，裁定驳回。”案外人异议的法律要件包括以下几方面。

1.案外人异议的主体范围

案外人是指执行根据即生效法律文书中没有载明的除当事人以外的第三人。能够提起案外人异议的主体应当是对执行标的主张实体权利的人，也就是说第三人对执行标的应当具有利益，享有实体法上的权利和义务。案外人与执行异议的利害关系人是不同的，执行异议的利害关系人是由于执行行为违反法律的规定对其权益造成损害而请求执行救济的人，案外人异议的主体却是由于实体法上的事由对执行标的主张权利的人。

2.异议的事由

案外人提起异议的理由必须是对执行标的主张实体权利，该事由足以消灭或妨碍申请执行人请求的事由或就特定标的物有排斥或阻碍强制执行的权利。

3.异议的期限

案外人的异议应当自执行程序开始后执行程序终结前提出。案外人没有在该期限提出的，则视为其丧失了异议权，可以寻求其他的途径进行救济。

4.管辖法院

《执行程序解释》第15条规定，执行过程中，案外人对执行标的主张所有权或其他足以阻止执行标的转交、交付的实体权利的，向执行法院提出异议。

案外人提出的异议符合以上要件的，人民法院应予受理；不符合异议要件需要补正的，法院应当责令限期补正，补正后提交的日期是法院收到的日期。人民法院应当自收到书面异议之日起15日内审查，根据审查的结果分别作出以下裁决。

(1)裁定中止对该标的的执行

案外人提出异议的执行标的物是法律文书指定交付的特定物，经审查认为案外人的异议成立的，报经院长批准，裁定对生效法律文书中该项内容中止执行(《执行规定》第72条)。

案外人提出异议的执行标的物不属于生效法律文书指定交付的特定物，经审查认为案外人的异议成立的，报经院长批准，停止对该标的物的执行。已经采取的执行措施应当裁定立即解除或撤销，并将该标的物交还案外人(《执行规定》第73条)。

(2)提供担保

对案外人提出的异议一时难以确定是否成立，案外人已提供确实有效的担保的，可以解除查封、扣押措施。申请执行人提供确实有效的担保的，可以继续执行。因提供担保而解除查封、扣押或继续执行有错误，给对方造成损失的，应裁定以担保的财产予以赔偿(《执行规定》第74条)。

(3)委托执行中的裁决

委托执行中，案外人提出异议的，受托法院应当及时通知委托法院，由委托法院审查案外人异议并作出裁定，在此期间可以暂缓执行(《适用意见》第262条)。

(4)裁定驳回异议

案外人异议经人民法院审查，理由不成立的，裁定驳回异议，继续执行。《执行程序解释》第16条规定，案外人异议审查期间，人民法院不得对执行标的进行处分。案外人向人民法院提供充分、有效担保请求解除对异议标的的查封、扣押、冻结的，人民法院可以准许；申请执行人提供确实有效的担保请求继续执行的，应当继续执行。因案外人提供担保解除查封、扣押、冻结有错误，致使该标的无法执行的，人民法院可以直接执行担保财产；申请执行人提供担请求继续执行有错误，给对方造成损失的，应当予以赔偿。

## 四、异议之诉

### (一)异议之诉概述

异议之诉是指在执行过程中，执行当事人或案外人就执行标的主张实体权利，请求法院行使司法审判权维护自身合法权益，达到撤销、变更或阻止、排斥对执行标的强制执行为目的所提起的诉讼。异议之诉与执行异议不同，其是实体法上的执行救济方式。异议之诉有以下特点。

(1)起诉的期限。异议之诉必须在执行程序运行中提起，执行程序没有开始或已经终结的不得起诉。

(2)起诉的主体。原告可以是执行当事人,也可以是执行当事人以外的案外人。

(3)起诉的事由。异议之诉的诉因必须是原告就强制执行标的主张实体权利,即原告认为其对执行标的享有实体法上的权利和义务。不是因执行根据存在错误为由而主张实体权利,也就是生效法律文书是正确的,与执行根据没有关系。

(4)管辖法院。异议之诉应当由执行法院行使专属管辖权,这有利于法院查明事实、及时解决纠纷、确保执行的顺利进行。

### (二)异议之诉的立法现状

大陆法系国家一般都设立相应的异议之诉制度,如德国有债务人异议之诉、第三人异议之诉;日本规定了执行文授予的异议之诉、请求异议之诉、第三人异议之诉、分配异议之诉;我国台湾地区也设立了债务人异议之诉、第三人异议之诉等。①

我国修改的《民事诉讼法》第 204 条规定,"案外人、当事人对裁定不服,认为原判决、裁定错误的,依照审判监督程序办理;与原判决、裁定无关的,可以自裁定送达之日起 15 日内向人民法院提起诉讼"。异议之诉制度首次以立法的形式得以确立。《执行程序解释》进一步完善了该制度的相关内容,设立了案外人异议之诉、申请执行人异议之诉,而没有规定债务人异议之诉。当然,有学者认为按照《公证法》第 40 条的规定,"当事人、公证事项的利害关系人对作为执行依据的公证书的内容有争议时,可以就该争议向人民法院提起民事诉讼"。这里的"民事诉讼",理论上称为债务人异议之诉。我们认为这不是债务人异议之诉,因为执行根据存在错误的,不属于异议之诉的事由。执行根据错误的应当通过再审程序救济,而不是异议之诉。

### (三)案外人异议之诉

案外人异议之诉是指在执行程序中,案外人对执行标的主张实体权利,请求法院对有争议的实体法律关系进行审理并阻止强制执行,维护自身合法权益的诉讼。

---

① 参见常怡主编:《比较民事诉讼法》,中国政法大学出版社 2002 年版,第 764～768 页。

1. 案外人异议之诉的条件

根据《民事诉讼法》第 204 条和《执行程序解释》的规定，案外人异议之诉应当具备以下条件。

(1)原告。起诉的原告必须是提起案外人异议的第三人，执行当事人不能作为原告。

(2)被告。《执行程序解释》第 17 条规定，案外人依照《民事诉讼法》第 204 条规定提起诉讼，对执行标的主张实体权利并请求对执行标的停止执行的，应当以申请执行人为被告；被执行人反对案外人对执行标的主张的实体权利的，应当以申请执行人和被执行人为共同被告。

(3)起诉期限。案外人提起异议之诉的，应当在接到案外人异议申请被驳回的裁定之日起 15 日内起诉。

(4)管辖法院。执行法院对案外人异议之诉享有专属管辖权，不适用地域管辖和级别管辖。

2. 案外人异议之诉的审理

《执行程序解释》第 19 条规定，案外人提起异议之诉的，执行法院应当依照诉讼程序审理。经审理，理由不成立的，判决驳回诉讼请求；理由成立的，根据案外人的诉讼请求作出相应的裁判。

3. 案外人异议之诉的法律效力

案外人异议之诉的诉讼期间，不停止执行。案外人的诉讼请求确有理由或者通过充分、有效的担保请求停止执行的，可以裁定停止对执行标的进行处分；申请执行人提供充分、有效的担保请求继续执行的，应当继续执行。案外人请求停止执行、请求解除查封、扣押、冻结或者申请执行人请求继续执行有错误，给对方造成损失的，应当予以赔偿。

4. 案外人申请再审与案外人异议之诉的关系

案外人异议申请被驳回的，如其认为原判决、裁定错误，那么可以申请再审，启动审判监督程序，所以案外人可以通过再审程序维护自身合法权益。如其认为与原判决、裁定无关，没有申请再审，那么案外人可以选择异议之诉的方式得到救济。故二者是一种并列保护案外人合法权利的法律制度。

### (四)申请执行人异议之诉

依据《执行程序解释》第 21 条规定申请执行人依照《民事诉讼法》第 204 条规定提起请求对执行标的许可执行的诉讼，即申请执行人异议之诉，又称许可执行之诉。

1.申请执行人异议之诉的要件

(1)原告。原告应当是法律文书确定的权利人,即申请人民法院强制执行的公民、法人或其他组织。

(2)被告。《执行程序解释》第21条规定,申请执行人依照《民事诉讼法》第204条提起诉讼,请求对执行标的许可执行的,应当以案外人为被告;被执行人反对申请执行人请求的,应当以案外人和被执行人为共同被告。

(3)起诉期限。人民法院依照《民事诉讼法》第204条规定裁定对异议标的中止执行后,申请执行人自裁定送达之日起15日内起诉。

(4)管辖法院。申请执行人提起异议之诉的,由执行法院管辖。

2.申请执行人异议之诉的裁判

《执行程序解释》第24条规定,申请执行人提起异议之诉的,执行法院应当依照诉讼程序审理。经审理,理由不成立的,判决驳回其诉讼请求;理由成立的,根据申请执行人的诉讼请求作出相应的裁判。

3.申请执行人异议之诉的法律效力

人民法院依照《民事诉讼法》第204条规定裁定对异议标的的中止执行后,申请执行人自裁定送达之日起15日内未起诉的,人民法院应当裁定解除已经采取的执行措施。如果申请执行人提起异议之诉,那么执行法院不得解除已经采取的执行措施,应当中止对议标的的执行。

# 第二十四章

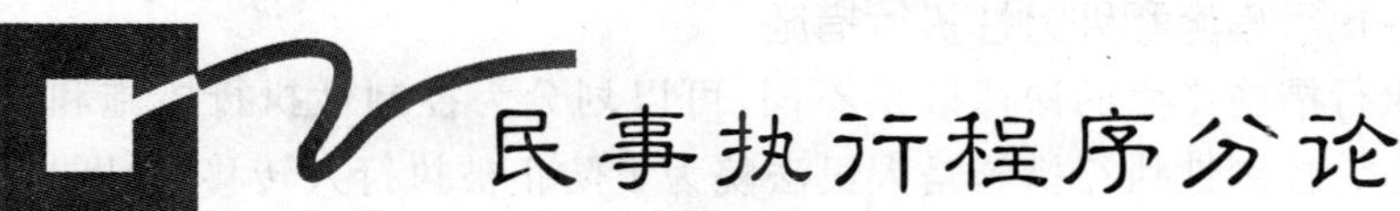

# 民事执行程序分论

## 第一节　执行措施

### 一、执行措施的概念

执行措施，是指人民法院行使民事执行权保障生效法律文书确定的权利予以实现，所采取的强制执行的具体方法、方式或手段。执行程序和执行措施是合一的，执行程序的运行过程往往也就是执行措施适用的过程。执行措施是人民法院对民事执行权的具体运用，任何单位和个人均不得非法干预和使用。执行措施是法律文书确定的权利实现的最后保障，也是人民法院强制债务人履行义务的有力武器。执行措施体系是否完备直接决定了执行的效率和公正，因此，对执行措施的研究具有重要的法律意义。

### 二、执行措施的分类

执行措施因债权性质、执行标的、执行内容、法律文化等的不同而不同。我国民事诉讼法根据不同的执行对象规定了不同的执行措施。主要有以下几种类型。

1. 对金钱债权的执行措施和对非金钱债权的执行措施

按照申请执行人请求的债权性质不同，可以分为对金钱债权的执行措施和对非金钱债权的执行措施。对金钱债权的执行措施是指为了实现权利人要求给付一定数额金钱为内容的请求权所采取的执行措施，如查询、冻结、划拨被执行人的存款等。对非金钱债权的执行又可以分为对行为的执行和交付标的物的执行，因此对非金钱债权的执行措施有对行为的执行措施，如被执行人不履行义务而可以由第三人代为完成的，代为履行的费用由被执行人负担的执行措施；有对交付标的物的执行措施，如交付的是特定物的，应执行原物，原物确不存在的，可以折价赔偿。

2. 控制性执行措施和处分性执行措施

按照对执行措施产生的法律效果不同，可以划分为控制性执行措施和处分性执行措施。控制性执行措施是人民法院为了防止被执行人转移、隐匿、处分财产等行为从而丧失履行义务的能力或导致执行困难，维持财产现状确保债权顺利实现，所采取的执行措施，如查封、扣押、冻结等。处分性执行措施是依法处分被执行人的财产，满足申请执行人的债权所采取的执行措施，如拍卖、变卖、以物抵债等。

3. 直接强制执行措施和间接强制执行措施

根据执行行为是否直接作用于被执行标的所采取的执行措施，可以分为直接强制执行措施和间接执行措施。直接对执行标的采取执行行为的执行措施即为直接强制执行措施，如划拨被执行人的存款到申请执行人的账号，实现申请执行人债权的执行方式。间接强制执行措施是指不对执行标的直接采取措施，而是通过对被执行人采取处罚等措施迫使被执行人履行债务的执行方法。如对被执行人采取加倍支付迟延履行金、债务人名单公示等措施。

4. 对动产、不动产、其他财产权的执行措施

按照执行标的不同，可以分为对动产的执行措施、不动产的执行措施和其他财产权的执行措施。该分类是德国、日本和我国台湾地区执行立法所采用的体例。动产的执行措施主要有查封、扣押、冻结、拍卖、变卖等；不动产的执行措施有查封、拍卖、强制管理等；其他财产权是指被执行人的债权、股权、存款、收入、知识产权等权益。因此，其他财产权的执行措施，应当根据执行财产权的内容来确定具体的执行方法，如对债权的执行采取代位执行方式、对存款的执行可以采取查询、冻结、划拨等措施。中国政法大学《中国强制执行法（试拟稿）》课题组也倡导采取该类型设计我国执行措施立法体例。我们认为该分类有较强的适用性，所以在后文的论述中亦是以此分类作为依据阐述不同的执行措施。

## 三、适用执行措施遵循的基本原则

1. 合法原则

合法原则要求人民法院在适用执行措施时一定严格按照法律规定的方式、方法、范围和程序进行，不允许滥用执行措施、超出法律规定或违法使用执

行措施，必须做到有法可依、有法必依、执行必严。

2. 执行措施穷尽原则

执行措施是确保申请执行人在生效法律文书中所确认的债权得以实现的法律武器。为全面保护债权，人民法院应当采取各种有利于实现债权的执行措施，不得基于申请执行人没有提出申请等事由而不予或拖延采取执行措施，应当依法准确、及时、合理地采取各种执行措施直至债权实现。

3. 执行有限原则

全面保护申请执行人的债权并不意味着被执行人的合法权益不受保护，相反采取执行措施时还应当维护被执行人的权益。执行有限原则要求采取执行措施时应当注意避免给被执行人造成不必要的损害，用最小的损害来满足债权执行的需要。该原则不但要求执行标的仅限于被执行人的财产，而且还应当限制在一定的范围，如不得对被执行人及其所扶养家属生活所必需的房屋和生活用品等采取执行措施。对被执行人财产执行还应当按照以下顺序：首先是被执行人的现金；现金不足清偿的，执行存款；仍不足清偿的，执行被执行人的收入；其次是动产、其他财产权利；最后执行被执行人的债权、不动产等。[①] 人民法院在采取执行措施时还受生效法律文书债权性质的限制，不得非法变更法律文书所确认的债权性质。

4. 高效原则

迅速、快捷、高效是民事执行的主要价值目标，人民法院采取执行措施应当以最快的速度、最小的代价实现债权。不得在没有法律依据的情况下停止、中止、暂缓执行措施，应当及时、连续地采取执行措施，降低执行成本，缩短执行时间，尽快实现法律文书内容，保护申请执行人的合法权益。

## 四、我国执行措施立法现状

根据《民事诉讼法》、《执行规定》、《适用意见》等相关的法律规定，我国目前主要有以下执行措施。

1. 查询。查询是指人民法院向银行（含其分理处、营业所和储蓄所）、非银行金融机构、其他有储蓄业务的单位查问被执行人的存款情况，明确存款的数额、币种、存款期限等具体情况。通过查询可以为后续采取的执行措施做好准

---

① 参见杨荣馨主编：《强制执行立法的探索与构造——中国强制执行法（试拟稿）条文与释义》，中国人民公安大学出版社 2005 年版，第 281 页。

备工作。因此，从严格意义上，查询不是执行措施，而是辅助后续的执行措施，查询不会对被执行人的存款产生具有拘束力的法律后果。

2. 冻结。冻结是人民法院向银行（含其分理处、营业所和储蓄所）、非银行金融机构、其他有储蓄业务的单位发出协助执行通知，不得向被执行人支付其存款，也不得允许被执行人提取或转移存款。冻结期限一般是六个月，期限届满，人民法院未办理延期手续的，冻结的效力消灭。冻结时被执行人账号数额不足冻结数额的，直至转入的存款达到冻结数额为止，超出的数额被执行人有权提取和使用。

3. 划拨。划拨是人民法院向银行（含其分理处、营业所和储蓄所）、非银行金融机构、其他有储蓄业务的单位发出协助执行通知书，要求其将被执行人的存款，划拨至指定的账户，转移存款所有权的执行措施。该措施一般会直接满足申请执行人的债权，所以是成本最低、最便捷的处分性执行措施。

4. 扣留。扣留多用于限制被执行人对其收入提取所采取的执行措施。被执行人的收入主要包括其工资、奖金、补助等其他收入。人民法院扣留被执行人收入时，一般需被执行人所在单位的协助，所以人民法院应当向协助单位发出协助执行通知书，协助单位按照协助通知书的要求扣留被执行人的收入，不得向被执行人支付或转移。扣留应当保留被执行人及其所扶养家属的生活必需费用。

5. 提取。提取是人民法院将已经扣留的被执行人的收入，通知协助单位将扣留款划入人民法院指定的账户。如果债权数额较大，人民法院会根据具体情况定期或扣留数额达到一定额度时分次提取，直至债权实现，此时债权的实现会持续较长时间。

6. 查封。查封是指人民法院将被执行人的财产就地封存，任何人不得擅自处分和移动。对动产的查封一般用封条，对不动产的查封应当登记。查封应当制作查封笔录和财产清单，并应发布查封公告，需有关单位协助的还应当送达协助执行通知书。查封动产的期限不得超过一年，查封不动产的期限不得超过二年。法律、司法解释另有规定的除外。查封期限届满，人民法院未办理延期手续的，查封的效力灭失。

7. 扣押。扣押是将被执行人的财产转移交由他人或人民法院自行保管，禁止被执行人占有、使用和处分的保障性执行措施。查封、扣押、冻结在我国是三种不同的执行措施，但是大陆法系的德国、日本和法国等的民事强制执行法中，将限制被执行人对其财产行使处分权的强制执行措施统称为“扣押”。在我国台湾地区的理论界和实务界中，“查封”与“扣押”常常是通用的。但我国大陆地区的扣押具有其特定含义，不同于上述国家和地区的规定。扣押应当制作扣押笔录和财产清单，交由他人保管的应当指定财产保管人。扣押动产的期限不得超过一年，法律、司法解释另有规定的除外。扣押期限届满，人民法院未办理延期手续的，扣押的效力灭失。

8. 拍卖。拍卖又称竞买，是指以公开竞争的方法将执行标的物卖给出价最高者的成交方式。它是实现财产变价的一种最为公平合理的方法，可以最大限度地保护执行当事人双方的合法权益，因此人民法院对查封、扣押、冻结的财产进行变价处理时，应当首先采取拍卖的方式，但法律、司法解释另有规定的除外。拍卖所得的价款扣除拍卖费用及优先权数额后，用于清偿申请执行人的债权，如有剩余的，余额应当退还给被执行人。

9. 变卖。变卖是人民法院将被执行人的财产交由有关部门或直接出售，择高价成交的执行方式。变卖的优点是灵活、快捷、简便，但是变卖的财产一般是不宜拍卖的财物，如鲜活、不易保管的物品等。国家禁止自由买卖的物品，应交有关单位按照国家规定的价格收购。变卖款的处置与拍卖款的处置方式是一致的。

10. 搜查。被执行人不履行法律文书确定的义务，并隐匿财产的，人民法院可以对被执行人及其住所或财产隐匿地进行搜查、查找的措施。搜查应当由院长签发的搜查令，并向被搜查人出示，由被搜查人在搜查证上签名；拒不签名的，不影响搜查的进行。人民法院搜查时禁止无关人员进入搜查现场；搜查对象是公民的，应当通知被执行人或者他的成年家属以及基层组织派员到场；搜查对象是法人或者其他组织的，应通知法定代表人或者主要负责人到场，有上级主管部门的，也应通知主管部门有关人员到场。拒不到场的，不影响搜查。搜查妇女身体，应由女执行人员进行(《适用意见》第287条)。搜查应当制作搜查笔录，见证人、制作人及被搜查人在笔录上签名或加盖印章；拒绝签名或者盖章的，应当在搜查笔录中写明。

11. 指定交付法律文书确定的财物或票证。生效法律文书确定被执行人交付财物或票证的，人民法院有权责令其交出。有关单位或公民持有该财物或票证的，在接到人民法院协助执行通知书或通知书后，应当按照要求交出；拒不转交的，强制执行，并可按照妨碍执行行为的规定进行处理。如交付的是种类物的，则具有可替代性；交付特定物的，原则上应交原物。如原物已变质、损坏或灭失的，应当裁定折价赔偿或按标的物的价值强制执行被执行人的其他财产。

12. 强制被执行人迁出房屋或者退出土地。人民法院按照法定程序强制搬运被执行人在特定房屋内的物品并腾空交付申请执行人，或强制搬迁、拆除、清理特定土地上的建筑物、附着物等交给申请执行人。采取该措施一定谨慎，首先应当说服教育，被执行人在指定的期限内仍拒不履行的，报院长批准签发限期迁出房屋或退出土地的公告。公告指定的期限届满，被执行人仍未履行的，人民法院强制执行。

13.强制被执行人履行指定的行为。生效法律文书确定被执行人履行行为的，被执行人在指定期限拒不履行的，如果是可替代性行为，则由人民法院委托他人代为完成，费用由被执行人负担；对于只能由被执行人亲自完成，不能由他人代为完成的行为，经教育后仍不履行的人民法院可以按照妨害执行行为的规定实施处罚措施。

14.强制管理。被执行人的财产无法拍卖、变卖的，经申请执行人同意，人民法院可以指定管理人，对财产实施管理，以管理所得收益清偿债务的执行措施。强制管理是《适用意见》第302条规定的执行措施，还没有纳入到《民事诉讼法》中，相比其他措施还应当完善其适用条件、范围、管理人的选定等具体法律事宜。传统强制管理的财产仅限于不动产，船舶和航空器可以参照不动产采取强制管理，如今应当扩及所有财产。[①] 我们认为对强制管理的财产应当具有使用价值和收益，否则不能使用该措施。

15.加倍支付迟延履行利息和迟延履行金。被执行人未按判决、裁定和其他法律文书指定的期间履行给付金钱义务的，应当加倍支付迟延履行期间的债务利息。被执行人未按判决、裁定和其他法律文书指定的期间履行其他义务的，应当支付迟延履行金。利息是指按照银行同期贷款最高利率计付的债务利息上增加一倍，迟延履行金的数额可以由人民法院根据具体案件情况决定。

16.责令被执行人报告财产状况。《民事诉讼法》第217条规定“被执行人未按执行通知履行法律文书确定的义务，应当报告当前以及收到执行通知之日前一年的财产情况。”被执行人应当书面报告下列财产情况：①收入、银行存款、现金、有价证券；②土地使用权、房屋等不动产；③交通运输工具、机器设备、产品、原材料等动产；④债权、股权、投资权益、基金、知识产权等财产性权利；⑤其他应当报告的财产。被执行人自收到执行通知之日前一年至当前财产发生变动的，应当对该变动情况进行报告。被执行人在报告财产期间履行

---

① 张榕、杨兴忠：《执行强制管理制度若干基础理论研究——兼评我国〈民事强制执行法〉(草案)相关规定》，载《现代法学》2004年第26卷第6期。

全部债务的人民法院应当裁定终结报告程序(《执行程序解释》第32条)。被执行人拒绝报告或虚假报告的,人民法院可以根据情节轻重对被执行人或者其法定代理人、有关单位的主要负责人或者直接责任人员予以罚款、拘留。

17. 限制出境。被执行人没有全面履行生效法律文书确定的债务的,人民法院可以直接或向有关单位发出协助通知书限制被执行人出国和赴港澳台地区的执行措施。对被执行人限制出境的,应当由申请执行人向执行法院提出书面申请;必要时,执行法院可以依职权决定。被执行人为单位的,可以对其法定代表人、主要负责人或者影响债务履行的直接责任人员限制出境。被执行人为无民事行为能力人或者限制民事行为能力人的,可以对其法定代理人限制出境(《执行程序解释》第37条)。在限制出境期间,被执行人履行法律文书确定的全部债务的,执行法院应当及时解除限制出境措施;被执行人提供充分、有效的担保或者申请执行人同意的,可以解除限制出境措施(《执行程序解释》第38条)。

18. 在征信系统记录。人民法院将被执行人拒绝履行或没有全面履行债务的事实,记载到其信用记录中,使其信用受到不利影响,迫使其履行债务的措施。《执行工作意见》明确提出我国应当加快执行联动威慑机制建设,工作重点就是"建设全国执行案件信息管理系统,积极参与社会信用体系建设,实现执行案件信息与其他部门信用信息的共享,并通过信用惩戒手段促使被执行人自动履行义务"。

19. 媒体公布被执行人名单。《民事诉讼法》第231条所规定"被执行人不履行法律文书确定的义务的,人民法院可以对其采取或者通知有关单位协助采取限制出境,在征信系统记录、通过媒体公布不履行义务信息的措施"确立了媒体公告被执行人名单的执行措施。该措施是修改后的《民事诉讼法》新增加的执行措施。依据《执行程序解释》第39条规定,执行法院可以依职权或者依申请执行人的申请,将被执行人不履行法律文书确定义务的信息,通过报纸、广播、电视、互联网等媒体公布。媒体公布的有关费用,由被执行人负担;申请执行人申请在媒体公布的,应当垫付有关费用。该措施与其他国家规定的"债务人名簿"有所不同,如德国债务人名簿是指执行法院对于其辖区内作过"代宣誓"保证和被拘留的债务人的名单记录到"债务人名簿",记录信息可供一定范围内的查询,造成债务人"信任危机",一旦清偿债务,该名单将会立即被注销。[①] 我国媒体公布被执行人名单执行措施,主要是借助舆论的压力

---

① 参见刘健:《德国民事强制执行法律制度潜窥》,载《中国司法》2002年第1期。

迫使被执行人履行债务,法院所掌握的被执行人履行债务的信息没有成为社会监督债务人的共享资源,我们应当将该司法资源充分利用起来,这对创建和谐诚信的法治环境有着重要的法律意义。

以上执行措施中的1、10、15、16、17、18措施主要是辅助与配合查明被执行人财产状况或催促迫使被执行人履行债务,因此学理上称其为保障性的执行措施。执行措施2、4、6、7直接作用于被执行人的财产,限制被执行人转移、隐匿、处分财产,为后续财产变价奠定基础,是典型的控制性执行措施。执行措施3、5、8、9、11、12、13、14是处分被执行人的财产,剥夺其对对财产享有的权利,实现申请执行人债权,是处分性执行措施。在司法实践中,除以上执行措施外,有些法院尝试采取如执行悬赏公告、限制被执行人高消费等措施,这些有益的尝试,促进了我国执行措施法律体系的完善。

## 第二节　对金钱债权的执行措施

### 一、金钱债权的执行特点

金钱债权的执行是以实现申请执行人主张给付一定数额的金钱为目的的执行。人民法院执行的案件中,此类案件数量最多、执行难度也最大,人民法院投入大量的司法资源完成金钱债权的执行。其有以下特点。

(1)申请执行人请求的是金钱债权。金钱债权的执行多是以申请执行人请求的其在法律文书所确定的金钱数额为请求权内容的执行,但是除此以外,以下几种情形也会导致金钱债权的执行:①关于诉讼费用、执行费用的执行;②由第三人代为履行所产生的费用;③迟延履行金的执行;④对妨碍民事执行所作出的罚款决定等。[1]

(2)执行过程具有阶段性。金钱债权的实现一般经历三个阶段:首先是调查阶段,主要是对被执行人财产进行调查;查清被执行人的财产状况,确定其履行债务的能力;二是财产控制阶段,人民法院根据对被执行人财产的调查情况,对财产采取查封、扣押、冻结等强制执行措施,防止其转移、隐匿、处分财

---

① 参见王娣著:《强制执行竞合研究》,中国人民公安大学出版社2009年版,第168页。

产，确保被执行人财产维持现状，有利于后续对财产的处分；三是财产变价阶段，人民法院通过拍卖、变卖、以物抵债等执行措施，将被控制的财产进行处分折换成金钱，满足申请执行人的债权。

(3)对执行标的依次执行。根据简便原则和执行有限原则的要求，执行过程中对被执行人的财产予以执行时，应当按照以下的顺序：首先是现金，现金不足的，执行被执行人的存款仍不足的，执行其收入；其次是动产、其他财产权利；最后是第三人债权、不动产等财产。

## 二、对现金、存款的执行

1.现金的执行

执行当事人双方能够通过直接交付方式履行，人民法院应当及时促成直接交付，并应记录交接情况，由当事人签名确认。如不便或不能直接交付现金，人民法院应当告知被执行人将现金汇入申请执行人或法院指定的账号、开户行、收款人；如被执行人委托他人代为汇款的，代付人必须写明汇款人、汇款用途、执行案件当事人的名称、案号、执行员姓名等。原则上执行员不得直接接触现金，如《江苏执行细则》第 84 条、第 85 条明确规定，执行款实行专户专人管理、专款专付、人款分离原则，使执行程序公开透明。人民法院转交的，申请执行人按照法院的通知到法院财务部门领取执行款。

2.对存款的执行

人民法院根据查询情况明确被执行人存款的币种、数额、存款期限等具体情况，以裁定的方式作出冻结或划拨存款，同时还应当向有关的协助单位发出协助执行通知书并附生效法律文书。被执行人是金融机构的，对其交存在人民银行的存款准备金不得划拨和冻结，但对其在本机构、其他金融机构的存款，及其在人民银行的其他存款可以冻结、划拨，并可对被执行人的其他财产采取执行措施，但不得查封其营业场所(《执行规定》第 34 条)。依据《最高人民法院关于严禁冻结或者划拨国有企业下岗职工基本生活保障资金的通知》，人民法院不得冻结或者划拨国有企业下岗职工的基本生活保障资金；当然也不得冻结或划拨其他公民的基本生活保障资金，执行应当遵循被执行人的基本生存权优先于申请执行人的债权的原则。

协助执行单位不得擅自解冻被人民法院冻结的款项。未经法院解冻通知而转移冻结款的，人民法院有权责令其限期追回已转移的款项；在限期内未能追回的，应当裁定该单位在转移的款项范围内以自己的财产向申请执行人承担责任。

## 三、对被执行人收入的执行

《民事诉讼法》第219条规定，被执行人未按执行通知履行法律文书确定的义务，人民法院有权扣留、提取被执行人应当履行义务部分的收入。但应当保留被执行人及其所扶养家属的生活必需费用。人民法院扣留、提取收入时，应当作出裁定，并发出协助执行通知书，被执行人所在单位、银行、信用合作社和其他有储蓄业务的单位必须办理。最高人民法院《执行规定》第35条规定，作为被执行人的公民，其收入转为储蓄存款的，应当责令其交出存单。拒不交出的，人民法院应当作出提取存款的裁定，向金融机构发出协助执行通知书，并附生效法律文书，由金融机构提取被执行人的存款交人民法院或存入人民法院指定的账号。《执行规定》第36条规定，被执行人在有关单位的收入尚未支取的，人民法院应当作出裁定，向该单位发出协助执行通知书，由其协助扣留或提取。可见，对被执行人收入的执行，可采用扣留和提取的方式进行。由于扣留和提取所针对的执行标的是被执行人的收入，因此，这两种措施仅适用于依法享有收入的主体，即公民个人，而不包括法人或其他组织。被执行人的收入包括劳动收入和其他收入。其中：劳动收入包括公民个人的工资、奖金、稿酬、农副业收入等；其他收入则包括房屋租金、银行存款利息、股息红利等。

扣留，是指人民法院通知储存有被执行人收入的单位，不准被执行人提取或转移该项收入的执行措施。其目的是促使被执行人履行义务，并为人民法院采取提取措施做好准备。

提取，是指当其收入被扣留后，被执行人超过义务履行期限仍不履行义务，人民法院将该项收入从储存单位提出以交付给申请执行人的执行措施。

按照民事诉讼法及有关司法解释的规定，人民法院在决定扣留、提取被执行人收入时，须遵守以下要求：(1)应当作出裁定，并向储存有被执行人收入的有关单位发出协助执行通知书。接到人民法院协助执行通知书的有关单位，必须给予办理。对违反通知书要求，擅自向被执行人或其他人支付款项的单位，人民法院有权责令其限期追回；逾期未追回的，应当裁定其在支付的数额内向申请执行人承担责任。(2) 人民法院在扣留或提取收入时，应当保留被执行人及其所扶养家属的生活必须费用。(3)扣留、提取的款项的数额不得超过被执行人应当履行的义务的部分。

# 第三节　对非金钱债权的执行措施

非金钱债权的执行措施是实现申请执行人请求非金钱债权的执行。按照执行标的性质可以分为交付物的执行措施和完成行为的执行措施。交付物的执行措施又可分为交付动产、交付不动产的执行措施及其他财产权的执行措施。完成行为的执行又可以分为可替代行为的执行措施和不可替代行为的执行措施。

## 一、交付物的执行措施

交付动产的执行措施主要包括交付财物或者票证和交付特定物。其中，财物包括特定物、种类物；票证可以是有价证券(如股票、债券)，也可以是无价证券(如特定物品的购买证)。执行中，如果执行标的是特定物，人民法院应当要求被执行人交付原物；原物被隐匿或非法转移的，有权责令其交出；原物确已变质、毁损的，应裁定被执行人折价赔偿或按标的物的价值强制执行其其他财产。

交付物的执行与金钱债权的执行相比程序简洁得多，一般由被执行人直接将物交付申请执行人或者通过人民法院转交给申请执行人，不需变价程序。按照交付物的类型不同，下面分别论述不同类型物的交付执行

### (一)交付动产的执行措施

1. 被执行人的交付

生效法律文书确定被执行人交付特定标的物的，应当执行原物。原物被隐匿或非法转移的，人民法院有权责令其交出。原物确已变质、损坏或灭失的，应当裁定折价赔偿或按标的物的价值强制执行被执行人的其他财产(《执行规定》第 57 条)。

2. 协助执行人的交付

有关单位或公民持有法律文书指定交付的财物或票证，在接到人民法院协助执行通知书或通知书后，协同被执行人转移财物或票证的，人民法院有权责令其限期追回；逾期未追回的，应当裁定其承担赔偿责任(《执行规定》第 58 条)。

3.交付的方式

交付的方式分为直接交付和转交交付。

(1)直接交付

直接交付(又称当面交付)即由人民法院传唤执行当事人双方到庭或者指定场所,由被执行人直接将法律文书中指定的物交付给申请执行人的方式。直接交付应当由人民法院制作交接执行笔录,执行当事人双方应签名或盖章确认。

(2)转交交付

在不能或不便直接交付的,可以由人民法院或第三人转交申请执行人。有关单位持有该项财物的,应当根据人民法院的协助执行通知书转交,并由被交付人签收;有关公民持有的,人民法院通知其交出,拒不交出的,强制执行。

转交时人民法院应当通知被执行人到场,被执行人无法通知或通知后拒不到场的,由执行人员与申请执行人办理交接手续。一般应有两个以上执行人员办理交接手续,并填写详细的交接清单,由执行人员、当事人在清单上签字。清单应一式数份,其中一份由执行法院附卷。

### (二)交付不动产的执行

我国交付不动产的执行主要表现为强制迁出房屋或者强制退出土地,《民事诉讼法》第226条第1款规定,“强制迁出房屋或强制退出土地,由院长签发公告,责令被执行人在指定期间履行。被执行人逾期不履行的,由执行员强制执行”。所谓强制迁出房屋或退出土地,是指人民法院强制搬迁被执行人在所占用房屋内或者土地上的财物,并将腾出的房屋或土地交给申请执行人的执行措施。该措施是在房屋或土地占有人拒不依照人民法院执行通知规定期限迁出房屋或退出土地的情况下采用的,主要适用于房屋拆迁、买卖、租赁及强占耕地、宅基地纠纷、土地使用权纠纷、相邻关系纠纷等案件的执行。这是一项比较重大、复杂的执行措施。该执行遵循以下程序。

1.发出执行公告

强制迁出房屋或退出土地的,人民法院应当发出执行公告。执行公告应当责令被执行人在指定期限内履行义务,并告知逾期不履行的法律后果。执行公告由院长署名并加盖人民法院印章,公告应张贴在迁出房屋或退出土地所在地。被执行人在指定期限履行义务的,执行程序结束。

2.发出到场通知

强制执行时,被执行人是公民的,应当通知被执行人或者他的成年家属到